7·9급 공무원 임업직 시험대비

박문각 공무원
기본서

NEW
최신판

브랜드 만족 1위

합격까지 함께

임업직 조림학 단권화 만점 이론서

단원별 OX 문제 및 기출문제 수록

부록 – 조림 관련 최신 법령 수록

박진호 편저

동영상 강의 www.pmg.co.kr

박진호
조림학

박문각

박진호
조림학

PREFACE 이 책의 머리말

시간을 훔치는 도둑인 회색신사와 그 도둑이 훔쳐간 시간을 찾아 주는 한 소녀의 이야기를 쓴 미하엘 엔데의 '모모'의 한 대목입니다. 도로 청소부 베포의 이야기가 나옵니다.

"얘, 모모야. 때론 우리 앞에 아주 긴 도로가 있어. 너무 길어. 도저히 해낼 수 없을 것 같아. 이런 생각이 들지."
"그러면 서두르게 되지. 그리고 점점 더 빨리 서두르는 거야. 허리를 펴고 앞을 보면 조금도 줄어들지 않은 것 같지. 그러면 더욱 긴장하고 불안한 거야. 나중에는 숨이 탁탁 막혀서 더 이상 비질을 할 수가 없어. 앞에는 여전히 길이 아득하고 말이야. 하지만 그렇게 해서는 안되는 거야."
"한꺼번에 도로 전체를 생각해서는 안돼, 알겠니? 다음에 딛게 될 걸음, 다음에 쉬게 될 호흡, 다음에 하게 될 비질만 생각해야 하는 거야. 계속해서 바로 다음 일만 생각해야 하는 거야."
"그러면 일을 하는 게 즐겁지. 그게 중요한 거야. 그러면 일을 잘해 낼 수 있어. 그래야 하는 거야."
"한 걸음 한 걸음 나가다 보면 어느새 그 긴 길을 다 쓸었다는 것을 깨닫게 되지. 어떻게 그렇게 했는지도 모르겠고, 숨이 차지도 않아."

임업직·녹지직 공무원이 되고자 하는 수험생에게 조금이라도 도움이 되고자 하는 간절한 마음으로 기본서를 출간하였습니다. 한 걸음 한 걸음 나가다 보면 좋은 결과를 얻어 우리나라의 임업에 기반이 되는 중요한 일꾼인 공무원이 되실 겁니다.

조림학은 산림을 조성하고 가꾸는 기술과 관련된 체계를 정리하는 과목으로, 임업직과 녹지직 공무원 합격의 중요한 키잡이를 하지만, 범위가 넓어서 정확히 정리해야 할 중요한 과목입니다.

이 책은

1. 자세한 이론 설명과 아울러 한눈에 쏙쏙 들어올 수 있도록 핵심으로 요약하여 전공자와 비전공자도 이해하기 쉽도록 구성하였습니다.
2. 임업을 처음으로 접하는 수험생이나 전공 후 학습이라도 가장 어려워하는 것이 용어입니다. 가급적 쉬운 용어로 순화하고자 하였고 한자어로 풀이하여 학습하도록 하였습니다.
3. 자주 출제되는 기출문제를 추가하여 출제경향을 파악하도록 하였습니다. 합격을 위해서는 적중 문제를 많이 접하는 것이 중요하기 때문입니다.
4. 다양한 교재의 내용을 총정리하여 핵심화하고, 조림학의 핵심을 강의를 듣고 혼자 정리할 수 있도록 구성하였습니다.

숨차지 않게 한 걸음 한 걸음 나가다 보면
어느새 우리의 목표인 합격까지 도달할 수 있도록 좋은 가이드가 되겠습니다.

저자 박진호

CONTENTS 이 책의 차례

PART 01 조림의 개념과 임분

Chapter 01 조림학의 기본개념	8
Chapter 02 산림과 조림의 이해	23
Chapter 03 산림의 종류	37
Chapter 04 임분밀도	42
Chapter 05 임분 구성	48
Chapter 06 임분의 성장과 발달	50
▶ Part 01 단원 OX 문제	54
▶ Part 01 단원 기출문제	58

PART 02 조림수목의 이해

Chapter 01 조림수목의 형태	68
Chapter 02 수목의 분류	78
Chapter 03 수목의 생장	80
Chapter 04 수목과 영양	87
Chapter 05 식물호르몬	100
▶ Part 02 단원 OX 문제	102
▶ Part 02 단원 기출문제	107

PART 03 산림의 생태

Chapter 01 산림생태계	118
Chapter 02 산림생태계의 천이	136
Chapter 03 산림식생과 환경인자	146
Chapter 04 산림생체량	155
Chapter 05 우리나라의 산림대	161
▶ Part 03 단원 OX 문제	171
▶ Part 03 단원 기출문제	177

PART 04 산림의 환경

Chapter 01 기상	190
Chapter 02 토양	207
▶ Part 04 단원 OX 문제	217
▶ Part 04 단원 기출문제	222

PART 05 임목육종

Chapter 01 임목육종의 이해	234
Chapter 02 임목육종 방법	238
▶ Part 05 단원 OX 문제	246
▶ Part 05 단원 기출문제	249

PART 06 산림의 보호

Chapter 01 비생물적 산림피해	258
Chapter 02 생물적 산림피해	276
▶ Part 06 단원 OX 문제	322
▶ Part 06 단원 기출문제	326

PART 07 임업종자

Chapter 01 종자의 이해	338
Chapter 02 종자채집과 조제	353
Chapter 03 종자저장과 검사	357
Chapter 04 채종림과 채종원	361
▶ Part 07 단원 OX 문제	364
▶ Part 07 단원 기출문제	369

PART 08　묘목의 양성

Chapter 01 묘포 만들기	382
Chapter 02 묘포 관리	387
Chapter 03 묘목의 분류	393
Chapter 04 묘목의 품질	407
▶ Part 08 단원 OX 문제	410
▶ Part 08 단원 기출문제	415

PART 09　묘목 식재와 숲가꾸기

Chapter 01 묘목 식재	428
Chapter 02 파종조림(직파조림)	439
Chapter 03 숲가꾸기	441
▶ Part 09 단원 OX 문제	465
▶ Part 09 단원 기출문제	471

PART 10　숲의 갱신(작업종)

Chapter 01 갱신일반	490
Chapter 02 작업종의 종류	496
▶ Part 10 단원 OX 문제	521
▶ Part 10 단원 기출문제	526

PART 11　주요 수종

Chapter 01 수목의 분류	540
Chapter 02 침엽수	542
Chapter 03 활엽수	568
Chapter 04 잎의 특성에 따른 분류	581
▶ Part 11 단원 OX 문제	589
▶ Part 11 단원 기출문제	592

부록

01 지속가능한 산림자원 관리지침	600
02 기타 주요 자료	621
03 국유림경영계획 작성 및 운영 요령	622

박진호
조림학

조림의 개념과 임분

Chapter 01 조림학의 기본개념
Chapter 02 산림과 조림의 이해
Chapter 03 산림의 종류
Chapter 04 임분밀도
Chapter 05 임분 구성
Chapter 06 임분의 성장과 발달

CHAPTER 01 조림학의 기본개념

1 개념 및 학자들의 정의

1. 개념
조림은 산림을 조성하고 가꾸는 기술을 의미하고, 조림학(造林學, silviculture)은 이와 관련된 학문적 체계를 가리킨다.

2. 학자들의 정의

(1) **임경빈(임목육종학 박사)**
① 조림학에 대해 '육림학(育林學)'이라고도 하는데 삼림(森林)을 조성하고 무육(撫育)하며 아울러 지력(地力)을 유지 증진해서 양적으로나 질적으로 좋은 생산물(주로 목재)을 계속적으로 생산하는 방법을 다루는 학문이다.
② 기초조림학은 나무와 산림의 속성에 관한 지식으로, 어떻게 이들이 자라고 번식하며 환경의 변화에 반응하는지를 구체적으로 알아보는 학문분야를 의미한다.
③ 삼림을 조성하고 그것을 보육하며 임지의 생산능력을 높여서 인간생활을 풍요롭게 하고자 하는 학문으로 기초조림학(基礎造林學, principles of silviculture)의 지식을 적용하는 것을 '실천조림학(實踐造林學, practice of silviculture)'이라고 한다.

(2) **뉠란드 랠프(Nyland Ralph)**
조림학은 인간에게 효용성이 있는 나무와 다른 식물을 조성하고 관리하는 기술 체계라 하였다.

(3) **다니엘 시어도어(Daniel Theodore) 등**
조림학은 산림의 조성, 생장, 구성 및 그 질적인 내용을 목재 생산, 야생동물, 휴양 등 경영의 목적에 맞게 조절하는 학문 체계로 보고 산림경영의 목적에 따라 산림의 상태와 구성요소가 매우 달라진다고 한 바 있다.

3. 목적

(1) 전통적으로 조림은 목재 생산을 통한 경제적 수익을 가장 중요한 목적으로 설정하였으나, 점차 목재를 포함해 다양하게 산림의 기능을 발휘하는 것으로 그 목적이 확대되었다.

(2) 최근에는 기후변화에 대응하는 이산화탄소 흡수를 최우선 목표로 하기도 한다. 어떠한 목적으로 산림을 경영할 것인지에 따라 산림을 조성하고 관리하는 체계가 달라지기 때문에 산림경영의 목적을 명확히 하는 것이 매우 중요하지만, 산림의 여러 가지 가치에 대하여 우선순위를 정하는 것은 쉽지 않은 과제이다.

2 조림학의 핵심 주요 용어

1. 간벌(間伐)

    임분의 밀도를 낮추어 남은 나무들의 직경 생장을 촉진하기 위한 무육작업이다.
    - 무육작업 : 어린나무의 생장 촉진을 위한 관리, 풀베기, 솎아주기, 덩굴치기, 가지치기 등

2. 개벌(皆伐)

    모든 나무를 비교적 짧은 기간 내에 베어내는 벌채작업이다. 한 번에 베어낸다.

3. 갱신(更新)

    기존의 산림을 일부 혹은 전부 제거하고 새로운 산림으로 만드는 것이다.

4. 교림

    종자에서 기인하여 보통 수고(樹高)가 높으며 장벌기로 이용하는 산림이다.

5. 동령림(同齡林)

    나무 간의 나이 차이가 심하지 않아 비슷한 나이의 나무들로 이루어진 산림이다.

6. 모수(母樹)

    벌채할 때 종자 생산을 목적으로 일부 남기는 나무이다.

7. 피압목

    임관의 하층부에 속하여 주변 나무에 의해 피압되어 직사광선을 받지 못하는 나무이다.

8. 수관

    잎과 가지가 무성한 나무의 부위이다.

9. 순림(純林)

    한 가지 수종으로 이루어진 산림이다.

10. 왜림(矮林)

    맹아에서 기인하여 보통 수고가 낮으며 단벌기(短伐期)로 이용하는 산림이다.

11. 우세목(優勢木)

    임관의 상층부를 차지하여 수관이 상방광선을 충분히 받고 일부 측방광선을 받을 수 있는 나무이다.

12. 이령림(異齡林)
나이와 크기 차이가 많이 나는 나무들로 이루어진 산림이다.

13. 임관
인접한 나무들이 연속적으로 연결된 수관의 총합이다.

14. 임분
수종, 나이, 입지환경이 유사한 나무들의 집단이다.

15. 조림(造林)
산림을 조성하고 가꾸는 기술이다.

16. 중림(中林)
교림과 왜림이 섞여 있는 산림이다.

17. 택벌(擇伐)
벌채 연령에 도달한 성숙한 나무를 한 그루 혹은 몇 그루씩 골라서 베어내는 벌채작업이다.

18. 제벌
조림목이 임관을 형성하고 간벌할 시기에 침입 수종의 제거와 생육과 형질이 나쁜 것을 끊어 없애는 작업이다.

3 나무의 생장

(1) 수고생장, 지름생장, 재적생장 등으로 나타낸다.
(2) 임목은 홀로 서 있는 나무에 비하여 곁가지가 가늘고 짧게 되며, 초기의 수고생장이 촉진되고 아랫가지가 일찍 떨어지며, 줄기의 모양이 완만해진다.
(3) 전나무, 잣나무, 주목 등의 생장은 10년 이전의 생장은 느리나, 그 뒤에 가서 생장이 왕성하게 계속된다.
(4) 자작나무, 포플러류, 낙엽송 등의 생장은 처음의 생장은 빠르나, 뒤에 가서는 느려진다.

4 초살형과 완만형

1. 초살형
줄기의 밑동은 굵으나 위로 갈수록 가늘게 될 때의 모양으로, 목재를 이용하는 데는 손실이 많다.

2. 완만형
위, 아래의 굵기가 비슷하여 이용가치가 높다.

5 산림의 분류의 이해

1. 교림과 왜림

(1) **교림(고림)**

산림을 구성하는 나무가 종자로부터 발달된 경우의 산림으로, 주로 침엽수종이다.
① 교림은 서로 다른 종류의 나무들이 섞여 자라는 숲이다.
② 생물 다양성이 풍부하며, 다양한 종류의 동식물이 공존할 수 있는 환경을 제공한다.
③ 교림은 생태계의 안정성과 복원력을 높이는데 중요한 역할을 한다.
④ **침엽수종**: 소나무, 전나무, 가문비나무, 향나무, 레드우드, 삼나무

(2) **왜림(저림, 연료림)**

움이나 맹아지가 숲을 형성할 경우로 주로 활엽수종이다.
① 왜림은 특정 종류의 나무가 지나치게 우세하여 다른 종류의 나무가 거의 없거나 매우 적은 숲을 의미한다.
② 이런 숲은 생물 다양성이 낮고, 특정 종에 의존적인 생태계 구조를 가진다.
③ 왜림은 자연적인 원인 또는 인간의 활동으로 인해 형성된다.
④ **활엽수종**: 참나무, 단풍나무, 자작나무, 느릅나무, 버즘나무, 사과나무, 벚나무

(3) **중림**

교림수종과 왜림수종이 같은 임지에서 자라는 산림이다.
① 중림은 다양한 종류의 나무들이 균등한 비율로 혼합되어 있는 숲을 이야기한다.
② 이런 숲은 생물 다양성이 높고 여러 종의 상호작용을 통해 안정된 생태계를 형성한다.
③ 중림은 다양한 생태계 서비스를 제공하며, 생태계의 건강성을 유지하는 데 중요하다.

2. 산림의 분류

(1) 순림
한 수종으로 구성된 산림이다.

(2) 혼효림
두 가지 이상이 혼재된 산림이다.
① **단목혼효**: 한 나무가 잘 섞임.
② **군상혼효**: 무더기로 섞임.
③ **열상혼효**: 줄로 섞임.

(3) 순림이 형성되는 이유
① 기후조건, 토지조건이 극단적인 경우, 건조한 곳은 소나무, 습한 산성땅에는 가문비나무, 습한 땅은 오리나무류가 잘 자란다.
② 산불이 난 후에 자작나무나 사시나무류가 잘 나타난다.
③ 강한 음수 수종은 잘 살아남아 순림을 형성하고, 도토리처럼 종자 많은 수종도 순림현상이 용이하다.
④ 인공조림에 의한 경우

(4) 순림의 장점
① 가장 유리한 수종만으로 임분 형성하여 작업과 경영이 간편하고 경제적으로 유리하다.
② 임목과 벌채 비용 등 시장성이 유리하다.
③ 원하는 수종으로 쉽게 임분을 조성할 수 있다.
④ 양수일 경우 엽량 생산이 증가하여 사료로 이용이 유리하다.
⑤ 경관상 아름답다.

(5) 혼효림의 장점
① 심근성 수종, 천근성 수종이 혼효할 때 효과적이다.
② 유기물의 분해가 빨라져 무기 양료의 순환이 빠르다.
③ 수관의 공간적 이용이 효과적이다.
④ 기후변화의 폭이 좁아진다.
⑤ 각종 피해자에 대한 저항력이 증가한다.

3. 심근성과 천근성

(1) 심근성 수종
① 심근성 수종에서는 나무의 중심부인 심재(heartwood)가 형성된다.
② 심재는 죽은 세포로 구성되어 있으며, 일반적으로 더 어둡고, 보다 단단하며, 내구성이 뛰어나다.
③ 심재는 나무를 지지하는 역할을 하며, 수분과 영양소 전달에는 직접적인 역할을 하지 않는다.
④ 이 구조는 주로 노화된 나무에서 발견되며, 나무가 성장함에 따라 심재의 비율이 증가한다.

(2) 천근성 수종
① 천근성 수종에서는 나무의 외부층인 변재(sapwood)가 더 중요한 역할을 한다.
② 변재는 생생한 세포로 구성되어 있으며, 나무의 수분과 영양소 전달에 핵심적인 역할을 한다.
③ 변재는 일반적으로 더 밝은 색을 가지며, 심재보다 내구성이 약하다.
④ 어린 나무나 특정 수종에서는 변재가 더 많은 비율을 차지할 수 있다.

4. 동령림과 이령림

(1) 동령림
모든 나무의 나이가 같은 경우로 평균 임령 20% 내외면 동령림이다.

(2) 이령림
이층림 또는 다층림이 이령림의 대표적인 예이다.

(3) 동령림의 장점
① 작업, 축적조사, 수확 등을 간편하게 실시한다.
② 목재 생산, 간벌 등이 쉽다.

(4) 이령림의 장점
① 소규모의 면적은 산림경영에 이롭다.
② 가치가 없는 개체목의 제거가 용이하다.
③ 시장에 따른 벌목의 탄력성이 있다.
④ 천연 갱신에 적합하다.
⑤ 유해인자에 대한 저항력이 높다.

(5) 동령림과 이령림의 차이점
동령림은 지력이 감퇴되고 이령림은 지력보호상 유리하다. 동령림은 정비가 쉽지 않고 병충해 위험성이 많지만 이령림은 정비가 더 어렵고 병충해 위험성은 더 적다.

5. 국유림과 사유림

(1) **국유림**

우리나라 산림 면적의 24%

(2) **사유림**

우리나라 산림 면적의 69%

(3) **공유림**

산림 면적의 7%

6. 목재의 구성성분

(1) **셀룰로오스(60%)**

포도당이 모여 만들어진 것, 펄프와 종이의 원료

(2) **리그닌(20~30%)**

탄소, 산소, 수소가 모여 만들어진 것

(3) 그 외 녹말, 지방, 당류, 수지, 타닌 등

7. 나무의 생리

(1) **생장부위(길이생장이 이루어지는 곳)**

줄기와 가지의 끝, 뿌리의 끝부분

(2) **형성층의 위치**

나무껍질과 목질부 사이

(3) 형성층세포는 안쪽에 목질부세포를, 바깥쪽에 채관부세포를 만든다.

(4) 잎에서 만들어진 당은 물에 녹아 체관부를 통해 내려가 줄기나 뿌리에 저장된다.

(5) 뿌리에서 이온상태로 물에 녹은 각종 무기양분을 흡수하여 줄기를 통해 잎으로 보낸다.

(6) **나무를 구성하는 주성분**: 물(50%)

　⊙ 100g의 셀룰로오스를 만드는데 55g의 물이 소요된다.

(7) 활엽수는 잎맥이 그물모양이고 목재는 물관이 발달되어 있어, 양분을 가진 물이 이곳을 지나 올라간다(상수리, 박달나무, 오리나무 등).

(8) 침엽수는 잎맥이 평행으로 발달하고, 목재는 헛물관으로 되어 있어 양분을 가진 물이 어렵게 올라간다.

(9) 나무는 1kg의 유기물을 생산하는데 약 1.5kg의 이산화탄소를 흡수하고, 1.2kg의 산소를 내놓는다.

(10) 나무의 양분 흡수 속도는 보통 15℃가 적당하지만 뿌리주위의 온도가 올라가면 흡수속도는 빨라지다가 어느 한도를 넘으면 오히려 감소하게 된다.

6 우리나라 임산 자원 조성의 문제점

(1) 나무가 왕성한 생장을 해야 할 봄철에 기후가 건조하다.

(2) 숲이 급한 경사의 산지에 거의 국한되어 있어 비가 와도 곧 건조해진다.

(3) 경사가 급해서 숲땅의 흙이 안정되기 어렵고 토심이 얕아 뿌리가 충분히 발달할 수 없으므로, 큰나무로는 자랄 수 없다.

(4) 과거로부터 땔감으로 낙엽과 시초를 과도하게 사용하여 제거했기 때문에 지력이 약해져서 나무가 필요로 하는 양분을 공급할 수 없다.

(5) 과거로부터 좋은 나무만을 골라 벌채·이용했기 때문에 나무의 유전적 형질이 매우 퇴화되어 있다.

(6) 여름철에 오는 폭우는 산악지대의 흙을 침식시킨다.

7 조림학 주요 수종

1. 수목의 규격

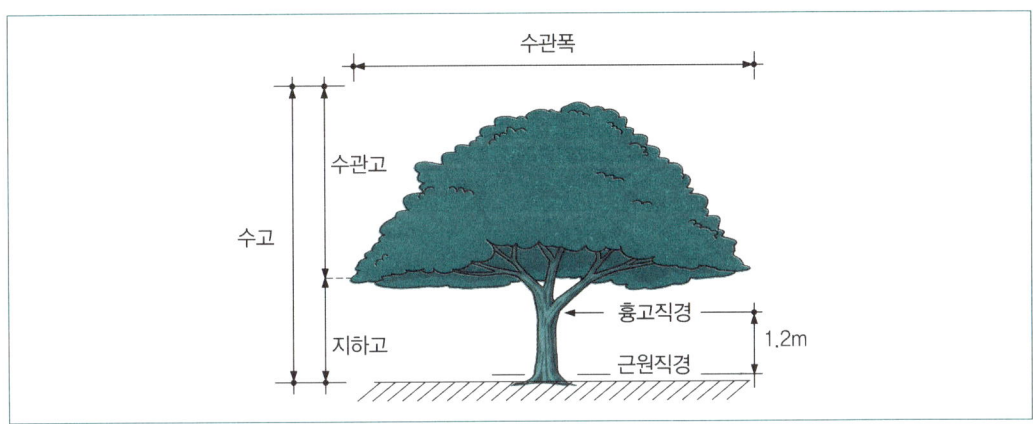

2. 학명의 실제와 몇 가지 수목의 특징

Pinus densiflora for. multicauis UYEKI(반송)

(1) *Pinus*는 속명을 나타낸다.

(2) *densiflora*는 종명을 나타낸다.

(3) *for. multicauis*는 품종을 나타낸다.

3. 주요 수목의 학명과 특징

수목	학명	특징
전나무	*Abies holophylla*	• 종자 결실 주기가 가장 긴 수종(3~4년) • 강원도 지역에서 수하식재
반송	*Pinus densiflora for. multicaulis*	
미루나무	*Populus deltoides*	반음건조법
개비자나무	*Cephalotaxus koreana*	내음성이 가장 강한 수종(극음수)
동백나무	*Camellia japonica*	열매의 형태가 삭과
주목	*Taxus cuspidata*	• 내음성이 가장 높은 수종(극음수) • 종자 발아를 위해 후숙이 필요
낙엽송 (일본잎갈나무) *낙우송이 아님.	*Larix leptolepis*	종자 결실 주기가 5년 이상
	Larix kaempferi	• 산성토양에 잘 적응하는 일본 도입 수종 • 종자 결실 주기가 5년 이상
측백나무	*Thuja orientalis*	알칼리성 토양에서 잘 자라는 수종
붉가시나무	*Quercus acuta*	난대 수종
가시나무	*Quercus myrsinifolia*	난대림 대표 수종
상수리나무	*Quercus acutissima*	개화 후 다음 해 10월경 종자 성숙
구상나무	*Abies koreana*	• 가도관 발달 • 잎의 끝이 두 갈래로 갈라짐.
분비나무	*Abies nephrolepis*	한대림 대표 수종
가문비나무	*Picea jezoensis*	• 묘목의 자람이 늦어 묘상에 오랫동안 거치 • 파종 후 발아과정에서 해가림 필요
잣나무	*Pinus koraiensis*	• 잎의 유관속이 1개 • 종자 정선 후 곧바로 노천매장
낙우송	*Taxodium distichum*	낙엽성 침엽수
양버들	*Populus nigra*	종자가 성숙하고 산포하는 시기가 개화 당년 봄철
오리나무	*Alnus japonica*	• 결실주기가 가장 짧음(해마다). • 종자의 크기가 가장 작은 수종 • 왜림작업에 가장 적합
아까시나무	*Robinia pseudoacacia*	종자의 저장 수명이 가장 긴 수종
섬잣나무	*Pinus parviflora*	잎이 5개씩 모여서 나는 것
소나무	*Pinus densiflora*	• 넓은 분포면적으로 지역품종(생태형)이 다양 • 모수작업에 의한 갱신이 가장 유리
벚나무	*Prunus serrulata*	• 핵과이며 장미과 • 부후위험성 높음.
사시나무	*Populus davidiana*	• 생가지치기를 피해야 하는 수종이 아닌 것 • 봄철에 종자가 성숙하는 수종
꽝꽝나무	*Ilex crenata*	자웅이주(암수딴그루)
향나무	*Juniperus chinensis*	토양의 무기양료 요구도 낮음.
단풍나무	*Acer palmatum*	생가지치기시 절단면이 썩을 위험성이 가장 큼.
버드나무	*Salix koreensis*	• 종자 후숙이 필요없는 수종 • 삽목 발근이 가장 용이

8 조림의 주요 내용

1. 갱신

(1) 갱신의 기본개념

① 산림을 조성하는 대상지에 따라 두 가지의 유형으로, 이전에 나무가 없던 곳에 산림을 조성하는 신규조림(新規造林) 혹은 식림(植林)과 기존에 있던 산림의 일부 또는 전부를 벌채하고 새로운 산림을 조성하는 갱신 혹은 재조림이다.

② 산림을 경영할 때 신규조림과 같이 그 대상지를 명확하게 특정하지 않는다면 보통 갱신을 통하여 산림을 조성하는 것을 의미한다.

③ 갱신은 산림을 조성하는 방법에 따라 자연적인 과정을 이용하는 천연갱신 혹은 천연조림과 인위적인 방법을 이용하는 인공갱신 혹은 인공조림으로 나눌 수 있다.

④ 조림은 대상지나 산림의 조성 방법과는 상관없이 산림을 조성하고 가꾸는 그 자체를 의미하는 광범위한 개념으로 사용되기도 한다.

(2) 천연갱신

① 기존의 산림에서 공급된 종자나 맹아(萌芽)를 바탕으로 산림을 조성하는 것이다.

② 천연갱신의 장점 : 자연적으로 나타나는 수종들에 의해 산림이 구성되어 환경에 적응된 상태이므로 갱신이 실패할 확률이 낮으며, 생물다양성이 높고 상대적으로 비용도 적게 소요된다.

③ 천연갱신의 단점

㉠ 원하는 유전적 성질을 가진 수종과 밀도로 산림을 조성하기 어렵다.

㉡ 종자나 맹아의 발생상태에 따라 갱신이 완성되는데 오랜 시간이 걸릴 수 있다.

㉢ 갱신을 위한 적절한 벌채나 토양상태를 유지해야 하는 고도의 기술이 요구된다.

(3) 인공조림

① 인위적으로 종자를 뿌리거나 묘목을 심어서 산림을 조성하는 것이다.

② 인공조림의 장점

㉠ 산림을 구성하는 수종 선택이 자유롭고 실행이 비교적 쉬우며 빠르게 산림을 조성할 수 있다.

㉡ 인공조림의 결과로 비슷한 규격의 목재를 대량으로 생산할 수 있기 때문에 수확 시 경제적으로 유리하다.

③ 인공조림의 단점

㉠ 선택한 수종이 환경에 적합하지 않아 조림에 실패할 수 있으며, 대면적의 인공조림은 종종 토사 유출 및 생태계 교란의 원인이 되기도 한다.

㉡ 산림조성 초기에 노동력과 비용이 많이 소요되며, 보통의 경우 인공조림에 의해 동령 단순림(同齡單純林)이 조성되는데 이러한 산림은 병충해나 산불 등 각종 자연재해에 취약하다.

④ 파종조림
  ㉠ 조림지에 직접 종자를 뿌려 산림을 조성하는 방법이다.
  ㉡ 원하는 수종과 밀도로 산림을 구성할 수 있으며, 종자가 조림지의 기후와 토양에 적응하여 자연적인 발달을 하게 할 수 있고, 묘목 생산에 드는 비용을 절약할 수 있다.
  ㉢ 야생동물에 의한 종자의 피해가 있을 수 있으며 종자의 발아에 불리한 기상 및 토양조건에서는 종자가 발아되기 어려워 조림이 실패할 수도 있다.
  ㉣ 손실되는 종자를 감안하여 많은 양을 뿌리게 되면 오히려 경제적으로 불리한 경우가 생길 수 있다.
  ㉤ 야생동물의 피해를 방지할 수 있으며 발아에 적합한 토양환경이 갖추어진 곳에서 제한적으로 실행하는 것이 효과적이다.
  ㉥ **파종 방법**
    ⓐ 조림지 전면에 고루 뿌리는 산파, 일정한 폭을 가진 줄 형태로 뿌리는 조파, 큰 종자를 몇 개씩 모아 뿌리는 점파(點播), 중간중간에 원형의 파종 상을 만들어 그 안에 집중적으로 뿌리는 상파 혹은 소파(巢播) 등이 있다.
    ⓑ 직파 할 때 미리 종자에 발아 촉진 처리를 하고 동물에 의한 피해를 방지하기 위하여 종자에 화학약품 처리나 물리적인 장치를 설치하는 것도 고려한다.
    ⓒ 대면적의 산불지역 등 단기간에 조림해야 할 경우나 급경사지 혹은 지형이 매우 복잡하여 식재에 의한 조림이 어려운 경우에 항공기를 이용한 직파조림이 유효하다.

⑤ 식재조림
  ㉠ 비용과 노력이 많이 들기는 하지만 가장 확실하게 산림을 조성하는 방법은 묘포장과 같이 어느 정도 보호된 환경조건에서 일정 기간 나무를 기른 다음 이식하는 식재조림이다.
  ㉡ 조림의 성과를 보장하기 위해서는 경제성을 고려하되, 조림지 여건에 적합한 수종을 선정한 후 우량한 묘목 혹은 삽목을 생산하여 조림지 준비작업을 철저히 하고 적절한 시기와 밀도에 따라 심어야 한다.
  ㉢ 조림용 묘목은 채종원이나 채종림에서 유전적으로 우량한 종자를 채취하여 노지양묘장(露地養苗場)이나 시설양묘장(施設養苗場)에서 실생묘로 생산을 하거나 삽목묘로 생산할 수 있는데, 묘목의 대량생산에는 실생묘 번식이 유리하다.
  ㉣ 용기묘(容器苗)는 실생묘에 비하여 생산비용이 많이 드나 식재조림 시 뿌리가 손상되지 않아 활착률이 높으며 단기간에 많은 숫자의 묘목 생산이 가능하다는 유리한 점이 있다.
  ㉤ 대부분의 조림 예정지는 식재작업 자체와 이후 조림목의 활착(活着) 및 생장에 지장을 주는 벌채 잔재물 혹은 경쟁 식생이 분포하고 있기 때문에 이를 제거하는 조림지 준비작업이 필요하다.
  ㉥ 장애물을 태워버리는 방법이나 제초제를 사용하여 식생을 제거하는 방법이 있지만 우리나라에서 이러한 방법을 사용하기는 어려워 트랙터 같은 중장비 혹은 낫이나 톱 등을 사용하여 인력으로 장애물을 제거하는 물리적 방법을 주로 사용한다.

ⓢ 가을철에도 식재를 할 수 있으나 보통 봄에 언 땅이 녹으면 가능한 빨리 식재하는 것이 뿌리 생장을 촉진하고 생장기간을 충분히 확보할 수 있다는 측면에서 유리하다.

ⓞ **식재방법**
  ⓐ **규칙식재** : 정방형, 장방형, 정삼각형, 군상, 부분 밀식 등이다.
  ⓑ **불규칙식재** : 조림지의 지형이 불규칙하거나 소면적의 숲 틈이나 피해지 등에서 식재하기 좋은 지역을 골라 적용한다.
  ⓒ 식재과정에서 묘목이 건조하지 않게 하고 특히 뿌리가 손상되지 않도록 주의하며 식재 후 낙엽이나 유기물로 묘목 주변을 덮어주는 것이 좋다.

2. 무육

무육 작업(撫育作業)은 임업 갱신이나 조림 시에 심은 어린나무의 생장을 촉진하고 재질을 향상하기 위하여 실시하는 관리 작업이다.

(1) 풀베기

① 식재된 묘목과 광선, 수분, 그리고 양분 등에 대해 경쟁관계에 있는 관목이나 초본류를 제거하는 작업이다.

② 풀베기를 하지 않은 것에 비해 조림목 주변의 관목만 제거한 것, 초본류만 제거한 것, 그리고 관목과 초본류를 모두 제거한 것 등으로 처리를 달리함에 따라 묘목의 생장이 점차 좋아지는 것으로 나타났다.

③ 조림목 주변 공간만을 대상으로 하는 둘레베기, 조림목이 심겨진 줄을 따라 일정한 폭으로 하는 줄베기, 조림지 전면을 대상으로 하는 모두베기 등이 있으며, 관목과 초본류를 베어내는 물리적 방법과 제초제를 사용하는 화학적 방법 등이 있다.

④ 풀베기는 조림목이 주변 관목이나 초본류보다 더 크게 자랄 때까지 계속하는데, 보통 생장이 빠른 나무는 3년간, 생장이 느린 나무는 5년간 매년 5~7월에 실시한다.

(2) 어린나무 가꾸기

① 풀베기가 끝나면 어린나무들이 임관을 형성하게 되는데, 이때 목적 이외의 수종이 침입할 수 있고 목적 수종이라도 생장이 불량하거나 오히려 과도하여 주변의 조림목을 피압하는 현상이 나타나게 된다.

② 이러한 경우 침입 수종과 목적 수종 중 불필요한 나무를 제거하여 조림목의 경쟁을 완화시키는 간벌을 하며 이 이전 단계의 작업이 어린나무 가꾸기이다.

③ 대개 풀베기가 끝나고 3~5년이 지난 다음에 1차 작업을 시작하고, 다시 3~4년이 지난 다음 2차 작업을 하며, 제거 대상목의 맹아가 약한 6~8월 중에 실시한다.

④ 어린나무 가꾸기를 할 때 덩굴류와 조림목의 생장을 방해하는 관목도 함께 제거하는데 만약 하층 식생이 조림목의 생장에 지장을 주지 않는다면 생물 다양성 유지, 야생동물 서식처 보호, 토사유출 방지 등의 목적으로 남길 수 있다.

(3) 덩굴제거(덩굴치기)

① 칡, 다래, 머루, 으름덩굴, 노박덩굴 등의 덩굴류가 조림목의 수관을 덮거나 줄기를 감고 올라가 생장에 지장을 주고 목재의 가치를 떨어뜨리므로 제거한다.
② 화학적 덩굴제거 : 동식물과 토양 및 수자원 등에 피해가 없다면 디캄바액제나 글라신액제와 같은 화학약품을 사용하여 제거한다.
③ 물리적인 방법으로 덩굴류의 줄기를 자르거나 뿌리를 파낸다.
④ 보통 풀베기나 어린나무 가꾸기를 할 때 덩굴제거를 하며, 그 후에도 덩굴이 발생하게 되면 계속 제거하는데 특히 우리나라에서 칡이 번식력이 강하여 물리적 덩굴제거 방법으로는 완전히 근절하기 어려워 화학적 덩굴제거 방법을 사용한다.

(4) 가지치기

① 마디가 없이 곧은 수간(樹幹)을 만들어 질이 좋은 목재를 생산하기 위해 죽은 가지나 살아있는 가지의 일부를 잘라내는 작업이 가지치기이다.
② 광선의 부족이나 눈, 바람 등에 의해 가지가 죽어 자연적으로 떨어지는 현상을 자연낙지라고 하며, 보통 인위적으로 낫, 전정가위 혹은 톱 등을 이용하여 가지를 제거하는 것을 가지치기라고 한다.
③ 임령이 높아질수록 가지치기의 효과가 적어지므로 가능하면 어린나무를 대상으로 강하게 실행하는 것이 좋다.
④ 임목의 생장이 멈추어 있는 11월부터 이듬해 2월 사이에 수간과 평행하며 절단면이 편평하도록 가지를 자른다.
⑤ 가지치기는 상당한 비용이 소요되는 작업이기 때문에 나중에 자연적으로 고사하거나 간벌과 같은 다른 작업을 통해 제거되어 최종 벌채목으로 남아있지 않을 가능성이 있는 나무는 제외하는 등 신중하게 적용할 필요가 있다.

(5) 간벌(솎아베기)

① 나무가 자람에 따라 나무들 사이에서 광선, 수분 및 양분 등에 대한 경쟁이 심해지는데, 이를 줄이기 위하여 일부 나무를 베어내 임분의 밀도를 낮춤으로써 남은 나무의 생장을 촉진시키기 위한 작업이다.
② 간벌재를 판매할 수 있기 때문에 조림 투자비용의 일부를 벌채 이전에 회수할 수 있는 경제적인 이점도 있다.
③ 보통 15~20년 정도의 임령에서 시작하며 약한 강도로 자주 실시하는 것이 좋다.
④ 간벌의 방법
　㉠ 수관이나 수형을 기준으로 간벌목을 선정하는 정성간벌
　㉡ 간벌량을 기준으로 단위 면적당 남겨놓을 본수를 미리 정해 놓고 실행하는 정량간벌
　㉢ 미리 설정한 임목의 간격이나 기하학적인 형태에 맞추어 간벌목을 정하는 기계적 간벌 혹은 기하학적 간벌(幾何學的 間伐) 등이 있다.

(6) 임지 보육
① 무육은 주로 나무를 대상으로 하지만 나무가 자라는데 직접 영향을 주는 조림지 토양에 대한 관리인 임지 보육도 필요하다.
② 물리적 임지 보육 방법: 경운, 관배수(灌排水), 피복, 수평구(秀平丘) 설치나 계단조림 등이 있다.
③ 생물적 임지 보육 방법: 공중질소를 고정할 수 있는 식물을 심거나, 뿌리와 공생하여 나무가 물과 양분을 흡수하는데 도움을 주는 균근을 활용하는 것 등이 있다.
④ 산림에 비료를 주는 것은 경제성과 생태환경에 미치는 영향을 모두 고려하여 결정하여야 하며, 비료를 줄 경우 유령림에는 조림목의 활착과 생장촉진을 목적으로 하고 성숙림에는 생장촉진을 통한 벌기령 단축이 목적이 된다.

3. 벌채
(1) 개벌작업
① 벌채 단위에 있는 모든 나무를 비교적 짧은 기간 동안 베어내는 것을 개벌(모두베기)작업이라고 한다.
② 벌채 후 식재, 파종, 혹은 주변으로부터 공급되는 종자에 의해 산림은 갱신될 수 있다.
③ 개벌의 장점: 실행하기 쉽고 경제성이 있으며, 갱신되는 산림이 동령림으로써 관리하기 편하다.
④ 개벌의 단점: 임지가 노출되어 침식이 일어날 수 있으며 관목이나 초본류가 무성해질 수 있고, 경관적 가치가 낮다.
⑤ 대면적을 일시에 벌채하는 대신 일정한 폭의 띠나 지형을 감안하여 불규칙한 형태의 구역을 만들어 순차적으로 벌채하는 방법을 사용하기도 한다.

(2) 모수작업
① 종자를 공급할 수 있는 성숙한 나무를 군데군데 남기고 나머지는 벌채하는 방법을 모수작업이라고 한다.
② 남기는 나무는 본수 기준으로 2~3%, 재적 기준으로 10% 내외이다.
③ 모수의 장점: 실행하기가 비교적 쉽고 경제적으로도 유리하다.
④ 모수의 단점: 개벌작업과 비슷하게 임지가 노출되어 침식이 일어날 수 있으며 급격한 환경의 변화로 인하여 모수가 피해를 입을 수 있다.
⑤ 바람에도 모수가 견딜 수 있고 모수로부터 떨어진 종자가 유기물이 아닌 토양에 직접 닿을 수 있도록 조림지 정리작업이 충분하게 이루어지면 벌채 후 갱신이 성공할 수 있다.

(3) 산벌작업(傘伐作業, shelter-wood system)
① 일제림(一齊林)이 벌기에 달하였을 때 천연하종갱신(天然下種更新)을 목적으로 성숙목을 몇 회로 나누어 벌채하는 방법이다. 즉, 산벌작업은 몇 차례의 벌채를 통하여 임목을 수확하며 동시에 갱신이 이루어지도록 하는 방법이다.
② 주벌(主伐)을 몇 회로 나누어 실시하기 때문에 순차벌(順次伐) 또는 점벌(漸伐)이라고도 하며, 특히 산벌을 대상(帶狀) 및 군상(群狀)으로 실시할 때 이를 획벌(劃伐) 또는 초벌(抄伐)이라고 한다.

③ 종류
　㉠ 예비벌(豫備伐) : 입목의 종자결실을 촉진하고 지표의 종자착상(種子着床) 상태를 좋게 하기 위하여 실시한다. 성숙 임분에서 일부 나무를 벌채하여 지표면의 유기물이 분해되기 쉽게 하고 남아있는 나무의 결실을 촉진시킨다.
　㉡ 하종벌(下種伐) : 종자결실 연도에 종자의 하종을 목적으로 실시하는데, 어느 정도 시간이 지난 다음 다시 벌채하여 어린나무가 충분히 자랄 수 있도록 공간을 확보한다.
　㉢ 후벌(後伐) : 극히 일부의 나무만 남겨서 밑에서 갱신된 나무가 변화된 환경에 충분히 적응될 수 있도록 한다. 치수(稚樹)가 발생된 후 잔존모수(殘存母樹)를 서서히 제거하여 치수의 생장을 촉진하기 위하여 실시한다.
④ 개벌작업의 단점을 보완하는 것으로써 모수작업에서 남기는 본수가 증가하게 되어 갱신되는 임목을 보호하면 산벌작업이 된다.

(4) 택벌작업
① 택벌(擇伐)작업은 성숙하여 벌채 연령에 도달한 나무를 한 그루 혹은 몇 그루씩 계속하여 베어내는 것으로 벌채 후 갱신되는 산림은 이령림이 된다.
② 장점 : 생장량만큼 벌채를 하면 산림의 총재적은 항상 같은 상태를 유지하여 수확을 지속적으로 할 수 있으며, 별도의 조림지 정리작업이나 식재가 없이도 갱신이 가능하고 임지의 교란도 매우 적다.
③ 단점 : 광선이 적은 조건에서도 발아와 생장이 가능한 수종에 적용할 수 있으며, 작업이 복잡하여 실행하기가 어렵고 대상 면적이 좁은 경우 벌채량이 적어 경제적으로 불리할 수도 있다.

(5) 왜림작업
① 개벌작업, 모수작업, 산벌작업, 택벌작업 등은 종자를 기반으로 갱신이 되는 형태인 반면, 왜림작업은 뿌리나 그루터기에서 나오는 맹아를 기반으로 하고 개별로 벌채를 하며 갱신되는 산림은 동령림이다.
② 맹아력이 우수한 활엽수에 제한적으로 적용될 수 있으며 벌채 주기가 짧고 벌채목은 연료재나 펄프재로 사용되는 것이 보통이다.
③ 작업이 간단하고 비용이 적게 들며 벌채 후 갱신이 확실하게 되지만, 반복적으로 왜림작업을 하게 되면 맹아의 생장이 나빠지고 임지생산력도 떨어지게 된다.

(6) 중림작업
① 중림작업은 상층에 있는 나무는 일반용재 생산을 목적으로 하고 벌채 주기를 길게 하며, 하층에 있는 나무는 연료재나 소경재를 목적으로 왜림작업에 의해 갱신되는 것이다.
② 상층과 하층에 있는 나무의 종류가 다른 것이 보통이지만 경우에 따라 같을 수도 있다.
③ 임지가 노출되지 않으며 각종 재해에 대한 피해가 적고 경관적인 가치가 높은 반면, 기술적으로 실행하기 쉽지 않고 상층 임관이 폐쇄되면 하층으로 들어오는 광선이 줄어들게 되어 맹아 발생이 억제되며 왜림작업이 성공하기 어려울 수도 있다.

CHAPTER 02 산림과 조림의 이해

1 산림의 정의와 개관

(1) 산림은 목재 및 부산물 공급의 경제적 가치와 산사태 방지, 국토보전, 수자원 함양 등의 공익적 가치를 가진다. 또한 문화, 종교, 예술의 문화적 가치로 다양한 기능을 한다.

> **산림의 공익적 가치**
> 수원함양기능 26%, 대기정화기능 20%, 토사유출방지 기능 19%, 산림휴양기능 18%

(2) FAO(국제식량농업기구)의 산림의 정의
① FAO의 산림자원평가가 규정한 숲의 정의는 최소면적 0.5ha 이상, 수고가 최소 5m 이상이며 건물부지, 도로, 철도부지 등의 반영구적 산림 이외의 목적으로 사용되는 토지에 대해서는 기준을 적용하지 않는다.
② FAO산림위원회는 세계적인 산림문제의 정비, 검토와 해결을 위한 조정목적으로 설립되었다. 우리나라는 1949년 가입하였고 산림위원회 설립과 함께 회원국이 되었다.
③ 우리나라의 산림분포는 침엽수 37%, 활엽수 32%, 혼효림 27%, 죽림 및 무립목지 4% 정도로 침엽수림이 가장 많이 분포하고 있다.
④ 지속가능한 산림자원 관리지침의 기능별 종류는 목재생산림, 수원함양림, 산지재해방지림, 자원환경보전림, 산림휴양림, 생활환경보전림이 있다.

2 조림학의 정의

(1) 조림학은 산림을 조성, 보육하며 임지의 생산능력을 높여 인간생활을 풍요롭게 하고자 하는 학문이다.
(2) 산림은 수목의 집단으로, 조성한 산림으로부터 최대의 이익을 얻어야 한다.
(3) 조림학에서는 이 중 목재생산에 중점을 두기 때문에 우량목재를 되도록 빠른 기간 내에 생산하는 기술이 중요하다.
(4) 목질계 물질의 생산이 핵심이지만, 이에 못지않게 수자원함양기능 향상, 야생동물의 서식처 제공, 경관기능의 발휘, 보건휴양의 효용, 국토의 보존 등 산림의 존재적 효용도 중요하다.

3 산림의 기능

1. 수원함양기능

(1) 홍수조절기능과 갈수완화기능으로 구분한다.

(2) 산림토양은 공극이 풍부하여 수원함양기능을 충분히 하게 된다. 임분에 의해 가장 큰 영향을 받는 것은 낙엽, 낙지(落枝)의 공급을 받는 표층토양으로 표층토양의 물리적 증대 및 유지가 단기적으로 수원함양기능을 증진시키는 효율적인 방법이다.

(3) 수원함양기능을 하는 수원함양림은 다층혼효림으로 조성되며 관리를 위해 조림 및 숲가꾸기, 산물처리, 수확 등을 실시하며 장벌기 사업을 기본으로 한다.

2. 대기정화 기능

(1) 교목은 토양면적의 10배되는 표면적을 가지고 있어 오염된 공기를 정화해 주는 것은 물론 분진 흡착능력도 크다.

(2) 오염물질에 내성을 가지는 나무를 활용하는 것이 효율적으로, 유황흡수량이 많으면서 피해도가 낮은 수종은 은행나무, 현사시, 이태리포플러 등이다.

(3) 1ha의 활엽수림이 연간 360kg의 아황산가스를 흡수하며, 활엽수와 침엽수를 복합적으로 조성하는 것이 효율적이다.

(4) 식생과 토양의 흡수기능, 생태계의 물질순환 기능에 따라 오염물질의 흡수기능을 다양하게 접근할 수 있다.

3. 수질정화 기능

(1) 대기 중 오염물질이 비와 함께 내리면 나무, 낙엽, 흙, 돌 등을 거치면서 오염물질이 감소한다.

(2) 숲속을 흐르는 계류에 부영양화를 일으키는 질소나 인은 산림이 제거 흡수한다.

4. 토사유출 및 토사붕괴 방지기능

(1) 지표에서 빗물의 유수속도를 완화시키며, 임목 뿌리는 토양을 고정시켜 토사의 유출을 방지하므로 토양을 보전하고 침식을 방지한다.

(2) 토사붕괴 방지기능은 산림의 붕괴방지작용에 대한 붕괴토사량과 붕괴지의 표면침식 토사량의 합계로 나타낸다.

5. 산림휴양기능

개인적 기능	심리적, 환경적, 건강적, 공동체에서의 야외 휴양
사회적 기능	가족공감대 형성, 사회적 결속력 강화, 놀이문화의 건전성 제고
경제적 기능	휴양자원의 개발 및 관리로 고용확대, 지역사회의 발전

6. 야생동물보호기능과 소음완화, 기후완화, 온실가스흡수기능 등이 있다.

4 조림의 기능(사람의 힘으로 수행되는 조림)

1. 임분구조의 조절
수종의 조성, 수령의 변이, 임관(林冠)층의 분화와 배치, 수간직경급(樹幹直徑級)의 분포 등을 인위적으로 조절함으로써 산림으로부터 생산되는 이익을 높이는 것이다.

2. 수종구성의 조절
(1) 유용한 수종을 남기고 원하지 않는 수종을 제거하여, 경제성과 생물학적인 면에서 수행하는데 비경영림에 비해 경영림은 구성수종의 수가 적은 편이다.

(2) 유용수종으로 산림을 구성하는 것은 식생변이의 과정에 사람의 힘을 가해 그들에 유리한 환경을 조성해서 우세한 분자로 유도해 나가는 의도가 있다.

3. 임분밀도의 조절
수목 배치가 너무 성기면 임지의 공간에 쓸모없는 수종이 나타나 임분의 경제성을 낮추고, 과밀하면 수목의 생리가 쇠약해진다.

4. 생산성 향상을 위한 조림
불량하거나 황폐한 임지 등은 인공적으로 조림하여 생산성을 향상시켜야 한다.

5. 산림에 대한 보육적 처리
해충, 병해, 바람, 눈 등 여러 가지 피해 원인에 대한 적절한 처리로서 숲을 보호해야 한다.

6. 윤벌기의 조절
경제성을 고려하여 알맞은 때에 수목을 끊어서 이용하는 기간인 윤벌기를 조림작업을 통해서 단축시킨다.

7. 환경의 보호
산림의 생산성을 유지하기 위해 생산성을 결정하는 입지 인자를 보호한다.

5 조림작업의 범위

조림작업은 산림이 만들어질 때부터 이용벌채(利用伐採)되는 기간 중 이루어지는 모든 처리이다.

(1) 새로운 임분(林分)이 들어서고 동시에 그곳에 이미 존재하던 성숙목이 이용벌채되는 기간인 갱신기간(reproduction) 중의 작업이다.

(2) 갱신이 끝난 후부터 다음 갱신작업이 시작되기 전까지의 기간에 실시되는 모든 조림작업이 보육작업(保育作業)이며, 이 기간을 중간기라고 한다. 중간기에 적용되는 각종 작업 중 특히 벌채가 중요하여 보육벌(保育伐, tending cutting), 중간벌(中間伐, intermediate cutting)이 중요한 작업이다.

(3) 갱신작업과 보육작업을 합한 것이 산림작업종(山林作業種)으로, 산림의 한 세대 동안을 통한 체계적인 모든 작업이다.

(4) 산림이 조성부터 이용벌채되어 갱신이 완료될 때까지의 기간(산림의 한 세대)을 윤벌기(輪伐期, rotation)라 한다.

(5) 윤벌기 동안에 주어지는 작업내용이 산림작업종이지만 숲의 구성과 모양, 생태학적 성상, 이용면 등을 고려할 때 갱신기간 중에 이루어지는 작업내용이 결정적 역할을 하기 때문에 갱신방법의 명칭을 산림작업종으로 한다.

6 숲가꾸기

1. 숲가꾸기의 정의

(1) **숲가꾸기는 이용목적에 따라 원하는 형태로 숲을 만드는 과정**으로, 지속가능한 산림자원 관리지침(산림청훈령 제1244호)에 의거 산림자원의 관리를 위하여 숲을 가꾸는 행위이다. 지속가능한 산림자원 관리지침에서 말하는 숲가꾸기는 조림, 덩굴제거, 솎아베기(간벌), 풀베기(잡초제거) 등 숲을 가꾸는 것을 말하며 실무상의 숲가꾸기는 간벌, 임내정리, 산물수집 등을 말한다.

(2) 넓은 의미로는 어린나무가 자라서 갱신기에 이를 때까지 나무의 생육을 돕고 임지의 생산력을 높이기 위한 육림작업이고, 좁은 의미로는 임분무육이며, 경영목적에 맞는 임분을 만들기 위해 생육단계별로 풀베기, 어린나무 가꾸기 및 솎아베기 등을 실시하는 것을 말한다.

(3) 종합적으로 숲가꾸기는 갱신된 임분에 대해 임상의 정리, 성장촉진, 개체목의 형질 향상 등 산림의 양적 및 질적 생산을 높이고자 하는 조림방법이다.

🌱 숲가꾸기 과정

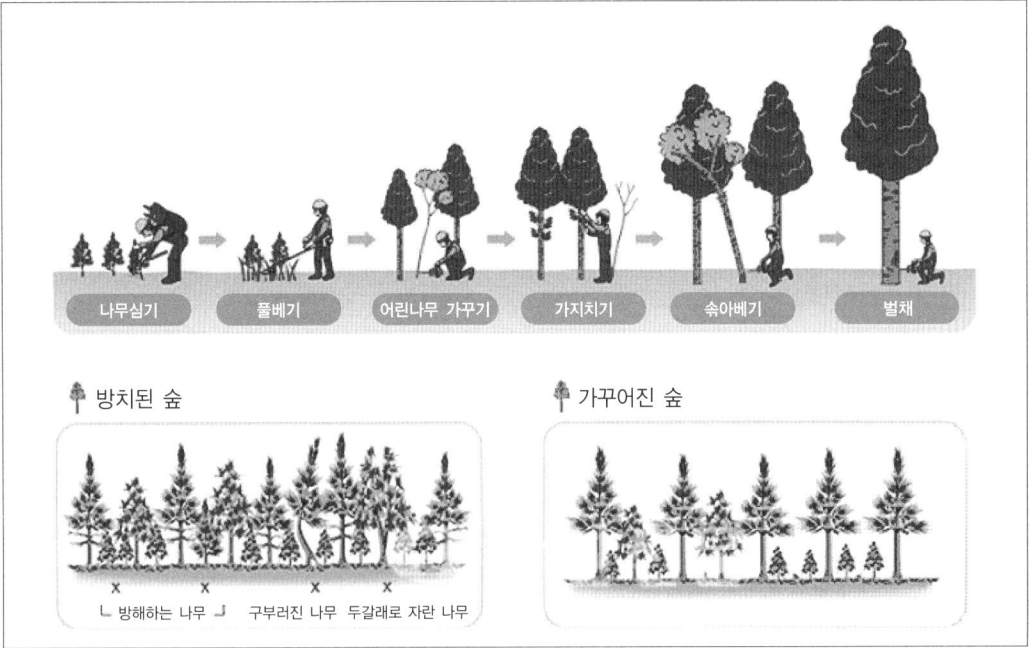

2. 숲가꾸기의 역할
(1) 생태계의 변화와 기능향상을 위한 숲의 기능 증진
① 조도 : 조도는 광량뿐만 아니라 임내 기후의 변화, 광합성, 갱신치수 발생기작, 토양부식, 습도 등에 영향을 주며, 솎아베기의 강도에 따라 크게 영향을 받는다.
② 온도 : 솎아베기에 의한 미세한 온도변화는 상대습도 및 생물학적 토양활동과 같은 다른 요소와 연계되어 숲 생태계 안에서 복합적인 변화를 준다.
③ 바람 : 숲에 의한 풍속의 감소는 임분밀도와 임분구조에 따라 크게 좌우된다. 숲가꾸기가 된 숲은 바람에 대한 안정성이 높아진다.
④ 물순환 : 숲가꾸기 작업은 물순환에도 영향을 주며, 가장 큰 영향을 주는 작업은 솎아베기이다. 솎아베기 강도가 증가할수록 수관투과량은 증가한다.
⑤ 지피식생 : 솎아베기 등 숲가꾸기 작업을 한 지역에서는 광선·온도·강수 등이 증가됨으로써 지피식생의 발생이 촉진된다.
⑥ 생물학적 토양활동 : 땅 속에 있는 지렁이·곤충·유충 등은 토양에 많은 작용을 한다.
⑦ 새와의 관계 : 숲가꾸기 작업에 의한 광선과 온도의 증가는 초본류와 관목류의 지피식생이 출현할 수 있는 조건을 만들어 주고, 이때 산림토양의 곤충과 소형동물은 증가한다.
⑧ 병·충해 : 임분밀도가 높은 침엽수에서는 임목들의 수관폭이 좁아지게 되어 나무들은 점차 활력이 약해지고 소나무좀에 대한 저항력도 떨어진다.
⑨ 생산성 : 숲가꾸기 작업으로 혼효율을 적절하게 유지함으로써 입지 생산력을 끌어올릴 수 있다.

(2) 나무의 형질개선
① 어린나무가꾸기와 솎아베기를 통해 임목의 형질을 높이고 재질이 나쁜 나무를 제거함으로써 수확단계에서 좋은 목재를 얻을 수 있으며, 가지치기를 통해 옹이가 없는 우수한 목재를 얻을 수 있다.
② 솎아베기는 나무의 재적을 증가시키기보다 형질이 좋은 임목생산에 집중함으로써 나무의 가치를 높인다.
③ 목재생산을 위해 기술적으로 좋은 숲가꾸기 작업으로 수관생장을 촉진할 수 있는 도태간벌이 많이 이용된다.

3. 새로운 개념의 숲 관리
새로운 숲 관리의 방향은 지속가능한 산림업, 생물다양성 유지, 종합적인 관리로 정리한다.

(1) 생태적 숲 관리와 환경적 숲 관리
① 생태적 숲 관리란 수종과 입지 사이의 생태적 원리를 중요하게 다루어, 수종선택과 혼효상태를 중요하게 보고 입지에 맞는 갱신을 강조하는 개념이다.
② 환경적 숲 관리란 환경이 인간을 안전하게 하고, 인간사회에 알맞게 이용되며, 토양, 물, 동·식물 등 모든 숲의 구성인자들을 보호할 수 있도록 숲을 가꾸고 갱신하는 것이다.

(2) 지속적이고 다기능적인 숲 관리(지속가능한 산림자원 관리지침, 산림청훈령 제1244호)
지속적이고 다기능적인 숲 관리는 산림생태계의 고유한 기능(목재생산, 보호, 휴양, 기후 및 물순환, 보건, 종과 생태계의 보전, 자연보전 등)을 지속시키면서 동시에 **차세대에서의 변화도 고려한 것이다.**

> **지속가능한 산림경영의 기준**
> 우리나라는 지속가능한 산림경영의 기준으로 7가지 중요 요소를 정하고 있다.
> ① 생물다양성 보전
> ② 숲생태계의 생산력 유지
> ③ 숲생태계의 건강도와 활력의 유지
> ④ 토양 및 수자원의 보전과 유지
> ⑤ 지구 탄소순환에 대한 숲 기여도
> ⑥ 사회적 수요를 충족시키기 위한 장기적이고 다양한 사회 경제의 편익의 강화와 유지
> ⑦ 숲의 보전과 지속가능한 산림경영을 위한 법 제도와 경제 구조

(3) 종합적인 숲 관리

숲은 나무뿐만 아니라 야생화·산채·암석·물·공기·야생동물·미생물·토양·휴양 등 모든 요소를 포함하므로, 숲 관리는 **인간만을 위한 것이 아니라 숲 구성원 모두의 기능과 역할을 발휘할 수 있도록** 해야 한다. 이를 위해 종합적인 시스템을 구축하고 관리하는 개념(종합산림업)이 되어야 한다.

> 📖 **숲 관리 개념의 변화**
> ① 18~19세기: 단위면적당 최대의 목재생산량 확보
> ② 20세기: 다목적 기능을 가진 숲 관리
> ③ 21세기: 지속가능한 숲 관리

4. 숲가꾸기의 종류

(1) 자연친화적인 임분무육

① 임분무육이란 벌채구역 내 수확을 위한 숲의 생육단계가 끝나고 다음의 새로운 숲 조성을 위한 갱신이 유도될 때까지 시행되는 모든 조림작업이며, 통상의 숲가꾸기 작업을 말한다.
② 임분무육에서 **자연친화적인 무육(생태무육)은 자연이 주는 여러 신호를 잘 파악하고 수용하여 산림기술적인 요소보다 생태적인 요소를 더 중시하는 방법**이다.
③ 생태무육은 해당 지역의 산림군락 분포와 입지를 조사한 후 원래의 임분형태와 생장속도를 최대한 고려한다.
④ 천연갱신, 천연림보육, 혼효림 조성, 복층림 조성, 가지치기에 의한 생육기간 및 생장속도 조절, 임내 정리 등을 통해 원래 숲 생태계의 구조와 기능에 가깝도록 가꾼다.

🌱 **동령림에서의 생육단계와 숲가꾸기 작업**

생육단계	특징	가꾸는 목적	가꾸는 방법	숲가꾸기 작업
치수림	임분이 시작될 때부터 임분울폐 직전까지의 단계	숲만들기	인공갱신, 천연갱신	치수무육: 갱신되는 어린나무의 보호(풀베기), 솎아주기, 보식, 혼효, 웃자란 나무 조절 등
유령림	임분울폐가 시작될 때부터 흉고직경 6cm 이상인 우세목이 임분 내 50% 이상일 때까지의 단계로, 고사지 발생, 임관층 분화 시작	경쟁조정	어린나무 가꾸기	잡목솎아베기, 어린나무가꾸기로 생육공간 확보, 불량목 제거
장령림	흉고직경이 10cm 이상인 우세목이 임분 내 50% 이하일 때의 임분	형질조정	미래목 가꾸기 및 솎아베기	미래목 선정 및 보육, 형질 및 생장 촉진, 가지치기, 경합목 솎아베기
성숙림	흉고직경 18cm 이상인 우세목이 임분 내 50% 이상일 때의 임분	수확갱신	수확 및 차세대 갱신준비	솎아베기, 대경재 수확, 갱신-새로운 숲 준비

(2) 입지개선

숲가꾸기 작업은 각각 입지특성에 따라 다르게 적용되어야 한다.

🌱 입지의 종류

종류	내용
자연적 입지	지형, 기후, 모암, 토양형, 토성, 토양습도 등
경제적 입지	산주나 산림관리지의 재정적 사정
정책적 입지	사회적 의무
기술적 입지	개인별 숙련상태, 작업장비 배치
법적 입지	산림법 및 관련 법규
관리상 입지	산림인, 산주, 산림관리자가 한 장소의 산림을 계속 관리하고 경영하는 기간 : 30년 정도가 적당하다는 의견이 있음.

5. 우리나라 숲가꾸기

(1) 1961년부터 1972년까지 산림법을 제정하고 연료림 조성사업을 실시하여 산림제도를 정비하고, 사방조림수종을 위주로 하였다.

(2) 1973년부터 1987년까지는 자원기반 조성 기간으로 제1차, 2차 치산녹화 10년 계획을 성공적으로 완성하여 국토 대부분을 녹화하였다.

(3) 1988년부터 1997년까지 산지자원화계획으로 산림소득 개발과 공익기능 증진을 위한 산지효용의 극대화에 중점을 두었다.

(4) 1998년부터 2007년까지는 숲에 대한 다양한 사회적 수요를 수용하고 세계적 추세에 맞춰 지속가능한 산림경영 기반구축을 목표로 하였다. 제4차 10개년 산림기본계획 후반기에는 8개의 주 수종과 12개의 부 수종을 포함한 20개 조림수종이 제시되어 기후대별로 적합한 수종을 권장하여 조림하였다.

> **📋 우리나라 숲의 공익기능 평가액(2018년 기준)**
>
> **온실가스흡수·저장기능 75.6조원(34.2%)**, 산림경관제공기능 28.4조원(12.8%), 토사유출방지기능 23.5조원(10.6%), 산림휴양기능 18.4조원(8.3%), 수원함양기능 18.3조원(8.3%), 산림정수기능 13.6조원(6.1%), 산소생산기능 13.1조원(5.9%), 생물다양성보전기능 10.2조원(4.6%), 토사붕괴방지기능 8.1조원(3.7%), 대기질개선기능 5.9조원(2.7%), 산림치유기능 5.2조원(2.3%), 열섬완화기능 0.8조원(0.4%)

> **📋 우리나라 숲의 공익기능 평가액(2020년 기준)**
>
> 온실가스흡수·저장기능 97.6조원(37.8%), 산림경관제공기능 31.8조원(12.3%), 산림휴양기능 28.4조원(11.0%), 토사유출방지기능 26.1조원(10.1%), 산림정수기능 15.2조원(5.9%), 수원함양기능 12.1조원(4.7%), 산소생산기능 11.6조원(4.5%), 생물다양성보전기능 11.6조원(4.5%), 토사붕괴방지기능 11.5조원(4.4%), 산림치유기능 6.7조원(2.6%), 대기질개선기능 5.3조원(2.0%), 열섬완화기능 0.6조원(0.3%)

7 기능별 산림자원 관리의 주요 사항

기능구분	관리목표	유형구분	목표산림	관리방법
목재생산림	양질의 목질생산, 공급	인공림	우량대경재, 우량중경재, 특용소경재	조림, 숲가꾸기, 수확 및 산물처리
		천연림		갱신, 숲가꾸기, 수확 및 산물처리
수원함양림	수질함양, 수질정화 기능증진	-	다층혼효림	조림, 숲가꾸기, 산물처리, 수확
산지재해 방지림	산림재해에 강한 산림	토사방비 보안림, 산사태 우려지, 산화우려 침엽수림, 병해충 우려 단순림	다층혼효림, 내화수림대	조림, 숲가꾸기, 산물처리, 공익목적 이외 벌채금지
자연환경 보전림	가치있는 건강한 산림자원 보전	보전형, 문화형, 학술 교육형	해당 법률의 지정취지를 살린 산림	조림, 숲가꾸기, 산물처리, 지정취지를 살리는 산림관리
산림휴양림	종다양성이 풍부한 특색있는 산림	공간이용, 자연유지 지역	다층혼효림	조림, 숲가꾸기, 산물처리, 수확
생활환경 보전림	생활권주변 쾌적한 환경 제공	공원, 경관형, 방풍·방음형, 생산형	다층혼효림, 계단식다층림, 우량대경재	경관, 특색수종, 침엽수 포함 특색수종 목재생산림

8 우리나라 산림의 복합관리

구분		단기소득 사업중심형	목재생산 중심형	복합산지관리형 (생태적 산지 관리형)
	개념	단기소득사업 위주	목재생산과 단기소득 사업을 절충	산림의 생태적 기능을 적극적으로 개발, 생물학적 생산량을 극대화
임지 선정 기준	산림면적	10ha 이상	10ha 이상	5ha 이상
	목재생산림 비율	50% 이상	70% 이상	90% 이상
대상자 선정기준		산림업에 전념하고자 하는 자로서 목재생산림 조성과 병행하는 단기소득종사자	산림업에 전념하고자 하는 자로서 목재생산림 조성에 비중을 두는 단기소득종사자	산림업에 전념하고자 하는 자로서 산림생태를 중시하는 산림관리자
대상사업기준		산지형태를 그대로 유지하면서 단기소득 품목을 중점 생산	산지형태를 그대로 유지하면서 일정 공간에서 단기소득 품목을 생산	• 목재생산림 하층식생으로 더덕, 산채류, 약초류 등을 재배 • 목재생산업과 방목업(염소 제외) • 목재생산림과 토종벌, 곤충
지원 기준	기반사업비 (작업로·방목장·표고재배사)	기반사업비의 100%	기반사업비의 100%	기반사업비의 100%
	생산사업비 (묘목구입비 등)	기반사업비의 50%	기반사업비의 50%	기반사업비의 100%
총사업비		50백만원 한도	70백만원 한도	150백만원 한도

9 국제장기생태연구

국제장기생태연구(International Long Term Ecological Research, ILTER)네트워크는 특정 연구지를 근거로 장기간에 걸친 생태학적·사회경제학적 연구에 종사하는 과학자들의 네트워크이다. ILTER의 임무는 지구 생태계를 깊고 폭넓게 과학적으로 이해하고 현재 및 미래의 환경문제를 해결하는 데 필요한 기초정보를 제공하는 것이다.

1. ILTER의 향후 10년간 목표

(1) 국가, 지역, 지구적인 차원에서 생태학 연구자들과 생태연구 네트워크 상호 간의 공동 연구 및 협력 연구에 대한 체계를 구축하고 장려한다.
(2) 세계 각지에서 설정된 연구지로부터 수집한 장기적인 생태연구자료를 공유·교환·발표할 수 있는 채널을 구축한다.
(3) 획득된 생태적 정보를 과학자, 정책입안자, 일반 대중에게 전달하고, 의사 결정자의 필요에 부응할 수 있는 최선의 생태계 관리방안을 발전시킨다.
(4) 차세대 장기 생태과학자들의 교육과 훈련을 담당한다.

2. ILTER의 이해

(1) ILTER는 네트워크들을 망라하는 총괄 네트워크이다. 회원들은 자국 내 연구지를 근거로 장기간에 걸친 생태연구에 종사하는 과학자들 간에 연결되어 있다.
(2) 많은 과학자들이 수백 군데의 연구지를 대상으로 자국 내의 네트워크와 지역의 네트워크를 통해 ILTER 네트워크에 연결되어 연구교류 시스템을 형성하고 있다.
(3) 우리나라는 ILTER 공식 가입국이며, 산림청 국립산림과학원에서 장기생태연구 프로그램을 수행하고 있다.
  ① 산림대 및 기후대를 감안하여 1994년 강원도 계방산 조사지를 시작으로 광릉 시험림(1998년), 남해 금산(1999년), 삼척 산불피해지(2000년), 제주(2004년) 총 5개소의 장기생태연구지를 운영 중이다.
  ② 계방산, 광릉 시험림, 남해 금산 3개소는 국제장기생태연구(ILTER) 공식 조사지로 등록되어 있다.
  ③ 장기생태조사지에서는 임분동태(숲의 수종과 산림군집 구조 변화), 생물다양성(식물, 조류, 포유류, 곤충류) 변화, 탄소순환, 기후변화 지표자로서 꽃과 잎이 피는 시기, 생산성 등 산림생태계의 제반기능과 구조에 대한 연구와 조사가 수행되고 있다.
  ④ 이 같은 연구와 모니터링 및 네트워크는 최근 착수한 다른 생태계에 대한 장기생태연구의 효시가 되고 있으며, 기후변화협약과 생물다양성은 물론, 현재 협상 진행 중인 GEO/GEOSS(Group on Earth Observation/Global Earth Observation System of Systems) 등 국제협약과 협상에 대응하여 산림생태계 연구분야의 주춧돌 역할을 하고 있다.

10 우리나라의 해외조림 사업

1. 해외조림의 의의
(1) 해외조림이란 우리나라 국민이 단독 또는 외국인과 합작으로 해외에서 산림자원을 개발하거나, 우리나라 국민이 해외 목재자원을 개발하는 외국인에게 개발자금을 융자하여 개발된 자원의 전부 또는 일부를 수입하는 것이다.
(2) 해외조림의 주목적은 우리 자본에 의한 대규모 해외 산림자원 개발사업을 추진하여 장기적이고 안정적인 목재 공급원을 확보하는 것이다.

2. 해외조림의 배경
(1) 국제적으로 자원을 보호하고 확보하려는 경쟁이 가속화되고 있다.
(2) 기후변화협약 교토의정서 발효에 따라 온실가스 감축 수단의 하나로 탄소배출권 조림에 대한 세계적 관심이 높다.
(3) 해외조림의 취지가 기존 목재자원 외에 바이오에너지 및 탄소배출권 확보를 위한 조림까지 확대되고 있다.
(4) 산림청에서는 해외산림개발기본계획을 수립하여 1993년부터 해외조림을 시작하였고, 해외조림지를 확보하여 국내 목재 수요를 충당하고 기후변화협약에 대비하여 탄소배출권을 확보하고자 계획하고 있다.
(5) 산림청에서는 해외조림을 활성화하기 위해 조림을 목적으로 해외자원 개발사업계획을 신고한 법인 또는 개인을 대상으로 해외조림 및 육림사업에 대한 경비를 지원하고 있다.
(6) 해외조림사업 지원의 법적 근거는 '해외자원개발사업'에 의하며, 재원은 '농어촌구조개선특별회계' 이다.

3. 해외조림사업의 주요 추진방향
(1) 수목의 생장여건이 좋고 지리적으로 가까운 동남아시아 지역에 우선 진출한다.
(2) 조림목은 원목 또는 가공목 형태로 국내로의 도입을 추진한다.
(3) 조림대상 임지에 대한 사전 타당성 조사비, 조림사업비, 육림사업비 지원을 확대한다.
(4) 투자진출국과의 산림업 협력체결을 통해 투자 안정성을 보장한다.
(5) 조림진출 유망국에 대한 투자환경 조사자료를 제공한다.
(6) 민간기업의 한계를 극복하고 1차산업의 경쟁력 약화에 대비하여 해외지원 사업단을 설립하여 체계를 다변화한다.

4. 해외조림 진출에 따른 기대효과

(1) 국내조림의 한계를 극복하여 안정적 목재 공급원을 확보할 수 있다.

(2) 국내 산림을 보호·육성하여 산림자원을 비축하고 공익적 수요기능을 축적할 수 있다.

(3) 국제적 환경운동에 참여하고 국가 이미지를 개선할 수 있다.

(4) 사업 진출국과의 협력을 강화하여 국가경쟁력을 향상시킬 수 있다.

5. 해외조림사업의 방향

(1) **산업조림**

① 원목, 제재목, 성형목재 등 목재자원확보를 주로 하는 사업이다.

② 산업용 자재를 공급하고 자금회수를 목적으로 국가 또는 정부가 사업적인 규모로 시행하는 조림이다.

③ 주요 조림수종은 유칼립투스, 알바지아(체육관 격파판용재), 아카시아, 망기움, 티크, 마호가니 등이다.

④ 주요 생산품목은 합판, 단판, 제재목, 성형목재, 펠릿 등이다.

(2) **바이오에너지조림**

① 목본식물을 이용하여 바이오에너지 원료 및 목질계 바이오매스 등을 생산하는 사업이다.

② 팜오일의 생산은 경제성으로 인해 대규모의 농장사업으로 확산되고 있다.

③ 주요 조림수종은 팜유나무, 고무나무, 자트로파 등이다.

④ 주요 생산품목은 바이오 오일, 고무 등이다.

(3) **탄소배출권조림**

1992년 기후변화협약(UNFCCC)을 채택하고, 이행을 위하여 1997년 교토의정서를 채택하여 온실가스 배출량 감축을 의무화하였고, 감축수단으로 공공이행제도(Joint Implementation, JI), 청정개발체제(Clean Development Mechanism, CDM), 배출권거래제(Emission Trading, ET) 등 시장원리에 입각한 제도들을 시행하였다.

6. 우리나라 해외조림의 현황

(1) 우리나라의 해외 산림자원 개발사업은 주)한국남방개발이 인도네시아에 진출했던 1968년부터이다.

(2) 목재자원의 장기적이고 안정적인 공급원 확보를 위한 정부지원 해외조림사업은 주)한솔홈데코가 1993년 호주 서부의 Collie지역에 조림한 508ha가 처음이다.

(3) **2019년 말 기준 14국가에 39개 기업이 진출하여 503천ha 해외조림을 실시(한상기업 포함)하였다.**

(4) 해외조림사업으로 식재된 수종은 유칼립투스, 라디아타소나무, 터미널리아, 아카시아, 고무나무, 히비스커스, 마호가니, 페로네마, 알비지아, 목마황, 잣나무 등이다.

11 산림의 역사

1. 지질시대

(1) 인류역사의 시작인 1만년 전을 기준으로 지질시대라고 한다.

🌱 지질시대의 특징

구분		특징
고생대	실루리아기	하등한 양치식물이 상륙
	데본기	석송, 속새류, 고사리 등 양치식물이 번성
	석탄기	대형 양치식물이 거대 숲을 형성
	페름기	소철, 소나무, 전나무, 은행나무 등의 겉씨식물이 나타남.
중생대	백악기	속씨식물인 활엽수가 나타남.
신생대	제3기	초본류가 급격히 증가

(2) 육상식물의 출현은 선태식물(이끼류), 양치식물(양의 치아처럼 갈라진 모양, 고사리류), 구과식물(낙우송과, 측백나무과, 소나무과), 현화식물(겉씨식물과 속씨식물)의 순이다.

2. 우리나라 산림의 변천

🌱 국내산림의 변천과 특징

기간	특징
1만 7천년~1만 5천년 전	가문비나무속, 전나무속, 낙엽송
1만 5천년~1만년 전	• 한랭기후 • 초본류, 고사리류
1만년~6700년 전	• 온난습윤기후 • 온대성낙엽활엽수
6700년~4500년 전	• 온난건조기후 • 소나무류, 참나무류, 서어나무 속 번성
4500년~1400년 전	• 한랭습윤기후 • 참나무속, 소나무류, 서어나무류, 개암나무, 느릅나무, 가래나무 속
1400년~현재	소나무류, 참나무

CHAPTER 03 산림의 종류

1 교림과 왜림

1. 교림
(1) 산림을 구성하는 나무가 **종자로부터 발달되었을 경우**가 교림(喬林, 高林)이다.
(2) 대체로 **침엽수종**이 교림을 형성한다.

2. 왜림
(1) **움(sprout)이나 뿌리움(root suckers)**이 숲을 형성할 경우가 왜림(矮林, 低林)이다.
(2) 단기간으로 연료재나 펄프 용재 등을 생산할 때 이용되며, 대체로 **활엽수종이 왜림을 형성**한다.
(3) 예외적으로 일부 참나무류는 맹아로써 용재를 생산하는 높은 숲을 형성하여 교림에 해당된다.

3. 중림
교림수종과 왜림수종이 같은 임지에 자랄 때를 중림(中林)이라 한다.

2 천연림과 인공림

1. 천연림
(1) **천연림은 순전히 자연의 힘으로 이루어진 것**으로 인간이 적극적으로 경영 관리를 하지 않은 숲이다.
(2) 산불 또는 인간으로부터 심한 피해를 받으면 천이가 발생하는데, 오랜 시일을 지나는 동안 천이가 발생하지 않은 극성상의 산림을 원시림 또는 처녀림이라 한다.
(3) 천연림과 원시림은 비슷한 의미이나, **원시림은 더욱 엄격하게 제한하여 오랫동안 산불·벌채·극심한 병충해 등의 해를 받은 적이 없는 산림**이다.

2. 인공림
인력으로 조성된 임분으로, 묘포에서 양성된 묘목 또는 사람이 얻어 모은 종자에 의해서만 형성된 것이 아니라 천연 갱신에 의한 산림이라도 사람의 힘이 가했을 때는 인공림으로 본다.

3 순림과 혼효림

1. 순림과 혼효림의 개념

(1) 산림을 구성하는 수종의 수에 따른 분류로, 한 수종으로 구성된 것은 순림이고, 두 가지 이상의 수종이 혼생하고 있으면 혼효림이다.

(2) 엄격한 의미의 순림은 거의 없지만, **산림을 구성하는 수종을 대체로 한 수종으로 취급해도 무방할 때는 순림이 된다.**

(3) 혼효에 있어서도 수종이 고르게 섞여져 있는 단목혼효(single tree mixture)와 무더기로 섞여져 있는 군상혼효(group mixture), 그리고 줄로 섞여진 열상혼효(strip mixture) 등이 있다.

(4) 우리나라의 전국산림자원조사요령이나 영림계획 작성 및 운영요령에서는 **한 수종의 수관 점유면적이나 입목본수비율이 75% 이상인 임분을 순림으로 규정하며, 침엽수, 활엽수, 혼효림으로 구분되는 임상도 75%의 기준이 적용**된다.

2. 순림 형성의 이유

(1) 인공조림의 순림 형성

(2) **기상, 토양조건의 극단성**으로 특정 수종의 생존에만 유리한 경우

(3) 강한 **음수(陰樹)수종**이 다른 나무에 피음을 주어 경쟁에서 이긴 경우

(4) 산불 후에 **양수(陽樹)의 순림**이 나타나는 경우

(5) 종자에 다량의 저장양분을 축적하여 **다른 수종 유묘와의 경쟁에서 이긴 경우**

3. 순림의 장점

(1) 원하는 수종으로 쉽게 임분을 조성하며, 가장 유리한 수종만으로 임분을 형성할 수 있다.

(2) **산림작업과 경영이 간편하고 경제적으로 유리**하게 수행될 수 있다.

(3) 임목의 벌채비용과 시장성이 유리하게 될 수 있고, 경관상 더 아름다울 수 있다.

4. 혼효림의 장점

(1) 심근성과 천근성 수종이 혼생하여 **내풍성이 증가하고 토양 단면공간이용이 효과적이다.**

(2) **수관에 의한 공간이용이 더 효과적이다.**

(3) 유기물의 분해가 빨라져서 **무기양분의 순환이 더 원활하다.**

(4) 혼효림 내의 **기후상태의 변화 폭이 좁아진다.**

(5) 각종 피해인자에 대한 저항력이 증가한다.

5. 동령 혼효림을 성공시키는 데 고려할 점

(1) 될 수 있는 대로 **음수와 양수를 혼효**한다.

(2) 수종의 혼효가 지력을 소모시키는 경우가 적어야 한다.

(3) **생장 속도와 반응이 비슷해야 한다.**

(4) 비슷한 윤벌기 내에 성숙하는 것이 바람직하다.

(5) **내음성이 비슷할 경우 생장이 느린 수종을 먼저 심는다.**

(6) 단목혼효는 기술, 경제적으로 어려워 열상 또는 군상 혼효가 바람직하다.

(7) 간벌작업을 통하여 혼효의 비율을 바람직한 상태로 조절해준다.

4 침엽수림과 활엽수림

1. 침엽수림
경제림의 조성을 위해 침엽수종이 식재된다.

2. 활엽수림
활엽수종은 임지의 비옥도를 높이는 힘이 강하다.

5 동령림과 이령림

1. 동령림(even-aged forest)

(1) 모든 나무의 나이가 같을 경우이나 임분을 구성하는 개체목 수령의 범위가 평균임령의 20% 이내이면 동령림으로 본다.

(2) 모두베기작업, 모수림작업, 산벌작업에 의하여 이루어진 인공림은 대개가 동령림이다.

(3) 동령림 임목이 단목적 또는 군상으로 해를 받아 죽으면 부제림(不齊林)이 된다.

(4) **동령림의 경제적 장점**

  ① 조림 및 육림작업·축적조사·수확 등이 더 간편하다.
  ② **단위면적당 더 많은 목재를 생산**할 수 있다.
  ③ 육종된 수종을 인공식재하여 **벌기를 더 단축**시킬 수 있다.
  ④ 생산되는 **원목의 질이 우량**하며 **규격이 고르다.**
  ⑤ 제벌·간벌 등의 **중간벌채가 더 쉽게** 이루어질 수 있다.

2. 이령림(異齡林)

(1) 한 임분을 구성하는 개체목들의 나이가 서로 다른 임분으로 우리나라 서해안의 해송림의 이층림(二層林)이나 열대지방의 다층림(多層林) 등이다.

(2) 일정한 주기로 상층목을 벌채하고 갱신시키는 택벌작업에 의해 조성되는 임분도 전형적인 이령림이 된다.

(3) 이령림의 특별한 경우로서 **한 임지가 1년생에서 벌기에 이르는 모든 영급(age class)의 나무를 가지고 있으면 전령림(全齡林)이 된다. 전령림의 흉고직경분포는 '역J자형 곡선'이** 된다.

(4) 한 임분 내에 직경분포가 몇 개의 영급으로 구분되며, 전체적으로 역J형 곡선을 만든다면 이와 같은 임분은 균형이령임분이라고 하며, 실제로 이것은 전령형으로 취급된다.

(5) 수령의 범위가 같은 50년이라고 할지라도 수령구성이 1~50년생이라면 이령림으로 취급되어야 하지만, 200~250년생인 경우에는 동령림으로 취급될 수 있다.

(6) 동령림과 이령림은 생물적 관점에서 볼 때 차이가 나타난다.

(7) **이령림의 경제적 장점**
   ① **지속적 수입이 가능해 소규모 임업경영에 적용**할 수 있다.
   ② 주기적 벌채로 가치가 없는 개체목을 제거할 수 있다.
   ③ 벌채는 시장성을 생각하여 탄력성 있게 할 수 있다.
   ④ **천연갱신을 하는 데 유리**하다.
   ⑤ 병충해 등 **각종 유해인자에 대한 저항력**이 더 높다.

🌱 **동령림과 이령림**

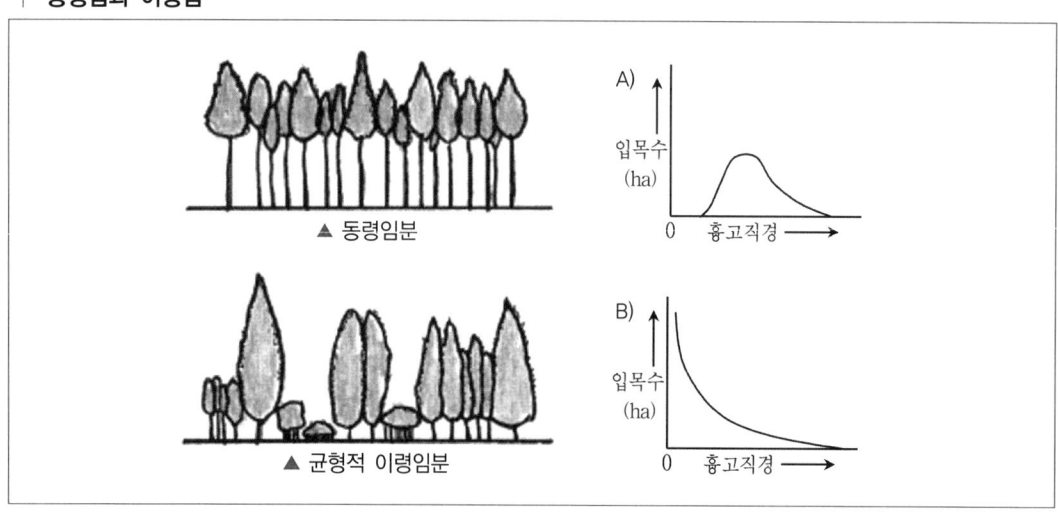

동령림과 이령림의 비교

구분	동령림	이령림
임관	얇고 수평적	깊고 복잡
풍해	작업상 주의	거의 없다.
소경목	피압된다.	장차 유용입목으로 된다.
갱신	단기적	윤벌기 전체에 걸친다.
지력	감퇴	유리
입지정비	불량수종의 정비가 쉽다.	정비가 어렵다.
내해성	병충해의 위험이 많다.	병충해의 위험이 적다.
임상유기물	일시에 다량이 쌓여 산불 등 위험성의 재료가 된다.	위해의 정도가 낮다.

6 경제림과 보안림

1. 경제림

(1) 경제림이란 **목재·수피·잎·수지 등의 물질적 생산을 하기 위하여 경영되는 산림**을 말하며 우리가 경영하는 대부분의 산림은 경제림에 속한다.

(2) 경제림은 투입된 자본 또는 비용과 얻어지는 수확 즉 수익이 비교 검토된다.

2. 보안림

산림에서 직접 물질적인 것을 얻는 데 목적을 두지 않고 국토보존·경관유지·야생동물보호·수원함양·보건 휴양 등의 **비생산적인 간접적 이익에 주목적**을 둘 때 이러한 산림을 보안림이라 한다.

3. 다용림

경제림과 보안림의 구실을 함께 하는 산림을 말하며, 용재의 생산을 하면서 아울러 목축경영, 약초생산, 휴양경영 등 다방면으로 경영하는 것을 의미한다.

CHAPTER 04 임분밀도

1 임분밀도의 개념

1. 임분밀도

(1) 임분밀도는 임분의 자원 이용도와 개체목간의 자원에 대한 경쟁정도를 나타내는 것으로, 생장과 수확을 조절하는 중요한 개념이다.

(2) 밀도의 보육형식 즉, 밀도조절의 내용에 따라 간벌재 및 주벌재의 양과 질의 변화가 있게 되어 식재밀도·보육형식·생산된 목재의 양과 질의 관계 등을 파악한다.

(3) 목재를 생산하는 임지의 잠재능력은 지위에 의하여 결정되고, 또 일정한 입지 위에서 이루어진 실제 생장은 그 입지 위에 현존하는 수목의 양과 종류 및 분포에 의하여 결정된다.

(4) 임업경영이란 단위면적에서 가장 많은 물질을 생산하는데 그 목적이 있고, 그 가치가 큰 것이 요구된다. 이 경우 문제가 되는 것은 단위면적당 식재 할 묘목의 수, 즉 식재밀도로서 이것은 수종이나 또는 지역 및 조림할 사람에 따라 다르다.

(5) 식재밀도는 목재가 부족하고 소경재의 수요가 증가하면 밀식으로, 노동력 부족과 노임 상승의 대안으로는 소식을 선택한다.

2. 밀도의 법칙

(1) 생태학적으로 볼 때 식재 후 곧바로 임분의 울폐가 나타나 경쟁의 상태로 들어갈 수 있고, 물질생산 총량이 빠른 시간 내에 최고치에 달하게 된다.

(2) **밀도가 높으면 지름은 가늘지만 완만재가 되고, 소립시키면 초살형(梢殺型)이 된다.**

(3) 일정 면적으로부터 생산되는 양은 어느 밀도까지는 본 수가 많을수록 증가하지만, 어떤 밀도를 초과하면 면적당 총생산량은 일정하게 되는데, 그 최대밀도는 수종에 따라 다르다.

(4) **밀도가 높을수록 총생산량 중 가지가 차지하는 비율이 낮고 간재적의 점유비율이 높다. 밀립상태에서는 가지와 마디가 적은 목재가 생산된다.**

(5) 밀도가 지나치게 높은 임분에 있어서는 단목의 생활력이 약해지고 임분의 안정성이 감소되므로 간벌의 필요성이 있다.

(6) 밀도는 수고생장에는 큰 영향이 없고, 직경생장에 더 큰 영향을 주며, 소립할수록 흉고직경이 커지고 단목재적이 빨리 증가한다.

3. 밀식의 장점

(1) 밀식은 수관의 폐쇄가 빨리 온다.
  ① **표토의 유실과 토지의 건조를 방지하고, 개벌에 의한 지력의 감퇴를 감소한다.**
  ② 가지가 가늘게 되고 고사가 빨리 진행되어 **가지치기의 노임이 감소한다.**
  ③ **풀깎기 기간을 단축시켜 비용을 절약한다.**
(2) 나무 사이에 경쟁이 일어나 연륜폭이 균일하고 조밀하게 되어 우량한 건축재의 생산에 유리하다.
(3) 간벌의 수입이 생긴다.
(4) 제벌·간벌에 있어서 선목에 여유를 두어 형질이 우량한 나무를 더 많이 남길 수 있는 탄력성을 갖추어 우량한 임분의 구조로 유도한다.

4. 밀식의 단점

(1) 식재지의 사전준비가 더 알뜰해야 하므로 **조림비가 증가하고** 소요되는 **묘목의 수도 많아지며 초기의 풀깎기 작업도 더 번거롭다.**
(2) 식재할 묘목의 수가 많아져서 **노동력의 부족과 식재에 부주의하기 쉽다.**
(3) **밀식된 임분은 근계의 발달이 약하여 바람에 대한 저항력이 작으며,** 밀식임분을 방치하면 생존경쟁에 의해 임분에 소밀(疏密)이 생기고, 수고(樹高)변이의 양이 많아진다.

2 밀식조림에 관계되는 인자

1. 생산재 규격
소경재(小經材)의 생산은 밀식이 좋고, 대경재의 조기 생장에는 소식이 유리하다.

2. 노무사정
밀식은 초기의 노임이 증가하여 부득이하게 소식하게 된다.

3. 임지의 생산력
비옥하면 나무의 성장이 빠르므로 소식하고, **지력이 낮으면 밀식**하여 지력유지와 조기폐쇄를 유도한다.

4. 수종의 성질
양수(陽樹)는 소식하고 음수(陰樹)는 밀식한다. 활엽수의 대부분과 소나무, 해송의 침엽수는 소식을 하면 느티나무처럼 굵은 가지를 내고 곡간(曲幹)이 되며, 형질이 나빠지기 쉬운 수종은 밀식하는 것이 좋다.

5. 위해의 다소

소나무처럼 피해가 많은 수종 또는 임지에 **위해의 다소를 생각하여 밀식**한다.

6. 지리적 조건

교통이 불편한 오지림의 경우에는 목재의 운반이 어려우므로 소식한다.

7. 산림소유자의 경제사정

초기 투자가 어려운 경우에는 밀식이 어렵다. 조림비를 절약하면서도 밀식의 효과를 증가시키기 위해서는 군상식재가 권장된다.

8. 수종(또는 품종)과 식재밀도

소나무는 양수이므로 소식을 하면 굵은 측지가 발달하고, 밀식을 하면 수고·지하고 등이 높아져서 좋은 형질의 임분이 만들어지므로 **용재(用材) 생산에는 밀식**하는 것이 좋다.

3 밀도이론

1. 밀도효과

(1) 일정 공간에 서식하는 생물의 수를 변화시키면 개체의 크기·모양·다음 세대의 증식률 등에 변화가 있게 된다.

(2) 지력·수광량 등의 환경조건을 같게 하고 이곳에 식물을 심어 면적당 개체 수를 변화시키면 개체당 평균중량은 밀도가 증가함에 따라 작아지는 것이 밀도효과이다.

(3) 밀도효과는 C-D효과(competition-density effect)이다.

(4) C-D 효과식은 $wp^a = K$이다(w: 건물중량 또는 생중량 또는 용적, p: 개체밀도, K: 일정치). 기본 요건은 같은 수종일 것, 생육단계가 같은 동령림일 것, 입지조건이 비슷할 것 등이며, 적합성에 다소의 차이가 있지만, 식물체의 잎, 줄기, 뿌리, 가지 등에 적용된다.

2. 최종수량일정의 법칙

(1) 평균 개체중량이 W, 한 개체가 점유하는 평균면적을 S라 하면 $W = KS^a$이다. a(C-D지수)는 식물 군락의 공간이용률을 나타내는 수치로 a = 1일 때 면적이 완전히 이용되는 상태이다. 평균 개체 중량은 주어진 평균 점유면적에 비례한다.

(2) C-D지수 a는 면적당 잎의 밀도, 즉 울폐도이다. a(C-D지수)가 1보다 작으면 아직 잎의 밀도는 최대밀도에 미달한다.

(3) 밀식조림은 a = 1의 상태로서 그 수종이 가질 수 있는 최대한의 엽량을 가지는 상태로 임분을 형성하는 것이다.

(4) w는 평균개체중량, p는 밀도이므로 wp는 그 임지상의 전수량이다.
(5) 입지조건이 비슷할 경우 완전울폐, 즉 a = 1의 상태로 되면 그 토지의 전수량은 밀도에 관계없이 일정치(K)가 된다. 이것을 최종수량일정의 법칙이라 한다.

3. 밀도효과와 입지조건
(1) 입지조건이 달라지면 C-D효과에 변화가 생긴다.
(2) 비배효과는 소식일 때 크고, 밀식일 때 적은데, 그것도 울폐되기 이전에는 효과가 크지만, 울폐가 충분해지면 그 효과는 감소된다.
(3) 비료의 유무나 토심에 상관없이 C-D직선은 모두 45°의 경사를 이루고 평행하며, 각 구 모두 최종수량 일정의 상태에 이르고 C-D효과가 성립되고 있다.

4 임분밀도의 측정

1. 입목도와 임분밀도
(1) **입목도**
우량 임분이 지니고 있어야 할 임목의 수에 대한 현실임목의 수로, 현실 임분의 상태를 나무의 수를 이용하여 주관적으로 입목도의 상·중·하 등으로 나타낸다.

(2) **임분밀도**
① 임분밀도는 임분의 발달과정에 따라 가지고 있어야 할 양을 기준으로 하여 표현한다.
② 임목의 양적 표현으로 흉고단면적, 재적, 임목의 수 등을 계수치 등으로 나타내거나, 단위면적에 대한 임목의 수, 흉고단면적의 합계, 또는 재적의 절대치로 나타낼 수 있다.

2. 임분밀도의 척도
(1) **절대적 척도와 상대적 척도 2가지로 분류**
① 절대적 척도는 임분측정치를 직접 밀도의 척도로 사용한다(단위면적당 임목본수, 재적, 흉고단면적, 수관점유면적).
② 상대적 척도는 기준이 되는 임분의 수치에 대한 상대적인 숫자로 표현한다(입목도, 상대밀도, 임분밀도지수, 상대임분밀도).

(2) **경영적인 측면의 임분밀도의 척도**
① 단위면적당 임목본수 : 측정이 가장 간편한 것으로서, 지위와 생육단계가 같은 동령단순림에 있어서 유용한 임분밀도의 척도이다.
② 단위면적당 재적 : 대부분의 임업경영 목표들이 직·간접으로 재적과 결부되어 있고, 직접적인 밀도의 척도로 사용되기보다는 입목도와 같이 표준재적에 대한 상대적인 값으로 표현된다.

③ 단위면적당 흉고단면적
  ㉠ 단위면적 내 포함되는 모든 개체목의 흉고단면적의 합계이며 m^2로 측정된다.
  ㉡ 비교적 측정이 용이하면서 동시에 재적과의 상관관계가 높아 정량간벌의 척도로 가장 많이 이용된다.
  ㉢ 측정이 용이하고, 수확표만 있으면 재적의 환산이 잘 될 수 있다는 장점이 있으나, 임령과 지위에 대한 정보에 의존해야 해서 임령과 지위의 결정이 잘못되면 오차가 커지며 나무의 크기에 관련시킬 수 없다는 단점이 있다.
  ㉣ 측정하고자 하는 임분이 수확표가 조제된 내용과 잘 부합될 때는 흉고단면적으로 재적의 추정이 잘 될 수 있다.

④ 입목도
  ㉠ 비교 가능한 이상적 임분 또는 표준임분의 임분밀도에 대한 현실임분 임분밀도의 상대적 비율을 나타내는 것이다.
  ㉡ 실제임분은 경영목적상 이상적인 표준임분과 비교하여 과대, 과소축적 될 가능성이 있으므로, 표준임분 또는 이상적 임분의 밀도가 경영목적상 의미를 가져야만 입목도에 대한 개념 또한 의미를 갖게 된다.
  ㉢ 영림계획 운영요강에서 입목도는 수확표상 정상임분의 축적에 대한 현실임분축적의 백분율로 정의되며, 유령림 등과 같이 축적산출이 곤란할 때는 입목본수로 산정한다.

3. 임분밀도의 측정방법

(1) 목측법
임관의 울폐도를 육안으로 관찰하는 방법이다.

(2) 수확표법
① 동령인공림에서 만들어진 수확표로 흔히 사용되고 있는 방법이다. 정규수확표는 입목도가 충분한 동령의 순림에 있어서 지위가 같을 때의 평균치로 주어지는 것이다.
② 특정 임분밀도를 나타내려면 같은 임령, 같은 지위에 대한 수확표상의 흉고단면적·임목의 수·재적 등의 수치를 비교하여 나타내며, 이 중에서 흉고단면적이 가장 많이 사용되고 있다.

(3) Reineke의 임분밀도지수법
① Reineke의 임분밀도지수법(stand-density index; SDI)은 어떤 임분의 밀도를 예정한 높은 수준으로 집약적인 시업을 하고자 할 때 좋은 기준이다.
② 임분직경이 기준이 되며, 임령과 지위에 거의 영향을 받지 않는다.
③ 많은 수확표를 검토하여 적정주수밀도를 직경 대 1ha당 주수로 분석한 결과를 식으로 나타내었다.

$$\log N = K - 1.605D$$
N: 1ha당 본 수, K: 수종에 따른 상수, D: 평균임분직경(cm)

④ 실제 임분밀도 100은 존재하지 않고, 소나무는 임분 밀도지수가 30%일 경우 완전밀도라 하고, 음수의 경우는 50~60%에 해당하면 완전밀도로 인정한다.
⑤ 임분밀도지수는 흉고단면적에 기초를 두는 경우와는 달리 간벌관리의 내용을 명료하게 할 수 있고, 흉고단면적의 합계가 일정치를 유지한다 하더라도 시간이 경과함에 따라 감소되기 때문에 밀도의 측정기준으로서 매우 유익하여 실질적 적용가치가 있다.

(4) 수관경쟁법

① 임분밀도를 생물학적 원리를 적용한 것으로서 고립목의 수관폭은 그 줄기의 직경과 높은 상관을 지니고 있으며, 수고생장의 억압정도를 나타내는 좋은 기준으로 사용될 수 있다.
② 수관경쟁법은 임령과 지위에 관계되지 않은 그 종의 다른 생물학적 특성에도 관계가 있고, 한 나무가 이용할 수 있는 최대한의 생육영역과 임분 내에 있어서 자랄 수 있는 최소한의 필요한 면적에 대한 자료에도 관계가 있다.
③ 최대 수관 면적은 흉고직경을 기준으로 단위면적당 고립목이 가질 수 있는 수관면적에 대한 백분율로 표시한다.

(5) 현장법

현장의 경험으로 수고와 흉고직경 등을 기준으로 한다.

(6) 생육영역법(생육거리법)

생육영역이란 한 나무에 의해 점유되는 면적이며, 수목 간의 거리를 산출하는 방법이다.

(7) 수간의 세장성과 밀도

① 동령림의 밀도는 수목 줄기의 세장도(細長度)로써 나타낼 수 있는데, 임분밀도가 높으면 직경생장은 수고생장에 비해 감소하여 수간이 세장하게 되고 밀도가 낮으면 반대가 된다.
② 음수는 밀도가 높은 임분 내에서도 비교적 직경생장을 할 수 있기 때문에 양수에 비해 세장도지수의 값이 낮다.

(8) 점밀도(중심밀도)

한 지점에서 볼 때 한 나무의 수간직경으로 포용되는 각도는 1ha당 흉고단면적으로 나타내며, 어떤 면적상의 밀도보다는 임분 내의 어떤 지점에서 측정한 흉고단면적이란 의미이다.

CHAPTER 05 임분 구성

1 수관급

성숙림의 임분구조는 임관을 구성하는 각 개체목 수관의 크기와 위치에 따라 구분한 수관급(樹冠級, crown classification)으로 설명한다. 동령임분은 상층임관을 구성하는 임목과 하층임관을 구성하는 임목으로 크게 구별하며, 세분하여 5등급의 수관급으로 구분하는데 우리나라는 우세목, 준우세목으로 표현한다.

1. 상층임관을 구성하는 수목

(1) 1급목(우세목, dominant tree)

수관의 발달이 이웃 나무 때문에 방해된 적이 없으며, 또 확장되거나 기울어지지 않고 수관형태에 이상이 없는 것이다.

(2) 2급목(준우세목, co-dominant tree)

수관이 이웃 나무에 의하여 방해되거나 줄기생장이 기울며 형태가 불량한 나무로서 이것은 다시 다음과 같이 5가지로 구분한다.

① 수관 발달이 지나치게 왕성하거나 위치가 매우 위로 뛰어난 것
② 수관 발달이 과약하고 줄기가 매우 가는 것
③ 나무 사이에 끼어 수관이 압박을 받아 기울게 생장한 것
④ 줄기가 굽거나 갈라진 것
⑤ 피해를 받은 나무 또는 병에 걸린 나무

2. 하층임관을 구성하는 수목

(1) 3급목(중간목, intermediate tree)

수관과 수간형은 정상이지만 생장이 다소 늦어진 것으로, 이웃 나무가 제거되면 상층목으로 발달할 수 있는 소질이 있는 것이다.

(2) 4급목(피압목, suppressed tree)

아직 살아있지만 피압을 받아 장차 좋은 나무로 발달할 여지가 없는 것이다.

(3) 5급목(고사목, dead tree)

넘어진 나무나 죽은 나무이다.

2 활엽수에 대한 수관급

활엽수에 대한 수관급으로 덴마크에서 고안되었다.

1. 주목(主木)
곧은 수간과 정상적인 수관을 가지는 것으로서 그 생육을 조장시킨다.

2. 유해부목(有害副木)
주목의 수관 유지 등에 지장을 줄 수 있는 것으로서 제거한다.

3. 유요부목(有要副木)
주목의 지하간(地下幹)의 길이를 길게 하기 위해서 남겨두어야 할 필요성이 있는 것이다.

4. 중립목
위의 어떤 것에 소속되는지 확실하지 않으므로 간벌할 때 일단 그냥 남겨두었다가 다음번 간벌에 고려해야 할 나무로서 마지막 간벌 때까지 남게 되는 것도 있다.

3 수관급의 연속성과 동반성

(1) 임업경영의 대상으로 수관급에 나타나는 특징은 양극단의 것부터 중간적인 것이 있어서 연속적으로 각 단계의 변화가 나타나게 되어 수관형의 연속성 또는 부정성(不定性)이 되는데, 그 중간은 주관에 따라 소속이 판정된다.

(2) 수관급은 한 나무가 몇 가지의 특성을 함께 동반함으로써 주관적 판단에 좌우되는 경우가 있고, 1급목과 2급목의 분별이 애매한 경우가 생긴다.

(3) 산림이 인공적으로 조성되었을 때 초기에는 구조가 비교적 단순한 단층의 식생으로 되고, 성목단계로 들어가면서 식생에 층화가 일어나 관목류로 된 하층의 식생이 생겨나며 시간이 경과하면 부임관층이 뚜렷해진다.

(4) 오래된 혼효침엽수림에 있어서는 상층목 위로 올라가는 초강목(emergent tree)도 있을 수 있다.

(5) 지력이 좋을수록 각층의 밀도는 높아지며, 지위가 다르게 되면 그곳에 나타나는 종적구성도 달라진다.

(6) 활엽수종은 지력에 대한 요구도가 침엽수종보다 높으므로 식생천이의 후단계에 가서 임분의 우점적 위치에 놓이게 된다.

(7) 침엽수종은 더 건조한 곳에서 우점종이 된다.

CHAPTER 06 임분의 성장과 발달

1 임분의 성장

1. 성장과 그 해석

(1) **엽량과 임목의 성장**
① 성장은 무기물을 흡수하여 유기물을 합성하고 이것을 축적시켜 나무가 부피를 증가시키는 현상이다.
② 임업의 주생산물은 목재이고 그 원소조성을 보면 1/2 정도는 탄소(C)이고, 수소(H)와 산소(O)를 합하면 99%이다.
③ 성장량이 크기 위해서 엽량증가와 광합성의 증가, 호흡량 감소가 필요하다.
④ 성장량을 엽량으로 나누면 잎의 능률이 되며 순동화율(net assimilation rate; NAR)이다. 순동화율은 단위엽량의 광합성량에서 그 호흡량을 뺀 표면상의 광합성량에서 비광합성계의 호흡량을 엽량으로 나누어서 뺀 값이다.
⑤ 엽량을 개체의 무게로 나눈 것, 즉 중량에 비례시킨 엽량의 다소를 엽면적비(leaf area ration; LAR) 또는 엽중량비(leaf weight ratio; LWR)라고 한다.
⑥ **단위면적당 엽면적을 임지면적으로 나눈 값이 엽면적지수(leaf area index; LAI)이다.**
⑦ 단위면적당 성장속도가 증가한다는 것은 수량 그 자체가 증가되는 것으로서 단위면적당 성장속도를 수량성장속도(crop growth rate; CGR)라고 한다.

2. 성장속도의 방향과 예

(1) 성장의 속도는 엽량과 그 능률로써 결정되고 수량을 증가시키기 위해 순동화율을 증가시키며, 엽면적지수를 크게 하는데 중점을 둔다.
(2) 성장이 빠른 포플러류의 순동화율이 월등하게 높지 않은 것은 생육 초기의 잎에 대한 생산물질의 분배율이 높고 엽량이 비교적 처음부터 더 많았다는데 그 이유가 있다.
(3) 장일처리를 하면 소나무묘의 성장량이 증가하는데, 증가부분은 지상부이고 근계에는 변화가 거의 없다.

2 임분 발달

조림작업은 수목개체만을 상대로 하는 것이 아니라 임분의 재적·가치·구성 등도 포함된다. 임분의 총생산은 간벌, 연평균생장량, 정기평균성장, 총성장, 순성장 등을 종합하여 해석한 윤벌기간 중의 총량이며, 용적 또는 중량단위로 표현한다.

동령순림(同齡純林)의 발달은 임분의 발육단계, 임령, 지위, 수종, 밀도, 임분관리, 성장 등을 표현하는 단위에 따라 달라진다. 임분의 발달은 여러 가지 요인의 영향을 받기 때문에 그 상호작용도 고려한다.

1. 동령임분

동령임분(同齡林分)의 발달은 구조적으로 매우 단순하다. 즉, 모두베기작업·모수작업·선별작업 등에 의하여 나타나는 동령림은 윤벌기 동안에 비교적 균일한 임분구조를 가진다. 밀도조절을 통해 생장 및 하층식생을 조절하여 바람직한 임분구조로 유도함으로써 목재생산은 물론 야생동물 서식지, 미학적 가치 제고 등 경영목적에 맞는 동령림을 발달시킬 수 있다.

> **미국의 동령임분의 분류**
> ① 치수(稚樹, seedling) : 수고가 1m 이하인 것
> ② 소형 유목 : 수고가 1~3m의 것
> ③ 대형 유목 : 수고가 3m 이상, 직경이 10cm 이하의 것
> ④ 소형 성목 : 흉고직경이 10~20cm의 것
> ⑤ 대형 성목 : 흉고직경이 20~30cm의 것
> ⑥ 성숙목 : 흉고직경이 30~60cm의 것
> ⑦ 과숙목 : 흉고직경이 60cm 이상의 것

(1) 이상임분

① 동령단순림의 임분 발달단계는 미세입지(微細立地), 수종, 밀도, 각 임목의 유전적 형질 등에 의해 다르게 나타날 수 있다.

② 임분의 발달단계

㉠ 초기 자유생장단계는 개체목의 수관은 제약 없이 자유로이 뻗다가 이웃하고 있는 개체목과 아래쪽 수관부터 닿아 제약을 받게 되는데, 이 시점에 도달 기간은 식재밀도가 높을수록 짧다.

㉡ 형성-분화단계로 접어들면서 수관 상부의 가지들도 서로 닿게 되며, 하부의 가지들은 서로 겹친다. 따라서 하부 가지들은 상부의 그늘에 가려 거의 자라지 않고 생리적 기능도 저하되어 고사한다.

㉢ 개체수고가 높아지며 바람에 노출되어 흔들리고, 수관끼리 서로 부딪혀 가지 끝이 떨어져 나가며 개개의 수관들은 서로 분리하며 직경 생장속도는 둔화되고, 초살도는 낮아진다. 임관이 닫힌 단계에서는 낮은 밀도의 임분이 수고가 높고, 수관 및 줄기의 직경이 더욱 크게 되며, 임관이 닫히면 임분밀도와 관계없이 단위면적당 엽량은 일정하다.

② 최대엽량에 도달하는 시기는 임관이 울폐 후 5~10년 후이다. 모든 개체목이 똑같은 수고 생장을 하면 동일한 수관크기를 유지하게 된다. 낮은 밀도에 있는 수관이 큰 나무들은 개개 목으로는 더욱 많은 재적 생장을 하지만, 단위면적당 재적은 단위면적당 본수가 적기 때문에 높은 밀도의 임분보다 낮다.

⑩ 재적생장량의 감소는 직경생장이 둔화되면서 동시에 나타난다. 각 개체목은 물리적으로 불안정하여 인접한 나무들과 서로 의지하면서 지탱하며 개체목간의 분화가 일어난다. 임분이 빽빽하면 수고생장이 둔화되기 시작하며 직경생장, 수고생장, 재적생장이 모두 둔화되고 궁극적으로는 고사에 이르는 노화 - 고사단계에 이른다.

⑪ 밀도가 낮은 임분은 안정성이 높고 수고생장에 대한 제약도 상대적으로 늦게 나타나기 때문에 수고생장이 둔화되는 시점이 늦고 불안정성으로 인해 야기되는 병충해 발생률도 적다.

⑫ 밀도가 낮은 임분은 분화가 더욱 쉽게 일어나기 때문에 그들 중의 일부가 더욱 큰 수관을 가지면서 수고생장 제약도 피할 수 있게 된다.

(2) 현실임분

① 이상임분은 임분을 구성하는 모든 개체목의 생장이 동일하다는 가정에서 나타나나, 현실임분에서는 개체목들의 생장률이 달라 서로 다른 크기의 생육공간을 차지하게 되어 개체목의 생장 형태가 다양한 분화를 나타낸다. 직경 분화에 이어 수고 분화가 일어난다.

② 분화로 인해 임분 내의 우점성의 차이를 가져오고, 각 개체목은 수관의 크기 및 위치가 달라지며, 이에 따라 우세목, 준우세목, 개재목, 피압목 등의 수관급으로 구성된 임관층이 발달하게 된다.

③ 수관이 커지고 좀 더 우세한 개체목이 덜 우세한 개체목의 생육공간을 차지함에 따라 상층임관(우세목 및 준우세목)을 형성하는 개체목수는 점차 감소하게 된다. 동령단순림에서는 하층임관의 개체목이 상층임관으로 올라올 확률이 없으므로, 상층임관 형성목은 더욱 커지고 하층임관의 나무는 외부위해로부터의 저항력이 떨어지게 되고 결국은 죽게 된다.

④ 서로 다른 수종, 밀도, 미세입지, 임령 그리고 유전적 구성 등은 경쟁하는 개체목들 간의 생장 양태를 변화시킨다.

2. 이령임분

이령임분은 한 임분 내에 여러 영계(齡階, age cohort)의 개체목들이 동시에 발달하고 있는 임분이다. 조림상 이령임분에 있어서는 임분구조, 특히 직경급(直徑級)의 분배에 주의한다.

자연적 상태에서, 혹은 계획치 않았던 인위적 간섭이 있을 때나 경영목적상 택벌 등의 갱신방법을 택해왔을 때 형성된다. 특히 택벌은 작업종 가운데 자연적인 임분 발달단계와 가장 가깝다. 따라서 환경적 충격이 가장 적어 산림의 환경적 기능이 중시되는 최근 점차 권장되는 작업방법이다. 수확은 축적조정을 통해 이루어지는 것으로서 수확 후에 남겨질 축적수준, 최대직경급의 나무의 수, 각 직경급에 해당되어 남겨 줄 임목의 수 등을 조정함으로써 이루어진다.

남겨질 대경목의 수는 경영목적에 따라 다르고, 용재생산의 목적을 위해 최대흉고직경을 30cm로 한다. 각 직경급에 해당될 임목의 수의 결정은 이령임분의 구조를 잘 대표하는 역J형 곡선으로 조정한다.

(1) 이상임분
    ① 이상적 이령임분은 먼저 단일 수종으로 구성되어 있고, 택벌 등 임분에 대한 간섭이 일정한 주기를 가지고 일어나며, 간섭 후 발생하는 갱신목은 균일한 분포를 갖는다. 간섭할 때마다 한 영계에서 제거되는 개체목의 수는 다르지 않고 남겨지는 개체목들은 고르게 분포된다.
    ② 간섭 후 새로운 영계의 개체목들이 즉시 발생하며, 기존 영계의 개체목들은 이용 가능한 생육공간을 이용하여 생장한다. 각 영계의 모든 개체목은 간섭의 양상, 공간 분포, 그리고 상층임관밀도 등이 동일하기 때문에 생장률이 같다.
    ③ 광(光)이 영계의 생장상태를 좌우하는 가장 중요한 요인이다. 이령임분에서는 한 영계 내의 모든 개체목이 균일한 수고생장을 함으로써 각 영계는 뚜렷한 층을 형성한다. 가장 상층부가 간섭에 의해 제거되면 바로 아래의 영계는 광을 완전하게 이용하게 되어 아주 빠르게 생장하면서, 새로운 상층임관을 형성한다. 이 영계의 수고생장 형태는 동령단순림에서의 우세목 생장형태와 비슷하게 된다. 다른 영계의 개체목들은 간섭 직후에는 빠른 생장을 보이지만 점차로 상층에 있는 나무들의 그늘로 생장이 둔화된다.
    ④ 모든 영계의 개체목들이 자라면서 가장 낮은 임관을 구성하는 영계의 생장이 먼저 둔화되고, 점차로 그 위에 있는 영계의 생장이 둔화된다.

(2) 현실임분
    ① 모든 이령임분이 반드시 수령분포가 고르거나 전형적인 역J형 직경분포를 하지 않는다. 이령임분의 구조는 각 개체목의 수령, 수종, 공간적 분포에 따라 그 구조특성이 나타난다.
    ② 기존 나무가 생장하면서 새로운 개체들이 종자발아, 움 등에 의해 발생하고 이들의 일부는 택벌 등 간섭에 의해 발생한 생육공간을 점하면서 좀 더 빠른 생장을 하게 된다. 새로 형성된 영계의 나무는 동령림과 유사한 발달 형태를 보인다.
    ③ 교란에 의해 발생한 생육공간이 다시 채워진 이후에는 새로운 개체목의 활착은 극히 어렵다.

PART 01 단원 OX 문제

01 우리나라는 1973년부터 1987년까지는 자원기반 조성기간으로 제1차 및 제2차 치산녹화 10년 계획을 성공적으로 완성함으로써 국토의 대부분을 녹화하였다. ( )

02 조림의 기능은 임분구조의 조절, 임분밀도의 조절, 강수량의 조절 등이다. ( )

03 산림청에서는 해외산림개발기본계획을 수립하여 1993년부터 해외조림을 시작하였고, 2050년까지 약 100만ha의 해외조림지를 확보하여 국내 목재 수요를 충당하고 기후변화협약에 대비하여 탄소배출권을 확보하고자 계획하고 있다. ( )

04 유령림은 임분이 시작될 때부터 임분 울폐 직전까지의 단계이다. ( )

05 산림휴양림의 관리목표는 종다양성이 풍부한 특색있는 산림이다. ( )

06 성숙림은 흉고직경 18cm 이상인 우세목이 임분 내 50% 이상일 때인 임분이다. ( )

07 수원함양림의 관리방법은 조림, 숲가꾸기, 산물처리, 수확이다. ( )

08 생태적 숲 관리란 수종과 입지 사이의 생태적 원리를 중요하게 다루어, 수종선택과 혼효상태를 중요하게 보고 입지에 맞는 갱신을 강조하는 개념이다. ( )

09 2020년 기준 우리나라 숲의 공익기능 평가액 중 1등은 토사유출방지기능이다. ( )

10 밀식은 표토의 유실과 토지의 건조를 방지하고, 개벌에 의한 지력의 감퇴를 감소시킨다. ( )

11 입지의 종류 중 사회적입지는 사회적 의무이다. ( )

12 솎아베기는 나무의 재적을 증가시키기보다 형질이 좋은 임목생산에 집중함으로써 나무의 가치를 높인다. ( )

13 지속적이고 다기능적인 숲 관리는 산림생태계의 고유한 기능(목재생산, 보호, 휴양, 기후 및 물순환, 보건, 종과 생태계의 보전, 자연보전 등)을 지속시키면서 동시에 차세대에서의 변화도 가능한 것이다. ( )

14 목재생산림의 관리목표는 양질의 목재생산과 다층혼효림 조성이다. ( )

15 유령림시기의 숲가꾸는 목적은 형질조정이다. ( )

16 산지재해 방지림의 목표산림은 다층혼효림과 내화수림대이다. ( )

17 순림 내의 기후상태는 변화의 폭이 좁아진다. ( )

18 숲가꾸기 작업은 물순환에도 영향을 주며, 가장 큰 영향을 주는 작업은 솎아베기이다. ( )

19 임분무육에서 자연친화적인 무육(생태무육)은 자연이 주는 여러 신호를 잘 파악하고 수용하여 산림기술적인 요소보다 생태적인 요소를 더 중시하는 방법이다. ( )

20 18~19세기에는 단위면적당 최대의 목재생산량 확보를 중시했다. ( )

21 기상이나 토양조건이 극단성을 지니고 있어 특정 수종의 생존에만 유리한 경우 혼효림이 형성된다. ( )

22 밀도는 수고생장에는 큰 영향을 끼치지 않지만, 직경생장에 더 영향을 끼치며, 그 결과 단목의 재적성장이 달라진다. ( )

23 소나무는 용재를 생산하고자 할 때는 밀식하는 것이 좋다. ( )

24 심근성과 천근성 수종이 혼생할 때 바람 저항성이 증가하고 토양 단면공간이용이 효과적이다.
(   )

25 동령 혼효림을 성공시키기 위해 될 수 있는 대로 음수와 양수를 혼효시키도록 한다.   (   )

26 일반적으로 양수는 밀식하고 음수는 소식한다.   (   )

27 혼효림은 산림작업과 경영이 간편하고 경제적으로 수행될 수 있다.   (   )

28 움(sprout)이나 뿌리움(root suckers)이 숲을 형성할 경우 왜림(coppice forest)이라고 말한다.
(   )

29 동령림은 육종된 수종을 인공식재함으로써 벌기를 더 단축시킬 수 있다.   (   )

30 동령림은 지속적 수입이 가능해 소규모 임업경영에 적용할 수 있다.   (   )

31 우리나라는 1998년부터 2007년까지는 상위목표로 지속가능한 산림·경영기반 구축을 설정하였다.
(   )

32 장령림의 숲가꾸기 작업은 잡목솎아베기 또는 어린나무가꾸기로 생육공간 확보, 불량목 제거이다.
(   )

33 생태무육에서는 해당 지역의 산림군락 분포와 입지를 조사한 후 원래의 임분형태와 생장속도를 최대한 고려하여 작업한다.   (   )

34 밀식된 임분에 있어서는 제벌이나 가지치기작업이 빨라지면 병약한 나무가 되기 쉽다.   (   )

35 이령림의 특별한 경우로서 한 임지가 1년생에서 벌기에 이르는 모든 영급(age class)의 나무를 가지고 있으면 전령림(all-aged forest)이 된다.   (   )

36   솎아베기 등 숲가꾸기 작업을 한 지역에서는 광선·온도·강수 등이 증가됨으로써 지피식생의 발생이 촉진된다. ( )

37   소경재의 생산이 유리하다는 경영목표가 서면 밀식하는 것이 좋고, 대경재를 빨리 생산하고자 할 때에는 소식하는 것이 좋다. ( )

38   혼효림은 임목의 벌채비용과 시장성이 유리하게 될 수 있다. ( )

Answer

01 ○	02 ×	03 ○	04 ×	05 ○	06 ○	07 ○	08 ○	09 ×	10 ○
11 ×	12 ○	13 ○	14 ×	15 ×	16 ○	17 ×	18 ○	19 ○	20 ○
21 ×	22 ○	23 ○	24 ○	25 ○	26 ×	27 ×	28 ○	29 ○	30 ×
31 ○	32 ×	33 ○	34 ×	35 ○	36 ○	37 ○	38 ×		

PART 01 단원 기출문제

01 사람의 힘으로 수행되는 조림의 기능이 아닌 것은?   2014. 서울

① 임분구조의 조절   ② 수종구성의 조절
③ 강수량의 조절   ④ 임분밀도의 조절
⑤ 윤벌기의 조절

02 순림과 혼효림의 형성에 관한 설명으로 옳은 것은?   2010. 국가직

① 기후조건이 극단적인 한대지역에는 혼효림이 형성되기 쉽다.
② 토지조건이 양호하고 비옥한 땅에서는 순림이 잘 형성된다.
③ 내음성이 강한 수종들은 순림을 잘 형성한다.
④ 산불이 난 후에는 순림이 형성되기 어렵다.

03 동령림의 숲가꾸기에서 생육단계별 작업목적과 방법을 묶은 것으로 옳지 않은 것은?   2020. 국가직

	생육단계	작업목적	작업방법
①	치수림	숲만들기	인공갱신, 천연갱신
②	유령림	경쟁조정	어린나무가꾸기
③	장령림	형질조정	미래목가꾸기
④	성숙림	경쟁조정	불량목 제거

04 동령림의 발달단계와 숲가꾸기의 작업목적을 옳게 짝지은 것은?   2021. 7지방직

① 치수림 – 수확갱신   ② 유령림 – 숲만들기
③ 장령림 – 형질조정   ④ 성숙림 – 경쟁조정

05 동령림의 생육단계별 산림보육작업으로 옳지 않은 것은?

2014. 지방직

① 치수림 - 풀베기
② 유령림 - 어린나무가꾸기
③ 장령림 - 제벌
④ 성숙림 - 간벌

정답 및 해설
01 ③ 02 ③ 03 ④ 04 ③ 05 ③

01 🌱 사람의 힘으로 수행되는 조림의 기능

① 임분구조의 조절
② 수종구성의 조절
③ 임분밀도의 조절
④ 생산성 향상을 위한 조림
⑤ 산림에 대한 보육적 처리
⑥ 윤벌기의 조절
⑦ 환경의 보호

02 🌱 순림이 형성되는 이유

① 인공조림에 의하여 순림을 형성한 경우
② 기상이나 토양조건이 극단성을 지니고 있어 특정 수종의 생존에만 유리한 경우
③ 산불 후에 양수의 순림이 나타나는 경우
④ 강한 음수수종이 다른 나무에 피음을 주어 경쟁에서 이기는 경우
⑤ 종자에 다량의 저장양분을 축적하여 다른 수종 유묘와의 경쟁에서 이기는 경우

03 🌱 동령림에서의 생육단계와 숲가꾸기 작업

생육 단계	특징	가꾸는 목적	가꾸는 방법	숲가꾸기 작업
치수림	임분이 시작될 때부터 임분울폐 직전까지의 단계	숲만들기	인공갱신, 천연갱신	치수무육 : 갱신되는 어린 나무의 보호(풀베기), 솎아주기, 보식, 혼효, 웃자란 나무 조절 등
유령림	임분울폐가 시작될 때부터 흉고직경 6cm 이상인 우세목이 임분 내 50% 이상일 때까지의 단계로, 고사지 발생, 임관층 분화 시작	경쟁조정	어린나무가꾸기	잡목솎아베기, 어린나무가꾸기로 생육공간 확보, 불량목 제거
장령림	흉고직경이 10cm 이상인 우세목이 임분 내 50% 이하일 때의 임분	형질조정	미래목가꾸기 및 솎아베기	미래목 선정 및 보육, 형질 및 생장 촉진, 가지치기, 경합목 솎아베기
성숙림	흉고직경 18cm 이상인 우세목이 임분 내 50% 이상일 때의 임분	수확갱신	수확 및 차세대 갱신준비	솎아베기, 대경재 수확, 갱신-새로운 숲 준비

04 ① 치수림 - 숲만들기
② 유령림 - 경쟁조정
④ 성숙림 - 수확갱신

05 ③ 제벌은 조림목이 임관을 형성하고 간벌할 시기에 침입 수종의 제거와 생육과 형질이 나쁜 것을 끊어 없애는 작업이다.

치수림	풀베기, 솎아주기, 보식, 혼효, 웃자란 나무 조절 등
유령림	잡목솎아베기, 어린나무가꾸기, 불량목 제거
장령림	미래목 선정 및 보육, 형질 및 생장 촉진, 가지치기, 경합목 솎아베기
성숙림	솎아베기, 대경재 수확, 갱신-새로운 숲 준비

06 식재밀도에 대한 설명으로 옳지 않은 것은?

2019. 지방직

① 밀도는 수고생장보다 직경생장에 더 큰 영향을 미친다.
② 밀도가 높을수록 총생산량 중 가지가 차지하는 비율이 낮아진다.
③ 밀식을 하면 수관의 울폐가 빨리 오고, 연륜폭이 균일해진다.
④ 밀식을 하면 줄기가 굵어지고 근계발달을 촉진시킨다.

07 동령림의 숲가꾸기 설명으로 옳은 것만을 모두 고른 것은?

2016. 국가직

	생육단계	숲 가꾸는 목적	숲가꾸기작업
ㄱ.	치수림	숲만들기	풀베기
ㄴ.	유령림	경쟁조정	어린나무가꾸기
ㄷ.	장령림	형질조정	보식, 가지치기
ㄹ.	성숙림	미래목 선정	대경재 수확, 갱신

① ㄱ, ㄴ ② ㄱ, ㄷ
③ ㄴ, ㄹ ④ ㄷ, ㄹ

08 숲의 기능을 높이기 위한 산림자원 관리에 있어서 자연환경보전림에 대한 설명으로 옳은 것은?

2012. 9급 지방직

① 목표산림은 해당 법률의 지정취지를 살린 산림이다.
② 인공림과 천연림의 두 가지 유형을 구분하여 관리한다.
③ 공원형, 경관형, 방음형의 유형구분이 자연환경보전림에 해당된다.
④ 수원함양유지와 수질정화에 관리목표를 둔다.

정답 및 해설   06 ④   07 ①   08 ①

06 ① 밀도는 수고생장에는 큰 영향을 끼치지 않지만, 직경생장에 더 영향을 끼치며, 그 결과 단목의 재적 성장이 달라진다. 소립할수록 흉고직경이 커지고 단목재적이 빨리 증가한다.
② 밀도가 높으면 지름은 가늘지만 완만재가 되고, 소립시키면 초살형이 된다.
③ 밀식된 임분은 근계의 발달이 약하여 바람에 대한 저항력이 작다. 밀식임분이 그대로 방치될 때에는 생존경쟁에 의해 임분에 소밀이 생기게 되고, 또 나무의 높이에 변이의 양이 많아진다.

07 🌱 **동령림에서의 생육단계와 숲가꾸기 작업**

생육 단계	특징	가꾸는 목적	가꾸는 방법	숲가꾸기 작업
치수림	임분이 시작될 때부터 임분울폐 직전까지의 단계	숲만들기	인공갱신, 천연갱신	치수무육 : 갱신되는 어린 나무의 보호 (풀베기), 솎아주기, 보식, 혼효, 웃자란 나무 조절 등
유령림	임분울폐가 시작될 때부터 흉고직경 6cm 이상인 우세목이 임분 내 50% 이상일 때까지의 단계로, 고사지 발생, 임관층 분화 시작	경쟁조정	어린나무 가꾸기	잡목솎아베기, 어린나무가꾸기로 생육공간 확보, 불량목 제거
장령림	흉고직경이 10cm 이상인 우세목이 임분 내 50% 이하일 때의 임분	형질조정	미래목가꾸기 및 솎아베기	미래목 선정 및 보육, 형질 및 생장 촉진, 가지치기, 경합목 솎아베기
성숙림	흉고직경 18cm 이상인 우세목이 임분 내 50% 이상일 때의 임분	수확갱신	수확 및 차세대 갱신준비	솎아베기, 대경재 수확, 갱신-새로운 숲 준비

08 ② 인공림과 천연림의 두 가지 유형을 구분하여 관리한다. - 목재생산림
③ 공원형, 경관형, 방음형의 유형구분이 자연환경보전림에 해당된다. - 생활환경보전림
④ 수원함양유지와 수질정화에 관리목표를 둔다. - 수원함양림

🌱 **기능별 산림자원 관리의 주요 사항**

기능구분	관리목표	유형구분	목표산림	관리방법
목재생산림	양질의 목질생산, 공급	인공림	우량대경재, 우량중경재, 특용소경재	조림, 숲가꾸기, 수확 및 산물처리
		천연림		갱신, 숲가꾸기, 수확 및 산물처리
수원함양림	수질함양, 수질정화 기능증진	-	다층혼효림	조림, 숲가꾸기, 산물처리, 수확
산지재해 방지림	산림재해에 강한 산림	토사방비 보안림, 산사태 우려지, 산화우료 침엽수림, 병해충 우려 단순림	다층혼효림, 내화수림대	조림, 숲가꾸기, 산물처리, 공익목적 이외 벌채금지
자연환경 보전림	가치있는 건강한 산림자원 보전	보전형, 문화형, 학술 교육형	해당 법률의 지정취지를 살린 산림	조림, 숲가꾸기, 산물처리, 지정취지를 살리는 산림관리
산림휴양림	종다양성이 풍부한 특색있는 산림	공간이용, 자연유지 지역	다층혼효림	조림, 숲가꾸기, 산물처리, 수확
생활환경 보전림	생활권주변 쾌적한 환경 제공	공원, 경관형, 방풍·방음형, 생산형	다층혼효림, 계단식다층림, 우량대경재	경관, 특색수종, 침엽수 포함 특색수종 목재생산림

09 수종과 수령 그리고 같은 입지에 있어서 밀도만을 다르게 할 때 임목의 형질과 생산량에 대한 설명으로 가장 옳은 것은?
2019. 서울시

① 상층목의 평균수고는 임목의 밀도에 따라 크게 차이가 난다.
② 간형(幹形)은 저밀도일수록 완만하게 된다.
③ 연륜폭은 저밀도일수록 좁아진다.
④ 단목의 평균간재적은 밀도가 높아질수록 작아진다.

10 밀식에 대한 설명으로 옳지 않은 것은?
2017. 7급

① 표토의 침식과 건조를 방지하여 개벌에 의한 지력의 감퇴를 줄일 수 있다.
② 비대생장이 불규칙하여 문양이 아름다운 고급재를 생산할 수 있다.
③ 하층식생의 발달이 빈약해져 산림생태계의 건전성이 악화된다.
④ 임분의 근계발달이 약해져 풍해, 설해 등의 피해를 입기 쉽다.

11 식재밀도에 대한 설명으로 옳지 않은 것은?
2022. 지방직

① 임분밀도가 높아지면 수간의 초살도가 낮아진다.
② 밀도가 높아지면 총생산량이 증가하고 총생산량 중 가지의 비율이 높아진다.
③ 활엽수는 밀식을 통해 수간이 굽는 것을 예방할 수 있다.
④ 토양이 비옥하면 임목 간 간격을 넓혀 식재한다.

12 산림의 입목밀도에 대한 설명으로 옳지 않은 것은? (단, 수종·수령·입지조건은 동일하다.)
2017. 7급

① 입목밀도가 높을수록 수간의 형태가 완만하게 된다.
② 입목밀도가 높을수록 단목의 평균간재적이 작아진다.
③ 입목밀도가 낮을수록 단목의 엽량이 증가하고 직경생장이 촉진된다.
④ 입목밀도가 낮을수록 지하고가 높아지고 마디가 적은 지하재가 형성된다.

13 밀식조림에 대한 설명으로 옳지 않은 것은? 2017. 서울시

① 조기에 수관이 울폐되어 임지의 침식이나 건조를 막을 수 있다.
② 경쟁식생의 발생을 억제하여 풀베기 비용을 줄일 수 있다.
③ 옹이발생이 많고 연륜폭이 균일하지 못하여 저급 목재를 생산한다.
④ 조림지 준비 비용, 묘목대, 식재 비용 등이 증가한다.

14 식재밀도에 대한 설명으로 옳은 것은? 2014. 국가직

① 초살형의 소경재 생산을 위해서는 식재밀도를 높게 한다.
② 내음성이 높은 수종은 식재밀도를 낮게 한다.
③ 연륜폭이 균일한 완만재를 생산하기 위해서는 식재밀도를 낮게 한다.
④ 간재적의 점유비율을 높이기 위해서는 식재밀도를 높게 한다.

정답 및 해설
09 ④ 10 ② 11 ② 12 ④ 13 ③ 14 ④

09 동일 수종, 동일 연령, 같은 입지에서 밀도만을 다르게 할 때 임목의 형질과 생산량은 아래와 같다.

> ① 상층목의 평균수고는 임목의 밀도에 상관할 것 없이 거의 비슷하게 나타난다. 우세목의 평균 수고를 토지 조건의 생산력 지표로 삼을 수 있다.
> ② 줄기의 평균흉고직경은 밀도가 높을수록 작다. 밀도가 낮아지면 단목의 엽량이 증가하고, 따라서 직경생장이 촉진된다.
> ③ 수간은 고밀도일수록 완만하게 되고, 저밀도일수록 초살형이 된다.
> ④ 지하고는 고밀도일수록 높아지고, 지하재는 마디가 적은 우량재가 된다.
> ⑤ 고밀도일수록 연륜폭이 좁아진다.
> ⑥ 단목의 평균간재적은 고밀도일수록 작아진다.
> ⑦ 단위 면적당 간재적은 밀도가 높아질수록 커진다. 그러나 어느 정도의 밀도한계를 넘으면 재적증가는 밀도효과를 거의 받지 않는다. 임분이 폐쇄되면 그때부터 임분이 가질 수 있는 엽량은 일정치에 이르는 경향이 있고, 따라서 생산량에도 변동이 없어진다.

10 ② 밀식을 하면 나무 사이에 경쟁이 일어나 연륜폭이 균일하고 조밀하게 된다. 이것은 우량한 건축재의 생산에 유리하다.

11 ② 일정 면적으로부터 생산되는 양은 어느 밀도까지는 본수가 많을수록 증가하지만, 어떤 밀도를 초과하면 면적당 총 생산량은 일정하게 되는데, 그 최대밀도는 수종에 따라 다르다. 밀도가 높을수록 총생산량 중 가지가 차지하는 비율이 낮고 간재적의 점유비율이 높다.

12 ④ 입목밀도가 고밀도일수록 지하고가 높아지고 마디가 적은 지하재가 된다.

13 ③ 밀림상태에서는 가지와 마디가 적은 목재가 생산되며, 나무 사이에 경쟁이 일어나 연륜폭이 균일하고 조밀하게 된다. 이것은 우량한 건축재의 생산에 유리하다.

14 ①, ③ 밀도가 높으면 지름은 가늘지만 완만재가 되고, 소립시키면 초살형이 된다.
② 일반적으로 양수는 소식하고 음수는 밀식한다.
④ 밀도가 높을수록 총생산량 중 가지가 차지하는 비율이 낮고 간재적의 점유비율이 높다.

15 식재밀도에 영향을 미치는 요인에 대한 설명으로 옳지 않은 것은? 2016. 7급

① 대경재보다는 소경재 생산을 주요 목표로 할 때는 소식한다.
② 토양이 비옥하면 소식하고 지력이 좋지 못한 곳에서는 밀식한다.
③ 내음력이 약한 수종은 소식하고 내음력이 강한 수종은 밀식한다.
④ 교통이 불편한 오지림은 목재의 운반이 어려우므로 소식한다.

16 동령림의 생육단계별 숲가꾸기작업에 대한 설명으로 옳지 않은 것은? 2014. 7급

① 치수림은 임분이 시작될 때부터 임분울폐 직전까지의 단계를 말하며, 풀베기, 솎아주기, 보식, 순림조성 등의 작업을 실시한다.
② 유령림은 임분울폐가 시작되어서 흉고직경이 6cm 이상인 우세목이 임분 내 50% 이상일 때의 단계로 잡목 솎아내기 또는 어린나무가꾸기의 생육공간을 확보하고 불량목을 제거한다.
③ 장령림은 흉고직경 10cm 이상인 우세목이 임분 내 50% 이상일 때의 단계로 미래목선정 및 보육과 경합목제거 등의 작업을 실시한다.
④ 성숙림은 흉고직경 18cm 이상인 우세목이 임분 내 50% 이상일 때의 단계로 솎아베기, 대경재 수확, 갱신 등의 작업을 실시한다.

17 밀식조림에 대한 설명으로 옳지 않은 것은? 2016. 지방직

① 조기에 수관이 울폐되어 임지의 침식이나 건조를 막고 경쟁식생의 발생을 억제하여 풀베기 작업 비용을 줄일 수 있다.
② 지하고를 높이면서 옹이 발생을 줄일 수 있으며 생장하면서 연륜폭도 균일해지기 때문에 고급목재를 생산하는 데 유리하다.
③ 간벌 수입을 기대할 수 있으며 간벌과정에서 우량목을 잔존시킬 수 있어 임분 전체의 형질을 개선하는 데 도움이 된다.
④ 높은 밀도를 유지하면 줄기가 가늘어지고 뿌리생장이 강화되며 하층식생도 발달되어 건전한 산림생태계를 유지할 수 있다.

18 일제동령림을 조성하기 위한 인공조림 후의 숲가꾸기 작업 순서로 옳은 것은? 2009. 국가직

① 가지치기 → 풀베기 → 간벌 → 어린나무가꾸기
② 가지치기 → 풀베기 → 어린나무가꾸기 → 간벌
③ 풀베기 → 가지치기 → 어린나무가꾸기 → 간벌
④ 풀베기 → 어린나무가꾸기 → 가지치기 → 간벌

19 수종이나 입지조건 등에 따라 달라질 수 있는 식재밀도에 대한 설명으로 옳은 것은?

2013. 지방직

① 밀식하면 총생산량에 대한 간재적의 점유비율이 높아진다.
② 밀식한 임분은 소식한 임분보다 줄기가 굵고 근계발달이 좋다.
③ 일반적으로 양수는 밀식하고 음수는 소식한다.
④ 줄기가 굽는 경향이 있는 활엽수종은 소식하는 것이 좋다.

20 밀식에 대한 설명으로 옳지 않은 것은?

2012. 지방직

① 수관의 울폐가 빨리 와서 개벌에 의한 지력 감퇴를 줄인다.
② 풀베기 기간을 단축시킬 수 있다.
③ 개체 간의 경쟁으로 연륜폭이 균일한 고급재의 생산이 가능하다.
④ 균일한 임분으로 발달하여 풍해와 설해에 강한 임분이 된다.

정답 및 해설 15 ① 16 ① 17 ④ 18 ④ 19 ① 20 ④

15 ① 소경재의 생산이 유리하다는 경영목표가 서면 밀식하는 것이 좋고, 대경재를 빨리 생산하고자 할 때에는 소식하는 것이 좋다.

16 ① 치수림은 임분이 시작될 때부터 임분울폐 직전까지의 단계를 말하며, 갱신되는 어린 나무의 보호(풀베기), 솎아주기, 보식, 혼효, 웃자란 나무 조절 등의 작업을 실시한다.

17 ④ 밀식된 임분은 근계의 발달이 약하여 바람에 대한 저항력이 작다. 밀식임분이 그대로 방치될 때에는 생존경쟁에 의해 임분에 소밀이 생기게 되고, 또 나무의 높이에 변이의 양이 많아진다.

18 ④ 풀베기 → 어린나무가꾸기 → 가지치기 → 간벌

19 ① 밀도가 높을수록 총생산량 중 가지가 차지하는 비율이 낮고 간재적의 점유비율이 높다.
② 밀식된 임분은 근계의 발달이 약하여 바람에 대한 저항력이 작다.
③ 일반적으로 양수는 소식하고 음수는 밀식한다.
④ 소식을 할 경우 느티나무처럼 굵은 가지를 내고 곡간으로 되기 쉬우며, 형질이 나빠지기 쉬운 수종은 밀식하는 것이 좋다. 대개의 활엽수가 이에 해당한다.

20 ④ 심은 나무를 빽빽한 상태로 방치하면 나무의 줄기가 가늘어지고 뿌리의 발달이 약화되어 활력이 떨어지며 충해, 설해, 풍해, 산화 등에 취약해진다.

박진호
조림학

PART 02

조림수목의 이해

Chapter 01 조림수목의 형태
Chapter 02 수목의 분류
Chapter 03 수목의 생장
Chapter 04 수목과 영양
Chapter 05 식물호르몬

CHAPTER 01 조림수목의 형태

1 수목의 정의
(1) 살아있는 나무가 수목(樹木)이며, 숲을 이룬 것이 임목(林木)이다.
(2) 종자식물은 초본식물과 목본식물로 나누며 **수목은 목본식물**이다.
(3) **목본식물은 종자식물 중 2차생장을 하는 식물**로 2차생장은 유관속형성층이 2차 조직인 2차 목부와 2차 사부를 만드는 것이다.

2 수목의 특징
(1) 유관속형성층에 의해서 직경이 굵어지며 몸체가 크며, 다년생 식물이다.
(2) 긴 세월을 살아가기 위해 개화와 결실의 생식생장에 많은 에너지를 소비하지 않는다.
(3) 죽은 세포를 많이 가지고 있고, 오랜 세월을 살아가기 위해 여러 가지 저항성을 가지고 있다.

3 수목의 형태

1. 수목의 기초
(1) 겉씨식물과 속씨식물의 비교

겉씨식물	속씨식물
• 씨방이 없어서 밑씨가 노출 • 잎맥은 나란히 맥 • 관다발이 없음. • 도관이 없고 대부분 가도관 • 체관에 반세포가 없음.	• 씨방이 발달하여 밑씨를 보호 • 쌍떡잎식물은 잎맥이 그물맥 • 목질부에 도관이 발달 • 반세포가 있는 체관이 있음.

(2) 수형
① 나무의 형태가 수형이며, 동일수종도 환경에 따라 그 형태가 달라진다.
② **침엽교목은 원추형이나 우산형**의 형태이고, **활엽교목은 구형, 난형**이다.
③ 수종별 수형

수형	수종
원추형	낙엽송, 낙우송, 삼나무, 소나무, 독일가문비나무
우산형	편백, 화백, 층층나무, 편백나무, 매화나무, 왕벚나무
구형	회화나무, 화살나무, 녹나무, 가시나무, 졸참나무
난형	벽오동, 백합나무, 측백나무, 목련

2. 수목의 기본구조

(1) 기관(organs)
① 영양구조 : 잎, 줄기, 뿌리
② 생식구조 : 꽃, 열매, 종자

(2) 조직(tissue)

🌱 **목본식물 기본 조직의 형태별 분류**

종류	기능	관련 조직
표피조직 (epidermis)	• 어린 식물의 표면 보호 • 수분 증발 억제	표피층, 털, 기공, 각피층, 뿌리털
코르크조직(주피) (periderm)	표피조직을 대신하여 표면보호, 수분 증발 억제, 내화	• 코르크층, 코르크 • 형성층, 수피, 피목
유조직 (parenchyma)	원형질을 가지고 살아있으면서 신장, 세포분열, 광합성, 호흡, 양분저장, 저수, 통기, 상처치유, 부정아·부정근 생성 등 가장 왕성한 대사작용	생장점, 분열조직, 형성층, 수선, 동화조직, 저장조직, 저수조직, 통기조직 등의 유세포
후각조직 (collenchyma)	어린 목본식물의 표면 가까이에서 지탱역할을 하는 특수한 형태의 유세포	엽병, 엽맥, 줄기
후벽조직 (sclerenchyma)	목본식물의 지탱역할을 담당, 세포벽이 두껍고 원형질이 없는 죽은 세포	호두껍질, 섬유세포, 참나무류 종피
목부조직 (xylem)	수분 통도 및 지탱	도관, 가도관, 수선, 춘재, 추재, 목부섬유
사부조직 (phloem)	탄수화물의 이동 및 지탱, 코르크형성층의 기원, 사부섬유를 제외하고 살아있는 세포로 구성	사관세포, 반세포, 사세포, 알부민세포, 사부섬유
분비조직 (secretory tissue)	점액, 유액, 고무질, 수지 등을 분비	수지구, 선모, 밀선

3. 잎(leaf)

잎의 기능은 **광합성 작용으로 탄수화물을 생산**하며, 광합성으로 만들어진 **탄수화물을 분해하는 호흡작용**을 한다.

(1) 나자식물(겉씨식물)의 잎

① 잎차례
  ⊙ 잎이 줄기에 배열되어 붙어 있는 모양을 잎차례라 한다.
  ⓒ 편백, 메타세쿼이아는 대생, 은행나무, 낙우송은 호생, 소나무와 같이 마디 사이가 짧게 어긋나면서 더부룩하게 보여서 잎이 달려있는 것을 총생이라 한다.

대생	한 마디에 잎이 2개씩 마주나기로 달리는 것
호생	식물 줄기의 마디 하나에 한 장씩 잎이 붙는 것
총생	식물의 마디 사이에 짧고 어긋나면서 더부룩하게 달려있는 것

② 잎의 모양
  ⊙ 소나무, 잣나무, 곰솔, 리기다소나무 등의 잎은 바늘모양으로 그 길이가 10cm 내외로 길고, 주목, 비자나무, 낙엽송(일본잎갈나무) 등의 잎은 2cm 내외로 짧다.
  ⓒ 은행나무는 부채모양으로 활엽수 모양이나 잎맥은 침엽수의 특징인 나란히맥이다.
  ⓒ **나자식물의 잎은 환경 조건에 대한 반응이 작아 피자식물에 비해 잎의 변이가 작다.**
  ㉣ 대부분의 나자식물과 달리 은행나무, 잎갈나무, 메타세쿼이아, 낙우송 등은 가을에 낙엽이 된다.
  ㉤ 인간 생활에 유용하게 이용되는 소나무, 잣나무, 전나무, 가문비나무 등 대부분의 나무가 나자식물에 속해 있으며, 잎 모양이 바늘모양이므로 나자식물을 보통 침엽수라 한다.

🌱 **소나무 속**

이엽송	소나무, 해송
삼엽송	리기다소나무
오엽송	섬잣나무

③ 잎의 단면
  ⊙ 나자식물의 잎 조직은 은행나무, 주목, 전나무, 미송 등과 같이 책상조직과 해면조직으로 분화되어 있으나, 소나무류와 같이 분화되어 있지 않은 경우도 있다.
  ⓒ **소나무의 표피조직은 두꺼운 세포벽과 왁스를 가지고 있어 효율적으로 증산작용을 억제할 수 있고, 표피조직 아래에 수지구가 있어 송진을 분비**한다. 표피조직 안쪽에는 치밀한 단일 세포층으로 되어 있는 내피가 있으며, 내피 안쪽에는 유관속(관다발)이 있다.
  ⓒ **잣나무류는 유관속이 한 개이고, 소나무류는 유관속이 두 개이다.**

(2) 피자식물(속씨식물)의 잎

① 잎차례
  ㉠ 잎은 햇빛을 많이 받을 수 있도록 줄기에 규칙적으로 붙어 있다.
  ㉡ 잎이 돋아나는 방식은 나무에 따라 다양하며, 호생, 대생, 윤생의 세 가지 방식으로 잎이 돋아난다.

② 잎의 종류와 모양
  ㉠ 잎은 엽신과 엽병으로 구성되며, 식물의 종류에 따라 그 형태 및 모양이 다양하다.
  ㉡ 수광량을 높이기 위해 넓게 발달한 엽신은 광합성 장소로서 엽맥이 분포하고 있다.
  ㉢ 엽병은 엽신을 줄기에 붙이는 역할을 한다.
  ㉣ 잎은 배열에 따라 1개의 엽신으로 되어 있는 것은 홑잎(단엽), 2개 이상의 엽신으로 되어 있는 것은 겹잎(복엽)이라 하고, 겹잎의 한 잎을 작은 잎이라 한다. 홑잎과 겹잎이 나타나는 이유는 빛을 효율적으로 이용하고, 내부의 물 순환 시스템을 효과적으로 관리하기 위해서이다.

③ 잎의 단면
  ㉠ 표피조직, 울타리조직(책상조직), 갯솜조직(해면조직), 잎맥 등으로 구성되어 있다.
  ㉡ 표피조직은 엽록체가 없는 투명한 층으로 잎의 뒷면에 기공이 분포한다.
  ㉢ **책상조직은 주로 앞면 표피 아래쪽에 분포하며, 세포가 규칙적으로 다량 배열되어 햇빛을 최대한 받을 수 있도록 구성되어 있고, 엽록체가 많아서 잎의 앞면이 뒷면보다 더 짙은 녹색을 띤다.**
  ㉣ 해면조직은 세포가 **불규칙적으로 엉성하게 배열**되어 있고, 엽록체가 적다.
  ㉤ 쌍떡잎식물은 그물맥, 외떡잎식물은 나란히맥으로 되어 있으며, 물관과 체관이 있다.

(3) 기공

① 기공은 **표피조직 중에서 2개의 공변세포로 구성되어, 빛과 습도에 따른 기공 개폐는 에너지를 소모하는 과정**이다.
② 야간에 수분이 부족, 햇빛이 부족하거나 강할 때, 지나친 고온과 저온, 바람이 강할 때 등의 **광합성에 적절하지 못한 환경에서 기공이 닫힌다.**
③ 기공은 대기와 직접 이산화탄소와 산소를 교환하는 곳으로, **광합성을 하기 위해 이산화탄소를 흡수하면서 산소를 밖으로 보내며 동시에 수분을 내보내는 증산작용을 한다.**
④ 공변세포의 K^+과 유기산 농도가 상승하면 삼투포텐셜이 저하되어 기공이 열린다.
⑤ 기공이 열릴 때는 공변세포에 K^+(칼륨이온)이 들어온 만큼 H^+(수소이온)이 밖으로 이동하여 전기적 중성이 유지된다.
⑥ 엽육조직에 있는 CO_2의 농도가 높으면 기공이 닫힌다.
⑦ **수분스트레스를 받으면 잎의 ABA 함량이 급격히 증가하여 기공이 닫힌다.**
⑧ 기공의 분포 밀도, 크기, 모양은 나무에 따라 많은 차이가 있다. 대부분의 피자식물은 잎의 뒷면에만 분포해 있으나, 포플러와 같이 양면에 모두 존재하는 경우도 있다.

4. 줄기(수간, stem)

(1) 줄기의 특징

① 수피, 형성층, 물관, 체관, 수로 구성되며, 수피(나무껍질)는 줄기를 보호한다.

② **줄기의 기능은 양·수분의 운반, 지지, 호흡, 물질저장 등이다.**

③ 나무와 초본류와 달리 다년생으로 줄기에 관다발과 **유관속형성층이 있어 2차 생장**을 한다.

④ **나무가 굵은 단일 줄기를 가지고 있는 것을 수간(trunk)**이며, 목재로 이용되는 부분이다.

⑤ 줄기는 잎과 가지로 이루어져 있는 수관(crown)을 **지탱**하고, 뿌리에서 흡수한 **수분과 무기양분을 물관을 통해 위쪽으로 이동**하며, **체관을 통해 광합성에 의해 만들어진 영양분을 아래로 이동**한다.

⑥ **형성층은 세포가 분열하여 부피 생장**을 하며 목본식물에만 있다.

⑦ 줄기의 가장 중심에 위치한 **수는 죽은 세포로 구성**되며, 나무에 따라 모양과 색이 다르다.

⑧ 굵은 나무를 가로로 잘랐을 때 **짙은 색을 띠는 가운데 부분이 심재**이고, **엷은 색을 띠는 바깥 부분이 변재**이다.

> **세포벽**
> 1. **세포벽의 화학성분**
>   ① 목재세포의 주성분은 세포벽으로 주성분은 셀룰로오스, 헤미셀룰로오스, 리그닌이다.
>   ② 셀룰로오스가 골격물질이고, 헤미셀룰로오스가 셀룰로오스를 고정해주며, 리그닌은 셀룰로오스와 헤미셀룰로오스를 연결해주는 물질이다.
>   ③ 부성분은 펙틴으로 이웃 세포를 서로 접합시키는 시멘트 역할을 한다. 1차벽에는 10~35%를 차지하며 2차벽에는 거의 존재하지 않는다.
> 2. **목재 세포벽 구성**
>   ① 1차벽(P층, primary wall) : 세포벽 가장 바깥쪽의 얇은 층으로 세포층시원세포가 분열 후 가장 먼저 생성된 세포벽이다. 현미경으로도 구별이 어렵다.
>   ② 2차벽 : 외층(S_1), 중층(S_2), 내층(S_3)으로 구분되며 외층은 1차벽과 인접해 있고 전체의 10%를 차지한다. 중층은 세포벽 전 두께의 80% 이상을 차지한다.

(2) 눈

① **눈(bud)은 아직 자라지 않은 어린가지**이고, 줄기의 한 구성성분으로 끝에 정단 분열조직을 가지고 있어서 세포분열을 준비하고 있다.

② **정아(terminal bud)는 가지 끝 한복판의 눈**이고, **주지(main shoot)를 만들고, 측아(lateral bud)는 정아의 측면에 각도를 가지고 발달**하며, 측지를 만든다.

③ **액아(axillary bud)는 겨드랑이에 위치한 비교적 작은 눈**이고 새로운 잎을 만들어 낸다.

④ **잠아(dormant bud)는 눈 중에서 자라지 않고 계속 휴면상태에 남아있는 눈**으로, 엽액(leaf axil)에 만들어졌다가 줄기가 굵어지면 수피 바로 밑에까지 계속해서 따라오면서 아흔(bud trace)을 남긴다. 가지치기 후에 생기는 가지, 나무를 베어낸 그루터기에서 나오는 주맹아(stump sprout), 피자식물의 도장지(epicormic shoot)와 나자식물의 맹아지는 모두 잠아에서 유래한 것이다.

⑤ **부정아(adventitious bud)**는 줄기 끝이나 엽액에서 유래하지 않고, 수목의 오래된 부위나 **뿌리에서 불규칙하게 형성되는 것**으로, 상처를 입은 유상조직이나 형성층 근처에서 만들어진다.

(3) 형성층

① 형성층(cambium)은 **나무의 줄기와 뿌리의 부피생장을 하는 조직**이다.
② 수목의 분열조직은 두 가지로, 가지와 뿌리의 끝부분 길이 생장을 하는 정단 분열조직과 형성층의 측방분열조직(측생분열조직, lateral meristem)이다.
③ 형성층은 봄에 일찍 세포분열을 개시하여 자신보다 안쪽으로 2차 목부를 만들고, 바깥쪽으로는 2차 사부를 만들어 직경이 굵어져도 형성층의 위치는 항상 마지막 생산된 목부와 사부 사이에 남는다.

(4) 심재와 변재

① 심재(heartwood)
　㉠ 줄기 횡단면의 한복판에 짙게 착색된 부분으로, **형성층이 오래 전에 생산한 목부조직**으로서, 세포가 죽은 후 기름, 껌, 송진, 타닌, 페놀 등의 물질이 축적되어 짙은 색깔을 나타낸다.
　㉡ **죽은 조직으로 생리적 역할이 없이 기계적으로 지탱해 주는 역할**을 한다.
② 변재(sapwood)
　㉠ 줄기의 횡단면 심재 바깥쪽에 비교적 옅은 색 부분으로, **형성층이 비교적 최근에 생산한 목부조직으로서 수분이 많고 살아있는 부분이며, 뿌리로부터 수분을 위쪽으로 이동시키는 역할을 하고, 탄수화물을 저장**한다.
　㉡ 변재의 두께는 수종에 따라서 다르다. 아까시아는 최근 2~3년 전에 생산된 목부만이 변재이고, 벚나무는 10년 전에 생산된 목부가 변재로 남아있으며, 버드나무, 포플러나 피나무는 구별이 어렵다.

🌱 **심재수와 변재수**

구분	심재수	변재수
의미	정상적으로 심재가 형성되는 나무	심재가 형성되지 않는 나무
수종	소나무, 곰솔, 참나무, 물푸레나무, 향나무, 주목, 삼나무, 밤나무, 느티나무, 후박나무, 산벚나무 등	전나무, 가문비나무, 솔송나무, 가시나무, 단풍나무, 참오동나무 등

(5) 나이테

① 온대지방의 목본식물은 줄기의 횡단면상에 1년에 1개의 둥근 나이테를 형성하는데, 봄에 형성된 목부(춘재, springwood)와 여름에 형성된 목부(추재, summerwood) 간에 해부학적 구조가 다르기 때문에 나타난다.
② 봄철에 만들어진 춘재는 세포의 지름이 크고 세포벽이 얇으며, 여름과 가을에 걸쳐서 만들어진 추재는 세포의 지름이 작고 세포벽이 두꺼워, 추재와 춘재 사이에 뚜렷한 경계선이 만들어진다.

> **춘재와 추재**
> ① 춘재: 세포벽이 얇고 세포의 크기가 크며 다공성을 가지며 색의 농도가 옅을 경우로 조재 혹은 춘재라고 한다.
> ② 추재: 세포벽이 두껍고 세포의 크기가 작으며 조직이 치밀하고 밀도가 높은 농색부분을 만재 혹은 추재라고 한다.
> ③ 추재에서 이행이 급하면서 추재의 폭이 넓은 수종에는 곰솔, 소나무, 솔송나무, 잎깔나무 등이고, 이행이 완만하고 추재의 폭이 좁은 수종에는 비자나무, 나한송, 편백 등이다.

(6) **피자식물과 나자식물의 목부조직 횡단면상의 해부학적 특성**
  ① 환공재: 큰 도관이 환상(環狀)으로 배열된다.
    ⊙ 수목종류: 느티나무, 낙엽성 참나무류, 물푸레나무, 느릅나무, 팽나무, 회화나무, 아까시나무, 이팝나무, 밤나무, 음나무
  ② 산공재: 춘재와 추재의 도관 크기가 거의 같고, 나이테 굵기도 고르게 배열된다.
    ⊙ 수목종류: 단풍나무, 벚나무, 플라타너스, 자작나무, 포플러, 칠엽수, 목련, 상록성 참나무류, 피나무
  ③ 반환공재: 크기가 컸던 도관이 여름으로 갈수록 작아져 환공재와 산공재의 중간특성을 보인다.
    ⊙ 수목종류: 가래나무, 호두나무, 중국굴피나무
  ④ 가도관재
    ⊙ 수목종류: 소나무, 나자식물

(7) **목재의 구조**
  ① **목재는 형성층에 의해 안쪽으로 만들어진 2차 목부를 의미하며, 형성층을 제외한 수피 안쪽에 있는 모든 조직이다.**
  ② 피자식물의 종축 방향으로 배열하고 있는 세포는 도관, 가도관, 목부섬유, 종축유세포 등이다. 도관, 가도관, 목부섬유는 모두 2차벽(secondary wall: 1차 세포벽이 완성된 후 생긴 두꺼운 세포벽)을 가지고 있으며, 죽은 세포이고, **도관은 긴 격막이 없이 위아래가 뚫려서 5~10cm 가량 연속하여 연결되어 있어서 수분이동이 원활**하다. 목부섬유는 2차 세포벽이 두꺼워서 목부를 단단하게 만드는 지탱역할을 강화한다.
  ③ **나자식물의 종축 방향으로 배열하는 세포는 90% 이상이 주로 가도관이며**, 이 때문에 횡단면상의 구조가 비교적 단순하다. 가도관은 피자식물의 도관역할을 대신하는 수분통도 세포이지만, **가도관끼리의 상하 연결 부위가 수분 이동에 비효율적이다.**
  ④ **피자식물이나 나자식물 모두 수평 방향으로의 물질이동은 수선(ray)을 통해** 이루어진다. 수선 조직은 수간의 횡단면에서 방사방향으로 중앙부를 향해 뻗어 있으며, 살아있는 세포인 유세포로 이루어져 있다.

(8) 수피
　① 수피(bark)는 **수간의 형성층 바깥쪽에 있는 모든 조직**을 통틀어 일컫는데, 성숙한 목본 줄기의 경우 사부와 코르크조직으로 이루어지는 내수피와 맨 바깥부위의 딱딱한 외수피에 해당하는 조피로 구성되어 있다.
　② **사부(phloem)는 광합성으로 만들어진 탄수화물을 이동시키는 역할**을 하며, 코르크조직과 조피는 수분의 손실을 막고, 외부로부터의 충격이나 병원균의 침입을 막아준다.
　③ 수피도 외부와의 공기유통을 원활하게 하기 위하여 **피목(皮目)**을 만든다.
　④ 2차 생장을 시작하지 않은 어린줄기의 경우, 원통형의 형성층이 만들어지기 이전에는 맨 외곽부에 표피가 존재하고, 그 밑의 피층이 있으며, 전형성층에 의하여 만들어진 1차사부가 탄수화물의 이동을 담당하다가, 형성층이 만들어지면 2차사부가 생산되어 탄수화물의 이동을 담당하게 된다.
　⑤ 2차사부를 구성하는 세포에는 피자식물의 경우 사관세포(sieve tube), 반세포(companion), 사부유세포, 사부섬유가 있으며, 나자식물의 경우에는 사관세포 대신 사세포(sieve cell), 그리고 반세포 대신 알부민세포가 있다.

(9) 주피(코르크조직)
　① **주피(periderm)는 코르크조직**이라고도 부르는데, 조피(외수피) 바로 안쪽에 위치하며, 2차사부보다 바깥쪽에 위치한다. 첫해에 형성층의 활동으로 지름이 굵어지기 시작하면 표피조직은 벗겨져 없어진다. 이때 표피조직이 벗겨지기 전에 피층에서 원통형의 주피가 먼저 만들어진다.
　② 수목의 직경생장은 대부분 유관속형성층에 의해 이루어지지만, **코르크형성층도 측생분열조직의 하나로서 직경생장에 어느 정도 기여**한다.
　③ 수종에 따라서 독특한 모양의 수피를 가지는 것은, 처음 생긴 주피의 위치, 추후에 생기는 주피의 형태, 사부세포의 구성과 배열상태에 따라서 수피의 모양이 다르기 때문이다.
　④ 굴참나무는 코르크 형성층이 주로 코르크층을 만들기 때문에 두꺼운 코르크층을 가지게 된다.

5. 뿌리(root)
　뿌리는 나무를 지지하며, 물과 무기양분을 흡수하고, 탄수화물을 저장한다.

(1) **근계의 분류**
　① 근계는 유묘시절에는 수종에 따라서 유전적으로 형태가 독특하며 특징이 두드러지게 나타나고 깊숙이 빠른 속도로 자라는 직근과 옆으로 넓게 퍼지는 측근으로 나눈다.
　② **배수가 잘되고 건조한 토양에서는 주로 직근의 발달이 깊게 이루어지는 반면에 습기가 많거나 배수가 불량한 토양에서는 직근 대신 측근이 얕게 퍼지는 경향**이 있다.

③ 소나무류의 경우에는 장근과 단근의 구별이 뚜렷하다. 장근은 빨리 뻗어 나가면서 새로운 근계를 개척하며, 형성층에 의해 직경이 굵어지면서 주근을 이루어 오래도록 살아남는 반면, 단근은 장근에서 기원하여 천천히 자라는데, 형성층이 없어서 직경생장을 하지 않으며, 1년 혹은 2년간 살다가 죽어버린다. 그렇지만 **단근은 실제로 수분과 영양분 흡수를 담당**하고, 토양곰팡이와 균근(mycorrhizae)을 형성하는 세근이 된다.

(2) 어린뿌리의 분열조직

① 어린뿌리의 정단 분열조직(apical meristem)은 끝부분에 있다.

② 세포분열이 일어나는 곳은 끝부분이지만, 근관에 의해 보호되고 있으며, 분열된 세포는 종축 방향으로 세포신장을 도모하여 뿌리를 앞으로 전진시킨다. 세포가 신장하면서 곧이어 사부와 목부의 세포가 분화되고, 뿌리털이 나타나기 시작하는 곳은 유관속조직의 분화가 완성된 곳이다.

③ 근관은 분열조직을 보호하는 기능 외에 중력의 방향을 감지하여 굴지성을 유도하며, 탄수화물로 만든 mucigel을 분비하여 토양입자를 뚫고 지나가는데 윤활제 역할을 한다. mucigel 주변에는 토양미생물이 많이 서식하고 있다.

6. 꽃

(1) 꽃의 구조

① 피자식물

㉠ 암술, 수술, 꽃잎, 꽃받침의 네 가지 구조들을 모두 가지고 있으면 완전화라 하며, 네 가지 구조 중 한 개라도 없으면 불완전화라고 한다.

㉡ 꽃의 구조는 속씨식물과 겉씨식물에 따라 다르며, **자웅동주(1가화)** 또는 **자웅이주(2가화)**에 따라, 그리고 양성화나 단성화, 잡성화에 따라 차이가 있다.

㉢ 미상화서(꼬리화서)의 수목 중에서 포플러류와 가래나무류는 꽃잎이 없으며, 버드나무류는 꽃잎과 꽃받침이 없다.

㉣ 미상화서는 수꽃의 꽃대가 연하여 밑으로 쳐지는 화서로서 꽃잎이 없고, '포'로 싸인 단성화이며, 버드나무과, 참나무과, 자작나무과에서 볼 수 있으며, 중요한 목재를 생산한다.

㉤ 속씨식물인 활엽수는 수종에 따라 자웅이주와 자웅동주로 구분되며, 이들 꽃은 양성화·단성화 및 잡성화로 분류된다.

㉥ **벚나무를 포함한 장미과 수종들이나 목련·백합나무·자귀나무 등은 꽃받침·꽃잎·암술 및 수술의 4가지 요소를 모두 갖춘 완전화인 양성화**이다.

㉦ **참나무류·자작나무·사시나무류·호두나무·밤나무·오리나무·버드나무류 등은 불완전화인 단성화**이며, 이 중 **버드나무류·포플러류 등은 암꽃과 수꽃이 각기 다른 나무에 달리는 자웅이주**이다.

㉧ **참나무류·자작나무·밤나무·호두나무 등은 암꽃과 수꽃이 한 나무에 달리는 자웅동주**이다.

㉨ 물푸레나무나 단풍나무에서는 양성화와 단성화가 한 나무에 달리기도 한다.

목본피자식물 꽃의 분류

명칭	의미	종류
완전화	암술, 수술, 꽃잎, 꽃받침 모두 있음.	벚나무, 자귀나무
불완전화	암술, 수술, 꽃잎, 꽃받침 중 하나라도 없음.	버드나무류, 자작나무류
양성화	암술, 수술이 한 꽃에 있음.	벚나무, 자귀나무
단성화	암술, 수술이 따로 있음.	버드나무류, 자작나무류
잡성화	양성화와 단성화가 한 그루에 달림.	물푸레나무, 단풍나무
1가화	암꽃과 수꽃이 한 그루에 달림.	참나무류, 오리나무류
2가화	암꽃과 수꽃이 각각 다른 그루에 달림.	버드나무류, 포플러류

② 나자식물
  ㉠ 겉씨식물인 침엽수는 양성화가 아니며, 모두 1가화 혹은 2가화이다.
  ㉡ 소나무류나 가문비나무, 전나무, 낙엽송, 편백 등의 침엽수류는 암꽃·수꽃이 한 나무에 달리는 1가화이다.
  ㉢ 소철류와 은행나무는 대표적인 2가화이다.
  ㉣ 향나무나 주목 중에는 1가화인 나무와 2가화인 나무가 함께 존재하고 있다.

> **화서(꽃차례) : 가지에 붙어있는 꽃의 배열상태**
> ① 겹우산모양꽃차례 : 우산 모양으로 펼쳐진 꽃차례가 여러 개로 이루어진 꽃모양, 겹산형화서(궁궁이)
> ② 꼬리모양꽃차례 : 가늘고 긴 주축에 동물의 꼬리 모양으로 꽃이 달려 아래로 늘어진 꽃모양, 이삭꽃차례의 하나, 미상화서(버드나무, 밤나무, 상수리나무 등)
> ③ 단정꽃차례 : 하나의 꽃자루에 꽃이 하나씩 피어 있는 꽃모양, 단정화서
> ④ 머리모양꽃차례 : 꽃대 끝에 여러 개의 꽃이 머리 모양을 이루어 마치 한 개의 꽃처럼 피는 꽃모양, 두상화서 (해바라기, 민들레, 엉겅퀴, 구절초 등)
> ⑤ 평면꽃차례 : 아랫쪽의 꽃은 꽃자루가 길고 위쪽의 꽃일수록 꽃자루가 짧아 각각의 꽃이 평면을 이루어 가지런하게 피는 꽃모양, 산방화서, 방상화서, 편평화서(공조팝나무, 수국, 산평의다리, 유채, 산사나무, 마타리 등)
> ⑥ 술모양꽃차례 : 긴 꽃대에 꽃자루가 달린 작은 꽃들이 밑에서부터 계속 생겨나 하나의 꽃처럼 피는 꽃모양, 총상화서(꽃다지, 냉이 등)
> ⑦ 우산모양꽃차례 : 꽃대 끝에서 많은 꽃꼭지가 우산처럼 방사형으로 펼쳐져 그 끝에 꽃이 피는 꽃모양, 산형화서(생나무, 일본조팝나무 등)
> ⑧ 원뿔모양꽃차례 : 각각의 꽃이 모여 원뿔 모양으로 피는 꽃모양, 총상꽃차례의 하나, 원추화서(라일락, 남천, 꿩의다리아재비 등)
> ⑨ 이삭모양꽃차례 : 한 개의 긴 꽃대에 꽃자루가 없는 여러 개의 꽃이 이삭 모양으로 피는 꽃모양, 수상화서 (질경이, 맥문동 등)
> ⑩ 취산꽃차례 : 꽃대에서 자란 여러 개의 작은 꽃자루에 꽃이 피는 꽃모양, 취산화서

CHAPTER 02 수목의 분류

1 수목의 일반적 분류

1. 모양에 따른 분류

(1) 교목과 관목

🌱 관목과 교목의 비교

구분	관목	교목
특징	다 자랐을 때의 키가 4m보다 작은 나무로서 줄기가 뿌리 가까이에서 갈라지거나 땅속으로 갈라져 모여서 자라는 형태를 이룬다.	• 수고가 5~6m 이상으로 하나의 줄기가 곧게 올라와 지상부를 이루는 나무이다. • 오랜 세월 동안 살아온 나무로서 곧은 줄기가 있고, 줄기와 가지의 구분이 명확하다.
수종	무궁화, 개나리, 장미, 진달래, 회양목, 쥐똥나무 등	소나무, 낙엽송, 오동나무, 느티나무, 메타세쿼이아, 은행나무 등

(2) 침엽수와 활엽수

① 침엽수
  ㉠ 소나무, 주목, 전나무, 잣나무 등과 같이 잎이 바늘 모양인 것이 대부분이고, 은행나무와 같이 넓은 잎을 가진 것도 있다.
  ㉡ 침엽수는 나자식물(겉씨식물)에 속한다.
② 활엽수: 느티나무, 상수리나무, 벚나무, 단풍나무와 같이 잎이 넓은 나무이며, 주로 피자식물(속씨식물)에 속한다.

(3) 상록수와 낙엽수

① 상록수: 소나무, 전나무, 잣나무와 같은 상록 침엽과 회양목, 사철나무와 같은 상록 활엽이 있다. 상록 활엽수의 대부분은 남부지방에서 자란다.
② 낙엽수: 참나무, 버드나무, 단풍나무, 아까시나무와 같은 활엽수와 일본잎갈나무(낙엽송), 낙우송, 메타세쿼이아, 은행나무와 같이 침엽수가 있다.

2. 생태적 특성에 따른 분류

(1) 기후에 따른 분류
우리나라는 강수량이 아닌 온도조건에 따라 식물대의 구분이 나타난다.

① 난대림
- ㉠ 북위 35° 이남 지역의 남해안 지역과 제주도, 연평균 기온이 14℃ 이상인 지역으로 남해안과 섬 지역을 포함한다.
- ㉡ 대표적인 숲은 상록 활엽수림으로 가시나무류, 구실잣밤나무, 동백나무, 후박나무, 녹나무, 사철나무, 식나무, 생달나무, 감탕나무, 아왜나무 등이다.
- ㉢ 인간에 의해 파괴되어 혼효림으로 변화한 곳이 많다.
- ㉣ 조림가능한 것은 소나무, 편백, 회양목, 대나무, 밀감, 해송 등이다.

② 온대림
- ㉠ 고산지대를 제외한 북위 35~43°에 위치한 지역이며 연평균 기온이 6~13℃이다.
- ㉡ 대표적인 나무는 참나무류, 서어나무, 단풍나무, 밤나무, 물푸레나무와 같은 낙엽 활엽수이며, 상록 침엽수림은 소나무, 잣나무 등이다.

③ 한대림
- ㉠ 한반도 북쪽 끝과 연평균 기온이 5℃ 이하인 고산지역을 포함하고 있다.
- ㉡ 상록 침엽수림이 대표적이며 전나무, 가문비나무와 활엽수인 가래나무, 자작나무, 신갈나무 등이 분포한다.

(2) 양수와 음수
① 양수(陽樹) : 햇빛을 많이 필요로 하며 소나무, 은행나무, 밤나무, 벚나무, 잎갈나무류, 사시나무류, 자작나무류 등이다.

② 음수(陰樹)
- ㉠ 그늘에서도 잘 자라며 사철나무, 주목, 회양목, 전나무, 분비나무, 가문비나무, 느티나무, 들메나무, 복장나무 등이다.
- ㉡ 반음수성 수종으로는 잣나무, 오리나무류, 단풍나무류, 피나무류, 참나무류, 물푸레나무 등이 있다.

CHAPTER 03 수목의 생장

생장은 세포분열, 세포신장, 세포분화로 이루어진다. 식물의 생장은 줄기, 형성층, 뿌리가 자라 개체의 크기가 커지는 영양생장과, 화아분화 후 종자를 맺거나 유성번식으로 다음 세대를 만들기 위한 생식생장으로 나뉜다.
수목의 분열조직은 줄기와 뿌리의 끝부분과 형성층에 존재한다.

1 영양생장

1. 수고생장(height growth)

(1) 수고생장의 정의
 ① 수목의 잎과 줄기가 자라서 **키가 커지는 줄기생장**이 중요한 역할이다.
 ② 수목의 키는 가지 끝에 있는 눈이 자라서 새로운 가지를 만드는 만큼 커진다.
 ③ 가지 끝에 있는 줄기가 자라는 시기와 속도는 수종에 따라 차이가 있으며, 이는 유전적으로 고정되어 있는 줄기의 생장형이 다르기 때문이다.
 ④ 온대지방에서 수목의 줄기가 자라는 양상은 유한생장과 무한생장, 고정생장과 자유생장으로 나뉜다.

(2) 잎의 생장
 ① **식물이 처음으로 갖게 되는 잎은 자엽(cotyledon)**이며, 종자 내의 배(embryo)가 자란 것이다 (밤나무, 참나무는 자엽에 탄수화물 저장).
 ② **인편(bud scale)은 눈이 형성될 때 제일 먼저 만들어지며, 주로 눈을 보호하는 역할을 하면서 양분을 저장**하기도 한다. 인편의 해부학적 구조는 진정한 잎보다 분화가 적게 이루어져 유관속조직과 책상조직의 발달이 미약하고, 기공의 빈도도 낮다.
 ③ 잎은 줄기 끝의 정단 분열조직에서 만들어지는데, **잎의 아랫부분이 먼저 만들어지고, 다음에 엽신이 분화되면서 엽병이 중간**에 생긴다.
 ④ 잎의 신장은 처음에는 끝부분에서 이루어지다가 곧 중단되고, 잎의 가장자리와 중간에 위치한 분열조직에서 세포분열을 통하여 고유의 모양을 갖추게 된다.
 ⑤ 잎이 자라는 기간은 사과나무, 자작나무, 포플러는 15일, 포도나무는 40일, 상록성인 귤나무는 130일 정도 소요된다.

(3) 줄기생장형(수고생장형)

정아가 측아보다 뚜렷이 잘 자라는 현상을 정아우세라 하며, 이러한 특징이 나타나는 수종은 대체로 원추형의 수형을 가진다. 대부분의 나자식물은 정아지(terminal leader) 혹은 주지(maim shoot)가 측지보다 빨리 자람으로써 원추형의 수관형을 유지하게 된다. 정아우세가 뚜렷하지 않거나 없는 수종들은 구형의 수형을 가진다. 그러나 구형의 수관형을 가진 수종도 임분 내에서 밀식되어 자랄 때에는 원추형 비슷하게 자란다. 또한 **추운 지역의 소나무과 수목들은 눈이 적게 쌓이도록 적응하여 진화하면서 원추형의 수관**을 보인다.

① 유한생장과 무한생장

  ㉠ 유한생장(determinate growth) : **정아가 뚜렷하고 한 가지당 1년에 1회 또는 2~3회 정아가 형성되면서 신장**한다. 소나무류, 참나무류, 가문비나무류, 주목 등이다.

  ㉡ 무한생장(indeterminate growth) : **동아에서 유래한 줄기가 자란 다음 가지 끝이 죽거나, 정아를 형성하지 않고 줄기가 자라다가 끝이 죽으면 맨 윗부분의 측아가 정아의 역할을 하여 이듬해 봄에 다시 줄기도 자라는 것**이다. 가지 끝 죽은 부분에 흔적이 남아있기 때문에 유한생장 수종과 구별된다. 버드나무, 자작나무, 서어나무, 버즘나무, 느릅나무, 피나무, 아까시나무 등이다.

② 고정생장과 자유생장

  ㉠ 고정생장(fixed growth) : **줄기의 생장이 전년도에 형성된 겨울눈에 결정되어 있는 것**이다. 고정생장을 하는 수종은 봄에만 키가 자라고 그 후에는 키가 자라지 않기 때문에 수고생장량이 적다. 고정생장을 하는 수종은 뿌리의 생장 활동 기간이 줄기의 것보다 길다. 참나무류, 소나무, 잣나무, 솔송나무, 가문비나무, 너도밤나무 등이다. 고정생장을 하는 수종도 묘목 시절에는 자유생장을 보이는 경우가 있다.

  ㉡ 자유생장(free growth) : **겨울눈 속에 미리 만들어져 있던 원기는 봄에 자라서 봄잎을 만들고, 곧이어 새로 만들어진 원기가 여름 잎을 만든다.** 자유생장을 하는 수종은 가을 늦게까지 줄기생장이 이루어지는 것이 특징이며, 이로 인해 수고생장량이 고정생장 수종보다 많다. **은행나무, 주목, 메타세쿼이아, 낙엽송, 자작나무, 벚나무, 단풍나무, 과수, 쥐똥나무, 포플러, 사과나무, 버드나무, 버즘나무, 회양목, 사철나무, 느티나무, 개나리, 진달래, 영산홍** 등이다.

③ 비정상지

  ㉠ 제 위치나 제 계절에서 벗어난 줄기를 비정상지(abnormal shoot)라고 하는데, **그늘에 있던 잠아가 햇빛에 갑자기 노출되어 빠른 속도로 줄기로 자랄 경우 도장지(徒長枝)**라고 한다.

  ㉡ **도장지는 침엽수보다는 활엽수에 더 많이 나타나며**, 수종, 연령, 임분의 상태에 따라 큰 차이가 없다. 참나무류는 도장지를 많이 만들고, 물푸레나무류는 적게 만든다.

  ㉢ 같은 수종 내에서도 **유목이 성숙목보다, 그리고 임분 내에서는 피압목이 우세목보다 도장지를 더 많이 만든다.**

  ㉣ **강한 간벌을 받은 임분의 나무가 약한 간벌을 받은 임분의 나무보다 도장지를 많이 생산하며, 숲의 가장자리인 임연부에 위치한 나무에서 더 많은 도장지를 볼 수 있다.**

ⓜ 수종에 따라서는 다음해에 자라야 할 눈이 당년도에 미리 자라는 경우가 있다. 참나무류, 오리나무, 소나무류에서 한여름에 비가 많이 오면 가끔 이런 현상이 나타나며, **정아가 자라면 라마지(lammas shoot)**라고 한다.

2. 직경생장(비대생장, cambial growth)

수목의 직경생장은 수간, 줄기, 뿌리 부분의 목부와 사부 사이의 형성층에서 비대생장으로 이루어진다.

수목의 비대생장은 형성층이 광합성 산물을 이용하여 병층분열과 수층분열을 하면서 줄기 안쪽으로는 물관세포를, 바깥쪽으로는 체관세포를 만든다.

병층분열(periclinal division)은 목부나 사부의 시원세포(fusiform initial)를 추가로 만들기 위하여 **횡단면상에서 접선 방향으로 세포벽을 만드는 세포분열**이며, **수층분열(anticlinal division)**은 나무의 **직경이 굵어짐으로 인해 형성층 자체의 세포 수가 모자랄 때, 형성층의 세포 수를 증가시키기 위하여 방사 방향으로 세포벽을 만드는 세포분열**이다.

(1) 목부와 사부의 생산

① 형성층은 세포분열을 통하여 2차목부와 2차사부를 생산하는데, 형성층보다 안쪽으로 목부를, **바깥쪽으로 사부를 추가**하면서 계속 분열조직으로 남게 된다.

② 생리적으로 체내식물 호르몬 중 **옥신의 함량이 높고 지베렐린의 농도가 낮으면 목부를 생산하고, 그 반대일 때는 사부를 생산**한다.

③ 형성층이 생산하는 목부와 사부조직의 비율은 일정하지 않으나, **목부의 생산량이 사부보다 많다.**

④ 온대지방에서는 **봄에 형성층의 활동이 시작되면 사부조직이 목부조직보다 먼저 생성된다.**

⑤ 수목의 어린줄기 유관속의 1차목부는 안쪽에서 바깥쪽으로 향하여 분화진행한다.

⑥ 1차목부가 형성된 후에 만들어진 것은 후생목부이며, 이것이 형성될 단계에 이르면 이 부분에 해당되는 줄기는 신장생장을 할 수 없다.

⑦ 활엽수 줄기의 **발달순서는 수(pith) → 1차목부 → 2차목부 → 형성층 → 2차사부 → 1차사부 → 피층 → 주피 → 표피이다.**

(2) 세포분화

① **형성층에서 안쪽으로 추가된 세포는 목부조직**이 되는데, 네 가지 세포, 즉 도관, 목부섬유, 가도관, 유세포 중 하나로 분화된다.

② 도관, 가도관, 목부섬유는 2차벽을 가지게 되며, 원형질을 잃어버린 죽은 세포로 된다.

③ 도관은 양쪽 끝에 천공판이 생겨서 수분의 이동을 용이하게 만든다.

④ 수선조직을 만드는 유세포는 분화과정에서 모양이 별로 변하지 않으며, 세포내용물인 원형질을 그대로 가지고 살아있는 세포로 남는다.

(3) 형성층의 계절적 활동

① 형성층의 활동은 환경요인의 영향을 많이 받는다. 한발이 계속될 때는 대개 형성층의 활동이 둔화되어 세포분열이 거의 정지된다.
② **형성층의 계절적 활동은 상록수의 경우 낙엽수보다 더 오래 지속**되며, 임분 내에서 **우세목이 피압목보다 더 오래 일어난다.**
③ 형성층의 활동은 일반적으로 봄에 줄기생장이 시작될 때 함께 시작하여 여름에 줄기생장이 정지한 다음에도 더 지속되는 경향이 있다.
④ 형성층의 활동은 식물호르몬인 옥신에 의해 좌우된다.
⑤ 이른 봄, 눈에서 만들어진 옥신계통의 식물호르몬이 밑으로 이동하면서 형성층을 자극하여 세포분열을 유도하기 때문에, 형성층의 활동은 나무 꼭대기와 눈 바로 아래의 줄기에서 제일 먼저 시작되며, 나무 밑동 부분에서 제일 늦게 시작된다.
⑥ 가을이 되어 잎에서 옥신생산이 줄어들기 시작하면 제일 먼저 나무 밑동 부근에서 형성층의 분열이 중단되며, 나무 꼭대기 부근에서는 제일 늦게까지 형성층의 활동이 일어난다.
⑦ **옥신의 영향은 추재를 형성하기 시작하는 기작과 동일**하다. 즉, 늦은 여름에 추재를 만들기 시작하는 시기는 잎에서 옥신의 생산량이 줄어드는 시기와 일치하며, 나무 밑동에서부터 추재 생산이 시작되어 점점 위로 전달된다.

3. 뿌리생장

종자 내 배의 유근이 발아하여 직근이 되어 발달하고 측근이 생기며, 이들로부터 많은 세근이 형성된다. **뿌리털은 뿌리의 표면적을 넓게 하여 물과 양분을 흡수**하며, 일반적으로 뿌리 끝의 생장점 바로 윗부분에 분포한다. 뿌리는 직경이 굵어지면서 2차 생장을 한다. 직경이 굵어지는 원리는 수간이 굵어지는 원리와 거의 같다. 소나무류나 참나무류와 같이 **외생균근을 형성하는 수종들은 뿌리털을 형성하지 않는다.**

(1) 측근의 생성

측근은 주근의 내피 안쪽에 있는 내초세포(pericycle)가 분열하여 만들어진다. 내초는 세포분열 능력이 왕성하여 병층분열을 시작하면서 접선방향으로 세포벽을 새로 추가하여 새로운 세포를 만들면서 불룩 튀어나오기 시작한다. 후에 수층분열을 일으켜 방사 방향으로 세포벽을 추가하여 세포의 숫자를 증가시키면서 내피와 피층을 뚫고 주근 밖으로 튀어나와 측근이 된다.

(2) 뿌리의 신장속도

① 수종에 따라 계절에 따라 많이 다른데 연중 가장 왕성하게 뿌리가 자랄 때, 뿌리의 신장속도는 하루에 1mm에서부터 수 cm까지 다양하다.
② 소나무의 뿌리가 가장 왕성할 때 조림지에서 하루에 2~3cm 가량, 아까시나무와 포플러는 하루에 5cm까지, 사과나무와 벚나무의 장근은 일주일에 4~8cm 가량 자란다.
③ 온도가 내려가면 뿌리의 신장속도는 급속히 낮아진다.

(3) 뿌리의 수명
① 비교적 오랫동안 사는 직경이 굵은 다년생근(장근)과, 짧은 기간 동안만 살아 있는 세근(단근)으로 구별한다. 건강한 나무의 경우에도 세근은 비교적 단기간 동안만 살아 있다.
② 뿌리털(근모)은 뿌리 끝에 있는 정단분열조직 바로 뒤쪽에서부터 자라는데, 뿌리털의 수명은 세근의 수명보다도 더 짧아서 수 시간 혹은 수 주일 살아남는 것이 보통이다.

(4) 뿌리의 형성층
종자에서 유래한 어린 긴 뿌리는 시간이 지나면 직경이 굵어지면서 2차 생장으로 들어가는데, 직경이 굵어지는 원리는 줄기(수간)가 굵어지는 원리와 거의 같다.

(5) 뿌리 분포
① 소나무는 심근성, 잎갈나무는 중간형, 밤나무는 천근성으로 수종에 따라 다르다.
② 뿌리 분포는 환경의 변화에 따라서 크게 달라지는데, 특히 **뿌리의 수직적 분포는 토성의 영향을 많이 받는다.**
③ 점토가 많은 토양에서는 뿌리의 침투가 불량하지만, 사양토에서는 통기성이 좋아서 근계가 더 깊게 발달한다.
④ 건조한 지역에서 자라는 수목일수록 S/R률(지상부/지하부)이 작아 상대적으로 근계가 많이 발달한다.

(6) 뿌리의 생장 방향
① 새로 신장하는 주근은 중력에 예민한 반응을 보여서 **햇빛과 반대 방향인 땅속으로 수직 방향으로 자라는 양성 굴지성(geotropism, 음성굴광성)을** 나타낸다.
② 측근도 주근으로부터의 거리와 분지의 정도에 따라 차이는 있지만, 굴지성을 나타내며, 줄기에서 정아지가 측지의 발달에 영향을 주듯이, 주근이 측근의 신장 방향에 영향을 미친다.
③ 나무가 자라면서 주근이 계속해서 갈라지고 복잡한 구조를 가지게 되면, 주근의 영향은 점점 적어지고 중력에 대한 반응도 둔화된다. 대신 토양의 수분함량과 온도에 따라서 뿌리의 신장 방향이 달라진다.
④ 발아하는 묘목의 주근은 굴지성을 강하게 나타내 밑으로 자라 내려가지만, 지표면에서 수분을 공급하면 주근이 수분이 있는 토양 표면으로 거꾸로 자라 올라가기도 한다.
⑤ 기계적인 힘도 뿌리의 생장 방향과 뿌리의 모양에 영향을 준다. 토양 속에 뿌리가 관통할 수 없는 장애물이 있으면, 주근과 측근 모두 본래의 진행 방향을 바꾸어 장애물을 돌아서 자란다.

4. 생장측정과 생장분석

(1) 상대생장률(relative growth rate, RGR)

① 수목의 단위 무게당 단위 시간당 건중량의 증가량을 의미하며, 보통 1주일당 1그램(g)당 증가한 무게(g)로 표시한다.

② 상대생장률은 수목이 가지고 있는 유전적 생장속도를 나타내는데, 속성수는 천천히 자라는 장기수보다 상대생장률이 높다.

$$상대생장률(RGR) = ln\,W_2 - ln\,W_1/t_2 - t_1$$

(단, ln : 자연대수, W_2 : 측정말기의 건중량, W_1 : 측정초기의 건중량, t_2 : 말기 측정일, t_1 : 초기 측정일)

(2) 대비성장량

① 수목 두 부위 간의 상대적인 건중량 증가를 서로 비교할 수 있게 한다.

② 수목은 자라면서 고유의 유전적 특성, 환경 변화, 시간 경과에 따라서 여러 부위 간 건중량을 분배하는 양식이 변화한다. 대비성장량은 이런 변화를 추적할 수 있게 한다. 줄기와 뿌리 간의 건중량 분배를 측정하고자 할 경우의 공식이다.

$$Log(지상부\ 무게) = α + β\ log(지하부\ 무게)$$

③ α와 β계수는 시간이 경과하면서 지상부와 지하부의 무게를 반복 측정하여 직선상관관계로 계산할 수 있다. α는 어떤 수종이 유전적으로 뿌리에 투자하는 고유의 능력을 보여주며, β는 대비성장계수라고 하며 지상부와 지하부의 상대생장률(RGR)의 비율에 해당한다. 이 공식은 식물이 뿌리를 얼마나 성장시켜야 줄기가 증가하는지 보여주는 수식에 해당한다. 즉, 뿌리가 잘 뻗어 수분과 양분을 흡수한 만큼 줄기가 자랄 수 있다는 상관관계를 보여주며, 이 능력은 수종이나 환경의 변화에 따라서 그리고 시간이 경과하면서 변화한다.

(3) 순동화율(net assimilation rate, NAR)

① 순동화율은 단위 엽면적당(m^2) 단위 시간당(1일, d) 건중량(g)의 생산량으로 표시한다. 이 계산에서 엽면적률(leaf area ratio, LAR)은 수목의 총건중량에 대한 총엽면적 비율이다.

$$순동화율(NAR,\ g/m^2/d) = 상대생장률(RGR,\ g/g/d) / 엽면적률(LAR,\ m^2/g)$$
$$혹은\ 상대생장률(RGR) = NAR(순동화율) \times LAR(엽면적률)$$

② 공식은 생장이 빠르거나 느린 수목이 어떤 생장 특성을 가지고 있는지 분석할 수 있게 한다. 상대생장률(RGR)은 수목이 가지고 있는 유전적 생산효율에 해당하는 특성이다. 이 유전적 생산효율(상대생장률)이 광합성량(순동화율) 때문인지, 잎의 생산량(엽면적률) 때문인지, 아니면 양쪽 모두 인자를 찾아내 분석할 수 있게 한다.

2 생식생장

1. 꽃의 형성

침엽수종의 꽃눈분화 시기는 보통 꽃피는 전해의 여름으로 해송이나 소나무의 암꽃은 8월 중순~9월 상순에, 낙엽송은 7월 상순~하순에 암수의 꽃눈이 분화한다.

> **소나무과 꽃의 특징**
> ① 소나무과는 암꽃과 수꽃의 위치가 다른데, **암꽃은 수관의 상단에, 수꽃은 수관의 하단부에 달린다.**
> ② 암꽃이 수관 상단에 달리는 이유는 수분 후 암꽃이 자라는 동안 많은 탄수화물을 요구하기 때문에 탄수화물을 가장 많이 공급할 수 있는 활력이 큰 역지에 암꽃이 달려 충실한 종자를 생산하려는 이유이다.
> ③ 수꽃은 수관 아래쪽 활력이 약한 가지에 달리는데, 탄수화물 공급이 적은 상태에서 수꽃으로 분화한다.
> ④ **적송(소나무)처럼 수꽃이 많이 달린 가지는 수꽃의 숫자만큼 엽량이 줄어들어 매년 수꽃을 생산함으로써 가지의 활력이 약해진다.**

2. 유형기

(1) 유형기(유생기간, Juvenile period)

① 수목의 유형기는 수종에 따라 혹은 환경에 따라 큰 차이가 있다.
② **방크스소나무와 리기다소나무는 종자로부터 보통 3년이면 개화가 시작되며, 자작나무와 구주소나무는 보통 5년 이상이 경과**해야 한다.
③ 낙엽송은 개화 전에 10~15년, 가문비나무는 20~25년, 전나무는 25~30년 가량 경과해야 하며, **목본식물 중에서 유형기가 가장 긴 수종은 너도밤나무(유럽너도밤나무)로서 보통 30~40년 가량**이다.

(2) 유형(유시성)의 특징

① 잎의 모양: 서양담쟁이덩굴의 유엽(juvenile leaf)은 열편 혹은 결각으로 갈라지는 경향이 있고, **향나무의 유엽은 바늘같이 뾰족한 침엽이며, 성엽은 비늘 같은 인엽이다.** 소나무류는 종자에서 발아한 첫 해에 1차엽을 만드는데, 유엽의 일종이다.
② 가시의 발달: **귤과 아까시나무의 경우 가시가 발달한다.**
③ 엽서: 유칼리의 경우 잎이 줄기를 따라 올라가면서 배열하는 순서와 각도가 성숙하면서 변화한다.
④ 삽목의 용이성: 유형기에는 삽목이 쉽다.
⑤ 곧추선 가지: 낙엽송(잎갈나무)의 경우 가지가 왕성하게 곧추 자란다.
⑥ 낙엽의 지연성: 참나무류와 너도밤나무의 경우 가을에 죽은 잎이 늦게까지 붙어 있다.
⑦ 수간의 해부학적 특성: 활엽수의 경우 환공재의 특성이 유생기간에는 잘 나타나지 않으며, 침엽수의 경우에는 춘재에서 추재로의 전이가 점진적으로 나타나며, 추재의 비중이 비교적 낮다.
⑧ 밋밋한 수피와 덩굴성 특징을 가지기도 한다.

CHAPTER 04 수목과 영양

1 수목 체내의 대사

1. 탄수화물

(1) 수목 체내 탄수화물의 기능

① 세포벽의 주요 성분
② 에너지를 저장하는 주요 화합물
③ 지질, 단백질과 같은 다른 화합물을 합성하기 위한 기본 물질
④ 광합성에 의해 처음 만들어지는 물질
⑤ 세포액의 삼투압을 증가시키는 용질
⑥ 호흡과정에서 산화되어 에너지를 발생시키는 주요 기본 물질
⑦ 잎에서 광합성으로 만든 동화물질의 장거리 이동 수단

> **sucrose**
> 살아있는 세포 내에 널리 분포하면서 비교적 높은 농도로 존재한다. 또한, 저장탄수화물의 역할을 하며 **사부를 통해 이동하는 탄수화물의 주성분**이다.

목본식물 내의 탄수화물의 종류와 분류

구분	탄소숫자	3탄당	4탄당	5탄당	6탄당	7탄당
단당류	예	glycer aldehyde	erythrose	ribose xylose arabinose ribulsse	glucose fructose mannose galactose	heptulose
올리고당	종류	2당류	3당류	4당류	5당류	그 이상
	예	maltose(맥아당) lactose(유당) cellobiose sucrose(설탕)	raffinose melezitose	stachyose	verbascose	dextrine (환원당)
다당류	종류	srarch/cellulose/callose		hemicellulose	pectin/mucilage/gum	
	기본구성 요소	glucose		xylan mannan galactan araban	galacturonic acid	

(2) 탄수화물의 대사
    ① 탄수화물의 축적을 농도로 표시하면 지하부의 농도가 지상부보다 높아서 뿌리가 중요한 탄수화물의 저장소 역할을 한다.
    ② 수목의 나이가 증가할수록 지상부 무게가 지하부보다 더 빨리 증가하기 때문에 탄수화물의 총량은 지상부에 더 많게 된다.
    ③ 탄수화물의 운반은 사부조직을 통하여 이루어지며 피자식물에서 사부조직의 기본세포는 사관세포이고, 보조세포는 반세포로 구성되어 있다.
    ④ 사부조직을 통해 운반되는 탄수화물의 성분은 수목에 따라 큰 차이가 있으나, 근본적으로 비환원당만으로 구성되어 있는 공통점을 가지고 있다.
    ⑤ 전분은 잎의 경우 광합성에 의해 엽록체에 직접 축적된다.

    > 수목 체내의 다당류
    > ① 헤미셀룰로오스 : 세포벽의 주성분으로 1차벽에서는 전체 구성 성분의 25~50%로 가장 많고, 2차벽에서는 30%로 셀룰로오스 다음으로 많은 함량이다.
    > ② 펙틴 : galacturonic acid의 중합체이자 세포벽의 주성분이다. 중엽체에서 이웃세포를 서로 결합시키는 접착제 역할을 한다. 1차벽에서는 10~35% 가량이지만, 2차벽에는 거의 존재하지 않는다.

(3) 수목 내 탄수화물의 계절적 변화
    ① 낙엽수는 가을철 낙엽이 질 때 줄기의 탄수화물 농도가 최고치에 도달하여 겨울철 추운 날씨에 대한 내한성을 증가시킨다.
    ② 봄철에는 새로운 잎과 가지의 생장을 위해 저장되어 있는 탄수화물을 이용하므로, 탄수화물의 함량은 늦은 봄에 최저치에 달한다.
    ③ 겨울철에 전분의 함량은 감소하고 환원당의 함량은 증가하는데, 이것은 전분이 설탕과 환원당으로 바뀌어 가지의 내한성을 증가시키는 역할을 하기 때문이다.
    ④ 상록수의 경우 탄수화물의 계절적 변화는 낙엽수에 비해 훨씬 적은 편이다.

    > 탄수화물 수용부로서의 상대적인 강도
    > 열매, 종자 > 어린 잎, 줄기 끝의 눈 > 성숙한 잎 > 형성층 > 뿌리 > 저장조직

(4) 탄수화물과 가을 단풍
  ① 단풍 관련 색소
    ㉠ 가을에 날씨가 추워지면 엽록소 생산이 중단되면서 기존의 엽록소도 서서히 파괴되기 시작한다.
    ㉡ 엽록소가 파괴되면서 기존의 카로티노이드가 그대로 노출되느냐, 혹은 노란색, 붉은색, 갈색 색소를 합성하느냐에 따라서 가을철의 다양한 단풍색이 만들어진다.

  🌱 단풍색소

단풍색	색소	수종
노란색	카로틴, 크산토필(잔토필)	은행나무, 생강나무, 백합나무, 물푸레나무, 히코리, 계수나무
붉은색	안토시아닌	단풍나무, 층층나무, 화살나무, 벚나무, 느티나무, 산수유, 옻나무, 감나무, 대왕참나무, 붉나무, 개옻나무, 풍향수
오렌지색	카로틴, 안토시아닌	일부 단풍나무
황갈색	카로틴, 탄닌	너도밤나무, 참나무류, 버즘나무

  ② 단풍을 만드는 환경조건
    ㉠ 단풍에 관여하는 환경조건 중에서 온도, 햇빛, 수분이 가장 중요한 역할을 한다.
    ㉡ 늦여름과 가을에 환경조건이 광합성을 촉진하여 탄수화물 축적에 유리하면 단풍 관련 색소를 더 많이 합성하게 된다.
    ㉢ 맑고 건조하며 영상을 유지하는 서늘한 기후가 지속되면 예쁜 단풍을 볼 수 있다. 이런 날씨는 광합성을 최대한으로 유지하면서 호흡을 억제하는 기상조건이다.

2. 단백질과 질소
(1) 주요 질소화합물
  ① 아미노산과 단백질 그룹
    ㉠ 아미노산은 단백질의 구성성분이다.
    ㉡ 단백질은 여러 개의 아미노산이 peptide 연결을 하는 화합물이다.
    ㉢ 식물단백질은 크기와 모양이 다양하며, 기능도 다양하여 원형질의 구성성분, 효소, 저장물질, 전자전달 매개체로 이용된다.
  ② 핵산 관련 그룹
    ㉠ 핵산은 질소를 함유하고 있는 pyrimidine과 purine, 5탄당과 인산으로 구성되어 있다.
    ㉡ 핵산과 관련된 화합물로서 nucleotides를 들 수 있는데, 이것은 purine과 같은 화합물에 단당류와 인산이 붙어서 된 화합물로서 핵산의 기본단위라 할 수 있는데, 식물 자체 내에서 조효소의 역할을 한다.

③ 대사 중개물질 그룹
    ㉠ 식물체 내에서 여러 가지 대사에 관여하는 물질 중에는 질소를 함유하고 있는 화합물이 많다.
    ㉡ 가장 흔한 것은 pyrrole로서 4개가 모여서 porphyrin을 형성하는데, porphyrin을 가지고 있는 화합물은 엽록소와 phytochrome 색소 등이 있다.
④ 대사의 2차산물 그룹 : 식물의 질소대사 과정에서 2차산물로 생산되는 것 중에 alkaloids가 있는데, 이것은 질소를 함유하고 있는 환상화합물이다.

(2) 질소 대사
① 녹색식물은 광합성으로 탄수화물을 합성해서 에너지원으로 사용하며, 필요한 필수아미노산을 모두 자체적으로 합성할 수 있는 능력이 있다.
② 식물이 아미노산을 합성하기 위해서는 토양으로부터 무기질소를 흡수해야 한다.

(3) 질산 환원
① 토양에서 뿌리로 흡수된 NO_3^- 형태의 질소는 아미노산 합성에 이용되기 전에 먼저 화학적으로 환원되어 NH_4^+ 형태로 바뀌어야 하는데, **질산태질소(NO_3^-)가 암모늄태질소(NH_4^+)로 환원되는 과정을 질산환원이라고 한다.**
② 흡수된 NO_3^-는 뿌리에서 곧 NH_4^+로 환원되거나, 혹은 NO_3^- 형태로 잎으로 이동된 후 잎에서 NH_4^+로 바뀌게 된다.
③ **lupine형(Lupinus)은 뿌리에서, 그리고 도꼬마리형(Xanthium)은 잎에서 질산환원작용이 일어난다.** 목본식물 중에서 나자식물, 진달래류, Proteaceae는 전자에 속하며, 나머지 수목은 후자에 속한다. 특히 산성 토양에서 견디는 소나무류와 진달래류는 NO_3^-가 적은 토양에서 자라면서 질산환원 대사가 뿌리에서 일어난다.

(4) 수목 내 질소의 계절적 변화
① 목본식물의 조직 내 질소함량은 가을과 겨울에 가장 높고, 저장된 질소를 이용하여 봄철에 줄기생장이 개시되면 감소하다가, 생장이 정지되면 다시 증가한다.
② 봄에 일찍 새로운 줄기가 자라 올라올 때에는 주로 겨울철에 목부와 사부에 저장되어 있던 질소가 이동하여 새로운 잎과 가지를 형성하게 되며, 봄철에 토양에서 흡수하는 질소의 양은 상대적으로 적다.
③ **연중 질소함량이 제일 적은 시기는 봄철 줄기생장이 가장 왕성하게 이루어지는 기간**이며, 그 후 생장량이 감소하거나 정지하면 다시 증가하기 시작한다.
④ 가을이 되면 잎에 있는 질소는 가지로 이동하면서 목부와 수피의 질소함량은 점차 증가하여 한겨울에 질소함량이 가장 많게 된다.
⑤ 목부와 사부의 질소함량의 변화를 계절적으로 보면, 목부보다는 사부(내수피 부분)의 변화가 더 심하다. 이것은 **저장된 질소를 공급하는 조직은 주로 사부조직**이라는 것을 암시한다. 사부조직은 주로 살아있는 내수피를 의미하며, 줄기와 뿌리의 사부조직에 모두 질소를 저장한다.

(5) 낙엽 전의 질소 이동
  ① 목본식물은 낙엽 전에 상당한 양의 무기양분을 줄기로 회수하는 기작을 가지고 있다.
  ② **목본식물의 낙엽 직전에 잎에는 N, P, K 화합물은 줄어들고**, 대신 Ca, Mg 화합물은 증가한다.
  ③ 수목에 따라 회수되는 질소의 양이 일정치는 않으나, 잎에 포함되어 있는 질소의 50% 내외가 회수된다고 본다.
  ④ 잎에서 회수된 N, P, K는 줄기로 이동해 저장되기 때문에 줄기의 N, P, K 함량이 가을에 증가한다.

3. 지질

(1) 지질의 기능
  ① 세포의 구성성분(세포막의 주요 구성성분)
  ② 저장물질
  ③ 보호층 조성
  ④ 화분매개충 유인
  ⑤ 저항성 증진
  ⑥ 2차산물의 역할

  🌱 **목본식물 내 지질의 종류**

종류	예
지방산 및 지방산 유도체	palmitic산, 단순지질(지방), 복합지질(인지질, 당지질), 납, cutin, suberin
isoprenoid 화합물	정유, terpene, carotenoid, 고무, 수지, sterol
phenol 화합물	lignin, tannin, flavonoid

(2) **수목 내 지질의 분포**
  ① 식물의 **영양조직에서는** 함량이 매우 낮아서 보통 건중량의 1% 미만이다.
  ② 월동기간에는 에너지를 저장하고 내한성을 높이기 위해 지질함량이 높아지고, 여름에는 낮아진다.
  ③ 수피의 지질함량은 목부의 심재나 변재보다 높다.
  ④ 열매와 종자의 지질함량은 영양조직보다 훨씬 높다.
  ⑤ **작은 종자에는 주로 지질이 많은 편**이며, 큰 종자에는 탄수화물이 주성분인 경우가 많다.
  ⑥ 지질은 살아 있는 유세포의 세포기질에 저장되는데, **종자의 경우 자엽과 배유에 있으며, 세포소기관의 일종인 올레오솜에 저장된다.**
  ⑦ 불포화지방산은 추운 지방의 식물이 따뜻한 지방의 식물보다 함량이 많다.
  ⑧ 당지질은 엽록체에서 관찰되고 일부 미토콘드리아에도 존재한다.
  ⑨ 기공의 표면이나 소나무의 내려앉은 기공 윗부분의 공간은 왁스로 덮여 있어 증산작용을 억제한다.
  ⑩ 수지는 병원균이나 곤충의 침입을 막고 목재의 부패를 방지한다.

2 양분이동

1. 양분이동과 경로

(1) 수목에서 목질부에는 물관부, 수피에는 체관부가 발달되어 있어서 뿌리와 잎 사이에도 물질의 이동이 용이하게 일어난다.

(2) 가용탄수화물은 공급원(source)에서 이용부위(sink)로 이동한다.

(3) 양분 물질의 하향 이동은 체관세포, 반세포, 유세포, 체관섬유로 구성된 체관부를 통하여 일어나며 살아있는 세포를 통하여 일어난다.

(4) 체관부의 기능적인 활동 수명 기간은 약 1년간이다.

(5) 활엽수의 수분 통도 조직(물관)의 끝은 특수하게 분화되어 있고, 침엽수의 통도 조직(헛물관)은 분화가 적게 되어 있는데, 이들 통도 조직의 경단 방향 세포벽에 대부분의 막공이 있다.

(6) 뿌리가 잘 발달하지 않아 호흡률이 낮은 소나무의 유묘에서는 뿌리의 발달이 왕성한 유묘보다 광합성 물질이 뿌리 쪽으로 적게 이동하며 호흡률과 양분의 이동 사이에는 서로 밀접한 관계가 있다.

2. 양분의 이동 속도

체관부의 최고 양분의 이동 속도는 활엽수는 시간당 40~70cm, 침엽수는 시간당 18~20cm이며, 침엽수나 활엽수의 평균속도는 보통 시간당 1~2cm이다.

3. 양분의 이동 원인

(1) 압력-유동이론(pressure-flow theory)에 의하면, 광합성을 하는 성숙한 잎의 세포 등 양분의 생성 및 공급원이 되는 세포로부터 뿌리, 열매, 분열조직 등의 물질대사가 활발한 세포는 팽압의 구배에 따라 양분의 이동이 일어난다.

(2) 압력 구배가 생기는 것은 양분공급원의 세포에 광합성이나 그 밖의 대사과정으로 인하여 계속 용질이 생성되어 용질의 농도가 점차 높아지고(포텐셜이 낮고), 한편 이용부위의 세포에서는 호흡, 생장 또는 양분의 저장으로 인하여 용질의 농도가 점차 낮아지기(포텐셜이 높아지기) 때문이다.

3 양분이동에 미치는 환경의 영향

1. 빛

(1) 광도가 높아지면 잎에서는 이산화탄소의 흡수량이 증가하고 광합성량이 많아지므로, 뿌리 쪽으로의 양분 이동량이 증가한다.

(2) 광도가 낮은 조건에서 자라는 식물은 양분의 이동이 정지한다.

2. 온도

양분의 이동은 온도가 대개 30℃까지 증가함에 따라 증가하며 그 이상 온도가 되면 호흡에 의하여 탄수화물량의 소모량이 증가하여 양분 이동량이 감소한다.

3. 수분

(1) 수분의 조건은 양분을 생산, 공급하는 잎의 생리 조건을 변화시킴으로서 양분의 이동에 영향을 끼친다.

(2) 수분 결핍은 뿌리 대사과정과 잎의 이산화탄소의 흡수량이 떨어져서 양분 이동량이 감소한다.

4 영양생리

묘목 생육의 요소는 물, 공기, 온도, 광선, 양분 등이며, 각 요소의 종합적 결과에 의하여 영향을 미치게 된다.

1. 필수원소(17가지)

(1) **대량원소(식물 조직 내 건중량의 0.1% 이상 함유되어 있는 원소)**
    탄소(C), 산소(O), 수소(H), 질소(N), 인(P), 칼륨(K), 칼슘(Ca), 마그네슘(Mg), 황(S)

(2) **미량원소(식물 조직 내 건중량의 0.1% 미만 함유되어 있는 원소)**
    철(Fe), 망간(Mn), 구리(Cu), 아연(Zn), 붕소(B), 몰리브덴(Mo), 염소(Cl), 니켈(Ni)

2. 무기양분의 역할

(1) **식물조직의 구성성분**
    Ca(세포벽), Mg(엽록소), N와 S(단백질), P(인지질과 핵산)

(2) **효소 활성제**
    Mg, Fe, Mo, Mn 등 대부분의 미량원소

(3) **삼투압 조절제**
    K(특히 기공), Na(내염성 식물)

(4) **완충제**
    P, 유기산 완충제(Ca, Mg, K)

(5) **막의 투과성 조절제**
    Ca

3. 각 원소의 기능과 결핍증

(1) **질소(N)**
① 유기화합물(아미노산, 단백질 등)을 구성하며 **엽록소의 주요 구성성분이 되는 가장 필수적인 원소 중의 하나이다. 식물의 필수원소 중에서 조직 내 함량이 가장 많은 무기 원소이다.**
② 식물이 필요로 하는 질소 대부분은 생육 초기에 주로 토양 중에서 흡수되어 분열조직 중에 저장된다. **식물이 흡수하는 질소의 형태는 NO_3^-와 NH_4^+이다.**
③ 식물체 내에서 질소의 흡수와 분포가 가장 크게 나타난 부분은 생장률이 가장 높은 잎이고, 가장 작게 나타난 부분은 늙은 잎이다.
④ 뿌리에 공급되는 질소가 부적당하면 늙은 잎에 있던 질소가 어린식물 기관으로 이동하므로 질소결핍증은 늙은 잎에서 먼저 나타나게 된다.
⑤ 질소 결핍은 생장률이 저조하여, 키가 크지 않고 줄기는 가늘게 되며, 분지현상에 제한을 받게 된다. 잎은 전체가 황백화하며, 경과하여 결핍이 심하면 잎 전체 또는 잎의 한 부분이 괴사한다.
⑥ 질소 결핍시 지상부의 생장이 저조하여 T/R률이 적어지고, 과잉시에는 잎이 짙은 녹색이 되고 지상부가 왕성하게 자라 T/R률이 커진다.

(2) **인산(P)**
① **세포핵의 성분으로 분열작용에 가장 중요한 역할**을 한다.
② 비교적 종실 중에 많으며 뿌리의 신장을 촉진하고, 지하부의 발달을 크게 한다. 따라서 뿌리의 양분흡수면적을 크게 하여 내한성, 내건성을 크게 한다.
③ 식물체를 강경하게 하고, 병해에 대한 저항력을 높인다. 이 작용은 질소의 과잉 시비 시 인산을 다량으로 시비함으로써 현저히 나타나며, 또한 세포의 건전한 발달을 촉진하는 결과 병해에 대한 저항력이 커진다.
④ 전분의 생성 이전 및 유용미생물의 활동을 촉진한다.
⑤ **결핍증상은 늙은 잎**에 나타나며 잎의 색은 암록색이나 고동색을 나타낸다. 땅속에서 뿌리의 발달이 나쁘고, 세장하며, 신초는 신장이 불량하고, 빨리 동아를 형성한다. 특히 열매와 종자의 형성이 감소한다.
⑥ 인산이 결핍하였을 때 왜성화로 묘목이 자라지 않으며, 낙엽송과 소나무의 증상을 보면 발육 초기(발아 후 40일경)에 하엽의 끝부터 암자색을 띄우는데, 후에 적갈색이 되고 8~9월경에 갈색을 띄우게 된다.
⑦ 과량 사용하면 오히려 철, 붕소의 결핍을 초래한다.

(3) **칼륨(K)**
① 뿌리에서 흡수한 질소를 속히 단백질로 합성한다.
② 식물체 내에 다량으로 함유되는 성분으로서 종실보다 경엽에 많다.
③ 동화작용을 촉진시키는 작용(광합성과 호흡작용에 관여하는 효소의 활성제 역할을 함.)을 하며 질소화합물의 합성 및 세포 분열을 촉진하고 뿌리의 발달을 조장한다.

④ 세포의 삼투압을 높이는 데도 기여하며, 특히 **기공의 삼투압을 가감하여 개폐**시킨다.
⑤ 식물체 중에서 **수용성으로 존재**하므로 용액의 농도를 높이고, **빙점강하에 효과**가 있으며, 따라서 내한성을 높인다.
⑥ 개화 결실을 촉진하며 병충해에 대한 저항력을 증대한다.
⑦ 질소와 인 다음으로 결핍되기 쉬운 원소로서 K^+의 형태로 흡수된다.
⑧ 체내에서 이동이 용이하기 때문에 **성숙한 잎에서 결핍증**이 먼저 나타난다.
⑨ **결핍시 잎에 검은 반점이 생기고 주변에 황화현상**이 나타나며, 병에 대한 저항성이 약해져 **뿌리 썩음병**에 잘 걸린다.
⑩ 칼륨과 칼슘이 동시에 결핍하면 생장이 나빠지는 경향이 있다.

(4) **칼슘(Ca)**
① 식물체 내에서 조절적 역할(세포막의 정상적인 기능에 관여하며 효소 등의 활성제 역할을 함.)을 하며, 칼슘이 존재하지 않으면 마그네슘을 이상흡수하여 그 해가 일어나게 하는 일이 있다. 그러므로 토양 중에 칼슘이 적고, 마그네슘이 많을 때는 칼슘의 결핍증상보다 마그네슘의 해 작용이 현저히 나타난다.
② 종실보다 경엽에 많이 함유되어 있으며, **유독물질의 중화 및 흡수의 결과 생기는 유기산을 중화**한다. 엽록소의 생성, 탄수화물의 이전, 체내의 당의 생성과 이행에 관여하며, 뿌리의 발달을 촉진하고 조직을 튼튼하게 한다.
③ 체내에서 사부로 적재가 안 되기 때문에 **결핍증은 항상 어린 조직**에서 나타난다.
④ 세포분열시 중엽층을 만드는데 필요하기 때문에 세포분열이 일어나는 정단조직과 어린잎에서 결핍현상이 나타나며, 분열조직이 기형으로 변하면서 죽는다.

(5) **마그네슘(Mg)**
① 식물에 의해 흡수되는 마그네슘은 Mg^{2+}형태로 흡수된다.
② **엽록소의 구성성분**으로서 엽록소의 생성에 밀접한 관계가 있으며, 단백질의 생성 이전에도 관여하고, **광합성, 호흡작용 그리고 핵산 합성에 관여하는 효소의 활성제 역할**을 한다.
③ 식물체 내에서 인산의 이동과 지방의 생성에 필요하다.
④ 염화칼리, 유안, 유산, 석회 등의 과잉은 마그네슘을 방출하게 되고, 그 결핍을 일으키게 된다.
⑤ 마그네슘은 질소, 인산, 칼륨, 유황과 같이 물에 녹기 쉬운 형태로 존재하며, **식물체 내를 이동할 수 있는 성분**이다.
⑥ 체내에서는 어린잎 또는 뿌리의 어린 부분에 가장 필요하므로 그 부분으로 이동하게 되고, 늙은 부분은 점점 부족하게 된다. 따라서 **결핍증은 성숙한 잎에서 먼저 나타나기 시작하여 어린잎으로 확대되며 잎맥사이가 황변 또는 황백화하게 된다.**

(6) 황(S)
  ① **단백질 성분**으로 식물생육의 필수요소로서 호흡작용에 관여하는 조효소의 구성성분이며, 주로 SO_4^{-2}형태로 황을 흡수한다.
  ② **체내에서 이동이 잘 안되어** 엽맥을 포함한 어린잎 전체가 황화현상을 나타내고, 아미노산이 축적된다.
  ③ 뿌리보다는 줄기의 성장이 보다 큰 영향을 받는다.

(7) 철(Fe)
  ① 식물체 내에 적게 존재하는 미량원소이지만, 광합성과 호흡작용에서 전자를 전달하는 단백질과 효소의 구성성분이다.
  ② 엽록소를 합성하는 단백질이 철분을 필요로 하므로 철 결핍시 엽록소의 생성을 방해하여 식물체에 황화현상이 일어나게 한다.
  ③ **결핍은 어린잎부터 먼저 나타나며**, 황백화 현상은 잎맥과 잎맥 사이에 나타난다.

(8) 망간(Mn)
  ① **엽록소의 합성에 필수적이며 효소의 활성제이다. 또한, 광합성 시 광분해를 촉진**시킨다.
  ② 망간의 흡수는 식물에 따라 큰 차이가 있으며 대사작용에 의해 조절된다.
  ③ 결핍은 엽록체에 가장 영향을 미치며 결핍인 조직은 작고 세포벽이 두껍고 표피조직과 표피조직 사이가 오므라드는 현상을 나타낸다.
  ④ 망간과 마그네슘의 결핍은 잎의 경우 **엽맥과 엽맥 사이에 황백화현상**이 일어난다는 점에서 비슷하나, **망간 결핍은 어린잎에서, 마그네슘 결핍은 성숙한 잎에서 각각 먼저 나타난다.**

(9) 붕소(B)
  ① 식물의 생장점 또는 형성층 같은 분열증식하는 조직의 활동과 깊은 관계가 있으며, 또 탄수화물이나 단백질의 물질진대사에 필요하다.
  ② 붕소결핍시 정단분열조직이 죽고 수분흡수력이 떨어진다. 따라서 줄기의 정점이 사멸하므로 측아의 생장점이 자극되어 측지가 생기나 이 정점도 사멸한다. 어린잎들은 모양이 기형적이고 주름살이 잡혀있고, 때로는 두터운 형태로 자라며 진한 청록색을 나타낸다. 또한 잎의 주맥과 주맥 사이에 불규칙적인 황백화현상이 나타날 수 있으며, 근계의 발달이 나빠진다.

(10) 기타
  ① 아연(Zn): 아미노산의 일종인 트립토판의 생산에 관여함으로써 부수적으로 이 아미노산으로 만들어지는 식물호르몬인 옥신생산에 관여한다. 따라서 결핍증상은 옥신 부족으로 인하여 절간 생장이 억제되고 잎이 작아지는 것이다.
  ② 구리(Cu): 산화-환원 반응에 관여하는 효소의 구성성분이며, 또한 엽록체 단백질인 플라스토시아닌의 구성성분이다.
  ③ 몰리브덴(Mo): 질소고정효소와 질산환원효소의 구성성분이며, 핵산의 구성요소인 퓨린계 해체와 식물호르몬인 아브시스산의 합성에 관여한다.

④ 염소(Cl) : 광합성에서 망간과 함께 H_2O의 광분해를 촉진하며, 옥신계통의 화합물의 구성성분이며, 삼투압을 높인다.
⑤ 니켈(Ni) : 질소 대사에서 요소를 CO_2와 NH_4^+로 분해하는 유레아제 효소의 구성성분이다.

4. 수목 내 무기양분의 분포와 변화
(1) 수목 내 무기영양소는 일반적으로 살아있는 조직에서 함량이 높고, 죽어있는 조직에서는 낮다.
(2) 잎의 수목은 어느 부위보다도 대사작용이 왕성하기 때문에 양분 함량(농도)이 제일 높고, 수간은 대부분 죽어있는 조직이므로 함량이 제일 낮다.
(3) 잎은 대사작용이 왕성한 만큼 수명도 짧아 무기영양소의 계절별 변화의 폭이 가장 크다.

5. 수종에 따른 무기영양소의 요구도
농작물 > 활엽수 > 침엽수 > 소나무류

🌱 **무기양분 요구도에 따른 수목의 분류**

무기양분 요구도	활엽수	침엽수
상 (비옥지 선호)	감나무, 느티나무, 단풍나무, 대추나무, 동백나무, 매화나무, 모과나무, 물푸레나무, 배롱나무, 백합나무, 벚나무, 오동나무, 이팝나무, 칠엽수, 버즘나무, 피나무, 호두나무, 회화나무	금송, 낙우송, 독일가문비나무, 삼나무, 주목, 측백나무
중	가시나무, 버드나무, 자귀나무, 자작나무, 포플러	가문비나무, 미송, 솔송나무, 잣나무, 전나무
하 (척박지 선호)	등나무, 보리수나무, 소귀나무, 싸리나무류, 아까시나무, 오리나무류, 참나무류, 해당화	곰솔, 노간주나무, 대왕소나무, 방크스소나무, 소나무, 향나무

📖 **엽면시비와 수간주사**
① 엽면시비 : 잎을 통해 무기양분을 공급하는 것이다. 조경수목, 특히 이식한 나무의 건강이 급속히 나빠졌거나 확실하고 빠른 시비효과를 얻고자 할 경우 사용한다. 양분의 농도가 진할수록 시비효과가 크지만, 너무 진하면 잎에 염류 피해가 나타난다.
② 수간주사 : 수목뿌리가 제 구실을 하지 못하고 나무가 쇠약해져 있을 때 무기양분을 체내에 직접 투여하는 방법이다. 특히 농약을 수관에 대량으로 살포하여 환경오염이 염려될 때 농약을 수간주사로 주입할 수 있으며, 그 효과가 즉시 나타난다.

5 무기염의 흡수기작

1. 자유공간의 개념
(1) **무기염이 뿌리 속으로 흡수되는 초기단계에는 무기염은 뿌리 내 자유공간을 이용하여 이동할 수 있다.**
(2) 자유공간은 뿌리의 세포나 조직 중에서 무기염이나 기타 다른 용질이 확산과 집단유동에 의해 자유로이 들어올 수 있는 부분을 의미한다.

2. 카스페리안대(카스파리대)의 역할
(1) 흡수된 무기염이 내피에 도착하면 자유공간은 일단 없어진다.
(2) 내피세포의 방사단면 벽과 횡단면 벽에는 목전질(suberin)로 만들어진 카스페리안대가 완전히 한 바퀴 둘러쳐져 있어 세포벽을 통한 무기염의 자유로운 이동은 이곳에서 차단된다.
(3) 목전질은 수분을 잘 통과시키지 않는 지질성분으로 되어 있기 때문에 무기염도 함께 차단시킨다.
(4) **카스페리안대의 기능은 내피에서 자유공간을 없앰으로써 무기염이 더 이상 자유롭게 뿌리 속으로 횡적(가로방향)으로 이동할 수 없도록 막아주는 것이다.** 이 지점부터는 대신 무기염이 원형질막을 반드시 통과하도록 함으로써, 원형질막상에서 필요로 하는 무기염을 선택적으로 흡수할 수 있게 만든다.

3. 선택적 흡수와 능동운반
(1) 뿌리 속 무기염의 농도는 토양용액의 농도보다 수십 배 혹은 수백 배 높으며, 세포내 무기염의 종류는 토양용액의 종류와 크게 다르다.
(2) 뿌리의 무기염 흡수는 단순한 삼투압에 의한 현상이 아니다.
(3) **자유공간을 이용한 무기염의 수동적 이동은 비선택적이며, 가역적이고, 에너지를 소모하지 않는다.** 그러나 **식물이 무기염을 능동적으로 흡수하는 과정은 선택적이며, 비가역적이고, 에너지를 소모**한다.
(4) 운반체설에서 운반체는 원형질막에 있는 단백질로서, 능동운반의 주역을 담당한다.
(5) 능동운반이란, 원형질막의 운반체에 의하여 농도가 낮은 곳에서 높은 곳으로 농도 구배에 역행하여 운반되며, 대사에너지를 소모하면서 선택적으로 이루어지는 무기염의 이동을 의미한다.

6 수액의 성분

⑴ 목본식물의 수액은 엄격한 의미에서 두 가지로 나눌 수 있는데, **목부수액은 증산류를 타고 상승하는 도관(혹은 가도관) 내의 수액**을 말하며, **사부수액은 사부를 통한 탄수화물의 이동액**을 말한다.

⑵ 일반적으로 목부수액을 '수액'이라 부르며, 이것은 무기염, 질소화합물, 탄수화물, 효소, 식물호르몬 등이 용해되어 있는 비교적 묽은 용액이다.

⑶ 목부 수액에 질소화합물로서는 암모늄태나 질산태질소는 거의 존재하지 않고, 아미노산과 ureides가 검출되는데, 사과나무의 경우에는 여름철에 aspartic acid와 glutamine이 주종을 이루고, 가을에는 arginine이 증가한다.

⑷ 느릅나무에서는 총 21종의 아미노산이 검출되며, 소나무류의 경우에는 유기태질소의 73~88%가 citrulline과 glutamine으로 되어 있다.

⑸ **소나무류의 수액에서는 NO_3^-가 발견되지 않는데, 그 이유는 뿌리에서 이미 질산환원작용이 일어나기 때문**이다.

⑹ 탄수화물의 농도는 겨울철과 이른 봄에 높은데, 주성분은 설탕, 포도당, 과당이다.

⑺ 자작나무 수액은 과당과 포도당을 함유하고 있으며, 고로쇠나무 수액의 주성분은 설탕이다.

⑻ 질소화합물과 탄수화물 이외의 수액에는 무기염, 식물호르몬 중에서 시토키닌, 지베렐린과 **수분스트레스를 받으면 ABA가 발견**되며, 효소도 일부 존재한다.

⑼ **목부수액이 사부수액보다 훨씬 농도가 묽다.** 그 이유는 목부수액은 토양에서 흡수한 물이 상승하면서 도관 내에서 계속하여 희석되기 때문이다.

⑽ **목부수액은 산성(pH4.5~5.0)**인데 반하여 **사부수액은 알칼리성(pH7.5)**이다.

CHAPTER 05 식물호르몬

1 옥신

(1) 천연적으로 발견되는 옥신에는 IAA, PAA, IBA 등이 있다. 이 중 IAA가 가장 먼저 발견되었으며 천연적으로 발견되는 옥신 중에서 가장 흔한 것이다.
(2) IAA의 생합성은 어린 조직에서 주로 일어나는데, 줄기 끝의 분열조직, 자라고 있는 잎과 열매에서 생산되며, 이러한 조직에 IAA의 함량이 가장 높다.
(3) **옥신의 이동은 목부나 사부를 통해 이루어지지 않고, 대신 유관속 조직에 인접해있는 유세포(柔細胞)를 통해 이루어진다.**
(4) **옥신의 운반은 느리게 진행되며, 극성을 띤다.**
(5) **옥신의 운반은 에너지를 소모하는 과정**이다. 따라서 ATP의 생산을 억제하는 약제를 처리하면 옥신의 운반이 중단된다.

2 지베렐린

(1) **미성숙 종자에 높은 농도로 존재**하며, 종자에서 많이 생산된다. 주로 어린잎에서 GA가 생산되며, **목부와 사부를 통하여 위아래 양방향으로 운반**된다.
(2) 뿌리 끝에서도 GA를 생산하지만, 외부에서 처리한 GA는 뿌리생장에 별 영향을 주지 않는다.

3 시토키닌

(1) 시토키닌이 가장 높은 농도로 존재하는 곳은 식물의 어린 기관(종자, 열매, 잎)과 뿌리 끝부분이다.
(2) 고등식물에서 시토키닌이 합성되는 주된 장소는 뿌리 끝이다. 뿌리 끝에서 생산된 시토키닌은 목부조직을 통해 줄기로 운반된다.
(3) **시토키닌의 운반은 뿌리에서 목부조직을 통해 상승**하는 것을 제외하고는 줄기 내에서의 이동은 거의 이루어지지 않는다.

4 ABA

(1) ABA는 식물의 온몸에서 만들어지는데, 가장 높은 농도로 발견되는 곳은 잎, 눈, 열매, 종자이다.
(2) ABA의 식물체 내 운반은 목부와 사부를 통해 장거리까지 이루어지며, 또한 유관속 조직 밖에 있는 유세포를 통해서도 가능한데, **유세포를 통해 이동할 때는 극성을 띠지 않는다.**
(3) ABA의 체내 이동은 지베렐린과 흡사하다.

5 에틸렌

(1) 모든 종자식물의 모든 조직에서 생산되며, 유묘는 줄기 끝에서 주로 생산되고, 잎과 꽃에서는 노쇠하기 전까지 생산하며, 뿌리는 비교적 적은 양의 에틸렌을 생산한다.
(2) **식물의 상처 부위에 에틸렌의 발생이 증가**한다.
(3) 호흡급증 과실에서 에틸렌 생산량이 많다.
(4) 식물 조직을 문지르거나 압력을 가하거나 상처를 입을 때, 미생물과 곤충의 공격을 받을 때, 한발의 피해를 입을 때, 저온과 대기오염에 노출될 때에도 생산되어 스트레스 에틸렌이라고 부른다.
(5) **에틸렌 기체는 수용성이 아니기 때문에 세포 간극이나 빈 공간을 이용하여 확산되어 전 조직으로 쉽게 이동**한다.
(6) **식물 뿌리가 침수되면 뿌리에서 생산된 에틸렌이 주변의 물 때문에 확산에 의해 뿌리 밖으로 나가지 못하고, 줄기로 이동**하여 여러 가지 독성을 나타낸다. 에틸렌으로 인한 독성은 잎의 황화현상, **줄기의 신장억제**와 더불어 줄기의 비대촉진, 잎의 상편생장, **잎이 시들면서 탈리현상**, 뿌리의 신장억제, 간혹 부정근 발생 및 병균에 대한 저항성이 약해진다.
(7) **토양이 딱딱하면 물리적인 자극으로 인하여 에틸렌 생산이 촉진되면서 뿌리가 더 굵어져 안전하게 흙을 밀어올리게 된다.**

> **식물호르몬의 역할**
> ① Auxin(옥신) : 정아우세, 뿌리생장, 제초제 효과
> ② Gibberellins(GA)(지베렐린) : 줄기의 신장생장, 개화 및 결실, 휴면타파
> ③ Cytokinins(시토키닌) : 세포분열과 기관형성, 노쇠 지연
> ④ Abscisic acid(ABA) : 휴면유도, 탈리현상 촉진, 스트레스 감지, 모체내의 종자 발아 억제
> ⑤ Ethylene(에틸렌) : 과실의 성숙 촉진, 줄기와 뿌리의 생장 억제, 개화 촉진 효과

PART 02 단원 OX 문제

01 형성층의 계절적 활동은 상록수의 경우 낙엽수보다 더 오래 지속되며, 임분 내에서 우세목이 피압목보다 더 오래 일어난다. ( )

02 봄철에 만들어진 춘재는 세포의 지름이 크고 세포벽이 두꺼운 반면, 여름과 가을에 걸쳐서 만들어진 추재는 세포의 지름이 작고 세포벽이 얇아서, 추재와 춘재 사이에 뚜렷한 경계선이 만들어진다. ( )

03 심재는 형성층이 오래 전에 생산한 목부조직으로서, 시간이 경과함에 따라 세포가 죽어버리고 대신 기름, 껌, 송진, 타닌, 페놀 등의 물질이 축적되어 짙은 색깔을 나타낸다. ( )

04 일반적으로, 배수가 잘되고 건조한 토양에서는 주로 직근의 발달이 깊게 이루어지는 반면에, 습기가 많거나 배수가 불량한 토양에서는 직근 대신 측근이 얕게 퍼지는 경향이 있다. ( )

05 주피(periderm)는 코르크조직으로서 표피 바로 아래에 위치하며, 유관속형성층보다 안쪽에 위치한다. ( )

06 수목의 유조직에는 생장점, 분열조직, 형성층, 수선, 동화조직 등이 포함된다. ( )

07 생리적으로 체내식물 호르몬 중 옥신의 함량이 높고 지베렐린의 농도가 낮으면 사부를 생산하고, 그 반대일 때에는 목부를 생산하는 것으로 알려져 있다. ( )

08 쌍떡잎식물은 그물맥, 외떡잎식물은 나란히맥으로 되어 있으며, 물관과 체관이 있어 물과 양분의 이동 통로 역할을 한다. ( )

09 잎(leaf)은 식물만이 가지고 있는 독특한 기관으로 줄기에서 발생하며, 엽록체가 있어 빛과 이산화탄소를 이용하여 광합성 작용을 한다. ( )

10 수목의 표피조직은 어린 식물의 표면을 보호한다. ( )

11 굵은 나무를 가로로 잘랐을 때 짙은 색을 띠는 가운데 부분을 심재라 하고, 옅은 색을 띠는 바깥 부분을 변재라 한다. ( )

12 잠아는 줄기 끝이나 엽액에서 유래하지 않고, 수목의 오래 된 부위에서 불규칙하게 형성되는 것을 의미하는데, 상처를 입은 유상조직(callus)이나 형성층 근처에서 만들어진다. ( )

13 잎은 줄기 끝의 정단 분열조직에서 만들어지는데, 잎의 아랫부분이 먼저 만들어지고, 다음에 엽신이 분화되면서 엽병이 중간에 생긴다. ( )

14 소나무류, 참나무류, 가문비나무류는 무한생장을 하는 수종이다. ( )

15 방크스소나무와 리기다소나무는 보통 5년이면 개화가 시작되며, 유럽적송은 보통 3년 이상이 경과해야 한다. ( )

16 향나무나 주목 중에는 1가화인 나무와 2가화인 나무가 함께 존재하고 있다. ( )

17 플라타너스, 회양목, 사철나무는 고정생장을 하는 수종이다. ( )

18 같은 수종 내에서도 유목이나 작은 나무가 성숙목이나 큰 나무보다, 그리고 임분 내에서는 피압목이 우세목보다 도장지를 더 적게 만든다. ( )

19 수목의 직경생장은 대부분 유관속형성층에 의해 이루어지지만, 코르크형성층도 측방분열조직(lateral meristem)의 하나로서 직경생장에 어느 정도 기여한다. ( )

20 정단분열조직의 세포들은 위쪽으로 새로운 세포를 만들고 스스로는 아래쪽으로 떠밀려 내려간다. ( )

21 나자식물의 경우에는 종축 방향으로 배열하는 세포는 90% 이상이 주로 가도관이며, 이 때문에 횡단면 상의 구조가 비교적 단순하다. ( )

22 정아(terminal bud)는 가지 끝의 한복판에 자리 잡고 있는 눈을 의미하며, 주지(main shoot)를 만든다. ( )

23 기공은 광합성에 적절하지 못한 환경, 즉, 밤에 수분이 부족할 때, 햇빛이 부족하거나 강할 때, 온도가 지나치게 높거나 낮을 때, 바람이 셀 때 열린다. ( )

24 활엽수 줄기의 발달시 수(pith)에서 피층방향까지의 조직 배열순서는 수 → 1차목부 → 2차목부 → 형성층 → 2차사부 → 1차사부 → 피층 → 주피 → 표피이다. ( )

25 옥신의 영향은 추재를 형성하기 시작하는 기작과 동일하다. ( )

26 귤나무와 아까시나무의 경우 유형기에 가시가 발달한다. ( )

27 수목 내 무기영양소는 일반적으로 살아있는 조직에서 함량이 높고, 죽어있는 조직에서는 낮다. ( )

28 고정생장을 하는 수종도 어린 묘목 시절에는 자유생장을 보이는 경우가 있다. ( )

29 목부와 사부의 질소함량의 변화를 계절적으로 보면, 사부보다는 목부의 변화가 더 심하다. ( )

30 lupine형(Lupunus)은 뿌리에서, 그리고 도꼬마리형(Xanthium)은 잎에서 질산환원작용이 일어난다. ( )

31 겉씨식물인 침엽수는 양성화이다. ( )

32 균근을 형성하는 소나무류의 뿌리에는 일반적으로 뿌리털이 발달한 것을 볼 수 없다. ( )

33 수목은 봄에는 새로운 잎과 가지의 생장을 위해 저장되어 있는 탄수화물을 이용하므로, 탄수화물의 함량은 늦은 봄에 최고치에 달한다. ( )

34 에틸렌 기체는 수용성이 아니기 때문에 세포 간극이나 빈 공간을 이용하여 확산되어 전 조직으로 쉽게 이동한다. ( )

35 침엽수종의 꽃눈분화 시기는 보통 꽃피는 전해의 여름으로 해송이나 소나무의 암꽃은 8월 중순~9월 상순에, 낙엽송은 7월 상순~하순에 암수의 꽃눈이 분화한다. ( )

36 벚나무를 포함한 장미과 수종들이나 목련·백합나무·자귀나무 등은 단성화이다. ( )

37 향나무의 경우 유엽은 바늘같이 뾰족한 침엽이며, 성엽은 비늘같은 인엽이다. ( )

38 소나무과에 속하는 수종들은 암꽃과 수꽃의 위치가 수관에서 크게 다른데, 암꽃은 주로 수관의 하단부에 달리고 수꽃은 상단부에 달린다. ( )

39 참나무류·자작나무·밤나무·호두나무 등은 암꽃과 수꽃이 한 나무에 달리는 자웅동주이다. ( )

40 상록수의 경우 탄수화물의 계절적 변화는 낙엽수에 비해 훨씬 적은 편이다. ( )

41 꼬리화서를 가진 수목 중에서 포플러류와 가래나무류는 꽃잎이 없으며, 버드나무류는 꽃잎과 꽃받침이 없다. ( )

42 sucrose는 저장탄수화물의 역할을 하며 사부를 통하여 이동하는 탄수화물의 주성분이다. ( )

43 시토키닌의 운반은 뿌리에서 목부조직을 통해 상승하는 것을 제외하고는 주로 줄기 내에서의 이동이 이루어진다. ( )

44 마그네슘은 식물체의 영양생장에 있어서 세포핵의 성분으로서 분열작용에 가장 중요한 역할을 한다. ( )

45 칼슘은 식물체 내에서는 종실보다 경엽에 많이 함유되어 있다. ( )

46 ABA의 식물체 내 운반은 목부와 사부를 통해 이루어지며, 또한 유관속 조직 밖에 있는 유세포를 통해서도 가능한데, 유세포를 통해 이동할 때에는 극성을 띠지 않는다. ( )

47 철은 광합성과 호흡작용에서 전자를 전달하는 단백질과 효소의 구성성분이다. ( )

48 수피의 지질함량은 목부의 심재나 변재보다 높다. ( )

49 소나무의 수액에서는 NO_3^-가 발견되지 않는데, 그 이유는 뿌리에서 이미 질산화작용이 일어나기 때문이다. ( )

50 옥신의 이동은 목부나 사부를 통해 이루어진다. ( )

51 토양 내에서 식물이 흡수하는 질소의 형태는 NO_3^-와 NH_4^+이다. ( )

52 일반적으로, 광도가 높아지면 잎에서는 이산화탄소의 흡수량이 증가하고 광합성량이 많아지므로, 뿌리 쪽으로의 양분 이동량이 증가한다. ( )

53 목부수액이 사부수액보다 훨씬 더 묽은 용액이다. ( )

Answer

01 ○	02 ×	03 ○	04 ○	05 ×	06 ○	07 ×	08 ○	09 ○	10 ○
11 ○	12 ×	13 ○	14 ×	15 ×	16 ○	17 ×	18 ○	19 ○	20 ×
21 ○	22 ○	23 ×	24 ○	25 ○	26 ○	27 ○	28 ○	29 ×	30 ○
31 ×	32 ○	33 ○	34 ○	35 ○	36 ○	37 ○	38 ○	39 ○	40 ○
41 ○	42 ○	43 ×	44 ×	45 ○	46 ○	47 ○	48 ○	49 ×	50 ×
51 ○	52 ○	53 ○							

단원 기출문제

01 목본식물의 사부조직을 통하여 운반되는 탄수화물 중에서 농도가 가장 높고 흔하게 관찰되는 것은?

2018. 서울시

① raffinose
② sucrose
③ sorbitol
④ verbascose

02 고정생장을 하는 수종에 속하지 않는 것은?

2022. 서울시

① *Pinus densiflora*
② *Pinus koraiensis*
③ *Larix kaempferi*
④ *Abies holophylla*

03 낙엽활엽수에서의 탄수화물 이동과 저장에 대한 설명으로 옳은 것은?

2020. 지방직

① 단풍나무와 자작나무의 사부수액에서는 과당이 다량으로 존재한다.
② 목부수액은 과실이나 눈에 탄수화물과 무기양분을 공급하는 중요한 수단이다.
③ 사부조직을 통해 운반되는 탄수화물은 근원적으로 비환원당이다.
④ 전분은 잎의 경우 광합성에 의해 세포질에 직접 축적된다.

정답 및 해설   01 ②   02 ③   03 ③

01 ② sucrose는 살아있는 세포 내에 널리 분포하면서 비교적 높은 농도로 존재하고, 저장탄수화물의 역할을 하며 사부를 통하여 이동하는 탄수화물의 주성분이다.

02 ① *Pinus densiflora* (소나무)   ② *Pinus koraiensis* (잣나무)
③ *Larix kaempferi* (낙엽송 = 일본잎갈나무)   ④ *Abies holophylla* (전나무)
은행나무, 낙엽송, 자작나무, 포플러, 사과나무, 버드나무, 플라타너스, 회양목, 사철나무, 쥐똥나무 등은 자유생장을 하는 수종이다.

03 ① 사부수액이 다량으로 들어있는 것은 sucrose이다.
② 사부수액이 과실이나 눈에 탄수화물과 무기양분을 공급하는 중요한 수단이다.
④ 전분은 잎의 경우 광합성에 의해 엽록체에 직접 축적된다.

04 산림의 호흡에 대한 설명으로 옳지 않은 것은? 2017. 7급

① 어린숲은 전체 광합성에 대한 호흡의 비율이 성숙한 숲에 비해 높다.
② 심재부위의 세포는 대부분 죽어 있어 호흡을 거의 하지 않는다.
③ 잎은 여러 기관 중에서도 유세포가 많아 호흡활동이 가장 왕성한 기관이다.
④ 온대지방에서는 광합성이 호흡에 비해 더 낮은 온도에서 최고치에 도달한다.

05 임목의 생장에 대한 설명으로 옳지 않은 것은? 2022. 지방직

① 소나무, 잣나무, 전나무는 고정생장을 한다.
② 은행나무, 버드나무, 느티나무는 자유생장을 한다.
③ 추운 지역의 소나무과 수목들은 눈이 적게 쌓이도록 적응하여 진화하면서 원추형의 수관을 보인다.
④ 정아가 식물호르몬을 생산하여 측아 생장을 억제하면 구형의 수관이 형성된다.

06 수목의 영양생장에 대한 설명으로 옳지 않은 것은? 2021. 7급

① 자유생장을 하는 수종은 이엽지를 만든다.
② 고정생장을 하는 수종은 뿌리의 생장 활동 기간이 줄기의 것보다 길다.
③ 형성층의 시원세포는 수층분열로 목부 또는 사부가 될 세포를 만든다.
④ 주근계가 갖는 수목은 내피의 안쪽에 있는 내초에서 측근이 만들어진다.

07 식물체 내의 질소대사에 대한 내용으로 옳지 않은 것은? 2019. 국가직

① 가을철 낙엽 전의 잎에서는 N, P, K 함량이 줄어들고, Ca함량은 증가한다.
② 질소함량의 계절적 변화는 목부보다 사부에서 더 심하다.
③ 소나무의 질산환원작용은 주로 잎에서 일어난다.
④ 일반적으로 변재의 질소함량은 수피보다 낮지만, 심재보다는 높다.

08 결핍되면 잎에 검은 반점과 잎 주변에 황화현상이 나타나고, 뿌리썩음병에 대한 저항성이 약해지는 무기영양소는? 2018. 국가직

① Mg   ② Ca
③ S   ④ K

09 수목 내 지질에 대한 설명으로 옳지 않은 것은? 2022. 국가직

① 지질은 세포막의 주요 구성성분이다.
② 종자의 경우 지질은 미토콘드리아에 저장된다.
③ 영양조직의 지질함량은 보통 건중량의 1% 미만이다.
④ 수피의 지질함량은 목부의 지질함량보다 높다.

10 형성층의 세포분화에 대한 설명으로 옳지 않은 것은? 2017. 7급

① 생육환경이 불리해지면 목부가 사부보다 생산량의 감소가 현저하게 나타난다.
② 옥신의 함량이 높고 지베렐린의 농도가 낮으면 목부보다 사부를 많이 생산한다.
③ 온대지방에서는 봄에 형성층의 활동이 시작되면 사부가 목부보다 먼저 만들어진다.
④ 수종이나 생육환경에 상관없이 목부가 사부보다 생산량이 많다.

정답 및 해설   04 ①   05 ④   06 ③   07 ③   08 ④   09 ②   10 ②

04 ① 어린 임분에서는 전체 광합성량의 1/3 가량이 호흡작용으로 이용되고, 참나무·소나무 혼효림에서는 약 절반 가량이 이용되며, 극단적으로 노숙한 450년생 임분의 경우에는 광합성량의 90%까지도 호흡작용으로 없어질 수 있다.

05 ④ 정아가 측아보다 뚜렷이 잘 자라는 현상을 정아우세라 하며, 이러한 특징이 나타나는 수종은 대체로 뾰족한 원뿔 모양(원추형)의 수형을 가진다. 정아우세가 뚜렷하지 않거나 없는 수종들은 공 모양(구형)의 수종을 가진다.

06 ③ 형성층은 병층분열로 목부와 사부를 생산하고, 수층분열로 형성층 시원세포의 숫자를 증가시킨다.

07 ③ 소나무의 질산환원작용은 주로 뿌리와 연관된 미생물에 의해서 이루어진다. 루핀형(나자식물, 진달래류)은 뿌리에서, 도꼬마리형은 잎에서 질산환원이 일어난다.

> 🌱 **소나무류의 장근과 단근**
>
> 소나무류는 장근과 단근의 구별이 뚜렷하다. 장근은 빨리 뻗어 나가면서 새로운 근계를 개척하며, 형성층에 의해 직경이 굵어지면서 주근을 이루어 오래도록 살아남는 반면, 단근은 장근에서 기원하여 천천히 자라는데, 형성층이 없어서 직경생장을 하지 않으며, 1년 혹은 2년간 살다가 죽어버린다. 그렇지만 단근은 **실제로 수분과 영양분 흡수를 담당**하고, 토양곰팡이와 균근(mycorrhizae)을 형성하는 세근이 된다.

08 ④ K의 **결핍시 잎에 검은 반점이 생기고 주변에 황화현상**이 나타나며, 병에 대한 저항성이 약해져 **뿌리썩음병**에 잘 걸린다.

09 ② 지질은 살아 있는 유세포의 세포기질에 저장되는데, 종자의 경우 자엽과 배유에 있으며, 세포소기관의 일종인 올레오솜에 저장된다.

10 ② 생리적으로 체내식물 호르몬 중 옥신의 함량이 높고 지베렐린의 농도가 낮으면 목부를 생산하고, 그 반대일 때에는 사부를 생산하는 것으로 알려져 있다.

11 임목의 유형기에 대한 설명으로 옳지 않은 것은? 2017. 국가직
① 유형기의 침엽수는 추재의 밀도가 비교적 높다.
② 수고생장을 빨리 도모하여 햇빛을 더 많이 받으려는 생존전략이다.
③ 유형을 유지하면서 개화하지 않는 시기를 말한다.
④ 유형기에는 환공재의 특성이 잘 나타나지 않는다.

12 온대지방의 낙엽수종에서 줄기의 탄수화물 농도가 가장 낮은 시기는? 2018. 지방직
① 늦은 봄
② 늦은 여름
③ 이른 가을
④ 이른 겨울

13 수목의 생장에 대한 설명으로 옳은 것은? 2016. 7급
① 고정생장 수종은 당년에 자랄 모든 줄기의 원기가 전년도에 동아 속에서 미리 형성된다.
② 형성층은 1차목부와 1차사부를 생산하는데 형성층 안쪽으로 사부를, 바깥쪽으로 목부를 추가시킨다.
③ 대부분의 피자식물은 성숙목에서 정아지가 측지보다 빨리 자라 수관의 모양을 원추형으로 형성하게 된다.
④ 형성층의 생장은 계절적으로 낙엽수가 상록수보다 더욱 오래 지속되며 가을이 되면 정단부부터 중단된다.

14 소나무류의 개화 특성에 대한 설명으로 옳지 않은 것은? 2017. 국가직
① 암꽃은 옥신이 생산되는 수관상부의 가지에 많이 형성된다.
② 수꽃이 달린 가지는 엽량이 증가하여 가지의 활력이 증대된다.
③ 암꽃은 한번 활력이 떨어진 가지에는 형성되지 않는다.
④ 수꽃은 봄에 새로 나온 가지의 기부에 형성된다.

15 나무의 생장에 대한 설명으로 옳은 것은?

2014. 국가직

① 버드나무와 같이 생장이 빠른 수종은 다음 해에 자랄 모든 줄기의 원기가 겨울눈 속에 형성되어 있다가 봄에 싹이 트고 여름에 생장을 정지하는 고정생장을 한다.
② 가문비나무와 같이 생장이 느린 수종은 겨울눈 속에 있는 원기가 봄에 자라서 봄잎이 되고, 곧이어 새로 만들어진 원기가 여름 동안 여름잎을 생산하면서 가을까지 자라는 자유생장을 한다.
③ 대부분의 피자식물은 어릴 때에는 정아우세 현상이 있으나, 곧 그 현상이 없어지고 곁가지의 발달이 왕성해져서 구형의 수관형이 된다.
④ 나무의 직경생장은 형성층의 세포분열을 통해서 안쪽으로 체관부조직을, 바깥쪽으로 물관부 조직을 형성함으로써 이루어지며 형성층 자체는 영구히 분열조직으로 남게 된다.

정답 및 해설 11 ① 12 ① 13 ① 14 ② 15 ③

11 ① 유형기의 침엽수는 춘재의 밀도가 비교적 높다.

12 🌱 **수목 내 탄수화물의 계절적 변화**

> ① 낙엽수는 가을에 낙엽이 질 때 줄기의 탄수화물의 농도가 최고치에 도달하여 겨울의 추운 날씨에 대한 내한성을 증가시킨다.
> ② 봄에는 새로운 잎과 가지의 생장을 위해 저장되어 있는 탄수화물을 이용하므로, 탄수화물의 함량은 늦은 봄에 최저치에 달한다.
> ③ 겨울철에 전분의 함량은 감소하고 환원당의 함량은 증가하는데, 이것은 전분이 설탕과 환원당으로 바뀌어 가지의 내한성을 증가시키는 역할을 하기 때문이다.

13 ② 형성층은 1차목부와 1차사부를 생산하는데 형성층 안쪽으로 목부를, 바깥쪽으로 사부를 추가시킨다.
③ 대부분의 나자식물은 성숙목에서 정아지가 측지보다 빨리 자라 수관의 모양을 원추형으로 형성하게 된다. 피자식물은 어릴 때 정아우세가 나타나서 원추형의 수형을 유지하지만, 곧 정아우세현상이 없어지고 측지가 발달되어 구형의 수관을 만든다.
④ 형성층의 생장은 계절적으로 상록수가 낙엽수보다 더욱 오래 지속되며, 임분 내에서 우세목이 피압목보다 더 오래 일어난다. 가을이 되어 옥신 생산이 줄어들기 시작하면, 밑으로 공급되는 옥신의 양이 감소하여 제일 먼저 나무 밑동 부근에서 형성층의 분열이 중단된다.

14 ② 소나무류 수꽃은 수관 아래쪽에 활력이 약한 가지에 달리는데, 탄수화물의 공급이 적은 상태에서는 수꽃으로 분화한다. 특히, 적송의 경우 수꽃이 많이 달린 가지는 수꽃의 숫자만큼 엽량이 줄어들기 때문에(잎이 될 수 있는 눈이 수꽃으로 전환) 매년 수꽃을 생산함으로써 가지의 활력이 약해진다.

15 ① 버드나무는 자유생장을 한다.
② 가문비나무는 고정생장을 한다.
④ 수목의 비대생장은 형성층이 광합성 산물을 이용하여 병층분열과 수층분열을 하면서 줄기 안쪽으로는 물관세포를, 바깥쪽으로는 체관세포를 만들면서 이루어진다.

16 수목의 줄기 구조에 대한 설명으로 옳지 않은 것은? 2016. 국가직

① 형성층은 줄기의 직경을 증가시키는 분열조직이다.
② 변재는 뿌리로부터 수분을 위쪽으로 이동시키는 역할을 담당하는 부위이다.
③ 춘재는 세포의 지름이 크고 세포벽이 두껍다.
④ 나자식물은 가도관이 있고 도관이 없다.

17 수목의 질소대사에 대한 설명으로 옳지 않은 것은? 2016. 7급

① 수목은 질산태질소(NO_3^-)와 암모늄태질소(NH_4^+)를 뿌리에서 흡수할 수 있다.
② 소나무는 척박한 토양에서 자라면서 뿌리에서 질산환원이 일어난다.
③ 낙엽 직전에 잎의 질소량은 감소하지만 칼슘량은 증가하는 경향이 있다.
④ 수목의 질소부족현상은 오래된 잎보다는 어린잎에서 먼저 발견된다.

18 수체를 구성하는 무기영양소에 대한 설명으로 옳은 것은? 2017. 7급

① 질소는 단백질과 엽록소 등의 구성성분이 되며, 결핍증상은 성숙한 잎에서 먼저 나타난다.
② 인은 전자전달계의 단백질과 효소 등의 구성성분이 되며, 결핍증상은 어린잎에서 먼저 나타난다.
③ 칼륨은 세포벽 등의 구성성분이 되며, 결핍증상은 성숙한 잎에서 먼저 나타난다.
④ 마그네슘은 아미노산과 조효소 등의 구성성분이 되며, 결핍증상은 어린잎에서 먼저 나타난다.

19 수목의 호흡에 대한 설명으로 옳지 않은 것은? 2015. 서울시

① 수목의 여러 부위 중에서 잎의 호흡활동이 가장 왕성하다.
② 뿌리는 공기 중에 노출되어 있지 않지만 산소호흡을 한다.
③ 과실의 호흡은 결실 직후에 가장 높다.
④ 종자의 호흡은 성숙하면서 지속적으로 높아진다.

20 임목의 고정생장과 자유생장에 대한 설명으로 옳은 것은? 2013. 7급

① 고정생장을 하는 수종에는 솔송나무, 낙엽송, 참나무 등이 있다.
② 자유생장을 하는 수종에는 너도밤나무, 은행나무, 자작나무 등이 있다.
③ 고정생장을 하는 수종도 어린 묘목 시절에는 자유생장을 보이는 경우가 있다.
④ 자유생장을 하는 수종과 고정생장을 하는 수종의 수고생장 속도는 같다.

21 광합성에 의하여 형성된 탄수화물에 대한 요구도가 높은 것부터 나열된 것은? 2015. 국가직

ㄱ. 정아	ㄴ. 성숙한 잎
ㄷ. 형성층	ㄹ. 열매나 종자
ㅁ. 저장조직	ㅂ. 뿌리

① ㄱ-ㄴ-ㄷ-ㄹ-ㅁ-ㅂ
② ㄷ-ㅁ-ㅂ-ㄱ-ㄴ-ㄹ
③ ㄹ-ㄱ-ㄴ-ㄷ-ㅂ-ㅁ
④ ㅁ-ㄹ-ㄱ-ㅂ-ㄷ-ㄴ

정답 및 해설 16 ③ 17 ④ 18 ① 19 ④ 20 ③ 21 ③

16 ③ 봄철에 만들어진 춘재는 세포의 지름이 크고 세포벽이 얇은 반면, 여름과 가을에 걸쳐서 만들어진 추재는 세포의 지름이 작고 세포벽이 두꺼워, 추재와 춘재 사이에 뚜렷한 경계선이 만들어진다.

17 ④ 뿌리에 공급되는 질소가 부적당하면 늙은 잎에 있던 질소가 어린식물기관으로 이동하게 된다. 따라서 질소결핍증은 늙은 잎에서 먼저 나타나게 된다.

18 ① 질소는 식물의 모든 부분에서 다량으로 함유되는 성분으로서 중요한 많은 유기화합물(아미노산, 단백질 등)을 구성하며 엽록소의 주요 구성성분이 되는 가장 필수적인 원소 중의 하나이다. 뿌리에 공급되는 질소가 부적당하면 늙은 잎에 있던 질소가 어린식물 기관으로 이동하게 된다. 따라서 질소결핍증은 늙은 잎에서 먼저 나타나게 된다.
② 인의 결핍증상은 늙은 잎에서 나타난다.
③ 세포벽의 구성성분은 셀룰로오스, 헤미셀룰로오스, 펙틴, 리그닌이다.
④ 마그네슘은 엽록소의 구성성분이며 결핍증은 성숙한 잎에서 나타난다.

19 ④ 종자의 호흡은 종자가 자라고 있는 기간에는 높지만, 일단 성숙하면 감소한다.

20 🌱 **고정생장과 자유생장**

① 고정생장(fixed growth) : 줄기의 생장이 전년도에 형성된 겨울눈에 결정되어 있는 경우이다. 고정생장을 하는 수종은 봄에만 키가 자라고 그 후에는 키가 자라지 않기 때문에 수고생장이 느리다. 참나무류, 잣나무, 적송, 솔송나무, 가문비나무, 너도밤나무 등이 속한다. 고정생장을 하는 수종도 어린 묘목 시절에는 자유생장을 보이는 경우가 있다.
② 자유생장(free growth) : 겨울눈 속에 미리 만들어져 있던 원기는 봄에 자라서 봄잎을 만들고, 곧이어 새로 만들어진 원기가 여름 잎을 만든다. 자유생장을 하는 수종은 가을 늦게까지 줄기생장이 이루어지는 것이 특징이며, 이로 인해 수고생장의 속도가 고정생장 수종보다 빠르다. 은행나무, 낙엽송, 자작나무, 포플러, 사과나무, 버드나무, 플라타너스, 회양목, 사철나무, 쥐똥나무 등이 속한다.

21 🌱 **탄수화물 수용부로서의 상대적인 강도**

열매, 종자 > 어린 잎, 줄기 끝의 눈 > 성숙한 잎 > 형성층 > 뿌리 > 저장조직

22 다음 중 종자결실까지의 유형기가 가장 긴 수종은? 2014. 7급

① *Pinus rigida* ② *Pinus sylvestris*
③ *Larix leptolepis* ④ *Abies holophylla*

23 결실연령에 도달하는 유형기가 가장 긴 수종은? 2012. 7급

① *Betula ermanii* ② *Fraxinus rhynchophylla*
③ *Pinus densiflora* ④ *Picea jezoensis*

24 수체 내에서의 재이동성이 낮아 무기영양소의 결핍증상이 어린잎일수록 먼저 나타나는 원소는? 2014. 국가직

① 인 ② 칼륨
③ 칼슘 ④ 마그네슘

25 식물호르몬 중 생장억제 호르몬끼리 묶인 것은? 2013. 국가직

① 앱시스산과 에틸렌 ② 옥신과 사이토키닌
③ 지베렐린과 에틸렌 ④ 사이토키닌과 앱시스산

26 식물호르몬 중 낙엽을 촉진하고 생장 정지를 유도하여 겨울나기를 알려주는 역할을 하는 것은? 2012. 서울시

① 아브시스산 ② 옥신
③ 지베렐린 ④ 사이토키닌
⑤ 에틸렌

27 식물호르몬에 대한 설명으로 옳은 것은? 2013. 7급

① 정아우세 현상은 옥신에 의해 나타나는 현상이다.
② 지베렐린은 생리적 주요효과는 뿌리의 생장촉진이다.
③ 사이토키닌이 가장 높은 농도로 존재하는 곳은 오래된 가지이다.
④ 에브시식산의 가장 일반적인 생리적 효과는 종자휴면 타파이다.

정답 및 해설 22 ④ 23 ④ 24 ③ 25 ① 26 ① 27 ①

22 ① *Pinus rigida*(리기다소나무) ② *Pinus sylvestris*(구주소나무)
③ *Larix leptolepis*(낙엽송) ④ *Abies holophylla*(전나무)
방크스소나무와 리기다소나무는 보통 3년이면 개화가 시작되며, 유럽적송은 보통 5년 이상이 경과해야 한다. 낙엽송은 개화 전에 보통 10~15년, 가문비나무는 20~25년, 전나무는 25~30년 가량 경과해야 하며, 목본식물 중에서 유형기가 가장 긴 수종은 너도밤나무로서 보통 30~40년 가량이다.

23 ① *Batula ermani*(사스래나무) : 5~10년
② *Faxinus rynchodtyla*(물푸레나무) : 15~20년
③ *Pinus densiflora*(소나무) : 5~10년
④ *Picea jezoensis*(가문비나무) : 20~25년

24 ③ 칼슘은 체내에서 사부로 적재가 안 되기 때문에 결핍증은 항상 어린 조직에서 나타난다. 칼슘은 세포분열시 중엽층을 만드는데 필요하기 때문에 세포분열이 일어나는 정단조직(뿌리 끝과 줄기 끝 등)과 어린잎에서 결핍현상이 나타나며, 분열조직이 기형으로 변하면서 죽는다.

25 🌱 **식물호르몬의 역할**

> ① Auxin : 정아우세, 뿌리 생장, 농도가 높을 때 제초제 효과
> ② Gibberellins(GA) : 신장생장, 개화 및 결실, 휴면타파
> ③ Cytokinins : 세포분열과 기관형성, 노쇠 지연
> ④ Abscisic acid(ABA) : 휴면유도, 탈리현상 촉진, 스트레스 감지, 모체내의 종자 발아 억제
> ⑤ Ethylene : 과실의 성숙 촉진, 줄기와 뿌리의 생장 억제, 개화 촉진 효과

26 ① 식물호르몬 중 휴면유도에 관여하는 것은 ABA이다.

27 25 해설 참조

28 수목에서 마그네슘의 주요한 기능에 대한 설명으로 옳은 것은? 2013. 7급

① 엽록소를 구성하고, 효소의 활동에 관계하며 부족하면 황화현상이 나타난다.
② 세포막의 구조형성에 관계하고 부족하면 분열조직에 심한 피해를 준다.
③ 효소의 활동과 깊은 관계가 있고 부족하면 탄수화물의 전류와 질소대사에 지장이 있다.
④ 엽록소의 합성에 관계하고 부족하면 잎이 기형으로 되는 경우가 있다.

29 임목 수간의 각 부분의 명칭을 옳게 나열한 것은? 2016. 서울시

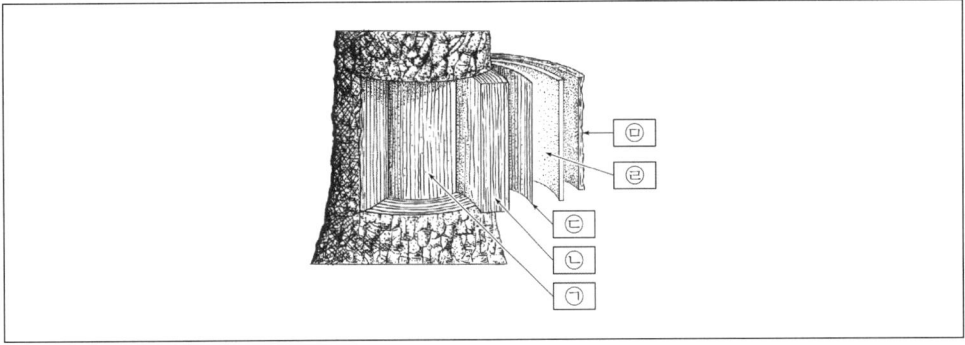

	㉠	㉡	㉢	㉣	㉤
①	심재	형성층	변재	내수피	외수피
②	변재	심재	형성층	외수피	외수피
③	심재	변재	형성층	내수피	외수피
④	심재	변재	내수피	형성층	외수피

정답 및 해설 28 ① 29 ③

28 🌱 마그네슘
① 식물에 의해 흡수되는 마그네슘은 Mg^{2+}형태로 흡수된다.
② **엽록소의 구성성분**으로서 엽록소의 생성에 밀접한 관계가 있으며, 단백질의 생성 이전에도 관여하며, **광합성, 호흡작용 그리고 핵산 합성에 관여하는 효소의 활성제 역할**을 한다.
③ 식물체 내에서 인산의 이동과 지방의 생성에 필요하다.
④ 염화칼리, 유안, 유산, 석회 등의 과잉한 사용은 마그네슘을 방출하게 되고, 그 결핍을 일으키게 된다.
⑤ 마그네슘은 질소, 인산, 칼륨, 유황과 같이 물에 녹기 쉬운 형태로 존재하며, **식물체 내를 이동할 수 있는 성분**이다.
⑥ 체내에서는 어린잎 또는 뿌리의 어린 부분에 가장 필요하므로 그 부분으로 이동하게 되고, 늙은 부분은 점점 부족하게 된다. 따라서 **결핍증은 성숙한 잎에서** 먼저 나타나기 시작하여 어린잎으로 확대되며 잎맥 사이가 황변 또는 황백화 하게 된다.

29 안쪽부터 심재, 변재, 형성층, 내수피, 외수피이다.

PART 03

산림의 생태

Chapter 01 산림생태계
Chapter 02 산림생태계의 천이
Chapter 03 산림식생과 환경인자
Chapter 04 산림생체량
Chapter 05 우리나라의 산림대

박진호
조림학

CHAPTER 01 산림생태계

1 임업의 발달과정과 산림생태

(1) 임업의 정의는 사회에서 필요로 하는 제반 가치와 서비스를 지속적으로 생산해 내기 위한 산림관리에 관한 기술과 산업이다.

(2) 임업 발달의 3단계

① **임업 이전의 단계**: 단순한 벌채 이용 위주의 산림관리로서 통제되지 않는 이용과 산림 황폐화를 초래하였으며, 동시에 임업이 발달하는 계기도 된다. 즉, 이 단계에서는 사회의 발달과 더불어 증가하는 임산물 수요를 충족시키기 위해 산림의 재생한계를 초과하여 무계획적으로 벌채하고, 그 결과 국지적인 산림 황폐화가 일어나며 인근 지역으로 이동하여 계속 수확하거나 무역 또는 전쟁을 통하여 임산물을 확보하는 것이다.

② **임업의 1단계**: 규제임업으로 각종 법률과 규정으로 산림의 벌채와 이용은 통제하지만, 산림생태계의 제반 속성을 고려하지 않는 관리로 인하여 지속 가능한 가치와 서비스 생산이라는 임업의 목표를 달성하지 못하는 것이다.

③ **임업의 2단계**: 생태 기반 임업으로 산림생태계의 속성에 기반을 둔 관리로 전통적인 임산물 생산은 물론 산림생태계의 기능을 지속 가능하게 하는 데는 어느 정도 성공하지만, 사회에서 요구하는 모든 가치와 서비스가 지속 가능하게 생산되지 못하는 것이다. 즉, 생산임업의 측면에서는 지속 가능하다고 볼 수 있지만 생물다양성, 심미적·정신적 가치를 포함한 모든 산림생태계의 서비스를 제공하는 데는 미흡한 단계이다.

④ **임업의 3단계**: 사회임업으로서 생태적·생물적으로는 물론 사회적·환경적인 가치까지도 지속 가능한 생산에 도달하는 것이다. 즉, 산림생태계의 속성은 물론 사회로부터 요구되는 모든 가치도 지속 가능하게 생산해 낼 수 있는 단계이다. 전 세계적으로 아직까지 과도한 벌채로 인하여 산림 황폐화가 지속되고 있는 임업 이전의 단계에 놓여 있는 국가들도 일부 있지만, 많은 국가에서 이미 규제임업 단계에서 생태 기반 임업단계로 넘어가는 추세이다.

2 산림생태계의 이해

1. 생태계의 정의

(1) **생태계는 생물과 생물, 생물과 무생물적 환경이 상호 간에 서로 영향을 주고받으면서 생활해가는 그 지역 전체의 생물계와 환경체계이며,** 하나의 통일된 전체를 이루고 규칙적으로 상호작용하고 있는 요소들의 모임이다.

(2) 생물이 환경에 잘 적응하는 동시에, 생물 자체도 환경에 작용하여 환경 요인을 안정시키고 있고, 생물 상호 간에도 먹이사슬에 의해서 개체군이 안정되고, 그 결과로 생태계 내의 물질순환에 균형이 유지되어 에너지의 흐름도 안정되어 있어서 지역 생태계는 무생물적 환경과 생물을 포함시킨 전체 물질계가 안정되어 있어 큰 변동을 나타내지 않는다.

(3) 어떤 지역의 동식물을 중심으로 한 계열이나 물질순환의 경계 또는 에너지흐름의 체계를 보고 그 지역의 생태계를 이해하는 것이 중요하다.

(4) 생태계는 짜여진 구조와 기능을 가지는 한 단위를 이루고 있으나 생태계 내의 물질순환이나 에너지 순환은 분리되는 것이 아니고 인접된 생태계와 교류하면서 상호 간에 서로 영향을 미친다.

(5) 산림 전체의 광합성 속도는 개체수목의 광합성 속도의 변이가 적은데 한 나무의 광합성의 속도가 완만할 때에는 다른 나무가 이것을 보완하여 속도를 증가시키는 **항상성**이 작용하며, 항상성에는 생리적 항상성, 생태적 항상성, 유전자 항상성이 있다.

2. 생태계의 특성

생태계는 무생물적 환경요소(토양과 대기, 태양, 물 등)와 생물적 요소(생물군집)가 더해져 이루어진다. **시간의 흐름에 따라 끊임없이 변하며, 안정상태로 수렴하는 항상성(恒常性, homeostasis)을 가진 복잡 다양한 시스템이다.**

(1) **생태계의 구조적 속성**
생물군집을 구성하는 생물종의 종류 · 수 · 생체량 · 생활상 · 분포범위 등을 비롯하여 물리적 환경 요소의 종류 · 양 · 정도 · 범위 등이다.

(2) **생태계의 기능적 속성**
에너지 흐름과 양분순환 등과 같이 물리적 환경요소와 생물군집 사이에 에너지와 물질의 지속적인 교환과 상호작용이 이루어지는 현상과 먹이사슬을 통한 생물군집 내의 에너지 흐름 등이다.

3. 산림생태계의 구성요소

(1) **독립영양구성요소**
스스로 영양을 만들 수 있는 것으로서, 빛에너지를 고정하고 간단한 무기물로부터 영양분을 만들 수 있는 것을 말한다.

(2) **종속영양구성요소**
독립영양자에 의해 만들어진 물질을 이용하여 재구성하고 분배하는 것이다.

4. 생태계를 구성하고 있는 내용

비생물적 물질은 무생물적 요소, 생산자·소비자·분해자는 생물적 요소에 속한다.

(1) 비생물적 물질
환경의 기본적인 요소와 그 복합물이다.

(2) 생산자
독립영양자로서 대부분 녹색식물이다.

(3) 대형 소비자
종속영양자로서 주로 다른 식물을 먹는 것이다.

(4) 분해자
세균과 균을 주로 한 종속영양자로서 죽은 원형질의 복잡한 화합물을 파괴하고 그 일부를 흡수하는 것인데, 그 결과 생산자가 이용할 수 있는 간단한 물질을 만들기도 한다.

5. 생물다양성

(1) **생물다양성은 좁은 의미로는 생물종의 종류가 많음을 표현**하나, 넓은 의미로는 생물종의 수와 각 생물종이 자원을 적절히 공유하고 더불어 사는 것까지 포함하여 몇 가지 다른 수준에서 생명체의 다양성을 총칭한다.

(2) **종의 구성은 군집구조의 분석에 있어서 기본이 되는 척도**이다. 종의 구성과 종 풍부도는 생물다양성의 일부분으로 해석하기도 한다.

(3) 생물다양성은 다양한 범위와 척도에서 다루어지는데, 한 종 내에서의 유전적 다양성·분류학적 다양성·종다양성·구조다양성·기능과 생활사 다양성·시간적 다양성 등 여러 범위의 다양성을 모두 포함하고 있다.

(4) 생물다양성을 나타내는 지수로는 α다양성, β다양성, γ다양성 등이 있으며, 이들은 서로 다른 공간 범위에서 이용된다.

(5) **α다양성은 국지적 또는 임분단위**에서 다루어지며, 주로 단위지역에서 서식하는 종의 수인 종풍부도를 이용한다. 그 밖에 종균등도, 구조적 다양성, 군집을 이루는 종들의 기능적·생활사적 특성 등을 포함한다.

(6) **β다양성은 국지적인 서식처 간의 변이를 나타내고, 넓은 지역에서 다양한 서식처의 분포를 나타내는데,** α다양성의 변화 정도를 이용하여 구한다. 국지 서식처 간의 지형, 토양의 물리적·화학적 특성 등은 서식처 간 종의 분포의 차이를 가져온다. 서식처 간의 과거 교란의 차이도 β다양성에 영향을 미친다.

(7) **식물군계 등 광역단위에서의 다양성을 다룰 때는 γ다양성을 이용**한다. γ다양성은 넓은 지역을 대상으로 하는 기후대 또는 대륙 수준의 생물다양성이다. γ다양성에 영향을 미치는 주요 인자는 기후와 지형 등이다.

(8) 생물다양성지수는 군집에서 종의 다양성을 수학적으로 계산하여 표시하는 척도이며, 군집을 이루는 종들의 상대적인 밀도를 고려하기 때문에 종풍부도 뿐만 아니라 종의 구성에 대한 추가 정보를 제공할 수 있다. 종의 구성은 군집의 구조를 파악하는 기본적인 척도이다.

> **생물다양성**
> ① 생물다양성은 유전자다양성, 종다양성, 서식지다양성의 합이다.
> ② 종다양성 중 α다양성은 한 조사 단위 면적 내 종의 수로써 나타내고, γ다양성은 조사지 전체에 분포하는 종 수로 나타낸다. β다양성은 종다양성의 변화율을 나타내는 것으로 지형다양성의 변화율, 서식지다양성의 변화율 등이다. 이것은 전체 종 수를 단위 면적 내 분포하는 종의 수로 나눈 값이므로 단위가 없다.

6. 유전자 다양성

(1) 유전자 다양성은 유전정보의 총칭이며, 지구상의 개체 생물의 세포 속에 들어 있는 유전자는 모두 포함된다.

(2) 왕성하게 번식하고 비교적 넓게 분포하는 생물종들이 유전적 변이가 많다.

7. 종다양성

(1) **종다양성은 얼마나 많은 생물종들이 생물군집을 이루고 있는가의 정도를 나타내는 것**이다. 생물종이나 군집의 구성 생명체 간의 유전적, 형태적 차이에서 볼 수 있고, 환경에 적응하여 선택된 유전자가 궁극적으로 특정 생명체의 형질로 진화되며, 이 결과가 생물종의 다양성으로 나타난다.

(2) 종의 다양성은 **여러 다른 지역 내에 존재하는 다양한 생물의 종류를 뜻하며**, 진화의 계통이나 생태계의 특성에 따라 다르게 나타난다.

(3) 종다양성은 산림군집의 구조적인 속성의 한 가지 표현방법으로서 **구성종들의 풍부도와 균재도의 두 가지 요인에 의해 결정된다.**

(4) **종다양성과 환경의 관계**
① 지구상의 위도와 고도가 낮아질수록 산림군집의 종다양성은 증가한다.
② 생육환경이 이질적이고 복잡할수록 생물군집이 복잡하고 종다양성이 증가한다.
③ 능선이나 산복부보다 계곡부위의 수종의 다양성이 높고, 남쪽 사면보다는 북쪽 사면의 수종 다양성이 높다.
④ 개벌·산불·숲틈 등이 형성된 구역에서 종다양성이 증가하는 경우도 있다.

8. 생태계다양성

(1) 생태계다양성은 미생물을 포함한 생물군집의 종 구성과 상호 작용하는 시스템의 차이로 구분되며, 한 서식지의 환경인자들의 총화로 생태계의 특성이 결정된다.

(2) **생태계다양성은 에너지와 물질의 순환 그리고 시스템의 재생력 등 생태계의 평형유지기능을 하나의 통합된 개념으로서 생물다양성의 역할을 정의하고 있는 것이 중요한 점이다.**

(3) 생물다양성은 한 지역의 생태계를 구성하는 생물종의 정적 상태만을 의미하는 것이 아니라 시간적·공간적으로 동적인 상태를 포함하여 파악해야 한다.

(4) 산악지역은 산정부·능선부·사면부 및 계곡부에 따른 생태계 구성종의 차이, 사면의 방위에 따른 생태계 구성종의 차이 등도 생태계의 다양성을 증가시키는 요인이 된다.

9. 생물과 무생물적 요소와의 관계

(1) 생물과 무생물적 요소와의 관계는 작용과 반작용을 한다. 환경이 생물에 영향을 미치는 것을 작용이라 하고, 생물이 환경을 변화시키는 것을 반작용이라 하는데, 소극적 적응을 넘어 환경을 변화시켜 생활에 좋은 조건을 만들어 가기도 한다.

(2) 무기 환경이 다양하게 변화하면서 생물의 생활에 많은 영향을 미치지만, 생물도 이에 대해 적응을 한다.

(3) 빛의 세기는 잎의 두께와 광합성 속도에 영향을 주며, 양지 식물과 음지 식물은 광포화점과 광보상점이 다르고, 양엽은 음엽보다 책상 조직이 더 크게 발달한다.

(4) 온도는 생물의 분포와 물질대사에 많은 영향을 주며, 생물은 생활에 적합한 온도보다 높거나 낮은 범위에서도 적응 현상을 나타낸다.

(5) 물은 원형질의 성분이며 생리작용에 필요하므로, 육상 생물은 물의 체외 증발을 억제하는 조직이 발달한다.

(6) 공기 중 산소는 생물의 호흡에, 이산화탄소는 식물의 광합성 재료로 쓰이고, 질소는 질소 동화에 이용된다. 이산화탄소는 광합성의 한정 요인으로 작용하며, 식물 군락 주변에서는 밤과 낮을 주기로 이산화탄소의 농도가 변화하는 일변화를 보인다.

(7) 토양은 식물에 필요한 무기 양분과 수분을 공급해 주고, 동물과 식물 및 미생물의 생활 장소로서 중요한 환경요소이다.

10. 물질 순환

(1) 탄소 순환
① 탄소는 생물체를 구성하는 원소 중에서 약 20%로 대기나 물속의 이산화탄소를 생산자의 광합성으로 체내에 고정한 것에서 유래한다.
② 유기물은 먹이사슬을 따라 소비자를 거쳐 이동하고, 그동안 유기물의 일부가 호흡에 의해 산화되므로 탄소가 이산화탄소로 되어 무기환경으로 방출된다. 동식물의 사체나 배설물 속의 유기물도 분해자의 작용에 의해 분해되므로 탄소는 다시 이산화탄소의 형태로 대기나 물속으로 되돌아간다.
③ 대기 중의 이산화탄소의 농도는 약 0.03% 밖에 되지 않으나, 녹색식물이 광합성으로 흡수하는 이산화탄소의 양과 생물이 호흡으로 방출하는 이산화탄소의 양은 대체로 같기에, 대기 중의 탄소는 생태계를 순환하면서 평형을 이룬다.
④ 지구에서 탄소를 가장 많이 보유하고 있는 부분은 지각이다.

(2) 질소 순환
① 대기 중의 질소는 질소고정 세균(뿌리혹박테리아, 아조터박터, 클로스트리듐 등)에 의해 암모늄으로 고정되거나, 번개 등 공중 방전으로 산화질소를 형성한 후, 빗물에 녹아 땅속으로 들어가서 질산이 되어 식물이 이용한다.
② 녹색식물은 질소동화작용에 의해 암모늄 이온(NH_4^+)과 질산이온(NO_3^-)으로 흡수한 질소를 이용하여 단백질과 같은 유기 질소 화합물을 합성한다.
③ 산림 내 낙엽이나 죽은 가지 등에 함유된 단백질과 아미노산 등 **유기질 질소는 토양에 서식하는 박테리아나 곰팡이에 의해 분해되어서 암모늄으로 되는 암모늄화작용을 거친다.**
④ 암모늄화작용에 의해 생긴 NH_4^+은 NO_3^-으로 산화되는 질산화작용을 거친다. 질산화작용의 첫 단계는 NH_4^+이 NO_2^-(아질산이온)으로 되는데, Nitrosomonas박테리아가 관여하고, 두 번째 단계는 NO_2^-가 NO_3^-로 되는데, Nitrobacter박테리아가 관여한다.
⑤ 질산화작용에 의해 생선된 질산태질소는 토양이 혐기성 조건에서 환원되어 N_2 가스나 NO, NO_2, N_2O으로 되어 대기로 날아가는 탈질작용을 거친다.

> **📚 산림생태계의 질소순환**
> **연간 질소수지는 순환계 밖으로부터의 공급량이 유실량보다 크다.** 질소고정으로 연간 1ha당 14kg, 강우로 7kg의 질소가 추가되는 반면, 유수로 밖으로 유출되는 양은 4kg 가량 되어 질소의 공급량이 더 많다. 연간 질소 증가량은 현존량에 비해 매우 적다. 토양 중 질소는 유기태가 대부분이며 무기태는 매우 적다. 토양미생물과 식물의 작용으로 유기태와 무기태질소 상호 간 변환이 일어난다.

(3) 물의 순환
물은 생명의 기반으로 생물체 내에서는 식물의 광합성에 쓰이며, 호흡에 의해 대기 중으로 나간다.

11. 식물연쇄

(1) 식물에너지는 식물로부터 오며, 포식과 피식이 반복되면서 몇 생물군을 지나 이동하는 것으로, **식물연쇄가 짧을수록, 사슬이 시작하는 위치에 가까운 생물일수록 이용할 수 있는 에너지가 크다.**

(2) 각각의 영양단계를 구성하는 각종 개체군의 생활물자의 양이 현존량이며, 단위면적당 개체 수 또는 생체량으로 나타낸다.

(3) 산림 내의 수목은 먹이와 연료를 공급하는 에너지를 나타낼 뿐만 아니라, 기후조절 및 각종 동물의 서식공간을 제공한다.

12. 분해

(1) **분해의 정의**

① **물리적 분해는 죽은 유기물이 부서져 작은 조각으로 되는 현상**으로, 지렁이·딱정벌레·흰개미 등 토양 무척추동물이 죽은 유기물을 잘게 부숴 부피 대 표면적의 비율을 증가시켜 박테리아나 곰팡이가 쉽게 가해하여 화학적으로 성질을 변화시키기에 적합하게 한다.

② **화학적 분해는 박테리아나 곰팡이에 의하여 분자량이 많은 유기물이 분자량이 적은 유기물로 바뀌는 현상**이다. 박테리아는 분해속도가 빠르고 곰팡이는 분해속도가 느린데, 활엽수의 낙엽에서는 박테리아가 우세하고 산성이 비교적 강한 상록침엽수의 낙엽에서는 곰팡이가 우세하다.

③ 유기물 내 리그닌 : **질소 비율이 높을수록 분해속도는 느려진다.**

(2) **분해상수**

① **분해상수는 죽은 유기물이 일정 비율만큼 분해되는 데에 필요한 시간에 반비례한다.**

② 분해상수는 열대림에서 한대림으로 갈수록 작아져서 매년 유입되는 죽은 유기물의 양에 비하여 죽은 유기물의 축적량이 증가하는 현상을 반영한다.

③ 온대림의 분해상수는 활엽수림이 침엽수림보다 높아 활엽수림의 죽은 유기물 분해속도가 빠르다는 것을 반영하고 있다.

④ 낙엽층이 있는 죽은 유기물의 총량을 매년 유입되는 죽은 유기물의 양으로 나눈 값이 죽은 **유기물의 체류시간**이며, 죽은 유기물이 완전히 분해되는데 소요되는 시간을 나타낸다.

⑤ 낙엽이 분해되어 무게가 50% 감소하기까지 걸리는 시간은 $0.6931/k$(분해상수)이다.

⑥ 분해상수의 변이는 열대우림에서 평균 1.3, 툰드라는 평균 0.18 정도로 차이가 매우 크며, **열대우림 > 습지 > 활엽수림 > 혼효림 > 초지 > 관목지 > 침엽수림 > 툰드라**의 순이다.

⑦ 분해속도가 **빠른 경우에는 산림생태계의 양분이 대부분 살아 있는 임목이나 식생 부위에 있고,** 반대로 분해속도가 느린 경우에는 토양에 있는 죽은 유기물 내에 대부분의 양분이 포함되어 있다.

13. 산림생태계의 양분

(1) C/N율이 30보다 높으면 질소의 부동화(不動化)가 일어나고 미생물이 활동하여 유기물을 분해하면서 C/N율을 계속 낮추며, C/N율이 30에 도달하면 질소의 부동화가 멈춰지고 탄소가 소비되면서 질소가 토양으로 방출된다.

(2) 유기물은 인(P)의 주요 공급원이며, 토양미생물에 의해 다시 식물이 흡수할 수 있는 유효태 인으로 변한다.

(3) 토양 중의 인은 산성에서는 $H_2PO_4^-$가, 알칼리성에서는 PO_4^{3-}가 우세하다.

(4) 칼슘은 다른 유기물과 결합하기 때문에 이동성이 낮고, 따라서 낙엽 전에 이동하여 다시 사용되는 비율이 극히 낮거나 오히려 낙엽에서 농도가 생장기 때의 농도보다 높게 나타나기도 한다.

(5) **토양 내의 칼슘은 거의 무기태로 존재하며, 강우가 비교적 적은 지역에 발달된 토양은 습한 지역의 토양보다 칼슘공급이 크다.**

(6) 칼륨은 지하수위가 높은 사토나 강수량이 많은 지역에서 용탈에 의하여 결핍이 일어나기 쉽다.

(7) 부식함량이 많은 표토층은 양분의 용탈이나 뿌리의 양이온 흡수과정에서 수소이온이 증가한다.

3 생태적 지위와 종적 구성

1. 생태적 지위

(1) 생태적 지위란 생물이 차지하고 있는 생리적 공간뿐만 아니라 군집 내에서의 기능적인 역할 그리고 기온, 습도, 토양 등의 환경구배 내에 있는 생물의 지위라는 개념으로 파악한다.

(2) **생태적 지위와 현실적 지위**

기본적 지위는 한 종이 다른 종과의 경쟁이나 길항작용 같은 상호작용이 없을 때 차지할 수 있는 지위이며, 현실적 지위는 한 종이 다른 종과의 상호관계가 있을 때 차지할 수 있는 지위이다. 각종의 현실적 지위는 환경과의 상호작용으로 변할 수 있다.

① 서식지 지위 : 한 식물 종의 환경 내성과 생물적, 물리적 요소이다.
② 생활형 지위 : 그 식물의 고유한 크기나 형태적 특성이다.
③ 생물계절학적 지위 : 그 식물이 생장, 발달하는 계절적 패턴이다.
④ 갱신지위 : 공간의 형태나 크기뿐만 아니라 병해충이나 기상 변화에 직면하여 갱신하기에 적당한 종자 안착, 시·공간적으로 적당한 종자 전파, 발아 후 정착과 생장을 위한 필요조건이다.

2. 종적 구성

보통종은 우점종 또는 생태적 우점종이라 하고, 희소종은 부수종이라 한다.

4 생태적 피라미드

1. **개체수 피라미드**

   각 영양단계에 존재하는 단위 넓이당 생물들의 개체 수이다. 생산자와 각 단계의 소비자 개체 수 및 그들이 이루고 있는 군집의 크기를 나타내 준다. 생산자의 대부분은 식물이며, 그들이 이루는 군집의 크기 및 식물 개체 수의 크기는 크며 초식동물인 1차 소비자부터 육식의 2차 소비자 그리고 최종 소비자로 갈수록 개체 수의 크기는 크게 감소한다.

2. **생체량 피라미드**

   총중량, 칼로리 등 생체총량과 관계되는 값으로 나타낸 것이다. 상위 영양단계로 갈수록 각 개체의 몸집과 무게는 증가하지만, 개체 수가 적은 피라미드 구조로 나타난다.

3. **에너지 피라미드**

   각 영양단계의 에너지를 유량 또는 생산력으로 나타낸 것이다. 개체 수 또는 생체량의 피라미드는 전체적으로나 부분적으로 역립하는 경우가 있다.

5 개체군과 군집

생물은 상호의존적으로, 집단을 이루어 생활하고 있다. 집단은 각기 독특한 특성을 지니고 상호 간에 여러 가지 관계를 맺으면서 질서를 유지하고 있는데, 위계적으로 볼 때 개체군과 군집이 있다.

1. **개체군**

   (1) **개체군의 정의**

   ① **개체군은 같은 종으로 구성된 개체들의 모임**이다.
   ② 개체군은 개체 수준에서 볼 수 없는 특성이 있어 집단 질서를 유지하며 이러한 특성은 환경조건에 따라 달라진다.
   ③ 개체군의 밀도, 생장, 주기적 변동 그리고 개체군 내의 상호관계를 파악해야 개체군을 이해할 수 있다.

   (2) **개체군 형성의 장점**

   ① 불리한 환경요인으로부터 개체들의 **상호보호**
   ② 배우자가 있어 **생식의 이점**
   ③ 개체가 많음으로써 생기는 **유전적 다양성의 증대**
   ④ 종내 경쟁에 의한 **강한 개체의 생존**
   ⑤ 사회성을 가진 동물에서 볼 수 있는 **노동의 분할과 상호협동**

(3) 개체군 형성의 단점
① 종내 경쟁에 의한 개체들의 **활력 약화**
② 상호접촉의 증대로 인한 **스트레스의 증가**
③ 집중적인 이용에 의한 **환경의 악화**
④ **병의 전염** 가능성 증가
⑤ 물리적 접촉과 간섭의 증가에 의한 **활동의 저하**

(4) r-전략과 K-전략
① r-전략: 자신이 쓸 수 있는 에너지와 양분자원들을 이용하여 그 크기는 작으나 많은 수의 후손을 확보하려 하는 부류이다.
② K-전략: 그 수는 적으나 생존을 잘 할 수 있는 큰 개체의 후손을 확보하려 하는 부류이다.

🌱 **r-전략가와 K-전략가의 차이에 따른 개체군의 생태학적 발달유형**

구분	r-전략가	K-전략가
기후	변화가 크거나 예측 불허	비교적 일정하고 예측 가능
사망률	특정한 경향이 없고, **밀도변화에 무관**하며, 때로는 대규모의 치사율 발생	특정한 경향이 있고, 밀도의 변화에 크게 좌우됨.
생존곡선	제3유형	보통 제1유형 또는 제2유형
개체군 크기	변화가 심하고 평형을 이루지 않으며, 일반적으로 수용 능력을 크게 밑돌고 다 채우지 못하며, 보통 매년 반복적으로 수를 채움.	일반적으로 평형을 이루는 값이 있으며, 환경의 수용 능력을 채우거나 근사치로 가고, 매년 반복적으로 수를 채울 필요가 없음.
경쟁의 강도	변화가 심하거나 가끔 낮음.	보통 높음.
수명	**짧음**(보통 1년 미만).	1년 이상으로 오래 삶.
선택조건	**빠른 생장**, **높은 번식률**, 일찍 생산을 시작하고, 작은 체구, 한 번 번식하고 한 번 삶.	**늦은 생장**, 경쟁력이 매우 높고, 늦게 생식을 시작, 큰 체구, 반복하여 번식하고 반복해서 삶.

2. 군집

(1) 군집의 구성
① 군집이란 생태계에서 여러 종류의 생물개체군이 함께 모여서 긴밀한 관계를 맺고 살아가는 생물 집단이다.
② 산림은 비교적 고도가 높고 강수량이 많은 곳에 나무가 우점하여 흙이나 수분이 확보되는 곳에 형성되는 생물군집이다.

(2) 생태의 분포
① 어떤 지역의 환경조건에 적응하여 이루어진 군집으로 기온, 강수량 등 환경요인의 영향을 받아서 생물의 분포가 결정되는 것이 생태분포이다.
② 지리적으로 멀리 떨어진 지역이라도 기후가 비슷하면 서로 닮은 군집이 형성된다.
③ 위도나 기후대에 따른 생물의 분포를 수평 분포라고 하고, 고도에 따른 생물의 분포를 수직 분포라고 한다.

6 산림군집의 속성과 분석

산림군집의 수종 또는 식물의 종다양성을 측정하기 위해서는 표본구법이 가장 적당한 방법이다. 산림군집의 종구성에 있어서 가장 기본이 되는 정보는 출현하는 식물종마다의 개체 수이다. 우리나라와 같은 온대활엽수림의 산림군집은 교목, 관목, 덩굴식물, 착생식물, 초본식물, 엽상식물의 6가지의 생육형으로 구분된다.

1. 종구성

(1) 밀도와 상대밀도

① 산림군집의 종구성에 있어서 가장 기본이 되는 정보는 출현하는 식물종 마다의 개체 수이다. **수도(abundance)는 조사대상 면적의 개체 수이고, 밀도(density)는 단위면적당 개체 수이다.**

② 밀도를 막연하게 단위면적당 생육 개체 수로만 나타낼 때에는 생육 불가능한 지역까지 포함하여 산출되는 불합리한 경우가 생기게 되는 절대밀도보다, **생육 가능 지역에 국한하여 단위면적당 개체 수로 표시하는 생태적 밀도(ecological density)가 의미 있다.**

③ **상대밀도는 어떤 한 종의 개체 수를 모든 종의 총 개체 수에 대한 비율이며,** 산림군집 내에서 연구대상 생육형의 모든 종의 총 개체 수에서 어떤 한 종의 개체 수를 나눈 값이다.

④ 연구대상 산림에서 어떤 특정 수종의 밀도가 다른 수종들과의 상대적인 관계나 또는 동일 수종이 시간이 지남에 따른 밀도의 변화에 관심이 있을 때는 상대밀도를 산출하여 그것을 파악할 수 있다.

⑤ 새, 짐승 등과 같이 셀 수 있는 것은 단위면적당 개체 수로 표시하고, 단세포 조류 등과 같이 세기 어려운 것은 단위부피당 생체량으로 표시한다.

(2) 빈도와 상대빈도

① **빈도(frequency)는 어떤 한 종이 얼마나 넓은 지역에 걸쳐 출현하는가 하는 생육의 분포 정도를 측정하는 기준이다.**

② 해당 종을 발견할 수 있는 확률로 표현되므로 표본의 도입이 필요한데, 해당 종이 출현하는 표본구 또는 표본점의 수를 토대로 하여 표본 단위의 총수에 대하여 해당 종이 출현한 표본 단위수의 비율로 나타낸다.

③ 어떤 수종이 넓은 지역에 걸쳐서 분포할 때는 빈도가 높아지고, 특정 구역에만 국한되어 분포할 때는 빈도가 낮아진다.

④ 다른 출현 종들과의 상대적인 분포 정도를 파악할 때 **상대빈도를 이용하며 어떤 한 종의 빈도를 모든 종의 총빈도합계에 대한 비율로 산출한다.**

(3) 피도와 상대피도
① 피도는 어떤 한 종의 개체들이 차지한 투영면적의 합계를 단위면적에 대한 비율로써 표시한다. 투영면적은 수관부위가 지상에 투영되는 면을 원 또는 타원으로 간주하여 수관의 지름을 측정하여 산출한다.
② 신갈나무 등 큰 교목의 수관 투영면적 측정이 어렵고 수관폭과 지름 간에 비례하는 관례가 있어서, **흉고직경을 측정하여 그 횡단면인 흉고단면적으로써 피도를 산출하기도 한다.**
③ 상대피도(relative coverage)는 어떤 한 종의 피도가 모든 종의 총피도합계에 대한 비율로써 산출된다.

(4) 중요치
① 구성종들의 생태적 중요도 또는 영향력을 표현하는 것이다.
② 전체 종에 대해 각 종의 값이 비율로 계산된 상대밀도·상대빈도·상대피도가 합산된 것이다.

(5) 생체량
① 생체량은 집단 내에 있는 각 개체의 중량으로서 흔히 **단위면적당 또는 단위용적당 무게로** 나타낸다.
② 생체량은 각 영양단계의 에너지의 흐름을 잘 나타내므로 유용한 자료를 제공해 준다.

2. 종간 상호작용

여러 가지 생물종들이 어울려 생육하며 이루는 식물군집에서 어떤 특정한 생물종들 간에 서로 독특한 형태의 생물학적인 관계를 맺고 있는 것을 종간 상호작용이라고 한다. 산림군집에서 생육하는 생물종 사이에서도 여러 가지 형태의 상호작용을 관찰할 수 있으며, 종과 종 사이에 이로움을 주는가 또는 해로움을 끼치는가, 필수적인 작용인가 또는 선택적인 작용인가에 따라 그 유형이 구분된다.

(1) 중립
① **한 생물종이 다른 어떤 생물종과 영향력을 교환하지 않을 때이다.**
② 이론적으로 두 가지 다른 생물체가 생태적 지위를 완전히 달리할 때 서로 중립이 성립되겠지만, 산림군집의 영역에서 두 가지 다른 수종 사이에 또는 식물종과 동물종 사이에 매우 중립적인 관계를 관찰하기는 쉽지 않다.

(2) 경쟁(competition)
두 가지 서로 다른 생물종이 같은 종류의 자원을 이용하고자 할 때이다. 자원공급이 충분하여 두 가지 생물종 모두의 수요에 충족될 수 있다면 경쟁은 중단되겠으나, 자원의 공급량은 충분하지만 한 종에 의하여 다른 종이 그 자원의 이용에 방해를 받을 때는 경쟁관계가 성립된다.

① 종내경쟁
  ㉠ 개체군들은 많은 자손을 남기지만, 이들 많은 자손이 이용할 빛과 물과 양분은 충분하지 않다. 특히, 같은 종의 개체들은 필요로 하는 지위(역할·서식처·분포지)가 같으므로 자원이 부족할 경우에는 개체들 간 경쟁이 매우 치열해진다.
  ㉡ 자원이 부족할 경우 강하게 먼저 자란 것들은 약하고 작은 것들을 크게 위축시키고 제거하기까지 하므로 불평등하다.
  ㉢ **종내경쟁은 개체 수가 많을수록 심해진다.** 출생·생장 및 사망에 미치는 종내경쟁은 밀도가 높을수록 높아지는데, 이를 밀도의 존적이라고 한다.
  ㉣ 밀도와 출생률, 종내경쟁과 포식자에 의한 치사율의 관계
    ⓐ 출생률: 밀도가 낮을 때는 짝짓기가 어려워서 낮고, 밀도가 높아지면서 증가하였다가 **밀도가 높아짐에 따라 종 내 개체 간 경쟁으로 먹이가 부족하여 감소한다.**
    ⓑ 포식: **초식동물의 밀도가 증가함에 따라 증가하였다가 초식동물이 과다하게 많아져도 더 이상 증가하지 않는다.** 전체적으로 포식패턴이 S자형이 되기 때문이다.
    ⓒ 종내경쟁: **피식자의 밀도가 증가함에 따라 증가한다.** 이 종내경쟁으로 인하여 출산이 줄어들고 치사율이 더 증가한다. 그 밖에 밀도에 따른 폐사와 스트레스가 합쳐져서 치사율이 더 높아진다.

② 종간경쟁
  ㉠ 종 간에는 직접적으로 빛과 물 그리고 양분을 얻기 위한 경쟁이 존재하고, 편리공생·상리공생·산림병해충 등과 같은 포식과 기생관계가 존재하며, 서로 적응하여 공진화가 일어난다.
  ㉡ 같은 지위를 갖는 두 종은 서로 배타하여 한 종만이 우점한다. 결국, 각 종들은 가장 잘 생존하는 현실적 지위를 차지한다. 그 결과 각 생물종들이 지니고 있는 빠른 생장이나 느린 생장, 내음성, r-K전략이나 R-C-S 생활사 전략, 생물계절학적 특성, 형태적 변이, 타감작용, 상리공생 등은 심각한 자원경쟁을 극복하거나 피하는 상호작용의 진화적 결과물이다.
  ㉢ **조림이나 숲가꾸기 작업 같은 산림관리와 경영은 인위적으로 수목 개체 간 또는 수종 간 경쟁을 완화하거나 제거하는 관리방법**이다.
  ㉣ 조림 당시는 묘목은 크기가 작고, 충분히 넓게 일정한 간격으로 식재하므로 조림목 사이의 경쟁은 거의 없다.

③ 경쟁배제: **두 종이 동일한 자원을 필요로 하면 경쟁이 더욱 치열해지고 열등한 경쟁자는 죽임을 당할 수 있는데, 이를 경쟁배제라고 한다.**

④ 맞교환
  ㉠ **어떤 생명체든 생활사 중에서 어떤 한 능력을 확보하려면 에너지를 투자해야만 한다. 즉, 투입 에너지와 획득능력은 맞교환이다.**
  ㉡ 한 생명체가 사용할 수 있는 에너지에는 한계가 있어 각 생물이 가진 기능들 간에도 맞교환이 있다. 이것은 특히 생장과 생식기능 간에 뚜렷하다.

ⓒ 나무가 생장과 생식을 동시에 하는 경우 한 나무가 종자를 많이 생산하면 재적생장이 둔화된다.
ⓔ 종자 생산면에서도 한 개체에서 생산된 종자 수가 많으면 종자의 크기가 작아진다. 즉, 자손 수가 많아지면 이들의 적응도(생존율이나 경쟁력)는 낮아지는 것으로 맞교환한다.

(3) 편해작용(amensalism)과 타감작용(allelopathy)

① **편해작용** : **어떤 생물종이 다른 생물종에 대하여 일방적으로 해로움을 끼치거나 압박하면서 자신은 아무런 영향을 받지 않는 경우의 상호작용**이다. 넓은 범위의 항생작용이지만 빛이나 수분 및 양분을 쟁탈하는 경쟁관계는 아니다. 한 생물종이 생육자원에 대한 경쟁을 극복하기 위하여 주위 생물종을 배제하는 작용을 스스로 발전시킨 것이다.

② **타감작용** : **편해의 한 예로서 한 생물체가 생화학물질을 주위환경에 배출하여 다른 생물종이 발아나 생장을 하지 못하도록 해를 끼치면서 자신의 생존과 생장을 확보하는 것이다. 이러한 작용을 하는 물질을 타감물질(allelochemicals)이라고 한다.** 타감물질은 자연생태계에서 흔하며, 식물이든 동물이든 이물질로 초식자나 포식자 및 경쟁자로부터 자신을 보호하고 경쟁공간을 확보한다.

(4) 편리공생

두 가지 **다른 생물종 사이에서 한 가지 생물종은 이로움을 제공받지만 다른 생물종, 즉 기주는 무관할 때의 상호작용관계**이다.

(5) 원시협동

두 가지 다른 생물종 간에 상호작용이 작용하면 모두에게 이롭지만, 상호 의존관계가 절대적인 것이 아니어서 작용이 중단되면 서로 무관한 관계를 가지게 된다.

(6) 상리공생

두 가지 생물종 사이에 상호작용이 작용하면서 서로 간에 이로움을 제공하고, 작용이 중단되면 모두 손해를 입거나 생존 자체가 위협을 받는 필수적인 상호작용 관계이다.

(7) 기생 · 초식 및 포식

① 기주생물체에 의존하여 영양과 서식처를 취하는 기생, 초식동물이 식물체를 먹이로 삼는 초식, 그리고 육식동물이 초식동물 또는 다른 육식동물을 먹이로 취하는 포식은 공통적인 상호작용의 유형을 갖는다.

② 한 생물체가 다른 생물체에게 해를 끼치거나 생존까지 위협함으로써 스스로는 이익을 취하고, 이러한 상호작용이 중단되면 타격을 입는다.

(8) 포식(predation)

포식은 살아 있는 먹이를 잡아먹는 행동으로 피식자인 먹이는 죽게 된다.

① 포식의 유형: 포식자는 먹이에 따라 육식·초식 및 잡식으로 나누고, 기능적으로는 진정포식자·초식자·포식기생자·기생자 등으로 구분한다.

② 먹이그물(영양단계별 생물적 경쟁 상호작용의 원인과 생존전략)

영양단계	상호작용의 원인	생존전략
2차 소비자 (상위 포식자)	먹이확보, 짝짓기, 기생, 환경변화	경쟁우위(맞교환), 유전자 변화, 피식자 포획 및 제어, 종의 분화, 유성생식
1차 소비자 (피식자)	먹이확보, 짝짓기, 포식, 기생, 환경변화	경쟁우위(맞교환), 큰 몸집, 서식지분할(텃세), 현실적 지위 확보, 은신, 회피 및 방어, 유성생식, 주기적 풍부한 번식, 집단형성
생산자	물리적 자원확보(빛, 물, 양분), 기생, 환경변화	경쟁우위(맞교환), 공생, 저항성 발달(면역, 독성, 수지, 맛없음, 가시, 털 등), 유성생식 및 무성생식의 혼합

③ 포식자의 수적반응과 기능반응

㉠ **수적반응은 먹이밀도가 변함에 따라 포식자밀도가 변함을 의미**한다. 포식자, 즉 소비자가 먹이가 많은 시각과 장소에 모여서 경쟁률이 높아지고, 그에 따라 먹이가 부족해지면 포식자들 간에 재조정과 재분배가 일어나게 된다.

㉡ **기능반응은 먹이밀도의 증가에 대하여 포식자가 보이는 반응**이며, 세 가지 유형이 있다.

ⓐ **Ⅰ유형: 먹이밀도가 증가함에 따라 섭식률이 일정하게 증가하다가 측정 최대섭식률에서 갑작스럽게 일정해지는 형**이다. 예로 거미줄에 걸린 곤충을 수동적으로 잡는 거미의 경우에는 피식자의 밀도에 따라 포식이 증가한다. 하지만, 포식에 의한 피식자의 치사율은 일정하다.

ⓑ **Ⅱ유형: 가장 전형적인 기능적 반응**을 나타낸다. 먹이밀도가 낮은 경우에는 섭식률이 일정하게 증가하지만 중간 밀도에서 느려지고, 높은 밀도에서는 일정해지는 경우로 곡선이 편평하게 된 것은 포식자의 포만을 나타낸다. 먹이의 치사율은 먹이밀도가 증가함에 따라 감소한다. 잘 도망가는 먹이나 견과류 껍질을 부수어야 하는 먹이 등 찾거나 다루는 데 시간이 걸리는 경우이다. 이러한 형태의 포식자는 먹이밀도가 낮을 때 최대의 치사율을 보인다. 예를 들면, 작은 포유류는 짚시나방의 개체 수가 적을 때 이 곤충의 거의 모든 번데기를 잡아먹는다. 하지만, 개체 수의 밀도가 높으면 그 작은 동물이 먹는 번데기의 비율은 무시할 정도로 낮아진다.

> 먹이 섭취 총시간 = 먹이를 찾는 시간 + 먹이를 다룬 시간
> 먹힌 먹이의 수 = 면적 × 먹이를 찾는 시간 × 먹이밀도

ⓒ **Ⅲ유형**: **먹이밀도가 증가함에 따라 먹이 섭취가 S자형 곡선으로 증가**한다. 먹이밀도가 낮을 때에는 느리게 증가하지만, 중간 정도 밀도에서 섭식률이 급격히 증가하고, 높은 밀도에서는 포만으로 일정하게 유지된다. 피식자의 치사율은 처음에는 먹이밀도가 증가함에 따라 증가하다가 후에 감소한다. 예를 들면, 많은 포식자들은 먹이가 내는 화학물질 카이로몬을 감지하고 활동을 증가시키고, 여러 종을 포식하는 척추동물(조류)은 눈에 가장 흔히 보이는 종으로 먹이를 바꾸기도 한다.

④ **피식자와 포식자의 적응(양자의 공진화)**: 피식자 개체군은 포식을 당하면서도 생존력과 적응력은 높아지는 진화를 하며, 다섯 가지 과정이 관여한다.

㉠ 피식자는 포식이 전체 개체군에 미치는 영향을 매우 미미하게 할 수 있다. 즉, 피식자의 개체군이 매우 크거나, 또는 포식되는 개체가 열세한 경우 그렇다.

㉡ 포식으로 희생당한 개체에 비해 개체는 종내경쟁이 줄어들어서 제한되었던 자원을 더 이용하여 생장과 번식이 왕성해지는 보상을 받는다.

㉢ 피식자 개체군은 큰 몸집, 많은 개체 수의 집단 형성, 은신, 독성 함유, 심지어는 포식자를 포만시키는 전략으로 포식을 피한다.

㉣ 피식자는 방어능력을 키우고 포식자는 포획능력을 키우면서 둘은 공진화한다. 피식자 개체가 모두 먹히면 포식자도 먹이가 없어서 절멸하게 된다. 예를 들면, 초식곤충인 경우 곤충조직 1g을 생성하고 유지하는 데 식물조직 3~140g이 필요한데, 초식으로 인하여 잎이 줄어들면 나무의 잔부리(세근) 발달이 위축되어 양분과 수분 흡수가 손상되어 자연적으로 생장이 느려진다. 이것은 초식곤충에게 먹이 부족을 초래한다.

㉤ 자연생태계에 존재하는 물리적이거나 생물적인 환경저항이 포식자와 피식자 모두에게 영향을 미친다. 결국, 포식은 포식자와 피식자의 상호 기능적 반응, 피식자의 방어, 공진화, 환경저항 및 이들 4요소의 복합 상호작용의 결과이다.

🌱 **두 생물종 간의 상호작용 형태와 특징**

상호작용 형태		상호작용의 특징
경쟁(competition)		두 종 손해
포식(predation)		한 종이 다른 종을 잡아먹음.
공생	상리공생	두 종 모두 이익
	편해공생	한 종은 손해를 보고 다른 종은 아무런 영향이 없음.
	편리공생	한 종은 이익을 보고 다른 종은 아무런 영향이 없음.
기생(parasitism)		한 종이 다른 종을 약하게 먹으므로 죽이지 않으며 지속적. 결국에는 기주 종을 죽이는 것을 포식성(parasitoid)이라고 함.
중립(neutralism)		두 종 아무런 영향을 받지 않음.

7 조사구

1. 방형구조사법
(1) 임지 내에 일정면적을 가지는 조사구를 설치하고 그 안에 생육하는 식물의 종류와 수를 통계하며, 때로는 수관의 투영도를 그린다.
(2) 평면적인 식생조성을 분석하는 재료가 된다.

2. 선형구조사법
(1) 임분 내에 긴 선을 설치하고 이 선에 따라 식생의 성격을 조사하는 것이다.
(2) 산지의 경사에 따라 식생조건의 변화가 있을 때 선형구법을 적용할 수 있으며, 식생의 입체적 측면을 잘 나타낸다.

3. 점조사법
임목이 불규칙하게 서 있고, 높은 밀도를 가지고 있지 않은 때 적용되는 것이 좋다.

8 집단의 분석

밀도 그 자체는 생활 장소 내의 개체의 상황을 알려주는데 부족한 점이 있다. 즉, 밀도는 같더라도 그 공간적 배치에는 차이가 있을 수 있다.
개체의 분포양식은 집단에 있어서 평균밀도보다 더 큰 의의를 지니고 있다. 분포양식에는 규칙분포, 임의분포, 집락분포의 3가지가 있다.
개체분포가 임의인지 아닌지를 검정하는 방법은 Poisson분포법과 Holgate법이 있다.

1. Poisson분포법
집단 내에 격자를 놓고 각 격자 안에 들어있는 개체 수를 계산하는 방법이다.

2. Holgate법
(1) 플롯이 없는 점조사법으로서 격자를 만드는 어려움 및 세포의 크기에 따른 문제가 제거되고 실행이 간편하다.
(2) 집단 안에 많은 점을 임의로 설정하고 그 점에서 가장 가까운 거리에 있는 식물개체까지의 거리를 측정하고 그 다음으로 가까운 개체까지의 거리를 측정한다.

9 군집의 분석

1. 종수의 다양도
(1) 군집의 안정성 또는 성숙도에 관련되어 있는 것으로 보고 생태적인 의미를 부여하고 있다.
(2) 종까지의 식별이 어려울 경우에는 속수 또는 과수의 다양성을 취해도 된다. 종명의 식별이 반드시 중요성을 지니지는 않는다.

2. 군집의 유사도
(1) 두 개의 군집의 종적 구성을 표로 작성한 후 알고자 하는 것은 군집의 유사성이다.
(2) 한 군집의 시기를 다르게 하여 관찰하고 비교할 수도 있다.

CHAPTER 02 산림생태계의 천이

1 산림천이

1. 천이의 이해
(1) 어느 지역에서 시간에 따라 방향성을 가지고 자연적으로 종조성의 변화와 더불어 식생의 모습이 변화하여 가는 현상을 천이라고 하며, 생물상이 다른 내용으로 대체되는 것이다.
(2) 그 지역의 기후나 토양에 따라 처음에 정착하는 식물이 달라지고 이어서 침입하는 식물종도 달라지는데 식생의 변화는 주위환경에 의하여 결정되며 식생에 의하여 주위환경도 같이 변한다.
(3) 육상식물의 출현은 **선태식물 → 양치식물 → 구과식물 → 현화식물** 순이다.
(4) 온대지방인 우리나라의 산림 형성 과정은 1기의 지의류와 선태류, 2기의 1~2년생의 초류, 3기의 **다년생초류, 4기의 관목, 5기의 양성수종 교목, 6기 음성수종 교목으로 구분할 수 있다.**

2. 천이의 진행원인
(1) 식물이 불모지에 들어와 그곳에 집단을 형성할 수 있다.
(2) 그 식물의 후대는 그곳의 식물군집을 떠나 다른 곳에서 성립할 수 있다.
(3) 식물군집에는 공간에 대한 경쟁이 있다.
(4) 환경조건의 변화가 와서 다른 식물군집에 양보하지 않으면 안 된다.

3. 식물의 이동
(1) **이래(移來, migration)**
   이웃에서 식물이 들어와 어떤 위치에 정지한 상태이다.
(2) **이동성 수종**
   종자가 가볍고 비교적 먼 거리까지 비산될 수 있는 것이다. 자작나무, 플라타너스, 버드나무 등이 있다.
(3) **비이동성 수종**
   종자가 무겁고 먼 거리까지 이동하지 못하는 것이다. 상수리나무, 밤나무 등이 있다.

4. 식생의 반작용

식생이 입지에 주는 영향을 반작용(환경조성작용)이라 하며, 입지조건은 식생의 기능과 발달에 관여하지만, 그 후에는 입지조건이 식생의 작용을 받는다. 반작용은 식생의 환경에 영향을 끼침으로써 환경 그 자체를 추이시키는 현상이다. 환경이 식생의 출현을 촉진시키는데 이를 식생의 환경에 대한 반응이라고 한다.

(1) **토지적 반작용**

토양의 형성 및 그 구조, 함수량, 가용성물질, 토양미생물 등을 통하여 이루어지며 기층적 반작용보다 더 크고 중요하다.

(2) **기층적 반작용**

식생의 생활형의 종류에 따라 공기의 이동, 기온의 교차, 습도 및 일광의 강도 등에 영향을 끼쳐 새로 들어올 식생에 유·불리한 조건을 주게 된다.

5. 원격작용

(1) 한 식물의 성분이 환경공간에 들어감으로써 다른 생물의 생육에 영향을 주는 것이다.

(2) 원격작용은 지력이 낮은 곳의 천이에 관여하는 중요한 인자이다. 독성이 있는 성분을 내놓음으로써 질화세균과 질소고정박테리아의 생존을 어렵게 하는데, 그 결과 질소 요구량이 적은 식물의 경쟁을 도와주게 된다. 질화세균을 제한하게 되는 단계가 되면 암모니아태질소가 많아지고 따라서 질소를 많이 요구하는 임목이 그 자리에 들어온다.

6. 생태적 천이의 분석을 위한 조사 항목

(1) **환경인자의 관측**

기온, 생태습도, 광선투과량, 지온, 토양수분, 토양유기물(탄소량), 토양 중의 질소량, 토성 등

(2) **질적 분석**

우점종과 그 생육형, 그 변화의 관측, 천이과정에 따른 산림군집의 형상, 산림구조의 층화

(3) **양적 분석**

밀도, 피도, 빈도, 중요치, 생체량, 종수의 다양도 등

2 천이의 유형

1. 1차천이와 2차천이

(1) **1차천이**
① 사구, 사태지, 용암지, 암석표면 또는 빙하에 의한 침식지 등 식물이 전혀 없는 곳에서부터 시작되는 천이이며, **선구식물이 들어와 점차 비교적 안정된 식물 사회로 변화한다.**
② 호수나 습원 또는 해안 간석지 등과 같이 물에서부터 비롯되는 습생천이, 암석지나 사구 등과 같이 건조한 곳에서 시작하는 건생천이, 빙하토와 같이 적습한 토양에서 시작되는 중성천이 등이 있다.
③ 대체적으로 건생천이와 습생천이는 기후와 토양 등 모재가 허용하는 한도 내에서 중성식생으로 수렴하는 경향을 가진다.
④ **최종적으로 내음성이 강한 교목이 우점하게 된 음수림이 극상이다.**
⑤ 임업상 중요한 것은 건생천이로 황폐임야의 조림, 특히 사방조림에서 수종의 생태적 특성이다.
⑥ 1차 식생렬이며, **자발적 천이**이다.

(2) **2차천이**
① **원식생이 화재, 태풍, 곤충피해 등의 자연적 교란이나 벌채 등의 인간활동에 의한 교란을 받은 다음 성숙된 식생군집으로 회복되는 과정이다.**
② 직선적 식생의 재회복과정을 갱신천이라고도 하며, 회복 시간보다 성숙단계에 머무는 시간이 길다는 점에서 순환적 천이와 크게 다르다.
③ 2차천이는 1차천이와 달리 숲의 토양에 충분한 유기물이 있고, 한해살이풀·여러해살이풀·관목·교목 등이 한꺼번에 들어와 서로 뒤섞여 자란다는 차이점을 가진다.
④ 2차 식생렬이며, 외력에 의한 **타발적 천이**로, 1차천이보다 속도가 빠르다.

2. 자발적 천이와 타발적 천이

(1) **자발적 천이**
기존 식물상의 환경형성작용 자체가 다른 식물종을 불러들이는 원인이 되는 현상이다.

(2) **타발적 천이**
생태계 내적인 요인보다는 외력에 의한 환경변화가 일어나고, 거기에 적응하는 식생으로 천이진행이 주도된다.

3. 진행천이와 퇴행천이

(1) **진행천이**

① 벌채된 산림에서 2차천이를 시작할 때, **세월이 흐르면서 이주·정착한 식물의 종이 다양해지고, 수직적 층화가 생기며, 현존 생체량이 증가하는 등 산림생태계의 구조와 기능은 온건해지는** 환경조건을 바탕으로 점차 복잡하면서도 안정되는 징후를 보이게 되는데 이를 진행천이라고 한다.

② 외부로부터의 교란이 없으면, 보다 더 복잡하고 안정된 성숙한 군집으로 유도된다.

(2) **퇴행천이**

진행천이의 반대성향을 띠는 것을 퇴행천이라고 하며, 군집의 속성은 보다 단순하고 획일화된 상태로 향한다.

4. 방향적 천이와 순환적 천이

(1) **방향적 천이**

자발적 천이와 진행천이를 바탕으로 생태계의 발달과 변화과정이 어떤 방향으로 진행한다는 개념을 방향적 천이라 한다.

(2) **순환적 천이**

상층임관의 대경목 아래에는 수직적 층화에 의해 중·하층 임목이 상층으로 도약하려고 하며, 노령목이 쓰러진 공간의 환경조건이 임내와 판이하게 달라 여기에 적절한 수목이 공간을 채우는데, 이러한 현상은 **국부적으로 반복**된다.

5. 시차적 천이와 지형적 천이

(1) **시차적 천이**

교란의 시점이나 정도가 달라 천이단계가 다양해지는 현상이다.

(2) **지형적 천이**

산림의 **미세환경의 차이**로 인해 특정한 입지조건에서 특정한 천이양상을 띠는 것이다.

산림천이의 진행단계별 생태계의 속성변화

생태계 속성	발달단계	성숙단계
먹이사슬	직선적, 채식사슬 위주	망상, 부니(腐泥)질사슬 위주
유기물 총량	적다.	많다.
총생산/현존생체량(P/B율)	높다.	낮다.
순군집 생산	높다.	낮다.
무기양료	생물체 외	생물체 내
종 다양성-풍부도, 균재도	낮다.	높다.
생태지위의 범위	넓다.	좁다.
생물체의 크기	작다.	크다.
생물체와 환경 간 양료교환속도	빠르다.	느리다.
생활환	짧고 단순	길고 복잡
양료순환	개방적	폐쇄적
양료 재생에서 부니질의 역할	중요하지 않음.	중요함.
생산	양적	질적
양료보존	불량	양호
안정성(외부교란에 대한 저항)	불량	양호
엔트로피	높다.	낮다.
생태정보	적다.	많다.

3 극상식생

1. 극상식생(climax vegatation)

(1) 극상식생은 **식생에 의하여 생육환경이 변화하고 다시 생물종이 바뀌고 하는 상호작용 과정을 거쳐 최종적으로 안정된 식생을 이루어 외부의 교란이 있기 전까지 오랜 기간 지속되는 식생이며, 이런 식생의 산림을 극상림(climax forest)**이라고 한다.

(2) 초기 식생부터 극상에 이르기까지 일련의 천이단계를 천이계열이라고 하며, 각 천이계열단계의 식물군집들을 천이계열군집이라고 한다.

2. 기후적 극상 및 토지적 극상

(1) 변화의 원인이 기후적인 것에 있을 때를 기후적 극상이라 하며 토양보다 기후가 식생에 더 우세한 영향을 끼친다.

(2) 토지적인 인자로 안정상태에 있는 생태계를 토지적 극상이라 하며 우리나라 중·남부 지방의 소나무림이다.

3. 단극상설과 다극상설

(1) 단극상설은 토양보다는 기후가 그 식생에 더 우세한 영향을 끼치는 것이므로 식생과 토양이 다르다고 하더라도 결국에는 그 특징이 같아져서 평형상태로 접근한다.

(2) 다극상설은 동일 기후구 안에 한 개의 극상만이 발달하는 것이 아니고 적어도 몇 개의 극상이 안정될 수 있다는 설이다.

4. 극상유형설

다극상설을 인정하면서도 식물의 종이 분포하고, 또한 대치되는 과정은 환경의 경사에 따라 연속적으로 이루어지며, 이에 의해 식생이 형성된다고 보는 학설이다.

5. 아극상과 방해극상

(1) 극상에 도달하기 직전에 여러 가지 원인, 특히 계속적으로 발생하는 산불 때문에 극상에 이르지 못한 상태로 오랫동안 계속되는 것이 아극상(亞極相)이다.

(2) 극상에 도달한 산림생태계라도 새로운 수종으로 대치되어 극상일 때 이것을 방해극상(妨害極相)이라 한다. 인간에 의해 우점종의 위치를 차지하는 낙엽송조림지 또는 목장의 초원 등이다.

6. 군락동태

(1) **극상군계 결정의 정적 기준**
① 생활형이 전체를 통하여 균등해야 한다.
② 모든 군총은 하나 이상의 동일한 또는 근연의 수종을 우점종 또는 아우점종으로 포함하고 있어야 한다.

(2) **극상군계 결정의 동적 기준**
① 극상으로서 천이의 최후 단계가 실질적으로 같아야 하고, 다른 극상의 실질과 구별될 수 있어야 한다.
② 미래의 극상이 극상 또는 아극상과 관련을 지니고 있어야 한다.
③ 사적인 내용이 종적 구성과 구조에 관하여 현재의 내용과 일치해야 한다.
  ㉠ 과거와 최근의 기록적 조사 및 식생의 조사
  ㉡ 화분분석에 의한 역사적 발달과정의 검토
  ㉢ 지리적인 기록·화석·물리적 조건 등 변천과정의 조사

4 우리나라의 산림 천이

(1) 사방지(砂防地)에는 양성 나무로 지력이 약한 곳에서도 적응력이 강한 싸리나무류, 아카시아, 오리나무류, 소나무류 등을 식재하여 **공중질소를 고정으로 토양유효 질소량을 증가시킨다.**

(2) 임간나지(林間裸地)에 초생재배로 토사의 유실을 방지하고, 조화된 건전한 식생을 만든다.

(3) 화전에 의한 화재아극상 또는 어떤 식생열을 이루고 있으며 이깔나무형・사시나무형・자작나무형・분홍바늘꽃형 등으로 나타난다. 사시나무는 산불 이외에 산사태가 난 곳과 화전적지에 제1기의 식생열로서 발생하며, 군락군을 형성할 경우가 적지 않다.

(4) 백두산의 천이를 현존림의 구성인자로써 생각하면 화산폭발 후 처음 침입한 수종은 비산하기 쉬운 종자를 가지고 있는 양수로써 건조에 강한 수종, 즉 자작나무류, 버드나무류, 이깔나무, 사시나무 등이다.

5 산림 천이의 임업적 응용

1. 생태계 보전 및 복원

(1) 생태계의 다양성과 종의 다양성을 유지 또는 증대시키기 위해서는 서식지 보호와 서식지 간의 연계성뿐만 아니라 천이계열의 다양성을 높이고 경관적 배치상태를 감안한다.

(2) 자연적인 상태로 보존하는 것이 대부분의 경우 좋은 처방이나 인간의 간섭이 요구되는 경우가 있어 생태적 접근방법과 판단은 천이에 대한 이해가 필요하다.

2. 사방, 조림, 갱신 및 훼손지 복원

(1) 산림에서 천이의 초기는 내음성이 약한 양수에서 점차 중용수와 내음성이 강한 음수로 대체된다. 이를 이용하여 경제성이 높은 양수 조림 지역에 내음성이 강한 수종으로 수하식재를 하기도 한다.

(2) **산사태지, 나지 또는 침식지 등에 식생피복을 위하여 선구식생종이나 아까시나무, 오리나무류 등과 같이 강한 햇빛과 건조에 강하고 질소고정 수종을 식재하면 다음 단계로의 천이의 진행을 앞당길 수 있다.**

(3) 폐광지, 매립지, 오염에 의한 훼손지 또는 산림쇠퇴지는 지역의 입지조건을 고려한 식생을 조성한다.

3. 야생동물 서식지 관리

어느 한 지역에 다양한 천이계열이 존재하게 하는 등 서식지다양성을 높이기 위해 숲의 유형을 적절히 배치하여 다양한 야생동물을 유도할 수도 있다.

6 훼손된 숲의 복원

생태천이의 기본원리로 2차 산림천이의 원리에 해당하는데, 그것은 현존생물군집이 인위적, 자연적인 교란에 의하여 훼손된 후에 원래 상태의 군집으로 되돌아가는 자연적인 천이과정이다.

1. 훼손된 생태계의 회복과정에서 고려하는 3가지 방향

(1) 훼손되거나 방치되는 생태계로서 손을 쓸 방도가 없는 경우

자연적인 과정에 의한 생태계의 회복은 매우 느리며, 심할 경우 침식이나 산사태 등에 의하여 더욱 훼손될 우려가 크다.

(2) 원래의 모습으로 긍정적으로 되돌아가는 과정의 경우

성공적으로 진행되면 복원이 이루어지지만, 완전한 성공을 이루지 못하고 주춤거리는 상태는 회복단계로 평가한다.

(3) 원래 생태계의 대안으로 생성되는 형태로서 원래 생태계의 대체

원래 생태계보다는 덜 복잡하고 단순하며 안정성은 떨어지지만, 생산력은 높은 경우가 많다.

🌱 훼손된 생태계 복원을 위한 다양한 접근법

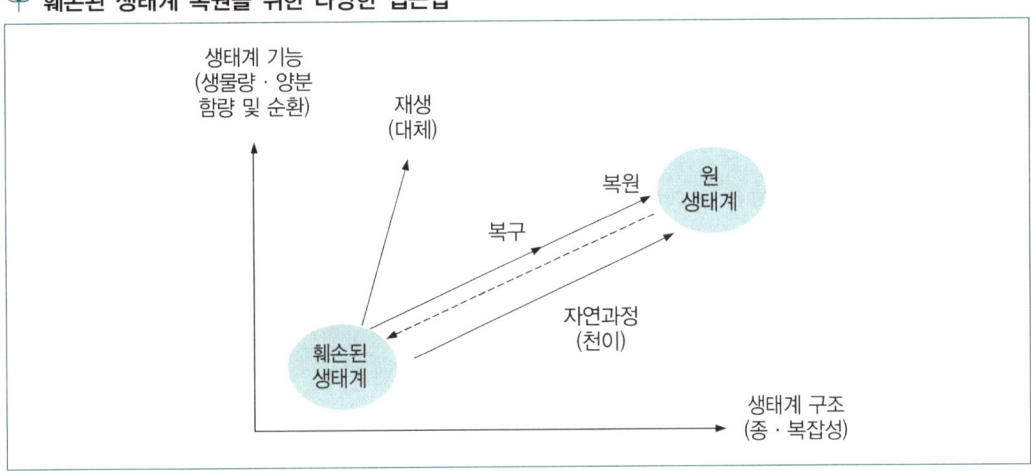

📋 성공적인 생태계 복원을 실현할 수 있는 최소한의 기준

① 지속가능성 ② 저항성
③ 생태적 생산성 ④ 양분유지력
⑤ 생물학적 상호작용

📋 생태계 복원 시 실제적인 관점에서 중요하게 고려되어야 할 사항

① 복원의 신속도 ② 저렴한 비용
③ **복원의 확실성** ④ 안정상태의 지속성

2. 자연적인 복원

(1) 우리나라 천연활엽수림의 벌채 후 복원 진행과정

① **재편성기**: 벌채 등의 교란이 발생하여 기존 산림식생이 제거된 후, 유기물 분해와 침식으로 인한 **생체량의 손실이 생태계의 생산에 의한 생체량 축적을 초과하는 기간**이며, 총생체량이 감소한다.

② **증대기**: **본격적인 복원이 시작되는 단계**로서, 생태계의 총생체량이 증가하면서, 최고점에 도달할 때까지의 단계이다.

③ **과도기**: 산림이 성숙하고 기후와 토양조건과의 균형을 이루는 **안정상태에 도달하는 단계**로서, 동령의 상층임목들이 고사한 자리를 어린 식생들이 차지하기 때문에 최고점에 도달하였던 총생체량이 일시적으로 감소한다.

④ **안정기**: **복원이 이루어진 단계이다.** 특정한 성격을 지닌 생태계가 유지되면서 생체량은 일정 수분을 중심으로 소폭의 증가와 감소현상이 반복된다.

> 📖 천연활엽수림의 벌채 후 복원 진행과정
> 재편성기 → 증대기 → 과도기 → 안정기

(2) 천연활엽수림 훼손 후, 복원이 이루어진 상층임관의 재형성에 관여하는 4가지 유형의 생장전략

① **주변임목에 의한 임관의 울폐**: 상층의 임목에 의하여 내음성이 높은 중층과 하층의 임목들에 의하여 임관이 울폐되고, 상층임목은 옆으로 수관을 넓히고 중층과 하층의 임목은 수고생장을 하면서 교란으로 생긴 공간을 채운다.

② **음수에 의한 상장발달**: 10년 이상의 신생치수 및 전생치수가 상층까지 자라남에 따라 교란 후 생긴 공간을 점차적으로 차지하며 그 구성비율을 높여 간다.

③ **중용수에 의한 상장발달**: 10년 이하의 신생치수 및 전생치수가 생장하면서 교란으로 생긴 공간에 형성되는 상층임관의 구성비율을 높여 간다. 더 넓은 훼손공간에 형성되며, 복원이 마무리되는 단계에 도달하면서 중용수의 구성비율은 낮아진다.

④ **양수의 치수와 맹아에 의한 상장발달**: $500m^2$ 이상 넓은 교란면적의 다량의 광선이 유입되는 장소에서 빠른 수고생장으로 초기 상층임관을 형성한다. 산딸기류나 싸리류와 같은 양수성 관목류는 좁은 교란지에서 초기에 잘 정착하지만, 임관이 울폐되면 사라진다. 이 유형은 복원이 이루어지는 중간단계부터 구성비율이 낮아진다.

(3) **벌채 후 후계목이 발생하며 100년 동안 숲의 생태적 구조의 분화 양상**
　① 수명이 길고 내음성이 높으며 동령림의 성격을 띠는 상층임관이 발달한다.
　② 임관이 울폐되면서 식물 종다양성을 감소하고, 모든 수직적 계층에서 내음성이 높은 수종들이 점차 우점한다.
　③ 개별 우세목의 생체량과 크기는 증가하면서, 임분밀도는 감소한다.
　④ 생태계의 발달에 따른 숲의 생체량 축적은 지속된다.

> **산림 벌채 후 복원방법에서 고려할 사항**
> ① 복원의 목표 및 이를 실현하기 위한 임분의 구조적 속성
> ② 경영적, 재정적, 규범적, 사회적, 생태적 전망
> ③ 현존 산림군집의 생태적 속성과 물리적 환경
> ④ 수종의 구성과 연령배열(순림 ↔ 혼효림, 동령림 ↔ 이령림)
> ⑤ 복원되는 산림에 대한 숲가꾸기 방법

CHAPTER 03 산림식생과 환경인자

1 산림식생

산림 내에 자라는 교목, 아교목, 관목, 초본성 식물 및 선태류 등이 입지환경과 상호작용을 통하여 독특한 산림환경을 만들어내며 분포하는 식물 집단이다.

2 환경인자

1. 기후

(1) **산림생태계의 온도와 강수**
① 태양복사에너지로부터 흡수된 복사열을 기온이라고 한다.
② 강수는 지구의 수자원을 결정하는 가장 중요한 요인으로 시·공간적으로 균일하게 분포하지 않는다.
③ 강수량과 온도는 식생과 토양의 발달을 제어하는 가장 중요한 입지요인이다.
④ 임목 벌채에 따른 여름철의 온도 일변화 중 최고온도는 산림지역이 임목벌채지에 비하여 낮고, 최저온도는 임목벌채지에 비하여 높은데, 주간에 태양복사에너지의 대부분이 수관부위 잎에 의하여 차단되고 증산작용으로 급속한 온도 상승을 예방하는 효과가 있기 때문이다.
⑤ 야간에 산림지역의 수관은 급속한 열손실을 예방하고 임목과 임목의 공간 사이에 복사열을 투입하여 대기의 온도가 임목벌채지보다 높다.

(2) **바람**
① 바람은 지표의 수증기와 열을 대기로 제공하고 온도를 낮추는 역할을 한다.
② 산악지역에서는 계곡의 위치나 방위에 따라 풍향이 달라지는데, 낮에는 경사면 및 골짜기가 태양복사에 의하여 가열되고 공기가 가벼워져 상승하여 곡풍, 밤에는 복사 냉각에 의하여 무거워진 공기가 낮은 곳으로 향하기 때문에 산풍이 분다.
③ 계곡 사면은 낮에 태양광선이 수직에 더 가까워 빨리 가열되고 공기의 밀도를 감소시켜 공기를 상승시키는 활승바람이 발생하고, 밤에는 지표면 부근의 냉각된 공기가 중력에 의하여 경사면을 흘러내리는 활강바람이 발생한다.

(3) 산림생태계의 바람
① 산림군집은 군집 내·외부의 열이나 이산화탄소를 빠른 속도로 수송하고, 잎 표면에 이산화탄소 부족을 막는 동시에 광선을 하층까지 투과할 수 있게 한다.
② 산림이 가지는 바람의 저항력은 수종·임분밀도·임분구조 등에 따라 달라지며 하층 식생이 거의 없는 동령림의 경우 수관층 부위의 바람속도는 낮은 반면, 지표면과 수관 하부는 상당한 바람이 분다.
③ 산림군집에 의한 풍속 감소는 약풍보다는 강풍에서 효과적이다.
④ 바람은 임목의 생활사 동안 생리·생태적인 면에서 중요한 역할을 한다. 예를 들어 건조한 바람이 많이 부는 지역은 생장형태가 변형되어 왜소하게 자라는데 이는 수분스트레스가 세포분열을 억제하여 바람에 노출되지 않은 환경에서 생육한 식물에 비하여 잎이 소형화되고 두꺼운 경우가 많다.
⑤ 강풍에 일반적인 반응 중의 하나는 줄기 형태의 변형인 **압축이상재(compression wood)인데, 침엽수의 나이테가 바람이 불어가는 쪽으로 편심생장을 하고, 활엽수는 바람이 불어오는 쪽으로 편심생장을 하는 신장이상재(tension wood)가 발달**한다.

(4) 수분
① 강수량은 대규모의 지형 형상적인 특징에 의하여 결정되고, 식생의 특성과 토양의 물리적 성질은 수분 손실의 경로를 변화시킨다.
② 수관적하우(수관통과우 : throughfall)는 수관의 틈이나 잎 또는 가지로부터 직접 지표면에 도달하는 강수로, 잎의 외관 형질과 잎의 양이 중요한 역할을 한다. 잎부분이 젖는 과정 동안 차단되는 강수의 일부분은 증발하거나 가지와 줄기를 따라 흘러 지표면에 도달하는 수간류하수(수간류 : stemflow)가 발생한다.
③ 수관적하우와 수간류하수로 지표면에 도달하는 강수량은 적은 양이지만 소규모 공간적 범위에서 토양 특성 차이의 원인이 되며, 수관으로부터 여러 가지 원소, 특히 칼륨이온(K^+)이 토양으로 이동하는 수송경로로 중요하다.
④ 강수가 액상 형태로 지표면에 도달하면 토양으로 침투하거나 지표면을 따라 계류로 흘러간다. **지표유거수는 토양의 침투율을 초과하면 발생하며, 강수침투율은 크게 다르다. 사토는 점토보다 침투율이 높고 지렁이와 같은 토양동물의 이동과정에서 발생하는 공간은 강수침투율을 크게 증가시킨다.**
⑤ 건조한 토양은 습한 토양보다 침투율이 높고, 침투율은 강수시간이 경과함에 따라 감소하며 낙엽층은 물의 수평적 이동을 지연시켜 물이 토양에 침투할 기회를 많게 한다.

(5) **증발산(evapotranspiration)**
  ① 증발산은 지구생태계의 에너지·물 및 탄소 순환과 서로 연결되며 생태계의 수분 순환을 이해하는 데 중요하다.
  ② 생태계로부터 물 손실은 증산과 증발이며 태양복사와 미기후에 의하여 조절되고 식생의 구조와 밀접한 관계가 있다.
  ③ 하나의 임분에서 태양복사 중 잠열(latent heat)은 물의 증발에 사용되는 에너지로서 식생으로부터 증산이나 지표면의 자유수로부터 직접 증발에 관여한다.
  ④ 현열(sensibie heat)은 대기의 이동에 의해서 운반되는 에너지로 대기의 온도구배에 의하여 확산된다.
  ⑤ 현열과 잠열 사이의 비를 보웬비(Bowen ratio)라고 하며, 습윤한 지역은 잠열에 의한 손실이 우세하여 보웬비가 작고, 건조한 환경에서는 크다.

(6) **산림생태계의 수분 속성**
  ① 산림생태계의 증발산은 계절 및 식생 변동의 영향을 받으며, 참나무류가 우점한 침·활 혼효림은 3월부터 증발산량이 꾸준히 증가하여 성장기인 6~9월까지 큰 값을 보이다가 잎이 떨어지기 시작하는 10월부터 감소하여 잎이 떨어진 후인 11월부터 이듬해 2월까지는 크게 감소한다. 잦은 강우로 6~7월의 증발산량이 8~9월의 증발산량보다 적다.
  ② 강우 시 일부는 식생의 수관부에 의하여 차단되고 대기로 증발되며 강우 강도나 분포, 기상조건, 산림군집의 구조 특성에 의하여 변동된다. 수관 차단 손실량은 총강우로부터 수관적하우와 수간류하수를 뺀 값으로 산림생태계의 연 차단손실량은 식생군집에 따라 다르지만 침엽수 임분은 총강우량의 25~50%, 활엽수 임분은 총강우량의 10~28%이다.
  ③ **침엽수 임분은 활엽수 임분에 비하여 엽면적지수가 높고 사계절 잎을 부착하고 있는 특성 때문에 비와 눈을 활엽수보다 많이 차단**한다.

2. **지형**

(1) **산림 생성 및 구분**
  ① 지표는 기반암을 이루는 암석과 풍화 산물의 운반·침식 및 퇴적작용을 통하여 다양한 형태의 지형을 형성한다.
  ② 지형은 지표에서 나타나는 각종 생태현상의 중요요인이다.
  ③ 지형 발달에 있어서 사면의 유형에 따른 경사형태는 볼록(상승)사면·직선(평행)사면·오목(하강)사면이 발달한다.
  ④ 산복부의 중앙부에는 상부 사면으로부터의 유입량과 하부 사면의 유출량이 균형을 이루어 직선사면의 형태가 만들어진다.
  ⑤ 우리나라 산림지역의 지형은 평탄지·구릉지 및 산지로 구분하고, 사면의 위치에 따라 **산정(8부 능선 이상)·산복(4~7부 능선)·산록(3부 능선 이하)·계곡(산록과 산록의 계간)** 등으로 구분한다.

⑥ 지형의 위치나 지형요인은 미기후와 토양수분·토성·통기성·양분유효도 등의 토양 물리·화학적 특성과 밀접한 관련이 있고, 지형의 위치는 산림생산력에 영향을 미쳐 산록이 산정에 비하여 산림생산력이 높게 나타난다.
⑦ 뿌리는 토양입자를 결합하여 지표면의 침식을 억제하고 지상부의 바이오매스는 지표면 미지형의 형성에 기여한다.

🌱 **산림지역의 지형구분 및 사면위치 기준**

사면위치 구분	기준
산록	구릉지와 산지의 하단부에 위치하며 경작지 및 계곡에 인접한 지역으로 3부 능선 이하의 경사면
산복	구릉지 및 산지의 4~7부 능선의 경사면
산정	구릉지 및 산지의 8부 능선 이상의 경사면
계곡	산록과 산록의 계간(수치지형도 상에 수계가 있는 계곡부)

(2) **경사**

① 경사는 사면 발달의 결과로서 토양 침식·식생분포·인간의 토지 이용 등과 상관관계가 있는 주요한 지형인자이다.
② 우리나라 화강암지대의 산지는 암괴가 노출되는 풍화가 단열면을 따라 제한적으로 이루어져 기복이 심하고 높은 산악지형을 형성하며 편암 및 편마암지대는 암괴의 노출 없이 일정한 사면 경사를 유지한다.
③ 석회암·사암·이암 등과 같은 퇴적암지대는 초기 풍화가 용이하여 단열이나 절리를 따라 풍화산물이 쉽게 형성되지만 표층 풍화에 그치고 사면을 따라 풍화산물이 빠르게 제거됨으로써 급경사면을 이루는 경향이 있다.
④ 우리나라의 산림 내 경사는 평탄지(5° 미만), 완경사지(5~15°), 경사지(15~20°), 급경사지(20~25°), 험준지(25~30°), 절험지(31° 이상) 등 6단계로 구분한다.

(3) **방위**

① 사면 방위는 지표면에 도달하는 태양복사와 직접적인 관계가 있고, 대기나 토양 온도·강수량·토양수분함량 등의 차이는 식생의 생장과 발달에 큰 영향을 미친다.
② 북반구 온대지역의 남사면은 다른 사면보다 태양광선을 많이 받고, 남·남서·남남동은 고온 건조하여 산림생산력이 낮으며, 북사면은 태양복사가 적게 유입됨으로써 서늘하고 수분함량이 많아 산림생산력이 높다.
③ 동사면과 서사면은 거의 유사한 특성을 보이지만 동사면은 아침에만 태양광에 직접 노출되기 때문에 서사면보다 다소 서늘하고 습윤하다.

(4) 해발고
① 해발고의 상승에 따라 기후변화와 같은 환경적인 조건에 변화가 발생하며, 다양한 생물상이 존재하고, 특정 지역이나 지형의 해발고는 기후와 함께 식물의 정착과 생장에 제한요인이다.
② 식물 분포 및 생육효과를 판정하는 중요한 지표이며, 산악지역의 유사한 지형이나 고위도와 저위도의 식생을 비교할 때 중요하다.
③ 해발고가 낮은 산기에서는 상록활엽수와 낙엽활엽수가 혼효하고, 해발고가 높아지면서 낙엽활엽수가 주로 분포하며, 해발고가 가장 높은 곳에서는 상록침엽수 또는 낙엽활엽수와 혼효한다.
④ 해발고가 높은 곳에서는 상업적으로 가치가 있는 재목을 생산하는 산림이 더 이상 자라지 못하는 산림한계선 또는 용재한계선(timber line)이 나타난다.
⑤ 해발 1,950m의 한라산은 남사면이 700m, 북사면이 600m 이하인 곳은 녹나무·후박나무·가시나무류·동백나무 등 난대 상록활엽수종이 분포하고, 600~1,300m까지는 졸참나무·개서어나무·서어나무·단풍나무 등 온대 낙엽활엽수종, 1,500m 이상에는 구상나무·소나무·주목·전나무·분비나무 등 침엽수림대가 분포하며 1,800m 이상에서는 키가 작은 주목·개비자나무·시로미·눈향나무 등이 분포한다.
⑥ 우리나라 온대 북부 천연림은 정상 부근에서는 신갈나무가 우점하고, 해발고가 낮은 곳의 동사면에는 서어나무와 소나무가, 서사면에는 층층나무가 주로 분포한다.

3. 토양
(1) 토양의 기능
① 식물 생장의 영양을 공급하는 배지이다.
② 고등식물·곰팡이·곤충·미생물 등과 같은 토양생물의 서식처이다.
③ 생태계에서 소비자나 분해자로 활동하는 **토양생물은 생태계에서 생성된 양분을 재순환하여 식물 생육에 필수적인 양분을 제공**한다.
④ **토양층 내부에 물 저장능력을 향상**시키거나 양이온 및 음이온 흡착 등과 같은 과정을 통하여 오염물질을 저감한다.
⑤ 대기와 생태계 사이의 가스 교환에 중요한 역할을 한다.
⑥ 여러 가지 **건축자재의 재료와 도로 및 건물과 같은 구조물의 기초로 제공**된다.

(2) **토양생성인자**
① 토양은 **토양 모재·기후·지형·생물·시간 등과 같은 5가지 토양생성인자**의 다양한 조합에 의하여 발달한다.
② 토양 생성에 가장 큰 역할을 하는 생물은 식생이며, 수목과 초본의 낙엽·낙지·토양 내 뿌리 등은 토양유기물 공급원으로 매우 중요하고, 토양 생성작용뿐만 아니라 토양 단면의 발달에 영향을 미친다.
③ 동일한 조건의 토양이라도 토양 성숙의 정도를 나타내는 토양 단면 발달의 정도는 시간이 경과함에 따라 다르게 나타난다.

(3) 토양생성작용

토양생성과정은 풍화작용의 발생과 토양층위 내에서의 물의 이동과 같은 과정에서 발생한다.

① 포드졸화작용(podzolization) : **한랭 습윤한 산성 토양에서 발생하며, 철·알루미늄·유기물 등이 용탈되고 석영이 A층에 남는다.** 2차 점토광물의 생성량이 적으며, **B층은 집적된 철과 알루미늄산화물이 풍부**하다. 전형적인 포드졸 토양이며 O층은 잘 발달하지만 생산력이 낮다.

② 라테라이트화작용(laterization) : 고온 습윤한 지역에서 규산화합물은 급속히 풍화하여 토양으로부터 용탈되고, 철과 알루미늄산화물이 B층에 침적되며, 전형적인 열대나 아열대 토양형(Oxisols)이 생성된다.

③ 멜라니화작용(melanization) : 세립질 토성을 지니며 토양 산성화가 심하지 않은 온대지역에서 점토는 B층으로 이동하는 경향이 있다. 이때 A층 내 부식과 광물질 토양이 토양생물에 의하여 잘 혼합되고 부식으로부터 유래되는 매우 검은 A층이 생성된다.

④ 석회화작용(calcification) : 건조지역에서 물은 상부로 이동하며 탄산칼슘·석회·소금 및 기타 염류의 수용성 화합물이 토양에 남는다. 토양 단면의 상부에 집적된 염류는 강수 발생 시 어느 정도 용탈된다.

4. 산림 교란

(1) 산림 교란의 속성

① 산불·가뭄·강풍·산사태 증가 및 병해충의 만연과 같은 산림 교란에 의하여 산림생태계가 심각한 위협을 받고 있다.

② 산림 교란은 산림생태계 동태의 가장 중요한 자연적인 제어자로서 생태계의 구조와 기능을 변화시킬 수 있다.

③ 산림생태계 내에서 발생하는 산림 교란 중 대기오염에 의한 질소 강하물의 과도한 유입은 임목과 토양 내 양분불균형(칼륨·인·마그네슘·칼슘 등과 같은 다량 양분의 결핍을 초래)뿐만 아니라 임목의 지상부와 지하부 비율의 변화, 서리나 가뭄에 의한 피해, 착생식물 증가, 냉해에 대한 저항성 감소, 동해 위험 증가 등을 초래한다.

④ 건조한 기후가 계속될 경우 수분 부족에 따른 낙엽층에 과도한 연소물의 집적으로 대형 산불 발생의 위험도가 높아지고, 임목 활력도의 저하로 나무좀과 같은 산림 병해충의 감수성이 높아질 수 있다.

(2) 비생물적 교란

비생물적 교란은 기후변화, 대기오염, 산불, 강풍, 설해 등이 있다.

> 📋 환경부 지정 생태계 교란 식물
> 돼지풀, 단풍잎돼지풀, 서양등골나물, 털물참새피, 물참새피, 도깨비가지, 애기수영, 가시박, 서양금혼초, 미국쑥부쟁이, 양미역취, 가시상추

3 지구의 생물군계

1. 열대우림

(1) **열대우림은 동남아시아, 아프리카, 중·남아메리카의 연평균 강수량 2,000m 이상의 적도 주변 지역에 형성**된다.

(2) 기온의 계절적 변화는 매우 적으며, 일변화가 크다.

(3) **연중 고온과 지속적인 많은 강우량**으로 인해 다른 생물군계와 달리 수분과 온도가 제한요인으로 작용하지 않는다.

(4) **활발한 미생물 활동으로 유기물의 분해가 빠르고 토양의 가수분해가 급격히 진행되는 라테라이트화작용**으로 철분과 알루미늄이 수산화물 또는 산화물로서 토양 중에 집적되어 **적색을 띠는 토양**이 많다.

(5) 열대우림에서는 많은 강우와 빠른 유기물 분해에 따른 과도한 침식과 용탈로 토양이 척박해지고 **양분이 제한요인**이 되는 경우가 많다.

(6) **극도로 높은 종다양성**을 보인다.

(7) 강우에 의하여 양분이 생태계로 유입되고, 주로 생물 구성요소 내에서 순환한다.

2. 온대활엽수림

(1) 유럽, 중부, 북아메리카 동부, 한국, 중국 동부, 일본, 오스트레일리아 동부 등지에 분포되며, 북반구의 활엽수림 지역은 군집구성과 구조상 서로 유사한 점이 많으나, 남반구와는 크게 다르다.

(2) 온대활엽수림의 기후특성은 더운 여름과 추운 겨울을 포함하여 **사계절이 뚜렷**하게 구분되고, 연중 강우량이 많다.

(3) 온대활엽수림대의 토양은 지역에 따라 변이가 심하다. 대체로 **북부지역의 회갈색 포드졸 토양과 남부지역의 황갈색 포드졸 토양의 두 가지로 구분된다.**

(4) **회갈색 포드졸 토양은 냉한대 지역의 포드졸 토양과 비슷**하여 비교적 산도가 높고, 유기물 함량이 높으며, 비옥한 경향이 있다.

(5) **황갈색 포드졸 토양은 라테라이트 토양과 성질이 비슷**하여 회갈색 토양보다 덜 비옥한 편이다.

(6) 온대활엽수림 생물군계 식생의 가장 두드러진 양상은 계절적인 변화이다.

(7) 주요 구성수종은 지역에 따라 변이가 많은데, 대체로 상층에는 참나무류, 단풍나무류, 물푸레나무류, 너도밤나무류, 벚나무류, 느릅나무류, 피나무류, 사시나무류, 가래나무류 등이 주류를 이룬다.

3. 냉한대침엽수림

(1) 타이가나 한대림으로 부른다.

(2) 기후특성은 낮은 기온과 적은 강우량 그리고 **120일 이하의 짧은 생장기간**이다. 지역에 따라 차이가 크지만, 증발산량이 적기 때문에 습기가 많다.

(3) 냉한대침엽수림대의 대표적인 **토양은 포드졸 토양으로** 배수가 불량하나 양분이 잘 침전되어 결핍되고 강한 산성을 띠는 토양이 흔하다.

(4) 토양의 단면은 검은색의 유기물층 아래에 점토·철분·알루미늄·부식질 등이 용탈되어 밝은 회색의 사질용탈층을 갖는다.

(5) **낮은 기온과 짧은 생장기간으로 유기물의 분해속도가 느려 유기물층의 L, F, H층이 뚜렷이 구별되는 조부식(粗腐植, mor)을 생성**하며, 유기물은 강한 산성을 띤다.

(6) 냉한대침엽수림을 구성하는 대표적인 우점수종은 겉씨식물의 구과목 중에서 소나무류, 가문비나무류, 전나무류 등이다. 대부분은 상록침엽수이지만, 잎갈나무류와 같은 낙엽성도 있다. 침엽수림은 몇몇 수종이 숲을 우점하고 있으므로 **종다양성이 매우 낮다.**

(7) 관목층에는 버드나무류와 진달래과의 관목들이 수계 생태계 근처의 습한 장소에서는 높은 밀도를 유지하고, 건조한 장소에는 산재해 있다. 초본층은 활엽수림보다 적고, 지피식생층에는 이끼류와 선태류 등이 잘 발달되어 있다.

(8) 침엽수림은 경제적으로 가치 있는 목재자원을 생산할 수 있는 수종으로 구성된 숲 지대이다.

4. 초원

(1) 초원은 지구 육지면적의 약 1/4 가량의 광활한 면적을 차지하며, 초원의 기후는 대륙과 지역에 따라 매우 다양하고 변이가 심하다. 대체로 여름에는 덥고 겨울에는 춥거나 온화하다. 연중강우량은 300~650mm로서 숲을 생성하기에 부족한 경우가 많다.

(2) 초원의 식생은 위도와 고도에 따른 온도와 강우량의 차이로 인해 다양하다. 초원의 대표적인 식생은 **잎이 좁은 다년생과 벼과와 사초과 식물이 주류**를 이룬다. 쌍자엽 초본으로는 국화과·콩과·꿀풀과 등이 높은 종다양성을 보인다.

5. 사막

(1) 연간 강우량은 250mm 이하이며, 잠재증발량이 강우량보다 훨씬 많다.

(2) 사막의 토양은 **입자가 굵고 중성 또는 약알칼리성을 띠며 유기물이 적다.**

(3) 강우량이 적어 염기성 양이온과 토양콜로이드를 용탈하지 못하여 칼슘과 마그네슘 등이 토양 표면에 그대로 남아 있어서 토양의 B층에 탄산염반층이 형성되기도 한다.

(4) 사막의 식생은 극도의 열기와 건조에 견딜 수 있도록 구조적, 생리학적, 해부학적으로 진화한 여러 형태의 건생식물이 성기게 자라는 것이 특징이다.

(5) 식물의 낮은 생장률, 낮은 종다양성, 부족한 수분 등의 요인으로 사막식생은 외부 교란에 대단히 **취약**하다. 토지 이용과 개발로 인하여 생태계가 훼손되지 않도록 세심한 주의를 기울여야 한다.

6. 툰드라

(1) 시베리아말로 툰드라는 수목한계선의 북쪽이란 의미로서, 남쪽의 수목한계선에서부터 북쪽의 영구동토층 지대까지 펼쳐져 있다.

(2) 낮은 기온은 성숙한 토양의 형성에 필요한 화학적·생물학적 작용을 매우 더디게 만든다.

(3) 북극 툰드라는 약 6주 정도의 생장기간을 갖고 있기 때문에 식생의 발달은 매우 저조하다.

(4) 교목 수종이 생육하지 않고, 지의류, 선태류, 볏과, 사초과, 쌍자엽 초본, 관목 등의 키 작은 식물들이 두꺼운 양탄자 모양을 하고 있다.

(5) 기후와 토양조건이 덜 극한 상황의 장소에서 강한 바람에 노출되지 않는 지역에 한정되어 버드나무속, 산앵도나무속, 자작나무속 등의 관목들이 생육하고 있지만 키가 작다.

(6) 낮은 분해율, 얕은 토양, 식물의 낮은 생장률 때문에 툰드라 지대는 지구 상에서 외부의 교란요인에 **가장 취약**하다.

CHAPTER 04 산림생체량

1 산림생산성

1. 임업경영의 경제적인 면
(1) 간재적(幹材積)에 주목적을 둔 생산이다.
(2) 연료재 생산, 즉 임목의 지상부 생산이 주목적이며 잎, 수피, 열매 등의 특수자원 생산도 중요하다.

2. 에너지 고정의 생태적인 면
(1) 일정 면적 위에 있는 생체량의 공간적 배치 및 계절에 따른 변화 그리고 생산량에 관심을 지니게 된다.
(2) 생태적으로 생체량을 측정하는 것은 각종 산림군집의 생산력의 비교 검토가 필요하고 유용하다. 자연림 대 인공림의 비교, 이령(異齡)의 극상생태계 대 동령일제림의 비교, 낙엽송림·유칼리림·포플러림·소나무림 등의 생산성 비교 등이다.

2 생체량의 개념

1. 1차 총생산량
일정기간 중 식물군락에 의하여 형성된 유기물질과 이에 호흡으로써 소모된 양을 합한 것이다.

2. 1차 순생산량
1차 총생산량에서 호흡량을 뺀 것으로서 식물 조직의 형성과 저장물질만을 생각한 것이다. 이것을 단순히 1차 생산이라 한다.

3. 생산력
일정기간 중의 생산량이며, **산림생태계의 생산력은 단위면적당 고정되는 탄소의 무게로 표현하기도** 한다.

4. 건중량
순생산에서 광물질성분을 제외하여 분석하는 것으로서 회분을 제거한 것이다.

5. 생산속도

어느 순간(기간)의 생산량의 변화이다. 일정한 임지면적과 시간당 무게로 나타내는데, 이때 나무의 심재와 수피는 포함되지만 죽은 뿌리와 죽은 가지는 제외한다.

6. 지조율

지조재적(枝條材積)의 간재적에 대한 백분율이고, 이것은 다수의 임목에 대해 측정평균을 하여 얻는다.

7. 상대생장의 법칙

수목의 어떤 부분(직경·수고 등)의 성장량으로 다른 성장인자(중량·재적 등)를 상관관계로써 추정할 때 이를 상대생장의 법칙에 의한 추정이라고 한다.

8. 순동화율

광합성에 있어서 단위엽면적당 건물증가속도이다.

9. 산림의 총생산량

순생산량에 호흡량을 더한 것으로 산림생태계의 총생산량을 구하는 데에는 순생산량에 호흡량을 더하는 방법을 흔히 사용한다.

> 📋 **순생산량 측정 관련 용어**
> ① 연년생장량(current annual increment; CAI): 어떤 특정의 1년간의 생장량
> ② 총평균생장량(meam annual increment; MAI): 나무가 성장하여 특정연령에 도달할 때까지의 연평균생장량
> ③ 정기평균생장량(periodic annual increment; PAI): 5년 또는 10년 등 일정기간의 평균 1년간의 성장량

3 산림생체량

(1) 엽량은 계절적으로 변화하고, 임령에 따른 임분엽량은 처음에는 급속도로 증가하고 폐쇄 직후에는 일시적으로 엽량이 크게 감소되며, 그 후 점차 일정량으로 된다.

(2) 산림이 성숙해지면 생체량의 증가와 낙엽의 가지 등에 의한 생체량의 감소는 서로 같아지고 평형 상태에 이르게 된다(대략 350ton/ha).

(3) 임목의 현존량은 시간의 경과에 따라 증가하고, 특히 간재량은 증가하지만, 잎의 생체량은 거의 일정량을 유지한다. 수목의 경우 매년 생산물이 목재로 축적되고, 그 축적량이 생체량 증가의 대부분이 된다. 이것이 산림생태계의 큰 특징이고, 산림생태계가 다른 생태계보다 생체량이 큰 이유이다.

(4) 식물의 생산량이란 태양에너지를 유기물로 고정한 양을 말한다. 고정된 에너지는 그 식물 자체의 생활에 소비되고, 또 같은 생태계 내의 다른 생물의 에너지원으로도 되며, 나머지는 식물체로서 축적된다.

(5) 광합성에 의하여 일정 기간 내에 고정된 에너지의 양과 그 기간 중 그 식물군에 주어진 태양에너지의 총량과의 비율을 식물에 의한 물질 생산의 에너지 효율이라고 하며, 생물군집의 생산력을 비교하는데 편리한 값이다.

4 에너지의 흐름과 생산성

(1) 생태계에서 생산자가 유기물로 고정한 에너지는 먹이사슬에 따라 한 생물단계에서 다른 생물단계로 이동한다.

(2) 광합성의 결과 생성된 탄수화물의 총량을 총 1차 생산(gross primary production, GPP)이라 하며, 식물체의 구성과 유지를 위해 소비된 호흡에너지량(respiration, R)을 제외한 물질생산량을 순1차 생산(net primary production, NPP)이라 한다.

(3) 식물 자체의 호흡량(RA)과 타영양생물에 의한 호흡량(RH)을 제외한 부분을 순생태계생산(net ecosystem production, NEP)이라 한다.

> 순1차생산 = 총 1차 생산 − 호흡에너지량(NPP = GPP − R)
> = 순생태계생산 + 타영양생물에 의한 호흡량(NPP = NEP + RH)
> 순생태계생산 = 총 1차 생산 − (식물 자체의 호흡량 + 타영양생물에 의한 호흡량)[NEP = GPP − (RA + RH)]

(4) 총 1차 생산에서 총호흡량을 제외한 순생태계생산량의 수지관계 (+), (−)는 생산량과 호흡량의 비율(P/R율)과 관련된다.
① NEP = 0 또는 P/R = 1이 되는 경우에는 생태계의 현존 물질량의 증감 없는 안정상태를 유지한다(점봉산의 천연림 지역, 홍천 내면의 계곡).
② NEP > 0 또는 P/R > 1이 되는 경우에는 현존물질량의 증가를 가져오는 상태, 즉 생태계의 생장이 계속되는 것을 의미한다.
③ NEP < 0 또는 P/R < 1이 되는 것은 현존물질량의 감소를 나타내는 상태, 즉 자연적이고 인위적인 교란에 의해 생태계가 훼손되는 것을 의미한다(소나무 숲이 솔잎혹파리나 소나무재선충병의 피해로 인해 훼손되는 경우, 수만 ha의 숲을 태운 동해안 지역 산불).

5 물질 생산의 분배와 변화

1. 임목 구성부위별 물질 생산 분배
(1) 매년 순1차생산에 의하여 생성된 유기물 광선·수분 및 양분을 확보하는 데 필요한 기관인 잎과 뿌리에 대부분이 우선 분배되고, 나머지는 저장기관인 줄기나 가지에 분배된다.

(2) 임목 부위별 바이오매스의 분배비율은 순1차생산에 따라 달라지며, 생육환경에 따라 임목 구성부위별 바이오매스의 분배비율도 달라진다.

(3) **생산성이 높은 입지에 있는 산림에서 잎**
뿌리의 바이오매스 비율은 그렇지 않은 입지에 비하여 더 높게 나타나며 동일한 잎의 양을 기준으로 수분과 양분이 충분할 경우 이들 자원을 흡수하는 데 필요한 뿌리의 양은 많지 않아도 된다는 것을 의미한다.

(4) 비슷한 순1차생산을 보이는 열대우림을 온대림과 비교하면 일반적으로 열대우림에서 잎이나 뿌리에 분배되는 유기물의 분배비율이 온대림에서보다 더 높다.

(5) 열대우림은 비옥도가 낮아 임목이 뿌리를 확장시켜 수분과 양분을 흡수하기 위해 지표면에 매트 형태의 밀집된 잔뿌리(세근, fine root)를 형성하는 일이 흔히 나타난다.

2. 임령에 따른 임목 구성부위별 물질 생산 분배
(1) 유령림일 때는 전체 바이오매스의 60% 이상이 잎이나 가지이고, 나머지 40%는 줄기와 뿌리에 분배된다.

(2) 임령이 증가하며 총바이오매스에서 잎과 가지가 차지하는 비율은 급격히 감소하여 장령림에서는 줄기가 대부분을 차지한다. 장령림에서의 임목 구성 부위별 바이오매스의 비율은 임령이 계속 증가해도 더 이상 큰 변화를 보이지 않는 일종의 평형상태에 도달한다.

3. 임령에 따른 물질 생산의 변화
(1) 새로운 임분이 생기면 초기에 높은 물질 생산을 보이며 바이오매스를 축적하고, 유령림 단계에 도달하면 물질 생산이 가장 활발하며, 그 후 임령이 증가할수록 점차 물질 생산이 적어진다.

(2) 광합성 및 호흡 외에 다른 요인들도 임령에 따른 물질 생산 변화에 영향을 미친다.

(3) 임령이 많아 수고가 높아지면 수분 부족현상이 심해지고 수간의 경쟁 결과 또는 병이나 해충에 의한 피해로 잎이 달린 줄기나 가지의 고사가 많아지며 임목의 활력이 감소함에 따라 바람이나 눈의 피해를 회복하는 능력도 떨어진다.

4. 물질 생산과 환경과의 관계

(1) 물질 생산과 기후
① **온도 및 강수량이 증가하면 순1차생산도 증가하는데** 온도와 강수량의 증가에 대한 순1차생산의 증가경향에는 약간의 차이가 있다. 즉, 온도가 높아지면 순1차생산이 초기에 서서히 증가하다가 그 후 급격하게 증가하는 반면, 강수량이 증가하면 초기에 순1차생산이 빠르게 증가하다가 점차 증가비율이 낮아진다.
② 연평균온도가 높아지면 광합성이 일어날 수 있는 조건과 기간이 늘어나므로 순1차생산도 증가하게 된다.
③ 고온조건에서는 수분의 증산과 증발이 많아져 수분 부족현상이 생기기 쉬우며, 온도는 높은데 수분이 부족하면 물질 생산이 적어진다.

(2) 물질 생산과 토양 환경
① 토양 내 양분의 유효도가 1차생산에 영향을 미치는데, 양분 중에서도 온대림에서 부족하기 쉬운 질소의 유효도가 증가함에 따라 1차생산도 증가한다.
② 관수만 하면 아무런 처리를 하지 않은 것에 비하여 물질 생산이 약간 증가하지만, 시비를 하면 아무런 처리를 하지 않은 것에 비하여 물질 생산이 2배 이상 증가하고, 관수와 시비를 동시에 하면 단순히 시비만 한 것보다 물질 생산이 더 증가한다.
③ 수분이 부족하면 양분 흡수가 어렵고, 잎에서의 양분 농도가 낮아지며, 이에 따라 낙엽의 양과 질이 저하되고, 다시 토양으로 돌아온 낙엽의 분해가 느려져 양분의 유효도가 낮아지는 과정을 반복한다.

5. 주요 산림생태계의 물질 생산

(1) 전 지구 산림생태계의 물질 생산
① 지상부 순1차생산은 열대림에서 가장 높고 온대림과 한대림의 순으로 점차 감소한다.
② 열대림은 열대우림에서 열대계절림보다 높고, 온대림은 온대상록수림이 온대활엽수림보다 높다. 단위면적당 평균 지상부 바이오매스 축적량은 열대림 · 온대림 · 한대림의 순이다.

(2) 우리나라 산림생태계의 물질 생산
① 우리나라의 순생태계 생산은 혼효림에서 매년 가장 많은 유기물을 저장하고 있다.
② 순1차생산의 지역적인 차이도 있어서 주로 제주도와 남해안의 비교적 온도가 높고 강수량이 많은 지역에서 순1차생산이 많았다.

6 양분순환

1. **지화학적 순환**

   양분이 대기나 모암으로부터 식생이나 토양 사이를 순환하는 것으로 생태계 간 이동이다. 양분이 대기로부터 강수·먼지·가스 등의 형태로 산림생태계 내로 들어가거나 먼지·가스 등의 형태로 산림생태계를 빠져나가고, 아울러 모암으로부터 풍화를 거쳐 토양으로 들어가거나 침식·용탈 등을 통하여 산림생태계를 빠져 나가는 것이다.

2. **생지화학적 순환**

   양분이 식생과 토양 사이를 이동하는 것으로 식생으로부터 낙엽·낙지·뿌리 등을 통하여 토양으로 들어가거나 토양으로부터 식생에 흡수되어 사용되는 것으로서 산림생태계 내의 이동으로 볼 수 있다.

3. **생화학적 순환 또는 내부 이동**

   양분이 식생 내에서 잎·줄기·뿌리 사이를 이동하는 것으로 식생 내의 이동으로 볼 수 있다.

4. **생태계의 양분순환**

   내부순환계인 폐쇄성 생물학적 양분순환과 외부순환계인 개방성 지화학적 양분순환으로 크게 나누어진다.

   (1) **생물학적 양분순환**

   생태계 내에서 자영양생물-타영양생물-영양계 상호 간에 양분의 이동과 교환이다. 생산자인 식물과 소비자인 동물 및 분해자인 미생물이 관여하는 먹이사슬을 통한 양분의 이동과 전환도 생물학적 양분순환에 속한다.

   (2) **지화학적 양분순환**

   외부로부터 특정한 생태계 내부로의 양분유입과 특정한 생태계의 한계를 벗어나는 양분유출에 관여하는 것이다.

   > **산림생태계의 양분순환에서 양분유입**
   > ① 먼지 또는 강우와 같은 대기로부터의 유입
   > ② 모암의 풍화작용에 의한 토양영양계로의 유입
   > ③ 콩과식물·오리나무 뿌리에 서식하는 뿌리혹박테리아에 의한 생물학적 질소고정
   > ④ 인위적 비료 투입

   > **산림생태계의 양분순환에서 양분유출**
   > ① 배수 및 침수 작용에 의한 침전과 표면 유출수에 의한 양분유출
   > ② 산불에 의한 휘산 및 탈질작용
   > ③ 인위적 수확

CHAPTER 05 우리나라의 산림대

1 고유의 산림과 임상의 변천

(1) 한반도는 유라시아 대륙의 동쪽 끝에 위치하고, 삼면이 바다로 둘러싸인 반도라는 지리학적 특징으로 대륙성기후와 해양성기후가 만나며, 산이 많은 환경조건 때문에 생물다양성이 높고 좋은 산림이 형성될 수 있는 조건이다. 그러나 화강암지대로 그것에서 유래한 흙은 보수력이 약하며, 식물이 자라기 시작하는 시기인 봄철의 강우량이 적고 건조하여 씨앗의 발아가 억제되고 생장을 늦춘다.

(2) 고온다습한 여름과 저온건조한 겨울을 전형으로 하는 4계절의 구분이 뚜렷한 동북아시아 온대 몬순 기후(여름철에 고온다습하고 겨울철에는 한랭건조)에 속하며, 생물지리학적 생물군계는 온대 낙엽활엽수림 지대로 분류된다.

(3) 일부 산악을 제외하고는 대부분 3~10월까지의 연평균온도가 식물 생장이 가능한 5~14℃이다.

(4) 우리나라 온대활엽수림의 가장 두드러진 양상은 계절에 따른 변이이다.

(5) 온대 기후의 대표적인 특징 수종은 참나무류인데 우리나라의 산림은 고유의 임상이 많이 바뀌어 넓은 면적을 차지하는 온대에는 소나무가 대표 수종이다.

(6) 한반도의 남쪽에는 난대 고유의 임상이 나타나는 곳도 있다. 이 난대 고유의 임상은 상록활엽수림인데 이 산림도 대부분 인간의 간섭에 의해 파괴되고 낙엽활엽의 잡목 또는 침활혼효림, 소나무림 등으로 변화한 곳이 많다.

2 우리나라의 생태권역 구분

1. 산악권역
(1) **백두대간 상의 태백산맥과 소백산맥이 형성하는 권역**으로, 해발고가 높고 산봉우리들이 모여 있어서 생물물리적으로 독특한 성격을 띠고 있다.

(2) 천연기념물로 지정된 육상동물은 모두 이 생태권역에 서식하고 있다.

2. 남동산야권역
(1) **백두대간 남부 소백산맥에 의해 활처럼 둘러싸인 권역**으로, 지질은 경상계의 퇴적암 지대이나 불국사화강암이 이곳에 노출되어 있다.

(2) 이 생태권역에는 연평균 강수량 1,000mm 이하인 대구분지가 중앙에 위치해 있다.

(3) 건조하고 훼손되기 쉬운 지질적 요인 때문에 과거에 사방사업을 많이 실시하였던 곳이다.

3. 남서산야권역
(1) **곡창지대로 논농사를 많이 지었던 곳**이다.

(2) 산이 많지는 않지만 여러 곳에 독특한 생태계를 유지하고 있는 곳이 많고 **농업지대의 장점으로 보전할 가치가 높은 곳이 많다.**

(3) 화성암과 변성암이 많고, 경사가 급하지 않은 구릉성 산지가 많다.

4. 중부산야권역
(1) **우리나라의 중심지대**로 물과 논, 밭 그리고 산들이 적절히 잘 어울려 있다.

(2) 지질은 주로 변성암과 화강암이다.

5. 해안·도서권역
(1) 생태적인 다양성과 생산성은 매우 높지만, 과거로부터 인간의 간섭을 받아 생태계가 많이 훼손되었다.

(2) 바다의 영향으로 상록활엽수와 해송도 자라고 있다.

(3) 서부해안은 조수간만의 차가 큰 곳으로 개펄 등 주요 습지가 많으나, 간척사업과 주변국들의 공업화로 오염이 심하게 진행되고 있다.

(4) 남부해안은 다도해 해상 국립공원이 있어 어느 정도 보전되고 있지만, 몇 군데의 공업시설 때문에 오염도 꽤 진행되고 있다.

(5) 동부해안은 규모도 서해보다 크고 난류의 영향을 받아 연평균 기온이 서부해안보다 높고 연교차도 적다. 상록활엽수림은 서부해안보다 적은데, 이것은 봄철 건조현상에 기인하는 것으로 추정된다. 특히 **봄철 건조기에는 푄현상 때문에 매우 건조하여 대형산불이 많이 발생한다.**

3 산림입지

1. 산림환경조건

환경인자는 서로 밀접한 관련을 유지해서 수목생육에 복합적으로 작용한다. 환경요인 중 가장 불량한 요인의 적은 변화는 대단히 큰 효과를 나타내게 된다. 이와 같은 요인을 제한요인이라고 하며 리비히의 최소량의 법칙과 동일하다.

(1) **기상 환경**

태양광에 따라 대기의 온도, 습도 및 이동이 발생한다.

(2) **토양환경**

토양은 기후와 지형의 영향에서 성장하는 생물군과 지질학적인 모암의 상호작용에 의한 생성물로 산림식생의 지지기반이 되고 양분과 수분을 공급해 준다. 토양의 성분은 모재의 성질에 따라 다르며, 이와 같은 토양의 성질차이는 산림식생의 조성상태와 생장에 영향을 끼친다.

(3) **생물환경**

① **인간의 영향**: 인간에 의해서 산화가 많이 발생하며 내열성이 강한 두꺼운 수피를 가진 수목, 지하부위의 부정아나 잠아를 지닌 식물 등이 나타나게 되고, 낙엽층·부식층 등이 소실된 토양은 지표수가 많아지며, 투수성, 저수성 등이 감퇴된다.

② **동물의 영향**: 가축은 산림환경변화요인이며, 중부유럽 방목지대의 가축이나 사바나지역의 대형 동물은 산림구조에 직접적인 영향을 끼친다.

2. 우리나라의 산림입지

(1) 우리나라의 산지는 대부분 미약한 융기량과 장기간의 침식으로 인하여 기복성의 저산성산지가 대부분이다.

(2) 삼면이 바다와 접하고 있어 면적대비 기온편차가 심하다. 남해안 이남의 난대림에서부터 중부지방의 온대림을 걸쳐 고산 및 고원지대의 한대림에 이르기까지 범위가 넓은 산림분포이며 수종분포도 다양하다.

(3) 갈색산림토양, 포드졸토양, 적색토양, 암적색토양이 분포한다. 갈색산림토양은 여름기온이 높고 강수량이 풍부한 중부지방과 남부지방의 낙엽활엽수림이 분포하는 곳에 발달한다. 포드졸토양은 기온이 낮고 유기물이 지표에 많이 집적되는 한랭한 환경에서 분포한다. 침엽수림이 발달하고 있는 개마고원은 포드졸토양이다. 적색토양은 남한의 해발고도가 낮은 구릉지와 산록완사면에 분포하며 현재의 기후보다는 과거의 고온다습했던 기후와 관련되어 생성된 것으로 보고 있다.

(4) 화강암이 풍화된 사질토양과 편마암이 풍화된 점토질토양이 많다.

(5) 임목의 생장과 일정한 관계가 있는 입지환경요인은 낙엽송은 기후대, 토심, 경사, 지형 순, 강송은 지형, 사면형태, 방위 순, 중부지방소나무는 지형, 건습도, 토심 순, 상수리나무는 지형, 토심, 견밀도 순, 그리고 곰솔은 토심, 건습도, 지형의 순이다.

4 우리나라 숲의 유형

1. 인공림

(1) 중부지방은 잣나무와 낙엽송 위주로, 남부지방은 일본에서 도입한 삼나무와 편백 위주로 조림되었다.

(2) 인공조림으로 조성되는 단순 동령림은 경제적인 효율성과 토지 생산력의 최대화를 기하는 산림경영 형태이다.

(3) 대부분 IV영급 이하로서 목재생산과 공익적 기능을 증진할 수 있는 지속적인 관리가 필요하다.

(4) 수종별 인공조림지의 면적은 2006년 기준 낙엽송, 리기다소나무, 잣나무, 편백, 소나무, 삼나무 순서이다. 활엽수는 밤나무의 면적이 가장 많다.

2. 소나무림

(1) **단일 수종으로 가장 넓은 면적**이며, 소나무림의 분포 지역은 화강암과 화강편마암을 모암으로 하여 생성된 **모래질이 많은 갈색 산림토양**이며, 표토층에 양분의 함유비율이 높은 **산성토양 산림지대**이다.

(2) 소나무 우점현상은 **건조하기 쉬운 산 능선, 암반노출이 심한 지역, 남동~남서사면에서 뚜렷**하다.

(3) **소나무는 건조한 지역에 순림을 형성**하는 특징이 있고, 수간 및 가지부위와 잎에 수지를 함유하여 발화온도와 발염온도가 다른 수종보다 낮기 때문에 **산불이 발생하기도 쉬울 뿐만 아니라 수관화로 번지는 경우가 많아** 대규모 산불피해를 입는 경우가 많다.

(4) **우리나라에서 소나무림이 줄어드는 원인**
① 자연적인 식생발달 과정에 있어 참나무류 및 다른 활엽수와의 경쟁에서 밀려나기 때문이다.
② 산에서 연료를 채취하던 과거의 모습이 사라진 탓이다.
③ 소나무림에 침입한 병이나 해충으로 인하여 소나무가 약해졌기 때문이다.
④ 특히 큰 문제가 되는 산불이 원인이다.

(5) **소나무림이 계속 유지되기 위한 방법**
소나무림이 건전하게 유지되도록 하기 위해서는 숲의 그늘이 70% 이하가 되도록 소나무나 다른 나무의 가지치기나 솎아베기를 실시하여 빛이 지표면까지 도달하는 비율을 높여야 한다.

3. 소나무 - 활엽수 혼효림

(1) 우리나라의 약 30%는 소나무와 활엽수가 섞여 자라는 혼효림이다.

(2) **혼효림은 활엽수림에 비해서 해발고가 낮은 곳에 분포**한다.

(3) **혼효림을 구성하는 활엽수는 음수 또는 천이 후기에 많이 나타나는 수종의 구성비율이 낮다.**

(4) 점유면적과 축적의 약 40%는 소나무이고, 나머지는 상수리나무, 참나무류와 아까시나무 등의 활엽수가 소나무와 혼생하며, 하층에는 싸리류와 진달래류이다.

4. 천연활엽수림

(1) 우리나라 천연활엽수림의 주요 구성 교목 수종으로 **신갈, 졸참 등의 참나무류를 비롯하여 서어나무류, 산벚나무, 물푸레나무류 등의 성숙목이 상층임관을 점유**하고 있다. 그 아래에 어린 교목류와 까치박달, 당단풍, 쪽동백 등의 아교목이 중층임관을 구성하며, 그 아래 진달래류, 개암나무류, 노린재나무 등의 관목이 자라고, 지표면에는 치수, 고사리류, 초본식물이 자란다.

(2) 신갈나무는 거의 모든 지역의 활엽수림에서 우점도가 가장 높은 수종으로 5할 이상의 산복에서 능선에 이르는 부위에 가장 많이 번성한다.

(3) **활엽수림은 남쪽 사면보다 북쪽 사면에서 구성 수종이 다양**하며, 계곡부위로 내려갈수록 입지생산력은 높아서 임목의 생육은 양호해지고 다양성은 증가한다.

(4) 고도가 1,200m 이상 지역에서는 활엽수들의 생육상태가 불량해지고, 주목, 전나무, 분비나무 등의 침엽수들이다.

> **우리나라 천연활엽수림의 수종별 면적과 축적**
> ① 수종별 면적 : 신갈(16.9%), 굴참(15%), 상수리(14.8%), 졸참(12.5%)
> ② 수종별 축적 : 신갈(21%), 졸참(14.1%), 굴참(12.9%), 상수리(11.4%)

5 우리나라 숲의 생태적 특성

1. 숲의 구조

(1) 우리나라의 활엽수림은 2차림이 주종을 이루고 있다.

(2) 산림군집에서 수직계층이 분화되고 다양한 구조를 가지면 임목의 생육 공간 확보와 다른 생물종의 서식환경이 개선되어 바람직하다.

(3) 임목의 종류, 연령층, 직경급 등이 다양하게 혼효를 이루고 있는 산림군집은 생태적으로 안정된 균형을 유지하므로 외부의 교란에 견디는 힘이 강하다.

(4) 우리나라 온대활엽수림의 산림군집은 교목, 관목, 덩굴식물, 착생식물, 초본식물, 엽상식물의 6가지의 생육형으로 구분된다.

2. 숲의 천이

(1) 한 시점에서의 생물상이 시간이 지남에 따라 점차 다른 생물상으로 변하여 궁극적으로 주위 환경과 조화를 이룸으로써 생물상의 변화가 거의 없어지는 안정상태로 유도되는 진행과정을 생태천이라 한다.

(2) **오늘날 우리나라 숲에서 흔히 볼 수 있는 참나무류와 소나무림 숲은 인간에 의해 파괴된 이후 재생된 2차림이다.**

6 산림대

수목은 자기의 특성에 맞는 환경조건에서 완전한 생장과 번식이 이루어지며, 기후가 달라짐에 따라서 자연발생하는 수종과 임상의 차이는 현저하게 달라지는데 이를 산림대라고 한다.

1. 수평적 산림대

우리나라의 산림대는 낙엽활엽수림대 내지는 침·활엽혼효림대이다. 기온에 따라 난대림, 온대림, 한대림으로 나누고 온대림은 다시 남부, 중부, 북부로 구분하여 5개의 지역으로 나눈다.

(1) 난대림

① 난대림은 북위 35° 이남 지역에 분포하며 연평균기온이 14℃ 이상 되는 지역으로 주로 해안을 따라 좁게 분포하고, 제주도 해발 500m 이하 지역 및 그 밖의 섬들이 이에 속한다.

② 소철과의 소철, 소귀나무과의 소귀나무, 자작나무과의 새우나무, 참나무과의 구실잣밤나무·메밀잣밤나무·가시나무·참가시나무·개가시나무·종가시나무·붉가시나무, 뽕나무과의 천선과나무·좁은잎천선과·모람·왕모람, 목련과의 초령목, 오미자과의 남오미자·흑오미자, 붓순나무과의 붓순나무, 녹나무과의 녹나무·생달나무·육박나무·까마귀쪽나무·후박나무·센달나무·참식나무·새덕이, 으름덩굴과의 멀꿀, 방기과의 방기, 후추과의 후추등, 홀아비꽃대과의 죽절초, 다래나무과의 섬다래, 차나무과의 동백나무·비쭈기나무·**사스레피나무**·우묵사스레피·후피향나무, 조록나무과의 조록나무, 범위귀과의 등수국·바위수국, 돈나무과의 돈나무, 장미과의 채진목·섬개벚나무·왕벚나무·다정큼나무·섬딸기·거지딸기·검은딸기·장딸기·가시딸기·겨울딸기, 콩과의 실거리나무·된장풀·솔비나무·만년콩, 굴거리나무과의 굴거리나무·좀굴거리나무, 운향과의 왕초피나무·머귀나무, 멀구슬나무과의 멀구슬나무, 옻나무과의 덩굴옻나무, 감탕나무과의 호랑가시나무·꽝꽝나무·감탕나무·먼나무, 갈매나무과의 상동나무, 담팔수과의 담팔수, 아욱과의 황근, 팥꽃나무과의 백서향, 보리수나무과의 보리장나무, 어리나무과의 산유자나무·이나무, 층층나무과의 식나무, 두릅나무과의 황칠나무·팔손이·통탈목·섬오갈피나무·송악, 진달래과의 참꽃나무·모새나무, 자금우과의 백량금·자금우·산호수, 빌레나무과의 빌레나무, 노린재나무과의 섬노린재, 물푸레나무과의 광나무·당광나무·상동잎쥐똥나무·왕쥐똥나무·박달목서, 마전과의 영주치자, 협죽도과의 마삭줄, 지치과의 송양나무, 꼭두서니과의 호자나무·수정목·구슬꽃나무, 마편초과의 새비나무·층꽃나무, 인동과의 덧나무·아왜나무, 볏과의 제주조릿대 등의 수종이 주로 분포한다.

③ 우리나라 난대림의 원식생인 상록활엽수림의 경우 개간·연료채취·산불 등의 교란에 의하여 많이 파괴되어 낙엽활엽수림·소나무림·혼효림으로 변한 곳이 많다.

(2) 온대림

우리나라에서 가장 넓게 점유하는 온대림은 전체의 약 85%를 차지하며, 인간 생활과 가장 밀접한 관계가 있는 산림식물대로서 농경지로 개간되었다. 신탄재로 벌채되어 고유 임상인 서어나무류와 같은 낙엽활엽수림이 거의 파괴되었으며, 내화성인 참나무류나 소나무림으로 변화되었다.

① 온대 남부
  ㉠ 온대 남부는 북위 35~38°의 전남·경북 이남에 분포하며, 연평균기온이 12~14℃인 지역이다.
  ㉡ 개비자나무·대나무류·곰솔·서어나무·졸참나무·줄사철나무·굴피나무 등이 분포한다.

② 온대 중부
  ㉠ 온대 중부는 북위 36~40°의 경기·강원·황해에 분포하고, 연평균기온이 10~12℃이다.
  ㉡ 때죽나무·소나무·졸참나무·신갈나무·향나무·전나무·물박달나무 등이 분포한다.

③ 온대 북부
  ㉠ 온대 북부는 북위 38~43°의 평안 이북에 분포하고, 연평균 기온이 5~10℃이다.
  ㉡ 박달나무·거제수나무·잣나무·전나무·잎갈나무 등이 분포한다.

(3) 한대림

① 한대림은 평안도와 함경도의 고원 및 고산의 연평균 5℃ 미만의 지역에 분포하며, 평지에서는 볼 수 없다.
② 이들 지역에서는 **가문비나무·구상나무·분비나무·잎갈나무·잣나무·전나무·종비나무·주목 등이 분포**하고, 고도가 높아짐에 따라 전나무류가 점점 증가하며, 잎갈나무가 주로 함경도의 고지에 분포한다.

🌱 **우리나라의 산림대**

산림대	특징수종	조림수종
난대림 (상록활엽)	붉가시나무, 동백나무, 구실잣밤나무, 후박나무, 아왜나무, 후피향나무, 녹나무, 가시나무, 돈나무, 참가시나무, 감탕나무, 사철나무, 식나무, 광나무	대나무류, 가시나무류, 녹나무, 회양목, 온대수종인 소나무, 해송, 상수리나무, 느티나무류
온대림 (낙엽활엽)	참나무류, 소나무, 느티나무, 물박달나무, 박달나무, 곰솔, 잣나무, 젓나무	소나무, 이깔나무, 낙엽송, 잣나무, 해송, 젓나무, 은행나무, 밤나무, 상수리나무, 굴참나무, 떡갈나무, 느티나무, 호두나무, 옻나무, 오동나무, 아카시아, 오리나무류, 포플러, 들메나무, 물푸레나무, 박달나무, 대나무류, 리기다소나무
온대 남부	개비자나무, 곰솔, 팽나무, 좀피나무, 굴피나무, 단풍나무, 사철나무, 서어나무, 대나무	
온대 중부	때죽나무, 신갈나무, 향나무, 전나무, 물박달나무, 느티나무, 졸참나무	
온대 북부	피나무류, 박달나무, 신갈나무, 자작나무, 개암나무, 전나무, 잣나무, 잎갈나무, 거제수나무	
한대림 (침엽수)	가문비나무, 분비나무, 잎갈나무, 잣나무, 누운잣나무, 주목	-

2. 산림의 수직분포

(1) 해발고도가 높은 산악에서는 산록에서 산정으로 올라갈수록 기온이 떨어져서 식생이 변화하는데, 그 높이는 남쪽에서 북쪽으로 감에 따라 낮아진다. 우리나라의 산 중에서 식생의 수직적 분포가 가장 잘 나타나는 산은 한라산(1,950m)이다.

(2) 산록부의 난대에는 녹나무·후박나무·가시나무·동백나무 등이, 산복부의 온대에는 졸참나무·개서나무·서나무·단풍나무·붉가시나무·구실잣밤나무·종가시나무·굴거리나무 등이, 산정부의 한대에는 구상나무·고채목·소나무·주목·전나무·분비나무 등이 자란다.

(3) 1,800m 이상 지역에는 키가 작은 주목·개비자나무·고채목 등의 교목과 더불어 털진달래·암매·들쭉나무·시로미·눈향나무 등의 관목이 자란다.

(4) 고산지방에서는 일반적으로 가문비나무·분비나무·잎갈나무·주목·잣나무·눈잣나무·눈향나무 등의 침엽수와 졸참나무·자작나무·박달나무·피나무·신갈나무 등의 활엽수가 한대림을 이루고 있다.

(5) 지리산은 고도에 따라 낙엽수의 졸참나무·떡갈나무(500~600m 이하), 굴참나무대(500~1,000m), 신갈나무대(900~1,400m), 자작나무대(1,350~1,860m)를 이룬다.

(6) 울릉도는 대략 해발 600m를 경계로 차이를 보이는데, 600m 이하 지역은 동백나무·후박나무·굴거리나무·감탕나무·사철나무·식나무와 같은 **상록활엽수**가, 600m 이상에는 너도밤나무·털고로쇠·섬단풍나무·섬피나무·섬벚나무·두메오리나무·신갈나무와 같은 낙엽활엽수와 솔송나무·섬잣나무와 같은 **침엽수**가 분포하여 상록활엽수가 나타나지 않는다.

7 적지적수

적지적수란 알맞은 땅에 알맞은 나무를 재식하는 것이다.

1. 적지적수 판정 방법

(1) **토양조사에 의한 방법**

임목생장에 가장 큰 영향을 미치는 산림토양 8개 인자(토심, 지형, 건습도, 경사, 퇴적양식, 침식, 견밀도, 토성)를 조사하여 점수를 부여하고, 점수 합계에 의하여 잠재임지능력급수를 Ⅰ~Ⅴ로 구분하여 기후대별로 적지적수를 선정하는 방법이다.

① Ⅰ급지: **평탄지 및 산록의 완경사지**로 토심이 깊고 토양수분은 습윤상태로 침식이 없으며 지피식생에 의한 피복도가 높고, **토양의 이화학적 성질이 양호한 사양토**이다.

② Ⅱ급지: **산록~완구릉지 및 산복의 완경사지 또는 경사지대**로 토심이 깊은 편이며 토양수분 상태는 습윤 내지 적윤상태이며, 침식이 없거나 약간 있고 토양 견밀도가 연한 편이다. **토양의 이화학적 성질은 비교적 우수한 편이고 토성은 사양토 또는 식양토**이다.

③ Ⅲ급지: 완구릉지, 산복의 경사지 또는 급경사지로 토심은 보통이거나 깊은 편이고 토양수분은 적윤 또는 건조한 상태이며 침식은 없거나 약간 있는 지역이다. 이화학적 성질은 보통이며 일반 경제림 조성이 가능한 지역으로 **토성은 사양토, 식양토 및 사토**이다.
④ Ⅳ급지: 완구릉지, 산복, 산정의 급경사지대의 잔적토 내지 포행토로서 토심은 얕거나 보통이며, 토양습도는 건조하며 침식이 심한 편이다. 토양의 이화학적 성질은 불량하며 **토성은 미숙 사양토로 식양토 또는 사토**이다.
⑤ Ⅴ급지: 산복 및 산정의 잔적토로서 토심이 얕고 과건한 토양이다. **토양침식이 심한 편이며, 대체로 견밀한 토양**이다. 조림사업이 극히 제한되며 사방을 요하는 지역으로, 토양 보전 및 수원함양을 위하여 산림작업을 제한시킬 필요가 있는 척박한 임지이다.

(2) **지위지수에 의한 방법**
① 지위지수란 임지가 가진 생산 기능의 지표로써 일정한 수목의 연령에서의 수고로 표현한다.
② 우리나라는 소나무와 일본잎갈나무는 20년생을 기준으로 하며, 잣나무와 참나무류는 30년생을 기준으로 하여 지위지수표를 조제하여 사용한다.

(3) **GIS를 이용한 방법**

2. 적지적수 활용

(1) **토성분류에 따른 수종 분포**

토성	수종
성숙사양토	삼나무, 편백, 일본잎갈나무, 잣나무, 포플러, 오동나무, 밤나무, 은수원사시나무
식양토	소나무, 젓나무, 잣나무, 은수원사시나무, 포플러, 밤나무
미숙사양토	소나무, 리기다소나무, 방크스소나무, 곰솔, 오리나무, 아까시나무
사토	소나무, 리기다소나무, 버드나무, 곰솔, 아까시나무, 오리나무, 황철나무
미숙토	리기다소나무, 방크스소나무, 오리나무류, 싸리나무

(2) **토심에 따른 수종 분포**

토심	수종
얕음	아까시나무, 사시나무류, 황철나무류, 자작나무류, 버드나무류, 가문비나무류, 오리나무류, 리기다소나무, 방크스소나무
중간	잎갈나무, 일본잎갈나무, 측백나무, 편백, 잣나무
깊음	상수리나무, 밤나무, 느티나무, 소나무, 물푸레나무, 곰솔, 전나무, 삼나무

(3) **토양 건습도에 따른 수종 분포**

토양 건습도	수종
내건성	소나무, 리기다소나무, 노간주나무, 아까시나무, 향나무, 싸리나무, 사시나무
내습성	버드나무류, 황철나무류, 자작나무, 들메나무, 느티나무, 곰솔

(4) 경사도에 따른 수종 분포

경사도	수종
완경사지	오동나무, 포플러류, 벽오동나무, 삼나무, 밤나무, 은수원사시나무, 일본잎갈나무
급경사지	섬잣나무, 전나무, 가문비나무, 측백나무

(5) 토양산도별 수종 분포

토양산도	수종
산성	소나무, 곰솔, 리기다소나무, 방크스소나무, 버드나무, 가문비나무류
중성~약산성	삼나무, 일본잎갈나무, 느티나무, 녹나무, 전나무, 잣나무, 편백
염기성	포플러, 호두나무, 느릅나무, 회양목, 단풍나무, 측백나무

(6) 지력요구도에 따른 수종 분포

지력요구도	수종
상	오동나무, 느티나무, 느릅나무, 단풍나무류, 호두나무, 삼나무
중	잣나무, 전나무, 가문비나무, 일본잎갈나무, 편백, 잎갈나무, 은수원사시나무
하	소나무, 오리나무, 자작나무류, 아까시나무, 리기다소나무, 방크스소나무, 곰솔, 노간주나무, 사시나무, 버드나무

단원 OX 문제

01 생물다양성지수는 군집에서 종의 다양성을 수학적으로 계산하여 표시하는 척도이며, 군집을 이루는 종들의 상대적인 밀도를 고려하기 때문에 종풍부도 뿐만 아니라 종의 구성에 대한 추가 정보를 제공할 수 있다. ( )

02 물리적 분해는 죽은 유기물이 부서져 작은 조각으로 되는 현상이다. ( )

03 지구상의 위도와 고도가 높아질수록 산림군집의 종다양성은 증가한다. ( )

04 생물다양성은 유전자다양성, 종다양성 그리고 서식지다양성의 합이다. ( )

05 연간 질소수지(balance)는 순환계 밖으로부터의 공급량이 유실량보다 작다. ( )

06 산림군집의 종구성에 있어서 가장 기본이 되는 정보는 출현하는 식물종마다의 개체 수이다. ( )

07 산림 전체의 광합성의 속도는 군집 내 개체수목의 광합성 속도보다는 변이가 크다. ( )

08 식물군계 등 광역단위에서의 다양성을 다룰 때에는 α다양성을 이용한다. ( )

09 분해상수는 죽은 유기물이 일정 비율만큼 분해되는 데에 필요한 시간에 비례한다. ( )

10 열대우림과 활엽수림에서 분해속도가 빠른 것은 이들 산림이 기온이 높고 강수량이 많은 지역에서 나타나는 데 기인한다. ( )

11 기본적 지위는 한 종이 다른 종과의 경쟁이나 길항작용 같은 상호작용이 없을 때 차지할 수 있는 지위이며, 현실적 지위는 한 종이 다른 종과의 상호관계가 있을 때 차지할 수 있는 지위이다. ( )

12 능선이나 산복부보다 계곡부위의 수종의 다양성이 높고, 남쪽 사면보다는 북쪽 사면의 수종 다양성이 높다. ( )

13 r-전략가는 자신이 쓸 수 있는 에너지와 양분자원들을 이용하여 그 크기는 작으나 많은 수의 후손을 확보하려는 부류이다. ( )

14 K-전략가는 경쟁강도의 변화가 심하나 가끔 낮다. ( )

15 공존이 가능한 원인은 그 서식지가 공간구조적으로 일정하지 않고, 내부에 소규모로 다양한 변이가 있으며, 시간적으로도 변동하고, 이러한 변이와 변동을 예측할 수 없기 때문이다. ( )

16 우리나라와 같은 온대활엽수림의 산림군집은 교목, 관목, 덩굴식물, 착생식물, 초본식물의 5가지의 생육형으로 구분된다. ( )

17 산림 내 낙엽이나 죽은 가지 등에 함유되어 있는 단백질과 아미노산 등 유기질 질소는 토양에 서식하는 박테리아나 곰팡이에 의해 분해되어서 암모늄으로 되는데, 이 과정을 암모늄작용이라 한다. ( )

18 두 종이 동일한 자원을 필요로 하면 경쟁이 더욱 치열해지고 열등한 경쟁자는 죽임을 당할 수 있는데, 이를 경쟁배제(competitive exclusion)라고 한다. ( )

19 상대피도(relative coverage)는 어떤 종의 피도가 모든 종의 총피도합계에 대한 비율로써 산출된다. ( )

20 한 생물종이 다른 어떤 생물종과 영향력을 교환하지 않는다면 이는 경쟁이라고 할 수 있다. ( )

21 종다양성은 산림군집의 구조적인 속성의 한 가지 표현방법으로서 구성종들의 풍부도와 균재도의 두 가지 요인에 의해 결정된다. ( )

22 종내경쟁은 개체수가 적을수록 심해진다. ( )

23 밀도는 어떤 한 종이 얼마나 넓은 지역에 걸쳐 출현하는가 하는 생육의 분포 정도를 측정하는 기준이다. ( )

24 편해작용(amensalism)은 어떤 생물종이 다른 생물종에 대하여 일방적으로 해로움을 끼치거나 압박하면서 자신은 아무런 영향을 받지 않는 경우의 상호작용이다. (   )

25 산림군집의 수종 또는 식물의 종다양성을 측정하기 위해서는 표본구법이 가장 적당한 방법이다. (   )

26 증발산은 증산·토양 증발·수관 증발의 합이다. (   )

27 천이가 이루어지는 양상이 진행천이의 반대성향을 띤다면 이를 퇴행천이라 한다. (   )

28 고생대에 처음으로 육지에서 자라는 식물이 등장하였는데, 속새·고사리와 같은 양치식물에 속하는 종류였다. (   )

29 지구상에 육상식물이 출현한 순서는 선태식물 → 양치식물 → 구과식물 → 현화식물이다. (   )

30 타발적 천이는 기존의 식물상의 환경형성작용 자체가 다른 식물종을 불러들이는 원인이 되어 천이가 진행되는 현상이다. (   )

31 지형적 천이는 산림의 미세환경의 차이로 인해 특정한 입지조건에서 특정한 천이 양상을 띠는 것이다. (   )

32 우리나라 천연활엽수림의 벌채 후 복원 진행과정 중 증대기는 본격적인 복원이 시작되는 단계로서, 생태계의 총생체량이 증가하면서 이후 약 100여 년 동안 계속 누적되어 최고점에 도달할 때까지의 단계이다. (   )

33 포식자의 기능반응은 단순히 먹이밀도가 변함에 따라 포식자밀도가 변함을 의미한다. (   )

34 포드졸화작용은 춥고 습윤한 산성 토양에서 발생하며, 철·알루미늄·유기물 등이 용탈되고 석영이 A층에 남는다. (   )

35 냉한대침엽수림대의 대표적인 토양은 포드졸토양(podzol soil)이다. (   )

36 1차천이가 진행되어 최종적으로 내음성이 약한 교목이 우점하게 된 양수림을 극상이라 한다. ( )

37 온대활엽수림의 기후특성은 더운 여름과 추운 겨울을 포함하여 4계절이 뚜렷하게 구분되고, 연중 많은 양의 강우가 내린다. ( )

38 극도로 낮은 종다양성은 열대우림의 전형적인 특성이다. ( )

39 포식자는 먹이에 따라 육식·초식 및 잡식으로 나누고, 기능적으로는 진정포식자(true predator)·초식자(grazers)·포식기생자(parasitoides)·기생자(parasites) 등으로 구분한다. ( )

40 침엽수림은 다른 산림형에 비하여 몇몇 수종이 숲을 우점하고 있지만 종다양성이 매우 높다. ( )

41 사막의 토양은 입자가 굵고 중성 또는 산성을 띠며 유기물이 적다. ( )

42 남동산야권역은 백두대간 남부 소백산맥에 의해 활처럼 둘러싸인 권역으로, 지질은 경상계의 퇴적암 지대이나 불국사화강암이 이곳에 노출되어 있다. ( )

43 식물 자체의 호흡량(RA)과 타영양생물에 의한 호흡량(RH)을 제외한 부분을 순생태계생산(net ecosystem production, NEP)이라 한다. ( )

44 생태계의 양분순환은 내부순환계인 폐쇄성 생물학적 양분순환과 외부순환계인 개방성 지화학적 양분순환으로 크게 나누어진다. ( )

45 산악권역은 백두대간 상의 태백산맥과 소백산맥이 형성하는 권역으로 해발고가 높고 산봉우리들이 모여 있어서 생물물리적으로 독특한 성격을 띠고 있다. ( )

46 소나무 우점현상은 건조하기 쉬운 산록부, 암반노출이 심한 지역, 남동~남서 사면에서 뚜렷하다. ( )

47 소나무림이 건전하게 유지되도록 하기 위해서는 숲의 그늘이 70% 이하가 되도록 소나무나 다른 나무의 가지치기나 솎아베기를 실시하여 빛이 지표면까지 도달하는 비율을 높여야 한다. ( )

48 우리나라 천연 활엽수림의 주요 구성 교목 수종으로 신갈, 졸참 등의 참나무류를 비롯하여 서어나무류, 산벚나무, 물푸레나무류 등의 성숙목들이 상층임관을 점유하고 있다. ( )

49 초원의 대표적인 식생은 잎이 좁은 다년생의 볏과와 사초과 식물이 주류를 이룬다. ( )

50 백두산의 천이를 현존림의 구성인자로써 생각하면 폭발 후 처음 침입한 수종은 비산하기 쉬운 종자를 가지고 있는 양수로써 건조에 강한 수종, 즉 자작나무류, 버드나무류, 이깔나무, 사시나무 등이다. ( )

51 한반도의 북쪽에는 난대 고유의 임상이 나타나는 곳도 있다. ( )

52 전 지구 차원에서 지상부 순1차생산은 열대림에서 가장 높고 온대림과 한대림의 순으로 점차 감소한다. ( )

53 소나무, 리기다소나무, 버드나무, 곰솔은 식토에서 생육한다. ( )

54 오동나무, 느티나무, 느릅나무류, 단풍나무류는 지력요구도가 높은 수종이다. ( )

55 신갈나무는 거의 모든 지역의 활엽수림에서 우점도가 가장 높은 수종으로 5할 이상의 산복에서 능선에 이르는 부위에 가장 많이 번성한다. ( )

56 한대림의 특징수종은 참나무류, 느티나무, 소나무, 물박달나무 등이다. ( )

57 울릉도에서는 대략 해발 600m를 경계로 식물분포에 현저한 차이가 나타난다. ( )

58 버드나무류, 황철나무류, 자작나무는 내건성 수종이다. ( )

59 고산지방에서는 일반적으로 가문비나무·분비나무·잎갈나무·주목·잣나무·눈잣나무·눈향나무 등의 침엽수와 졸참나무·자작나무·박달나무·피나무·신갈나무 등의 활엽수가 한대림을 이루고 있다. ( )

60 소나무림은 건조하고 지력이 낮은 토양에서 소나무 후계목에 의해 세대가 거듭됨으로써 계속 유지되는데 이러한 생태적 특성을 바탕으로 한동안 소나무림이 계속 유지되는 현상을 아극상림으로 분류하기도 한다. ( )

61 소나무는 건조한 지역에 순림을 형성하는 특징이 있고, 수간 및 가지부위와 잎에 수지를 함유하여 발화온도와 발염온도가 다른 수종보다 높기 때문에 산불이 발생하기 쉽다. ( )

62 온대북부의 특징수종은 피나무류, 박달나무, 신갈나무 등이다. ( )

Answer

01 ○	02 ○	03 ×	04 ○	05 ×	06 ○	07 ×	08 ×	09 ×	10 ○
11 ○	12 ○	13 ○	14 ○	15 ○	16 ×	17 ○	18 ○	19 ○	20 ×
21 ○	22 ×	23 ×	24 ○	25 ○	26 ○	27 ○	28 ○	29 ○	30 ×
31 ○	32 ○	33 ×	34 ○	35 ○	36 ×	37 ○	38 ×	39 ○	40 ×
41 ×	42 ○	43 ○	44 ○	45 ○	46 ×	47 ○	48 ○	49 ○	50 ○
51 ×	52 ○	53 ○	54 ○	55 ○	56 ×	57 ○	58 ×	59 ○	60 ○
61 ×	62 ○								

PART 03 단원 기출문제

01 다음 중 지리산에서 가장 높은 고도까지 분포하는 수종은? 2021. 7급

① *Quercus variabilis*
② *Quercus mongolica*
③ *Quercus serrata*
④ *Quercus acutissima*

02 토양 내 유기물 함량이 매우 적고 라테라이트화 작용으로 토양이 주로 적색을 띠는 생물 군계는? 2021. 7급

① 한대림
② 온대림
③ 열대우림
④ 온대초원

03 화산 폭발 등에 의해 불모지로 변한 섬에서 예상되는 숲의 발달과 천이에 대한 설명으로 옳지 않은 것은? 2023. 국가직

① 여러해살이풀보다 한해살이풀이 먼저 나타난다.
② 관목이 들어온 다음 양수성의 교목이 들어온다.
③ 내음성이 강한 교목이 우점하게 된 산림을 극상림이라고 한다.
④ 숲의 발달과정에서 교란이 없이 진행되면 이차천이라고 할 수 있다.

정답 및 해설   01 ②   02 ③   03 ④

01 ① *Quercus variabilis* (굴참나무) ② *Quercus mongolica* (신갈나무)
③ *Quercus serrata* (졸참나무) ④ *Quercus acutissima* (상수리나무)
지리산에서는 고도에 따라 낙엽수의 경우에 졸참나무·떡갈나무대(500~600m 이하), 굴참나무대(500~1,000m), 신갈나무대(900~1,400m), 자작나무대(1,350~1,860m)가 구별된다.

02 ③ 열대우림은 활발한 미생물 활동으로 유기물의 분해가 빠르고 토양의 가수분해가 급격히 진행되는 라테라이트화작용(laterization)으로 철분(Fe)과 알루미늄(Al)이 수산화물 또는 산화물로서 토양 중에 집적되어 적색을 띠는 토양이 많다. 열대우림에서는 많은 강우와 빠른 유기물분해에 따른 과도한 침식과 용탈로 토양이 척박해지고 양분이 제한요인이 되는 경우가 많다.

03 ④ 2차천이란 원식생이 화재, 태풍이나 심한 곤충피해 등과 같은 자연적 교란 또는 벌채나 입화 등과 같은 인간활동에 의한 교란을 받은 다음 성숙된 식생군집으로 회복되는 과정을 말한다.

04 산림토양의 양분변화에 대한 설명으로 옳지 않은 것은? 2020. 국가직

① 칼슘은 대부분 유기형태로 존재하고, 건조지역보다 습한 지역의 토양에서 농도가 높다.
② 칼륨은 지하수위가 높은 사토나 강수량이 많은 지역에서 용탈에 의하여 결핍이 일어나기 쉽다.
③ 유기물은 인의 주요 공급원이며, 토양미생물에 의해 다시 식물이 흡수할 수 있는 유효태 인으로 변한다.
④ 부식함량이 많은 표토층은 양분의 용탈이나 뿌리의 양이온 흡수과정에서 수소이온이 증가한다.

05 다음 내용에 해당하는 천이는? 2020. 7급

> ㉠ 기존 식물상의 환경형성작용 자체가 다른 식물종을 불러들이는 원인이 되어 생기는 천이
> ㉡ 세월이 흐르면서 이주, 정착한 식물종이 다양해지는 등 산림생태계의 구조와 기능이 점차 복잡하면서 안정화되는 천이

	㉠	㉡
①	타발적천이	진행천이
②	타발적천이	퇴행천이
③	자발적천이	퇴행천이
④	자발적천이	진행천이

06 산림생태계에서 종간 상호작용에 대한 설명으로 옳지 않은 것은? 2022. 지방직

① 두 생물종 간에 상호작용이 일어나면 양쪽 모두에게 이롭지만, 작용이 중단되면 서로 무관한 관계를 가지게 되는 것을 원시 협동이라 한다.
② 균근균은 수목과 상리공생하며 수목의 세근에 균근을 형성한다.
③ 한 식물체가 합성한 화학물질을 주변에 배출하여 자신은 아무런 영향을 받지 않은 채 다른 식물에 해를 끼치는 관계는 편리공생이다.
④ 풀베기, 덩굴치기, 제벌은 조림목과 기타 식생 사이에서 일어나는 경쟁을 완화하는 방법이다.

07 다음 (가)와 (나)에 들어갈 용어를 바르게 연결한 것은? 2021. 지방직

> 어떤 식물종에 의해 다른 식물종의 생존자체가 저지당하는 (가)의 대표적인 예는 어떤 수목이 하층식생의 생장을 억제하는 물질을 분비하는 (나)이다.

	(가)	(나)		(가)	(나)
①	경쟁배제	맞교환	②	포식	피식
③	기생	생물적방제	④	편해작용	타감작용

정답 및 해설   04 ①   05 ④   06 ③   07 ④

04 ① 칼슘은 대부분 무기태로 존재하고, 습한 지역보다 건조지역의 토양에서 농도가 높다. 강우가 비교적 적은 지역에 발달된 토양은 습한 지역의 토양보다 칼슘공급이 크다. 토양 내의 칼슘은 거의 무기태로 존재하며 표토에서 50~1,000ppm 정도는 치환성으로 존재한다.

05 ㉠ 자발적 천이: 기존 식물상의 환경형성작용 자체가 다른 식물종을 불러들이는 원인이 되어 천이가 진행되는 현상이다.
㉡ 진행천이: 외부로부터의 교란이 없는 동안에는 보다 복잡하고 안정된 성숙한 군집으로 유도되어 나아가는 것이 일반적인 천이의 진행방식이다. 벌채된 산림이 방치되면서 2차천이를 시작할 경우에는 세월이 흐르면서 이주·정착한 식물의 종이 다양해지고, 수직적 층화가 생기며, 현존 생체량이 증가하는 등 산림생태계의 구조와 기능은 온건해지는 환경조건을 바탕으로 점차 복잡하면서도 안정되는 징후를 보이는데, 이와 같은 형태의 천이를 진행천이라 한다.

06 ③ 한 식물체가 합성한 화학물질을 주변에 배출하여 자신은 아무런 영향을 받지 않은 채 다른 식물에 해를 끼치는 관계는 편해작용이다.

🌱 **편해작용과 타감작용**

① 편해작용(amensalism): 어떤 생물종이 다른 생물종에 대하여 일방적으로 해로움을 끼치거나 압박하면서 자신은 아무런 영향을 받지 않는 경우의 상호작용이다. 이는 넓은 범위의 항생작용(antibiosis)이지만 빛이나 수분 및 양분을 쟁탈하는 경쟁관계는 아니다. 이는 한 생물종이 생육자원에 대한 경쟁을 극복하기 위하여 주위 생물종을 배제하는 작용을 스스로 발전시킨 것이다.
② 타감작용(allelopathy): 편해의 한 예로서 한 생물체가 생화학물질을 주위환경에 배출하여 다른 생물종이 발아나 생장을 하지 못하도록 해를 끼치면서 자신의 생존과 생장을 확보하는 것이다. 이러한 작용을 하는 물질을 타감물질(allelochemicals)이라고 한다. 타감물질은 자연생태계에서 흔하며, 식물이든 동물이든 이물질로 초식자나 포식자 및 경쟁자로부터 자신을 보호하고 경쟁공간을 확보한다.

🌱 **두 생물종 간의 상호작용 형태와 특징**

상호작용 형태			상호작용의 특징
경쟁(competition)			두 종 손해
포식(predation)			한 종이 다른 종을 잡아먹음.
공생	상리공생		두 종 모두 이익
	편해공생		한 종은 손해를 보고 다른 종은 아무런 영향이 없음.
	편리공생		한 종은 이익을 보고 다른 종은 아무런 영향이 없음.
기생(parasitism)			한 종이 다른 종을 약하게 먹으므로 죽이지 않으며 지속적, 결국에는 기주 종을 죽이는 것을 포식성(parasitoid)이라고 함.
중립(neutralism)			두 종 아무런 영향을 받지 않음.

07 06 해설 참조

08 우리나라 산림대에 대해 바르게 설명하고 있는 것은?　　　　2007. 7급
① 온대림의 특징 수종으로는 동백나무, 구실잣밤나무, 붉가시나무 등을 들 수 있다.
② 연평균 기온이 14℃ 이상인 지역에는 난대림이 형성되고 있다.
③ 온대림의 임상 중에는 넓은 면적의 극상림이 전국적으로 많이 존재한다.
④ 남한에서는 자연 상태로 분포하는 한대림의 특징 수종을 발견할 수 없다.

09 우리나라 천연활엽수림에서 성숙목 기준으로 상층임관, 중층임관, 하층식생을 구성하는 수종을 가장 올바르게 짝지은 것은?　　　　2018. 서울시
① 신갈나무 - 생강나무 - 까치박달나무
② 생강나무 - 진달래 - 쪽동백나무
③ 물푸레나무 - 까치박달나무 - 진달래
④ 신갈나무 - 쪽동백나무 - 물푸레나무

10 산림생태계의 물질순환에 대한 설명으로 옳은 것은?　　　　2008. 7급
① 유기태 질소를 암모늄태 질소로 분해시키는 미생물을 질산화 박테리아라고 한다.
② 광합성으로 만들어진 탄수화물의 운반은 목부를 통하여 이루어진다.
③ 균근의 형성률은 토양의 비옥도가 높을수록 높다.
④ 안개는 고산지역과 해안지역 수목의 분포에 결정적인 역할을 한다.

11 산림의 천이에 따른 생태계의 속성변화에 대한 설명으로 옳은 것은?　　　　2018. 지방직
① 천이의 성숙단계에서는 발달단계에 비해 순군집 생산이 높다.
② 천이 후기가 되면 가용 유입 에너지에 의해서 유지되는 현존 생체량이 적어진다.
③ 천이 초기의 양분순환은 폐쇄된 생물학적 기능 위주로 이루어진다.
④ 천이가 진행될수록 토양 영양계와 식물 간의 양분순환속도가 느려진다.

12 산림천이에 대한 설명으로 옳지 않은 것은? 〈2018. 7급〉

① 천이는 유발주체에 따라 자발적천이와 타발적천이로 나누고, 진행 방향에 따라서 진행천이와 퇴행천이로 나눌 수 있다.
② 산림군집에서 임내와 환경조건이 다른 숲틈에 생기는 숲틈천이는 순환적 천이의 대표적인 예이다.
③ 1차천이의 단계로 유형별로 다양하나 개척단계, 강화단계, 아극상단계, 극상단계의 순서로 나누기도 한다.
④ 총생산/현존생체량(P/B율)은 천이가 진행됨에 따라 변화하는데 발달단계보다 성숙단계에서 더 높다.

정답 및 해설   08 ②   09 ③   10 ④   11 ④   12 ④

08 ① 동백나무, 구실잣밤나무, 붉가시나무 등은 난대림의 특징 수종이다.
③ 극상림은 천이의 최종단계인 극상에 도달한 산림이며, 온대림의 극상 수종은 참나무류와 서어나무 등이다.
④ 남한에서 한대림의 특징 수종은 지리산의 1,300m 이상에서 볼 수 있다.

09 🌱 우리나라 천연활엽수림의 주요 구성 교목 수종

> ① 상층임관 : 신갈, 졸참 등의 참나무류를 비롯하여 서어나무류, 산벚나무, 물푸레나무류 등
> ② 중층임관 : 어린 교목류와 까치박달, 당단풍, 쪽동백 등의 아교목
> ③ 하층식생 : 진달래류, 개암나무류, 노린재나무 등의 관목과
> ④ 지표면 : 치수, 고사리류, 초본식물

10 ① 질산화 박테리아는 암모니아성 질소가 아질산성 질소, 혹은 질산성 질소로 변환되는 질산화(Nitrification) 작용을 한다.
② 광합성으로 만들어진 탄수화물의 운반은 사부를 통하여 이루어진다.
③ 균근의 형성률은 토양의 비옥도가 높을수록 낮다.

11 🌱 산림천이의 진행단계별 생태계의 속성변화

생태계 속성	발달단계	성숙단계
먹이사슬	직선적, 채식사슬 위주	망상, 부니(腐泥)질사슬 위주
유기물 총량	적다.	많다.
총생산/현존생체량(P/B율)	높다.	낮다.
순군집 생산	높다.	낮다.
무기양료	생물체 외	생물체 내
종 다양성 – 풍부도, 균재도	낮다.	높다.
생태지위의 범위	넓다.	좁다.
생물체의 크기	작다.	크다.
생물체와 환경 간 양료교환속도	빠르다.	느리다.
생활환	짧고 단순	길고 복잡
양료순환	개방적	폐쇄적
양료 재생에서 부니질의 역할	중요하지 않음.	중요함.
생산	양적	질적
양료보존	불량	양호
안정성(외부교란에 대한 저항)	불량	양호
엔트로피	높다.	낮다.
생태정보	적다.	많다.

12 ④ 총생산/현존생체량(P/B율)은 천이가 진행됨에 따라 변화하는데 성숙단계보다 발달단계에서 더 높다.

13 산림생태계의 유기물 분해에 대한 설명으로 옳지 않은 것은? 2019. 국가직

① 유기물 내 리그닌 : 질소 비율이 높을수록 분해속도가 빨라진다.
② 온대지역에서 활엽수림의 유기물 분해상수는 침엽수림보다 높다.
③ 열대우림은 물질 순환속도가 빠르고, 식물이 흡수할 수 있는 양보다 많은 양분의 용탈이 일어난다.
④ 일반적으로 유기물의 분해속도는 온도와 강수량이 증가하면 빨라진다.

14 우리나라 소나무에 대한 설명으로 옳지 않은 것은? 2020. 국가직

① 법령에 의해 지정된 특산식물로, 단일수종으로 가장 넓은 면적을 차지한다.
② 화강암과 화강편마암을 모암으로 하여 생성된 모래질이 많은 갈색 산림토양에 주로 분포한다.
③ 소나무림은 활엽수류와 경쟁, 산불, 대기오염 등에 취약하며 면적이 감소하고 있다.
④ 소나무림은 다른 수종에 비해서 병충해가 비교적 많이 발생하고 순림에서 더 피해를 받는다.

15 산림군집에서 구성종들의 생태적 중요도 또는 영향력을 표현하는 용어는? 2008. 7급

① 상대밀도　　　　　　　　② 중요치
③ 상대빈도　　　　　　　　④ 상대피도

16 우리나라의 고산지대에 자생적으로 분포하는 수종들끼리 묶은 것은? 2008. 7급

① *Pinus thunbergii, Larix leptolepis*　　② *Pinus koraiensis, Cedrus deodara*
③ *Abies holophylla, Picea jezoensis*　　④ *Abies koreana, Cryptomeria japonica*

17 우리나라 산림대 중에서 온대 북부에 분포하는 특징 수종으로 묶은 것은? 2010. 국가직

① 개비자나무, 잣나무　　　　② 박달나무, 피나무
③ 가시나무, 서어나무　　　　④ 가문비나무, 주목

18 활엽수 2차림의 개벌 후 총생체량 축적에 따른 생태계 발달과정을 순서대로 나열한 것은?

2014. 7급

① 재편성기 – 증대기 – 과도기 – 안정기
② 과도기 – 안정기 – 재편성기 – 증대기
③ 과도기 – 안정기 – 증대기 – 재편성기
④ 재편성기 – 과도기 – 증대기 – 안정기

정답 및 해설   13 ①   14 ①   15 ②   16 ③   17 ②   18 ①

13 ① 유기물 내 리그닌은 질소 비율이 높을수록 분해속도는 느려진다.

14 ① 소나무는 법령에 의해 지정된 특산식물이 아니다.

15 ② 중요치는 구성종들의 생태적 중요도 또는 영향력을 표현하는 것으로서, 전체종에 대해 각 종의 값이 비율로 계산된 상대밀도·상대빈도·상대피도가 합산된 것이다.

16 ③ 우리나라의 고산지대에는 *Abies holophylla*(전나무), *Picea jezoensis*(가문비나무) 등의 한대림 수종들이 분포한다.
① *Pinus thunbergii*(곰솔), *Larix leptolepis*(이깔나무)
② *Pinus koraiensis*(잣나무), *Cedrus deodara*(히말라야시다)
④ *Abies koreana*(구상나무), *Cryptomeria japonica*(삼나무)

17 🌱 온대 북부의 분포 수종

> ① 온대 북부의 자생수종 : 박달나무와 피나무 외에도 소나무, 잣나무, 전나무, 밤나무, 참나무류, 물푸레나무류, 벚나무류, 느릅나무류, 단풍나무류, 황벽나무, 음나무, 오리나무류, 가래나무, 버드나무류, 자작나무류, 피나무류, 싸리류 등
> ② 온대 북부의 조림수종 : 가문비나무, 이깔나무, 옻나무, 약밤나무, 아까시나무, 포플러류 등

18 🌱 천연활엽수림의 벌채 후 복원 진행과정

> ① 재편성기 : 벌채 등의 교란이 발생하여 기존 산림식생이 제거된 후, 유기물분해와 침식으로 인한 생체량의 손실이 생태계의 생산에 의한 생체량 축적을 초과하는 기간으로서 총생체량이 감소한다.
> ② 증대기 : 본격적인 복원이 시작되는 단계로서, 생태계의 총생체량이 증가하면서 이후 약 100여 년 동안 계속 누적되어 최고점에 도달할 때까지의 단계이다.
> ③ 과도기 : 산림이 성숙하고 기후와 토양조건과의 균형을 이루는 안정상태에 도달하는 과도기 단계로서, 동령의 상층임목들이 고사한 자리를 어린 식생들이 차지하기 때문에 최고점에 도달하였던 총생체량이 일시적으로 감소한다.
> ④ 안정기 : 복원이 이루어졌다고 간주할 수 있는 단계로서, 다음 교란이 일어나기 전까지의 기간이다. 특정한 성격을 지닌 생태계가 유지되면서 생체량은 일정 수준을 중심으로 소폭의 증가와 감소현상이 반복된다.

19 우리나라 생태권역의 특성에 대한 설명으로 옳지 않은 것은? 2012. 국가직

① 산악권역: 백두대간의 태백산맥과 소백산맥이 형성하는 권역이고, 천연기념물로 지정된 육상짐승은 모두 이 생태권역에 서식하고 있다.
② 남동산야권역: 백두대간 남부 소백산맥에 의하여 활처럼 둘러싸인 권역으로, 지질은 주로 경상계의 퇴적암지대이다.
③ 중부산야권역: 경작지가 많은 구릉성 산지를 형성하며 지질은 주로 퇴적암을 모암으로 형성되어 있다.
④ 해안·도서권역: 상록활엽수와 해송이 자리 잡고 있으며, 생태적인 다양성과 경제적 생산성이 매우 높다.

20 우리나라의 생태권역 중 생태적인 다양성과 생산성은 매우 높으나 과거로부터 인간의 간섭을 받아 생태계가 많이 훼손된 권역으로 옳은 것은? 2015. 서울시

① 산악권역
② 중부산야권역
③ 해안·도서권역
④ 남동산야권역

21 지리산에 분포하는 참나무류 중에서 고도가 가장 높은 지역까지 분포하는 수종은? 2011. 국가직

① *Quercus mongolica* FISCH.
② *Qeurcus variabilis* BL.
③ *Quercus serrata* THUNB.
④ *Quercus acutissima* CARRUTH.

22 우리나라 산림대에 대한 설명으로 옳지 않은 것은? 2017. 서울시

① 서울시는 온대 중부지역에 해당된다.
② 온대 중부는 온대 남부에 비해 산림면적이 좁다.
③ 온대 중부의 단위면적당 임목축적이 난대에 비해 높다.
④ 온대 북부의 단위면적당 임목축적이 온대 남부에 비해 높다.

23 우리나라의 산림대에 대한 설명으로 옳은 것은?　　　2011. 국가직

① 아한대림의 특징수종은 참나무류 위주의 낙엽활엽수종이다.
② 난대림은 많이 훼손되어 소나무림 등으로 변화된 곳이 많다.
③ 휴전선 이북의 북한 지역은 대부분이 아한대림에 해당한다.
④ 잣밤나무류와 가시나무류는 온대지역에서 자생하는 대표수종이다.

24 산림생태계의 질소순환에 대한 설명으로 옳지 않은 것은?　　　2017. 국가직

① 연간 질소수지는 생태계 밖에서 공급되는 양이 유실량보다 적다.
② 연간 질소 증가량은 현존량에 비해 매우 적다.
③ 토양 중 질소는 유기태가 대부분이며 무기태는 매우 적다.
④ 토양미생물과 식물의 작용으로 유기태와 무기태 질소 상호간 변환이 일어난다.

정답 및 해설　19 ③　20 ③　21 ①　22 ②　23 ②　24 ①

19 ③ 중부산야권역은 우리나라의 중심지대로 물, 논, 밭, 산들이 적절히 잘 어울려 있다. 지질은 주로 변성암과 화강암으로 경기지괴를 형성하고 있다.

20 🌱 **해안 · 도서권역**

> 바다의 영향으로 상록활엽수와 해송도 자라고 있다. 생태적인 다양성과 생산성은 매우 높지만, 과거부터 인간의 간섭을 받아 생태계가 많이 훼손되었다. 서부해안은 조수간만의 차가 큰 곳으로 개펄 등 주요 습지가 많으나, 간척사업과 주변국들의 공업화로 오염이 심하게 진행되고 있다. 남부해안은 다도해 해상 국립공원이 있어 어느 정도 보전되고 있지만 몇 군데의 공업시설 때문에 오염도 꽤 진행되고 있다. 동부해안은 규모는 서해보다 크고 난류의 영향을 받아 연평균 기온이 서부해안보다 높고 연교차도 적다. 상록활엽수림은 서부해안보다 적은데, 이것은 봄철 건조현상에 기인하는 것으로 추정된다. 특히 봄철 건조기에는 핀현상 때문에 매우 건조하여 대형산불이 많이 발생한다.

21 ① *Quercus mongolica*(신갈나무)　② *Qeurcus variabilis*(굴참나무)
③ *Quercus serrata*(졸참나무)　④ *Quercus acutissima*(상수리나무)
지리산에서는 고도에 따라 낙엽수의 경우에 졸참나무 · 떡갈나무대(500~600m 이하), 굴참나무대(500~1,000m), 신갈나무대(*Quercus mongolica*)(900~1,400m), 자작나무대(1,350~1,860m)가 구별된다.
상수리나무는 남쪽에서는 해발 800m 이하, 중부에서는 400m 이하에 분포하며, 특히 100m 부근의 평지에 많이 분포한다.

22 ② 온대 중부는 온대 남부에 비해 산림면적이 넓다.

23 ① 아한대림 : 온대와 냉대 사이, **특징수종**은 침엽수류(소나무, 잣나무, 낙엽송, 전나무 등)
③ 북한의 산림분포는 한대림 54%, 온대림 46%로 형성되어 있다.
④ 난대림 : 연평균기온 14℃ 이상, 특징수종은 상록활엽수림(동백나무, 가시나무류, 잣밤나무류, 후박나무, 황칠나무 등)

24 ① 연간 질소수지는 순환계 밖으로부터의 공급량이 유실량보다 크다.

25 천이에 대한 설명으로 옳은 것은? 2012. 국가직
① 인위적으로 새로운 숲이나 수령과 수종이 동일한 어린 숲을 조성하는 행위를 말한다.
② 어떤 곳에 선구식물(pioneer)이 들어와 비교적 안정된 식물 사회로 변천하는 것이다.
③ 사구에 새로운 숲이 형성되는 현상은 2차 천이의 대표적인 예이다.
④ 천이는 동일 지점에서 동일 수종으로 숲이 새롭게 형성되는 과정을 말한다.

26 적지적수를 고려한 조림 수종을 선택하고자 할 때, 지력에 대한 요구도가 가장 낮은 수종은? 2015. 국가직
① *Paulownia coreana* ② *Salix koreensis*
③ *Juglans sinensis* ④ *Acer palmatum*

27 토심이 깊은 곳을 선호하는 수종은? 2017. 서울시
① *Robinia pseudoacacia* ② *Betula platyphylla var. japonica*
③ *Quercus accutissima* ④ *Alnus japonica*

28 산림천이에 대한 설명으로 옳은 것은? 2014. 7급
① 이차천이는 원래 식생이 자연적 교란이나 인간 활동에 의한 교란을 받은 후 진행하는 천이를 말한다.
② 이차천이는 식물이 없는 나지에 선구수종이 들어와 점차 안정되게 변화하는 것으로 화산 활동 후에 나타난다.
③ 이차천이는 일차천이에 비하여 식생이 복구되는데 걸리는 시간이 상대적으로 길다.
④ 이차천이가 진전되는 시간에 따라 습성천이, 건성천이, 중성천이로 나눌 수 있다.

29 산림군집 측정에 대한 설명으로 옳지 않은 것은? 2013. 7급
① 밀도는 단위면적 또는 단위용적당 개체수이다.
② 흉고단면적을 이용하여 피도를 산출하기도 한다.
③ 중요치는 일반적으로 상대밀도, 상대피도, 상대빈도를 사용하여 계산한다.
④ 일반적으로 생체량은 단위면적당 부피(m^3)를 사용한다.

30 우리나라 숲 가운데 소나무림의 특성으로 옳지 않은 것은?

2012. 서울시

① 화강암과 화강편마암을 모암으로 하는 모래질이 많은 갈색 산림토양입자에 분포한다.
② 소나무의 우점현상은 쉽게 분해되지 않는 두꺼운 소나무 낙엽층이 다른 활엽수 종자의 발아 및 초기정착에 장애요인으로 작용하기 때문이다.
③ 소나무는 수간 및 가지부위와 잎에 수지를 함유하여 발화온도 및 발염온도가 다른 수종보다 높기 때문에 산불에 강하다.
④ 소나무림은 순림을 이루는 특성을 지녀 병해충의 발생시 그 피해가 심각하다.
⑤ 일반적으로 척박하고 건조한 지역에 잘 견딘다.

정답 및 해설   25 ②   26 ②   27 ③   28 ①   29 ④   30 ③

25 🌱 일차천이

사구, 사태지, 용암지, 암석표면 또는 빙하에 의한 침식지 등과 같이 식물이 전혀 없는 나출된 곳에서부터 시작되는 천이를 말한다. 어떤 곳에 선구식물이 들어와 점차 비교적 안정된 식물 사회로 변화하는 것이다.

26 ① *Paulownia coreana* (오동나무) ② *Salix koreensis* (버드나무)
③ *Juglans sinensis* (호두나무) ④ *Acer palmatum* (단풍나무)

지력요구도	수종
상	오동나무, 느티나무, 느릅나무, 단풍나무류, 호두나무, 삼나무
중	잣나무, 전나무, 가문비나무, 일본잎갈나무, 편백, 잎갈나무, 은수원사시나무
하	소나무, 오리나무, 자작나무류, 아까시나무, 리기다소나무, 방크스소나무, 곰솔, 노간주나무, 사시나무, 버드나무

27 ① *Robinia pseudoacacia* (아카시나무) ② *Betula platyphylla* var. *japonica* (자작나무)
③ *Quercus accutissima* (상수리나무) ④ *Alnus japonica* (오리나무)

토심	수종
얕음	아까시나무, 사시나무류, 황철나무류, 자작나무류, 버드나무류, 가문비나무류, 오리나무류, 리기다소나무, 방크스소나무
중간	잎갈나무, 일본잎갈나무, 측백나무, 편백, 잣나무
깊음	상수리나무, 밤나무, 느티나무, 소나무, 물푸레나무, 곰솔, 전나무, 삼나무

28 🌱 일차천이와 이차천이

① 일차천이: 사구, 사태지, 용암지, 암석표면 또는 빙하에 의한 침식지 등과 같이 식물이 전혀 없는 나출된 곳에서부터 시작되는 천이를 말한다. 어떤 곳에 선구식물이 들어와 점차 비교적 안정된 식물 사회로 변화하는 것이다. 일차천이가 시작되는 장소에 따라 호수나 습원 또는 해안 간석지 등과 같이 물에서부터 비롯되는 천이를 습생천이라고 하고, 암석지나 사구 등과 같이 건조한 곳에서 시작하는 천이를 건생천이라고 하며, 빙하토와 같이 적습한 토양에서 시작되는 천이를 중성천이라고 한다. 대체적으로 건생천이와 습생천이는 기후와 토양 등 모재가 허용하는 한도 내에서 중성식생으로 수렴하는 경향을 가진다.
② 이차천이: 1차천이와 달리 숲의 토양에 충분한 유기물이 있다는 점과 동시에 한해살이풀 여러해살이풀·관목·교목 등이 한꺼번에 들어와 서로 뒤섞여 자란다는 차이점을 가진다. 2차 식생렬이라 말하기도 하고, 외력의 강요에 의한 것이므로 타발적 천이라고도 하며 1차천이보다 속도가 빠르다.

29 ④ 생체량은 집단 내에 있는 각 개체의 중량으로서 흔히 단위면적당 또는 단위용적당 무게로 나타낸다.

30 ③ 소나무는 건조한 지역에 순림을 형성하는 특징이 있고, 수간 및 가지부위와 잎에 수지를 함유하여 발화온도와 발염온도가 다른 수종보다 낮기 때문에 산불이 발생하기 쉽고 수관화로 번지는 경우가 많아 대규모 산불피해를 입는 경우가 많다.

박진호
조림학

PART 04

산림의 환경

Chapter 01 **기상**
Chapter 02 **토양**

CHAPTER 01 기상

1 햇빛과 광합성

태양열은 지구표면의 대기권에서 굴절, 반사, 흡수 등의 현상을 일으킨다. 위도와 고도 그리고 사면의 방향과 각도에 따라 광량과 광질이 달라지며, 계절적 주기와 일별주기를 가지고 변화한다. 대기권의 상태, 특히 구름의 양과 밀접하게 관련이 있다.

1. 임목과 파장
(1) 태양상수는 태양과 지구의 대기권 바깥 표면까지의 평균거리에서의 단위시간 및 면적당 광량이다.
(2) 태양복사 중 파장이 짧은 자외선은 대기권을 통과하면서 오존층에서 대부분 흡수되며, 파장이 긴 적외선은 수증기와 이산화탄소에 의하여 흡수된다. 400~700nm의 파장이 가시광선이다.
(3) 지구의 대기권 밖에 도달한 태양광선은 대기권을 통과하면서 대기의 흡수, 반사와 투과로 지표면에 절반이 도달된다.
(4) 구름(19%)과 대기 중의 입자들(8%)에 의하여 반사 또는 산란되어 나가는 현상을 알베도라고 하며 약 28% 정도를 차지한다.

2. 태양광선의 생리적 효과
(1) 광합성에 유효한 파장의 범위를 광합성유효광(Photosynthetically Active Radiation; PAR)이라고 하고 엽록소에서 대부분 흡수되며 보라색과 적색을 많이 흡수한다.
(2) **엽록소는 가시광선 중 녹색부근을 반사**하기 때문에 녹색으로 보인다.
(3) **녹색식물은 파장 340~760nm인 가시광선 부근에서 광합성을 한다.** 특히 340~760nm의 적색광선은 식물의 형태와 생리에 영향을 끼친다.
(4) 하층식생에 도달하는 광선의 질은 상층임관의 조건에 따라 달라진다.
(5) 활엽수종은 침엽수종에 비해 0.7~1.0㎛ 사이에 있는 파장에 대한 잎의 흡수량이 적고 반사량이 많은데 적외선 감수성 필름을 사용해서 항공사진을 찍어 침엽수림과 활엽수림을 구분한다.

3. 숲 내에서의 광량
(1) 숲에서는 나무의 잎이나 가지 등에 의하여 햇빛이 차단되어 임상에 도달하는 광량은 감소한다.
(2) 단풍나무 활엽수림 밑의 임상에는 파장이 긴 적색광선이 많으며, 소나무 침엽수림 밑의 임상에는 가시광선 스펙트럼이 골고루 분포하는 등 햇빛이 임관을 통과하여 임상에 도달할 때 광질이 변한다.

4. 일장의 효과

(1) 식물의 개화, 결실과 휴면, 줄기생장, 직경생장, 내한성, 낙엽 등에 영향을 끼친다.

(2) Garner와 Allard에 의한 식물의 일장형

① 단일식물 : 12시간 이하의 일장으로 개화가 촉진되는 식물이다.
② 장일식물 : 14시간 이상의 일장으로 개화가 촉진되는 식물이다.
③ 중성식물 : 한계일장이 없는 일장에 의해 개화가 영향을 받지 않는 식물이다.
④ 중간식물(전일식물) : 12시간과 14시간 사이의 중간대인 일장으로 개화가 촉진되는 식물이다.

5. 굴광성

(1) 가장 효율적인 파장은 청색과 보라색의 450nm 부근과 자외선의 370nm 부근이다.

(2) 굴광성에 관련하는 색소는 플라보프로테인의 일종인 포토트로핀이다.

6. 광수용체

(1) Phytochrome(피토크롬)

① 식물체 내에서 **광질에 반응**을 나타내는 광수용체 중의 하나이다.
② **피토크롬은 암흑 속 식물체 내에 가장 많은 양이 들어있으며, 햇빛을 받으면 합성이 일부 파괴되거나 금지된다.**
③ 식물체 내의 대부분 기관이 존재하는데, 뿌리를 포함하여 눈과 같은 생장점 근처에 가장 많이 존재하며, 세포 내에서는 세포질과 핵 속에 존재한다.
④ 피토크롬은 비교적 낮은 광도에서도 예민하게 반응을 나타내는데, 어떤 파장의 빛을 받느냐에 따라 두 가지 다른 형태로 존재한다. **파장 660nm의 적색광을 비추면 Pr형태에서 Pfr형태로 바뀌며, 파장 730nm의 원적색광을 비추면 다시 Pr형태로 바뀐다.**
⑤ **Pfr은 생리적으로 활성을 띠는 형태**로서 여러 가지 광주기 현상, 줄기생장, 종자휴면, 광형태 변화 등을 야기하며, 일종의 식물이 시간을 측정할 수 있는 장치이다.
⑥ 피토크롬은 종자의 발아에서 절대적인 역할을 한다. 버지니아소나무 종자에 적색광을 비추면 발아가 되지만, 맨 마지막으로 원적색광을 비추면 발아가 억제된다.

(2) Phototropin(포토트로핀)

① **식물의 청색광에 반응을 보이는 광수용체**이며, 청색광(400~450nm)과 자외선A(320~400nm)를 흡수하는 플라보프로테인의 일종으로, 햇빛을 감지하여 **줄기의 굴광성과 뿌리의 굴지성을 조절**하는 광수용체이다.
② 잎에 많이 존재하며, 피토크롬, 크립토크롬과 함께 식물이 햇빛에 반응을 보이면서 생장의 변화를 가져오는 중요한 역할을 한다.

(3) Cryptochrome(크립토크롬)
① 식물이 햇빛을 향해 자라는 주광성은 청색과 보라색 광선에 의해 효과가 나타나며 파장은 320~450nm 부근이며, 이 색소가 크립토크롬이다.
② 크립토크롬은 **포토트로핀과 함께 청색광과 자외선을 흡수하여 굴광성에 관여하는 광수용체이다.**
③ 피토크롬과 포토트로핀이 인산화효소(kinase)의 일종인 데 반하여, 크립토크롬은 인산화효소가 아니다.
④ 주요 기능은 자귀나무와 같이 24시간 주기로 야간에 잎이 접히는 일주기 현상 혹은 생체리듬을 조절하고, 종자와 유묘의 생장을 조절하는 것이다.
⑤ 식물에 따라서는 햇빛에 의한 식물의 반응은 피토크롬과 크립토크롬이 함께 작용하여 나타나기도 한다.

(4) **고광도 반응(High irradiation reaction, HIR)**
① 고광도 반응은 종자발아, 줄기의 생장억제, 잎의 신장생장, 색소합성 등에 관여한다.
② 고광도 반응이 피토크롬과 다른 점이다.
㉠ 피토크롬 색소보다 최소한 100배 가량의 고광도를 요구하며 수시간 가량 노출되어야 한다.
㉡ 적색광과 원적색광에 의해 상호환원이 안 된다.
㉢ 적색, 원적색, 청색 부근에 1개 이상의 흡광정점을 가지고 있다.

7. 광합성
(1) **광합성 색소**
① 엽록소
㉠ 엽록소는 엽록체라고 하는 작은 크기의 소기관에 들어있는 색소로 가시광선 중에서 **녹색을 반사하기 때문에 녹색으로 보인다.**
㉡ 엽록체의 구조는 엽록소를 함유하는 그라눔과 엽록소가 없는 스트로마로 구분되어 있는데, 각각 명반응과 암반응을 담당하고 있다.
㉢ 엽록체는 주로 녹색 잎의 엽육세포에 들어있으나, 어린 가지의 수피와 어린 과일에도 들어있고, 엽록소a(청록색)와 엽록소b(황록색)가 주종을 이루고 있다.
㉣ 단풍나무 잎이 봄에 붉은색을 띠는 것은 엽록체의 녹색보다 액포에 있는 붉은 색소인 안토시아닌의 색깔이 더 두드러지게 보이기 때문이다.
② 카로티노이드
㉠ 이소프렌이 여러 개 모여서 이루어진 이소프레노이드 화합물의 한 종류로서, 노란색, 오렌지색, 적색 등의 색소이다.
㉡ **엽록소를 보조하여 햇빛을 흡수함으로써 광합성시 보조색소 역할을 담당하며, 광도가 높을 경우 광산화작용에 의한 엽록소의 파괴를 방지**한다.

(2) 광합성 기작
  ① 광합성의 개관
    ㉠ 광합성은 녹색식물이 태양에너지를 이용하며 에너지를 만드는 과정이다.
    ㉡ **광합성은 엽록체에서, 호흡은 미토콘드리아에서** 일어난다. 광합성의 메커니즘은 엽록체가 빛에너지를 모아 탄산가스와 물을 원료로 하여 여러 효소의 작용으로 탄수화물을 만드는 것이다.
    ㉢ 광합성은 명반응과 암반응의 과정을 거친다.
  ② 명반응
    ㉠ 광합성의 첫 번째 단계는 햇빛이 있어야 이루어지는 명반응(광반응)으로 다음 단계에 필요한 에너지를 생산하는 단계이다.
    ㉡ **명반응은 햇빛이 있을 때 엽록체의 grana에서 진행**된다.
    ㉢ 태양에너지는 명반응을 거치면서 NADPH와 ATP에 저장된다. NADPH와 ATP는 에너지를 함유하고 있는 조효소로서, 다른 화학반응을 일으킬 수 있는 원동력이 된다.
  ③ 암반응
    ㉠ 암반응은 명반응에서 이루어진 에너지를 이용하여 탄산가스를 환원시켜 탄수화물을 합성하는 단계이다.
    ㉡ **암반응은 실제로 이산화탄소를 이용하여 탄수화물을 합성하는 과정**이며, 엽록소가 없는 stroma에서 햇빛이 없어도 반응이 일어나서 암반응이라 한다.
    ㉢ 암반응은 NADPH와 ATP가 있을 경우에만 반응이 일어나기 때문에 광합성의 두 번째 단계에 해당한다.

(3) 암반응에서 CO_2 고정양식에 따른 녹색식물의 분류
  ① C_3 식물
    ㉠ C_3 식물군은 공기 중의 CO_2를 5탄당인 RuBP가 고정하며, 이때 관계하는 효소는 Rubisco 이다.
    ㉡ C_3 식물군이라는 명칭은 CO_2를 흡수하여 제일 먼저 만들어진 화합물의 탄소가 3개이기 때문이다.
    ㉢ 녹조류를 포함한 대부분의 녹색식물은 C_3 식물군에 속한다.

> **캘빈회로**
> ① 초기 단계에서는 RuBP가 이산화탄소를 고정하여 PGA(3PG)로 전환된다.
> ② PGA(3PG)는 ATP와 NADPH를 사용하여 G3P(PGAL)로 전환된다.
> ③ 총 6분자의 이산화탄소가 고정되면 12분자의 G3P가 만들어지는데 그 중 2분자의 G3P만이 포도당을 합성하는데 쓰이고 나머지 10분자의 G3P(PGAL)는 ATP를 사용하여 RuBP를 재생하는데 이용된다.

② C₄ 식물
- ③ C₄ 식물의 명칭은 광합성에 의해 처음 만들어진 화합물이 4개의 탄소를 가지기 때문이다.
- ⓒ C₄ 식물군은 **유관속초 세포가 발달하며, 광도가 높고 기온이 높을 때 C₃ 식물군보다 광합성 속도가 빨라 건물 생산량이 높다.**
- ⓒ 대부분 단자엽식물로서 옥수수, 사탕수수 등이다.

③ CAM 식물
- ③ CO_2를 고정하는 것은 C₄ 식물군과 거의 비슷하지만, **밤에는 기공을 열고 CO_2를 흡수하고 낮에는 기공을 닫은 상태에서 CO_2를 고정한다.**
- ⓒ 주로 사막지대의 다육식물과 염분지대에서 자라는 식물들이다.

(4) **광호흡**

① 광호흡은 잎에서 광조건 하에서만 일어나는 호흡작용을 의미하는데, 엽록체에서 광합성으로 고정한 탄수화물의 일부가 산소를 소모하면서 다시 분해되어 미토콘드리아에서 CO_2로 방출되는 과정이다.

② 광호흡은 엽록체와 미토콘드리아뿐만 아니라 퍼옥시솜도 함께 관여하여 일어난다.

③ 산소를 소모하는 것은 야간에 이루어지는 식물의 호흡작용과 흡사하지만, 광호흡은 잎에서 햇빛이 있을 때만 일어나며, 광합성으로 초기에 고정된 물질의 일부가 분해되는 것이 야간 호흡작용과 다르다.

8. 광합성에 영향을 주는 요인

(1) **광도**

① 암흑 상태에서 식물은 호흡작용만 함으로써 CO_2를 방출하며, 서서히 광도가 증가하면 광합성을 시작하면서 CO_2를 흡수하기 시작한다.

② 어떤 광도에 도달하면 호흡작용으로 방출되는 CO_2의 양과 광합성으로 흡수하는 CO_2의 양이 일치하게 되는데, 이때의 광도를 광보상점이라고 한다.

③ 광보상점 이상으로 광도가 증가하면 광도가 증가하는 만큼 광합성량이 비례적으로 증가하다가 어느 지점에 오면 광도가 증가해도 더 이상 광합성량이 증가하지 않는 포화상태의 광도에 도달하는데, 이때의 광도를 광포화점이라고 한다.

(2) **기후요인**

① 온도
- ③ 목본식물의 광합성의 온도범위는 0℃~40℃까지이며, 온대지방은 15~25℃ 사이에서 최대의 광합성을 수행한다.
- ⓒ 임관 위에 위치한 양엽은 25℃가 최적온도이며, 그늘 속의 음엽은 20℃가 최적온도이다. 그러나 20℃에서 30℃로 온도를 높이더라도 광합성량에는 큰 차이가 없다.

② 수분부족
  ㉠ 수분부족은 광합성에 큰 영향을 끼치는데, 엽면적을 감소시키고, 기공을 폐쇄시키며, 심하면 원형질 분리를 일으킬 수도 있다.
  ㉡ 온대지방에서 자라는 중생식물은 약간의 수분부족으로도 광합성이 감소된다.
③ 수분과다(침수) : 침수는 뿌리호흡을 방해하기 때문에 이로 인해서 광합성이 감소한다.
④ 일일 혹은 계절적 요인
  ㉠ 정오가 가까워질 때 수목은 하루 중 가장 왕성하게 광합성을 한다.
  ㉡ 활엽수는 줄기생장형의 종류에 따라 광합성의 계절적 변화가 크게 달라진다.
    ⓐ 고정생장형은 봄에 빠른 속도로 줄기가 자라 엽면적이 최대치에 달하기 때문에 광합성량도 초여름에 최대치에 도달한다.
    ⓑ 자유생장형은 새로운 잎이 여름 내내 형성되기 때문에 광합성량 최대치가 여름 늦게 나타난다.

(3) **이산화탄소**
C_3 식물 등 대부분의 녹색식물은 CO_2 농도가 증가하면 광합성량이 증가한다.

(4) **무기영양**
① 무기양분이 부족하거나 양분 간 불균형이 있으면 광합성이 감소한다.
② 질소(N) 결핍이 다른 양분 결핍보다 광합성을 더 많이 감소시키며, 인(P)과 칼륨(K)도 광합성에 관련된다.

(5) **잎의 나이**
단위 엽면적에 근거하여 비교할 때 저광도와 고광도 모두에서 성숙 잎이 어린잎보다 광합성을 더 많이 한다.

(6) **수종과 품종**
수목의 광합성 능력은 수종 간, 같은 종 내에서는 품종 간, 그리고 산지 간에도 큰 차이를 보이며, 광합성능력은 생장이 빠른 수종일수록 크며, 생장이 느린 수종일수록 작다.

9. 내음성

(1) 내음성의 개념
① 내음성은 다른 나무의 그늘 아래에서 같은 낮은 광조건과 근계의 심한 경쟁에서 발육과 생장할 수 있는 상대적인 능력을 말한다.
② 광선, 토양수분, 양료, 광합성능력, 근계발달 등의 많은 인자와 관련된다.

(2) 내음성의 관계인자
① 온도
　㉠ **온도가 높을수록 수목이 요구하는 광량은 감소한다.**
　㉡ 고위도지방에 자라는 수목은 광합성을 위하여 더 높은 광도를 요구하게 되므로 직사광선을 더 많이 받아야 하며 내음성이 일반적으로 약하다.
② 고도 : 고도의 증가에 따라서 산광은 감소하고 직광은 증가하며, 위도의 증가에 따라서는 직광과 산광이 모두 감소한다.
③ 수령
　㉠ **수령이 많아짐에 따라 내음성이 감소한다.**
　㉡ 유목 시에는 내음력이 강하나 성장함에 따라 점차 내음력이 감퇴되며 장령기 이후에는 많은 광량을 필요로 한다.
④ 토양수분과 양분
　㉠ **건조한 남사면이나 척박한 입지보다는 양분이 충분하고 적습한 토양에서 내음성이 증가**된다.
　㉡ 양분과 수분이 충분한 입지라도 지하부위 즉, 근계의 경쟁 정도에 의해 내음력은 달라진다. 다른 수목과의 근계경쟁의 차단은 내음성의 증대를 초래하게 된다.
⑤ 종자의 크기
　㉠ 크면서 무거운 종자는 작고 가벼운 종자보다 넓게 퍼지는 기회가 적어 모수와 가까운 곳에 남게 되어 심각한 광경쟁을 하게 된다.
　㉡ **상당한 양의 에너지 저장**은 그들이 비효율적인 산파체계를 갖고 있음에도 불구하고 **생존할 수 있도록** 해준다.

10. 양수와 음수

내음성이 아주 강한 수종을 음수, 보통을 중용수, 아주 약한 수종을 양수라 한다.

(1) 양수

① 양수는 **광보상점과 광포화점이 높아** 낮은 광도보다는 높은 광도에서 광합성 효율이 높다.

② **아랫부분의 가지가 자연고사 또는 낙지가 되기 쉬우며** 피압으로 인한 피해가 심하게 나타난다.

(2) 음수

① **광보상점과 광포화점이 양수보다는 낮아 낮은 광조건 하에서도 광합성을 효율적으로 수행**한다.

② 음수는 하층식생으로서 오랫동안 자랄 수 있고 주위의 경쟁목이 제거되면 즉시 수고 생장과 직경생장이 촉진되며, **자연낙지가 잘 안 되어 지하고가 낮은 특성**이 있다.

🌱 **여러 가지 산림수종과 원예수종의 내음성**

분류	기준	수종
극음수	전광의 1~3%에서 생존가능	굴거리나무, 금송, 개비자나무, 나한백, 백량금, 사철나무, 식나무, 자금우, 주목, 호랑가시나무, 황칠나무, 회양목
음수	전광의 3~10%에서 생존가능	가문비나무, 너도밤나무, 녹나무, 단풍나무류, 비자나무, 서어나무, 솔송나무, 송악, 전나무, 칠엽수, 함박꽃나무
중성수	전광의 10~30%에서 생존가능	개나리, 느릅나무, 물푸레나무, 산초나무, 목련, 잣나무, 은단풍, 참나무류, 철쭉, 편백, 탱자나무, 피나무, 마가목, 산사나무, 산딸나무, 생강나무, 수국, 화백, 회화나무
양수	전광의 30~60%에서 생존가능	과수류, 낙우송, 느티나무, 등나무, 무궁화, 밤나무, 벚나무, 버즘나무, 소나무, 은행나무, 오리나무, 이팝나무, 측백나무, 향나무, 가죽나무, 개잎갈나무, 메타세콰이어, 모감주나무, 라일락, 배롱나무, 백합나무, 산수유
극양수	전광의 60% 이상에서 생존가능	잎갈나무, 대왕소나무, 드릅나무, 방크스소나무, 붉나무, 연필향나무, 자작나무, 포플러

11. 양엽과 음엽

(1) 양엽

① 한 나무에서도 수관의 부위에 따라 광도가 다르다. 햇빛을 잘 받는 양지방향의 잎은 양엽으로서 광합성이 유리하며, 그늘 방향의 잎은 음엽으로서 햇빛이 부족하다.

② **양엽은 높은 광도에서 효율적인 광합성을 하도록 적응된 잎으로서 광포화점이 높고**, 책상조직이 빽빽하게 배열되어 있으며, 증산작용을 억제하기 위한 큐티클층과 잎의 두께가 두껍다.

(2) 음엽

낮은 광도에서 광합성을 효율적으로 하기 위해 잎이 양엽보다 넓으며, 광포화점이 낮고, 엽록소의 함량이 대체적으로 더 많다. 또한, 책상조직이 엉성하게 발달하고, 큐티클층과 잎의 두께가 얇다.

2 수목의 호흡

(1) 호흡작용은 원형질의 미토콘드리아에서 일어난다.

(2) 모든 유기물은 에너지를 가지고 있고, 그중 호흡에서 가장 효율적인 기본물질은 6탄당인 포도당이다.

(3) 호흡작용을 통해 광합성의 암반응과 같이 탄소의 숫자가 변화하는데, 근본적으로는 광합성의 역반응에 해당하는 산화과정이다.

(4) **호흡작용은 보통 3단계**
   ① 1단계: 해당작용(포도당 분해단계)
   ② 2단계: Krebs회로(4개의 CO_2를 발생시키면서 NADH를 생산하는 단계)
   ③ 3단계: 말단전자전달경로(ATP를 생산하는 과정)

(5) 목본식물에는 호흡을 하지 않는 죽어 있는 지지조직이 많기 때문에, 수목의 호흡량을 단위 건중량을 기준으로 하여 표시하면 미생물이나 초본식물보다 적게 나타난다.

(6) **어린 숲일 경우 왕성한 대사로 인하여 단위 건중량당 호흡량이 증가**하는데, 이것은 성숙한 숲에 비하여 엽량이 많고 살아 있는 조직이 많기 때문이다. 그러나 **전체 광합성량에 대한 호흡량의 비율은 반대 현상을 나타낸다.**

(7) 어린 임분에서는 전체 광합성량의 1/3 가량이 호흡작용으로 이용되고, 참나무·소나무 혼효림에서는 약 절반 가량이 이용되며, 극단적으로 노숙한 450년생 임분의 경우에는 광합성량의 90%까지도 호흡작용으로 없어질 수 있다.

(8) **밀식된 임분에서는 수목이 자라는 속도가 느려지는데**, 그 이유 중의 하나는 호흡량이 밀식되지 않은 임분보다 증가하기 때문이다.

(9) **음수는 양수에 비해 최대 광합성량이 적지만, 호흡량도 낮은 수준을 유지함으로써 효율적으로 그늘에서 살아갈 수 있다.**

(10) **수목이 성장하며 호흡량의 비율이 늘어나는 것은 전체 조직에 대한 비광합성 조직의 비율이 증가하기 때문**이다. 즉, 나이가 오래될수록 광합성을 할 수 없는 줄기와 뿌리의 체적이 증가하여 호흡량이 증가하는 반면, 엽량은 상대적으로 적게 증가하거나 감소하여 결국 호흡량의 비율이 증가하게 된다.

(11) 수목의 여러 부위 중에서 **잎의 호흡 활동이 가장 왕성**하다. 잎의 호흡량은 잎이 완전히 만들어진 직후 가장 왕성하며, 시간이 지남에 따라 점점 감퇴하여 가을에 생장을 정지하거나 낙엽 직전에는 최소로 줄어든다.

(12) 눈의 호흡은 계절적으로 변동이 심하다. 휴면기간 동안에는 최저수준을 유지하다가 봄철의 개엽 시기에는 급격히 호흡량이 증가하면서 새순이 자라고, 가을에 생장을 정지할 때까지 왕성하게 유지된다.

⒀ **굵은 가지나 수간의 호흡은 수피와 형성층 주변조직에서 주로 일어난다.** 새로 만들어진 사부와 몇 년 이내에 만들어진 변재 부위의 목부조직이 생리적으로 활동을 하고 있어 이들이 호흡의 대부분을 차지한다.
⒁ 형성층의 조직은 외부와 직접 접촉하지 않기 때문에 산소의 공급이 부족하여 **혐기성 호흡**이 일어나는 경향이 있다.
⒂ **뿌리도 산소 호흡을 한다.**
⒃ 과실의 호흡은 결실 직후에 가장 높으며, 그 후 과실이 자람에 따라 급격히 저하되어 과실이 익으면서 최소치를 나타내다가, 완전히 성숙하기 직전에 다시 호흡량이 일시적으로 증가한다.
⒄ 종자 호흡은 종자가 성숙하고 있는 기간에는 높지만, 일단 성숙하면 감소한다.
⒅ 수목은 야간에 광합성을 중단하고 호흡만 하는데, 야간온도가 주간온도보다 낮아야 수목이 정상적으로 자랄 수 있으며, 이러한 현상을 온도주기라고 한다.

3 온도

1. 온도와 식물분포

⑴ 온도는 수분과 함께 식물의 분포에 영향을 미치며 기온 지수는 연평균기온, 온량지수, 한량지수, 일생육적산온도 등이 있다.
⑵ 북한계선은 겨울철 최저온도가 중요한 역할을 한다.
⑶ 온량지수는 월평균기온이 5℃ 이상인 月에 대하여 5℃를 감한 수치를 합하여 계산한다.
⑷ 한량지수는 월평균기온이 5℃ 이하인 月에 대하여 5℃를 감한 수치를 합하여 계산한다.
⑸ 일생육적산온도는 일평균기온이 5℃ 이상인 날에 대하여 5℃를 감한 수치를 합하여 계산한다.

2. 산림과 기온변화

⑴ 산림은 낮에는 햇빛을 차단하여 숲 내의 공기를 서늘하게 하고, 야간에는 지온의 복사를 방지하여 숲 내 기온의 저하를 다소 감소시킨다.
⑵ 숲 내는 숲 외보다 다소 기온이 낮고 그 편차는 주간이 야간보다 크다.
⑶ 숲 내외의 기온차이는 계절별 및 높이별로 다른데, 주간에 숲 바닥쪽으로 갈수록 겨울에는 따뜻하고, 여름에는 서늘한 경향이 있다.

4 수분

수분은 온도와 함께 식물의 분포를 좌우하는 중요한 환경요소이다.

1. 수분의 기능

(1) 원형질의 구성성분이다.

(2) 광합성과 여러 가지 생화학적 가수분해의 반응물질이다.

(3) 기체, 무기염, 기타 여러 물질의 용매역할을 한다.

(4) 여러 대사물질을 다른 곳으로 운반시키는 운반수단이다.

(5) 식물세포의 팽압을 유지하는데 필요하다.

2. 수분퍼텐셜

수분퍼텐셜이란 물이 이동하는데 사용할 수 있는 에너지량을 의미하는데, 그리스문자인 φ로 표시하며, 국제적으로 사용하는 단위는 MPa이다.

수목에서 수분퍼텐셜은 삼투퍼텐셜, 압력퍼텐셜, 중력퍼텐셜, 기질퍼텐셜의 네 요소로 구성된다. 이러한 네 가지 요소를 모두 합치면 세포의 수분퍼텐셜은 항상 0보다 작은 값을 가지며, **수분의 이동은 수분퍼텐셜이 높은 곳에서 낮은 곳**으로 이루어진다.

(1) **삼투퍼텐셜**

① **주로 액포 속에 용해되어 있는 여러 가지 용질이 나타내는 삼투압에 의한 것이며, 그 값은 항상 0보다 작은 음수(-)이다.** 용질퍼텐셜이라고도 부른다.

② 삼투퍼텐셜은 삼투압에 비례하여 낮아지므로 삼투압이 높을수록 수분을 흡수하려는 힘, 즉 수분퍼텐셜이 낮아진다(실제로는 -값이 커지는 것).

③ 한 식물 내에서 어린잎이 성숙잎보다 삼투퍼텐셜 값이 더 낮아 수분부족으로 잎이 시들 때 성숙잎부터 시들게 된다.

④ 키가 큰 나무는 키가 작은 초본식물보다 값이 더 낮다.

⑤ 사막지대에 사는 식물은 건조한 토양으로부터 수분을 얻기 위하여, 그리고 염생식물은 염분이 많은 물에서 수분을 얻기 위하여 더 낮은 값을 가진다.

(2) **압력퍼텐셜**

① 세포가 수분을 흡수함으로써 원형질막이 세포벽을 향해 밀어내서 나타내는 압력(팽압)을 의미하는데, 그 값은 **수분을 충분히 흡수한 세포(뿌리와 잎)의 경우 (+)값을, 수분을 잃어버려 원형질분리 상태에 있을 때 0의 값을, 그리고 왕성하게 증산작용을 하고 있는 도관세포 내에서는 장력하에 있기 때문에 (-)값**을 가지게 된다.

② 세포가 수분을 많이 흡수할수록 팽압이 커지므로 압력퍼텐셜의 값도 커진다.

③ 삼투압은 세포 안으로 수분이 들어오도록 작용하는 힘이지만, 팽압에 비례하여 수분이 더 이상 들어오지 못하도록 저항하는 힘이 세포벽으로부터 반작용으로 생기기 때문에 팽압과 삼투압은 반대방향으로 서로 작용한다.

(3) 중력퍼텐셜

① 물은 중력에 의해 아래로 이동하며, 중력에 반하여 물이 위로 올라가기 위해서는 그만큼 힘이 더 필요하다. 중력에 역행하여 물을 위로 끌어올리는 힘을 중력퍼텐셜이라고 하며, (−)값을 가진다.

② 10m 올라갈 때마다 −0.1MPa만큼 중력퍼텐셜이 낮아진다.

③ 10m 미만의 키가 작은 초본과 수목에서는 무시되는 항목이다.

(4) 기질퍼텐셜

① 친수성을 가진 교질상태의 단백질과 전분 입자 등의 표면에 흡착되어 있는 물분자에 의한 것이다.

② 평소에 수분을 어느 정도 함유하고 있는 세포에서는 0에 가까운 수치를 나타내 일반적으로 식물의 수분퍼텐셜 구성성분으로서 무시되고 있지만, **건조한 종자나 건조한 토양에서는 기여도가 크며, (−)값**을 나타낸다.

③ **불포화상태의 토양에서 토양수 이동은 주로 기질퍼텐셜에 의해** 일어난다.

3. 수분 흡수 기작

(1) 수동흡수

① 식물이 증산작용을 왕성하게 하고 있을 때, 잎에서 증산작용으로 생기는 끌어올리는 힘에 의해 나무뿌리가 수동적으로 수분을 흡수하는 것이다.

② 대부분의 수분흡수는 이 방법에 의해 일어나며, 식물은 수분흡수의 과정에서 에너지를 소모하지 않는다.

(2) 능동흡수

① 활엽수가 증산작용을 거의 하지 않는 겨울철에 뿌리의 삼투압에 의해 수분을 능동적으로 흡수하는 것이다.

② 능동흡수는 목본식물에서 잎이 없는 겨울철에 증산작용을 하지 않을 때 관찰되기 때문에, 생육기간 중에 수목의 수분 흡수에 별로 기여하지 않는다고 해석한다.

4. 토양수분

(1) 중력수
비가 많이 온 직후, 물은 토양의 모든 공간을 차지하여 포화상태에 놓이며, 수 시간 혹은 하루 동안 중력에 의하여 배수되는 물이 있는데 이것을 중력수라 한다.

(2) 모세관수
중력에 저항하여 토양입자와 물분자 간의 부착력에 의하여 모세관 사이에 남아 있는 물이다. 식물이 이용 가능한 수분이다.

(3) 결합수
작은 교질입자 주변에 존재하거나 화학적으로 결합한 물이며, 식물이 이용할 수 없는 형태이다.

5. 토양수분항수

(1) 포화용수량
토양이 물을 가질 수 있는 최대용량이다.

(2) 포장용수량
토양의 큰 공극 중의 물은 중력에 의해 내려가고 배수되는데 그 후에 실제적으로 배수를 무시할 수 있는 평형상태에 도달한다. 이때의 수분상태를 포장용수량이라 한다. **모세관수로 포화된 상태의 토양수분량**을 말한다.

(3) 수분당량
다공질의 캡에 토양을 넣고 물로 포화시킨 후 이 시료캡을 중력의 1천배인 원심력장에서 탈수시키고, 그때의 잔류수분량을 함수비로 나타낸 것이다.

(4) 초기위조점
토양수분의 부족으로 식물이 시들기 시작하는 때의 토양수분상태이다. 대체로 pF = 3.8(7기압)이다.

(5) 영구위조점
초기위조가 있은 후 계속해서 수분이 감소하면 식물은 **영구위조상태가 되어 수분이 공급되어도 살아나지 못한다.** 이때를 말하는 것으로서 이 항수는 수분당량을 1.84로 나눈 값이다. 대체로 pF = 4.3~4.6이다.

(6) 흡습계수
건조한 토양을 수증기로 포화된 공기 중에 두면 토양입자의 표면에 수분이 흡착되어 평형점에 도달하는데, 이때의 수분상태를 말하는 것이다. 이것은 토양표면의 흡착이온의 영향을 받는다.

6. 수목의 증산작용과 수분스트레스

(1) 무기염의 흡수와 이동이 증산작용으로 촉진되며, 무기염은 도관을 타고 수분과 함께 위쪽으로 올라간다.

(2) 증산작용은 잎의 온도를 낮추어 준다.

(3) 엽면적은 수목 개체의 총 증산량에 큰 영향을 미치는데, 총 엽면적이 클수록 증산량이 많아진다.

(4) 커다란 단엽으로 되어 있는 것보다 여러 개의 소엽으로 된 복엽 형태가 증산량을 줄이는데 도움이 된다.

(5) 침엽수는 바늘형 잎을 가지고 있어 단위 엽면적당 증산량이 활엽수보다 적다.

(6) 일반적으로 침엽수는 단위 엽면적당 증산량이 활엽수보다 적지만 엽량이 더 많기 때문에 개체당 증산량을 비교하면 비슷한 크기의 활엽수와 거의 같은 증산량을 보인다.

(7) 낙엽수는 한겨울에도 가지와 줄기의 표면에 있는 피목에서 증산작용을 한다.

(8) 잎은 수목의 다른 부위에 비해서 훨씬 더 심한 수분스트레스를 더 오랫동안 받게 된다.

(9) 증산작용이 아침에 시작되면 나무 위쪽에 있는 수분이 먼저 없어지고, 그 다음에 아래쪽에 있는 수분이 없어지기 때문에 수간의 직경이 위에서부터 줄어들기 시작한다.

(10) 자유생장을 하는 수종은 수고생장기간이 긴 만큼 수분스트레스의 영향을 받는 기간도 전 생육기간에 걸쳐서 나타난다.

(11) 강우량이 많은 해에는 연륜폭이 넓어지는데, 특히 춘재의 양이 증가하며, 춘재의 구성세포가 건조한 해보다 직경이 크고 세포벽이 얇아진다.

(12) 수분스트레스는 춘재에서 추재로 이행되는 것을 촉진한다.

(13) 토양온도가 낮아질 경우 수목뿌리의 흡수력은 현저히 저하된다.

7. 요수량 및 증산율과 수분이용 효율

(1) **요수량**
① 생육기간 중 식물에 의해 만들어지는 **건물질의 단위량당 소비된 물의 양을 요수량**(要水量, water requirement)이라 한다. 요수량은 증산비 또는 증산계수(증산율)로 나타낸다.
② 증산량은 엽면적단위에 의한 방법, 연중량단위에 의한 방법, 생장량단위에 의한 방법으로 측정할 수 있다.

(2) **증산율**
식물의 단위 건중량을 생산하는데 소요되는 물의 양을 의미한다.

> 증산율 = 소모된 물의 양(kg/ha) / 건중량 생산량(kg/ha)

(3) **수분이용 효율(WUE)**
수확량에 중점을 두어 단위 증발산량에 대한 건중량 생산량을 의미한다.

> 수분이용 효율 = 건중량 생산량(kg/ha) / 증발산량(kg/ha)
> = 순CO_2 흡수량($\mu mol/m^2/s$) / 증산량($mmol/m^2/s$)

8. 건성식물의 수분부족에 대한 생리적 반응

(1) **건조탈출식물**
① 건조탈출식물은 **수분이 부족할 때 생리대사 기능을 정지시킨다.**
② 이들은 매우 왜소하고, **T/R비율이 작으며,** 생활사 기간이 매우 짧아서 발아-생장-개화-결실의 과정을 우기 동안에 완성한다.

(2) **내건성식물**
수분이 부족할 때 잎의 수분퍼텐셜을 낮추어서 수분흡수능을 높이고 팽압을 유지하여 광합성효율을 유지하는 식물이다.
① **건조회피형 식물**: 수분 부족 상황에 처했을 때 수분절약형 또는 수분소비형의 방법으로 수분퍼텐셜을 높게 유지하면서 건조를 피한다.
  ㉠ **수분절약형 식물**(water savers)은 다즙식물처럼 수분을 많이 저장하거나, 두꺼운 큐티클층으로 수분손실을 줄인다.
  ㉡ **수분소비형 식물**(water spenders)은 뿌리흡수력이 뛰어나서 함수율을 높게 유지하고 기공을 열어 수분을 소비하면서도 높은 광합성을 유지한다.
  ㉢ **수목의 내건성은 주로 이 두 방법을 혼용하는 건조회피형에 해당**한다. 즉, 형태적으로는 잎이 작아지고, 세포벽이 두꺼워지며, 각피와 왁스층이 잘 발달하고 기공이 함몰되며, 기공 주위에 왁스층이 발달하여 수분손실을 줄이는 동시에 뿌리는 깊고 넓게 확장하여 수분흡수를 높인다.

② **진정내건성 식물(true drought tolerant)**
  ㉠ 심한 건조 상황에서도 여러 방법으로 물을 흡수한다.
  ㉡ **세포 내에 충분한 삼투용질을 가지고 탈수가 일어나지 않게 하거나, 세포 내 용질의 농도를 높여서 삼투퍼텐셜을 낮추어 잎의 팽압을 유지하고 광합성을 계속한다.**
  ㉢ 진정내건성 수종인 소나무 · **은행나무** · 리기다소나무 · **상수리나무** 등은 증산을 억제할 수 있는 회피능력이 잘 발달해 있다.
  ㉣ 심한 탈수가 일어나더라도 물질대사에 부작용이 일어나지 않는 지의류 · 선태류 등은 잎의 수분퍼텐셜이 $-52 \sim 100$MPa이어도 광합성을 한다.

9. 수목의 내건성

(1) 심근성
심근성은 수목의 경우 장기간의 **한발을 견딜 수 있는 가장 중요한 전략**이며, 깊고 넓게 근계를 개척해서 한발에 대항하는 방법으로, 야자나무와 유칼리나무에서 볼 수 있다.

(2) 건조저항성
① **소나무류와 같이 표피에서 깊숙이 가라앉은 기공을 가진 경우, 기공 통로에 있는 왁스는 증산량을 감소시키는 데 큰 역할**을 한다.
② 식물이 수분이 부족한 환경에서 지속적으로 자라면 이에 적응하는 과정에서 건조저항성을 가지게 된다.

(3) 건조인내성
참나무류는 일반적으로 뿌리의 건조인내성이 줄기보다 높아서, 줄기가 말라죽은 후에 뿌리에서 근맹아를 생산하지만, 소나무류는 뿌리가 줄기보다 건조인내성이 약하다.

(4) 건조회피성(건조도피성)
① 건조기를 회피해서 생육하는 식물의 경우에 해당된다.
② 사막에서 자라는 초본식물은 비가 잠깐 오는 짧은 기간에 싹이 트고 개화하여 생활사를 완성하는데, 이를 단명식물이라고 부른다.

(5) 소나무의 내건성 기작
① 소나무의 **잎은 바늘형으로서 잎의 앞면과 뒷면이 모두 두꺼운 왁스층으로 싸여 있다.**
② 기공은 깊숙이 숨어 있고, 기공 입구가 왁스로 막혀 있어 기공이 열려 있어도 증산작용을 최소화하면서 이산화탄소를 흡수할 수 있다.
③ 소나무의 뿌리는 천근성의 가는 **뿌리**와 심근성의 굵은 **뿌리를 동시에 가지고 있다.**
④ 소나무 뿌리의 총량은 다른 수종들보다 더 많아 방대한 근계를 형성한다.

5 바람

1. 바람의 영향
(1) 증산작용을 촉진시키고, 잎의 온도를 낮추어주며 이산화탄소의 원활한 공급을 도와준다.
(2) 가루와 작은 종자 또는 종모가 달린 종자를 멀리 보내는 역할을 하는데 비산거리가 수백 km까지도 달한다.
(3) 숲에서의 풍속은 나무의 종류, 높이, 밀도, 지형, 경사 및 임지의 상태에 따라 다르다.
(4) 바람이 심한 지역에서는 나무가 깃발처럼 주풍방향의 반대 방향쪽으로 가지가 자라는 기형적 생장을 유도하기도 하고 줄기의 연륜생장도 같은 경향을 보인다.

2. 숲의 방풍작용
(1) 숲에서는 풍속이 완화되고 공중습도를 보존한다.
(2) 방풍림은 바람에 의한 토양침식을 방지하여 안정화시키며, 경작지의 증발산량이 감소하고 토양온도가 상승함으로써 작물의 증수가 가능하며 해안에서는 염분의 농도를 감소시킨다.

3. 풍해
(1) 풍해는 바람에 의해 가지나 잎이 떨어져 나가거나 수간이 부러지거나 뿌리째 뽑히는 풍도 현상 등 물리적 및 생리적 피해를 말한다.
(2) 풍해는 활엽수보다 침엽수가 더 심하게 나타나고, 엽량이 많고 천근성 수종이며 줄기가 약한 가문비나무류와 전나무류 및 잣나무류가 특히 심하다.

CHAPTER 02 토양

1 산림토양 단면

식물 생장의 모체인 토양은 고상, 액상, 기상으로 구성되어 있으며, 이들 삼상 사이의 물리, 화학, 생물학적인 관계는 상호 간의 특성이나 온도, 압력, 광 같은 외적인 인자에 의해 영향을 받는다.

산림토양의 화학적 성질이나 생물학적 성질은 변화될 수 있지만 토성, 토색 등과 같은 물리적 성질은 쉽게 변화시킬 수 없다. **우리나라의 토양 구성 목 중 토양이 어느 정도 발달하였지만 특징적인 토양층이 나타나지 않는 inceptisols이 가장 널리 분포한다.**

2 토양의 물리적 성질

1. 토성(soil texture)

⑴ 토성은 **토양 내 진흙, 미사, 모래의 상대적인 혼합비율**을 말한다.

⑵ 토성은 산림 생산성에 직접적으로 영향을 미치기보다는 간접적으로 영향을 미치며, 토심이 깊고 굵은 모래가 많은 토양은 양분요구도가 비교적 낮고 내건성이 강한 소나무류, 참나무류, 오리나무류 등이 생육할 수 있으나 생산성은 높지 않다.

⑶ 양토나 식토의 경우 한랭 지역은 가문비나무, 전나무, 단풍나무류, 피나무류 같은 수분이나 양분요구량이 높은 수종이 생육하며 온난한 지역은 활엽수류가 생육 가능하다.

⑷ 수분, 양분, 통기성이 좋은 토양에서 토성은 임목생장에 큰 영향을 미치지 않는다.

🌱 **토성별 수종 생장적지**

토성	수종
사토	소나무, 리기다소나무, 버드나무, 아카시아, 황철나무
사양토	대부분의 수종
양토	잣나무, 참나무 등 대부분 수종
미사질양토	잣나무 등 대부분 수종
식질양토	소나무, 전나무
식토	낙엽송, 서어나무, 가문비나무, 벚나무
석력토	대나무, 밤나무

2. 토양구조

(1) **토양입자나 입단의 공간적인 배열 또는 배합상태**를 말한다. 수분이동, 통기성, 가비중과 같은 토양성질은 토양의 입단과 토양입자에 의해 크게 영향을 받는다.

(2) 산림식생이 잘 발달된 지역은 토성에 관계없이 토양구조가 잘 발달되며, 토양구조는 공극과 물리적 성질과 밀접한 관계를 가지며 임목의 생장과도 높은 상관관계를 가진다.

(3) 토양구조가 좋은 산림토양은 답압이나 침식에 대한 저항성이 높다.

3. 토양공극과 용적비중

(1) 토양공극은 주로 수분과 공기로 구성되며 각각의 상대적인 비율은 계속 변화한다.

(2) 산림 수확 시 발생되는 토양답압은 공극량을 감소시켜 산림갱신이나 임목생장에 나쁜 영향을 준다.

(3) **산림토양의 공극이 경작토양보다 많아** 토양의 용적비중이 작으며, 산림토양은 공극률이 보통 40~60% 가량, 용적비중이 0.8~1.6 가량 되고, 공극이 많은 산림토양은 통기성이 좋다.

(4) **혼효임분은 단순임분보다 공극률이 크다.**

(5) 토양의 공극률은 입자밀도와 용적밀도를 파악하여 구할 수 있다.

3 토양의 화학적 성질

1. 토양산도

(1) 토양의 화학적 성질 중 가장 쉽게 관측이 되는 특성 중의 하나로서 **pH 7.0이 중성, pH 7.0 이상이 알칼리성, pH 7.0 이하를 산성토양**이라 하며, 토양산도는 산림수목의 분포에 영향을 준다.

(2) 산림토양의 pH는 국소기후나 토양 모재의 영향을 많이 받으며, pH는 침엽수나 활엽수 같은 식생군비의 변화나, 양분의 용탈, 시비, 유기물의 분해, 산불발생 등에 의해 변화될 수 있다. 특히 토양으로부터의 치환성양이온의 용탈은 토양 pH를 감소시킨다.

(3) 토양 pH는 미생물의 활성이나 양분유효도에 간접적인 영향을 미치기 때문에 결과적으로 임목생장에 직접적으로 영향을 미친다.

(4) 침엽수는 pH 5.0~7.0에서 잘 자라고, 묘포토양에서는 pH 5.0~6.0에서 잘 자란다.

(5) 활엽수 묘포는 pH 5.6~6.0 정도가 이상적이며 대부분의 임목들은 pH 4.5~6.5에서 잘 자란다. 그러나 pH 5.0 이하의 산림지역은 침엽수가 식재되는 것이 바람직하다.

(6) **pH 4.5 이하에서는 식물이 토양양료를 이용하기가 어렵다.** pH 6.5 이상에서는 입고병 때문에 식물의 생육이 불리하게 된다.

(7) **pH가 낮아져 토양산도가 증대하게 되면 대부분의 영양성분의 유효도는 감소하는 한편, 구리나 코발트와 같은 중금속의 유효도가 증가하여 식물의 뿌리에 부정적인 영향을 끼칠 수 있다.**

(8) 산림토양 pH는 계절적으로 변화하여 겨울에는 높고 여름철에 가장 낮으며, 연중 pH 1.0 범위에서 변화한다.

(9) 특히 임상의 pH는 신선한 낙엽으로부터 염기가 방출되는 시기인 가을이 가장 높고, 토양 pH는 같은 토양에서도 층위 사이에 상당한 차이를 보이는데 표토층의 pH가 심토층보다 낮은 것은 표토층으로부터 양분의 용탈이나 식물 뿌리의 양이온 흡수과정 동안 발생된 수소이온이 토양 내에서 증가하기 때문이다.

(10) 산불발생은 많은 양의 염기를 포함하는 재의 유입 때문에 토양 pH가 높아질 수 있으나 그 증가는 주로 표토층에 한정된다.

토양산도별 생육수종

산도	생육수종
3.9 이하	지의류, 선태(이끼)류, 관목류
4.0~4.7	유럽적송, **소나무**, 리기다소나무, 낙엽송, 진달래, 노간주나무
4.8~5.5	잣나무, 감문비나무류
5.6~6.5	대부분의 침엽수, 참나무류, 단풍나무, 피나무류, 느릅나무
6.6~7.3	호두나무, 백합나무, 양버즘나무, 측백나무, 전나무류
7.4~8.0	오리나무, 네군도단풍, 물푸레나무, 측백나무, 개오동나무
8.1~8.5	포플러

2. 양이온치환(염기치환)

(1) 토양의 점토입자와 콜로이드형태의 부식은 그 표면이 음전기를 띠고 있기 때문에 양전기를 띤 무기염을 흡착하여 저장하거나 다른 양이온과 교환할 수 있으며, 토양이 가지고 있는 이러한 능력을 양이온 치환능력이라고 한다. 토양비옥도의 척도가 되고, 점토와 유기물의 함량이 많을수록 그 치환능력이 커진다.

(2) 양이온치환용량은 토양의 비옥도 면에서 대단히 중요한데, 그 이유는 식물이 흡수하는 필수원소의 대부분이 양이온으로서 흡수되기 때문이다.

(3) 산성토양을 석회로 중화시키는 것도 교질입자의 양이온치환에 의한 것이다.

(4) 양이온이 토양표면에 부착하는 힘의 순위는 $H^+ > Ca^{2+} > Mg^{2+} > K^+ = NH_4^+ > Na^+$이다.

(5) **양이온치환용량에 대한 치환성양이온(Ca, Mg, K, Na)의 비율을 염기포화도**라 한다.

(6) **대부분의 산림토양의 염기포화도는 매우 낮고** 식생, 기후, 모재 등에 의해 크게 변한다.

(7) 토양 pH와 토양의 비옥도는 염기포화도의 증가와 밀접한 관련을 가진다. **토양 pH가 높고 비옥하면 염기포화도도 높고, pH가 낮고 척박하면 염기포화도도 낮다.**

3. 토양유기물

산림부식이란 넓은 의미로 토양단면상에 있는 모든 유기물질들이다. 부식의 L(litter)층은 **낙엽층으로 신선한 낙엽이나 낙지가 원래의 형태를 유지하고 있는 상태이며, F(fermentation)층은 분해층으로서 낙엽층의 하부에서 나타나며 일부는 분해가 진행되고 있지만 원래의 형태가 무엇인지는 알 수 있는 상태이고, H(humus)층은 부식층으로서 분해가 잘되어 원래의 형태가 무엇인지를 구별할 수 없는 상태**이다.

부식은 정부식(Mull)과 조부식(Mor)으로 구분하며 곳에 따라 반부식이 있는 곳도 있다.

> **토양의 단면**
> 경작토양은 주기적으로 갈아엎어 경운층이 있지만, 산림토양은 경운층이 없어 낙엽층이 존재한다.
> ① 산림토양에는 유기물층(O층)이 영구적으로 존재하는데 유기물의 분해정도에 따라 낙엽층(L층), 발효층(F층), 부식층(H층)으로 구분한다.
> ② O층을 임상이라고 한다.
> ③ A층(용탈층)은 입자가 작은 점토와 철과 알루미늄이 용탈되는 층이다.
> ④ B층(집적층)은 A층에서 용탈된 물질이 축적된다.

(1) 부식의 분류

① 정부식
  ㉠ 지상으로부터 상당한 양의 낙엽유입에도 불구하고 여러 가지 토양소동물에 의한 낙엽분해가 활발하여 L층과 F층은 거의 없거나 존재하지 않으며 온난습윤한 기후의 활엽수 임분에서 발달한다.
  ㉡ 통기가 잘 되어 유기물이 빨리 분해될 수 있는 토양 위에 나타나는 임상으로서 밑에 있는 무기토양층과 섞여서 **임상에서 무기질 토양으로의 이행이 점진적이다.**

② 조부식
  ㉠ 정부식과는 반대로 산성의 한냉습윤한 침엽수 임분하에서 발달하며 낙엽의 분해 속도가 느리고 불완전한 경향이 있다.
  ㉡ L층은 수mm에서 수cm까지 분포하며, F층은 세근과 균사가 풍부하고, H층은 시간, 기후, 토양 등에 따라 다양한 깊이를 가지고 있으며 광물질 토층과 구별이 비교적 뚜렷하다.
  ㉢ 조부식은 여러 가지 유기산을 포함하고 있어 토양이 심한 산성을 나타내기 때문에 미생물의 활동이 약하고 염기류의 유실이 촉진된다.
  ㉣ 낙엽낙지의 분해가 일반적으로 느리고 불완전하여 밑에 있는 무기토양층과 섞이지 않으므로 임상에서 무기질 토양으로의 **이행이 급진적이다.**

③ 반부식(중부식)
  ㉠ 정부식과 조부식의 중간형태의 특징을 가지고 있으며 부식의 이동상태는 정부식에 가깝고 상층에서 하층으로 점차 이행하여 다시 광물질 토양으로 침입하여 층위간의 구별은 불명료하다.
  ㉡ pH는 높고 낙엽분해는 빠르고 완전하며 침활혼효림에서 주로 발달한다.

(2) 산림토양 내 유기물의 기능
① 토양의 입단구조 유도
② 공극과 통기성 증가
③ 토양온도의 변화 완화
④ 보수력 증가
⑤ 양이온치환능력 증가
⑥ 분해되어 영양소 공급
⑦ 토양미생물이 필요로 하는 에너지 제공

4 토양미생물

1. 질소고정 미생물

(1) 산림 내에서 질소를 고정하는 식물은 콩과식물과 비콩과식물로 나눈다.

(2) 목본콩과식물 중 싸리류, 칡, 아까시나무의 질소고정이 산림에서 중요하다.

(3) 비콩과식물 중에서 Frankia에 의해 질소고정을 하는 식물은 대부분 목본식물로서 오리나무류와 보리수나무류 등이다.

🌱 산림 내 질소고정 미생물

구분	미생물	생활형태	기주
단독	Azotobacter	호기성	-
	Clostridium	혐기성	
공생	Cyanobacteria	외생	지의류, 소철
	Rhizobium Bradyrhizobium	내생	콩과
	Frankia	내생	오리나무, 보리수나무, 소귀나무

> 📖 **질소고정**
> ① 생물적 질소고정은 nitrogenase 효소를 가진 미생물이 질소를 수소이온과 결합시켜 암모니아로 바꾸는 것이고, 전기적 질소고정은 번개에 의하여 발생한 전기 전하로 질소가 산소와 결합하여 질소산화물이 생긴다.
> ② 광화학적 질소고정은 자외선에 의하여 질소가 물과 반응하여 암모니아가 되고, 공업적 질소고정은 인위적으로 질소를 수소와 결합시켜 암모니아를 만드는 것이다. 이와 같은 과정을 거쳐 대기로부터 매년 육상생태계로 유입되는 질소는 대략 1억 4,000만ton 정도이다(산업적 질소 고정 9,000만ton, 생물적 질소고정 4,000만ton, 전기적 질소고정 1,000만ton).
> ③ 산업적 질소고정은 질소를 암모니아로 만든 다음 요소·질산암모늄·황산암모늄의 비료를 만드는 것이다. 생산된 질소비료는 수로 농업에 사용되고, 산림에서도 실소비료가 임목 생장은 증가시키지만, 경제성으로 인하여 극히 제한적으로 사용되고 있다. 질소비료를 산림에 사용할 경우 사용량의 20~25%가 임목에 흡수되고, 나머지 대부분은 토양입자에 흡착되어 있거나 미생물 내에 고정되어 남아 있으며, 일부는 물에 녹거나 가스형태로 소실된다.

2. 균근

(1) 균근은 식물의 어린뿌리가 토양 중에 있는 곰팡이와 공생한다. 곰팡이는 식물의 뿌리와 공생하면서 수분과 양료를 흡수하여 기주식물에 공급해 주고, 기주식물은 곰팡이에게 탄수화물을 전해준다.

(2) 균근의 역할
  ① 토양 중에 있는 인산의 흡수를 촉진시키며, 산림과 같은 산성토양에서 암모늄태(NH_4^+)질소를 흡수할 수 있도록 해준다.
  ② 병원균에 대한 저항성을 향상시킨다.
  ③ 식물의 생육이 불리한 한계토양에서 산림생산성을 증가시킨다.

(3) 균근의 형성률
토양 중에 있는 인산의 함량과 반비례하며, 일반적으로 균근의 형성률과 감염률은 토양의 비옥도가 높을수록 낮다. 균근은 뿌리 한복판의 통도조직을 침범하지 않는다.

(4) 균사가 기주식물 뿌리 속에서 자라는 위치와 형태에 따른 균근의 종류
  ① 외생균근
    ㉠ 외생균근은 **목본식물에서 발견되는 형태로서 균투를 형성**하고, 뿌리 속으로 피층까지 침투하여 세포와 세포 사이의 간극에 균사에 의한 하티그망을 만들며, 피층보다 더 안쪽으로 들어가지 않는다.
    ㉡ 감염된 식물의 **뿌리는 직경이 굵어지며, 뿌리털을 형성하지 않는다.**
    ㉢ 인산이온처럼 이동성이 느린 이온의 흡수에 도움을 주며, 지력이 낮은 곳에서 큰 역할을 한다.
    ㉣ 소나무류처럼 뿌리의 분기가 잘 되지 못하는 임목에서는 균근의 효과가 크다.
    ㉤ 소나무과의 수목은 필수적으로 외생균근을 형성하며, 천연상태에서 균근 없이 살아갈 수 없고, **송이버섯은 소나무의 대표적 외생균근의 일종**이다.
    ㉥ 지력이 좋아질수록 외생균근은 감소하는데, 그 이유는 수관의 확장이 잘 되는 강건한 임목이 뿌리의 왕성한 생장을 할 때 수관에서 다량의 호르몬이 뿌리로 공급되고, 이것이 균근의 성장을 억제하기 때문이다.
  ② 내생균근
    ㉠ **균사가 뿌리의 피층세포 안으로 침투**하여 자란다.
    ㉡ 균투를 형성하지 않으며, 감염된 식물의 **뿌리털이 정상적으로 발달**한다.
    ㉢ 들메나무, 백합나무, 단풍나무, 향나무, 낙우송, 측백나무 등에서 관찰되며, **기주범위가 외생균근보다 넓다.**
  ③ 내외생균근
    ㉠ **외생균근과 내생균근의 중간 성질을 지니는 것으로, 외생균근 곰팡이의 균사가 세포 안으로 침투하여 자라는 형태**이다.
    ㉡ 피나무, 너도밤나무, 전나무 등 소수에서 관찰되며, 소나무류의 유목에서 발견된다.

5 주요 암석

1. 주요 암석의 개념

(1) 모재와 토양

① 조암광물(造岩鑛物, 1차광물) : 암석을 구성하는 물질(무기물)로서 장석 > 각섬석·휘석 > 석영 > 운모 순으로 많다.

② 암석의 화학적 조성성분 : 규산(SiO_2) > 알루미나(Al_2O_3) > 산화철(Fe_2O_3) > 석회(CaO) > 고토(MgO) > 소다(Na_2O) > 칼륨(K_2O) 순서로 되어 있다.

(2) 암석은 생성원인에 따라 3가지로 구분된다.

① 화성암 : 지각 내부의 마그마가 굳어져서 형성된 암석
② 퇴적암 : 풍화물이 퇴적되어 굳어진 암석
③ 변성암 : 화성암과 퇴적암이 열과 압력의 영향으로 변화된 암석

2. 화성암류

화산의 용암이 굳어서 생긴 것으로 냉각 속도에 따라 암석의 조직이 다르다. 깊은 곳에서 생긴 암석을 심성암이라 하며 화강암은 그 한 예이다. 지표면 가까이서 응고한 것이 유문암이며, 반심성암류로는 화강반암이 있다. 이상의 화성암은 모두 규산의 함량이 66% 이상이며 주성분은 석영, 정장석, 흑운모 또는 백운모, 각섬석, 휘석 등이다. **규산(SiO_2) 함량에 따라** 암석의 색과 화학적 조성이 다르다.

◎ 화성암의 주요 조암광물(6대 조암광물) : 석영, 장석, 운모, 각섬석, 감람석, 휘석

화성암의 종류

규산함량 생성상태	산성암 (규산 65~75%)	중성암 (규산 55~65%)	염기성암 (규산 40~55%)
심성암	화강암 : 국내 토양의 2/3 차지	섬록암	반려암
반심성암	석영반암	섬록반암	휘록암
화산암	유문암	안산암	현무암

(1) 화강암

① 주로 흑운모를 가지고 있고, 입상조직을 나타낸다.
② 심성암 중에서 가장 분포가 넓으며, 주요광물 성분은 석영, 장석, 운모, 각섬석 또는 휘석 등이며 장석, 운모, 휘석, 각섬석, 석영의 순으로 풍화된다.
③ 장석과 운모가 풍화되면 산화철을 함유한 점토를 생성한다. 석영이 가장 풍화되기 어렵고, 이것이 부서지면 모래가 된다.
④ 화강암이 풍화되면 결정 입자가 거칠며, 풍화가 용이하여 토심은 중 정도이다. 양호한 토양을 형성하나 세립일 때는 풍화가 어려워 토심이 얕고 척박한 역질 사토로서 좋지 않은 임지를 형성한다.

⑤ 보통 양질 또는 사질의 토양이 되며 때로는 식질토양이 되는 경우도 있다. 성숙토양은 양호한 임지를 형성하나 칼슘이 적고 유기물 분해가 나쁘므로 산성의 모재를 형성한다.
⑥ 남벌시는 황폐되기 쉽고, 토심이 얕은 곳에서는 적송이 많고 심토에서는 침활엽수림이 생육한다.

(2) 섬록암
① 섬록암은 화강암과 비슷하지만 흑백의 조립반점으로 된 결정질로 화강암보다 다소 검게 보인다.
② 사장석과 각섬석의 혼합물로 중성암이며 풍화는 결합상태에 따라 차이는 있으나 풍화되기 쉬우며 식질토양 또는 중점토를 이룬다.
③ 석영이 함유된 석영섬록암은 화강암의 풍화토와 유사한 토양을 형성하고 다른 토양에 비하여 붕괴되지 않는 성질이 있다.

(3) 반려암
① 주성분은 사장석과 휘석이지만 각섬석, 감람석, 자철광 등을 함유하기도 한다. 흑색을 띤 무거운 세립의 결정질인 염기성암으로 분해가 잘되고 특히 휘석이 먼저 풍화되며 산화철을 다량 함유한 식토가 된다.
② 간혹 중점토도 있으며 비옥한 임지가 된다.

(4) 석영반암
① 반심성암으로서 화강암과 성분이 대략 같다. 석영이 많고 치밀하여 풍화가 곤란하기 때문에 토심이 얕고 석괴가 많으며 척박한 사토가 된다.
② 일반적으로 황폐하기 쉬우므로 불량임지를 형성한다.

(5) 반암
① 섬록암과 대개 같으며 장석과 운모의 혼합물, 때로는 각섬석, 휘석이 혼합된다.
② 풍화가 용이하며 그 생성토양은 석괴를 함유한 것이 많지만 토심이 깊은 점토로서 유기물의 분해가 늦고 임지의 지위는 중(中) 정도이다.

(6) 석영조면암 및 조면암
① 석영조면암은 화산암으로서 성분은 화강암과 같은 산성에 속하며, 분해는 화강암과 같이 풍화가 용이하지만 우수에 손실되기 쉬운 관계로 얕고 척박하며 건조한 토양을 형성한다.
② 미세립의 치밀한 암석인 조면암은 사질토양을 생성하며, 칼륨이 많고 계곡에서는 깊은 토심을 이룬다.

(7) 안산암
① 중성 화산암으로서 주성분은 사장석이며 그 외에 휘석, 각섬석, 흑운모 등이고 때로는 소량의 감람석과 석영을 함유하고 있다.
② 미정질의 주성분 광물반정이 산재되어 있어 치밀한 것부터 다공질인 것 등 물리적 성질을 달리하는 것도 있고 풍화상태에 따라 생성물의 성질도 다르다.
③ 가장 보편적인 휘석안산암은 대개 식질토양으로서 보수력은 크지만 물리적 성질은 불량하다.

(8) 현무암
　① 반려암과 같은 휘석, 감람석, 자철광으로 구성되어 있으며 암색을 띠는 세립질의 척박한 염기성암이다.
　② 풍화가 곤란하고 풍화토는 산화철이 풍부한 적갈색의 중점식토로 된다.
　③ 급사지에서는 척박지가 되기 쉽지만, 저지대에서는 토심은 중(中) 정도의 비옥지 토양을 만든다.
　④ 제주도 토양의 대부분이다.

3. 퇴적암

지표의 암석은 풍화작용을 받아 암석이 분리되고 물에 용해되어 기암에서 분리되며 여러 종류의 유해가 육상 또는 수저에 쌓여서 만들어진 암석이 퇴적암(수성암)이다. 육지표면 암석의 75%는 퇴적암(변성퇴적암)이고 25%만 화성암(변성화성암)으로 되어 있다.

(1) 혈암
　① 모래가 점토와 같은 미세한 입자와 고결된 것으로 구성입자는 육안으로 식별하기 어렵다.
　② 조성광물은 장석, 석영, 점토광물 등이며 빛깔은 사암의 경우와 같이 여러 가지이다. 혈암(이판암)의 분포는 전 퇴적암의 반 정도이며 생성토양은 점판암과 비슷하다.

(2) 석회암
　① 회백색 내지 갈색으로서 방해석을 주성분으로 하고 다소의 백운석을 함유하고 있다. 조개와 산호 등의 유해가 물속에서 퇴적한 것으로서 때로는 화학적 침전으로써만 된 것도 있다.
　② 탄산수에 잘 용해되며 풍화도 높다. 규산염을 다량 함유한 암석류에서는 알칼리성토양이 된다.
　③ 강원도 남부와 충북 단양지방에 분포하고, 토양은 강우에 의하여 잘 손실되며, 타암석의 혼합비율에 따라 토성이 달라진다.
　④ 경사면에서는 토심이 얕고 돌이 많으며, 저지대의 유기질 분해가 양호한 곳에서는 지위도 양호하다.
　⑤ 우리나라의 석회암 지대에서는 회양목, 노간주나무, 수수꽃다리 같은 것이 자라고 있다.

(3) 사암
　① 모래가 점토, 규산, 산화철, 석회 등의 응결제에 의해 고결된 것이다.
　② 응결제의 색이 회색, 갈색, 암색, 암록색 등을 나타낸다. 이것이 풍화되면 사질이 된다.

4. 변성암류

암석에 큰 압력이나 높은 온도가 가해질 때 또는 화학성분의 가감이 일어날 때 변질작용이 심하여 생성된 암석이다.

(1) 편마암
① 화강암과 같은 광물조성(석영, 장석, 운모)을 가지지만 장석을 주성분으로 하는 편마상의 변성암이다.
② 장석과 흑운모가 많은 것은 분해가 빠르며, 조직이 거칠고 층리가 수직일 때는 분해가 용이하여 암석열 사이로 뿌리를 뻗을 수 있어 임목생장이 비교적 양호한 편이다.
③ 화강암질 토양과 유사하며 칼륨함량이 풍부하고 분포지역은 강원, 경기, 전남 등이다.

(2) 점판암
① 혈암이 압력을 받아 고결된 것으로서 층상으로 박리되며, 대부분 암회색을 띠는 암석이다.
② 혈암이나 이암에 비하여 풍화가 매우 늦으며 다소의 유기물이 있다 하더라도 적색풍화토는 점질로 수분통기성 등 물리적 성질이 불량하다.

PART 04 단원 OX 문제

01 광합성은 엽록체에서, 호흡은 미토콘드리아에서 일어난다. ( )

02 수동흡수는 낙엽수가 증산작용을 거의 하지 않는 겨울철에 뿌리의 삼투압에 의해 수분을 수동적으로 흡수하는 것이다. ( )

03 질소고정 미생물이란 식물의 어린뿌리가 토양 중에 있는 곰팡이와 공생하는 형태이다. ( )

04 숲에서는 나무의 잎이나 가지 등에 의하여 햇빛이 차단되어 임상(forest floor)에 도달하는 광량은 감소한다. ( )

05 식물의 수분이동은 수분퍼텐셜이 낮은 곳에서 높은 곳으로 이동한다. ( )

06 양엽은 높은 광도에서 효율적인 광합성을 하도록 적응된 잎으로서 광포화점이 높고, 책상조직이 빽빽하게 배열되어 있으며, 증산작용을 억제하기 위한 큐티클층과 잎의 두께가 두껍다. ( )

07 녹색식물은 인간의 눈과 마찬가지로 파장 340~700nm의 가시광선 부근의 광선을 이용해 광합성을 한다. ( )

08 명반응은 햇빛이 있을 때 엽록체의 grana에서 진행된다. ( )

09 일반적으로 수목은 수령이 많아짐에 따라 내음성이 증가한다. ( )

10 온도가 높을수록 수목이 요구하는 광량은 증가한다. ( )

11 중성수는 전광의 10~30%에서 생존가능하다. ( )

12 광합성 작용에서 카로티노이드의 가장 중요한 기능은 엽록소를 보조하여 햇빛을 흡수함으로써 광합성시 보조색소 역할을 담당하는 것이다. ( )

13 밀식된 임분에서는 수목이 자라는 속도가 느려지는데, 그 이유 중의 하나는 호흡량이 밀식되지 않은 임분보다 증가하기 때문이다. ( )

14 자유생장을 하는 수종은 수고생장기간이 긴 만큼 수분스트레스의 영향을 받는 기간도 전 생육기간에 걸쳐서 나타난다. ( )

15 음수는 광보상점과 광포화점이 양수보다는 낮아 낮은 광조건 하에서도 광합성을 효율적으로 수행한다. ( )

16 Phytochrome은 암흑 속에서 기른 식물체 내에 가장 많은 양이 들어있으며, 햇빛을 받으면 합성이 일부 파괴되거나 금지된다. ( )

17 버드나무·연필향나무·자작나무는 극음수이다. ( )

18 식물이 햇빛을 향해 자라는 주광성은 청색과 보라색 광선에 의해 효과가 나타나며 파장은 320~450nm 부근이다. ( )

19 수목의 여러 부위 중에서 줄기에 호흡활동이 가장 왕성하다. ( )

20 삼투퍼텐셜은 주로 액포 속에 용해되어 있는 여러 가지 용질이 나타내는 삼투압에 의한 것이다. ( )

21 일반적으로 산림토양의 공극률은 농지토양보다 작으며, 혼효임분은 단순임분보다 공극률이 작다. ( )

22 낙엽수는 한겨울에도 가지와 줄기의 표면에서 증산작용을 수행한다. ( )

23 수분스트레스는 춘재에서 추재로 이행되는 것을 억제한다. ( )

24 참나무류는 일반적으로 뿌리의 건조인내성이 줄기보다 높아서, 줄기가 말라죽은 후에 뿌리에서 근맹아를 생산하지만, 소나무류의 경우에는 뿌리가 줄기보다 건조인내성이 약하다. (   )

25 과실의 호흡은 결실 직후에 가장 높으며, 그 후 과실이 자람에 따라 급격히 저하되어 과실이 익으면서 최소치를 나타내다가 완전히 성숙하기 직전에 다시 호흡량이 일시적으로 증가한다. (   )

26 조부식은 통기가 잘 되어 유기물이 빨리 분해가 될 수 있는 토양 위에 나타나는 임상으로서 밑에 있는 무기토양층과 섞여서 임상에서 무기질 토양으로의 이행이 점진적으로 이루어지는 것이 특징이다. (   )

27 수분절약형 식물(water savers)은 다즙식물처럼 수분을 많이 저장하거나, 두꺼운 큐티클층으로 수분손실을 줄인다. (   )

28 초기위조점은 토양수분의 부족으로 식물이 시들기 시작하는 때의 토양수분상태이다. (   )

29 식물이 수분이 부족한 환경에서 지속적으로 자라면 이에 적응하는 과정에서 건조 저항성을 가지게 된다. (   )

30 좋은 구조를 가지는 산림토양은 답압이나 침식에 대한 저항성이 높다. (   )

31 내생균근은 균투를 형성하지 않으며, 감염된 식물의 뿌리털이 정상적으로 발달한다. (   )

32 대부분의 산림토양 pH는 계절적으로 변화하며 겨울에는 일반적으로 다른 계절에 비해 낮고 여름철에 가장 높으며 연중 PH 1.0 범위에서 변화한다. (   )

33 내외생균근은 외생균근과 내생균근의 중간 성질을 지니는 것으로, 외생균근 곰팡이의 균사가 세포 안으로 침투하여 자라는 형태이다. (   )

34 건조탈출식물은 수분이 부족할 때 생리대사기능이 빨라진다. (   )

35 산림토양 내 유기물은 토양미생물이 필요로 하는 에너지를 제공한다. (   )

36 콩과식물 중에서 Frankia에 의해 질소고정을 하는 식물은 대부분 목본식물로서 오리나무류가 중요하게 여겨진다. ( )

37 토양 pH와 토양의 비옥도는 염기포화도의 증가와 밀접한 관련을 가지며 토양 pH가 높고 비옥하면 염기포화도도 높고 pH가 낮고 척박하면 염기포화도도 낮다. ( )

38 강우량이 많은 해에는 연륜폭이 넓어지는데, 특히 추재의 양이 증가하며, 추재의 구성세포가 건조한 해보다 직경이 크고 세포벽이 얇아진다. ( )

39 외생균근은 주로 목본식물에서 발견되는 형태로서 균투를 형성하고, 뿌리 속으로 피층까지 침투하여 세포와 세포 사이의 간극에 균사에 의한 하티그망을 만들며, 피층보다 더 안쪽으로 들어가지 않는다. ( )

40 진정내건성 식물은 심한 건조 상황에서도 여러 방법으로 물을 흡수할 수 있다. ( )

41 기질퍼텐셜은 친수성을 가진 교질상태의 단백질과 전분 입자 등의 표면에 흡착되어 있는 물분자에 의한 것이다. ( )

42 토양 pH 6.6~7.3에서는 호두나무, 백합나무, 양버즘나무, 측백나무 등이 생육한다. ( )

43 산업적 질소고정은 질소를 암모니아로 만든 다음 요소·질산암모늄·황산암모늄 등과 같은 비료를 만드는 것이다. ( )

44 Cyanobacteria는 내생공생을 하는 질소고정 미생물이다. ( )

45 정부식은 여러 가지 유기산을 포함하고 있어 토양이 심한 산성을 나타내기 때문에 미생물의 활동이 약하고 염기류의 유실이 촉진된다. ( )

46 대부분의 산림토양의 염기포화도는 매우 높고 식생, 기후, 모재 등에 의해 크게 변한다. ( )

47 일반 경작토양은 경운을 자주 하지만, 산림토양은 경운을 하지 않아서 낙엽이 쌓여있다는 점이 일반 경작토양과 다른 점이다. ( )

48 송이버섯은 소나무와 관계있는 대표적 내생균근의 일종이다. ( )

49 생물적 질소고정은 nitrogenase 효소를 가진 미생물이 질소를 수소이온과 결합시켜 암모니아로 바꾸는 것이고, 전기적 질소고정은 번개에 의하여 발생한 전기 전하로 질소가 산소와 결합하여 질소산화물이 생기는 것이다. ( )

50 소나무의 기공은 깊숙이 숨어 있고, 기공 입구가 왁스로 막혀 있어 기공이 열려 있어도 증산작용을 최소화하면서 이산화탄소를 흡수할 수 있다. ( )

51 토양 pH가 낮아져 토양산도가 증대하게 되면 대부분의 영양성분의 유효도는 감소하는 한편, 구리나 코발트와 같은 중금속의 유효도가 증가하여 식물의 뿌리에 부정적인 영향을 끼칠 수 있다. ( )

Answer

01 ○	02 ×	03 ×	04 ○	05 ×	06 ○	07 ○	08 ○	09 ×	10 ×
11 ○	12 ○	13 ○	14 ○	15 ○	16 ○	17 ×	18 ○	19 ×	20 ○
21 ×	22 ○	23 ×	24 ○	25 ○	26 ×	27 ○	28 ○	29 ○	30 ○
31 ○	32 ×	33 ○	34 ×	35 ○	36 ×	37 ○	38 ×	39 ○	40 ○
41 ○	42 ○	43 ○	44 ×	45 ×	46 ×	47 ○	48 ×	49 ○	50 ○
51 ○									

PART 04 단원 기출문제

01 균근에 대한 설명으로 가장 옳지 않은 것은?   2022. 서울시

① 외생균근은 수목 뿌리에 균투와 하티그망을 형성한다.
② 균근은 토양 중에 있는 무기염의 흡수를 촉진한다.
③ 일반적으로 균근의 형성률과 감염률은 토양의 비옥도가 높을수록 낮다.
④ 내생균근은 외생균근과 달리 뿌리 한복판의 통도조직 안으로 침투하여 자란다.

02 수목의 양엽과 음엽에 대한 일반적인 설명으로 옳지 않은 것은?   2018. 지방직

① 음엽의 광포화점은 양엽보다 낮다.
② 음엽은 낮은 광도에서 양엽보다 광합성효율이 높다.
③ 양엽의 엽록소함량은 음엽보다 많다.
④ 양엽의 책상조직은 음엽보다 촘촘하다.

03 산림토양에 대한 설명으로 옳지 않은 것은?   2023. 국가직

① 침엽수종이 자라는 토양은 활엽수종이 자라는 토양보다 pH가 낮다.
② 산림토양의 공극률은 비슷한 토성의 경작지 토양보다 낮은 것이 일반적이다.
③ 산림토양의 입단형성이 비교적 잘 되는 이유는 매년 낙엽·낙지가 토양으로 환원되기 때문이다.
④ 토양의 점토함량이 많을수록 포장용수량이 증가하는데, 이는 소공극이 많아지고 공극률이 커지기 때문이다.

04 산림토양에 대한 설명으로 옳지 않은 것은?   2022. 국가직

① 불포화상태의 토양에서 토양수 이동은 주로 기질퍼텐셜에 의해 일어난다.
② 우리나라의 토양 구성 목 중 Entisols의 비율이 가장 높다.
③ 토양의 공극률은 입자밀도와 용적밀도를 파악하여 구할 수 있다.
④ 오리나무와 공생하는 토양 내 Frankia 질소고정균은 소귀나무와도 공생한다.

05 활성화된 파이토크롬(Pfr)을 불활성화시키는데 가장 효율적인 빛의 파장[nm]은?

2017. 7급

① 380
② 550
③ 660
④ 730

06 오리나무류에 공생하는 질소고정 미생물은?

2020. 지방직

① Azotobacter
② Clostridium
③ Frankia
④ Rhizobium

정답 및 해설   01 ④   02 ③   03 ②   04 ②   05 ④   06 ③

01 ④ 균근은 뿌리 한복판의 통도조직을 침범하지 않는다.

02 🌱 **양엽과 음엽**

> ① 한 나무에서도 수관의 부위에 따라 광도가 다르다. 햇빛을 잘 받는 양지방향의 잎은 양엽으로서 광합성이 유리하며, 그늘방향의 잎은 음엽으로서 햇빛이 부족하다.
> ② 양엽은 높은 광도에서 효율적인 광합성을 하도록 적응된 잎으로서 광포화점이 높고, 책상조직이 빽빽하게 배열되어 있으며, 증산작용을 억제하기 위한 큐티클층과 잎의 두께가 두껍다.
> ③ 음엽은 낮은 광도에서 광합성을 효율적으로 하기 위해 광포화점이 낮고, 잎이 양엽보다 넓으며, 엽록소의 함량도 더 많다. 또한 책상조직이 엉성하게 발달하고, 큐티클층과 잎의 두께가 얇다.

03 ② 일반적으로 산림토양의 공극이 경작토양보다 많으며, 혼효임분은 단순임분보다 공극률이 크다.

04 ② 우리나라의 토양 구성 목 중 토양이 어느 정도 발달하였지만 특징적인 토양층이 나타나지 않는 Inceptisols이 가장 널리 분포한다.

05 ④ 피토크롬은 어떤 파장의 빛을 받느냐에 따라 다른 형태로 존재한다. 파장 660nm의 적색광을 비추면 Pr형태에서 Pfr형태로 바뀌며, 파장 730nm의 원적색광을 비추면 다시 Pr형태로 바뀐다. Pfr은 생리적으로 활성을 띠는 형태로서 여러 가지 광주기 현상, 종자휴면, 광형태 변화 등을 지배한다.

06 🌱 **산림 내 질소고정 미생물**

구분	미생물	생활형태	기주
단독	Azotobacter	호기성	-
	Clostridium	혐기성	
공생	Cyanobacteria	외생	지의류, 소철
	Rhizobium Bradyrhizobium	내생	콩과
	Frankia	내생	오리나무, 보리수나무, 소귀나무

07 식물의 광수용체에 대한 설명으로 가장 옳지 않은 것은? 2022. 서울시

① 피토크롬은 종자 발아에서부터 개화까지 식물 생장의 전 과정에 관여하며, 적색광과 원적색광에 반응을 보인다.
② 피토크롬은 햇빛을 받은 식물체 내에 가장 많은 양이 들어있으며, 암흑 속에서 합성이 일부 금지되거나 파괴된다.
③ 포토트로핀은 청색광에 반응을 보이는 광수용체이다.
④ 크립토크롬은 포토트로핀과 함께 청색광과 자외선을 흡수하여 굴광성에 관여하는 광수용체이다.

08 내음성이 강한 수종부터 순서대로 바르게 나열한 것은? 2016. 국가직

① 사철나무 > 물푸레나무 > 자작나무
② 주목 > 낙엽송 > 비자나무
③ 회양목 > 버드나무 > 단풍나무
④ 잣나무 > 느티나무 > 서어나무

09 내음성이 높은 수종의 순으로 옳은 것은? 2014. 서울시

① 주목 > 낙엽송 > 소나무
② 사철나무 > 버드나무 > 목련
③ 단풍나무 > 포플러 > 벚나무
④ 서어나무 > 은행나무 > 전나무
⑤ 회양목 > 낙우송 > 자작나무

10 수목의 내음성에 대한 설명으로 옳지 않은 것은? 2016. 지방직

① 내음성이 강한 수종은 자연전지와 자연간벌이 잘 되는 편이다.
② 고로쇠나무는 사시나무보다 내음성이 강한 편이다.
③ 내음성이 약한 수종은 어릴 때 신장 생장이 빠른 경향이 있다.
④ 내음성이 강한 수종은 광보상점이 낮은 경향이 있다.

11 산림토양생태계에서 균근의 역할로 옳지 않은 것은?   2019. 지방직

① 식물의 생육이 불리한 한계토양에서 산림생산성을 증가시킨다.
② 항생물질을 생산함으로써 병원균에 대한 저항성을 향상시킨다.
③ 토양 중에 인산의 함량이 높을수록 균근의 형성률이 높아진다.
④ 임목의 뿌리에서 산림토양 내의 암모늄태 질소 흡수를 돕는다.

정답 및 해설 07 ② 08 ① 09 ⑤ 10 ① 11 ③

07 ② Phytochrome은 암흑 속에서 기른 식물체 내에 가장 많은 양이 들어있으며, 햇빛을 받으면 합성이 일부 파괴되거나 금지된다.

08 🌱 여러 가지 산림수종과 원예수종의 내음성

분류	기준	수종
극음수	전광의 1~3%에서 생존가능	굴거리나무, 금송, 개비자나무, 나한백, 백량금, **사철나무**, 식나무, 자금우, 주목, 호랑가시나무, 황칠나무, 회양목
음수	전광의 3~10%에서 생존가능	가문비나무, 너도밤나무, 녹나무, 단풍나무류, 비자나무, 서어나무, 솔송나무, 송악, 전나무, 칠엽수, 함박꽃나무
중성수	전광의 10~30%에서 생존가능	개나리, 느릅나무, **물푸레나무**, 산초나무, 목련, 잣나무, 은단풍, 참나무류, 철쭉, 편백, 탱자나무, 피나무, 마가목, 산사나무, 산딸나무, 생강나무, 수국, 화백, 회화나무
양수	전광의 30~60%에서 생존가능	과수류, 낙우송, 느티나무, 등나무, 무궁화, 밤나무, 벚나무, 버즘나무, 소나무, 은행나무, 오리나무, 이팝나무, 측백나무, 향나무, 가죽나무, 개잎갈나무, 메타세콰이어, 모감주나무, 라일락, 배롱나무, 백합나무, 산수유
극양수	전광의 60% 이상에서 생존가능	잎갈나무, 대왕소나무, 드릅나무, 방크스소나무, 붉나무, 연필향나무, **자작나무**, 포플러

09 🌱 여러 가지 산림수종과 원예수종의 내음성

분류	기준	수종
극음수	전광의 1~3%에서 생존가능	굴거리나무, 금송, 개비자나무, 나한백, 백량금, 사철나무, 식나무, 자금우, 주목, 호랑가시나무, 황칠나무, **회양목**
음수	전광의 3~10%에서 생존가능	가문비나무, 너도밤나무, 녹나무, 단풍나무류, 비자나무, 서어나무, 솔송나무, 송악, 전나무, 칠엽수, 함박꽃나무
중성수	전광의 10~30%에서 생존가능	개나리, 느릅나무, 물푸레나무, 산초나무, 목련, 잣나무, 은단풍, 참나무류, **철쭉**, 편백, 탱자나무, 피나무, 마가목, 산사나무, 산딸나무, 생강나무, 수국, 화백, 회화나무
양수	전광의 30~60%에서 생존가능	과수류, **낙우송**, 느티나무, 등나무, 무궁화, 밤나무, 벚나무, 버즘나무, 소나무, 은행나무, 오리나무, 이팝나무, 측백나무, 향나무, 가죽나무, 개잎갈나무, 메타세콰이어, 모감주나무, 라일락, 배롱나무, 백합나무, 산수유
극양수	전광의 60% 이상에서 생존가능	잎갈나무, 대왕소나무, 드릅나무, 방크스소나무, 붉나무, 연필향나무, **자작나무**, 포플러

10 ① 음수는 하층식생으로서 오랫동안 자랄 수 있고 주위의 경쟁목이 제거되면 즉시 수고 생장과 직경생장이 촉진되며, 자연낙지가 잘 안 되어 지하고가 낮은 특성이 있다.

11 ③ 균근의 형성률은 토양 중에 있는 인산의 함량과 반비례한다. 균근의 형성률은 토양 중에 있는 인산의 함량이 적을 때 높아진다.

12 산림토양의 수직적 단면에 나타나는 각 층위에 대한 설명으로 옳지 않은 것은?

2017. 추가채용

① 집적층 – 풍화작용이 가장 활발하게 이루어지고, 낙엽이 쌓여 분해되고 있는 층
② 용탈층 – 위층의 유기물과 광물질 토양이 혼합된 층
③ 유기물층 – 나무나 풀의 죽은 잎과 줄기, 곤충의 사체 등이 모여 있는 층
④ 모재층 – 토양 생성작용이 거의 없는 거친 입자로 구성된 층

13 장일성 식물은 단일조건이라 할지라도 한밤중에 빛을 비추어주면 꽃눈을 유도할 수 있다. 이때 비추어 주는 빛으로 가장 효과적인 것은?

2014. 국가직

① 적색광
② 청색광
③ 녹색광
④ 남색광

14 온대 활엽수의 광합성 기작에 대한 설명으로 옳지 않은 것은?

2016. 국가직

① 광반응은 엽록체의 그라나에서 진행된다.
② 광반응 동안 이산화탄소가 탄수화물로 변환된다.
③ 암반응은 엽록소가 없는 스트로마에서 일어난다.
④ 암반응은 광반응 다음에 일어난다.

15 질소를 고정하는 비콩과식물만 나열한 것은?

2016. 7급

① 소귀나무, 피나무, 소나무
② 보리수나무, 소귀나무, 오리나무
③ 보리수나무, 느릅나무, 음나무
④ 오리나무, 단풍나무, 자작나무

16 광합성과 호흡에 대한 설명으로 옳은 것은?

2014. 서울시

① 광합성과 호흡은 모두 유기물을 합성하는 작용이다.
② 잎은 광합성 기관으로 호흡작용은 거의 하지 않는다.
③ 광합성은 엽록체에서, 호흡은 미토콘드리아에서 일어난다.
④ 광합성의 암반응은 엽록소에서 진행된다.
⑤ 카로테노이드는 호흡작용에서 보조색소의 역할을 한다.

17 수목의 수분포텐셜에 대한 설명으로 옳지 않은 것은? 2014. 7급

① 삼투압이 높을수록 수분을 흡수하는 힘으로 작용하는 수분포텐셜은 높아진다.
② 수목의 수분포텐셜은 삼투포텐셜, 압력포텐셜, 기질포텐셜로 구성된다.
③ 수목 내에서 수분의 이동은 수분포텐셜이 높은 곳에서 낮은 곳으로 이루어진다.
④ 압력포텐셜은 원형질막이 세포벽을 향하여 밀어내는 압력으로 팽압을 의미한다.

18 수목 뿌리와 공생하는 균근에 대한 설명으로 옳지 않은 것은? 2011. 지방직

① 균근은 산성토양에서 $NO_3^- - N$흡수를 촉진한다.
② 내외생균근의 형태는 외생균근과 흡사하다.
③ 균근은 외생균근, 내생균근, 내외생균근으로 구분된다.
④ 균근은 질소와 황과 같은 무기염의 흡수를 증가시킨다.

정답 및 해설
12 ① 13 ① 14 ② 15 ② 16 ③ 17 ① 18 ①

12 ① 집적층은 용탈된 물질들이 축적되는 층이다. 낙엽이 쌓여 분해되고 있는 층은 유기물층이다.

13 ① 피토크롬은 어떤 파장의 빛을 받느냐에 따라 다른 형태로 존재한다. 파장 660nm의 적색광을 비추면 Pr형태에서 Pfr형태로 바뀌며, 파장 730nm의 원적색광을 비추면 다시 Pr형태로 바뀐다. Pfr은 생리적으로 활성을 띠는 형태로서 여러 가지 광주기 현상, 종자휴면, 광형태 변화 등을 지배한다.

14 ② 암반응은 실제로 이산화탄소를 이용하여 탄수화물을 합성하는 과정이며, 엽록체 내에서 엽록소가 없는 stroma에서 햇빛이 없어도 반응이 일어날 수 있기 때문에 암반응이라 한다. 그렇지만 NADPH와 ATP가 있을 경우에만 반응이 일어난다.

15 🌱 산림 내 질소고정 미생물

구분	미생물	생활형태	기주
단독	Azotobacter	호기성	-
	Clostridium	혐기성	
공생	Cyanobacteria	외생	지의류, 소철
	Rhizobium Bradyrhizobium	내생	콩과
	Frankia	내생	오리나무, 보리수나무, 소귀나무

16 ④ 광합성의 광반응은 엽록체의 그라나에서 진행되고, 암반응은 엽록체의 스트로마에서 이루어진다.
⑤ 카로테노이드는 광합성에서 보조색소의 역할을 한다.

17 ① 삼투압이 높을수록 수분포텐셜이 낮아진다.

18 ① 균근은 인산의 흡수를 촉진시키며, 산림과 같은 산성토양에서 암모늄태(NH_4^+)질소를 흡수할 수 있도록 해준다.

19 임목과 수분과의 관계에 대한 설명으로 옳은 것은?   2013. 국가직

① 증산작용이 아침에 시작되면 나무 아래쪽의 수분이 먼저 없어지고, 그 다음에 위쪽의 수분이 없어진다.
② 수분스트레스는 춘재에서 추재로 이행되는 것을 억제한다.
③ 토양온도가 낮아지면 수목 뿌리의 흡수력이 증가한다.
④ 낙엽수는 한겨울에도 가지와 줄기에서 증산작용이 이루어진다.

20 태양광선 중에서 식물의 잎에 의하여 흡수되는 양이 가장 적은 파장은?   2013. 7급

① 남색광　　　　　　　　　　② 청색광
③ 녹색광　　　　　　　　　　④ 적색광

21 오리나무류와 공생하면서 질소를 고정하는 미생물은?   2014. 서울시

① Frankia　　　　　　　　　② Rhizobium
③ Clostridium　　　　　　　④ Azotobacter
⑤ Cyanobacteria

22 산림생태계에서 균근에 대한 설명으로 옳지 않은 것은?   2013. 7급

① 균근은 인산, 질소, 황 등 무기염의 흡수를 촉진시키고 항생제를 생산하여 병원균에 대한 저항성을 증가시킨다.
② 균근은 산림생태계에서 상리공생의 형태로 존재하며 수목은 곰팡이에게 탄수화물을, 곰팡이는 수목에게 토양의 무기양료 흡수를 돕는다.
③ 내생균근은 균사가 기주식물의 피층세포 안으로 침투하여 자라며 외생균근의 기주범위보다 좁다.
④ 외생균근은 균사가 세포 간극에만 머물러 있고 세포 안에는 들어가지 않는 특징을 지닌다.

23 토양의 산도와 생육이 적당한 수종과의 연결이 옳지 않은 것은? 2013. 지방직

① pH 4.8~5.5 – 가문비나무, 잣나무
② pH 5.6~6.5 – 피나무, 단풍나무
③ pH 7.4~8.0 – 개오동나무, 물푸레나무
④ pH 8.1~8.5 – 진달래, 플라타너스

정답 및 해설 19 ④ 20 ③ 21 ① 22 ③ 23 ④

19 ① 증산작용이 아침에 시작되면 나무 위쪽에 있는 수분이 먼저 없어지고, 그 다음에 아래쪽에 있는 수분이 없어진다. 따라서 수간의 직경이 위에서부터 줄어들기 시작한다.
② 수분스트레스는 춘재에서 추재로 이행되는 것을 촉진한다.
③ 토양온도가 낮아지면 수목 뿌리의 흡수력이 저하된다.
④ 낙엽수는 겨울에 잎이 없지만 가지와 줄기의 표면에서 증산작용을 실시한다. 잎이 없다고 해서 증산작용을 아예 하지 않는 것은 아니다.

20 ③ 엽록소는 인간의 눈과 마찬가지로 태양광선 중에서 가시광선 부근의 햇빛을 주로 흡수하는데, 가시광선 중에서도 적색부근과 청색부근의 빛을 흡수하고, 녹색부근을 반사하기 때문에 녹색으로 보인다.

21 🌱 산림 내 질소고정 미생물

구분	미생물	생활형태	기주
단독	Azotobacter	호기성	–
	Clostridium	혐기성	
공생	Cyanobacteria	외생	지의류, 소철
	Rhizobium Bradyrhizobium	내생	콩과
	Frankia	내생	오리나무, 보리수나무, 소귀나무

22 ③ 내생균근은 균사가 뿌리의 피층세포 안으로 침투하여 자란다. 백합나무, 단풍나무, 향나무, 낙우송, 측백나무 등에서 관찰되며, 기주범위가 외생균근보다 넓다.

23 🌱 토양산도별 생육수종

산도	생육수종
3.9 이하	지의류, 선태(이끼)류, 관목류
4.0~4.7	유럽적송, 소나무, 리기다소나무, 낙엽송, 진달래, 노간주나무
4.8~5.5	잣나무, 가문비나무류
5.6~6.5	대부분의 침엽수, 참나무류, 단풍나무, 피나무류, 느릅나무
6.6~7.3	호두나무, 백합나무, 양버즘나무, 측백나무, 전나무류
7.4~8.0	오리나무, 네군도단풍, 물푸레나무, 측백나무, 개오동나무
8.1~8.5	포플러

24 음수에 해당하는 수종은? 2013. 7급

① *Quercus acutissima*
② *Pinus densiflora*
③ *Abies holophylla*
④ *Alnus japonica*

25 Rhizobium 속 근류균과 공생하는 식물은? 2013. 7급

① *Sophora japonica*
② *Morus bombycis*
③ *Vitis amurensis*(왕머루)
④ *Euonymus japonica*

26 같은 나무에서 자란 잎이라도 위치에 따라 잎의 두께가 달라질 수 있는데, 아래 그림 A, B에 대한 설명으로 옳은 것은? 2009. 국가직

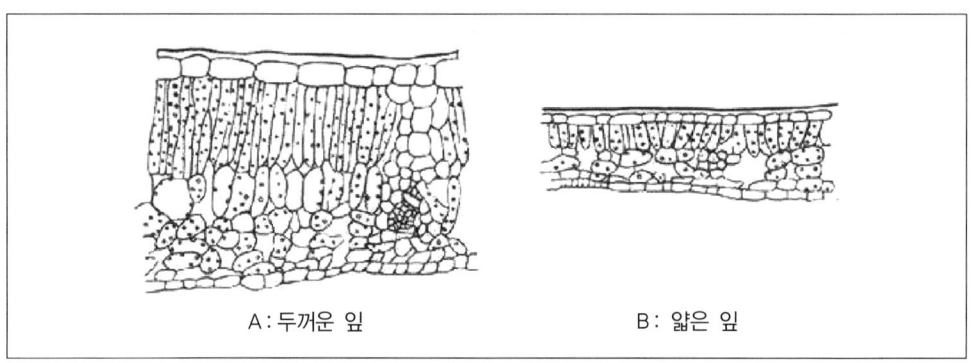

① A는 B보다 엽록소 함량이 많고, 책상조직이 엉성한 잎이다.
② A는 수관 안쪽의 음엽, B는 수관 바깥 부분에서 자라는 양엽에 해당된다.
③ A와 B는 빛 조건보다는 수분함량 차이에 의한 결과이다.
④ B는 A보다 내건성 능력이 떨어지고 기공의 수도 상대적으로 적다.

27 산림토양의 층위에 대한 설명으로 옳지 않은 것은? 2014. 7급

① Ao층은 낙엽낙지층, 발효층, 부식층으로 구성되어 있다.
② A층은 유기물과 광물질토양이 혼합된 표층토로 되어 있다.
③ B층은 부식이 적은 광질토층으로 용탈층을 말한다.
④ C층은 모재층으로 이루어져 있다.

정답 및 해설
24 ③　25 ①　26 ④　27 ③

24 ① *Quercus acutissima*(상수리나무)　　② *Pinus densiflora*(소나무)
③ *Abies holophylla*(전나무)　　④ *Alnus japonica*(오리나무)

🌱 여러 가지 산림수종과 원예수종의 내음성

분류	기준	수종
극음수	전광의 1~3%에서 생존가능	굴거리나무, 금송, 개비자나무, 나한백, 백량금, 사철나무, 식나무, 자금우, 주목, 호랑가시나무, 황칠나무, 회양목
음수	전광의 3~10%에서 생존가능	가문비나무, 너도밤나무, 녹나무, 단풍나무류, 비자나무, 서어나무, 솔송나무, 송악, 전나무, 칠엽수, 함박꽃나무
중성수	전광의 10~30%에서 생존가능	개나리, 느릅나무, 물푸레나무, 산초나무, 목련, 잣나무, 은단풍, 참나무류, 철쭉, 편백, 탱자나무, 피나무, 마가목, 산사나무, 산딸나무, 생강나무, 수국, 화백, 회화나무
양수	전광의 30~60%에서 생존가능	과수류, 낙우송, 느티나무, 등나무, 무궁화, 밤나무, 벚나무, 버즘나무, 소나무, 은행나무, 오리나무, 이팝나무, 측백나무, 향나무, 가죽나무, 개잎갈나무, 메타세콰이어, 모감주나무, 라일락, 배롱나무, 백합나무, 산수유
극양수	전광의 60% 이상에서 생존가능	잎갈나무, 대왕소나무, 드룹나무, 방크스소나무, 붉나무, 연필향나무, 자작나무, 포플러

25 ① *Sophora japonica*(회화나무)
② *Morus bombycis*(산뽕나무)
③ *Vitis amurensis*(왕머루) ⓒf 포도학명은 *Vitis vinifera*
④ *Euonymus japonica*(사철나무)

26 🌱 양엽과 음엽

① 한 나무에서도 수관의 부위에 따라 광도가 다르다. 햇빛을 잘 받는 양지방향의 잎은 양엽으로서 광합성이 유리하며, 그늘방향의 잎은 음엽으로서 햇빛이 부족하다.
② 양엽은 높은 광도에서 효율적인 광합성을 하도록 적응된 잎으로서 광포화점이 높고, 책상조직이 빽빽하게 배열되어 있으며, 증산작용을 억제하기 위한 큐티클층과 잎의 두께가 두껍다.
③ 음엽은 낮은 광도에서 광합성을 효율적으로 하기 위해 광포화점이 낮고, 잎이 양엽보다 넓으며, 엽록소의 함량도 더 많다. 또한 책상조직이 엉성하게 발달하고, 큐티클층과 잎의 두께가 얇다.

27 ③ B층은 집적층이다. 용탈층은 A층이다.

**박진호
조림학**

PART 05

임목육종

Chapter 01 임목육종의 이해
Chapter 02 임목육종 방법

CHAPTER 01 임목육종의 이해

1 개념

(1) 임목육종은 생산성에 관여하는 것 중 임목의 유전성을 다루는 분야로서 임목의 양적, 질적 형질을 우리가 원하는 방향으로 유전적으로 개량하는 것이다.

(2) 토지생산성을 높이는 것이고 단위시간당, 단위면적당 목재생산량을 증가시키는 것이 임목육종의 역할이다.

2 형질경사와 생태품종

1. 형질경사변이

(1) 어떤 형질이 환경인자의 경사(傾斜)에 따라 점변적 변화를 나타낼 때를 말하며, 형질경사를 나타내는 형질은 환경인자의 경사(기온이나 습도 등)에 따라 계속적으로 도태되어 온 적응적인 것으로 간주된다.

(2) 구과(球果)의 크기, 침엽의 길이, 기공수, 목섬유의 길이, 세포막의 두께, 종자의 크기 등은 불연속 변이로 이 형질은 온도와 강우의 경사에 관련되어 있다.

2. 생태형

생태형 또는 생태적 품종은 어떤 특수한 토지적·기후적 및 생리적 조건에 적응되어 발달된 것이다.

3 유전자생태학

1. 유전자생태학의 정의

유전자생태학(genecology)은 생태학의 한 분야로 종과 종의 유전적인 세부변종, 이를 조절하는 인자와 생태적 요인, 생태계에서의 위치 등을 연구하는 학문이다. 주로 유성생식 개체군의 환경과 관련이 있는 적응 특성을 연구하는 분야로 생태적 관점에서 생물종의 변이를 연구한다.

2. 모양과 적응

(1) 한 지역에 오랜 기간 거주하며 환경에 적응한 생물들은 그 환경에 적합한 유전인자를 갖게 된다. 지역적으로 적응한 유전형을 생태형(ecotype)이라고 한다.

(2) 생태형은 생물들이 서로 다른 환경조건에 적응하여 서로 다른 생장형을 나타내는 것이다. 생태형은 생물종이 분화되어 서로 다른 종으로 바뀌는 종분화의 좋은 예이다.

(3) Uyeki(1928)는 우리나라 소나무를 지역적 품종의 개념을 이용하여 6개의 지역형으로 구분하였다.
  ① 동북형 : 함경남도와 강원도 일부에 분포하고, 기온이 낮고 강우량이 적으며 건조한 환경에 적응하여 자란다. **줄기가 곧고 지하고가 짧으며 수관이 달걀모양(난형)**으로 산송형(傘松型)이라고 한다.
  ② 금강형 : 금강산과 태백산 사이의 백두대간을 따라 분포하며 금강송이라고 부른다. **줄기가 곧고 가지가 가늘며 수관이 아름답다.**
  ③ 중남부평지형 : 서해안 일대를 따라 분포하고, **줄기가 굽어 자라며 옆으로 퍼지고(淺縛)**, 기온이 높으며 건조한 지역에서 자란다.
  ④ 위봉형(威鳳型) : 전북 완주지역에 주로 분포하고, 그 모양이 전나무와 닮았으며, 수관이 좁고 나이가 들면 수관이 옆으로 퍼지며 생장이 느리다.
  ⑤ 안강형(安康型) : 울산을 중심으로 분포하고, **줄기가 매우 굽어 자라며 수관이 위가 편평한 난쟁이형**이고, 강수량이 적은 지역에서 자란다.
  ⑥ 중남부고지형 : 금강형과 중남부평지형의 중간형으로, 표고·방위·기후 등에 따라 모양이 금강형 또는 중남부평지형에 가깝다.

> **아조변이**
> 생장 중의 가지 및 줄기의 생장점의 유전자에 돌연변이가 일어나 형질이 다른 가지나 줄기가 생기는 일로 가지변이라고도 한다. 변이한 부분만을 접붙이기나 꺾꽂이 등으로 번식시키면 모주(母株)와는 전혀 형질이 다른 개체를 얻을 수 있다.

4 배수체

1. 활엽수종에 대한 염색체의 수와 배수체가 얻어진 경우

(1) **자작나무과**(*Betulaceae*)

  ① *Betula lenta* : $2n = 28$
  ② *B. populifolia* : $2n = 28$
  ③ *B. papyrifera* : $2n = 56$ 또는 $2n = 112$

(2) **참나무과**(*Fagaceae*)

  참나무속(*Quercus*) : $2n = 24$(4배체가 알려져 있음.)

(3) **버드나무과**(*Salicaceae*)

  Populus grandidentata : $3n$

(4) **느릅나무과**(*Ulmaceae*)

  ① 느릅나무속(*Ulmus*) : $2n = 28$(3배체가 알려져 있음.)
  ② *Ulmus americana* : $4n$

(5) **단풍나무과**(*Aceraceae*)

  Acer rubrum : $2n = 78$ 또는 104(4배체·6배체·8배체 등이 알려져 있음.)

2. 침엽수종의 염색체 수(2n)

구분	속	염색체 수
소나무과 (Pinaceae)	솔송나무속(Tsuga)	24
	전나무속(Abies)	24
	가문비나무속(Picea)	24
	낙엽송속(Larix)	24
	소나무속(Pinus)	24
	시이더속(Cedrus)	24
측백나무과 (Cupressaceae)	측백나무속(Thuja)	22
	향나무속(Juniperus)	22

5 종의 진화

1. 유전적 구성을 다르게 하는 진화기작

(1) 새로운 유전자를 만들어내는 **돌연변이가 존재**하는 경우

(2) **교잡**을 통해 새로운 유전적 내용을 도입하는 경우

(3) 근교(inbreeding)로써 번식집단 내의 개체수가 크게 감소하여 유전적 부동(浮動)을 일으키게 하는 경우

2. 지리적 격리

(1) 모집단부터 종의 일부 군집이 산능선·초원·대양·강 등의 물리적 요인에 의해 분리될 때 발생한다.

(2) 침엽수종 중에는 생식적 격리보다는 지리적 격리 때문에 그 특성을 보전하고 있는 것들이 있다.

3. 생식적 격리

(1) 화분관이 생리적 장해의 원인

(2) 개화기의 차이

(3) 기계적인 요소

(4) 생활력이 있는 배를 만들 수 있는 배우자를 형성할 수 없을 때

(5) 잡종이 기능적인 배우자를 만들 수 없을 때

(6) 임성종자가 얻어지지만, 결실연령 이전에 개체가 죽을 때

4. Hardy-Weinberg의 법칙

집단의 크기가 충분하고, 배우자의 무작위적인 교배가 이루어지며, 돌연변이, 도태 및 유전자의 이주가 없으면 그 집단을 형성하고 있는 유전적 구성, 즉 유전자 및 유전자형 빈도가 세대의 경과에 따라 변화하지 않는다는 것이며, 이때 그 집단은 평형상태에 도달해 있다고 말한다.

6 형질의 유전

(1) 임목의 형질 중 엽록소·목부형성층과 인피부의 배열·엽형 등은 유전적으로 조절되는 것으로서 환경의 영향을 거의 받지 않는다.

(2) 유전력 조사를 위해 교배시험을 하고 그 차대의 특성을 측정하여 그것이 직선적(直線的)인가를 관찰한다. 차대표현이 양친의 중간이면 그것을 일반조합능력이라 말하며, 그 유전력으로써 장차의 평가를 할 수 있다.

(3) 형질이 우성적 효과에 의해 변화하는 것이라면, 그 결과는 특수조합능력에 의한 것이다. 특수조합능력이 특히 더 우세할 때를 초우성이라 하고, 잡종강세라고 표현한다.

(4) 임목의 직경 및 수고의 생장은 상가적 유전양식에 따르고 있다. 야생식물의 환경에 대한 적응성의 정도는 상가적 내용에 따라 생겨난 여러 가지 식물형 때문에 변화를 나타내게 된다.

(5) **직경생장·재적생장 등은 유전력이 낮으며**, 가역성이라고 표현한다.

CHAPTER 02 임목육종 방법

1 선발육종의 개념

(1) **선발육종은 우량목의 선발부터 시작**된다. 우량목은 목적하는 형질이 다른 나무와 달리 매우 우수한 나무를 뜻하며 수형목이라고 한다.

(2) **수형목의 선발은 바로 선발육종의 시작이 되며 모든 선발육종의 기본이 되는 것**으로, 선발육종의 목표를 분명히 하는데, 육종목표에 따라서 수형목 선발방법이 달라진다.

(3) 펄프재는 20년생 미만에서도 얼마든지 생산할 수 있기 때문에 육종에 40~50년생의 소나무를 수형목으로 선발할 필요는 없다. 따라서 수형목도 당연히 20년생 미만의 나무를 선발하여야 할 것이다.

(4) 대경재를 생산할 목적으로 육종을 한다면 벌기령을 기준하여 벌기령에 가까운 수형목을 선발한다.

2 선발의 방법

1. 집단선발

(1) **집단선발의 정의**
① 가장 간단한 방법이고 빠른 결과를 기대할 수 있다.
② 선발된 개체를 모아 개별적으로 기록하고 교배하고자 할 때는 개체선발을 하며, 표현형선발이라고도 한다.
③ 집단선발은 **가계평균과는 상관없이 외형적으로 뛰어난 것이 선발**된다.
④ **하층간벌의 적용은 일종의 집단선발**이라 할 수 있고, **집단선발의 효과를 알기 위해서는 선발목과 평균목의 차대**를 실험해야 한다.

(2) **집단선발과 차대검정**
집단선발과 관련해 차대검정이 실시될 때 집단차대검정과 반형매차대검정이 있다.
① **집단차대검정**: 집단선발의 효과를 이해하기 위해 실시하는 간단한 방법으로서 우량한 나무와 함께 25~50주의 평균목을 골라 채종한다. 채집한 종자는 우량과 평균의 두 가지로 구분하여 차대검정한다. 영양계채종원에서 얻어진 종자의 유전적 형질을 알기 위해 흔히 실시되며, 아직 유전성이 알려지지 않은 수종에도 적용한다.
② **반형매차대검정**: 모수별로 종자를 채집하여 시험포지에서 차대검정을 하는 방법으로서 집단선발을 하고 각 가계의 차대의 행동을 측정해 보면 모수의 유전적 소질을 알 수 있다. 반형매차대검정에 의해 얻어진 모수의 유전적 소질을 일반조합능력이라 한다.

2. 완전형매가계선발

(1) 종자모수와 화분모수를 선발하여 하나하나 별도로 교배시켜 채종한 것으로서 차대검정을 하여 선발하는 것이다.

(2) 이 선발에 있어서 완전형매가계의 평균치를 기초로 한다.

3. 영양계 선발

(1) 모수를 삽목묘 또는 접목묘로 번식시켜 검정하는 방법으로서 몇 해 동안 반복하여 시험하는 것이 좋은데, 그 이유는 연(年)변이가 있기 때문이다.

(2) 오동나무, 포플러류, 버드나무 등에 적용 가능하다.

4. 순환선발

(1) **단순순환선발**

① **한 세대에 선발을 하고, 그 후 계속되는 세대마다 선발을 실시하는 것**이다. 선발된 개체 사이에 교배가 일어나 새로운 유전자의 조합이 초래된다.

② **집단선발과 구별되는 점은 종자친과 화분친이 모두 선발**되는데 있다.

③ 집단선발처럼 검정교배를 하지 않기 때문에 표현형의 평가로서 좋은 유전자 형가의 추정이 될 수 있고, 또 높은 유전력이 있을 것이 바람직하다. 이것을 특히 표현형순환선발이라 한다.

(2) **일반조합능력을 위한 순환선발**

① 표현형으로 선발된 나무를 넓은 genetic base를 가진 이형접합적인 검정주(檢定株)로 교배시키는 것이다.

② **일반조합능력은 한 모수가 다른 여러 개체와 교잡하여 자손을 만들 경우 그 자손이 나타내는 형질량의 평균치**를 나타낸다.

(3) **특수조합능력을 위한 순환선발**

① 동형접합체를 검정주로 하여 검정교배를 하고, 최대의 이형성을 이룰 수 있는 것을 형성하는데 그 목적이 있다.

② 검정교배의 결과를 보고 가계선발을 반복한다.

(4) **교호순환선발**

① 되도록 유전적 변이가 큰 두 집단 A와 B를 선발하는데, 이 두 집단은 모두 유전적으로 우량한 것이 바람직하다.

② 집단 A에서 선발된 우량개체는 집단 B에서 선발된 우량개체의 화분으로 검정교잡을 하고, 이와 비슷한 반대방향의 검정교잡을 함께 실시한다.

③ 그 후 두 집단에서 일반조합능력이 높은 개체를 선발한 다음 집단 내 교배가 이루어지도록 하고, 두 번째의 선발대상으로 삼는다.

④ 이것이 몇 세대 계속된 후 집단 간 교배를 하여 이형접합성이 얻어지도록 하는 것이다.

5. 유전검정

> 선발차 = 수형목의 평균 − 대상집단의 평균
> 유전획득량 = 수형목 차대의 평균 − 대상집단의 평균 = 유전력 × 선발차

3 수형목의 선발과 채종원

1. 수형목

(1) 수형목이란 자연림이거나 또는 인공림이거나 어떤 임목집단 내에서의 형질이 우량한 나무이다. 주위의 나무에 비하여 생장이 좋고 수간이 곧으며 병해충의 피해도 받지 않은 외형상 우량목이다.

(2) 수형목은 수종에 따른 선발형질에 차이가 있지만, 침엽수종의 경우는 20~30년생 이상인 것이 바람직하고, 고립목이나 임연목(林緣木)은 선발에서 제외하며, 수고가 높고, 수간이 굽지 않고 통직한 것, 측지가 가늘고 짧은 것(수관이 좁은 것), 재적성장이 뛰어난 것, 병충해의 피해를 받지 않은 것, 지하고가 높은 것이어야 한다. 또한 수형목은 많은 나무 중에서 하나가 선발될 수 있는 것으로서 선발된 수형목은 서로 거리가 떨어져 있어야 한다.

2. 우량목 선발요령 및 기준

구분	인공림	천연림
침엽수	• 임상 둘레나 도로변, 고립목 제외 • 수령은 20년 이상, 벌기령 이전의 것 • 한 지위에 편중하지 않는다. • ha당 5본 이상은 선발하지 않는다.	• 임상 둘레나 도로변, 고립목 제외 • 수령은 될 수 있는 한 30년 이상의 것으로 한다. • 한 지위에 편중하지 않는다. • ha당 5본 이상은 선발하지 않는다.
활엽수	• 임상 둘레나 도로변, 고립목 제외 • 수령은 가능한 10년 이상, 벌기령 이전의 것 • 한 지위에 편중하지 않는다. • ha당 5본 이상은 선발하지 않는다.	• 임상 둘레나 도로변, 고립목 제외 • 수령은 될 수 있는 한 15년 이상, 벌기령 이전의 것으로 한다. • 한 지위에 편중하지 않는다. • ha당 5본 이상은 선발하지 않는다. 단, 참죽나무 등 자연분포하지 않는 수종은 선발목간 거리가 최소 100m 이상으로 한다.

3. 채종원

(1) **수형목의 차대는 근교를 가능한한 피할 수 있도록 배치하여 식재하면 그 사이에 교배가 이루어져 유전적 형질이 향상된 종자가 생산될 수 있는데, 이것이 채종원이다.**

(2) 생물학적으로 볼 때 그 입지가 남쪽으로 이동하면 개화와 종자성숙에 유리하고, 고지의 것은 저지로 이동하는 것이 유리하다. 토양이 비옥하고 토심이 깊으며 경사가 완만하고 지형이 변화가 적은 것이 바람직하다. 상혈 및 바람부는 곳을 피하고 불량화분의 오염을 방지하기 위해서는 채종원의 격리가 필요하다. 그리고 채종원의 면적이 넓을수록 안쪽의 오염도는 감소한다.

(3) 한 채종원에 들어가야 할 수형목의 수는 20개 이상 되어야 불리한 자식의 효과를 방지할 수 있다.

(4) **접목, 삽목묘와 같이 무성번식체에 의하여 조성되는 경우를 클론채종원이라고 하며, 무성증식이 안 되는 수종은 실생채종원을 조성한다.** 실생채종원은 수형목으로부터 풍매종자를 채취하여 조성한 경우와 인공교배 종자에 의하여 조성하는 방법이 있다.

(5) 채종원은 모두 우수한 종자를 공급하기 위한 영구적인 종자공급 방안으로써 시간이 소요되는 것이 특징이다.

4. 채종림

채종림은 갑작스러운 돌발적인 종자수요에 대처하기 위한 것으로, 채종원과 달리 **수형목을 선발하여 조성하는 것이 아니라 이미 조림되어 있는 임분 혹은 천연 임분 중에서 우리가 바라는 형질이 비교적 우수하고 건강한 것을 채종림으로 지정하고 강도의 간벌을 실시하여 종자생산을 촉진하여 여기서 필요한 양의 종자를 채취**하는 것이다.

5. 채종림 지정 기준

(1) 1단지 면적이 1만제곱미터 이상이고 모수가 1만제곱미터 150본 이상인 산림

(2) 지정기준을 명확히 판정할 수 있는 수령·수고에 달한 산림이거나 생육발달 단계에 이르고 개체간 특성이 균일한 임분으로 구성된 산림

(3) 벌채나 도남벌이 없었던 산림

(4) 동일 수종의 불량 임분 또는 교잡종을 형성할 수 있는 수종의 임분과 충분한 거리가 있는 산림

(5) 임분 내 임목은 병해충 피해가 없고 생태적 조건에 적응이 된 산림

(6) 재적생산은 유사한 생태적 환경에서 평균 재적생산보다 우수하고 생장형태는 수간의 통직성과 원통성이 좋아야 하고 분지상태가 양호하며 가지가 가늘고 자연낙지가 잘 된 산림

(7) 보호관리 및 채종작업이 편리한 산림

(8) 특수 목적의 수종이나 채종림으로 위 사항의 일부분을 충족시키지 못할 경우 지정기준은 국립산림품종관리센터장의 협의를 거쳐 정한다.

4 교잡육종

1. 교잡육종의 개념

(1) 임목은 자연교잡이 흔하게 나타나고 있다. 특히, 소나무류, 참나무류, 포플러류, 싸리류, 버드나무류, 자작나무류 등에서 나타나고 있다.

(2) 소나무는 두 종이 종간교잡을 만들고 그 잡종은 생활력이 있는 종자를 생산하고 있다.

(3) **참나무는 종간잡종을 잘 만들고 있으며, 분류학상 혼동이 잘 일어나고 있다.** 그 이유는 형태상의 변화가 입지 또는 생장의 단계에 따라 다르게 나타나기 때문이다.

(4) 종간교잡이 일어나고 그것이 계속 진행되는 경우 이것을 침투교잡이라 하고, 접촉지역에 잡종집단이 생겨나게 된다.

(5) 교잡육종은 두 종 및 품종 간의 교잡에 의하여 발생된 차대를 하나의 품종으로 이용하는 방법으로 **두 개체(양친수)가 가지고 있는 장점을 교잡에 의하여 결합시키는** 것이 보통이다. 즉, 이러한 형질결합을 이용한 것이 임업연구원에서 개발한 **리기테다소나무**이다. 이것은 **리기다소나무의 내척지성과 내한력에 테다소나무의 왕성한 생장력과 우수한 재질을 서로 결합시켜 재질도 좋고 내한성이 증대된 교잡종을 만든 것이다.**

(6) 잡종강세는 양친수 어느 쪽보다도 차대가 우수한 경우를 말한다. 이것은 **포플러류에서 잘 나타나는**데, 현사시의 경우도 양친수인 은백양이나 수원사시보다도 현사시가 월등한 생장력을 가지고 있다.

(7) 교잡육종에서 잊지 말아야 할 사항은 교잡의 성공여부를 검정하는 것이다. 교잡이 되었는지 혹은 교잡이 안 되었는지를 잡종을 분석하여 구명하여야 한다.

2. 교잡육종의 단점과 보완방법

(1) 교잡육종의 제한요소는 이것들이 2대, 3대로 가면 잡종강세현상을 유지할 수 없다는 것이다.

(2) 양친수의 개화기가 일치하고 자연적으로 교배가 잘되는 수종인 경우에는 잡종 채종원을 조성하여 1대 잡종종자를 용이하게 공급할 수 있다.

(3) 양친수를 한 줄씩 교대로 식재하면 자연 상태에서 용이하게 교배가 이루어진다.

(4) 리기테다와 같이 양친수의 개화기 차이가 커서 자연적으로 교배가 불가능한 경우에는 부득이 인공교배에 의하여 잡종을 생산하여야 하는데 그 비용이 엄청나게 소요되는 단점이 있다. 이를 보완한 것이 무성증식기술이다.

(5) 접목과 같이 인건비가 많이 소요되는 것은 결국 실용성이 없으나, 포플러류와 같이 삽목이 잘 되면 하등의 문제가 없다.

(6) 리기테다와 같이 삽목도 안 되고 조직배양도 잘 안 되는 경우에는 우수한 잡종을 만들어도 증식상의 장애로 인하여 실용화될 수 없다.

(7) 무성증식이 용이한 포플러류의 경우 특히 잡종강세 현상도 잘 일어나므로 이러한 수종에 대한 육종방법으로는 특별한 경우를 제외하고는 교잡육종방법을 계속 사용하는 것이 바람직하다.

5 도입육종

1. 도입육종의 개념

(1) 도입육종이라 하면 대체적으로 외국에서 수종을 들여다 식재하는 경우를 뜻하는 것으로 해석하고 있다.

(2) 도입육종은 향토수종이 파괴되었거나 적당한 수종이 존재하지 않아 필요로 하는 용재나 유용한 물질 생산이 불가능할 때 이용되는 육종방법이다.

(3) **도입육종이 필요한 이유**
   ① 도입수종이 향토수종보다도 성장속도가 빠르거나 병충해에 대하여 저항성이 있는 경우이며, 향토수종보다도 내공해성인 수종이 있다.
   ② 수종에 따라서는 유용한 특수 물질을 생산할 수 있다.
   ③ 도입육종은 다른 육종방법보다도 비교적 노력과 경비가 적게 들고 육종기간이 짧으며 새로운 유전자원을 확보할 수 있는 장점이 있다.

2. 외국수종 도입시 고려사항

(1) 지리적으로 원산지와 도입지 간에 **위도, 경도가 유사한 지역간 수종을 도입**한다.

(2) 원산지와 도입지 간에 **기후, 풍토가 유사한 지역간 수종을 도입**한다.

(3) 새로운 유전자원 확보와 새로운 품종을 만들기 위한 육종재료로 도입한다.

3. 우리나라의 도입수종

(1) **라디아타소나무는 북아메리카 서남부지역이 원산**이지만 뉴질랜드의 기후 및 토양에 적합하여 성공적으로 조림이 확대되고 있는 수종이다.

(2) **오스트레일리아 원산의 유칼리나무**는 열대 및 아열대 지역 여러 나라에 폭넓게 보급되어 속성수로서 그 지역의 임지생산성을 크게 높이고 있다.

(3) **낙엽송, 삼나무, 편백, 사방오리나무 등은 일본**에서 도입한 수종이다.

(4) **리기다소나무, 테다소나무, 스트로브잣나무, 백합나무 등은 미국**에서 도입한 수종이다.

(5) **독일가문비, 이태리포플러 등은 유럽**에서 도입한 수종이다.

4. 주요 신품종
(1) 1956년 임목육종연구소가 창설되면서 우리나라의 임목육종이 본격적으로 시작되었다. 당시에는 주로 교잡육종과 도입육종을 근간으로 수행되었으며, 교잡육종은 잡종강세 유도와 유용형질 결합을 목적으로 포플러의 경우 잡종강세 유도에 치중하여 **현사시, 양황철나무, 수원포플러를 신품종으로 육성**하였다.

(2) 형질결합의 대표적인 것으로는 리기테다소나무로 이미 우리나라에 적응된 **리기다소나무의 내한성과 테다소나무의 생장과 재질의 우수한 형질을 결합하여 리기테다소나무를 육성 보급하여 왔다.**

(3) 도입수종으로는 이태리포플러가 우리나라의 기후와 풍토에 적응성과 생장이 우수하여 가장 성공적인 수종으로써 하천변, 마을 주변 공한지 등에 식재하여 공한지를 효과적으로 활용하여 농가소득 증대에 기여한 바 있다. 그 외에도 테다소나무, 스트로브잣나무, 독일가문비나무 등이 있다. 유실수로 밤나무, 호두나무 등 교잡육종과 도입에 의하여 많은 신품종을 육성·보급하였다.

5. 신품종 보호제도
(1) 국제식물신품종보호연맹(UPOV)에 의한 신품종 보호제도는 식물 신품종 육성자의 권리를 법적으로 보장하는 배타적인 상업적 독점권이 부여된 지적재산권이다.

(2) 새로 개발된 신품종이 신품종 보호제도에 따른 지적재산권 보호대상으로 등록되기 위해서는 개발된 품종의 **신규성·구별성·균일성·안정성과 함께 고유품종 명칭**이 확인되어야 한다.

6 임목의 유전자원 보존

1. 산림의 유전자원 보존림의 조성에 있어서 유의해야 될 사항
(1) 유전자보존의 효과는 단기간에는 얻을 수 없다.

(2) 현지내 유전자보존림은 산림의 소유자에게 경제적인 제약을 준다.

(3) 현지외 유전자보존림은 경영기간이 길기 때문에 경제적인 손실이 크다.

(4) 종자·조직과 화분의 시설 내 유전자보존은 많은 노력과 경비가 소요된다.

(5) 유전자보존림으로 지정하기 위한 천연림의 평가가 어렵다.

(6) 유전자보존림을 관리·이용하는 데에는 경영기법에 대한 많은 정보가 필요하다.

(7) 어떤 특정한 동식물이나 곤충 등은 습지나 야생생태계의 산림으로서의 전체 생태계를 보존할 때에만 유지될 수 있다. 그러므로 동·식물 및 미생물을 포함한 적극적인 유전자원은 총체적인 생태계로 보존되어야 한다.

2. 현지보존림 선정에서 유의해야 할 사항

(1) 유전적 변이가 많은 집단을 선정해야 한다.

(2) 유전적 변이는 쉽게 없어지거나 고정되지 않아야 한다.

(3) 자연도태압을 적게 받은 집단을 선발해야 한다.

(4) 종자를 생산할 수 있는 개체가 많은 집단을 선발해야 한다.

7 임목육종의 특징

1. 임목육종이 농업식물 육종과 다른 점

육종기간이 길고, 효과적인 무성번식이 자주 요구되며, 실제 육종사업에 있어서는 환경조절이 어려워 기존 육종 결과의 적용도가 낮고, 대부분 야생이 대상이며, 임목에 대한 유전학적 기초연구가 부족하고, 개인보다는 국가나 공공단체의 투자가 요구된다는 점 등이다.

2. 임목육종의 목표

(1) **생산성 증대를 지향한 육종**

빠른 생장력, 넓은 적응력, 여러 가지 피해에 대한 높은 저항성, 특수성분 함량의 증대, 과실의 다산성, 섬유길이가 길고 비중이 높은 목재 등에 목표를 두었다.

(2) **질적 향상을 지향한 육종**

통직한 수간, 높은 지하고, 높은 관상적 가치, 특수한 향기 또는 맛, 광택이 나고 무늬가 아름다운 목재, 특수 환경에 대한 높은 적응력 등에 목표를 둔다.

01 천연림에서의 활엽수종 수형목 지정기준으로 최근 15년 이상의 생장이 직경 10% 이상, 수고가 10% 이상, 주위 정상목 30본의 평균보다 커야 한다. ( )

02 중남부평지형 소나무는 줄기가 굽고 수관이 천박하며 넓게 펴지고, 지하고가 짧다. ( )

03 안강형 소나무는 울산을 중심으로 분포하고, 줄기가 매우 굽어 자라며 수관이 위가 편평한 난쟁이형이고, 강수량이 적은 지역에서 자란다. ( )

04 한 지역에 오랜 기간 거주하며 환경에 적응한 생물들은 그 환경에 적합한 유전인자를 갖게 된다. 지역적으로 적응한 유전형을 생태형(ecotype)이라고 한다. ( )

05 Hardy-Weinberg의 법칙의 전제조건은 어떤 집단에 있어서 그 집단의 크기가 충분하고, 배우자의 무작위적인 교배가 이루어지지 않으며, 돌연변이, 도태 및 유전자의 이주가 없는 것이다. ( )

06 동북형 소나무는 함경남도와 강원도 일부에 분포하고, 기온이 높고 강우량이 많으며 건조한 환경에 적응하여 자란다. ( )

07 직경생장·재적성장 등은 유전력이 높다. ( )

08 집단선발은 가계평균과는 상관없이 외형적으로 뛰어난 것이 선발된다. ( )

09 집단선발과 관련해 차대검정이 실시될 때 집단차대검정과 반형매차대검정이 있다. ( )

10 지리적 격리는 모집단부터 종의 일부 군집이 산능선·초원·대양·강 등 물리적 요인에 의해 분리될 때 발생한다. ( )

11 인공림에서의 침엽수종 수형목 지정 기준은 밑가지들이 말라서 떨어지지 않고 상처가 잘 아물어야 한다.
( )

12 리기테다소나무는 이미 우리나라에 적응된 리기다소나무의 내척지 및 내한성과 테다소나무의 생장과 재질의 우수한 형질을 결합한 것이다.
( )

13 채종림 지정 기준은 1단지의 면적이 1만제곱미터 이상이고 모수가 1만제곱미터 15본 이상인 산림이다.
( )

14 완전형매가계선발은 종자모수와 화분모수를 선발하여 하나하나 별도로 교배시켜 채종한 것으로서 차대검정을 하여 선발하는 것이다.
( )

15 반형매차대검정에 의해 얻어진 모수의 유전적 소질을 특수조합능력이라 한다.
( )

16 수형목이란 자연림이거나 또는 인공림이거나 어떤 임목집단 내에서의 형질이 우량한 나무를 말한다.
( )

17 현지보존림 선정시 자연도태압을 적게 받은 집단을 선발해야 한다.
( )

18 단순순환선발이 집단선발과 구별되는 점은 종자친과 화분친이 모두 선발되는데 있다.
( )

19 침엽수 인공림 우량목 선발 요령으로 ha당 5본 이상은 선발하지 않는다.
( )

20 현지내 유전자보존림은 산림의 소유자에게 경제적인 제약을 주지 않는다.
( )

21 채종림은 갑작스러운 돌발적인 종자수요에 대처하기 위한 것으로, 채종원과 달리 수형목을 선발하여 조성하는 것이 아니다.
( )

22 현사시의 경우는 양친수인 은백양이나 수원사시보다도 현사시가 월등한 생장력을 가지고 있다.
( )

23. 라디아타소나무는 북아메리카 서남부지역이 원산이지만 뉴질랜드의 기후 및 토양에 적합하여 성공적으로 조림이 확대되고 있는 수종이다. ( )

24. 새로 개발된 신품종이 신품종 보호제도에 따른 지적재산권 보호대상으로 등록되기 위해서는 개발된 품종의 신규성·구별성·균일성·영속성과 함께 고유품종 명칭이 확인되어야 한다. ( )

Answer

01 ×	02 ×	03 ○	04 ○	05 ×	06 ×	07 ×	08 ○	09 ○	10 ○
11 ×	12 ○	13 ×	14 ○	15 ×	16 ○	17 ○	18 ○	19 ○	20 ×
21 ○	22 ○	23 ○	24 ×						

PART 05 단원 기출문제

01 한 모수가 다른 여러 개체와 교잡하여 자손을 만들 경우 그 자손이 나타내는 형질량의 평균치를 나타내는 용어는?

2020. 국가직

① 일반조합능력 ② 특수유전능력
③ 일반유전능력 ④ 특수조합능력

02 임목육종의 특성으로 옳지 않은 것은 무엇인가?

2003. 경상남도

① 같은 유전형질의 나무를 얻기 쉽다.
② 나무는 개체에 따라 종자의 결실량에 차이가 있다.
③ 종자로 증식된 묘목은 차대에 개체 사이의 변이가 크다.
④ 넓은 재배 면적을 필요로 한다.

03 우량품종을 육성하기 위한 수형목의 선발기준이 아닌 것은?

2017. 지방직

① 임목의 발근율 ② 수간의 통직성
③ 가지의 특성   ④ 병충해 피해

정답 및 해설   01 ①   02 ①   03 ①

01 ① 일반조합능력을 위한 순환선발은 표현형으로 선발된 나무를 넓은 genetic base를 가진 이형접합적인 검정주로 교배시키는 것이다. 일반조합능력은 한 모수가 다른 여러 개체와 교잡하여 자손을 만들 경우 그 자손이 나타내는 형질량의 평균치를 나타낸다.

02 ① 수목은 주로 타가수정이 이루어지기 때문에 같은 유전형질의 나무를 얻기 어렵다.

03 수형목은 수종에 따른 선발형질에 차이가 있지만, 침엽수종의 경우는 20~30년생 이상인 것이 바람직하고, 고립목이나 임연목은 선발에서 제외시킨다. 또한 주위에 있는 임목보다 수고가 높고, 수간이 굽지 않고 통직한 것, 측지가 가늘고 짧은 것(수관이 좁은 것), 재적성장이 뛰어난 것, 병충해의 피해를 받지 않은 것, 지하고가 높은 것이어야 한다. 또한 수형목은 많은 나무 중에서 하나 선발될 수 있는 것으로서 선발된 수형목은 서로 거리가 떨어져 있어야 한다.

04 비교적 유전력이 높은 임목의 형질에 해당하지 않는 것은?   2017. 지방직
① 수간의 직립성
② 수간재의 비중
③ 직경생장
④ 개엽시기

05 수형목의 채종원에 대한 설명으로 옳지 않은 것은?   2021. 국가직
① 수형목은 먼저 표현형을 보고 선발한 후 차대검정을 거친다.
② 채종원 조성 시에는 수형목 차대의 근친교배가 이루어지지 않게 하여야 한다.
③ 채종원은 통풍이 잘 되어 한해가 없는 곳이어야 한다.
④ 수형목은 줄기가 곧고 가지가 굵으며 지하고가 낮아야 한다.

06 반형매 또는 전형매 차대검정을 실시하는 임목육종방법은?   2017. 국가직
① 선발육종
② 도입육종
③ 배수체육종
④ 돌연변이육종

07 유전형질의 결합과 잡종강세를 기대할 수 있는 임목육종방법은?   2019. 7급
① 선발육종
② 교잡육종
③ 아조변이육종
④ 돌연변이육종

08 식물신품종보호법에 따른 품종보호(출원) 요건에 해당하지 않는 것은?   2018. 서울시
① 우수성
② 구별성
③ 균일성
④ 품종명칭

09 리기다소나무의 내한성과 테다소나무의 통직성을 결합하여 리기테다소나무를 생산한 육종방법은?   2019. 지방직
① 교잡육종
② 선발육종
③ 도입육종
④ 돌연변이육종

10 하디 바인베르크 평형집단의 조건이 아닌 것은?

① 소규모 집단
② 돌연변이가 없는 집단
③ 임의교배가 이루어지는 집단
④ 도태가 없는 집단

2022. 국가직

정답 및 해설

04 ③　05 ④　06 ①　07 ②　08 ①　09 ①　10 ①

04 ③ 직경생장·재적생장 등은 유전력이 낮고, 이때 가역성이라는 표현을 사용한다. 유전력이 높은 형질이라는 것은 형질의 발현이 환경보다 유전의 영향을 많이 받는 것을 의미한다. 직경생장은 밀도조절에 의해 변화시킬 수 있지만, 다른 보기들은 쉽게 변화시킬 수 없는 형질이다.

05 ④ 수형목은 수종에 따른 선발형질에 차이가 있지만, 침엽수종의 경우는 20~30년생 이상인 것이 바람직하고, 고립목이나 임연목은 선발에서 제외시킨다. 또한 주위에 있는 임목보다 수고가 높고, 수간이 굽지 않고 통직한 것, 측지가 가늘고 짧은 것(수관이 좁은 것), 재적성장이 뛰어난 것, 병충해의 피해를 받지 않은 것, 지하고가 높은 것이어야 한다. 또한 수형목은 많은 나무 중에서 하나가 선발될 수 있는 것으로서 선발된 수형목은 서로 거리가 떨어져 있어야 한다.

06 ① 반형매 또는 전형매 차대검정은 선발육종에 포함된다. 반형매는 부모의 한 쪽만 같은 것, 전형매는 부모가 모두 같은 것을 의미한다.

07 ② 교잡육종은 두 종 및 품종 간의 교잡에 의하여 발생된 차대를 하나의 품종으로 이용하는 방법이다. 이 경우 두 개체(양친수)가 가지고 있는 장점을 교잡에 의하여 결합시키는 것이 보통이다. 또 다른 교잡육종방법은 잡종강세를 이용하는 방법이다. 잡종강세는 양친수 어느 쪽보다도 차대가 우수한 경우를 말한다.

08 🌱 신품종 보호제도

① 국제식물신품종보호연맹(UPOV)에 의한 신품종 보호제도는 식물 신품종 육성자의 권리를 법적으로 보장하는 배타적인 상업적 독점권이 부여된 지적재산권이다.
② 새로 개발된 신품종이 신품종 보호제도에 따른 지적재산권 보호대상으로 등록되기 위해서는 개발된 품종의 신규성·구별성·균일성·안정성과 함께 고유품종명칭이 확인되어야 한다.

09 ① 교잡육종은 두 종 및 품종 간의 교잡에 의하여 발생된 차대를 하나의 품종으로 이용하는 방법이다. 이 경우 두 개체(양친수)가 가지고 있는 장점을 교잡에 의하여 결합시키는 것이 보통이다. 즉, 이러한 형질결합을 이용한 것이 임업연구원에서 개발한 리기테다소나무이다. 이것은 리기다소나무의 내척지성과 내한력에 테다소나무의 왕성한 생장력과 우수한 재질을 서로 결합시켜 재질도 좋고 내한성이 증대된 교잡종을 만든 것이다.

10 🌱 Hardy-Weinberg의 법칙

어떤 집단에 있어서 그 집단의 크기가 충분하고, 배우자의 무작위적인 교배가 이루어지며, 돌연변이, 도태 및 유전자의 이주가 없으면 그 집단을 형성하고 있는 유전적 구성, 즉 유전자 및 유전자형 빈도가 세대의 경과에 따라 변화하지 않는다는 것이다. 이때 그 집단은 평형상태에 도달해 있다고 말한다.

11 다음 중 교잡종 포플러류에 해당하지 않는 것은?   2013. 지방직

① 현사시 ② 은백양
③ 수원포플러 ④ 양황철나무

12 채종원을 조성할 때 알맞은 조건은?   2003. 경상남도

① 같은 클론이 이웃되어 교배가 잘 되게 한다.
② 주위에 같은 수종이 많은 곳을 선정한다.
③ 채종원에서 유전자 폭이 좁은 것이 좋다.
④ 면적은 그 수종의 조림 요구도에 따라 결정된다.

13 우량종자 생산을 위한 채종원 조성 조건에 대한 설명으로 옳은 것은?   2008. 국가직

① 외부 화분에 의한 수정을 막기 위해 동종임분으로부터 500m 이상 떨어진 곳
② 선발된 수형목의 위치에서 동쪽으로 되도록 가깝고, 고도에 있어서는 높은 곳
③ 채종원의 면적은 적어도 1ha를 초과해야 하고, 지면이 장방형에 가까운 곳
④ 원활한 통풍과 효율적인 배수를 위해 경사가 급한 곳

14 다음 중 채종림에 대한 설명으로 옳지 않은 것은?   2003. 경상남도

① 채종림이란 천연림이나 인공림에서 형질이 우수한 나무들이 많이 모여있는 임분으로, 우량한 종자를 채집할 목적으로 지정한다.
② 나무의 줄기가 곧고 아랫가지가 빨리 떨어지지 않으며, 생장이 좋은 임분으로 지정한다.
③ 주변 가까이 불량 임분이 있는 것은 바람직하지 못하다.
④ 교통이 편리해야 하며, 결실을 돕기 위해 불량 임분을 제거한다.

15 다음 글에서 설명하는 법칙은?   2020. 7급

> 대규모 임의교배 집단에서 돌연변이, 도태, 이주 또는 유전적 표류가 일어나지 않는다면 그 집단을 형성하고 있는 유전자와 유전자형의 빈도는 모든 세대를 통하여 일정하다.

① 멘델의 분리의 법칙 ② 멘델의 우열의 법칙
③ Hardy-Weinberg 법칙 ④ 멘델의 독립의 법칙

16 수형목 선발 기준으로 옳은 것은? 2007. 국가직

① 수관이 좁고 가지가 가는 것
② 종자가 적게 달린 것
③ 지하고가 낮은 것
④ 지위가 높은 지역에 있는 것

정답 및 해설 11 ② 12 ④ 13 ① 14 ② 15 ③ 16 ①

11 1956년 임목육종연구소가 창설되면서 우리나라의 임목육종이 본격적으로 시작되었다. 당시에는 주로 교잡육종과 도입육종을 근간으로 수행되었으며, 교잡육종은 잡종강세 유도와 유용형질 결합을 목적으로 포플러의 경우 잡종강세 유도에 치중하여 현사시, 양황철나무, 수원포플러를 신품종으로 육성하였다.

12 ①, ② 채종원을 조성할 때 같은 클론간의 교배빈도가 되도록 적게 한다. 한 채종원에 넣을 클론(clone)의 수는 같은 클론간의 수정에 의한 불량종자의 생산을 방지하기 위해 한 클론 주변의 2열은 적어도 다른 클론으로 둘러싸이도록 배치한다.
③ 채종원에서 유전자의 폭이 넓은 것이 좋다.

13 🌱 채종원의 입지조건

① 외부화분에 의한 수정을 막기 위해 동종임분으로부터 500m 이상 떨어져 있을 것
② 선발된 수형목의 위치에서 남쪽으로 되도록 근거리에 떨어진 곳이며, 고도에 있어서는 다소 낮은 곳
③ 통풍이 잘 되어 한해가 없는 곳
④ 기후조건이 개화와 결실에 알맞은 곳
⑤ 대기오염 등 각종 피해가 없는 곳
⑥ 평지 또는 완경사지로서 기계화작업이 가능한 곳
⑦ 한 채종원의 면적은 적어도 5ha를 초과해야 하고, 지면이 정방형이거나 원형에 가까울 것
⑧ 노동력의 공급이 잘 되고 교통이 편리한 곳

14 ② 채종림을 구성하는 나무는 침엽수종의 경우 줄기가 곧고 가지가 가늘며 자연낙지가 잘되어 지하고가 높고 건전해야 한다.

15 🌱 Hardy-Weinberg의 법칙

어떤 집단에 있어서 그 집단의 크기가 충분하고, 배우자의 무작위적인 교배가 이루어지며, 돌연변이, 도태 및 유전자의 이주가 없으면 그 집단을 형성하고 있는 유전적 구성, 즉 유전자 및 유전자형 빈도가 세대의 경과에 따라 변화하지 않는다는 것이다. 이때 그 집단은 평형상태에 도달해 있다고 말한다.

16 ① 수형목은 주위에 있는 임목보다 수고가 높고, 수간이 굽지 않고 통직한 것, 측지가 늘 짧은 것(수관이 좁은 것), 재적성장이 뛰어난 것, 병충해의 피해를 받지 않은 것, 지하고가 높은 것이어야 한다. 또한 수형목은 많은 나무 중에서 하나가 선발될 수 있는 것으로서 선발된 수형목은 서로 거리가 떨어져 있어야 한다.

17 집단의 크기가 충분할 때 "세대가 경과하여도 유전자 및 유전자형의 빈도가 변하지 않는다."라는 Hardy-Weinberg 법칙이 성립되기 위한 조건으로 옳지 않은 것은? 2008. 국가직

① 환경변이가 없어야 한다.
② 배우자의 무작위 교배가 이루어져야 한다.
③ 유전자의 이주가 없어야 한다.
④ 도태가 없어야 한다.

18 수목의 생장점에 있는 체세포에서 돌연변이가 일어나 모체와 다른 형질을 나타내는 변이는? 2010. 지방직

① 교잡변이
② 환경변이
③ 영양변이
④ 아조변이

19 수형목의 유전획득량을 옳게 표현한 것은? 2019. 국가직

① 유전획득량 = 유전력 × 대상집단의 평균
② 유전획득량 = 수형목의 평균 − 대상집단의 평균
③ 유전획득량 = 수형목 차대의 평균 − 대상집단의 평균
④ 유전획득량 = 유전적 요인에 의한 분산/총변이의 분산

20 우리나라 소나무의 지역별 생태형의 수형특성에 대한 설명으로 옳지 않은 것은? 2013. 국가직

① 동북형: 줄기가 곧고, 수관이 난형이며, 지하고가 짧다.
② 금강형: 줄기가 곧고, 수관이 좁고 가늘며, 지하고가 길다.
③ 중남부평지형: 줄기가 굽고, 수관이 퍼지며, 지하고가 길다.
④ 안강형: 줄기가 곧고, 수관이 넓게 퍼진다.

21 일반적인 수형목 선발기준으로 거리가 먼 것은? 2013. 지방직

① 종자결실성 ② 수간통직성
③ 가지특성 ④ 발근특성

정답 및 해설 17 ① 18 ④ 19 ③ 20 ④ 21 ④

17 어떤 집단에 있어서 그 집단의 크기가 충분하고, 배우자의 무작위적인 교배가 이루어지며, 돌연변이, 도태 및 유전자의 이주가 없으면 그 집단을 형성하고 있는 유전적 구성, 즉 유전자 및 유전자형 빈도가 세대의 경과에 따라 변화하지 않는다는 것이다.

18 ④ 아조변이는 생장 중의 가지 및 줄기의 생장점의 유전자에 돌연변이가 일어나 형질이 다른 가지나 줄기가 생기는 일로 가지변이라고도 한다. 변이한 부분만을 접붙이기나 꺾꽂이 등으로 번식시키면 모주와는 전혀 형질이 다른 개체를 얻을 수 있다.

19 • 선발차 = 수형목의 평균 − 대상집단의 평균
• 유전획득량 = 수형목 차대의 평균 − 대상집단의 평균 = 유전력 × 선발차

20 ④ 안강형은 줄기가 매우 굽어 있고 수관이 천박하며 정부는 거의 수평에 가깝고 노목이 없으며, 환경과 사람의 영향으로 이와 같이 된다.

21 수형목은 수종에 따른 선발형질에 차이가 있지만, 침엽수종의 경우는 20~30년생 이상인 것이 바람직하고, 고립목이나 임연은 선발에서 제외시킨다. 또한 주위에 있는 임목보다 수고가 높고, 수간이 굽지 않고 통직한 것, 측지가 가늘고 짧은 것(수관이 좁은 것), 재적성장이 뛰어난 것, 병충해의 피해를 받지 않은 것, 지하고가 높은 것이어야 한다. 또한 수형목은 많은 나무 중에서 하나가 선발될 수 있는 것으로서 선발된 수형목은 서로 거리가 떨어져 있어야 한다.

박진호
조림학

PART 06

산림의 보호

Chapter 01 비생물적 산림피해
Chapter 02 생물적 산림피해

CHAPTER 01 비생물적 산림피해

산림 피해는 원인에 따라 인위적 피해와 자연적 피해로 나누며, 발생 유형에 따라 급성적 피해와 만성적 피해로 분류할 수도 있다. 급성적 피해는 보통 국부적으로 크게 발생하여 조속한 방제 대책을 세워야 하며, 만성적 피해는 광범위하게 발생하므로 고도의 임업 기술을 적용해서 감소시켜야 한다.

1 기상에 의한 피해

1. 고온에 의한 피해

온대지방에 35℃ 이상의 기온으로 식물체 표면이나 지표면은 태양광선에 직사될 때 식물체 조직이 고온 그 자체로 피해를 입는 경우가 있는데, 이를 서해(曙害, heat damage)라고 한다.

(1) 볕데기(sun-scorch)

① 피소(皮燒, bark scorching)라고도 하며, 임연목이나 가로수 또는 정원수와 같은 **고립목의 수간이 태양의 직사광선을 받았을 때 고온으로 인해 수피부분에 수분증발이 발생하면서 수피조직이 말라죽는 현상**이다. 손상 부위가 갈라지거나 말라 떨어지고, 2차적으로 상처부에 부패균이 침입하기도 한다.

② 볕데기는 치수에서 일어나지 않고, **코르크층이 잘 발달되지 않아 평활하고 매끄러운 수피를 가진 수종들의 성목에서 발생**한다. 가문비나무·소태나무·오동나무·후박나무·버즘나무·호두나무 등의 수종에 피해가 자주 나타나는데, 주로 흉고직경 20cm 정도의 중경목급 이상 되는 교목의 피해가 많다.

③ 서향 또는 서남향에 노출된 임목이 산림울폐의 급격한 파괴나 지엽이 제거되어 수피조직에 태양광선을 수직으로 받게 될 때 피해가 많이 발생한다.

(2) 열사

① 묘포의 묘목이나 조림지의 남사면(南斜面)에 생육하고 있는 치수들에서 그 피해가 자주 나타나는데, **한여름 태양열을 흡수한 지표면의 고온으로 인해 묘목이나 치수의 근부 형성층조직이 피해를 받아 고사하는 현상**이다.

② *Fusarium* 또는 *Eylindrodadium*균에 의한 모잘록병의 증상과 유사하며, 한여름 토양 표면이 노출되어 건조되기 쉽고 검은색의 부식토로서 태양열을 받아 지표 온도가 고온으로 상승할 때 발생한다.

③ **내음성이 큰 수종인 전나무·편백·화백나무·가문비나무 등이 열해에 약하여 피해가 크며**, 소나무·곰솔·측백나무와 같은 양수들은 열사에 대한 내성이 강하다.

2. 저온에 의한 피해

한해는 0℃ 이상의 저온에서 조직 내에 결빙현상은 발생하지 않지만 각종 신진대사가 정지되고 세포질의 활성이 상실되는 등 생리기능의 장애로 인하여 고사하는 것으로 한상(寒傷, chilling damage)이라고 한다.

0℃ 이하의 저온으로 조직 내에 결빙현상이 발생하여 원형질분리와 원형질응고를 유발시켜 식물체 전체를 죽게 하는 경우를 동해(凍害, freezing damage)라고 한다.

(1) 상해(서리해, frost damage)

① 조상(早霜, early frost) : 이른 가을철 수목의 휴면이 완전히 이루어지기 이전에 때 이른 저온으로 인해 목질화하지 않은 연약한 새 가지가 피해를 입는 것으로, **따뜻한 곳에서 자라는 수종을 추운 곳에 옮겨 심을 때 피해가 많이 발생**한다.

② 만상(晚霜, spring frost)

  ㉠ 늦은 봄에 수목이 휴면을 타파하고 생장을 시작한 후 뒤늦게 닥친 저온으로 인해 어린 가지와 잎이 피해를 입어 치수는 고사하고, 성목은 수세가 쇠약해지는 것이다.

  ㉡ 만상피해는 눈과 줄기의 끝부분에서 나타나고, 이른 봄에 잎을 내 저온에 대한 저항력이 적은 자작나무・잎갈나무・오리나무 등에서 나타나며, 추운 곳에서 자라는 수종을 더운 곳에 옮겨 심었을 때 만상의 피해를 입기 쉽다.

  ㉢ 만상의 피해로 수목의 생장이 한때 중지되었을 때 일종의 위연륜이 생기는 경우가 있는데 **이를 상륜(霜輪, frost ring)이라고 한다.**

(2) 동상(冬霜, winter foost)

① 한겨울 수목의 완전휴면 기간 중 저온으로 인해 발생하는 것으로서 어린 가지나 치수가 주로 피해를 입는다.

② 동상은 세포 내 동결로 인한 피해로서 때로는 상해와 구별하여 동해라고 부르기도 한다.

③ 동상의 피해는 치수일수록 크고 늦가을까지 자란 도장지에서 자주 나타나며, 왜림작업 시 벌채시기를 늦출 때 자란 연약한 어린 맹아가 피해를 받기 쉽다. 일반적으로 상록활엽수는 동상에 약하고 대부분의 침엽수와 낙엽활엽수는 강하다.

④ 수종별로 내동성에 차이를 나타내게 하는 생리적인 요인이 있는데, 이는 세포질 내에서의 당분과 유지분의 농도이며, 이는 월동용 저장물질인 전분으로부터 전화(轉化)된 것으로서 세포질 내 농도를 증가시킴으로써 내한력을 높여 준다.

⑤ **전분이 당분으로 전환되어 세포질농도를 높이는 수종을 전분수**(starch tree)**라고 하며, 활엽수 중의 참나무류, 서나무, 느릅나무, 포플러, 물푸레나무, 단풍나무, 벚나무, 오리나무 등이다.**

⑥ **유지분으로 전환되어 내동성을 높이는 수종을 유지수**(fat tree)**라고 하며, 대부분의 침엽수와 활엽수 중 버드나무, 밤나무, 자작나무 등이다. 전분수보다 유지수가 내한력이 크다.**

⑦ 지형적으로 볼 때 습기가 많은 낮은 지대, 곡간(谷間)·소택지 등 배수가 불량한 곳에서 피해가 크고, 상혈을 만드는 분지에서 그 피해가 가장 심하다. **겨울철 밤이 깊어가면서 지표면의 온도에 따라 복사냉각이 시작될 때 한랭한 공기층이 흘러 내려와 분지나 곡간에 모이는 현상을 상혈(霜穴)현상이라 하고, 상혈현상이 나타나는 곳을 상혈이라고 하며, 기온의 역전현상으로 나타난 한랭한 공기와 더운 공기 간의 경계까지의 높이를 상고(霜高, frost line)**라고 한다.

⑧ 상혈의 피해는 사면방위 측면에서 보면 남사면의 피해가 현저하게 많은데, 야간의 최저기온은 남북 양사면에서 차이가 없지만, 남사면에서는 일중 최고기온이 높아 북사면에 비해 내동성이 천천히 증가되고 또한 휴면이 지체되거나 출아가 빨라지는 등 내공성을 저하시키기 때문이다.

> 📖 **상해의 종류**
> ① 조상: 가을의 생장휴지기 전에 내리는 상해
> ② 만상: 봄의 생장 개시 후에 내리는 서리에 의한 피해
> ③ 동상: 겨울 휴면기에 발생하는 피해

(3) 상렬(霜裂, frost crack)

① 한겨울 밤 수액이 결빙되어 부피가 증가할 때 수간의 바깥 부분이 수선방향으로 갈라지는 현상으로, 상할(霜割)이라고 한다.

② 추운 지방에서 치수가 아닌 주로 교목의 수간에 발생하는데, 고립목이나 산림의 임연부(林緣部)에서 발견되며, **줄기의 지표면 가까운 부분 중에서 남서쪽 줄기 표면에 세로로 잘 일어난다.**

③ **비교적 재질이 단단하고 수선이 발달한 활엽수 거목에서 자주 발생**하는데, 생장에 심각한 장애를 주지는 않지만, 갈라진 틈으로 부패균이 침입하여 손상되기도 하며, 유합조직에 의하여 곧 유합이 되어도 목재의 공예적 가치를 떨어뜨린다.

④ 상렬의 피해로 일단 갈라진 열상은 봄철에 유합조직에 의하여 아물게 된다. 그러나 겨울철 저온이 다시 나타날 때 연약한 유합조직이 또 다시 종렬되기도 하는데, 이러한 피해가 반복되면 그 부분은 상하 세로 방향으로 좁고 긴 융기조직을 형성하게 되며, 이 부분을 상종(霜腫, frost rib)이라고 한다.

(4) 상주(霜柱, 서릿발)

① 영하로 기온이 내려가면 **땅속 토양 입자 사이의 모세관을 통해 올라온 물이 땅표면에서 얼게 되고 이것이 반복되어 얼음 기둥이 위로 올라가는 현상**이다.

② 진흙이 섞인 습한 땅에서 많이 발생하며, **전나무, 편백, 가문비나무 등과 같이 뿌리가 얕은 수종의 어린 묘목에 큰 피해**를 준다.

③ 서릿발을 예방하기 위해서는 배수가 잘 되게 하고 진흙땅일 경우에는 모래를 객토하여 토질을 개량한다.

2 물에 의한 피해

1. 한해(旱害)
(1) 땅에 수분이 부족해서 일어나는 피해로, 묘목과 어린나무가 피해를 심하게 입으며 큰 나무도 생장이 나빠진다.

(2) 가뭄해를 예방하기 위해서는 관수를 자주 하고 해가림, 풀뽑기, 겉흙 긁어주기, 짚덮기 등을 해주는 것이 좋다.

(3) 잎 중에서 상부의 새로운 잎 등의 어린 조직 부분부터 점차 건조하기 시작하여 황변 후에 갈색으로 되고, 건조가 더욱 진행되면 임령이나 잎의 위치에 관계없이 고사하게 된다.

2. 한해의 발생환경
(1) 볼록한 형태의 급경사지거나 남쪽 또는 서쪽 사면의 토양의 깊이가 얕은 장소이다.

(2) 한발 피해는 주로 **천근성 수종을 토심이 얕은 남향 사면 경사지에 심었을 때 그 피해가 크다.**

(3) **한해에 약한 수종**
버드나무, 포플러, 오리나무, 들메나무

(4) **한해에 강한 수종**
소나무, 해송, 리기다소나무, 자작나무, 서어나무

3. 습해
오목한 지역, 지하수위가 높고 배수가 불량한 곳에서 산소가 결핍되어 뿌리의 호흡장해가 일어나서 뿌리조직의 괴사가 발생하고 고사한다.

3 바람에 의한 피해

1. 방풍림
풍상층은 수고의 5배, 풍하층은 10~25배의 거리까지 그 효과가 미친다.

2. 이상재(異常材, reaction wood)
(1) 바람에 의해 수목이 한쪽으로 기울면 형성층의 세포분열이 비정상으로 편심생장을 하여 이상재를 생산한다. 이상재는 바람이 수간을 구부리려는 힘에 저항하여 똑바로 서기 위하여 나타내는 반응으로서, 수직방향으로부터 약간만(약 2°) 기울어도 생긴다.

(2) 침엽수류는 수간이 기울어질 경우 바람이 불어가는 쪽에, 즉 아래쪽에 이상재가 생기는데, 이것을 **압축이상재**(compression wood)라 하며, 아래쪽 형성층의 세포분열이 촉진되어 목부조직이 비대해지는 반면, 위쪽(바람이 불어오는 쪽)의 세포분열은 억제되어 편심생장을 한다. 해부학적으로도 정상적인 목재의 구조와 다른데, 가도관의 길이가 짧고, 세포벽이 두꺼워서 춘재와 추재의 구별이 비교적 어려우며, 횡단면상에서 가도관이 둥글게 보이고, 세포간극이 크다.

(3) 활엽수류는 수간이 기울어질 경우, 바람이 불어오는 쪽에 이상재가 생겨서 **신장이상재**(tension wood)라고 부른다. 해부학적으로 바람이 불어오는 쪽(위쪽)에 교질섬유가 다량으로 생기며, 도관의 크기와 숫자가 감소하는 대신, 두꺼운 세포벽을 가진 섬유의 숫자가 증가한다. 이로 인하여 편심생장을 하는 경우도 있으나, 오동나무나 개오동나무와 같이 그렇지 않은 경우도 있다.

(4) 주풍에 의한 침엽수의 편심생장은 상방편심이고 활엽수는 하방편심이다.

> **조풍에 대한 저항성에 의한 나무 분류**
> ① 조풍에 강한 나무: 향나무, 사철나무, 자귀나무, 후박나무, 해송 등
> ② 조풍에 약한 나무: 소나무, 편백, 화백, 전나무, 벚나무 등

> **환경스트레스에 대한 수목의 반응**
> ① 토양수분이 부족하면 뿌리에서 생성된 아브시스산이 잎으로 이동되어 기공을 폐쇄하고 수분 소비를 줄인다.
> ② 진정내건성 식물은 세포 내에 충분한 삼투용질을 가지고 탈수가 일어나지 않게 하거나 또는 세포 내 용질의 농도를 높여서 삼투퍼텐셜을 낮추어 잎의 팽압을 유지하고 광합성을 계속한다.
> ③ 고온에서는 세포막에 있는 지방질의 액화와 단백질의 변성으로 세포막이 제구실을 못해 물질이 새 나온다.
> ④ 온대지방에서 냉해는 주로 생식 생장에 피해를 주지만 영양생장을 둔화시키기도 한다.
> ⑤ 내한성이 큰 수목은 한대림에서 자라는데, 이러한 수종은 과냉각에 의한 동결현상이 나타나지 않는 대신, 세포 간극에서 결빙이 일어나면서 탈수가 진행되면 세포 내의 흡착수를 제외한 모든 수분이 세포 밖으로 빠져나가고, 세포는 극심한 탈수상태에서 견디게 된다.

4 눈에 의한 피해

1. 관설해

(1) 내린 눈의 무게로 수간이 크게 휘어 줄기가 부러지거나 뿌리가 뽑히는 등의 피해를 초래하는 것이다.

(2) **관설해를 받기 쉬운 임목의 여러 조건**
  ① 가늘고 긴 수간
  ② 경사를 따른 임목의 고밀한 배치
  ③ 복층림의 하층목

2. 설압해

수체의 일부 또는 전체가 적설에 묻혀 적설의 변형 또는 이동에 따라 수체가 무리한 자세가 되어 손상을 입는 것이다.

5 산불

1. 우리나라 산불의 특성
(1) 우리나라의 산림환경은 어린나무가 **빽빽**하게 들어차 있으며, 불에 타기 쉬운 낙엽과 마른 가지가 많이 쌓여 있다.
(2) 우리나라의 산은 경사가 급하고 기복이 많아서 연소 진행 속도가 매우 빨라 산불이 급속히 확산되는 경향이 있다.

2. 산불의 종류
(1) **지표화**
  ① **지표에 있는 낙엽 및 초본류와 같은 지피물과 작은키나무류, 어린 나무 등이 불에 타는 것으로**, 암석지나 조림지에서 흔히 일어나는 산불이다.
  ② 바람이 세지면 바람이 불어오는 방향으로 퍼지는 속도가 느려지고, 바람이 불어가는 방향으로는 속도가 **빨라**진다.
  ③ 지표화에 의해 갱신수종은 전부, 성목은 수간의 하부 지표와 닿는 부분이 피해를 받게 되는데, **성숙목은** 지름이 굵고 수피가 두꺼워서 보통 지표화에는 지표에 접한 부분, 특히 **바람이 불어오는 방향과 반대쪽의 껍질이 그을릴 정도**이며, 죽지는 않을 경우가 많다.

(2) **수간화**
나무의 줄기가 타는 불이며 지표화로부터 불길이 번져 일어나는 경우가 많고 낙뢰로 인해 발생하기도 한다.

(3) **수관화**
  ① **수관화는 입목 밀도가 높으면 서로 연결된 수관을 따라 불이 번지는 것이다.** 지표화나 수간화가 수관부에 불이 닿아서 바람과 불길이 세어지면 수관화로 발전하며, 한 번 발생하면 화세가 강하고 진행속도가 빨라서 불을 끄기 어렵다.
  ② 수지가 많은 침엽수림에 한하여 일어나며, 때로는 마른 잎이 수관에 남아 있는 활엽수에서도 일어난다.
  ③ 연소속도는 보통 2~4km/h, 강풍의 경우에는 15km/h에 달할 때도 있다. 또한, 산불 중에 생긴 대류의 결과 수십 m의 상승기류가 발생하여 수피, 구과, 소재편 등이 전방으로 비산화되는 현상이 발생하여 때로는 수십 m 또는 수 km 떨어진 곳에서 산불이 발생하는 경우가 있어 소화도 매우 어렵고 피해도 매우 크다.

④ 수관화는 과열에 의해 나무를 죽이는 동시에 한번 일어나면 끄기가 힘들어 큰 손실을 가져오므로 가장 무서운 불이다.

⑤ 수관화는 바람을 타고 바람이 부는 방향으로 V자형으로 뻗쳐간다.

(4) 지중화(地中火)

① 이탄질과 낙엽 등 땅 속의 유기물질이 타는 것으로, 산소의 공급이 막혀 연기가 적고 불꽃도 없이 서서히 타며, 강한 열이 오래 계속되어 균일하게 피해를 준다. 고산 지대의 산불은 진화한 후 재발하는 불씨가 되기도 한다.

② 지표 가까이에 몰려 있는 연한 뿌리들이 뜨거운 열로 죽게 되므로 지상부는 아무렇지도 않은 채 나무가 죽게 된다.

3. 산불과 위험인자와의 관계

산불의 대부분은 지표화로부터 시작된다. 산불의 3요소는 연료, 공기(산소), 열이며, 산불 연소작용의 3가지 인자는 연료, 지형, 기상이다.

지형 등을 고려한 우리나라 산불의 연소진행 방향은 대부분 단순사면형으로서 산불이 일단 발생하면 빠른 속도로 능선 부위까지 도달하는 것이 일반적인 특징이다. **사면방향이 남쪽이나 남서면에 가까울수록 산불 발생의 위험이 크고, 구릉지나 평지의 산림은 계곡부의 산림보다 건조하기 쉽기 때문에 산불 발생의 위험성이 높다.**

우리나라에서 습도측정봉을 이용하여 산림 내 지피물의 건조상태를 파악하는 산불위험 예측모델을 만들어 **산불위험지수를 산정하여 산불위험경보(81~100), 산불경계경보(61~80), 산불주의경보(41~60) 및 없음(40 이하)의 4단계로 구분**하여 산불 발생의 건조기에 활용하고 있다.

(1) 수종

① 침엽수의 유령림으로부터 마른 가지와 마른 잎이 부착해 있는 것은 가장 위험하다.

② 소나무림, 해송림 등은 줄기와 침엽에 수지분이 많고, 밑가지가 마르기 쉬우므로 가장 위험하다.

③ 가분비나무, 분비나무, 전나무 등은 음수이고, 잎에 습기도 많고 타기도 어려워서 산불위험도가 낮다.

④ 잎갈나무와 은행나무도 잘 타지 않는다.

⑤ 삼나무, 편백 등은 적송림 다음으로 불에 타기 쉽다.

🌱 내화력에 따른 수목의 분류

내화력	활엽수		침엽수
	상록활엽수	낙엽활엽수	
강	아왜나무, 굴거리나무, 붓순, 동백나무, 가시나무류, 사철나무, 비쭈기나무, 황벽나무, 후피향나무, 회양목	굴참나무, 상수리나무, 피나무, 고로쇠나무, 고광나무, 음나무, 사시나무, 떡갈나무, 자작나무, 가중나무, 네군도단풍, 난티나무	은행나무, 잎갈나무, 분비나무, 가문비, 개비자, 대왕송
약	녹나무, 구실잣밤나무, 유칼리	아까시나무, 벚나무, 능수버들, 벽오동, 참죽나무, 조릿대	소나무, 해송, 삼나무, 편백

🌱 산불에 대한 보호 및 저항 메커니즘

속성	메커니즘	실례
두꺼운 수피	단열	소나무류, 낙엽송류, 굴참나무, 황벽나무 등의 장령목 : 강도가 약한 산불로부터 사부와 목부를 보호
구과 실편	단열	• 구과목의 대부분 침엽수 : 두꺼운 구과 실편은 약한 산불로부터 내부의 종자를 보호 • **방크스소나무, 리기다소나무 등** : 폐쇄성 구과를 가지고 있으며 산불이 지나간 후 열기에 건조된 구과가 열리고 종자를 산포
긴 침엽	단열	long leaf pine : 산불로부터 30cm 가량의 긴 침엽으로 눈(bud) 보호
높은 지하고	화염회피	자연전지가 잘 되는 양수 교목류 및 가지치기를 한 조림목 : 지하고가 높고 죽은 가지가 붙어있지 않은 임목은 지표화가 수관화로 번지는 위험을 피한다.
지하 맹아	화염회피	short leaf pine의 잠아 및 지중식물의 번식자 : 산불이 지나간 후 새로운 개체를 형성
성긴 수관	낮은 가연성	낙엽송류, 긴 침을 가진 소나무류 : 성긴 수관으로 가연성을 낮춤.
맹아 발생	새로운 개체 발생	대부분의 활엽수 교목 및 관목 : 산불에 의해 고사되더라도 근주 맹아나 뿌리맹아를 내어 새로운 개체로 생육
매토 종자	갱신치수 발생	비교적 큰 종자를 가진 임목 : 설치류 및 조류에 의해 전파, 매몰되어 있거나 자연적으로 산포된 종자로부터 치수 발생
비산 종자	갱신치수 발생	버드나무류, 사시나무류, 느릅나무류, 물푸레나무 등 : 산불 피해지 근처의 숲에서 바람에 의하여 산포된 종자로부터 치수발생
폐쇄성 구과	갱신치수 발생	**방크스소나무, 리기다소나무 등** : 산불이 지나간 후 열기에 건조된 구과가 열리고 종자를 산포

(2) 연료

① **연료형** : 낙엽, 건조한 풀, 관목, 고사한 잔가지 등과 같이 신속하게 연소하는 연료와 원목, 대경목, 큰 나뭇가지, 뿌리 등의 굵고 무거운 연료, 그리고 수분함유량이 25~80% 정도로 함유된 생장활동이 왕성한 녹색연료로 나누며, 다시 연료의 크기, 연료의 양, 퇴적밀도 등으로 구분한다.

② **연료습도** : 연료는 살아 있는 연료와 고사한 연료로 크게 나누며, 연료습도는 계절 및 지상조건에 따라 변화한다. 연료습도의 상태는 산불의 연소강도 및 산불의 진행속도에 직접적인 영향을 끼친다.

③ **연료의 배열상태**

   ㉠ 연료의 배열상태는 산불진행에 직접적인 영향을 끼치며, 수평적·수직적 연료배열상태로 구분한다.

   ㉡ 수평적 배열상태는 임내 지표 가연물질 등이 수평으로 배열된 상태를 말하며, 산불이 발생할 때의 일반적인 지화요령으로는 연료의 계속적인 배열상태를 차단함으로써 방화선을 구축한다.

ⓒ 수직적 배열상태는 가연물질이 인화된 물질보다 위쪽에 위치한 연료배열상태를 말한다. 연료가 밀집상태로 수직배열할 때에는 열을 받으면 대류작용으로 상부의 연료가 가열되어 점화되므로 산불은 더욱 쉽게 확산하게 된다. 수직배열 연료는 열을 받는 대류가 불의 파편을 운반함으로써 비화를 유발한다. 수직적 배열상태에서는 가지치기를 하거나 지상의 연소물질을 제거하여 줌으로써 불길이 수관에 미치지 못하도록 하는 것이 작업요령이다.

(3) 지형

① 경사도

ⓐ 경사는 산불의 연소작용에 있어서 가장 큰 영향을 끼치는 인자로서 경사가 급해짐에 따라 산불의 진행속도는 복사열과 대류열의 영향을 받게 되므로 평지의 산불보다 빠르게 진행된다.

ⓑ **급경사지의 산불진행은 산정으로 빠르게 진행**된다.

ⓒ **급경사면에서의 상향사면 연소속도는 하향사면보다 약 16배 빠르게 진행된다.**

② 방위 : **남향과 남서향은 북향보다 수광량이 많고, 고온이며 상대습도가 낮은 관계로 연료습도가 건조하여 산불발생 및 연소조건이 빨리 형성**된다.

③ 지세 : 지세는 공기의 흐름을 좌우한다. 산불이 진행하여 골짜기에 이르면 계곡풍의 영향을 받아 급속하게 방향을 바꾸게 된다.

ⓐ 좁은 협곡 : 산불이 발생할 경우 좁은 협곡에서 부는 바람은 지형에 따라 골짜기 바람의 영향을 받아 복사열과 대류열이 강풍과 돌풍으로 바뀌면서 삽시간에 반대편으로 산불이 확산되어 비화가 발생한다.

ⓑ 넓은 협곡 : 넓은 협곡에서 부는 바람은 골짜기바람의 영향을 별로 받지 않으므로 산불이 발생해도 돌풍과 강풍이 그다지 발생하지 않기 때문에 산불의 진행속도는 좁은 협곡에서 발생한 산불보다 느리게 진행된다.

ⓒ 상자형 협곡 : 험준한 급경사지는 협곡모양이 상자형으로 되어 있어 이 급경사지에서 산불이 발생하면 굴뚝에서 연기를 내뿜는 역할을 하므로 산불은 신속히 산정으로 진행된다.

ⓓ 능선 : **진화작업을 가장 효과적으로 실시할 수 있는 지점**이다. 이유는 첫째, 능선에 이르면 식생의 변화로 가연물이 적어진다. 둘째, 능선부에 이르면 반대쪽 바람도 불쪽으로 불게 되므로 산불의 진행을 쉽게 잡을 수 있다. 셋째, 능선의 반대쪽은 복사열이나 대류열의 영향을 받지 않고 불의 파편이 굴러내리는 위험이 적어 맞불을 놓는 데 이상적인 지점이다.

(4) 기상

① 강우량 : 우리나라의 경우 3월에서 5월까지는 강우량이 적어 가연물이 건조되어 산불발생 및 연소 확대의 위험도가 가장 큰 기간이다.

② 바람 : 기상인자 중 산불에 가장 중요한 영향을 끼치는 인자이며, 풍속은 연소속도를 빠르게 하고, 풍향은 연소방향을 좌우한다.

③ 상대습도·온도
　㉠ 상대습도란 공기 중에 포함된 수분함량을 백분율로 나타낸 것이며, 임내 가연물의 건조도에 영향을 끼쳐 산불의 연소진행속도에 영향을 끼친다.
　㉡ 온도의 경우 태양열을 받게 되면 지면이 가열됨에 따라 지상공기가 더워지면 낮에는 기류가 계곡 위쪽으로 불어 올라가지만, 밤에는 거꾸로 계곡의 상대온도가 높아져 계곡 아래로 불어 내려가게 되므로 화세가 점차적으로 약화되어 진화작업을 쉽게 할 수 있다. 낮에는 온도가 상승할수록 상대습도가 내려가 연료가 건조되어 산불은 점점 강렬히 연소 진행한다.

4. 산불 진화

(1) 산불이 발생했을 때 형태는 바람이 없으면 원형으로 타들어가지만, 바람이 불면 바람이 부는 방향으로 가장 빨리 퍼진다.

(2) **가장 빨리 타서 퍼지는 부분을 화두(head fire)라 하며 화두의 방향과 직각방향으로 번져 나가는 속도가 느린 부분을 측면화(side fire)라 한다. 바람이 불어오는쪽 부분 또는 경사면일 때 타 내려가는 부분을 화미(tail fire)라 하는데 화미는 화세가 가장 약하고 자연적으로 꺼지는 경우도 있다.**

(3) **산불 진화를 위해서는 산불 초기나 불길이 약할 때는 화두부터 꺼나가고, 불길이 심할 때는 측면부터 꺼들어가서 화두면을 좁혀 들어가도록 해야 한다.**

(4) **맞불은 간접진화 방법**이며, 산소를 순간적으로 제거하는 것은 직접진화 방법이다.

(5) 화재가 일단 정지되었다 하더라도 완전한 진화라고는 할 수 없다. 꺼진 불이 다시 살아나는 경우가 많기 때문에 불씨가 있는 곳은 물과 흙으로 완전히 불을 꺼야 하고, **화재지 주위에 나지대(裸地帶)를 만들어 재연소 가능성을 없애고 철저히 감시**해야 한다.

5. 산불의 연소형태

산불이 발생했을 때의 산불의 연소형태는 일반적으로 타원형으로 확대된다. 이때 발생지점으로부터 가장 빠른 부분을 축으로 하여 확산하며, 그 형태는 전면·측면·후면으로 나눌 수 있다.
전면은 불이 가장 빠르게 확산되는 화두부분이고, 측면은 전면으로 확산되는 불이 바람·지형·연료조건 등의 영향을 받아 불의 수직각 또는 비스듬하게 확산되는 화변부분이다. 후면은 불의 꼬리부분을 가리키며 전면에서 확산되는 불의 반대방향으로 확산되는 화미부분을 나타낸다.
산불의 연소유형은 지형 및 풍속 등 환경인자에 따라 구분한다.

(1) 지형이 평탄하고, 바람이 없으며, 연료가 균일한 경우는 원형으로 연소한다.

(2) 지형이 평탄하고, 바람이 약간 불며, 연료가 균일한 경우는 약간 좁은 타원형으로 연소한다.

(3) 지형이 평탄하고, 바람이 강하게 불며, 연료가 균일한 경우는 길고 좁은 타원형으로 연소한다.

(4) 지형이 평탄하고, 바람의 방향이 불규칙하며, 연료가 균일한 경우는 바람의 영향을 받는 부채꼴형으로 연소한다.

(5) 지형이 평탄하고, 바람이 약간 불며, 연료가 불균일한 경우는 연료의 조건에 영향을 받는 부채꼴형으로 연소한다.

(6) 지형이 상향사면이고, 바람이 없으며, 연료가 균일한 경우는 상향사면으로 진행하는 넓은 타원형으로 연소한다.

(7) 지형이 구릉형이고, 바람도 구릉과 교차해서 불며, 연료가 균일한 경우는 지형과 바람의 영향을 받는 부채꼴형으로 연소한다.

6. 산불의 소방

화재의 소화는 산불의 3요소, 즉 연료·산소·열 중 어느 것 하나 이상을 제거한다면 연소반응을 중지시킬 수 있는데, 이에는 열원으로부터 열을 흡수해서 온도를 착화점 이하로 내리게 하거나 공기를 차단하는 직접소화법과 가연물을 제거하거나 미리 타지 않게 하는 간접소화법이 있다.

(1) 간접소화법

① 초기화재로부터 연소 확대되어 화세가 강해지면 화점에 접근해서 직접소화하는 것이 매우 곤란하다. 특히, 바람이 불어가는 방향인 화두부분의 소화작업은 더욱 위험하기 때문에 간접소화법을 실시하게 된다.

② 간접소화법은 연소 전방에 방화선 등의 연소저지선을 설정해 놓는 것이다. 이와 같은 장소는 식생 등이 변화하는 곳이나 임도·하천·낭떠러지 등이 연소저지선이 된다.

③ 연소속도가 빨라 단시간 내에 방화선을 설치할 필요가 있는 경우에는 연소진행이 예상되는 방향에 미리 헬기를 이용하여 소화약제를 살포하여 약제방화선을 설치하기도 하는데, 이를 '응급방화선'이라 한다.

④ 우리나라와 같이 경사가 급하고 구릉지가 많은 지형에서는 능선 반대 사면에서 화세가 약해지는 경향이 있으므로 이곳이 불을 끌 수 있는 가장 좋은 장소가 되기도 한다.

⑤ 산불이 발생하기 전에 산의 능선, 산림구획선, 임도 등을 이용하거나 산복의 경사의 길이가 길 때에는 수평방향으로 보통 10~20m의 넓이로 **임목과 가연물을 제거하여 설치하는 것을 영구방화선**이라 한다. 영구방화선은 산불이 났을 때에 불이 퍼지는 것을 막는 동시에 소화작업의 거점으로 이용할 수 있다. 불에 강한 나무를 이용해 방화수대를 만드는 것도 중요한 간접소화법이다.

7. 내화수림대의 조성

내화수림대는 능선부에 6m 폭으로 식생이 없는 공간지대(임도 등)를 개설하고, 그 양쪽에 각각 **12~15m 폭의 식생지대**를 조성한다.

8. 산불에 의한 피해 현상

(1) 임분에 대한 피해

산불로 어린나무들이 죽고, 큰 나무들의 경우 죽지 않으면 쇠약해지거나 목재의 가치가 떨어지며, 피해목의 생사는 6월 이후의 생장기가 되기 전에는 확실하게 판정하기 어렵다.

(2) 숲땅에 대한 피해

① 낙엽층의 소실뿐만 아니라 부식질까지 소실되어 표층 토양과 양분이 유실되어 척박해진다.

② 부식질은 토양을 다공질로 만들어 투수성을 증가시켜 주고, 화학적 양료를 공급해 주어 토양을 개량하는 역할을 하는데, 이것이 소실되면 지표 유하수가 늘고 투수성이 감소되어 호우 시에는 일시적인 지표 유하수의 증가로 말미암아 홍수의 원인이 된다(저수능 감퇴, 토양의 이화학적 성질 악화).

③ 산불에 의하여 타고 남은 재는 빗물에 의하여 유실되므로 산불의 피해를 자주 받을 때는 토양이 척박해진다.

(3) 산림 생산 능력 감퇴

(4) 산림의 다목적 기능 감퇴

수원 함양, 공해 방지, 야생 동물의 번식, 국토 보전, 휴양처 제공, 풍치 보전, 경관 가치, 어족 보호 등의 공익적 기능이 소실되거나 감퇴한다.

9. 산불에 의한 산림생태계의 영향과 변화

(1) 산림식생

① 임상의 낙엽층과 식생이 제거되고 일시적인 수분 반발성이 생기며, 뿌리가 약해지기 때문에 토양 침식이 가속화된다.

② 수관화와 같이 강한 산불로 대부분의 식생이 소실되면 임분 대체효과가 나타나는데, 2차 천이에 의한 복원기간은 50~200년 이상 소요된다.

③ 수종별로는 소나무가 지표화에도 대부분 고사하여 산불에 가장 약하고, 낙엽송은 지표화나 수간화 지역에서도 일부 생존목이 나타난다. 신갈나무와 굴참나무 등의 참나무류는 지표화와 수간화 지역에서는 거의 대부분 소생하며, 수관화가 휩쓸고 지나간 지역에서도 맹아력으로 생존하는 개체를 다수 발견할 수 있다.

④ 열을 받은 공기는 잎, 초본, 목화가 덜 된 잔가지를 약 75% 건조시켜 치명적인 상태에 이르게 한다.

⑤ 큰 잎이나 침엽으로 둘러싸인 눈은 주위의 잎이 소실되더라도 살아남을 수 있다.

⑥ 임목 줄기의 피해는 주로 형성층과 사관부 세포가 상처를 입음으로써 일어나는데, 산불에 노출된 시간과 강도 및 수피의 두께와 열전도율에 따라 좌우된다.

⑦ 줄기의 피해는 지표에 가까울수록, 바람 부는 반대쪽에서, 경사면의 위쪽에서 심해지는 경향이 있다. 수피의 두께는 수종과 나이에 따라 차이를 보인다. 수피가 그을리는 현상은 그을림의 두께와 높이에 의하여 피해 정도가 결정된다. 끈적이는 액체가 나오는 것은 줄기 내부 피해의 징후이며, 열기에 의하여 죽은 형성층 세포는 수일 내에 갈색으로 변한다.

⑧ 산불에 의한 임목 및 식물 개체의 고사의 요인
  ㉠ 임목 전체가 완전히 소실: 주로 수관화(樹冠火)를 겪는 임목으로서 완전 고사하는데, **활엽수는 맹아에 의한 재생력**이 있다.
  ㉡ 수관 부분(잎·잔가지·눈 등)이 소실: 지표화(地表火)에 의하여 수관이 소실된다. 소나무는 재생능력이 없고, **활엽수는 가지에서 새로운 맹아가 발생하여 소생할 수 있다.**
  ㉢ 수관의 일부 소실: 지표 유기물의 연소에 의한 열기로 수관의 일부가 소실된다. 소나무는 재생력이 있으나 병원균과 해충의 침입이 우려되고, **활엽수는 재생력이 있다.**

(2) 산림토양

① **산불 후 대부분의 토양양분은 용출되어 식물이 이용할 수 있는 상태가 되지만, 토양수에 용해되어 지하수로 빠져나가기 쉽다.**
② 유기물이 연소되면서 많은 질소가 휘발되지만, **일부의 질소성분은 식물이 이용하기 쉬운 형태로 된다.** 그리고 임상 표면의 유기물층만 소실되었다면, 토양의 총 C/N율은 감소하지만 남아 있는 질소는 식물이 이용하기 쉬운 형태로 된다.
③ **산불 후 토양미생물에 의한 질소고정작용은 증가**할 수 있고, 검은색 표면토양의 색깔과 그늘이 사라짐으로써 토양온도를 높이고 미생물의 활동을 왕성하게 하여 유기물 분해율과 양분이용 가능성을 높일 수 있다.
④ **산불 발생 초기에는 토양 pH가 증가**하고 토양 내 질소와 유기물함량은 지피물의 양과 산불의 정도에 따라 증가하거나 감소한다. 산불발생 임지의 토양 pH 증가는 토양 내 미생물의 활동을 촉진하고, 질소·인산·칼륨·황 등 여러 양분의 이용률을 증가시켜 새로 정착하는 식생의 활착과 재생임목의 생장에 도움을 주지만, 토양의 물리적 성질이 악화되어 2~3년 이내에 산불 전의 상태로 돌아가며, 강우에 의한 침식으로 표토가 유실될 경우 더 빠르게 악화된다.
⑤ 표토층의 수분함량은 심한 감소를 보이고, 토양공극 내 공기가 차지하는 비율은 증가한다. 토양의 물리적 성질 변화는 서서히 일어나지만, 산불에 의한 낙엽층의 소실로 광물질 토층이 노출됨에 따라 표토층이 유실되어 토성은 사질함량이 더 많아질 수 있다.

(3) 산림수자원

① 산불 후에는 임상의 낙엽층과 식생이 제거되고, 일시적인 수분 반발성이 생기며, 뿌리가 약해져서 **토양침식이 가속**될 수 있다.
② 집중강우 시 홍수와 심한 토사유출의 피해를 동반하며, 불투수층 지역에 대한 대책으로 벌채 산물을 이용하여 강우 침투촉진 시설을 할 수 있다.

(4) 야생동물

산불에 의한 야생동물의 직접적인 피해는 **질식과 화염에 의한 사망**이며, 간접적인 피해는 주로 **서식처의 소실과 관련**된다.

10. 산불 후 숲의 복원

(1) **인공복원과 자연복원의 비교**

① 인공복원

　㉠ 인공조림의 절차에 준하여 양묘, 식재 등에 따른 **복원비용과 노동력, 중장비가 많이 소요**되지만, 복원기간이 비교적 짧다.

　㉡ 목재생산을 위한 경제적 조성에 유리하다.

　㉢ 침엽수림이 강한 수관화로 전소되었을 경우, 인공복원은 불가피하다.

② 자연복원

　㉠ **천연갱신의 절차에 준하므로 복원기간이 비교적 길지만**, 복원비용과 노동력, 중장비가 거의 소요되지 않는다.

　㉡ **환경재 생산을 목표로 하는 생태적 조성에 유리하다.**

　㉢ 활엽수림 또는 침엽수-활엽수 혼효림이 산불의 피해를 받았을 경우, 활엽수 맹아 갱신에 의한 자연복원이 가능하다.

(2) **산불로 피폐된 숲의 합리적인 복원을 위해 고려할 사항**

복원의 최종 목표는 토지, 인간사회, 생산물을 총체적으로 고려한다.

① 사회적 요인

　㉠ 산불피해를 입은 지역사회의 요구도

　㉡ 복원되는 숲을 구성하는 희망 수종

　㉢ 산불 피해임지의 법적·제도적 소유 구조

　㉣ 문화적 배경

② 경제적 요인

　㉠ 산불에 의한 경제적 피해 정도

　㉡ 복원에 소요되는 비용

　㉢ 산불피해를 입은 지역사회의 경제적 규모 및 범위

　㉣ 대체 수입원

　㉤ 미래의 경제적 계획

③ 생태적 요인

　㉠ 식생 및 갱신 요건

　㉡ 토양 및 입지 조건

　㉢ 수역학, 수문학, 생물다양성

　㉣ 생물학적(동물·해충·병 등) 피해요인

6 대기오염

대기오염의 급성 피해는 유해 가스의 공기 중 농도가 높을 때 일어나는 것으로 침엽수는 잎끝이 황색 또는 적갈색으로 변하고 심하면 잎이 떨어진다. 활엽수는 잎 가장자리와 잎맥 사이가 황백색, 회색 또는 갈색 반점이 생기고 심하면 잎이 떨어진다.

1. 대기오염에 의한 식물의 피해 증상

(1) **대기오염의 가시적 피해**

대기오염물질은 아황산가스(SO_2), 질소산화물(NO_x), 오존(O_3) 등이 있다. 아황산가스는 화석연료가 연소될 때 발생되며 피해가 가장 심하다. 피해는 병원체에 의한 수병과 비슷한 양상을 보인다. 침엽수는 잎 끝부분 또는 전체가 갈변하고 활엽수는 갈색반점이 생긴다.

① 급성피해
  ㉠ 엽맥간 괴사: **아황산가스(SO_2), 질소산화물(NO_2)** 등에 의해 잎의 앞·뒷면에 동시에 나타난다.
  ㉡ 엽록괴사: 불화수소(HF)는 전형적인 엽록괴사를 나타내며, 역시 잎의 앞·뒷면에 함께 나타난다.
  ㉢ 잎속의 은회색화: PAN 등에 의해 나타나는 급성장해로서 매우 특징적으로 나타난다.
  ㉣ 조기낙엽, 잎마름, 가지마름 등이 나타난다.

② 만성피해
  ㉠ 저농도의 오염물질이 장시간에 걸쳐 피해를 줌으로써 가시적인 장해가 나타난다.
  ㉡ 잎 전체 또는 엽맥에 황화현상을 나타내는 것이 특징이며, 시들음이나 왜소현상이 나타나기도 한다.

(2) **대기오염의 불가시적 피해**

① 광합성의 저하와 호흡의 증대를 초래하여 생육과 생장이 저하된다.
② 농작물의 수확량이 감소하거나 또는 생육 불량 현상이 나타난다.
③ 수목의 활력저하에 따른 병해충 침입과 재적성장 감소 및 생산력 저하가 나타난다.
④ 소나무의 경우 잎의 건중량 감소와 엽록소 함량 저하, 생장연륜의 변화가 나타난다.

2. 주요 대기오염물질에 의한 피해증상 및 영향

(1) **아황산가스**

① **피자식물 잎의 가장자리와 엽맥 사이에 암녹색의 괴사반점**이 초기에 나타나는데, 기공 주위에 있는 엽육세포들이 붕괴되기 때문이다. 그러나 엽맥 부근의 기공수도 적고 세포간극이 많지 않으므로 괴사증상은 심하게 나타나지 않는다. 시간이 지남에 따라 괴사 부위는 점차 잎 전체로 퍼지면서 잎의 앞·뒷면에 모두 나타나게 되는데, 잎이 오래될수록 피해에 둔감해지고 새로 피어나는 어린잎들이 저항성이 가장 약하다. 나자식물의 침엽은 엽색이 적갈색으로 변하며, 완숙 직후에 가장 민감하다.

② 민감수종 : 소나무, 잣나무, 사시나무, 오리나무, 자작나무, 버드나무, 단풍나무, 들메나무
③ 둔감수종 : 은행나무, 향나무, 편백나무, 보리수나무, 산벚나무, 은단풍, 당단풍, 동백나무, 가시나무, 메밀잣밤나무

(2) 질소산화물

① 대기오염물질은 산화질소(NO) 및 이산화질소(NO_2)이다.
② 이산화질소는 간접적인 영향이 중요한데, 오존이나 PAN(peroxyacetyl nitrates)과 같은 식물에 **독성을 나타내는 산화제들을 생성**한다.
③ 질산염은 산성비를 생성하는 수소이온의 주요 근원이다.
④ **피자식물은 변색된 괴사반점들이 잎의 엽맥 사이 부분에 많이 나타나고, 때로는 줄무늬형태로 나타나기도 한다.** 특히, 아까시나무·참나무류·단풍나무들에서는 엽변괴사 증상이 나타난다.
⑤ 민감수종 : 일본잎갈나무, 진달래, 장미, 돌배나무, 사과나무, 자작나무
⑥ 둔감수종 : 은행나무, 소나무, 아까시나무, 너도밤나무, 자작나무, 느릅나무, 참나무

(3) 불화수소(HF)

① 주로 알루미늄 제련공장 등에서 배출된다.
② 대부분의 잎의 선단부와 엽록부에 괴사반점이 생기며, 괴사부분과 건전한 조직 간에 명확히 식별할 수 있는 갈색 밴드가 나타난다.
③ 유엽 선단과 주변부에 백화현상 또는 황화현상을 일으킨다.

(4) 오존

① 2차 대기오염물질로, 오존과 PAN에 의한 피해는 반드시 광에 노출될 때 발생한다.
② 황산화물과 질소산화물에 의한 엽육세포의 피해증상과는 달리 오존 피해증상은 **책상조직세포가 파괴되면서 나타나서 결국에 가서는 잎의 상부 표면 전체가 표백된 형태**를 띠거나, 책상조직 세포들이 암색의 알칼로이드색소를 축적시켜 반점무늬를 나타내기도 한다.
③ 가시피해의 조직학적 특징은 책상조직이 선택적으로 파괴되는 경우가 많고, 기공에 가까운 해면상조직은 피해를 받지 않는다. 특히 피해가 심하고 괴사가 일어나는 경우는 책상조직이 피해를 입으며, 어린잎보다 성숙한 잎에서 발생하기 쉽다.
④ 오존의 피해는 소나무에서 잘 발생한다.
⑤ 민감수종 : 방크스소나무, 테에다소나무, **호두나무**, **드릅나무**, 포플러, 진달래, 사시나무
⑥ 둔감수종 : 전나무, 솔송나무, 가문비나무, 너도밤나무, 자작나무, 월계수, 보리수나무, 아까시나무, 단풍나무, 배나무

(5) **PAN**
① 옥시던트 중 미량으로 존재하는 산화력이 매우 강한 유기물로, **2차 대기오염물질**이다.
② 전형적인 증상으로 **잎 하부 표면이 청동색으로 변한 후에 광택**이 난다.
③ PAN에 강한 수종
  ㉠ 피자식물: 자작나무, 수수꽃다리, 노르웨이단풍, 은단풍, 당단풍, 참나무, 사시나무, 아까시나무
  ㉡ 나자식물: 전나무, 솔송나무, 일본잎갈나무, 독일가문비나무, 구주소나무, 소나무

🌱 **대기오염물질에 의한 수목의 병징**

오염물질	병징 활엽수	병징 침엽수
아황산가스 (SO_2)	잎의 끝부분과 엽맥 사이 조직의 괴사, 물에 젖은 듯한 모양(엽육조직 피해)	물에 젖은 듯한 모양, 적갈색 변색
질소산화물 (NO_x)	초기: 흩어진 회녹색 반점, 잎의 가장자리 괴사, 엽맥 사이 조직 괴사(엽육조직 피해)	초기: 잎 끝의 자홍색~적갈색 변색, 잎의 기부까지 확대된다. 고사부위와 건강부위의 경계선이 뚜렷하다.
오존(O_3)	• 잎 표면에 주근깨 같은 반점 형성, 책상조직이 먼저 붕괴 • 반점이 합쳐져서 표면이 백색화	잎 끝의 괴사, 황화현상의 반점, 왜성 황화된 잎
PAN	잎 뒷면에 광택이 나면서 후에 청동색으로 변한다. 고농도에서 잎 표면도 피해(엽육조직 피해)	알려지지 않았다.
불소(F)	초기: 잎 끝의 황화, 잎 가장자리로 확대, 중륵을 따라 안으로 확대된다. 황화조직의 고사 ⊙ 불소는 기체상태의 오염물질 중에서 가장 독성이 크고, 체내에 흡수되면 계속 누적된다.	잎 끝의 고사, 고사부위와 건강부위의 경계선 뚜렷
중금속	• 엽맥 사이 조직의 황화현상 • 잎 끝과 가장자리의 고사, 조기낙엽 • 잎의 왜성화, 유엽에서 먼저 발생	잎의 신장억제, 유렵 끝의 황화현상, 잎 기부로 고사확대

(6) **방제**
① **법규적 조치**: 공해 방지법을 제정, 공포한다.
② **이화학적 방제법**: 석회를 사용하여 유해가스를 흡수·중화시키거나 이산화황, 삼산화황가스로 황산을 만든다. 또한, 고압 전류로 흡착장치를 하거나 굴뚝에 공기 또는 무해 가스를 보내서 굴뚝에서 나오는 가스의 농도를 희석시킨다.
③ **임업적 방제법**: 회복력과 저항력이 강한 수종을 조림하고 방연 수림대를 설치한다. 또한 숲을 택벌림, 중림 또는 왜림으로 조성하고 침엽수와 활엽수를 섞어 혼효림으로 가꾸고 토양관리에 유의한다.

(7) **조직용탈**
① 강우, 이슬, 연무, 안개 등의 수용액에 의해 조직 내 물질이 조직 밖으로 빠져나가는 것을 의미한다.
② 강우는 조직 내의 무기염을 용탈시키는데, 모든 종류의 필수원소가 용탈되지만, 그중에서 특히 K가 가장 많이 용탈되며, 다음으로 Ca, Mg, Mn이 용탈된다.
③ 대기오염물질은 수목의 잎 표면의 각피층의 왁스를 침식시켜 조직용탈을 유도한다.

CHAPTER 02 생물적 산림피해

1 수목병해

1. 병원의 종류

🌱 생물적 병원과 수목병

병원의 종류	특징	주요 수목병
균류	진핵생물	모잘록병, 그을음병, 흰가루병, 잣나무털녹병, 밤나무 줄기마름병, 소나무 리지나뿌리썩음병, 소나무 혹병, 청변병
세균	원핵생물	뿌리혹병, 불마름병, 세균성구멍병
파이토플라즈마	원핵생물(세포벽 없음.)	**대추나무빗자루병, 붉나무빗자루병, 뽕나무오갈병**
바이러스	세포없음(핵산과 단백질 복합체).	**모자이크병**(포플러, 아까시, 수국 등)
선충	동물	소나무재선충, 뿌리혹선충병, 뿌리썩이선충병, **야자나무 시들음병(지상부선충병)**
기생식물	식물	겨우살이, 새삼

2. 수목병의 발생 환경과 전반

(1) 온도
① 기온이 높고 비가 많이 오는 해에 많이 발생하는 병으로는 낙엽송 가지끝마름병을 들 수 있는데, 이 병은 28~30℃가 발병적온이다.
② 소나무에 큰 피해를 주고 있는 리지나뿌리썩음병의 병원균인 파상땅해파리버섯의 자낭포자는 40~50℃ 정도에 3~12시간 이상 노출되어야 발아할 수 있다.

(2) 햇빛
① 태양광 중 미생물들의 생존에 치명적인 자외선과 같은 파장들이 존재하기 때문에 태양광이 충분히 비치는 환경에서는 병원균이 생육할 수 없다.
② 일조량도 부족하고 습도가 높은 산림에서는 잣나무 피목가지마름병, 소나무류 잎떨림병, 낙엽송 잎떨림병, 낙엽송 가지끝마름병 등이 발생하기 쉽다.

(3) 습도
균류의 포자형성 시 식물체로의 침입 시에는 장마철 등 95% 이상의 높은 습도가 필요하므로 습도가 **높을수록 병이 발생할 확률도 높아진다.**

(4) 토양
질소(N)비료의 과용은 발병을 조장하는 반면, 칼륨(K) 및 인(P) 비료의 사용은 병에 대한 저항력을 강화시킨다.

(5) **병원체의 전반(傳搬)**
① 바람에 의해 전반 : 잿빛곰팡이병, 흰가루병, 녹병, 낙엽송 가지끝마름병, 담자균류에 의한 목재 썩음병
② 물에 의해 전반 : 밤나무 줄기마름병, **벚나무 빗자루병**
③ 토양 내에서 자력으로 확산 : 모잘록병, 리지나뿌리썩음병, 뿌리썩이선충과 뿌리혹선충
④ 균류 및 선충이 매개체로 작용 : 바이러스
⑤ 바이러스의 주요 매개체 : 진딧물, 응애, 가루이
⑥ 파이토플라즈마의 주요 매개체 : 매미충, 노린재
⑦ 종피에 병원체가 오염된 상태로 옮겨져서 파종한 결과로 병이 확산 : 탄저병, 모잘록병
⑧ 영양번식의 전반 수단 : 파이토플라즈마나 바이러스와 같이 절대기생체이며 전신감염성인 병원체
⑨ 병든 묘목에 의해 전반 : 밤나무줄기마름병, 털녹병, 세균에 의한 뿌리혹병, 자줏빛날개무늬병, 소나무 혹병 등

(6) **병원체의 휴면**
① 세균 및 바이러스는 특별한 휴면조직을 형성하지는 않지만, 균류의 경우는 균핵과 같은 내구성 균사체, 후벽포자와 같은 내구성 포자 및 각종 내구성 자실체 등의 월동조직을 형성한다.
② 뿌리혹병 등 일부 세균류와 파이토플라즈마나 바이러스는 기주세포 내에서 월동한다.
③ 소나무 혹병, 벚나무 빗자루병, 낙엽송 가지끝마름병, 소나무 피목가지마름병, 오동나무 부란병 등의 균류도 기주식물의 조직 내에서 월동한다.
④ 흰가루병·그을음병 및 줄기마름병과 같은 균류는 잎이나 가지 또는 줄기와 같은 조직의 표면에서 월동한다.
⑤ 낙엽, 떨어진 가지 등의 수체 이탈조직이 병원체의 월동장소로 이용되는데, 침엽수류 잎떨림병, 침엽수류 가지마름병 및 포플러류 점무늬잎떨림병 등을 예로 들 수 있다.
⑥ 세균성뿌리혹병, 모잘록병, 자줏빛날개무늬병 등과 같은 토양 병원체는 연중 온도변화가 비교적 적은 토양 내에서 월동하고, 뿌리썩이선충은 성충·유충 및 알 상태로, 뿌리혹선충은 유충상태로 토양 내에서 월동한다.
⑦ 바이러스나 파이토플라즈마 역시 겨울철에는 뿌리로 이동하여 월동하고, 이듬해 기온이 상승하면 지상부 조직으로 이동하여 증식한다.

(7) **수목병의 방제**
① 법적, 행정적 방제
② 전염원 제거 및 전염경로의 차단 : 병든 나무의 위생간벌 및 가지치기 등
③ 육림작업에 의한 방제 : 건전한 묘목 육성, 지존작업, 임지무육
④ 육종학적 방제 : 저항력이 강한 내병성 수목 개체나 집단을 선발
⑤ 생물학적 방제 : 식물체에는 해를 주지 않지만 식물 병원체에는 길항작용을 나타내는 미생물을 이용하여 병해 방제(예 나무에 균주의 인공접종)
⑥ 약제방제(화학적 방제)

3. 병의 진단

(1) **진단(diagnosis)의 정의**
   ① 병에 걸린 식물체의 형태 변화, 생리적인 변화 및 병원체의 확인 등에 의하여 병의 원인을 결정하는 작업이다.
   ② 진단에 병원체의 동정(identification)도 이루어지며, 동정은 미생물의 병원성, 형태적 특성, 생리화학적 특성 및 유전적 특성 등을 확인하고 분석하여 그 미생물의 분류학적 위치를 결정하는 것이다.
   ③ **병에 걸린 수목의 조직에 나타나는 증상 중에서 병에 의한 식물조직 자체의 이상 변화의 특징을 병징(symptom)이라 하고, 병든 식물 조직상에 나타나는 육안으로 관찰할 수 있는 병원체의 특징을 표징(sign)이라고 한다.**
   ④ **균류에 의한 수목병에서는 병징과 표징을 동시에 관찰**할 수 있지만, 파이토플라즈마 및 바이러스에 의한 수목병의 경우에는 병징만 나타나고 표징은 관찰할 수 없으며, 세균에 의한 수목병에 있어서도 표징을 나타내는 경우가 드물다.

(2) **병징에 의한 진단**
   파이토플라즈마나 바이러스와 같이 전신감염을 하는 병원체는 전신병징을 나타내고, 세균이나 균류와 같이 국부감염을 하는 병원체는 국부병징을 나타낸다.
   ① **시들음** : 병징은 수관부가 수분공급의 장해를 받아서 잎이 붙어 있는 상태로 고사하는 형상이다. 참나무 시들음병, 아밀라리아뿌리썩음병, 느릅나무 시들음병, 소나무재선충병 등이 있다.
   ② **위축** : 가지나 줄기 또는 잎이 소형화되는 병징으로서, 병의 종류나 병의 진전상태에 따라 수목조직의 일부 또는 전신에 나타나는 경우가 있다. 뽕나무 오갈병, 뿌리썩이선충병, 어린나무에 바이러스가 감염시 나타난다.
   ③ **잎의 변색** : 균류·세균 및 바이러스와 같은 다양한 병원체의 감염에 의하여 잎에 황화, 퇴색, 점무늬, 모자이크 등의 병징이 생기는데, 이를 변색이라고 한다. 모자이크는 바이러스에 의한 병의 대표적인 병징이다.
   ④ **구멍** : 감염된 잎 반점의 경계선에 이층을 형성시켜서 병든 조직이 탈락되는 결과로 생기는 현상이다. 복숭아나무 세균성 구멍병, 벚나무 갈색무늬구멍병 등이 있다.
   ⑤ **혹 또는 비대** : 감염된 조직부위에 혹이 형성되거나 비대해지는 현상이다. 소나무 혹병, 세균성 뿌리혹병 및 뿌리썩이선충병 등이 있다.
   ⑥ **잎, 가지의 총생** : 총생은 많은 수의 가지 및 잎이 발생하고 그 크기도 작아지는 현상이다. 벚나무 빗자루병, 대부분의 파이토플라즈마 수목병이 있다.
   ⑦ **탈락** : 식물기관의 일부가 이탈되는 현상으로서, 수목에서는 주로 잎이 조기에 낙엽이 지는 증상이다. 낙엽송 잎떨림병, 소나무 잎떨림병, 잣나무 잎떨림병 등이 있다.
   ⑧ **가지마름** : 낙엽송 가지끝마름병, 소나무 및 잣나무 피목가지마름병 등이 있다.

⑨ 궤양, 줄기마름 : 궤양이나 줄기마름은 주로 줄기나 굵은 가지에 나타나는 마름증상으로, 수피의 균열, 고리모양의 유합조직 형성 또는 환부의 함몰 등의 증상을 동반한다. 활엽수류의 궤양병, 오동나무 부란병, 침·활엽수의 줄기 마름병, 밤나무 줄기마름병 등의 병징, 감귤 궤양병과 같이 세균성병의 경우도 궤양을 형성하는 경우이다.

⑩ 썩음 : 심재·변재·뿌리 등의 감염부위의 조직이 부패되는 현상이다. 아밀라리아뿌리썩음병 및 리지나뿌리썩음병에 의한 뿌리썩음, 모잘록병에 의한 뿌리 또는 줄기 부위의 썩음, 목재썩음병에 의한 심재 및 변재부위의 썩음 등이 있다.

⑪ 분비 : 주로 가지나 줄기의 감염부위로부터 수지가 누출되는 현상이다. 리기다소나무 푸사리움가지마름병, 잣나무 수지동고병 등이 있다.

(3) 표징에 의한 진단

세균·파이토플라즈마·바이러스 및 선충에 의한 수목병의 경우는 육안으로 표징을 관찰하기 쉽지 않으나, **균류는 감염된 수목조직의 환부에 독특한 표징을 형성하는 경우가 많아 병징과 함께 표징으로도 진단할 수 있다.**

표징은 병이 많이 진전되거나 거의 병의 말기상태에 나타나는 경향이 있어, 표징에 의한 진단이 가능한 시기에는 이미 적절한 치료가 불가능할 수 있다. 또한, 병환부에는 병원체가 아닌 2차적으로 감염한 다른 미생물들이 형성한 표징이 나타나는 경우도 많아 진단 시 유의한다.

① 포자 : 균류에 의한 환부에 다수의 포자가 형성되어 독특한 모양이나 색상을 띠어 육안으로 쉽게 관찰할 수 있다. 흰가루병·그을음병·녹병 등이 있다.

② 자실체 : 균류의 종류에 따라 다양하고 특징적인 형태를 취하고 있으므로 병의 진단에 유용하다. 자실체의 크기나 형태에 따라 자실체가 비교적 커서 육안으로도 형태적 특징을 쉽게 관찰할 수 있는 경우(리지나뿌리썩음병은 발병 임지의 토양에 자실체가 발생하고, 아밀라리아뿌리썩음병은 피해목의 뿌리 주위에 자실체가 발생하며, 목재썩음병은 줄기나 가지에 자실체가 발생), 자실체의 크기가 작아서 루페와 같은 확대경을 이용해야 확실하게 관찰할 수 있는 경우(잣나무 피목가지마름병 감염목 가지 및 줄기의 수피에 형성된 자낭반, 잣나무 잎떨림병에 감염된 침엽에 형성된 자낭반, 낙엽송 잎떨림병에 감염된 잎에 형성된 자낭각 등), 가루모양의 자실체로(삼나무 붉은 마름병, 그을음병 및 흰가루병 등의 감염조직에서 분생포자병을 관찰, 녹병균류의 여름포자퇴), 자루모양의 자실체를 형성하는 수목병(잣나무 털녹병의 녹포자기), 세균에 감염된 조직(드물게 점성의 액상 분출물) 등으로 관찰할 수 있다.

③ 균사조직 : 균류에 따라서는 기주식물에 독특한 형태의 균사 또는 균사조직을 형성하기도 한다. 잎집무늬마름병·잿빛곰팡이병에 감염된 나무는 조직의 표면 및 주위가 균사로 덮여있다. 자줏빛날개 무늬병 및 흰날개무늬병에 감염된 뿌리는 각각 보라색 및 흰색의 매트모양의 균사층으로 덮여있다. 아밀라리아뿌리썩음병에 감염된 뿌리에 인접한 줄기의 수피와 목질부 사이에는 흰색의 균사층이 부채꼴모양으로 존재하며, 뿌리로부터는 암갈색의 가느다란 뿌리와 유사한 형태의 근상균사속이 형성된다. 삼나무 균핵병은 감염조직에 균핵과 같은 내구성 균사조직을 형성하기도 한다.

(4) **코흐의 원칙**

병에 걸린 생물체로부터 분리한 미생물이 그 병의 원인(병원체)이라는 인정을 받기 위해서는 다음의 네 가지 조건을 충족시켜야 한다

① 병든 생물체의 병원체로 의심되는 특정 미생물이 존재해야 한다.

② 그 미생물은 기주생물로부터 분리되고 배지에서 순수배양되어야 한다.

③ 순수배양한 미생물을 동일 기주에 접종하였을 때 동일한 병이 발생되어야 한다.

④ 병든 생물체로부터 접종할 때 사용하였던 미생물과 동일한 특성의 미생물이 재분리 배양되어야 한다.

4. 바이러스에 의한 수목병

(1) **식물바이러스의 특성**

① RNA 또는 DNA 분자가 외피단백질로 싸여 있다.

② 식물바이러스는 절대기생체이며 기주특이성이 있다.

③ 식물바이러스는 기주단백질합성 기구에 의존하여 복제되며, 이때 핵산과 단백질은 각각 다른 시기와 장소에서 합성된 후 바이러스입자로 조립된다.

④ 식물바이러스는 세포가 아닌 분자상 물질로서, 기주세포의 내용물과 구분하는 2중막이 없다.

⑤ 식물바이러스는 핵산의 변이에 의해 변이주가 끊임없이 발생한다.

⑥ 식물바이러스는 전염성이 있고 대부분 병을 발생시키는데, 적어도 1종 이상의 기주에 감염한다.

5. 세균에 의한 수목병

(1) **뿌리혹병**

① 줄기, 뿌리 및 지표면으로부터 가까운 곳에서 혹이 발생하며, 때로는 지상부의 줄기나 가지에 발생한다.

② 감염된 나무에 혹이 생기고, 생장이 저해되어 잎이 작고 노랗게 되며, 특히 좋지 않은 환경조건에서는 동해를 받기 쉽다.

③ 병든 세균은 나무의 병든 부위에서 월동하며, 특히 땅속에서는 기주식물이 없어도 수년간 독립적인 부생생활을 한다.

(2) **세균성 구멍병(천공병)**

① 병징은 잎에 원형 또는 부정형으로 지름 1~5mm 정도의 수침상 점무늬가 나타나고, 나중에 담갈색 또는 자갈색으로 변하며, 감염된 부위가 건전 부위로부터 떨어져서 잎에 구멍이 생긴다.

② 과실 표면에 갈색 또는 암갈색의 작은 병반이 나타나서 그 후 흑갈색으로 확대되면서 균열이 생기고 수지를 유출하는 경우가 많다.

(3) 불마름병
① 늦은 봄에 어린 잎, 작은 가지, 꽃 등이 갑자기 시들고, 병든 부분은 빠른 속도로 갈색 내지 검은색으로 변하며 마치 불에 탄 것처럼 보인다.
② 병원균은 주맥을 따라 잎으로 전반되거나 가지 전체로 이동하여 나무를 말라 죽인다.

6. 파이토플라즈마에 의한 수목병
(1) 대추나무 빗자루병
① 대추나무 가지 일부분에서 나무 전체에 빗자루 증상이 나타난다.
② 아주 작은 잎이 밀생하고, 꽃봉오리가 잎으로 변하는 엽화현상 때문에 개화 결실을 하지 못하며, 심하면 수년 내에 고사한다.
③ 마름무늬매미충에 의하여 매개 전염된다.

(2) 뽕나무 오갈병
① 감염된 뽕나무는 초기에는 연한 위황증상을 나타내며, 병세가 진전됨에 따라 생육이 현저히 억제되고, 가지의 마디사이가 짧아지며, 잎이 건전 잎에 비하여 말리면서 오갈증상을 보이게 된다.
② 잎은 담녹색이거나 담황색을 띠고 결각이 없어져 둥글게 되며, 잎면이 쭈글쭈글해진다.
③ 가지의 발육이 부진해 나무가 현저히 왜소해 보이고, 잎이나 줄기조직이 건전한 식물보다 훨씬 가늘어진다.
④ 매개충은 마름무늬매미충이다.

(3) 파이토플라즈마의 특성
① 파이토플라즈마는 식물의 체관부 즙액 속에 존재한다.
② 병든 나무의 분근묘 등 영양체를 통해 전염되거나 매개충에 의하여 전염된다.
③ 파이토플라즈마는 즙액·종자·토양으로는 전염되지 않는다.
④ 감염수목은 시간이 지날수록 쇠약해져서 발병 후 1~3년 내에 고사한다.

(4) 오동나무 빗자루병
① 새로 자라나온 새순에서 곁눈이 터져 새순을 형성하여 초가을까지 계속하여 연약한 잔가지가 총생하고, 담갈색~황록색의 아주 작은 잎이 밀생하여 마치 빗자루나 새집 둥우리같은 모습을 하게 된다.
② 병든 가지는 건전한 가지보다 일찍 시들기 시작하면서 잎도 조기에 낙엽되고 가지도 말라 떨어진다.
③ 담배장님노린재·썩덩나무노린재·오동나무애매미충 등의 곤충에 의하여 전염되며, 병든 나무의 분근을 통해서도 전염된다.

(5) 붉나무 빗자루병
① 건전한 나무에 비해 잎이 매우 작고, 줄기도 신장이 부진하여 짧아지므로 나무가 전체적으로 위축되어 작아 보인다.
② 병든 나무에서는 곁눈의 싹이 빨리 나오고 잔가지가 총생한다.
③ 매개충은 마름무늬매미충이다.

7. 균류(fungi)에 의한 수목병

균류는 진핵생물이지만 동물과는 달리 양분을 포식하여 소화 흡수하지는 않으며, 식물과는 달리 엽록소가 없어서 광합성을 할 수 없어 다른 생물체로부터 유래한 유기물을 흡수 섭취하여 생활한다.

(1) 잎에 발생하는 수목병
① 점무늬병: 느티나무 흰색무늬병, 벚나무 갈색무늬구멍병
② 잎떨림병
  ㉠ 잣나무 잎떨림병(소나무류 잎떨림병): 전 세계의 소나무류에 널리 발생하며, 특히 유럽과 북아메리카에서 피해가 크다. 우리나라에서는 소나무·곰솔·잣나무·스트로브잣나무 등의 묘목과 조림목에 모두 발생한다. 15년생 이하의 어린 잣나무에서 발생하며, 봄에 잎이 적갈색으로 변하므로 마치 죽은 나무처럼 보인다. 3~5월에 묵은 잎의 1/3 이상이 적갈색으로 변하며 대량으로 떨어진다.
  ㉡ 낙엽송 잎떨림병: 이 병으로 낙엽송이 급히 말라 죽는 일은 없으나, 한 번 발생하면 그 후에도 계속 발생하므로 나무의 성장이 크게 저하되고, 병든 나무는 충해를 쉽게 입는다. 감염된 수목은 9월이 되면서 나무의 아랫가지에서부터 잎이 갈색으로 변하여 낙엽이 된다.
  ㉢ 포플러류 점무늬잎떨림병: 이태리계 포플러는 감수성이고, 은백양과 사시나무는 저항성이다. 가로수나 녹음수로 심은 포플러류에서 흔히 발생하고 조기낙엽을 일으키므로 피해가 크다. 피해가 심하면 나무 꼭대기에만 잎이 남게 된다.
③ 잎마름병
  ㉠ 소나무류 잎마름병: 곰솔(해송)과 적송의 묘목에 주로 발생하는데, 잎이 갈변되면서 일찍 떨어져 생장이 크게 위축된다. 일본의 해안지방에서는 곰솔 묘포에 흔히 발생하여 건전한 묘목 생산에 큰 장애요인이 되고 있다. 잣나무나 리기다소나무에서는 별문제가 되지 않는다.
  ㉡ 은행나무 잎마름병: 여름철부터 고온건조한 날씨나 태풍 후에 잘 발생한다.
  ㉢ 삼나무 붉은마름병: 삼나무와 낙우송의 1~4년생 묘목에서 주로 발생하는데, 병든 부위의 잎과 어린줄기가 빨갛게 말라 죽는다.
④ 탄저병
  ㉠ 호두나무 탄저병: 따뜻하고 습한 곳에서 발생하며, 어린 가지와 잎, 잎자루, 열매가 검게 변하고 움푹 들어가 고사한다.
  ㉡ 버즘나무 탄저병: 봄에 비가 잦을 때나 장마철에 가로수 버즘나무에 심하게 나타나며, 어린 잎과 가지가 부분적으로 또는 전체가 갈색으로 고사한다.

⑤ 그을음병 : 거의 모든 식물에서 생기며, 잎이나 가지, 열매 등에 검은 그을음이 낀 것처럼 되는 것으로, 진딧물이나 깍지벌레 등의 흡즙성 곤충의 분비물인 감로에 그을음 병균목의 검은색 곰팡이가 자란 것이다.

⑥ 흰가루병 : 식물 잎에 밀가루를 뿌려 놓은 것처럼 잎에 흰색의 균사가 자라서 덮는 것으로, 미관상 좋지 않고 심하면 순의 생장이 위축되고 꽃과 열매가 달리지 못한다.

(2) 가지와 줄기에 발생하는 수목병

① **궤양병 : 가지와 줄기에서 수피와 그 안쪽 형성층이 죽는 것**으로, 주요 병원체는 곰팡이이지만 서리나 열해, 기계적 손상으로 수피에 상처가 난 곳에 곰팡이균이 침입하여 생기기도 한다.

  ㉠ 소나무류 푸사리움가지마름병 : 리기다소나무·테다소나무·슬래시소나무·유구소나무·해송·미송·폰데로사소나무·구주적송 등 30여 종의 소나무류가 기주식물로 알려져 있으며, 우리나라 소나무와 잣나무는 저항성인 것으로 밝혀졌다. 병징은 수지가 흐르며, 궤양이 큰 곳은 수지가 많이 흘러 하얗게 보이고 잎과 가지가 갈색으로 말라 죽는다.

  ㉡ 소나무류 피목가지마름병 : 소나무류와 전나무·가문비나무의 줄기와 가지에서 발생한다. 병징은 2~3년생 가지와 줄기에 발생하며, 동해나 가뭄 그리고 병충해로 쇠약해진 가지에 침입하여 적갈색으로 고사한다.

  ㉢ 밤나무줄기마름병 : 우리나라에서 이 병은 배수가 불량하거나 움푹한 지형에 심은 밤나무가 동해나 열해를 받아 수피와 형성층이 손상을 입거나 천공성 해충의 피해를 받은 경우 잘 발생한다.

  ㉣ 잣나무 수지동고병 : 병든 줄기 부분은 1~2m 높이에서 가지를 친 부위를 중심으로 발병하여 아래로 퍼진다. 병환부는 처음에는 약간 함몰하면서 갈변하고 수피가 세로로 터지면서 송진이 흐르고 그 수피 아래에 분생포자각이 형성되어 있다.

② 유관속시들음병

  ㉠ 참나무시들음병 : 빠르게 시들면서 빨갛게 고사하는데, 발병원인은 다양하여, 균류·세균·곤충·바이러스 등 생물성 원인과 동해·영양결핍·수분스트레스 등 비생물성 원인이 있다. 우리나라에서 발생한 참나무시들음병의 병원은 **광릉긴나무좀의 매개**에 의한 *Raffaelea*속의 균류로 밝혀졌으며, 주 피해수종은 참나무류 중 신갈나무로 주로 대경목에서 발생하고 있다. 병든 나무의 줄기와 굵은 가지에는 매개충이 침입한 천공이 많이 있고, 침입공 부위와 지면 부위에는 톱밥가루 배설물이 많아 쉽게 판별할 수 있다.

  ㉡ 느릅나무시들음병 : 매개충은 유럽느릅나무좀과 미국느릅나무좀이다.

③ 벚나무 빗자루병 : 왕벚나무에서 특히 심한데, 이 병에 걸리면 벚나무에서 잔가지와 작은 잎들이 빗자루처럼 총생하고 많아지나 봄에 꽃은 피지 않고, 흑변하여 곧 낙엽이 진다.

(3) 뿌리에 발생하는 수목병
　① 모잘록병
　　㉠ 감염부위는 주로 어린 묘목의 뿌리 또는 지제부이며, 흔히 묘포에서 군상으로 발생하고, 발아전입고형과 발아후입고형이 있다.
　　㉡ 모잘록병과 같은 **토양전염성 병**은 예방이 무엇보다 중요하다.
　　㉢ 방제는 파종상의 토양소독, 종자소독, 묘목의 살균제 처리 등을 실시하고, 묘포가 과습하지 않도록 철저히 배수하며, 밀식되지 않도록 파종량을 조절하고 적기에 솎아주며, 오래 묵힌 종자를 사용하지 않아야 한다. 또한, 질소질 비료의 과용을 삼가고 완숙퇴비를 사용한다. 병든 유묘는 즉시 제거하여 태운다.
　② 리지나뿌리썩음병
　　㉠ 전 세계적으로 온대, 아한대 지역에서 문제가 되고, 우리나라에서는 1982년 경주에서 처음 발견된 **자낭균류로, 이 병원균의 포자가 발아하기 위해서는 비교적 높은 기온이 필요해서 모닥불 자리나 산불피해 지역에 주로 발생**한다.
　　㉡ **병원균의 균사가 뿌리를 침해하며, 처음에는 지제부에 가까운 잔뿌리가 검은 갈색으로 썩고 점차 굵은 뿌리로 번지면서 나무 전체가 수분을 잃어 마르는 증상을 나타내고, 적갈색으로 변하면서 죽는다.**
　　㉢ 병든 뿌리는 분비되는 송진으로 뭉친 모래덩이를 볼 수 있다.
　③ 아밀라리아뿌리썩음병
　　㉠ 아밀라리아속의 몇몇 종들이 일으키는 수목 뿌리 병으로, 전 세계적으로 한대·온대·열대 지방의 자연림과 조림지에서 자라는 침엽수와 활엽수 모두에 가장 큰 피해를 주는 산림병해 중의 하나이다.
　　㉡ 감염된 잣나무의 밑둥 부분에서 토양 근접부분까지 송진이 흘러 굳어 있는 병징이 관찰된다.
　④ Phytophthora 뿌리썩음병
　　㉠ 감염된 수목은 수세가 약해지는 증상을 보이는데, 어린 묘목은 발병 후 몇 주 또는 몇 개월 이내에 죽지만 큰 나무의 경우에는 보통 3~10년 정도의 기간에 걸쳐 죽는다.
　　㉡ 잔뿌리는 거의 다 죽고 주근과 같은 굵은 뿌리에 갈색 괴저 병반이 나타난다.
　⑤ **자줏빛날개무늬병**: 병원균이 뿌리에 기생하면서 뿌리를 썩게 해 나무를 고사시키는 병이다.

(4) 녹병

① 잣나무 털녹병

　㉠ 중간기주 : **까치밥나무류, 송이풀류**

　㉡ **잣나무와 스트로브잣나무에 피해**를 준다.

　㉢ 잣나무 잎을 통하여 침입하여 잎에는 황색의 미세한 반점이 나타나고 주된 병징은 줄기에 나타난다.

　㉣ 병든 가지나 줄기는 처음에 황색~오렌지색으로 변하면서 약간 부풀고 거칠어지며 송진이 흘러나온다.

② 향나무 녹병(= 배나무 붉은별무늬병)

　㉠ 향나무와 배나무에 기주교대를 하는 이종기생성 병이다.

　㉡ 중간기주 : 배나무

③ 소나무류 잎녹병

　㉠ 기주 : 소나무, 해송, 잣나무, 스트로브잣나무

　㉡ 중간기주 : 황벽나무, 쑥부쟁이·참취 등 국화과 식물, 잔대·모싯대·덩굴잔대·두메잔대 등 초롱꽃과식물, 등골나물류

④ 소나무 혹병

　㉠ 소나무와 참나무에 기주교대하는 이종기생성 병이다.

　㉡ 중간기주 : 참나무속 식물

⑤ 포플러 잎녹병

　㉠ 중간기주 : **일본잎갈나무, 현호색**

> **균류에 의한 수목병**
>
> 1. 난균류
> 　난균에 속하는 수목 병원균은 토양 속 또는 지제부의 수목조직을 가해하는 종류가 많으며, 일부 지상부의 잎·줄기·열매를 감염시키는 종류도 있다. 모잘록병·뿌리썩음병·역병 등
> 2. 자낭균류
> 　수목의 병원균에는 자낭균에 속하는 것이 많이 알려져 있다.
> 　① 잎 : 마름병, 잎떨림병, 탄저병, 갈색반점병, 그을음병, 잿빛곰팡이병, 흰가루병
> 　② 줄기 : 궤양병, 마름병, 유관속시들음병, 연부후병
> 　③ 뿌리 : 썩음병
> 　④ 목질부 : 변재부 청변병
> 3. 담자균류
> 　수목의 주요 병원균인 녹병균과 목재부후균이 이에 속하며, 산림에서 수목 뿌리에 공생하는 균근균에는 담자균이 많다.

2 충해

🌱 산림해충의 분류학적 구분

나비목	나비와 나방으로 산림해충 중 가장 많고 식엽성해충이나 구과(毬果)를 가해하는 박쥐나방과 유리나방 등 가해형태도 다양하다. 식엽성해충은 솔나방, 미국흰불나방, 짚시나방, 텐트나방 등이 있고, 구과해충은 백송애기잎말이나방, 솔알락명나방 등이 있다.
딱정벌레목	• 곤충의 목(目) 중에서 전 세계적으로 가장 많고, 피해도 가장 심하다. • 식엽성해충(잎벌레와 풍뎅이류)과 천공성해충(나무좀과 바구미, 하늘소 등)으로 나뉜다. • 주요 해충: 오리나무잎벌레, 소나무좀, 밤바구미, 소나무노랑점바구미, 포플러하늘소 등
파리목	식엽성해충인 굴파리류와 충영을 형성하는 혹파리류이다. 솔잎혹파리가 속한다.
벌목	잣나무넓적잎벌, 솔노랑잎벌, 솔잎벌 등 식엽성해충인 잎벌류가 대표적이다. 밤나무 눈에 충영을 만드는 밤나무혹벌 등이 있다.
매미목	흡수성해충인 진딧물류와 깍지벌레. 해충의 종류와 가해수종이 다양하며 솔껍질깍지벌레가 대표적이다.
응애류	분류학적으로 곤충강에 속하지 않고 거미강 응애목에 속하며 잎응애류와 혹응애류가 속하며 젓나무잎응애가 대표적이다.

🌱 산림해충의 생태학적 구분

주요해충	관건해충(Key pests)이라고 하며, 매년 만성적·지속적인 피해를 나타내는 해충이다. 솔잎혹파리, 솔껍질깍지벌레 등이 있다.
돌발해충	주기적인 대발생이나 해충의 밀도를 억제하고 있던 요인이 제거되거나 약화되어 비정상적으로 대발생하는 경우로, 짚시나방, 텐트나방 등이 있다.
2차해충	특정 해충의 방제로 인해 곤충상이 파괴되면서 새로운 해충이 주요 해충화하는 경우로, 진딧물, 깍지벌레 등 미소흡수성해충이 대표적이다.
비경제해충	임목을 가해는 하지만 그 피해가 경미하여 방제 필요성이 없는 해충으로 곤충류의 대부분이다.

1. 산림해충의 종류

(1) 우리나라의 산림해충은 약 1,500종에 달한다.

(2) 해충 중에서도 나비목에 속하는 솔나방, 딱정벌레목의 소나무좀, 매미목의 진딧물·깍지벌레, 파리목의 솔잎혹파리, 벌목의 밤나무순혹벌 등 30여 종이 큰 피해를 준다.

(3) 천연림이 많이 벌채되고 인공 조림지로 바뀌어 단순림이 늘어남에 따라 이제까지 크게 문제가 되지 않았던 여러 가지 해충(오리나무잎벌레 등)이 많이 발생하여 피해를 주고 있다.

(4) 산림 병해충의 방제법은 생물적 방제, 화학적 방제, 임업적 방제, 기계적 및 생리적 방제 등이 있다.

2. 식엽성해충

(1) 솔나방(나비목/솔나방과)

✓ 가해수종 : 소나무, 곰솔, 잣나무, 리기다소나무, 낙엽송, 전나무, 가문비나무

① 피해
  ㉠ 유충을 보통 송충이라고 하여 소나무의 대표적인 해충이다. 유충이 잎을 식해하며 심한 피해를 받은 나무는 고사하기도 한다.
  ㉡ 묵은 잎을 식해하는 것이 보통이나 밀도가 높으면 새로 자라는 잎도 식해한다.
  ㉢ 우리나라에서 1970년대 중반까지 전국적으로 피해가 심하였으나 그 이후부터 산림이 녹화되고 임산연료 채취가 감속되면서부터 밀도가 감소하였다.

② 생태
  ㉠ 연 1회 발생하고 5령충으로 월동한다. 대부분의 지역에서는 수피 틈이나 지피물 밑에 숨어서 유충으로 월동하나, 겨울에 기온이 높은 제주도에서는 수상에서 월동하는 경우가 많다.
  ㉡ 봄에 17℃ 이상 되는 날이 계속되는 4월경에 월동처에서 나와 솔잎을 먹고 자라 3회의 탈피를 거쳐 8령 충이 된다.
  ㉢ 노숙유충은 7월 초·중순에 솔잎사이에 고치를 만들고 몸을 비틀어 고치에 몸의 센털을 찔러놓고 번데기가 된다.
  ㉣ 20일 내외의 번데기 기간을 거친 후 7월 하순~8월 중순에 성충으로 우회한다. 성충의 수명은 9일 정도로 밤에만 활동하고 낮에는 숨어 있으며 주광성이 강하다.
  ㉤ 어린 유충은 처음에는 솔잎에 모여서 솔잎의 한쪽만을 식해하고 바람이나 충격에 의해 실을 토하며 낙하하여 분산한다.
  ㉥ 유충은 번데기가 되기까지는 7회 탈피하는데 4회 탈피한 5령충으로 11월경에 월동처로 들어간다.
  ㉦ 가을 송충이가 섭식을 중지하고 월동에 들어가는 시기는 지역에 따라 차이가 있어 북부지방에서는 10월 중순, 남부지방에서는 11월 하순경이다.
  ㉧ 총 유충기간은 320일 정도가 되며 주로 밤에 활동한다.
  ㉨ 솔나방이 한 세대를 거치면서 사망률이 가장 높은 시기는 부화유충기이며, 이 시기의 사망원인으로는 강우가 중요한 요인이다.

③ 방제법
  ㉠ **화학적 방제** : 월동한 유충의 가해 초기인 4월 중·하순이나 어린 유충시기인 9월 상순에 클로르푸루아주론 유제(5%) 또는 트랄로메트린 유제(1.3%) 2,000배액을 수관 살포한다.
  ㉡ 생물적 방제
    ⓐ 병원성 세균인 Bt균을 살포한다.
    ⓑ 기생성 천적인 좀벌류, 맵시벌류, 알좀벌류, 기생파리류 등을 보호한다.
    ⓒ 포식성 천적인 무당벌레류, 풀잠자리류, 거미류 등을 보호한다.
    ⓓ 유충을 쪼아 먹은 박새, 찌르레기 등의 조류를 보호한다.

ⓒ 물리적 방제
  ⓐ 봄철에는 소나무 잎을 가해하고 있는 유충이나 7월 초·중순에 솔잎에 붙어있는 고치가 쉽게 발견되므로 솜방망이로 석유를 묻혀 죽이거나 집게 또는 나무젓가락으로 잡아 죽인다.
  ⓑ 유충은 낮에 줄기에 한곳에 모여 정지하고 있는 습성이 있으므로 이들 유충을 잡아 죽이는 것도 효과적이다.
  ⓒ 성충은 주광성이 강하므로 7월 하순~8월 중순까지 성충 우화시기에 유아 등이나 유살등으로 유인하여 잡을 수 있다.

(2) **오리나무잎벌레(딱정벌레목/잎벌레과)**
  ⊘ 가해수종 : 오리나무, 산오리나무, 물갬나무, 자작나무, 박달나무
  ① 피해
    ㉠ **성충과 유충이 동시에 오리나무 잎을 식해**한다.
    ㉡ 수관 아래의 잎부터 식해하기 시작하여 점차 위로 올라간다.
    ㉢ 잎살만 먹기 때문에 잎이 붉게 변색되며 1마리의 섭식량은 약 $100cm^2$이다.
    ㉣ 피해를 받은 나무는 8월경에 부정아가 나와 대부분 소생하나 2~3년간 계속 피해를 받으면 고사되기도 한다.
  ② 생태
    ㉠ 연 1회 발생하며 지피물 밑 또는 흙속에서 성충으로 월동한다. **성충은 체장이 7mm 내외이고 체색은 남색**이다.
    ㉡ **월동한 성충은 4월 하순부터 나와 새잎을 잎맥만 남기고 잎살을 먹으며 생활**한다.
    ㉢ 5월 중순~6월 하순에 300여 개의 알을 잎 뒷면에 50~60개씩 무더기로 산란한다. 15일 후에 부화한 유충은 잎 뒷면에서 머리를 나란히 하고 잎살을 먹다가 성장하면서 나무 전체로 분산하여 식해한다.
    ㉣ **유충은 엽육만 먹기 때문에 잎이 붉게 변한다.**
    ㉤ 유충은 가해기간은 5월 하순~8월 상순이고 유충기간은 20일 내외이다.
    ㉥ 2회 탈피한 유충은 6월 하순~7월 하순에 땅속으로 들어가 흙집을 짓고 번데기가 된 후 20여 일 후인 7월 중순부터 신성충이 우화하여 다시 잎을 식해하다가, 8월 하순경부터 지면으로 내려와 월동에 들어간다.
  ③ 방제법
    ㉠ 화학적 방제 : 4~6월 하순에 성충과 유충을 동시에 방제할 수 있는 티아클로프리드 액상수화제(10%) 또는 페니트로티온 유제(50%) 1,000배액을 10일 간격으로 2회 수관 살포한다.
    ㉡ 생물적 방제 : 포식성 천적인 무당벌레류, 풀잠자리류, 거미류, 조류 등을 보호한다.
    ㉢ 물리적 방제 : 5~6월에 알 덩어리나 모여 사는 유충이 있는 잎을 채취하여 소각한다.

(3) 잣나무넓적잎벌(잣나무별납작잎벌)(벌목/납작잎벌과)
    ⊙ 가해수종 : 잣나무
    ⊙ 분포 : 한국
    ① 피해
        ㉠ 1950년대 초반 우리나라 경기도 광릉에서 최초 발견된 종이다.
        ㉡ 1990년 초반까지 피해가 심했으나 그 이후에는 피해가 점차 감소하고 있다.
        ㉢ 잣나무림에 대발생하여 잎을 가해하므로 임목의 생장 감소는 물론 피해가 3~4년 계속되면서 고사된다.
        ㉣ 20년생 이상 된 밀생 임분에 발생하여 잣 생산에도 막대한 손실을 준다.
    ② 생태
        ㉠ 연 1회 발생하는 것이 보통이며 일부는 2년에 1회 발생하기도 한다.
        ㉡ 지표로부터 5~25cm 깊이의 흙 속에서 월동한 유충은 5월 하순~7월 중순에 번데기가 된다.
        ㉢ 6월 중순~8월 상순에 성충으로 우화하며 우화최성기는 7월 상순~하순으로 지역 및 임지 환경에 따라 차이가 있다.
        ㉣ 성충은 잣나무의 가지 또는 잎에서 교미하고 그 해에 새로 나온 침엽의 윗쪽에 1~2개씩 산란한다.
        ㉤ 알기간은 10일 내외이며 부화 직후 유충은 잎 기부에 실을 토하여 잎을 묶어 집을 짓고 그 속에서 잎을 절단하여 끌어당기면서 섭식한다.
        ㉥ 수상의 유충기간은 20일 정도이며 4회 탈피한다.
        ㉦ 노숙한 유충은 7월 중순~8월 하순에 땅위로 떨어져 흙 속으로 들어가 흙집을 짓고 월동한다.
    ③ 방제법
        ㉠ 화학적 방제
            ⓐ 수상의 유충기인 7월 중순~8월 중순에 클로르플루아주론 유제(5%) 6,000배액을 1~2회 살포한다.
            ⓑ 피해가 진전된 이후에 약제를 살포할 시는 페니트로티온 유제(50%) 6,000배액을 수관 살포한다.
        ㉡ 생물적 방제
            ⓐ 곤충병원성미생물인 Bt균이나 다각체바이러스를 살포한다.
            ⓑ 기생성 천적으로 알에는 알좀벌류, 유충에는 벼룩좀벌류 등을 보호한다.
        ㉢ 물리적 방제 : 4월 중에 임내 지표에 비닐을 피복하여 땅 속에서 우화하여 지상으로 올라오는 것을 방지한다.

(4) 미국흰불나방(나비목/불나방과)

◎ 가해수종 : 버짐나무, 벚나무, 단풍나무, 포플러류 등 대부분의 활엽수 160여 종

① 피해
  ㉠ 유충 1마리가 100~150cm²의 잎을 섭식하며 1화기보다 2화기의 피해가 심하다.
  ㉡ 산림 내에서 피해는 경미한 편이나 도시주변의 가로수, 조경수, 정원수에 특히 피해가 심하다.

② 생태
  ㉠ 1년에 보통 2~3회 발생하며 수피 사이나 지피물 밑 등에서 고치를 짓고 그 속에서 번데기로 월동한다.
  ㉡ 1화기 성충은 5월 중순~6월 상순에 우화하며 수명은 4~5일이다.
  ㉢ 암컷의 포란수는 유충 때의 먹이식물의 종류에 따라 차이가 있으며 600~700개의 알을 잎 뒷면에 무더기로 낳는다.
  ㉣ 5월 하순부터 부화한 유충은 4령기까지 실을 토하여 잎을 싸고 그 속에서 군서생활을 하면서 엽육만을 식해하고 5령기부터 흩어져서 엽맥만 남기고 7월 중·하순까지 가해한다.
  ㉤ 유충기간은 40일 내외이며 노숙유충은 수피 틈 등에서 고치를 짓고 번데기가 되며 번데기 기간은 12일 정도이다.
  ㉥ 2화기 성충은 7월 하순부터 8월 중순에 우화한다. 7, 8월 상순부터 유충이 부화하기 시작하여 10월 상순까지 가해한 후 번데기가 되어 월동에 들어간다. 이때 번데기 기간은 약 200일이다.
  ㉦ 지역에 따라 국소적으로 9월 하순경에 3화기 성충이 출현하여 산란한 알들이 부화하여 10월 중순까지 가해하는 경우가 있다.

③ 방제법
  ㉠ 화학적 방제 : 약제 살포는 1세대 발생 초기인 5월 하순~6월 초순, 2세대 발생 초기인 7월 중·하순에 페니트로티온 유제(50%) 2,000배액, 람다사이할로트린 유제(1%) 1,000배액, 디플루벤주론 액상수화제(14%) 4,000배, 수화제(25%) 6,000배 또는 클로르푸루아주론 유제(5%) 6,000배액을 1~2회 살포한다.
  ㉡ 생물적 방제
    ⓐ 곤충병원미생물제인 핵다각체병바이러스를 어린 유충 가해기인 1화기 6월 중·하순, 2화기 8월 중·하순에 1ha당 450g의 병원균을 1,000배액으로 희석하여 수관에 살포한다.
    ⓑ 포식성 천적인 꽃노린재, 검정명주딱정벌레, 흑선두리먼지벌레, 납작선두리먼지벌레와 기생성 천적인 무늬수중다리좀벌, 긴등기생파리, 나방살이납작맵시벌, 송충알벌 등을 보호한다.
  ㉢ 물리적 방제
    ⓐ 나무껍질 사이, 판자틈, 지피물 밑, 잡초의 뿌리 근처, 나무의 공동에서 고치를 짓고 그 속에 들어 있는 번데기를 연중 채취한다.
    ⓑ 특히 10월 중순부터 11월 하순까지, 익년 3월 상순부터 4월 하순까지 월동하고 있는 번데기를 채취하면 밀도를 감소시킬 수 있다.

ⓒ 5월 상순~8월 중순에 알 덩어리가 붙어있는 잎을 따서 소각하거나 5월 하순~10월 상순까지 잎을 가해하고 있는 군서 유충을 잡아 죽인다.
ⓓ 5월 중순부터 9월 중순의 성충활동시기에 피해임지 또는 그 주변에 유아등이나 흡입포충기를 설치하여 성충을 유인하여 죽인다.

(5) 어스렝이나방(나비목/산누에나방과)

- 가해수종 : 밤나무, 호도나무, 대추, 감나무, 배나무, 사과나무, 참나무류, 배롱나무, 석류, 단풍나무류, 뽕나무, 버즘나무, 은행나무 매실나무, 복사나무, 유자나무, 장미, 벚나무류, 산돌배, 귤나무류, 옻나무 등

① 피해
  ㉠ 특히 밤나무에서 많이 발생하며 국소적으로 대발생하여 피해를 준다.
  ㉡ 유충 1마리가 일생 동안에 암컷은 3,500cm², 수컷이 2,400cm² 면적의 잎을 식해한다.

② 생태
  ㉠ 연 1회 발생하며 줄기의 수피 위에서 알로 월동한다.
  ㉡ 4월 하순~5월 초순에 부화한 어린 유충은 모여 살면서 잎을 가해하지만 성장하면서 분산 가해한다.
  ㉢ 60~70일간 유충 기간에 6회 탈피하며 6월 하순~7월 상순에 잎 사이에서 망상형 고치를 짓고 번데기가 된다.
  ㉣ 번데기 기간 90~100일 정도를 거쳐 9월 하순~10월 중순에 우화한다.
  ㉤ 산란은 1~3m의 높이의 줄기에 300개 내외의 알을 무더기로 산란한다.

③ 방제법
  ㉠ 화학적 방제 : 어린 유충기인 5월 중순~6월에 클로르푸루아주론 유제(5%) 1,500배 또는 페니트로티온 유제(50%) 1,500배액을 수관 살포한다.
  ㉡ 생물적 방제
    ⓐ 기생성 천적인 좀벌류, 맵시벌류, 알좀벌류, 기생파리류 등을 보호한다.
    ⓑ 알이나 어린 유충을 포식하는 무당벌레류, 풀잠자리류, 거미류 등을 보호한다.
  ㉢ 물리적 방제
    ⓐ 4월 이전에 나무줄기의 알 덩어리를 제거하여 소각한다.
    ⓑ 어린 유충기인 5월에는 군서 생활을 하므로 피해 잎을 채취하여 땅에 묻거나 소각한다.

(6) 매미나방(짚시나방, 집시나방)(나비목/독나방과)

- 가해수종 : 밤나무, 사과나무, 배나무, 감나무, 포도, 참나무류, 포플러류, 호두나무, 대추, 오리나무, 버드나무류, 느티나무, 장미, 벚나무류, 산돌배, 귤류 등

① 피해
  ㉠ 산림이나 과수 해충으로 유충이 여러 가지 활엽수와 침엽수의 잎을 식해하며 유충 1마리가 1세대 동안 수컷이 700~1,100cm², 암컷이 1,100~1,800cm²의 참나무류 잎을 먹는다.
  ㉡ 우리나라에서는 크게 문제가 되지 않으나 지역에 따라 돌발적으로 대발생한다.

② 생태
　　㉠ 연 1회 발생하며 알로 나무줄기에서 월동한다.
　　㉡ 난기간은 약 9개월이고 4월 중순경 부화한 유충은 4~5일간 난괴 주위에 있다가 거미줄에 매달려 바람에 날려 분산한다.
　　㉢ 유충기간은 45~66일로 기주식물에 따라 차이가 있으며 6월 중순~7월 상순에 수관에서 나무 잎을 말고 번데기가 된다.
　　㉣ 번데기 기간은 15일 내외이며 7월 상순~8월 상순에 우화한다.
　　㉤ 성충의 수명은 7~8일이며 나무중기에서 약 8시간 동안 교미한 후 암컷은 10시간 이내에 줄기 또는 가지에 무더기로 산란한다.
　　㉥ 암컷은 몸이 무거워 멀리 날지 못하나 수컷은 활발하게 날며 밤낮으로 활발히 암컷을 찾아 다니므로 짚시나방이라고도 한다.
　　㉦ 산란은 지상 1~6m 높이의 수간에 80% 내외를 산란하며 난괴당 알 수는 평균 500개이고 성충의 체모로 덮여있다.

③ 방제법
　　㉠ 화학적 방제: 어린 유충기인 4월 하순~5월 상순까지 클로르푸루아주론 유제(5%) 2,000배액 또는 페니트로티온 유제(50%) 2,000배액을 수관 살포한다.
　　㉡ 생물적 방제
　　　ⓐ 곤충병원성미생물인 Bt균이나 나각체바이러스를 살포한다.
　　　ⓑ 포식성 천적인 풀색딱정벌레, 검정명주딱정벌레, 청노린재 등을 보호한다.
　　　ⓒ 기생성 천적인 무늬수중다리좀벌, 긴등기생파리, 나방살이납작맵시벌, 송충알벌, 독나방살이고치벌, 짚시벼룩좀벌, 황다리납작맵시벌, 송충잡이자루맵시벌, 포라맵시벌, 흰발목벼룩좀벌, 오렌지다리납작맵시벌, 검정다리꼬리납작맵시벌 등을 보호한다.
　　㉢ 물리적 방제
　　　ⓐ 성충 시기인 7월에 유아등이나 유살 등을 이용하여 잡아 죽인다.
　　　ⓑ 4월 이전에 줄기에 산란된 난괴를 채취하여 소각하거나 땅에 묻는다.

(7) **대벌레(대벌레목/대벌레과)**
　◎ 가해수종: 밤나무, 사과나무, 배나무, 감나무, 포도, 호두나무, 참나무류, 아까시나무, 대추, 살구, 복사나무, 느티나무, 생강나무, 벚나무류, 산돌배 등의 활엽수
　① 피해
　　㉠ 산림이나 과수 해충으로 오래전부터 알려져 있으며 때때로 대발생한다.
　　㉡ 대발생시 약충과 성충이 집단적으로 대이동하면서 잎을 모조리 먹어 치운다.
　　㉢ 피해목은 고사하거나 죽지는 않으나 미관상 보기는 흉하다.

② 생태
  ㉠ 연 1회 발생하고 알로 월동하며 3월 하순~4월에 부화한다.
  ㉡ 약충은 암컷이 6회, 수컷이 5회 탈피한 후 6월 중·하순에 성충이 되어 11월 중순까지 생존한다.
  ㉢ 우화 10일 후부터 산란을 시작하여 3개월까지 산란하며 산란행동으로 산란 시 머리를 위쪽으로 정지하고 있는 것처럼 보인다.
  ㉣ 1일 산란수는 약 15개 정도이며, 1마리가 600~700개의 알을 낳는다.
  ㉤ 대벌레는 천적을 만나거나 사람의 손이 닿으면 나무에서 떨어져 다리를 몸에 붙이고 죽은 것처럼 축 늘어지는 행동을 보인다.
  ㉥ 암컷은 몸이 무거워 활발하지 못하지만 수컷은 매우 행동이 민첩하다.
③ 방제법
  ㉠ 화학적 방제 : 어린 약충기인 4월에 페니트로티온 유제(50%) 1,000배액을 수관 살포한다.
  ㉡ 생물적 방제 : 알과 어린 약충을 포식하는 포식성 천적 풀잠자리류, 무당벌레류, 사마귀류, 풀색딱정벌레, 검정명주딱정벌레, 침노린재 등을 보호한다.
  ㉢ 물리적 방제 : 정원수나 관상수에 눈에 띄면 즉시 잡아 죽인다.

(8) **천막벌레나방(텐트나방)(나비목/솔나방과)**
  ◎ 가해수종 : 버드나무, 참나무류, 장미, 밤나무, 살구나무, 벚나무, 포플러류, 찔레나무, 해당화, 앵도나무, 사과나무, 아그배나무, 배나무 등
  ① 피해
    ㉠ 유충이 가지의 갈라진 부분에 거미줄로 천막을 치고 모여 살면서 낮에는 그 속에서 쉬고 밤에 나와서 잎을 식해한다.
    ㉡ 때때로 대발생하여 벚나무 가로수 등에 큰 피해를 주는 경우가 있다.
  ② 생태
    ㉠ 연 1회 발생하고 알로 월동한다.
    ㉡ 4령기까지는 모여 사는 생활을 하고 5령기부터는 분산하여 가해한다.
    ㉢ 6월 중순경 노숙한 유충은 나뭇가지나 잎에 황색의 고치를 만들고 번데기가 된다.
    ㉣ 번데기 기간은 약 2주이며 6월 하순에 성충으로 우화하고 주로 밤에 가는 가지에 반지모양으로 200~300개의 알을 낳는다.

③ 방제법
  ㉠ 화학적 방제 : 유충 발생초기인 4월 하순에 클로르푸루아주론 유제(5%) 또는 트랄로메트린 유제(1.3%) 2,000배액을 수관 살포한다.
  ㉡ 생물적 방제
    ⓐ 천적으로는 먹수염납작맵시벌, 독나방살이고치벌, 황다리납작맵시벌, 그멜린납작맵시벌, 왕병대벌레, 무늬수중다리좀벌, 긴등기생파리, 송충잡이자루맵시벌, 검정다리꼬리납작맵시벌, 왕침노린재, 오렌지다리납작맵시벌, 검정무늬납작맵시벌, 검정머리기생파리, 담흑납작맵시벌 등을 보호한다.
    ⓑ 그 외에 박새, 찌르레기 등 포식성 조류와 병원미생물을 보호한다.
  ㉢ 물리적 방제
    ⓐ 겨울에 난괴가 붙어있는 가지를 채취하여 소각한다.
    ⓑ 모여 사는 어린 유충기에 벌레집을 제거하거나 솜방망이불로 태워 죽인다.

(9) **낙엽송잎벌(벌목/솔잎벌과)**
  ◎ 가해수종 : 일본잎갈나무, 잎갈나무, 만주잎갈나무, 시베리아낙엽송 등
  ① 피해
    ㉠ 국지적으로 대발생하여 임분 전체가 잿빛으로 변한다.
    ㉡ 어린 유충들이 뭉쳐서 잎을 갉아 먹어 가지만 앙상하게 남는다.
    ㉢ 3령부터는 분산하여 가해하며 2년 이상된 잎만 가해한다.
    ㉣ 한번 발생한 지역에서는 재발생하지 않는 전형적인 돌발해충이다.
  ② 생태
    ㉠ 연 3회 발생하며 지표면의 부식층의 3cm 정도 깊이에서 번데기로 월동한다.
    ㉡ 1화기 성충은 5월, 2화기 성충은 6월 하순~7월 초순, 3화기 성충은 8월 초순~8월 하순에 발생한다. 지역에 따라 발생최성기가 7일정도 차이난다.
    ㉢ 1화기는 성비가 암수 = 1 : 9 정도로 수컷이 절대적으로 많지만, 2화기는 오히려 암컷이 약 60%로 수컷보다 비율이 높다.
    ㉣ 성충의 수명은 대략 4~5일이다.
    ㉤ 성충은 지면에서 교미하며 교미시간은 약 3~5분 정도 소요된다. 산란은 약 50개 전후이며 포란수는 약 60개 정도이다.
  ③ 방제법
    ㉠ **화학적 방제** : 발생 초기에 클로르푸루아주론 유제(5%) 4,000배액을 1~2회 살포한다.
    ㉡ **생물적 방제** : 천적으로는 맵시벌 2종과 북방청벌붙이 기생봉 및 기생파리류를 보호한다.
    ㉢ **물리적 방제** : 갑작스럽게 대발생하는 해충으로 물리적 방제법이 없다.

(10) **참나무재주나방(나비목/재주나방과)**
   ◎ 가해수종 : 상수리나무, 졸참나무, 갈참나무, 밤나무, 유자나무, 배나무, 붉가시나무 등
   ① 피해
      ㉠ 해에 따라 돌발적으로 대발생하는 경우가 있다.
      ㉡ 유충이 모여 살면서 한 가지씩 잎을 모조리 식해한다.
   ② 생태
      ㉠ 연 1회 발생하며 땅속에서 번데기 상태로 월동한다.
      ㉡ 6~8월에 성충이 나타나 잎 뒷면에 무더기로 알을 낳는다.
      ㉢ 유충은 7~10월에 볼 수 있으나 보통 8월 중순~9월 중순이 최성기이다.
      ㉣ 유충은 무더기로 모여서 가해하고 몸의 끝부분을 들고 있는 습성이 있다.
      ㉤ 노숙한 유충은 땅으로 내려와 흙 속으로 들어가 번데기가 된다.
   ③ 방제법
      ㉠ 화학적 방제 : 유충 발생기인 7~8월에 페니트로티온 유제(50%), 수화제(40%) 또는 인독사카브 액상수화제(5%) 1,000배액을 1~2회 살포한다.
      ㉡ 생물적 방제
         ⓐ 기생성 천적인 알좀벌류, 기생봉류, 맵시벌류, 기생파리류 등을 보호한다.
         ⓑ 포식성 천적인 무당벌레류, 거미류, 풀잠자리류 등을 보호한다.
      ㉢ 경종적 방제 : 임지에서는 방제할 정도의 피해가 아니면 방제하지 아니한다.
      ㉣ 물리적 방제 : 유충이 무더기로 생활하므로 피해엽을 제거하여 소각한다.

(11) **미국흰불나방(나비목/불나방과)**
   ◎ 가해수종 : 버짐나무, 벚나무, 단풍나무, 포플러류 등 대부분의 활엽수 160여 종
   ① 피해
      ㉠ 유충 1마리가 100~150cm²의 잎을 섭식하며 1화기보다 2화기의 피해가 심하다.
      ㉡ 산림 내에서 피해는 경미한 편이나 도시주변의 가로수, 조경수, 정원수에 특히 피해가 심하다.
   ② 생태
      ㉠ 1년에 보통 2~3회 발생하며 수피 사이나 지피물 밑 등에서 고치를 짓고 그 속에서 번데기로 월동한다.
      ㉡ 1화기 성충은 5월 중순~6월 상순에 우화하며 수명은 4~5일이다.
      ㉢ 암컷의 포란수는 유충 때의 먹이식물의 종류에 따라 차이가 있으며 600~700개의 알을 잎 뒷면에 무더기로 낳는다.
      ㉣ 5월 하순부터 부화한 유충은 4령기까지 실을 토하여 잎을 싸고 그 속에서 군서생활을 하면서 엽육만을 식해하고 5령기부터 흩어져서 엽맥만 남기고 7월 중·하순까지 가해한다.

ⓜ 유충기간은 40일 내외이며 노숙유충은 수피 틈 등에서 고치를 짓고 번데기가 되며 번데기 기간은 12일 정도이다.
ⓑ 2화기 성충은 7월 하순부터 8월 중순에 우화한다. 7, 8월 상순부터 유충이 부화하기 시작하여 10월 상순까지 가해한 후 번데기가 되어 월동에 들어간다. 이때 번데기 기간은 약 200일이다.

③ 방제법
㉠ 화학적 방제 : 약제 살포는 1세대 발생 초기인 5월 하순~6월 초순, 2세대 발생 초기인 7월 중·하순에 페니트로티온 유제(50%) 2,000배액, 람다사이할로트린 유제(1%) 1,000배액, 디플루벤주론 액상수화제(14%) 4,000배, 수화제(25%) 6,000배 또는 클로르푸루아주론 유제(5%) 6,000배액을 1~2회 살포한다.
㉡ 생물적 방제
  ⓐ 곤충병원미생물제인 핵다각체병바이러스를 어린 유충 가해기인 1화기 6월 중·하순, 2화기 8월 중·하순에 1ha당 450g의 병원균을 1,000배액으로 희석하여 수관에 살포한다.
  ⓑ 포식성 천적인 꽃노린재, 검정명주딱정벌레, 흑선두리먼지벌레, 납작선두리먼지벌레와 기생성 천적인 무늬수중다리좀벌, 긴등기생파리, 나방살이납작맵시벌, 송충알벌 등을 보호한다.
㉢ 물리적 방제
  ⓐ 나무껍질 사이, 판자틈, 지피물 밑, 잡초의 뿌리 근처, 나무의 공동에서 고치를 짓고 그 속에 들어 있는 번데기를 연중 채취한다.
  ⓑ 특히 10월 중순부터 11월 하순까지, 익년 3월 상순부터 4월 하순까지 월동하고 있는 번데기를 채취하면 밀도를 감소시킬 수 있다.
  ⓒ 5월 상순~8월 중순에 알 덩어리가 붙어있는 잎을 따서 소각하거나 5월 하순~10월 상순까지 잎을 가해하고 있는 군서 유충을 잡아 죽인다.
  ⓓ 5월 중순부터 9월 중순의 성충활동시기에 피해임지 또는 그 주변에 유아등이나 흡입포충기를 설치하여 성충을 유인하여 죽인다.

⑿ 솔노랑잎벌(벌목/솔잎벌과)
  ⊙ 가해수종 : 소나무, 해송
  ① 피해
    ㉠ 유충이 모여 살면서 솔잎을 식해한다.
    ㉡ 어린 소나무림과 소개된 임분 및 임연부에 많이 발생하며 울폐된 임분에는 거의 없다.
    ㉢ 묵은 잎을 식해하여 나무가 죽는 일은 적으나 피해가 계속되면 고사하기도 한다.
  ② 생태
    ㉠ 연 1회 발생하고 알로 월동하며, 알은 4월 중순~5월 상순에 부화하여 2년생 잎을 식해한다.
    ㉡ 유충기는 평균 30일로서 수컷은 4회, 암컷은 5회 탈피하여 종령 유충이 된다.

© 노숙한 유충은 5월 하순부터 땅으로 내려와 낙엽, 지피물 밑 또는 2~3cm 깊이의 흙 속에서 고치를 짓고 그 속에서 유충으로 약 150일 경과한다.
② 고치 속의 유충은 9월 하순부터 번데기가 되며 번데기 기간은 16일 내외이다.
⑩ 우화 후 성충은 고치 속에서 약 1주일간 머물러 있다가 10월 중순~11월 상순(최성기 : 10월 하순)에 출현하여 솔잎 조직 내에 산란관을 꽂고 1개씩 일정간격으로 산란한다.
⑪ 성충 수명은 4~5일이고 포란수는 65개 내외이며 솔잎 하나에 8개 정도의 알을 낳는다.

③ 방제법
㉠ 화학적 방제 : 우화최성기 10월 중순에 페니트로티온 유제(50%) 2,000배액을 1~2회 수관에 살포하고, 유충 발생 초기인 4월 하순경에 클로르푸루아주론 유제(5%) 2,000배액을 1회 수관에 살포한다.
㉡ 생물적 방제 : 유충을 잡아먹는 밀화부리, 찌르레기 등 천적조류를 보호 증식하고, 기생성 천적인 알좀벌류, 맵시벌류, 기생파리류 등을 보호한다.
㉢ 물리적 방제 : 피해목을 흔들면 유충이 떨어지므로 이것을 잡아 죽인다.

(13) 호두나무잎벌레(딱정벌레목/잎벌레과)
 ☑ 가해수종 : 호두나무, 가래나무
① 피해
㉠ 유충이 잎살을 식해하기 때문에 잎이 망상으로 된다.
㉡ 갓 부화한 유충은 분산하지 않고 군상으로 잎을 섭취하며 2령부터 분산하여 가해한다.
㉢ 기주식물 새순의 엽육만 남기고 먹기 때문에 기주가 고사한 것처럼 보인다.

② 생태
㉠ 연 1회 발생하며 6월 하순에 우화한 신성충은 이듬해 4월까지 낙엽 밑이나 수피 틈에서 성충태로 월동한다.
㉡ 월동 성충은 4월 초순에 월동처에서 나와 교미하고 잎 뒷면에 30개 내외의 알을 산란한다.
㉢ 난기간은 약 4일 정도이며, 유충은 3령까지 가며, 2령까지는 군서 생활을 하다가 3령은 흩어져서 가해하며 주맥을 남기고 엽육만 가해한다.
㉣ 유충기간은 15일 내외이고, 번데기 기간은 약 3일이다.

③ 방제법
㉠ 화학적 방제 : 유충 가해기인 5월 하순에 페니트로티온 유제(50%) 또는 클로르푸루아주론 유제(5%) 1,000배액을 1~2회 살포한다.
㉡ 생물적 방제
ⓐ 새 종류의 포식성 천적이 유충을 많이 잡아먹으므로 보호한다.
ⓑ 포식성 친적인 남생이무당벌레와 각종 무당벌레류, 풀잠자리류 등을 보호한다.
㉢ 물리적 방제 : 모여 살고 있는 유충과 매달려 있는 번데기를 채취하여 소각한다.

3. 충영형성해충

기주식물의 가해부위에 충영(벌레혹)을 형성하고 그 안에 서식하면서 즙액을 섭취하는 해충을 총칭하여 충영형성해충이라 한다.

(1) 솔잎혹파리(파리목/혹파리과)
   ◎ 가해수종 : 소나무, 해송
   ① 피해
      ㉠ 유충이 솔잎 기부에 벌레혹을 형성하고 그 속에서 수액을 흡즙가해하여 솔잎을 일찍 고사하게 하고 임목의 생장을 저해한다.
      ㉡ 6월 하순경부터 부화유충이 잎 기부에 충방을 형성하기 시작하여 잎기부 양쪽 잎의 표피조직과 후막조직이 유합되면서 벌레혹이 부풀기 시작하며 동시에 잎 생장도 정지되어 건전한 솔잎 길이보다 1/2 이하로 짧아진다.
      ㉢ 9월이 되면 벌레혹의 내부조직이 파괴되면서 벌레혹 부분은 갈색으로 변하기 시작한다.
      ㉣ 11월이 되면 벌레혹의 내부는 공동화되며 유충은 탈출하여 땅으로 떨어지고 피해잎은 겨울 동안 잎 전체가 황갈색으로 변하면서 고사한다.
      ㉤ 벌레혹은 수관 상부에 많이 형성되며 피해가 심할 때는 정단부 새가지가 거의 전부 고사한다.
      ㉥ 5~7년차에 피해극심기에 도달되어 임목의 30% 정도가 고사하기도하나 지역에 따라서는 80%까지 고사한 경우도 있다.
      ㉦ 피해극심기 이후는 충밀도가 감소되어 피해가 회복되는 경향을 보이며 회복 지역은 연도에 따라 피해의 증감현상이 있으나 최초 피해 극심기때와 같이 심한 피해를 받지는 않는다.
      ㉧ 지피 식생이 많은 임지, 북향 임지 및 산록부 임분에서 피해 임목이 많이 고사하며 동일 임분 내에서는 수관 폭이 좁은 임목이 많이 고사된다.
      ㉨ 이 해충의 피해정도를 나타내는 척도는 보통 벌레혹 형성률을 사용한다.
      ㉩ 피해도 <경>은 벌레혹 형성률 19% 이하로 피해가 외적으로 잘 나타나지 않는 피해정도이고, 피해도 <중>은 벌레혹 형성률 20~49%로 임분과 단목을 멀리서 볼 때 갈색으로 보이며 수관 상부가 엉성하다.
      ㉪ 피해도 <심>은 이 해충의 피해허용수준인 벌레혹 형성률 50% 이상의 피해를 받는 임지로서 임분이 회백색으로 보이며 솔잎혹파리의 최초 발생 후 5~8년 되는 임지에서 흔히 볼 수 있다.
   ② 생태
      ㉠ 연 1회 발생하며, 지피물 밑이나 1~2cm 깊이의 흙 속에서 유충으로 월동하다가, 5월 중순에 우화가 시작되어 7월 하순에 종료되며, 우화최성기는 5월 하순~6월 상순이다. **천적방제이식기는 우화최성기이다.**
      ㉡ 암컷은 새로 자라고 있는 솔잎에 평균 6개씩 산란하며 포란수는 110개 정도이나 실제 산란수는 90개 정도이다.

ⓒ 알은 5~6일 후 부화하여 솔잎 기부로 내려가 잎 사이에서 수액을 빨아 먹으면서 벌레혹으로 형성하며, 6월 하순 벌레혹이 형성되기 시작하면서 솔잎 생장은 중지된다.
ⓔ 벌레혹의 크기는 길이 6~8mm, 폭 2mm 정도이고 벌레혹당 유충수는 1~18마리로 평균 7.5마리이다.
ⓜ 유충은 2회 탈피하며 6월부터 8월 하순~9월 상순까지는 1령기, 9월 하순까지는 2령기, 그 후는 3령기이며, 2령기부터 빠르게 성장한다.
ⓑ 유충은 9월 하순~다음해 1월(최성기 11월 중순)에 벌레혹에서 탈출하여 낙하하며 특히 비 오는 날에 많이 낙하하여 지피물 밑 또는 흙 속으로 들어가 월동한다.
ⓢ 유충 낙하시기는 남부보다 북부지방에서, 해송보다 소나무에서 다소 빠르다.
ⓞ 솔잎혹파리 피해가 특히 문제되는 지역은 이 해충이 확산되고 있는 소위 피해선단지이다.
ⓩ 피해는 최초 침입 후 개체군밀도가 급격히 증가하여 5~7년차에 최고에 도달한다. 그 후에는 급격히 밀도가 감소하여 벌레혹 형성률이 낮은 상태에서 안정되는 현상을 나타낸다.
ⓧ 최고 밀도 이후 급격한 밀도 감소의 주요 요인으로는 유충부화기에 소나무의 생리적 쇠약이다. 또한 벌레혹 형성 실패, 벌레혹 내 유충기에 피해 잎의 조기 고사에 따른 유충의 사망, 땅속 서식기 때의 토양함수율 및 천적류에 의한 사망 등이다.
ⓚ 이 해충에 의한 소나무의 피해는 직경생장과 수고생장의 감소는 물론 새가지 및 임목의 고사까지 일으킨다.
ⓣ 이러한 심한 피해는 벌레혹 형성률이 최고인 연도와 그 다음해에 주로 나타나고 회복단계에서는 벌레혹 형성률은 급속히 감소하나 과거의 피해 때문에 생장상태가 불량하다.
ⓟ 피해극심기를 지날 때 정아의 새가지는 90% 이상 고사하고 임목고사율이 보통 20~30%이나 일부지역에서는 80%까지 고사한 경우도 있다.

③ 방제법
  ㉠ 화학적 방제
    ⓐ 벌레가 외부로 노출되는 시기가 극히 제한적이기 때문에 침투성 약제 나무주사가 가장 효율적인 방제법이다.
    ⓑ 임목을 보존해야 할 주요지역, 벌레혹 형성률이 20% 이상으로 피해가 심한 임지에 적용되며 시기는 솔잎혹파리 산란 및 부화 최성기인 6월 중에 포스파미돈 액제(50%), 이미다클로프리드 분산성 액제(20%) 또는 아세타미프리드 액제(20%)를 피해목의 흉고직경 cm당 0.3~1㎖를 줄기에 구멍을 뚫고 주입한다.
    ⓒ 피해도 '중' 이상인 지역에 강우시 약제가 식수원이나 농경지 등으로 유입될 우려가 없는 임지나 조경수 및 정원수 등의 피해목에 적용할 수 있는 방법으로 월동을 위해 지표면으로 낙하하는 유충낙하기인 11월 하순~12월 상순 이미다클로프리드 입제(2%), 카보퓨란 입제(3%)를 ha당 180kg을 지면에 살포한다.

ⓛ 생물적 방제
ⓐ 기생성 천적으로 솔잎혹파리먹좀벌, 혹파리살이먹좀벌, 혹파리등뿔먹좀벌, 혹파리반뿔먹좀벌이 있으므로 이들 천적이 분포하지 않는 지역이나 기생율이 낮은 지역에 이식한다.
ⓑ 솔잎혹파리먹좀벌 또는 혹파리살이먹좀벌을 5월 하순~6월 하순에 ha당 20,000마리를 이식한다. 천적방제이식기는 우화최성기이다.
ⓒ 포식성 곤충류로 11종, 포식성 거미류로 늑대거미를 비롯한 25종, 포식성 조류로 박새, 쇠박새, 진박새, 쑥새, 곤줄박이 등 14종, 병원미생물로 백강균 등 10여 종 등을 보호한다.
ⓒ 임업적 방제 : 피해극심기 때의 피해목 고사율은 밀생임분에서 높으므로 간벌, 불량치수 및 피압목을 제거하여 임내를 건조시킴으로써 솔잎혹파리 번식에 불리한 환경을 조성하며 또한 이 해충이 확산되고 있는 지역에 미리 실시하면 수관이 발달하여 고사율이 낮아진다.

(2) **밤나무혹벌(벌목/혹벌과)**
◎ 가해수종 : 밤나무
① 피해
㉠ 밤나무 눈에 기생하여 직경 10~15mm의 충영을 만든다.
㉡ 충영은 성충 탈출 후인 7월 하순부터 말라 죽으며 신초가 자라지 못하고 개화, 결실이 되지 않는다.
② 생태
㉠ 연 1회 발생하며 눈의 조직 내에서 유충으로 월동한다.
㉡ 월동유충은 동아 내에 충방을 형성하지만 맹아기(4월) 이전에는 육안으로 피해를 식별할 수 없다.
㉢ 동아 속의 유충은 3월 하순~5월 상순에 급속히 자라며 충영은 4월 하순~5월 상순에 팽대해져서 가지의 생장이 정지된다.
㉣ 노숙한 유충은 6월 상순~7월 상순에 충영 내 충방에서 번데기로 되며 7~9일간의 번데기 기간을 거쳐 우화한다.
㉤ 성충은 약 1주일간 충영 내에 머물러 있다가 구멍을 뚫고 6월 하순~7월 하순에 외부로 탈출하며 새눈에 3~5개씩 산란한다.
㉥ 성충의 수명은 4일 내외이고 산란수는 200개 내외이다.
③ 방제법
㉠ 화학적 방제 : 성충 발생 최성기인 7월 초순에 페니트로티온 유제(50%), 수화제(40%) 또는 치아클로프리드 액상수화제(10%) 1,000배액을 10일 간격으로 2~3회 살포한다.
㉡ 생물적 방제
ⓐ 천적으로는 중국긴꼬리좀벌을 4월 하순~5월 초순에 ha당 5,000마리씩 방사한다.
ⓑ 남색긴꼬리좀벌, 노란꼬리좀벌, 큰다리남색좀벌, 배잘록꼬리좀벌, 상수리좀벌과 기생파리류 등 천적을 보호한다.

ⓒ **경종적 방제**: 내충성 품종인 산목율, 순역, 옥광율, 상림 등 토착종이나 유마, 이취, 삼조생, 이평 등 도입종인 저항성 품종으로 갱신하는 것이 가장 효과적이다.

ⓔ **물리적 방제**: 피해가 심하지 않은 밤나무는 봄에 가지에 붙은 충영을 채취하여 소각한다.

(3) 아까시잎혹파리(파리목/혹파리과)

⊙ 가해수종 : 아까시나무

① **피해**

ⓐ 아까시나무 꿀을 채밀하는 시기에 피해가 시작되므로 피해가 만연되면 양봉가들의 피해가 우려된다.

ⓑ 5월 초순에 우화한 성충은 새잎에 산란을 하며 부화한 유충은 새잎의 전체를 말아 마치 고사리 새순 같은 형태를 띤다.

ⓒ 6월 이후 성숙 잎을 가해할 때 잎의 가장자리를 부분별로 말아 피해를 주며 피해가 경과되면서 흰가루병과 그을음병을 동반한다.

② **생태**

ⓐ 연 5~6세대 발생하며 9월 하순경에 번데기로 월동한다.

ⓑ 5월 초순에 우화한 성충은 잎의 가장자리에 산란을 한다.

ⓒ 부화한 유충은 잎을 말면서 흡즙 가해하며 특히 2화기 피해가 심하다.

ⓓ 말린 잎 속에 평균 10마리 내외의 유충이 가해를 한다.

ⓔ 일반적으로 25℃에서 1세대 기간은 약 25일 정도이다.

ⓕ 온도에 민감하며 시기별, 지역별에 따라 7~10월에는 동시에 여러 충태가 혼재한다.

ⓖ 알은 길쭉한 타원형으로 연한 노랑색을 띠다 부화할 시기가 될수록 붉은색에 가까워진다.

③ **방제법**

ⓐ **화학적 방제**: 침투성살충제인 이미다크로프리드 수화제(10%) 또는 티아클로프리드 액상수화제(10%) 2,000배액을 발생 초기에 피해엽에 충분히 살포한다.

ⓑ **생물적 방제**: 천적으로는 풀잠자리류 유충, 포식성 총채벌레류, 기생파리류, 기생봉류 등을 보호한다.

ⓒ **임업적 방제**

ⓐ 피해가 심한 나무는 수종 갱신한다.

ⓑ 대체 밀원 수종으로 헛개나무, 백합나무 등이다.

4. 천공성해충

(1) 솔수염하늘소(딱정벌레목/하늘소과)

⊘ 가해수종 : 소나무, 해송, 전나무, 삼나무, 히말라야시다, 잣나무, 리기다소나무, 낙엽송, 오끼나와소나무, 마미송, 유구송 등

① 피해
  ㉠ 소나무류에 치명적인 피해를 주는 **소나무재선충을 매개하는 곤충**이다.
  ㉡ 직접적인 피해는 크지 않으나 소나무재선충 매개충이기 때문에 문제해충으로 취급된다.
  ㉢ 소나무류의 수피 밑에서 유충이 형성층과 목질부를 식해한다.
  ㉣ 수세 쇠약목, 고사목에서 발견되며 건전한 나무에는 산란하지 않는다.
  ㉤ 수피와 목질부 사이에 길이 1cm 내외의 목설이 밀집되어 있다.

② 생태
  ㉠ 연 1회 발생하고 유충으로 월동하며 추운 지방에서는 2년에 1회 발생하는 경우도 있다.
  ㉡ 목질부속의 가해부위에서 월동한 유충은 4월경에 수피와 가까운 곳에 번데기집을 만들고 번데기가 된다.
  ㉢ 성충은 5월 하순~8월 초순에(최성기는 6월 중·하순) 수피에 약 6mm 가량 되는 원형의 구멍을 만들고 밖으로 나와 어린 가지의 수피를 갉아 먹는다(후식).
  ㉣ 성충 우화 탈출은 24시간 이루어지나, 하루 중 10~12시 사이에 가장 많고, 맑고 따뜻한 날씨에 많이 나온다.
  ㉤ 재선충을 매개할 경우는 이 후식 기간에 성충에서 탈출한 재선충이 후식 부위에서 나무에 침입한다.
  ㉥ 성충은 야행성으로 저녁부터 야간에 활발히 행동하며 암컷은 우화 후 20일경부터 입으로 수피에 3mm 정도의 상처를 내고 1개씩 산란하는데 줄기나 굵은 가지에 많이 산란한다.
  ㉦ 암컷 한 마리의 산란 수는 평균 100개 정도이며 1일에 1~8개의 알을 낳는다.
  ㉧ 산란기는 6~9월이며, 7~8월에 가장 많다.
  ㉨ 알기간은 20℃에서 10~12일, 25℃에서 5~7일이다.
  ㉩ 부화유충은 내수피를 식해하면서 가는 톱밥을 배출하며 2령 후반부터는 목질부도 식해한다.
  ㉪ 유충은 4회 탈피하여 종령 유충이 되며, 3령의 일부와 4령 유충은 10월까지 목질부에 번데기집을 만들고 그 속에서 월동한다.
  ㉫ 나뭇가지의 굵기가 직경 2cm 이상 되는 곳에 서식하며, 유충기간은 30~45일 정도이다.
  ㉬ 목질부 속에서 휴면상태로 월동한 유충은 4~6월에 번데기가 되며 번데기 기간은 20℃에서 20일, 25℃에서 12일이다.
  ㉭ 번데기집 속에서 우화한 성충은 약 1주일간 그 속에서 머물러 있다가 탈출한다.

③ 방제법
  ㉠ 화학적 방제
    ⓐ 우화 및 후식피해시기인 5~7월에 페니트로티온 유제(50%) 또는 티아클로프리드 액상수화제(10%)를 3~4회 수관에 살포(항공 또는 지상)하여 성충을 구제한다.
    ⓑ 항공방제 시 ha당 물 33ℓ에 약량 1ℓ를 희석하여 3회 이상 중복 방제한다.
    ⓒ 침엽수재 수출입 목재, 원목 및 지조는 메칠브로마이드 훈증제(98.5%)를 처리한다.
    ⓓ 피해 임지에서 피해목을 길이 1m로 잘라 메탐쇼듐 액제(25%) 또는 메탐포타시움액제(54%)로 훈증하여 매개충을 구제한다.
  ㉡ 생물적 방제
    ⓐ 솔수염하늘소 유충을 포식하는 쌀도적개미붙이나, 기생성 천적인 좀벌류, 맵시벌류, 기생파리류 등을 보호한다.
    ⓑ 딱따구리류 및 해충을 잡아먹는 각종 조류를 보호한다.
    ⓒ 유력한 천적인 개미침벌 성충을 7~9월 사이에 ha당 5,000마리를 방사한다.
  ㉢ 임업적 방제
    ⓐ 피해지의 고사목, 피압목 등 솔수염하늘소의 서식처를 미리 제거한다.
    ⓑ 임목 밀도가 높은 임분을 대상으로 적정한 간벌을 실시하여 매개충이 서식하지 못하게 하고, 소나무재선충병이 감염되었을 때 초동방제가 용이하게 한다.
  ㉣ 물리적 방제
    ⓐ 고사목을 철저히 벌채하여 소각하거나 칩 또는 톱밥으로 파쇄한다.
    ⓑ 목재 및 피해원목을 kiln dryer(열 건조기)에서 목재 내부온도가 56.5℃ 될 때까지 건조시킨다.

(2) **북방수염하늘소(딱정벌레목/하늘소과)**
  ◎ 가해수종 : 잣나무, 소나무, 해송, 일본잎갈나무, 섬잣나무, 스트로브잣나무, 낙엽송류, 가문비나무류, 전나무류 등
  ① 피해
    ㉠ 중부지방의 **잣나무림에서 소나무재선충을 매개하는 곤충**이다.
    ㉡ 직접적인 피해는 크지 않으나 소나무재선충 매개충이기 때문에 문제해충이다.
    ㉢ 잣나무 및 기주수종의 수피 밑에서 유충이 형성층과 목질부를 식해한다.
    ㉣ 수세 쇠약목, 고사목에서 발견되며 건전한 나무에는 산란을 하지 않는다.
    ㉤ 수피와 목질부 사이에 길이 1cm 내외의 목설(木屑, 흰색 배설물)이 밀집되어 있다.
  ② 생태
    ㉠ 연 1회 발생하고 유충으로 월동하며 2년에 1회 발생하는 경우도 있다.
    ㉡ 침입공으로부터 1~2cm 깊이에 번데기집을 만들고, 그 속에 유충이 서식한다.
    ㉢ 목질부 속의 가해부위에서 월동한 유충은 4월경에 수피와 가까운 곳에 번데기집을 만들고 번데기가 된다.

ⓔ 성충은 4월 중순~5월 하순에(최성기는 5월 초순) 수피에 약 5mm 가량 되는 원형의 구멍을 만들고 밖으로 나와 어린 가지의 수피를 갉아 먹는다.

③ 방제법

ⓐ 화학적 방제: 우화 및 후식피해시기인 5~6월에 페니트로티온 유제(50%) 또는 티아클로프리드 액상수화제(10%)를 3~4회 수관에 살포하여 성충을 구제한다.

ⓑ 생물적 방제: 유충을 포식하는 쌀도적개미붙이나, 기생성 천적인 좀벌류, 맵시벌류, 기생파리류를 보호한다.

ⓒ 임업적·물리적 방제: 피해지의 고사목, 피압목 등 서식처를 미리 제거하고, 칩 또는 톱밥으로 파쇄한다.

(3) 알락하늘소(딱정벌레목/하늘소과)

◎ 가해수종: 단풍나무류, 뽕나무, 버드나무, 버즘나무, 자작나무 등

① 피해: 유충이 줄기의 아래쪽에서 목질부 속으로 파고 들어가며, 톱밥과 같은 부스러기를 밖으로 배출한다.

② 생태: 연 1회 발생하며 노숙유충으로 월동한다.

③ 방제법

ⓐ 화학적 방제: 성충의 후식기간인 6월 중순경부터 약제를 수관 살포하면 비산을 막을 수 있으므로 성충 우화최성기인 6월 하순에 페니트로티온 유제(50%) 또는 티아플로프리드 액상수화제(10%)를 1주일 간격으로 2~3회 수관에 살포한다.

ⓑ 생물적 방제: 기생성 천적인 좀벌류, 맵시벌류, 기생파리류 등을 보호한다.

ⓒ 물리적 방제: 피해목이나 가지를 채취하여 소각하고, 철사를 침입공으로 넣어 서식하고 있는 유충을 찔러 죽인다.

(4) 작은별긴하늘소(딱정벌레목/하늘소과)

◎ 가해수종: 사시나무, 은백양나무, 황철나무, 포플러류 등

① 피해

ⓐ 유충이 2.5cm 이하의 가지나 줄기 속을 가해한다.

ⓑ 수피 밑에서부터 줄기의 중심으로 먹어 들어가며 피해를 받은 줄기는 혹이 형성되어 가지가 말라 죽고 바람에 잘 부러진다.

② 생태

ⓐ 연 1회 발생하며 유충으로 월동한다.

ⓑ 우화시기는 4월 하순~5월 하순 사이이고 우화최성기는 5월 하순에 전체의 약 80% 이상이 우화한다.

ⓒ 우화한 성충은 약 1주일 동안 줄기의 수피를 갉아 먹고 생활하다가 수피를 물어뜯고 1개씩 산란하며 산란 수는 약 30개이고 알기간은 9~16일이다.

ⓓ 부화한 유충은 수피 밑에서 줄기의 속으로 파먹어 들어가 9월 하순경부터 갱도 끝에 번데기집을 짓고 유충으로 월동하여 이듬해 3월 하순~5월 중순 사이에 번데기가 된다.

③ 방제법
   ㉠ 화학적 방제 : 성충 우화최성기인 5월 하순에 사이플루트린 유제(2%) 또는 페니트로티온 유제(50%) 1,000배액을 1~2회 살포한다.
   ㉡ 생물적 방제 : 기생성 천적인 좀벌류, 맵시벌류, 기생파리류 등을 보호하고, 딱따구리류 및 해충을 잡아먹는 각종 조류를 보호한다.
   ㉢ 물리적 방제 : 6월 이후에 바람에 부러진 가지나 혹이 생긴 가지를 모아 태운다.

(5) 미끈이하늘소(딱정벌레목/하늘소과)
   ◈ 가해수종 : 밤나무, 오동나무, 구실잣밤나무, 느티나무, 붉가시나무, 닥나무, 참나무류 등
   ① 피해
      ㉠ 10~20년생의 건전목에 피해가 많다.
      ㉡ 유충이 형성층을 식해하여 수액의 이동을 차단시켜 나무를 죽인다.
      ㉢ 목질부에 구멍을 뚫어 놓으므로 목재의 가치를 떨어뜨리고 피해 부위가 바람에 잘 부러진다.
   ② 생태
      ㉠ 2년에 1회 발생한다.
      ㉡ 성충은 7~8월에 출현하여 야간에 활동하며 가지 흔적, 수피의 상처부위에 주로 산란한다.
      ㉢ 산란은 보통 7월 상·중순에 이루어지며 산란수는 50개 정도인 것으로 추정된다.
      ㉣ 알기간은 7~10일이며 부화유충은 수피 밑으로 뚫고 들어가는 톱밥을 배출한다.
      ㉤ 7월 하순경에 부화한 유충은 첫겨울은 3~4령으로 월동하고, 2년째는 4~5령 유충으로 식해하며, 노숙유충은 섭식량이 많아 많은 톱밥을 밖으로 배출한다.
      ㉥ 노숙한 유충은 4월 하순경부터 번데기가 되고 6~7월에 우화하여 탈출한다.
   ③ 방제법
      ㉠ 화학적 방제
         ⓐ 성충 발생 초기에 페니트로티온 유제(50%) 1,000배액을 수관 살포한다.
         ⓑ 유충이 침입한 침입공에 페니트로티온 유제(50%) 50배액을 주사기로 주입한다.
         ⓒ 산란최성기인 6월 하순~7월 중순에 줄기에 위 약제를 살포하는 것도 산란 방지와 부화유충 구제에 효과가 있다.
      ㉡ 생물적 방제 : 딱따구리와 같은 새 종류의 포식성 천적이 많이 잡아먹으므로 보호한다.
      ㉢ 물리적 방제 : 성충이 불빛에 잘 유인되므로 유아등이나 유살 등을 이용하여 잡고, 수간부의 구멍에 철사 등을 이용하여 유충을 찔러 죽인다.

(6) 소나무좀(딱정벌레목/나무좀과)
  ◎ 가해수종 : 소나무, 해송, 잣나무 기타 소나무속의 침엽수
  ① 피해
    ㉠ 수세가 쇠약한 벌목, 고사목에 기생한다.
    ㉡ 월동성충이 수피를 뚫고 들어가 산란한 알에서 부화한 유충이 수피 밑을 식해한다. 쇠약한 나무나 벌채한 나무에 기생하지만 대발생할 때는 건전한 나무도 가해하여 고사시키기도 한다.
    ㉢ 신성충은 새가지를 뚫고 들어가 새가지가 구부러지거나 부러져 고사한 채 나무에 붙어 있는데 이를 후식 피해라 한다.
  ② 생태
    ㉠ 연 1회 발생하고 성충으로 월동하며, 봄과 여름 두 번 가해한다.
    ㉡ 지제부의 수피 틈에서 월동한 성충이 3월 말~4월 초에 평균기온이 15℃ 정도 2~3일 계속되면 월동처에서 나와 쇠약목, 벌채목의 수피에 구멍을 뚫고 침입한다.
    ㉢ 암컷 성충이 앞서서 천공하고 들어가면 수컷이 따라 들어가며 교미를 끝낸 암컷은 밑에서 위로 10cm 가량의 갱도를 뚫고 갱도 양측에 약 60개의 알을 낳으며 산란기간은 12~20일이다.
    ㉣ 부화한 유충은 갱도와 직각 방향으로 내수피를 파먹어 들어가면서 유충 갱도를 형성한다.
    ㉤ 유충기간은 약 20일이고 2회 탈피한다.
    ㉥ 유충은 5월 하순경에 갱도 끝에 타원형의 번데기집을 만들고 목질 섬유로 둘러싼 후 그 속에서 번데기가 되며 번데기 기간은 16~20일이다.
    ㉦ 신성충은 6월 초부터 수피에 원형의 구멍을 뚫고 나와 가해수종으로 이동하여 1년생 새가지 속을 위쪽으로 가해하다가 늦가을에 가해수종의 지제부 수피 틈에서 월동한다.
  ③ 방제법
    ㉠ 화학적 방제 : 약제 방제로는 3월 하순~4월 중순에 페니트로티온 유제(50%) 또는 티아클로프리드 액상수화제(10%) 500배액을 1주일 간격으로 2~3회 살포한다.
    ㉡ 생물적 방제 : 기생성 천적인 좀벌류, 맵시벌류, 기생파리류 등을 보호하고, 딱따구리류 및 해충을 잡아먹는 각종 조류를 보호한다.
    ㉢ 임업적 방제
      ⓐ 수세 쇠약목을 주로 가해하기 때문에 수세를 강화시키는 것이 가장 좋은 예방법이다.
      ⓑ 수세가 쇠약한 나무는 미리 제거하고 원목과 침적은 5월 이전에 수피를 벗겨 번식처를 없앤다.
      ⓒ 1~2월 중에 벌채된 소나무 원목을 1m 가량 잘라 2월 말에 임내에 세워 유인 산란시킨 후 5월 중에 껍질을 벗겨 유충을 구제한다.
      ⓓ 숲가꾸기 지역 내 벌채목을 제거하여 6월에 신성충의 후식 피해를 막는다.
    ㉣ 물리적 방제 : 1~2월 중에 벌채된 소나무 원목을 1m 가량 잘라 2월 말에 임내에 세워 유인 산란시킨 후 이것을 수집하여 소각한다.

(7) 광릉긴나무좀(딱정벌레목/긴나무좀과)
- 가해수종 : 신갈나무, 졸참나무, 갈참나무, 상수리나무, 서어나무 등
- 분포 : 한국, 대만, 러시아

① 피해
   ㉠ 수세가 쇠약한 나무나 대경목의 목질부를 가해한다.
   ㉡ 심재속으로 파먹어 들어가기 때문에 목재의 질을 저하시킨다.
   ㉢ **참나무시들음병인 *Raffaelea sp.*을 매개**한다.
   ㉣ 주로 신갈나무에 피해가 많다.
   ㉤ 흉고직경이 30cm가 넘는 대경목에 피해가 많다.

② 생태
   ㉠ 성충의 몸길이는 4~5mm이고 원통형이며 체색은 적갈색이다.
   ㉡ 암컷은 등판에 균낭이 있어 그곳에 배양균을 지니고 다닌다.
   ㉢ 연 1회 발생하여 주로 노숙유충으로 월동하나 일부는 성충과 번데기로도 월동한다.
   ㉣ 성충은 5월 중순부터 모갱을 통하여 외부로 탈출하며 최성기는 6월 중순이다.
   ㉤ 새로운 가해수종의 심재부를 식해한 후 산란한다.
   ㉥ 유충은 분지공을 형성하고 암브로시아균을 먹으며 성장한다.

③ 방제법
   ㉠ 화학적 방제
      ⓐ 벌레똥을 배출하는 침입공에 페니트로티온 유제(50%) 50~100배액으로 희석하여 침입공에 주입하여 죽인다.
      ⓑ 피해 임지에서 피해목을 길이 1m로 잘라 메탐쇼듐 액제(25%)를 m³당 1ℓ를 처리하여 1주일 이상 훈증한다.
      ⓒ 피해 입목에 대하여 0.05mm의 비닐로 감싸고 비닐 끝부분에 접착 테이프를 붙여 밀봉한 후에 지제부에 메탐쇼듐 액제(25%)를 넣고 흙을 덮어 완전 밀봉하여 훈증한다.
   ㉡ 생물적 방제
      ⓐ 광릉긴나무좀에 기생하는 천적류를 보호한다.
      ⓑ 딱따구리류 및 해충을 잡아먹는 각종 조류를 보호한다.
   ㉢ 임업적 방제 : 피해지의 고사목, 피압목 등 광릉긴나무좀의 서식처를 미리 제거한다.

(8) 버들바구미(딱정벌레목/바구미과)
   ◎ 가해수종 : 포플러류, 버드나무류, 오리나무 등
   ① 피해
      ㉠ 포플러류 식재에 가장 문제가 되는 천공충의 하나로 묘목과 어린나무에 주로 피해를 준다.
      ㉡ 어린 유충은 수피 밑을 둥글게 갉아 먹고 노숙 유충이 되면 목질부 속으로 먹어 들어간다.
      ㉢ 어린 유충기에는 피해가 외관으로 나타나지 않으나 점차 성장하면서 톱밥 같은 것을 외부로 배출하므로 피해가 발견된다.
      ㉣ 성충이 활동하는 기간이 길고 유충은 목질부에 은둔된 상태로 가해하기 때문에 방제가 매우 어렵다.
   ② 생태
      ㉠ 세계에 널리 분포하는 해충으로 연 1회 발생하나 지역에 따라 생활 경과가 매우 불규칙하여 월동 충태도 여러 가지이다.
      ㉡ 우리나라에서는 대부분 알로 월동하나 유충 또는 성충으로 월동하는 경우도 있다.
      ㉢ 알로 월동한 경우 5월에 부화하고 부화 유충은 가는 줄기에서 수피 밑을 환상으로 식해한 후 목질부 중심을 위 방향을 뚫으면서 산란 부위에서 톱밥을 배출한다.
      ㉣ 노숙한 유충은 갱도 끝에서 6~7월에 번데기가 되며 번데기 기간은 약 2주이다.
      ㉤ 우화시기는 7월 상순~8월 중순이고 최성기는 7월 상·하순이며 성충의 수명은 40일 가량이다.
      ㉥ 성충은 줄기에서 즙액을 빨아먹으며 생활하고 수피 속에 산란한다.
   ③ 방제법
      ㉠ 화학적 방제
         ⓐ 육묘 중 어린나무에서는 성충 활동기에 페니트로티온 유제(50%) 500~1,000배액을 10일 간격으로 2~3회 살포한다.
         ⓑ 4월 하순~5월 상순에 피해목을 발견하는 즉시 페니트로티온 유제(50%) 50~100배액을 침입공에 주입한다.
         ⓒ 성충의 구제와 산란 예방 수단으로 페니트로티온 유제(50%), 아세페이트 유제(23.7%) 1,000배액을 산란시기인 7월 상순부터 2회 살포한다.
      ㉡ 생물적 방제
         ⓐ 기생성 천적인 좀벌류, 맵시벌류, 기생파리류 등을 보호한다.
         ⓑ 딱따구리류 및 해충을 잡아먹는 각종 조류를 보호한다.
      ㉢ 임업적 방제
         ⓐ 건전한 나무에는 기생하지 않으므로 나무의 수세를 강하게 해주는 것이 가장 최선의 방제법이다.
         ⓑ 수세 쇠약목이나 고사목을 장기간 방치해두는 것은 번식처가 되므로 조기에 벌목, 수피를 벗겨 유충을 잡아 죽인다.
      ㉣ 물리적 방제 : 7월 하순까지 피해목을 발견하는 대로 잘라 태운다.

(9) 박쥐나방(나비목/박쥐나방과)

- ◎ 가해수종 : 밤나무, 호두나무, 포도, 감나무, 대추, 단풍나무, 아까시나무, 등나무, 삼나무, 오동나무, 물푸레나무, 편백, 은행나무, 자작나무, 오리나무, 뽕나무, 무궁화, 상수리나무, 졸참나무, 수국, 벚나무, 복사나무, 자두나무, 비파나무, 사과나무, 배나무, 유자나무, 벽오동, 차나무, 동백나무 등 활엽수

① 피해
- ㉠ 어린 유충은 초목의 줄기 속을 식해하지만 성장한 후에는 나무로 이동하여 수피와 목질부 표면을 환상으로 식해한다.
- ㉡ 거미줄을 토하여 벌레 똥과 먹이 찌꺼기로 바깥에 철하므로 혹같이 보인다.
- ㉢ 처음에는 줄기 바깥부분을 고리모양으로 식해하지만, 이어 줄기의 중심부로 먹어 들어가며 위와 아래로 갱도를 뚫으면서 식해한다.
- ㉣ 가해 부위는 바람에 부러지기 쉬우므로 피해가 가중된다.

② 생태
- ㉠ 성충 발생은 가해수종과 지역에 따라 차이가 있어 1년에 1세대 또는 2년에 1세대 경과한다.
- ㉡ 지표면에서 알로 월동하여 5월에 부화하고 어린 유충은 지면의 지피물 밑에 서식하면서 잡초의 지제부 표면을 섭식하면서 성장하고 그 후 초목류의 줄기속이나 수목류로 이동하여 줄기나 가지를 먹어 들어간다.
- ㉢ 임목의 경우 먹어 들어간 구멍은 줄기 밑부분에 많으며 가지의 껍질을 고리 모양으로 먹고 똥과 나무가루를 거미줄로 철하여 먹어 들어간 구멍 위에 덮어 놓기 때문에 쉽게 발견된다.
- ㉣ 이어, 가지의 중심부로 먹어 들어가 그 속에서 번데기가 된다. 번데기 기간은 2~4주이고 배에 있는 횡상돌기로 갱도 속을 자유로이 이동하며 우화기가 가까워지면 식입공에 번데기의 반 정도를 내놓고 우화한다.
- ㉤ 8월 하순~10월 상순에 우화한 성충은 박쥐처럼 저녁에 활발히 활동하며 날면서 많은 알을 땅에 산란한다.
- ㉥ 한 마리의 산란 수는 3,000~8,000개이며 때로는 1만개 이상 되기도 한다.

③ 방제법
- ㉠ 화학적 방제
  - ⓐ 피해가 줄기 밑부분에 많고 쉽게 발견되므로 벌레집을 제거하고 페니트로티온 유제(50%) 100배액을 주사기로 주입한다.
  - ⓑ 약제 살포는 부화 직후인 5월에 페니트로티온 유제(50%) 1,000배액을 지면 살포한다.
  - ⓒ 일반 살충제를 혼합한 톱밥을 줄기에 멀칭하는 것도 효과를 볼 수 있다.
- ㉡ **생물적 방제** : 천공성 해충을 쪼아 먹는 각종 조류를 보호하며, 유충에 기생파리류가 있으나 효과는 미미하다.
- ㉢ **경종적 방제** : 어린 유충기에는 초목류를 가해하므로 풀깎기를 철저히 하면 발생 억제에 큰 도움이 된다.
- ㉣ **물리적 방제** : 피해목, 고사목을 제거하여 소각하고, 침입구멍에 철사를 이용하여 유충을 찔러 죽인다.

5. 흡즙성해충

(1) 솔껍질깍지벌레(매미목/짚신깍지벌레과)

⊙ 가해수종 : 해송, 소나무

① 피해
  ㉠ 일본 남부에서 침입한 해충으로 추정되며, 1980년대 초에 전남 목포, 고흥 등지로부터 급격히 분포가 확대되어 해송림에 피해를 주었고, 현재 우리나라 남부 해송림 전역에 피해가 확산되었다.
  ㉡ 해송에 피해가 심하며, 그 피해양상은 주로 수관 하부 가지의 침엽부터 적갈색으로 변한다. 최근에는 소나무림에도 피해를 주는 개체군이 출현하였다.

② 생태
  ㉠ 가해수종의 가지에 기생하여 흡즙 가해한다.
  ㉡ 약충이 가는 실모양의 구침을 수피에 꽂고 가해할 때 양료의 손실, 세포막 파괴 및 세포내 물질의 분해가 복합되어 피해가 나타나게 된다.
  ㉢ 피해를 받은 인피부는 갈색 반점이 생기고 해충밀도가 높은 경우 반점이 연결되어 극심한 수세약화를 일으키고 임목이 고사하게 된다.
  ㉣ 대부분의 깍지벌레류에서 보는 바와 같이 솔껍질깍지벌레 암컷은 불완전변태를 하고, 수컷은 번데기 기간을 거치는 완전변태를 한다.
  ㉤ 이른 봄에 우화한 암컷은 교미 후 산란하며, 4월에 부화한 약충은 가지 위를 기어다니다가 인편 밑에 기어들어가 정착한다. 이 부화약충기에 바람에 날려 분포가 확대되는데, 때로는 알주머니가 바람에 날려 퍼지기도 한다.
  ㉥ 정착한 1령 약충은 여름에 긴 휴면을 가진 후 10월경에 생장하기 시작하고, 11월경에 탈피하여 2령 약충이 된다. 2령 약충의 흡즙과 생장이 활발한 11월~이듬해 3월에 수목피해가 가장 많은데, 이 중 수컷은 3월 상순 전후에 탈피하여 3령 약충, 이른바 전성충이 된다.
  ㉦ 전성충은 가지 위를 기어다니다가 후미진 곳을 찾아 배에서 분비한 물질로 고치를 짓고 탈피 후 용화하며, 성충은 3월 하순경에 우화한다.
  ㉧ 암컷은 수컷보다 2령 약충 기간이 길어 3월 하순경에 우화하므로 암수의 우화시기는 거의 일치한다.

③ 방제법
  ㉠ **자연적 방제** : 원산지로 추정되는 일본 남부와 우리나라의 솔껍질깍지벌레 피해지에서의 천적상은 차이가 발견되지 않았으므로 현재 솔껍질깍지벌레 원산지에서의 천적도입은 고려하기 어렵다. 간혹 암컷 성충을 포식하는 무당벌레류·침노린재류 등의 천적이 관찰된다. 솔껍질깍지벌레의 피해를 오래 받은 나무는 약충의 흡즙이 어렵도록 인피부가 적응되어 항생성을 나타내는 것으로 보이지만, 현재까지 수리적으로 증명되지는 않고 있다.

○ 화학적 방제
- ⓐ **항공약제살포** : 피해선단지의 대면적 발생임지는 후약충 말기인 2월 하순~3월 중순에 뷰프로페진 액상수화제(40%)를 50배로 희석하여 ha당 100ℓ씩 항공 살포한다.
- ⓑ **지상약제살포** : 외관상 피해가 나타나고 있는 임지 중에 나무주사가 불가능한 곳에 적용한다.
- ⓒ 뷰프로페진 액상수화제(40%) 100배액을 3월에 고성능 분무기로 10일 간격으로 2~3회 줄기와 가지의 수피가 충분히 적셔지도록 골고루 살포한다.
- ⓓ **침투성약제 나무주사** : 잎이 변색되기 이전의 피해 초기임지에 적용하며 후약충 가해시기인 12월에 이미다클로프리드 분산성액제(20%) 또는 포스파이돈 액제(50%) 원액을 주입한다.

(2) 버즘나무방패벌레(노린재목/방패벌레과)
◎ 가해수종 : 버즘나무류, 물푸레나무류, 닥나무 등

① 피해
- ⊙ 북아메리카와 유럽에 분포하여 주로 양버즘나무를 가해하는 해충으로, 아시아지역에는 분포하지 않았던 해충이다.
- ⓒ 1995년 충북 청주에서 국내 첫 발생이 확인된 후 전국으로 확산되었다.
- ⓒ 약충이 버즘나무류의 잎 뒷면에 모여 흡즙 가해하며 피해 잎은 황백색으로 변한다.
- ⓔ 장마가 끝난 후 2세대 시기인 7월 초순 이후에 피해가 심해지며, 8월 이후에는 모든 충태가 동시에 존재한다.
- ⓜ 응애류에 의한 피해와 비슷하나 가해부위에 검은색의 배설물과 탈피각이 붙어있어 구분된다.
- ⓗ 임목을 고사시킬 정도로 심한 피해를 주지 않으나 가로수인 버즘나무의 잎을 변색시켜 경관을 크게 해친다.

② 생태
- ⊙ 연 3회 발생하고 성충으로 월동한다.
- ⓒ 잎 뒷면에 산란하고 알기간이 2주이며 약충기간은 5~6주이다.

③ 방제법
- ⊙ 화학적 방제
  - ⓐ 7월 2세대 발생 초기에 이미다클로프리드 액상수화제(8%) 2,000배액 또는 메티다티온 유제(40%) 1,000배액을 10일 간격으로 2회 살포한다.
  - ⓑ 1세대 발생 초기인 5월 초순에 이미다클로프리드 분산성액제(20%)를 흉고직경 cm당 0.3㎖씩 나무주사 한다.
- ⓒ **생물적 방제** : 포식성 천적인 무당벌레류, 풀잠자리류, 거미류 등을 보호한다.
- ⓒ **물리적 방제** : 피해 잎을 제거하여 소각한다.

(3) 느티나무벼룩바구미(딱정벌레목/바구미과)
    ◎ 가해수종 : 느티나무
    ① 피해
        ㉠ 성충과 유충이 잎살을 식해한다.
        ㉡ 성충은 주둥이로 잎 표면에 구멍을 뚫고 흡즙하고, 유충은 잎의 가장자리를 갉아먹는다.
        ㉢ 피해를 받은 나무가 고사되는 경우는 드물지만 5~6월에 피해받은 잎이 갈색으로 변해 경관을 해친다.
        ㉣ 이 해충의 피해는 1980년대 중반부터 눈에 띄었으며, 1990년대 중반 이후부터는 전국에서 피해가 관찰되고 있다.
    ② 생태
        ㉠ 연 1회 발생하며 수피에서 성충으로 월동한다.
        ㉡ 성충은 느티나무 잎이 피기 시작하는 4월 중순~5월 초순에 출현하여 잎살을 가해하며 잎에 1~2개씩 산란한다.
        ㉢ 부화한 유충은 5월 초순~5월 하순에 잎 속으로 잠입하여 성장을 계속하며 유충이 성장하는 잎 부분은 갈색으로 변하여 피해증상이 뚜렷하게 나타난다.
        ㉣ 5월 하순경 노숙한 유충은 잎살에 긴 타원형의 번데기집을 만들고 번데기가 된다.
        ㉤ 신성충은 잎 표면에 구멍을 만들고 7월 초순경부터 탈출하여 잎을 가해한다.
    ③ 방제법
        ㉠ 화학적 방제 : 4월 초순과 7월 초순에 성충을 대상으로 페니트로티온 유제(50%), 수화제(40%) 1,000배액을 10일 간격으로 2회 수관 살포한다.
        ㉡ 생물적 방제 : 포식성 천적인 무당벌레류, 풀잠자리류, 거미류 등을 보호한다.
        ㉢ 물리적 방제 : 스티키 트랩을 이용하여 포획된 성충을 소각한다.

6. 종실해충
(1) 밤바구미(딱정벌레목/바구미과)
    ◎ 가해수종 : 밤나무, 참나무류
    ① 피해
        ㉠ 밤을 수확하여 식용하려고 쪼개면 나오는 벌레가 밤바구미 유충이다.
        ㉡ 종피와 과육 사이에 산란된 알에서 부화한 유충이 과육을 먹고 자란다.
        ㉢ 밤나무 품종에 따라 피해율의 차이가 있다. 조생종보다 중·만생종의 피해가 많고 밤송이의 자모 밀도가 높은 품종에 피해가 낮은 경향이며 피해율이 높은 경우 50% 이상인 경우도 있다.
    ② 생태
        ㉠ 연 1회 발생하나 간혹 2년 1세대 발생하는 개체도 있다.
        ㉡ 9월 하순 이후부터 피해과에서 탈출한 노숙 유충이 땅속 15cm 이내 깊이에 흙집을 짓고 월동한다.

ⓒ 이듬해 7월 중순부터 땅속에서 번데기가 된지 약 2주 후에 우화한다.
② 성충의 생존기간은 약 30일이고 길이 5mm 가량 되는 긴 주둥이로 종피까지 구멍을 뚫고 산란관을 꽂아 과육과 종피 사이에 1~2개의 알을 낳는다.
⑩ 밤송이 1개당 산란 수는 2~8개이며 보통 수확하기 20여 일 전부터 산란한다.
ⓑ 산란 기간은 8월 하순~10월 중순까지이나 최성기는 9월 중·하순이다.
ⓢ 알 기간은 12일 내외이고 알에서 부화한 유충은 과육 표면을 불규칙하게 식해하다가 점차 자라면서 과육 속으로 먹어 들어간다.
ⓞ 밤 속에서 유충이 가해하는 기간은 20~25일이며 노숙한 유충은 9월 하순부터 종피에 3~4mm의 원형 구멍을 뚫고 나와 땅속 15cm 깊이까지 들어가 흙집을 짓고 월동한다.

③ 방제법
  ㉠ 화학적 방제
    ⓐ 성충 발생 초기에 페니트로티온 유제(50%), 수화제(40%) 또는 티아클로프리드 액상수화제(10%) 1,000배액을 수관 살포한다.
    ⓑ 훈증할 시에는 이류화탄소로 25℃에서 용적 1m³당 80㎖를 투입하여 12시간 훈증한 후 깨끗한 물에 12시간 침지하였다가 저온에 저장한다.
  ㉡ 생물적 방제 : 알과 유충이 구과 내에서 서식하므로 천적의 침입이 어렵다.
  ㉢ 물리적 방제 : 성충이 불빛에 잘 유인되므로 유아등이나 유살 등을 이용하여 잡아 죽인다.

(2) **복숭아명나방(나비목/명나방과)**
  ◎ 가해수종 : 밤나무, 호두나무, 포도, 감나무, 대추, 은행나무, 상수리나무, 졸참나무, 수국, 무궁화, 복사나무, 자도나무, 비파나무, 사과나무, 배나무, 유자나무, 명자나무, 소나무, 잣나무, 리기다, 구상나무, 전나무, 개잎갈나무 등

① 피해
  ㉠ 소나무류 중 잣나무 구과에 특히 피해가 많다.
  ㉡ 과수에서는 밤나무와 그 외 대부분의 과실에 피해를 주며 특히 밤에 피해가 심하다.
  ㉢ 밤을 수확하였을 때 외관상 벌레구멍이 있는 것은 대부분 이 해충의 피해이다.

② 생태
  ㉠ 연 2~3회 발생한다.
  ㉡ 침엽수형은 충소 속에서 중령유충으로 월동하여 5월부터 활동하며 1화기 성충은 6~7월, 2화기 성충은 8~9월에 우화한다.
  ㉢ 유충이 신초에 거미줄로 집을 짓고 잎을 식해하며 벌레 똥을 붙여 놓는다.
  ㉣ 1화기 성충은 6월에 나타나 복숭아, 자두, 사과 등 과실에 산란하며 한 마리가 여러 개의 과실을 식해한다.
  ㉤ 2화기 성충은 7월 중순~8월 상순에 우화하여 주로 밤나무 종실에 1~2개씩 산란한다.
  ㉥ 알기간은 6~7일 정도이며 어린 유충인 1, 2령 시기는 밤 가시를 식해하다가 3령 이후부터는 과육을 식해한다.

- ⊗ 유충 가해기간은 기주식물에 따라 차이가 많이 나는데, 밤의 경우는 약 13일이며 모과의 경우는 23일 내외이다.
- ⊚ 10월경에 줄기의 수피 사이에 고치를 짓고 그 속에서 유충으로 월동하며, 번데기 기간은 13일 내외이다.

③ 방제법
- ㉠ 화학적 방제: 밤나무의 경우 7월 하순~8월 중순 사이에 페니트로티온 유제(50%), 펜토에이트 유제(47.5%), 트랄로메트린 유제(1.3%), 프로싱 유제(5%), 클로르푸루아주론 액상수화제(10%) 또는 피레스 유제(5%) 등을 1,000배로 희석하여 10일 간격으로 1~2회 살포한다.
- ㉡ 생물적 방제
  - ⓐ 복숭아명나방 성페로몬 트랩은 ha당 5~6개씩 일정 간격으로 통풍이 잘 되는 곳에 1.5m 정도의 높이에 달면 성충 발생 시기를 정확히 예측할 수 있고 약 20~30% 정도의 방제 효과도 볼 수 있다.
  - ⓑ 곤충병원성미생물인 Bt균이나 다각체 바이러스를 살포한다.
- ㉢ 물리적 방제: 밤 수확시 피해 구과를 모아 소각하거나 땅에 묻어 다음해 발생밀도를 낮춘다.

(3) 솔알락명나방(나비목/명나방과)
- ⊙ 가해수종: 잣나무, 소나무류

① 피해
- ㉠ 잣송이를 가해하여 잣 수확을 감소시키는 중요한 해충이다.
- ㉡ 구과속의 가해부위에 벌레 똥을 채워놓고 외부로도 똥을 배출하여 구과 표면에 붙여 놓으며 신초에도 피해를 준다.

② 생태
- ㉠ 연 1회 발생하며 생활경과가 불규칙하여 토중에서 노숙 유충으로 월동하는 것과 알이나 어린 유충으로 구과에서 월동하는 것이 있다.
- ㉡ 전자는 5~6월에 우화하고 후자는 7~9월에 우화하나 보통 6월에 90% 정도가 우화한다.
- ㉢ 암컷 1마리가 평균 100개의 알을 구과의 인편 사이에 한 개씩 산란하며 알기간은 12일 정도이다.
- ㉣ 부화한 유충은 과병 주위에 거미줄을 치고 2~3일간 구과 표피를 식해하다가 내부로 들어가 가해한다.
- ㉤ 잣 구과당 유충 수는 4마리 내외이며 구과 내 가해기간은 40일 정도이다.
- ㉥ 8~9월에 노숙한 유충은 흙 속에 고치를 짓고 월동하나 7월 이후에 우화하여 산란한 것은 알 또는 어린 유충으로 구과에서 월동한다.

③ 방제법
　㉠ 화학적 방제 : 성충 발생기인 6월에 페니트로티온 유제(50%) 6,000배액을 수관 살포한다.
　㉡ 생물적 방제
　　ⓐ 포식성 천적인 풀잠자리류, 무당벌레류, 거미류 등을 보호한다.
　　ⓑ 기생성 천적인 좀벌류, 맵시벌류, 알좀벌류 등을 보호한다.
　㉢ 물리적 방제 : 구과를 탈각할 때 구과 내부에 들어있는 유충을 모아 잡아 죽인다.

(4) 도토리거위벌레(딱정벌레목/거위벌레과)
　◎ 가해수종 : 상수리나무, 굴참나무, 졸참나무 등 참나무류
　① 피해
　　㉠ 참나무류의 종실인 도토리에 주둥이로 구멍을 뚫고 산란한 후 도토리가 달린 가지를 주둥이로 잘라 땅으로 떨어뜨린다.
　　㉡ 7월 하순 이후 등산길, 산책로, 공원 주변의 참나무 가지가 떨어지는 것은 대부분 본 해충의 피해이다.
　　㉢ 알에서 부화한 유충이 과육을 식해한다.
　② 생태
　　㉠ 연 1회 발생하며 노숙 유충이 땅속에서 흙집을 짓고 월동한다.
　　㉡ 5월 하순경에 번데기가 되기 시작하며 번데기 기간은 21~33일이다. 성충 우화시기는 6월 중순~9월 하순 사이이고 최성기는 8월 상순이다.
　　㉢ 우화한 성충은 나무 위에서 도토리에 주둥이를 꽂고 흡즙하며 생활한다.
　　㉣ 성충의 산란 수는 20~30여 개이다.
　　㉤ 산란 습성은 주둥이로 도토리에 구멍을 뚫은 후 산란관을 찔러 1회에 1~2개씩 낳으며 오후 5시경에 가장 많이 산란한다.
　　㉥ 알기간은 5~8일이고 7월 하순경에 유충으로 부화한다.
　　㉦ 유충은 도토리의 과육을 섭취하며 생활하다가 20여 일 후에 피해과에서 뚫고 나와 땅속 3~9cm 깊이까지 들어가 흙집을 짓고 월동한다.
　③ 방제법
　　㉠ 화학적 방제 : 8월 초순에 성충을 대상으로 페니트로티온 유제(50%), 수화제(40%) 1,000배액을 10일 간격으로 2~3회 수관 살포한다.
　　㉡ 생물적 방제 : 알과 유충이 구과 내에서 생활하므로 천적의 활동이 미미하다.
　　㉢ 물리적 방제
　　　ⓐ 유아등 또는 유살 등을 이용하여 성충을 잡아 죽인다.
　　　ⓑ 7월 하순 이후 길에 떨어진 도토리가 달린 가지를 모아 소각한다.

7. 산림병해충의 방제 및 관리

(1) 병해충 예방에 도움이 되는 일반적인 조림·생태학적 시업방안

① 대면적 단순동령림을 피하고 **혼효이령림 조성을 유도**한다.

② 입지조건에 부합되는 수종과 지리적 품종을 선택한다. 잦은 산불 피해지나 토양침식이 심한 경우에는 기존에 조성된 수종이 적합하지 않다는 증거이다.

③ 산불로부터 숲을 보호한다. 산불피해를 입은 나무는 병균의 침입과 해충의 공격에 취약하다.

④ 산림작업에 투입되는 중장비와 가축의 방목에 의한 토양 답압을 피한다.

⑤ 숲의 활력을 증진시키고, 병해 및 충해에 취약한 수종을 도태시키며, 병들고 해충의 공격을 받은 나무를 구제하기 위하여 **숲가꾸기를 실시**한다.

⑥ **과숙 임목을 수확 벌채**한다.

⑦ 부가가치가 높은 임목은 병해충의 공격에 대비하여 집중적으로 방제한다.

⑧ 병해충 개체군 조절을 위해 생물학적 방제 매개체(기생자 또는 포식자)를 이용한다.

⑨ 숲의 수확 벌채 시 병해충에 저항성이 있다고 판명된 임목을 모수로 잔존시킨다.

(2) 생물학적 방제 및 관리

① 천적을 이용하여 유해생물에 의한 유용식물의 피해를 경감시키는 행위를 생물적 방제라 한다. 이는 특정 천적을 조작, 도입하여 해충의 밀도를 경제적 피해허용 수준에 도달하지 못하게 하거나 또는 낮은 평형밀도 상태를 장기적으로 유지시키는 행위로 정의된다.

② 생물적 방제는 화학적 방제와는 달리 자연에 존재하는 생물을 이용하는 친환경적인 방법으로 잔류독성이 없고, 해충에 대한 저항성이 발생하지 않으며, 목적하는 해충을 선택적으로 조절할 수 있다. 또한 곤충상이 단순화될 위험이 적고, 효과가 영구적 또는 반영구적이며, 비용이 매년 필요하지 않는 장점이 있다.

③ **해충의 개체군 조절을 위해 기생자와 포식자를 투입**한다.

④ 핵다면체 바이러스를 함유한 생물학적 살균·살충제를 사용한다.

⑤ *Bacillus thuringiensis* 등과 같은 박테리아를 함유한 생물학적 살균·살충제를 사용한다.

(3) 화학적 방제 및 관리

① 화학약품을 사용하여 방제하는 방법을 화학적 방제 또는 약제방제라 한다.

② 화학적 방제법은 다른 방제법에 비해 적용범위가 넓고, 정확하고 빠르며, 이용하기 쉽다는 특징이 있다.

③ 해충의 화학적 방제에 사용되는 약제는 살충제이다. 살충제의 종류는 소화중독제, 접촉살충제, 훈증제, 침투성 살충제, 유인제, 기피제, 화학불임제, 제충제 등이 있다.

④ 해충의 개체군 조절을 위해 최신의 살포규약에 따라 살균·살충제를 사용한다.

⑤ 해충의 행동제어물질(페로몬·유인제·방충제·혼란제·억제제 등)을 사용한다.

⑥ 제재목, 목제품, 처리 중인 구과 등에 있는 해충을 방제하기 위해 훈증제를 사용한다.

⑦ 파종과 식재 전, 토양에 서식하는 해충을 구제하기 위하여 묘포장을 훈증한다.

(4) **기계적 방제 및 관리**
① 기계적 방제법은 사람의 손이나 간단한 기계, 기구 등을 사용하여 해충을 방제하는 방법이다. 포살법, 찔러죽임, 진동법, 소살법, 경운법, 유살법 등이 있다.
② **해충의 먹이, 겨울나기 피난처, 산란장소로 이용될 수 있는 벌채 잔여물, 종자, 구과, 가지, 줄기, 산란목 등을 잘게 부수거나 태운다.**
③ 해충의 피난처나 산란장소로 이용될 수 있는 수피를 목재에서 벗겨낸다.
④ 처리 중인 원목은 수중 보관하거나 살수하여 보관한다.
⑤ 채종원은 그물막을 설치하여 해충의 공격을 피한다.
⑥ 종자나 구과에서 해충의 애벌레가 나오게 저온처리를 하고, 기어나오는 애벌레는 구제한다.
⑦ 감염된 목제의 표면은 페인트·도료·방부제·왁스 등으로 칠한다.
⑧ 목재는 습기가 많은 토양과 접촉하는 것을 피한다.

(5) **조림학적 방제 및 관리**
① 과숙·성숙 임목과 임분은 수확 벌채한다.
② 낙뢰의 피해를 입은 나무, 바람의 피해를 입은 나무, 산불의 피해를 입은 나무 등 병과 해충에 취약한 입목과 임분은 **구제벌**로 제거한다.
③ **과밀임분과 생장이 둔화된 임분은 솎아베기(間伐)를 한다.**
④ 솎아베기와 수확 벌채하는 과정에서 감염에 취약한 수종은 다른 수종과 차별하여 제거한다.
⑤ 산불을 예방한다.
⑥ 인공조림을 실시할 때, 감염되지 않은 종자와 적합한 입지를 선정한다.
⑦ 토양습도에 대한 경쟁을 해소하기 위하여 관목과 덤불을 제거한다.
⑧ 묘포장에서 양묘하고자 할 때에는 표토를 경운한다.
⑨ 입지조건이 양호한 임지에 침엽수를 식재할 때 식재간격을 좁게 하고, 다른 나무의 그늘에 군상으로 식재한다.
⑩ 묘포장이나 부가가치를 높게 할 조림지에는 관개 및 시비로 생장률과 건강도를 높인다.
⑪ **병해충에 대한 저항성이 높은 수종과 품종을 식재한다.**

(6) **물리적 방제법**
① 온·습도, 태양열, 음파, 전기 및 방사선 등을 이용하여 해충을 방제하는 것이다.
② 온도처리법(가열법, 냉각법), 습도처리법, 방사선 이용법 등이 있다.

(7) 임업적 방제

① 임업적 방제는 수목이 생육하고 있는 환경조건을 개변하거나 수종의 개량을 통해 해충피해를 예방하고, 경감시키는 효과를 얻는 데 목적이 있다.

② 즉각적인 효과를 기대하기는 어려운 경우가 많으나 짧은 기간 내에 생산증대 효과를 기대하기 어려운 산림에서는 종합적인 방제법의 일환으로 적용이 가능하며, 환경의 교란이나 인축에 대한 부작용이 없어 우선적으로 검토되어야 할 기술이다.

③ 임업적 방제에 속하는 내용은 임목보육과 임지보육을 통한 산림환경의 조정, 내충성 수종의 이용으로 구분된다.

　㉠ 임목보육
　　ⓐ 밑깎기, 가지치기, 제벌, 간벌 등을 실시하여 해충이 번식하기 어려운 산림환경 조건을 조성한다.
　　ⓑ 단순림의 면적을 소규모로 하고, 복층림과 혼효림을 조성하여 임상을 다양하게 한다. 수종을 혼효하여 생태계의 안정성을 증가시킨다.

　㉡ 임지보육
　　ⓐ 토양의 경운, 토성의 개량 등 임지보육을 실시하여 임지환경을 조정한다.
　　ⓑ 임지에 시비하여 해충에 대한 내성을 높인다.

8. 선충에 의한 수목의 피해

(1) 소나무재선충

① 자력으로 이동할 능력이 없다.

② **매개충은 솔수염하늘소**이다.

③ 5월 중순에서 7월 하순 사이 고사목에서 우화한 솔수염하늘소가 건강한 소나무의 새가지 부위를 갉아먹기 시작한다.

④ 수체 내에 들어간 소나무재선충은 수지구나 **헛물관(기도관) 주변의 유조직 세포를 가해하며 단기간에 밀도가 증가하면서 기주를 고사**시킨다.

⑤ **소나무재선충병 감염목은 외부증상만으로는 일반 고사목과 정확히 구별하기가 어려우며, 목편에서 소나무재선충의 분리, 동정을 통해서만 가능**하다.

⑥ 여름철 선충의 생육이 좋을 때(25℃) 생활사의 주기는 4~5일 정도이며 선충의 밀도가 어느 정도에 이르게 되면 불리한 환경에서도 견딜 수 있는 영속유충으로 변한다. 이 영속유충은 하늘소 유충에 감염되어 하늘소가 성충이 되어 비산할 때 함께 이동하여 전염된다.

⑦ 우리나라에서는 1988년 부산에서 최초로 소나무재선충 감염목이 발견되었으며, 그 후 여러 지역으로 확산하여 소나무류에 큰 피해를 주고 있다. 매개충의 몸속에서 나온 소나무재선충 **제4기 유충이 침입기에 해당**한다.

⑧ 잣나무 소나무재선충의 매개충은 북방수염하늘소이다.

(2) 뿌리썩이선충
    ① 뿌리썩이선충과의 선충은 뿌리 내부에 침입하여 이동하면서 생활하는 이주성 내부기생선충이다.
    ② 선충에 감염되면 뿌리에 상흔이나 균열이 생기고 조직이 파괴되어 뿌리가 썩는 증상이 나타난다.
    ③ 선충의 감염부위에는 곰팡이나 세균성 병원균의 침입이 용이하게 되어 뿌리썩음의 피해가 더욱 커진다.
    ④ 삼나무, 편백, 소나무, 일본잎갈나무, 가문비나무 등이 감수성이며, 특히 삼나무 묘목에 피해가 크다. 우리나라에서는 사과나무 · 감나무 · 복숭아나무 · 두충나무 · 장미 · 백목련 · 무궁화 등에서 6종이 분리된 보고가 있다.

(3) 뿌리혹선충
    ① 주로 밤나무 · 아까시나무 · 오동나무 등의 활엽수에서 피해가 심하다.
    ② 식물에 나타나는 피해는 뿌리혹의 형성에 의해 뿌리 끝이 말라죽어 뿌리기능 퇴화에 기인한다.
    ③ 나무에 따라 다소의 차이가 있지만, 묘목의 뿌리에 좁쌀알 내지 강낭콩 크기의 수많은 혹이 만들어진다. 형성된 혹의 개수는 감염 정도와 밀접한 관련이 있다. 뿌리혹의 형성은 기생당한 세포와 주변 세포들이 융합하고 핵분열을 거듭하여 거대세포로 변하며, 또한 거대세포 주변의 조직이 세포분열로 비대하여 나타난 결과이다.

9. 기생성 식물에 의한 수목 피해

(1) 겨우살이
    ① 겨우살이가 수목의 가지에 기생하면 그 부위가 국부적으로 이상비대하며, 병든 부위의 윗부분은 위축되면서 말라죽는 현상이 나타난다.
    ② 기주식물의 가지에 부착된 겨우살이의 종자는 기주식물의 가지 위에서 발아하여 발아관이나 유근을 만들어 수피 표면을 따라 자라다가 적당한 침입부위에 이르면 흡기를 만들어 수피를 관통하여 침입한다.
    ③ 겨우살이가 발생한 가지는 발견 즉시 제거해서 종자에 의한 전염을 방지해야 하는데, 기생부위로부터 적어도 30cm 정도 아래쪽에서 잘라버리고, 절단면에는 지오판도포제 또는 발코트도포제와 같은 상처소독제를 발라서 목재부후균의 침입을 방지한다.

(2) 새삼
    ① 수목에 대한 피해는 큰 문제가 되지 않지만, 묘포지에서는 주의해야 한다.
    ② 새삼은 바이러스에 감염된 기주식물로부터 건전한 식물로 바이러스를 매개하기도 한다.
    ③ 처음에는 종자가 지상에서 발아하나 곧 기주식물을 감고 올라가게 되면 흡기를 기주식물의 조직 속으로 침투시켜 양분을 섭취하여 자란다.
    ④ 새삼은 1년생 기생식물이므로 결실기 이전에 제거하는 것이 가장 좋다. 피해부분에는 제초제를 살포하거나 잡초용 소각기를 이용하여 소각시킨다.

10. 동물에 의한 산림피해

(1) 조류에 의한 피해 및 방제 대책

① 꿩
- ㉠ 꿩은 밭의 콩 또는 옥수수 등에 피해를 주거나, 파종한 종자를 파먹기도 한다.
- ㉡ 일반적으로 수렵을 통해 개체수를 조절하는 것이 가장 효과적이다.

② 참새
- ㉠ 벼가 익는 동안 벼의 즙을 빨아 먹기 때문에 피해가 극심하고, 여러 잡곡에도 피해를 주기도 하지만, 이와 반대로 해충을 잡거나 잡초 종자를 섭취하는 등의 이로움을 주기도 한다.
- ㉡ 방제법은 허수아비나 빛을 반사하는 물체를 이용하였으나 큰 효과는 없었으며, 소리를 이용하여 쫓는 방법이 유용하나 대규모 집단의 경우 소용이 없다.

③ 멧비둘기
- ㉠ 밀 또는 옥수수, 콩 등에 피해를 주기도 하며, 항공기 사고의 원인이 되기도 한다.
- ㉡ 겁이 많은 종이기 때문에 폭발음이나 허수아비에 효과가 있다. 또한, 조망을 설치하여 막는 방법도 있다.

④ 까치
- ㉠ 까치는 잡식성으로 머리가 좋아 인간이 가장 잡기 힘든 종으로 분류되고 있다. 특히, 천적도 별로 없으며 개체수가 급격히 증가하고 있어 가장 문제가 되는 종이다. 과수원의 과실에도 피해를 주고, 잡곡·벼 등 모든 작물에 영향을 준다.
- ㉡ 방제법은 조망을 설치하는 방법 외에는 별 방법이 없다. 특히, 전력사고에 큰 영향을 주는 전신주에 둥지를 트는 것은 플라스틱판을 구부려서 설치하면 효과가 있다.

(2) 포유류에 의한 피해 및 방제 대책

① 멧돼지
- ㉠ 잡식성으로 농작물을 좋아하고, 개체 수 증가로 인한 먹이 부족, 겨울철 먹이 부족으로 인해 민가에 자주 침입하여 농사를 망치게 한다. 고구마·감자는 물론, 옥수수·콩·벼 등 대부분의 농작물에 피해를 입힌다.
- ㉡ **예방법으로는 전기울타리를 설치하여 침입을 막는 방법과 원천적으로 개체수를 조절하여 예방하기 위한 방법으로는 수렵을 허용하여 적정 개체수를 유지하게 하는 방법**이 있다. 그리고 환경수용능력을 넘어선 개체군이 서식할 때는 담당관청의 허가를 받아 유해야생동물로 지정받아 포살 등의 방법으로 구제할 수 있다.

② 들고양이
- ㉠ 가장 좋은 피해 예방대책으로는 유해야생동물의 개체수 조절과 포획 후 불임수술을 통해 개체수 증가를 막는 방법이 있다.
- ㉡ 구제장비로는 생포용 덫, 총기, 포획틀, 올무 등을 다양하게 활용하고 있으며, 포획 후 매립, 소각 및 불임 후 재방사가 이루어지고 있다.

③ 고라니 : 피해예방대책으로는 수렵 등을 통해 적정 개체수를 유지하는 것이 가장 바람직하다. 농작물이나 수목 주위에 철조망 등의 침입을 막는 시설을 설치해도 되나, 경비가 많이 들고 가끔 틈새를 뚫고 들어오는 경우가 있다.

11. 산림의 쇠퇴

(1) 도시의 산업화가 진전되면서 산림이 큰 피해를 받아 쇠퇴하고 있다. 공업과 산업이 발달한 독일, 영국, 노르웨이 등에서는 이미 산림의 쇠퇴현상이 큰 문제가 되고 있다. 우리나라에서도 1960년대 이후 경제 중흥을 위한 중공업 육성으로 인해 오염물질이 배출되고 차량의 배기가스로 인해 대기가 오염되어 이들의 혼합물질로 인한 산성비가 내리거나 그 외의 원인으로 나무의 세력이 약화되어 산림 쇠퇴 현상이 나타나고 있다.

(2) 나무의 쇠퇴는 잎 색깔의 변화와 조기낙엽 등으로 알 수 있고, 심하게 되면 가지는 물론 줄기까지 쇠약해져 마르게 된다. 쇠퇴의 시작은 나무의 맨 윗부분부터 나타나기 때문에 큰 나무의 경우 쌍안경으로 관찰하여 쇠퇴 정도를 알 수 있으며, 나무의 쇠퇴 정도는 5등급으로 나뉜다. 산림의 쇠퇴는 가뭄, 고온, 저온 등의 기후 변동과 대기오염, 토양 중금속 중독 등의 공해가 주요한 원인이지만 병이나 해충의 피해로 인한 쇠퇴도 증가하고 있기 때문에 쇠퇴 현상을 조기에 발견하여 더 이상 쇠퇴하지 않도록 해야 한다. 산림의 쇠퇴를 방지하는 가장 좋은 대책은 나무의 세력을 증진시키는 것이다. 단기적인 방법으로는 비료를 잎에 직접 살포하거나 줄기에 영양제와 비료성분을 주입하는 방법이 있다. 만약 산림 쇠퇴가 병이나 해충에 의한 것이라면 방제 대책으로 생물학적 방법을 실시해볼 수 있으며 나중에는 화학적 방법 또한 사용할 수 있다. 그렇지만 더욱 중요한 것은 매년 매시기마다 수분공급과 비배관리를 적절히 하여 나무의 생리적 활동을 원활하게 해주어 쇠퇴를 미리 예방하는 것이다.

단원 OX 문제

01. 산불에 의한 줄기의 피해는 지표에 가까울수록, 바람 부는 반대쪽에서, 경사면의 아래쪽에서 심해지는 경향이 있다. ( )

02. 우리나라에서 습도측정봉을 이용하여 산림 내 지피물의 건조상태를 파악하는 산불 위험예측모델을 만들어 산불위험지수를 산정하여 산불위험경보(81~100), 산불경계경보(61~80), 산불주의경보(41~60) 및 없음(40 이하)의 4단계로 구분하여 산불발생의 건조기에 활용하고 있다. ( )

03. 열사는 묘포의 묘목이나 조림지의 북사면에 생육하고 있는 치수들에서 그 피해가 자주 나타난다. ( )

04. 급경사지의 산불진행은 산정으로 빠르게 진행한다. ( )

05. 내화수림대는 능선부에 6m 폭으로 식생이 없는 공간지대(임도 등)를 개설하고, 그 양쪽에 각각 12~15m 폭의 식생지대를 조성한다. ( )

06. 조풍에 약한 나무는 향나무, 사철나무, 자귀나무, 후박나무, 해송 등이다. ( )

07. 지형 등을 고려한 우리나라 산불의 연소진행방향은 대부분 단순사면형으로서 산불이 일단 발생하면 빠른 속도로 능선부위까지 도달하는 것이 일반적인 특징이다. ( )

08. 은행나무, 잎갈나무, 분비나무는 내화력이 약한 수종이다. ( )

09. 일반적으로 볕데기는 치수들에서는 일어나지 않으며 코르크층이 잘 발달되지 않아 평활하고 매끄러운 수피를 가진 수종들의 성목에서 잘 발생한다. ( )

10. 소나무, 잣나무, 사시나무, 오리나무 등은 아황산가스에 대한 내성이 약한 수종이다. ( )

11 아까시나무, 벚나무, 능수버들, 벽오동은 내화력이 강한 수종이다.   (   )

12 내음성이 큰 수종인 전나무·편백·화백나무·가문비나무 등이 열해에 강하다.   (   )

13 서릿발은 진흙이 섞인 습한 땅에서 많이 발생한다.   (   )

14 지표화는 바람이 세지면 바람이 불어오는 방향으로 퍼지는 속도가 느려지고, 바람이 불어가는 방향으로는 속도가 빨라진다.   (   )

15 아왜나무, 굴거리나무, 붓순, 동백나무는 내화력이 강한 수종이다.   (   )

16 지표화는 이탄질과 낙엽 등 땅 속의 유기물질이 타는 것을 말하며, 산소의 공급이 막혀 연기가 적고 불꽃도 없이 서서히 탄다.   (   )

17 지형이 평탄하고, 바람이 없으며, 연료가 균일한 경우 산불의 연소유형은 부채꼴형으로 연소한다.   (   )

18 너도밤나무, 자작나무, 월계수, 보리수나무는 오존에 대한 수목의 내성이 약한 수종이다.   (   )

19 동상은 한겨울 수목의 완전휴면 기간 중 저온으로 인해 발생하는 것으로서 어린 가지나 치수가 주로 피해를 입는다.   (   )

20 상렬의 피해는 추운 지방에서 치수의 수간에 발생하는데, 고립목이나 산림의 임연부에서 종종 발견된다.   (   )

21 활엽수류는 수간이 기울어질 경우 바람이 불어가는 쪽(leeward)에, 즉 아래쪽에 이상재가 생기는데, 이것을 압축이상재라 한다.   (   )

22 지형이 구릉형이고, 바람도 구릉과 교차해서 불며, 연료가 균일한 경우 산불의 연소유형은 지형과 바람의 영향을 받는 부채꼴형으로 연소한다.   (   )

23 만상의 피해로 수목의 생장이 한때 중지되었을 때 일종의 위연륜이 생기는 경우가 있는데, 이를 상륜이라고 한다. ( )

24 수관화는 바람을 타고 바람이 부는 방향으로 A자형으로 뻗쳐간다. ( )

25 뿌리혹병과 같은 일부 세균류와 절대기생체인 파이토플라스마나 바이러스는 기주 세포 내에서 월동한다. ( )

26 가문비나무, 분비나무, 전나무 등은 음수이고, 잎에 습기도 많고 타기도 어려워서 산불위험도가 낮다. ( )

27 능선에서 발생된 산불은 골짜기바람의 영향을 받아 산불의 화두가 다두화로 발전·연소한다. ( )

28 직접소화법은 연소 전방에 방화선 등의 연소저지선을 설정해 놓는 것이다. ( )

29 산불 후 토양미생물에 의한 질소고정작용은 증가할 수 있고, 검은색 표면토양의 색깔과 그늘이 사라짐으로써 토양온도를 높이고 미생물의 활동을 왕성하게 하여 유기물 분해율과 양분이용 가능성을 높일 수 있다. ( )

30 일반적으로 파이토플라스마나 바이러스와 같이 전신감염을 하는 병원체는 국부병징을 나타내고, 세균이나 균류와 같이 국부감염을 하는 병원체는 전신병징을 나타내는 경우가 많다. ( )

31 질소산화물이 수목에 미치는 독성은 산화질소가 이산화질소보다 강한 편이다. ( )

32 잣나무 소나무재선충의 매개충은 솔수염하늘소이다. ( )

33 소나무재선충의 매개충은 솔수염하늘소이다. ( )

34 능선은 진화작업을 가장 효과적으로 실시할 수 있는 지점이다. ( )

35 우리나라에서 발생한 참나무 시들음병의 병원은 광릉긴나무좀의 매개에 의한 Raffaelea속의 균류이다. ( )

36 난균에 의하여 발생하는 주요 수목병은 모잘록병·뿌리썩음병·역병 등이 있다. ( )

37 균류의 경우에는 감염된 수목조직의 환부에 독특한 표징을 형성하는 경우가 많기 때문에 병징과 함께 표징으로도 진단할 수 있다. ( )

38 병에 걸린 식물체의 형태 변화, 생리적인 변화 및 병원체의 확인 등에 의하여 병의 원인을 결정하는 작업을 진단(diagnosis)이라고 한다. ( )

39 혹 또는 비대는 감염된 조직부위에 혹이 형성되거나 비대해지는 현상으로서, 소나무혹병, 세균성 뿌리혹병 및 뿌리썩이선충병 등의 경우에 나타난다. ( )

40 자줏빛날개무늬병 및 흰날개무늬병에 감염된 뿌리는 균사층으로 덮여있지 않다. ( )

41 아황산가스의 피해는 피자식물의 경우 잎의 가장자리와 엽맥 사이에 암녹색의 괴사반점이 초기에 나타나며, 결국은 마르고 표백된다. ( )

Answer

01 ×	02 ○	03 ×	04 ○	05 ○	06 ×	07 ○	08 ×	09 ○	10 ○
11 ×	12 ×	13 ○	14 ○	15 ○	16 ×	17 ○	18 ×	19 ○	20 ×
21 ×	22 ○	23 ○	24 ×	25 ○	26 ○	27 ×	28 ×	29 ○	30 ×
31 ×	32 ×	33 ○	34 ○	35 ○	36 ○	37 ○	38 ○	39 ○	40 ×
41 ○									

PART 06 단원 기출문제

01 소나무재선충의 서식처와 매개충을 바르게 연결한 것은?   2011. 국가직

① 소나무의 가도관 – 솔수염하늘소
② 소나무의 도관 – 솔수염하늘소
③ 소나무의 가도관 – 솔잎혹파리먹좀벌
④ 소나무의 도관 – 솔잎혹파리먹좀벌

02 산불이 동해안 지역의 숲 생태계 변화에 미치는 영향에 대한 설명으로 옳지 않은 것은?   2020. 지방직

① 산불 피해 직후에는 토사 유출이 극심하고, 수년이 지나면 안정화되는 경향이 있다.
② 산불 피해 지역은 수분침투성이 증가하여 산불이 나지 않은 지역보다 저수 능력이 증가한다.
③ 산불 후 신갈나무, 굴참나무 등 참나무류의 맹아 발생이 늘어나는 경향을 보인다.
④ 지표화의 경우 산림토양의 표면을 태우기 때문에 대경목의 뿌리는 피해가 적다.

03 내화력이 약한 수종으로만 묶은 것은?   2022. 지방직

① 소나무, 아왜나무
② 벚나무, 삼나무
③ 황벽나무, 고로쇠나무
④ 녹나무, 굴참나무

04 진균에 의한 수목병으로 가장 옳지 않은 것은?   2022. 서울시

① 뿌리혹병
② 참나무시들음병
③ 모잘록병
④ 향나무녹병

05 산불의 진화방법에 대한 설명으로 옳지 않은 것은?   2022. 국가직

① 맞불은 간접진화 방법이다.
② 산소를 순간적으로 제거하는 것은 직접진화 방법이다.
③ 산불의 규모가 큰 경우 화두에서부터 신속히 진화를 시작한다.
④ 불이 난 임지의 뒷불정리는 광물질 토양이 노출되도록 한다.

06 우리나라 산림해충 중 가해 형태가 다른 것은?
2022. 지방직

① 솔나방
② 잣나무넓적잎벌
③ 대벌레
④ 버들바구미

07 산불에 대한 설명으로 옳지 않은 것은?
2023. 지방직

① 산불의 3요소는 임내 가연물, 경사, 산소이다.
② 수관화는 입목 밀도가 높으면 서로 연결된 수관을 따라 불이 번지는 것이다.
③ 지중화는 산소 공급량이 적어서 천천히 타지만 오랜 시간에 걸쳐 화재 면적이 확대된다.
④ 산불 발생 후에는 토양 pH가 증가할 수 있다.

정답 및 해설 01 ① 02 ② 03 ② 04 ① 05 ③ 06 ④ 07 ①

01 ① 소나무재선충은 자력으로 이동할 능력이 없으며, 매개충은 솔수염하늘소이다.

02 ② 산불 피해 지역은 지표유하수가 늘고 투수성이 감소되어 호우 시에는 일시적인 지표유하수의 증가로 말미암아 홍수의 원인이 된다.

03 🌱 내화력에 따른 수목의 분류

내화력	활엽수		침엽수
	상록활엽수	낙엽활엽수	
강	아왜나무, 굴거리나무, 붓순, 동백나무, 가시나무류, 사철나무, 빗죽이나무, 황벽나무, 후피향나무, 회양목	굴참나무, 상수리나무, 피나무, 고로쇠나무, 고광나무, 음나무, 사시나무, 떡갈나무, 자작나무, 가중나무, 네군도단풍, 난티나무	은행나무, 잎갈나무, 분비나무, 가문비, 개비자, 대왕송
약	녹나무, 구실잣밤나무, 유칼리	아까시나무, 벚나무, 능수버들, 벽오동, 참죽나무, 조릿대	소나무, 해송, 삼나무, 편백

04 ① 세균에 의한 수목병으로는 뿌리혹병, 불마름병, 세균성 구멍병 등이 있다.

05 ③ 산불 진화를 위해서는 산불 초기나 불길이 약할 때는 화두부터 꺼나가고, 불길이 심할 때는 측면부터 꺼들어가서 화두면을 좁혀 들어가도록 해야 한다.

06 🌱 식엽성해충과 천공성해충

① 식엽성해충 : 솔나방, 미국흰불나방, 오리나무잎벌레, 잣나무넓적잎벌, 어스렝이나방, 매미나방, 대벌레, 천막벌레나방(텐트나방), 낙엽송잎벌, 참나무재주나방, 호두나무잎벌레, 솔노랑잎벌
② 천공성해충 : 솔수염하늘소, 북방수염하늘소, 알락하늘소, 작은별긴하늘소, 미끈이하늘소, 소나무좀, 광릉긴나무좀, 버들바구미, 박쥐나방

07 ① 산불의 3요소는 연료, 공기(산소), 열이다.

08 조풍을 막기 위해 식재할 수 있는 수종은 무엇인가? 2002. 국가직
① 해송 ② 편백
③ 화백 ④ 전나무

09 대기오염이 산림에 미치는 설명으로 옳은 것은? 2020. 국가직
① 오존과 PAN은 화석연료의 연소에 의한 1차 대기오염물질로 식물에 피해를 일으킨다.
② 잎, 줄기 등 지상부의 생장은 줄어들지만 뿌리는 영향을 받지 않는다.
③ 지속적인 산성비는 수목에 필요한 질소(N), 황(S)을 공급하는 역할을 하기 때문에 생상을 촉진한다.
④ 수목의 잎표면 왁스를 침식시켜 조직용탈을 유도하며 필수 원소 중 가장 많이 용탈되는 것은 칼륨(K)이다.

10 산불에 대한 설명으로 옳은 것은? 2015. 서울시
① 사면방향이 남쪽이나 남서면에 가까울수록 산불발생의 위험성이 적다.
② 연소속도가 빨라 약제를 이용하여 단시간 내에 설치한 방화선을 연소저지선이라 한다.
③ 우리나라에서 산정된 산불위험경보를 나타내는 산불위험지수는 61~80이다.
④ 지형 등을 고려한 우리나라 산불의 연소진행방향은 대부분 단순사면형이다.

11 산불의 종류에 대한 설명으로 옳지 않은 것은? 2014. 국가직
① 수관화: 수지가 많은 침엽수림에 흔히 일어나며, 한번 일어나면 진화하기가 힘들다.
② 수간화: 나무의 줄기가 타는 불을 말하며, 드물게는 낙뢰에 의하여 수관에서 내려오는 경우도 있다.
③ 지표화: 지표에 쌓여 있는 낙엽과 지피물, 지상관목층, 갱신치수 등이 타는 화재를 말한다.
④ 지중화: 낙엽층 밑에 있는 유기질층 또는 이탄층이 타는 산불로 산소 공급이 막혀 지속적이지 못하다.

12 환경스트레스에 대한 수목의 반응으로 옳지 않은 것은? 2019. 7급

① 토양수분이 부족하면 뿌리에서 생선된 아브시스산이 잎으로 이동되어 기공을 폐쇄하고 수분 소비를 줄인다.
② 진정 내건성 수목은 세포의 용질 농도를 낮게 유지하여 건조한 환경에서도 수분을 원활하게 흡수할 수 있다.
③ 고온에서는 세포막에 있는 지방질의 액화와 단백질의 변성으로 세포막이 제 구실을 못해 물질이 새 나온다.
④ 온대지방에서 냉해는 주로 생식 생장에 피해를 주지만 영양생장을 둔화시키기도 한다.

정답 및 해설   08 ①   09 ④   10 ④   11 ④   12 ②

08 🌱 **조풍에 대한 저항성에 의한 나무 분류**
① 조풍에 강한 나무 : 향나무, 사철나무, 자귀나무, 후박나무, 해송 등
② 조풍에 약한 나무 : 소나무, 편백, 화백, 전나무, 벚나무 등

09 ① 오존과 PAN은 2차 대기오염물질이다.
② 뿌리도 영향을 받아 생장이 둔화된다.
③ 지속적인 산성비로 인해 토양의 산성화가 진행되면 생장장애가 나타난다.

10 ① 사면방향이 남쪽이나 남서면에 가까울수록 산불발생의 위험이 크고, 구릉지나 평지의 산림은 계곡부의 산림보다 건조하기 쉽기 때문에 산불발생의 위험성이 높다.
② 연소속도가 빨라 단시간 내에 방화선을 설치할 필요가 있는 경우에는 연소진행이 예상되는 방향에 미리 헬기를 이용하여 소화약제를 살포하여 약제방화선을 설치하기도 하는데, 이를 응급방화선이라고 한다.
③ 산불위험경보를 나타내는 산불위험지수는 81~100이다.

11 🌱 **산불의 종류**
① 지표화 : 지표에 있는 낙엽 및 초본류와 같은 지피물과 작은키나무류, 어린나무 등이 불에 타는 것으로, 암석지나 조림지에서 흔히 일어나는 산불이다.
② 수간화 : 나무의 줄기가 타는 불이며 지표화로부터 불길이 번져 일어나는 경우가 많고 낙뢰로 인해 발생하기도 한다.
③ 수관화 : 지표화 또는 수간화로부터 수관부에 불이 닿아서 바람과 불길이 세어지면 수관화로 발전하며, 한 번 발생하면 화세가 강하고 진행속도가 빨라서 불을 끄기 어렵다.
④ 지중화 : 이탄질과 낙엽 등 땅 속의 유기 물질이 타는 것을 말하며, 산소의 공급이 막혀 연기가 적고 불꽃도 없이 서서히 탄다. 그렇지만 강한 열이 오래 계속되어 균일하게 피해를 주며, 고산지대의 산불은 진화한 후 재발하는 불씨가 되기도 한다.

12 ② 진정내건성 식물은 심한 건조 상황에서도 여러 방법으로 물을 흡수할 수 있다. 즉, 세포 내에 충분한 삼투물질을 가지고 탈수가 일어나지 않게 하거나 또는 세포 내 용질의 농도를 높여서 삼투퍼텐셜을 낮추어 잎의 팽압을 유지하고 광합성을 계속한다. 수목에서 이러한 진정내건성을 나타내는 수종(소나무·은행나무리·기다소나무·상수리나무 등)은 증산을 억제할 수 있는 회피능력이 잘 발달해있다. 그리고 심한 탈수가 일어나더라도 물질대사에 부작용이 일어나지 않는 지의류·선태류 등은 잎의 수분퍼텐셜이 −52~100MPa이어도 광합성을 한다.

13 내화력이 강한 상록활엽수종으로만 묶은 것은? 2020. 국가직

① *Camellia japonica, Ilicium anisatum*
② *Castanopsis sieboldii, Cedrela sinensis*
③ *Chamaecyparis obtuse, Firmiana simplex*
④ *Phellodendron amurense, Ulmus laciniata*

14 다음의 보기 중 천적 등을 이용하여 해충을 방제하는 방법을 무엇이라 하는가? 2002. 국가직

① 기계적 방제법
② 물리적 방제법
③ 임업적 방제법
④ 생물학적 방제법

15 생물적 요인에 의한 수목병에 대한 설명으로 옳은 것은? 2020. 7급

① 파이토플라스마에 의한 수목병으로 대추나무빗자루병, 뽕나무오갈병, 감귤궤양병이 있다.
② 포플러모자이크병은 세균에 의해 피해를 받는 수목병이다.
③ 야자나무시들음병은 뿌리의 생육에 영향을 주는 지하부 선충병이다.
④ 곰팡이에 의한 수목병인 잣나무털녹병은 잣나무와 스트로브 잣나무에 주로 피해를 준다.

16 떨어진 가지 등의 수체 이탈조직을 병원체의 월동장소로도 이용하는 것은 무엇인가? 2002. 울산시

① 침엽수류 잎떨림병
② 모잘록병
③ 자줏빛날개무늬병
④ 뿌리썩이선충

17 이른 봄에 식물의 발육이 시작된 후 급격한 온도 저하로 지엽이 손상되어 말라 죽는 것을 무엇이라 하는가? 2002. 울산시

① 조상
② 만상
③ 동상
④ 상렬
⑤ 상주

18 산불이 산림생태계에 미치는 영향과 변화에 대한 설명으로 옳지 않은 것은? 2019. 국가직

① 산불에 의하여 임상의 낙엽층과 식생이 제거되고, 일시적인 수분 반발성이 발생할 수 있다.
② 수관화가 휩쓸고 지나간 참나무림에서는 맹아력으로 생존하는 개체를 다수 발견할 수 있다.
③ 산불이 발생하면 대부분의 토양 양분이 용출되어 임목이 이용할 수 없으며, 특히 질소 성분이 불용성 상태로 변한다.
④ 산불에 의해 나무줄기의 형성층과 사부가 심한 피해를 입을 경우 임목이 고사하게 된다.

정답 및 해설   13 ①   14 ④   15 ④   16 ①   17 ②   18 ③

13 🌱 내화력에 따른 수목의 분류

내화력	활엽수		침엽수
	상록활엽수	낙엽활엽수	
강	아왜나무, 굴거리나무, 붓순, 동백나무, 가시나무류, 사철나무, 빗죽이나무, 황벽나무, 후피향나무, 회양목	굴참나무, 상수리나무, 피나무, 고로쇠나무, 고광나무, 음나무, 사시나무, 떡갈나무, 자작나무, 가중나무, 네군도단풍, 난티나무	은행나무, 잎갈나무, 분비나무, 가문비, 개비자, 대왕송
약	녹나무, 구실잣밤나무, 유칼리	아까시나무, 벚나무, 능수버들, 벽오동, 참죽나무, 조릿대	소나무, 해송, 삼나무, 편백

① *Camellia japonica*(동백나무), *Illicium anisatum*(붓순나무)
② *Castanopsis sieboldii*(구실잣밤나무), *Cedrela sinensis*(참죽나무)
③ *Chamaecyparis obtuse*(편백), *Firmiana simplex*(벽오동)
④ *Phellodendron amurense*(황벽나무), *Ulmus laciniata*(난티나무)

14 ④ 생물적 방제의 수단으로는 기생성, 포식성 천적과 병원 미생물이 주로 이용된다.

15 ① 파이토플라즈마에 의한 수목병으로 대추나무빗자루병, 붉나무빗자루병, 뽕나무오갈병, 오동나무 빗자루병 등이 있다.
② 바이러스에 의한 병으로 모자이크병(포플러, 아까시나무, 수국) 등이 있다.
③ 야자나무시들음병은 지상부 선충병이다.

16 ① 낙엽, 떨어진 가지 등의 수체 이탈조직이 병원체의 월동장소로도 이용되는데, 침엽수류 잎떨림병, 침엽수류 가지마름병 및 포플러류 점무늬잎떨림병 등을 예로 들 수 있다.

17 ② 만상은 봄의 생장개시 후에 내리는 서리에 의한 피해이다.

18 ③ 산불 후 대부분의 토양양분은 용출되어 식물이 이용할 수 있는 상태가 되지만, 토양수에 용해되어 지하수로 빠져나가기 쉽다. 유기물이 연소되면서 많은 형태의 질소는 쉽게 휘발되지만, 어떤 질소성분은 식물이 이용하기 쉬운 형태로 된다. 그리고 임상 표면의 유기물층만 소실되었다면, 토양의 총 C/N율은 감소하지만 남아 있는 질소는 식물이 이용하기 쉬운 형태로 된다.

19 수목에 대한 가해 형태가 다른 산림해충으로만 묶은 것은? 2020. 지방직

① 오리나무잎벌레, 솔나방
② 소나무좀, 박쥐나방
③ 잣나무넓적잎벌, 미국흰불나방
④ 집시나방, 솔수염하늘소

20 수목의 저온피해에 대한 설명으로 옳지 않은 것은? 2017. 국가직

① 상주는 겨울철에 발생하여 천근성 수종의 뿌리를 들어올리는 것으로 고사의 원인이 된다.
② 상륜은 만상의 해로 생장기능이 저해되어 형성된 일종의 위연륜이다.
③ 상렬은 지표면에 가까운 수간의 남서쪽 표면에 주로 세로로 발생한다.
④ 상혈에 의한 피해는 남사면보다 북사면에서 현저하게 많이 나타난다.

21 다음에 제시된 활엽수종을 피해증상을 일으키는 대기오염물질로 바르게 연결한 것은? 2017. 지방직

> (가) 노출 초기에 회녹색 반점이 생기고 잎의 가장자리가 괴사하며, 엽맥 사이의 조직이 괴사한다.
> (나) 잎 표면에 주근깨 같은 반점이 형성되고 책상조직이 먼저 붕괴되며, 반점이 합쳐져서 표면이 백색화된다.
> (다) 잎 끝이 황화되고 중륵을 따라 안으로 확대되며, 황화조직이 괴사한다.

	(가)	(나)	(다)
①	질소산화물	오존	불소
②	질소산화물	불소	오존
③	불소	질소산화물	오존
④	오존	불소	질소산화물

22 자낭균류에 의한 수병은? 2014. 국가직

① 낙엽송 잎떨림병
② 소나무 혹병
③ 잣나무 털녹병
④ 향나무 녹병

23 산불에 대한 설명으로 옳지 않은 것은?   2017. 지방직

① 산불의 발생과 확산에 영향을 미치는 인자는 연료조건, 지형조건, 기상조건 등이며, 산림생태계의 변화는 산불의 유형과 강도에 따라 다르게 나타난다.
② 산불 후에는 임상의 낙엽층과 식생이 제거되고 일시적인 수분 반발성이 생기며, 뿌리가 약해지기 때문에 토양침식이 가속화될 수 있다.
③ 수관화와 같이 강한 산불로 대부분의 식생이 소실되면 임분 대체효과가 나타나는데, 2차 천이에 의한 복원기간은 50~200년 이상 소요된다.
④ 혼효림에서 강한 산불이 발생하면 침엽수는 빠른 맹아 발생으로 신속하게 복원되지만 활엽수는 기간이 더 오래 걸린다.

정답 및 해설 19 ④ 20 ④ 21 ① 22 ① 23 ④

19 식엽성해충과 천공성해충

① 식엽성해충: 솔나방, 미국흰불나방, 오리나무잎벌레, 잣나무넓적잎벌, 어스렝이나방, 매미나방, 대벌레, 천막벌레나방(텐트나방), 낙엽송잎벌, 참나무재주나방, 호두나무잎벌레, 솔노랑잎벌
② 천공성해충: 솔수염하늘소, 북방수염하늘소, 알락하늘소, 작은별긴하늘소, 미끈이하늘소, 소나무좀, 광릉긴나무좀, 버들바구미, 박쥐나방

20 ④ 상혈에 의한 피해는 사면방위 측면에서보면 남사면의 피해가 현저하게 많다. 이는 야간의 최저기온은 남북 양사면에서 차이가 없지만, 남사면에서는 일중 최고 기온이 높아 북사면에 비해 내동성이 천천히 증가되고 또한 휴면이 지체되거나 출아가 빨라지는 등 내동성을 저하시키기 때문이다.

21 (가) 질소산화물: 수목의 잎에 나타나는 초기증상은 회청색 또는 담갈색의 변색 반점들이 산만하게 나타나는 것이다. 이들 반점들은 건조되면서 표백되어 결국 아황산가스의 피해증상처럼 된다. 피자식물에 있어서는 변색된 괴사반점들이 잎의 엽맥 사이 부분에 많이 나타나고, 때로는 줄무늬형태로 나타나기도 한다. 특히 아까시나무·참나무류·단풍나무들에서는 엽변괴사(marginalnecrosis) 증상이 나타난다. 오염농도가 높은 경우 엽맥만 녹색으로 남아 있고, 나머지 부분은 모두 괴사한다.
(나) 오존: 황산화물과 질소산화물에 의한 엽육세포의 피해증상과는 달리 오존 피해 증상은 책상조직세포가 파괴되면서 나타나서 결국에 가서는 잎의 상부 표면 전체가 표백된 형태를 띤다.
(다) 불화수소(HF): 피해증상은 대부분의 잎의 선단부와 엽록부에 괴사반점이 생긴다. 괴사반점의 특징은 괴사부분과 건전한 조직 간에 명확히 식별할 수 있는 갈색밴드가 나타나는 것이다. 또한 어린잎의 선단과 주변부에 백화현상 또는 황회현상을 일으킨다.

22 ② 소나무혹병, ③ 잣나무털녹병, ④ 향나무녹병은 녹병에 속하는 것으로서, 녹병은 담자균류에 속하는 녹병균에 의해 발생한다.

23 ④ 침엽수는 맹아 발생이 힘들고, 활엽수는 맹아 발생으로 인해 산불 후 복원이 쉽다.

24 대추나무빗자루병의 원인은 무엇인가? 2002. 울산시
① 바이러스   ② 파이토플라스마
③ 세균류   ④ 진균류
⑤ 담자균류

25 수목병의 진단에 대한 설명으로 옳지 않은 것은? 2017. 지방직
① 균류에 의한 수목병은 병징과 표징을 동시에 관찰할 수 있지만, 바이러스에 의한 경우에는 병징만 나타나고 표징은 관찰하기 어렵다.
② 대부분의 파이토플라스마에 의한 수목병의 병징으로 많은 잔가지와 잎이 발생하는 총생현상이 나타난다.
③ 표징은 일반적으로 병의 초기에 나타나지 않고 병이 많이 진전되거나 병의 말기상태에 나타나므로 적절한 치료가 어렵다.
④ 일반적으로 파이토플라스마나 바이러스에 의한 수목병은 국부병징을, 세균이나 균류는 전신병징을 나타내는 경우가 많다.

26 다음의 보기 중 세균에 의한 병은 무엇인가? 2003. 대전시
① 모잘록병   ② 소나무잎녹병
③ 뿌리혹병   ④ 밤나무줄기마름병

27 대추나무빗자루병, 뽕나무오갈병 등의 수목 병을 일으키는 미생물은? 2018. 서울시
① 박테리아   ② 파이토플라스마
③ 곰팡이   ④ 바이러스

28 산림 병·해충에 대한 설명으로 옳지 않은 것은? 2019. 국가직
① 소나무재선충병의 매개충으로 솔수염하늘소와 북방수염하늘소가 있다.
② 참나무시들음병의 매개충은 광릉긴나무좀으로 수세가 약한 나무를 가해한다.
③ 미국흰불나방 유충은 벚나무, 버즘나무, 포플러의 잎을 가해한다.
④ 솔잎혹파리는 유충이 솔잎을 갉아먹는 식엽성 해충이다.

29 수목의 병 감염을 예방하기 위하여 중간기주인 송이풀을 제거해야 하는 병은? 2019. 지방직

① 벚나무 빗자루병
② 대추나무 빗자루병
③ 밤나무 줄기마름병
④ 잣나무 털녹병

정답 및 해설   24 ② 25 ④ 26 ③ 27 ② 28 ④ 29 ④

24 ② 파이토플라스마에 의한 질병에는 대추나무빗자루병, 붉나무빗자루병, 뽕나무오갈병 등이 있다.

25 ④ 병징에는 수목 전신에 걸쳐서 나타나는 전신병징과 잎, 가지, 줄기 또는 뿌리 등의 어느 한 부위에서만 나타나는 국부병징이 있는데, 일반적으로 파이토플라즈마나 바이러스와 같이 전신감염을 하는 병원체는 전신병징을 나타내고, 세균이나 균류와 같이 국부감염을 하는 병원체는 국부병징을 나타내는 경우가 많다.

26 ③ 세균에 의한 병은 뿌리혹병, 불마름병, 세균성 구멍병 등이 있다.

27 🌱 **파이토플라스마에 의한 수목병**

> ① 대추나무 빗자루병 : 발병 초기에 대추나무 가지 일부분에서 증상이 나타나기 시작하며 발병이 심해지면 나무 전체에 빗자루 증상이 나타난다.
> ② 뽕나무 오갈병 : 매개충은 마름무늬매미충이다. 감염된 뽕나무는 초기에는 연한 위황증상을 나타내며, 병세가 진전됨에 따라 생육이 현저히 억제되고 가지의 마디 사이가 짧아지며, 잎이 건전 잎에 비하여 말리면서 오갈증상을 보이게 된다.
> ③ 오동나무 빗자루병 : 감염된 나무는 새로 자라나온 새순에서 곁눈이 터져 새순을 형성하여 초가을까지 계속하여 연약한 잔가지가 총생하고, 담갈색 내지 황록색의 아주 작은 잎이 밀생하여 마치 빗자루나 새집둥우리같은 모습을 하게 된다.
> ④ 붉나무 빗자루병 : 매개충은 마름무늬매미충이다. 병든 나무는 건전한 나무에 비해 잎이 매우 작고, 줄기도 신장이 부진하여 짧아지므로 나무가 전체적으로 위축되어 작아 보인다.

28 🌱 **충영형성해충**

> 기주식물의 가해부위에 충영(벌레혹)을 형성하고 그 안에 서식하면서 즙액을 섭취하는 해충을 총칭하여 충영형성해충이라 한다.
> ① 솔잎혹파리
>   • 1년 1회 발생한다.
>   • 5월 중순에 우화가 시작되어 7월 하순에 종료되며, 우화최성기는 5월 하순~6월 상순이다.
>   • 기생성천적은 혹파리살이먹좀벌, 솔잎혹파리먹좀벌, 혹파리등뿔먹좀벌, 혹파리반뿔먹좀벌이다.
>   • 천적방제이식기는 우화최성기이다.
>   • 포식조류는 박새, 진박새, 쑥새, 쇠박새이다.
> ② 밤나무혹벌
> ③ 아까시잎혹파리

29 ④ 잣나무 털녹병을 예방하기 위해 중간기주인 까치밥나무류와 송이풀류를 제거해야 한다.

30 아황산가스에 의한 활엽수의 피해증상으로 옳은 것은? 2018. 지방직

① 잎의 끝 부분과 엽맥 사이 조직이 괴사하고 물에 젖은 듯한 모양이 된다.
② 잎 표면에 주근깨 같은 반점이 형성되고 책상조직이 먼저 붕괴된다.
③ 피해 초기에는 흩어진 회녹색 반점이 생기고 가장자리가 괴사한다.
④ 피해 초기에는 잎의 끝이 황화되어 잎가장자리로 확대된다.

31 야생동물에 의한 피해를 줄이는 대책으로 옳지 않은 것은? 2018. 국가직

① 꿩 – 수렵에 의한 개체수 조절
② 멧비둘기 – 폭발음을 내거나 허수아비 세우기
③ 멧돼지 – 포획 후 불임수술로 개체수 억제
④ 고라니 – 수렵 또는 철조망 설치

정답 및 해설 30 ① 31 ③

30 대기오염물질에 의한 수목의 병징

오염물질	병징	
	활엽수	침엽수
아황산가스 (SO_2)	잎의 끝부분과 엽맥 사이 조직의 괴사, 물에 젖은 듯한 모양(엽육조직 피해)	물에 젖은 듯한 모양, 적갈색 변색
질소산화물 (NO_x)	초기: 흩어진 회녹색 반점, 잎의 가장자리 괴사, 엽맥 사이 조직 괴사(엽육조직 피해)	초기: 잎끝의 자홍색~적갈색 변색, 잎의 기부까지 확대된다. 고사부위와 건강부위의 경계선이 뚜렷하다.
오존(O_3)	• 잎 표면에 주근깨 같은 반점 형성, 책상조직이 먼저 붕괴 • 반점이 합쳐져서 표면이 백색화	잎 끝의 괴사, 황화현상의 반점, 왜성 황화된 잎
PAN	잎 뒷면에 광택이 나면서 후에 청동색으로 변한다. 고농도에서 잎 표면도 피해(엽육조직 피해)	알려져 있지 않다.
불소(F)	초기: 잎 끝의 황화, 잎 가장자리로 확대, 중륵을 따라 안으로 확대된다. 황화조직의 고사 ⓘ 불소는 기체상태의 오염물질 중에서 가장 독성이 크고, 체내에 흡수되면 계속 누적된다.	잎 끝의 고사, 고사부위와 건강부위의 경계선 뚜렷
중금속	• 엽맥 사이 조직의 황화현상 • 잎 끝과 가장자리의 고사, 조기낙엽 • 잎의 왜성화, 유엽에서 먼저 발생	잎의 신장억제, 유렵 끝의 황화현상, 잎 기부로 고사 확대

31 ③ 멧돼지의 예방법으로는 전기울타리를 설치하여 침입을 막는 방법과, 원천적으로 개체수를 조절하여 예방하기 위한 방법으로는 수렵을 허용하여 적정 개체수를 유지하게 하는 방법이 있다. 그리고 환경 수용능력을 넘어선 개체군이 서식할 때는 담당관청의 허가를 받아 유해야생동물로 지정받아 포살 등의 방법으로 구제할 수 있다.

PART 07

임업종자

Chapter 01 종자의 이해
Chapter 02 종자채집과 조제
Chapter 03 종자저장과 검사
Chapter 04 채종림과 채종원

박진호
조림학

CHAPTER 01 종자의 이해

1 종자형성과 개화생리

1. 생식기관

수목은 생식(生殖, reproduction)을 통해 새로운 개체를 만드는데, 무성생식과 유성생식으로 나눈다. 수목은 처음 영양생장을 하고, 그 후 어느 정도의 크기에 이르면 생식생장을 하여 생장점에 화아분화를 하게 되며 꽃과 열매 등의 번식기관을 만든다. 느티나무는 새 가지의 아래쪽부터 위로 향하면서 수꽃, 양성화, 암꽃이 차례로 붙는 삼성동주(三性同株) 현상을 보인다.

(1) 단성화
① 수꽃과 암꽃이 따로 있다.
② 소나무, 잣나무, 전나무, 은행나무, 오리나무, 상수리나무 등이다.

(2) 양성화
① 한 꽃안에 수꽃과 암꽃을 함께 가진다.
② 무궁화, 목련, 벚나무, 동백나무, 녹나무 등이다.

(3) 자웅동주
① 한 나무에 암꽃과 수꽃이 달리는 나무이다.
② 소나무, 삼나무, 오리나무류, 호두나무, 참나무류 등이다.

(4) 자웅이주
① 암꽃과 수꽃이 각각 다른 나무에 달리는 것으로 이가화라고도 한다.
② 은행나무, 포플러류, 주목, 호랑가시나무, 꽝꽝나무, 가죽나무 등이다.

> 📑 **수분의 기구**
> ① 자가수분의 기구: 폐화수분, 뇌수분
> ② 타가수분의 기구: 이형예현상, 자가불화합성, 자웅이주, 자웅이숙(자예선숙이나 웅예선숙에 의해 자가수분이 어렵게 되는 것)

📖 꽃눈 형성

① 활엽수와 침엽수 모두 **수꽃의 꽃눈 원기형성은 암꽃의 꽃눈보다 15~30일 이상 빠르다.**
② 화아원기가 형성되는 시기는 수종에 따라 차이가 있지만, **피자식물은 대부분 꽃피는 전해 5월~7월 사이(6~8월 사이)가 보통이다.**
③ 참나무류 수꽃의 꽃눈 원기는 5월 하순 이후, 암꽃의 꽃눈 원기는 7월 하순에 형성된다.
④ 소나무류의 경우 수꽃의 꽃눈이 6월 말에서 7월 초순에 형성되는 반면, 암꽃의 꽃눈 형성은 8월 말경으로 조사되고 있다.
⑤ 소나무류의 암꽃과 수꽃의 화아원기가 발달하는 모양을 비교해 보면, **암꽃의 정단조직은 수꽃과 비교할 때 훨씬 더 크고 넓으며 둥근 형태를 하고 있는 반면에, 수꽃은 정단조직이 암꽃보다 작고 뾰족**하다.
⑥ 소나무과에 속하는 수종들은 **수관 상부에 주로 암꽃이 달리고 수관 하부에 수꽃이 달린다.**
⑦ 꽃눈의 원기는 식물호르몬의 농도에 영향을 받고 외적 환경 요인의 영향도 받는다.

2. 개화 및 수분과 수정

(1) 침엽수종은 화아분화가 일어난 후 어린 약(anther)안에 화분모세포가 만들어지고, 이것이 감수분열해서 4분자로 되어 화분이 된다. 이에 대해 주심의 안쪽에 1개 또는 2개 이상의 배낭모세포가 생기고 그것이 감수분열해서 4분자로 되며, 그중 1개만 발달하여 배낭세포로 되는데, 그 크기가 비교적 크고 그 안에 핵이 분열을 계속해서 많은 유리핵을 만들며 배낭의 내벽에 붙는다. 그 후 유리핵 사이에 격막이 만들어져서 배유가 된다.

(2) **침엽수는 1개의 정핵이 난세포의 핵과 수정을 하며, 배유가 형성되지 않고 자성배우체가 그 기능을 대신한다.**

(3) 활엽수종은 배낭세포의 핵이 분열해서 8개의 유리핵을 만들고, 주공쪽의 3개는 난장치를 형성한다.

(4) **활엽수는 2개의 정핵 중 1개는 난세포의 핵과, 다른 1개는 2개의 극핵과 합친다.** 이것은 1개의 배낭 안에 두 가지 종류의 수정이 이루어지는 것인데 이것을 중복수정이라 한다. **활엽수종은 3n(2개의 극핵 + 1개의 정핵), 즉 3배체로 된 세포로 배유조직이 형성된다.**

3. 나자식물과 피자식물의 수정과정 비교

(1) 나자식물은 **개화상태에서 암꽃의 배주는 난모세포를 형성하는 단계에 머물러 있으며**, 아직 난자를 형성하지 않고 있다.

(2) 피자식물은 중복수정을 하며 나자식물은 **단일수정으로 그친다.**

(3) 나자식물은 수정과정에서 난세포의 소기관이 소멸되어 **웅성배우체의 세포질유전**이 이루어진다.

4. 배우자의 형성

(1) 피자식물
① 피자식물의 특징은 배주가 심피 속에 싸여 있는 것이다.
② 배주의 맨 바깥부분에는 주피가 있는데, 피자식물의 경우에는 이중으로 되어 있어서 **외주피와 내주피로 구분**되며, 나자식물의 한 개의 주피와 대조적이다.

(2) 나자식물
① 나자식물에서 암꽃의 배주는 노출되어 있는데, 중심부에 주심이 크게 발달하며, **한겹으로 된 주피**가 주심을 둘러싸고 밖으로 더 자라서 두 개의 팔과 같이 되어 주공을 형성함으로써 화분이 들어올 수 있도록 한다.
② 난모세포는 주심 안에 있는 한 개의 세포가 커져서 형성되는데, 대부분의 나자식물의 암꽃은 이 상태에서 개화와 수분이 이루어진다. 즉, **피자식물은 개화 당시 배낭이 성숙해 있어 난자를 이미 형성한 상태에서 수분이 되지만, 나자식물은 겨우 난모세포를 형성한 단계에 머물러 있어 아직 암꽃이 수정 준비가 되어있지 있다.**
③ 수분이 이루어질 무렵 난모세포는 비로소 감수분열을 하여 4개의 난모세포를 만들며, 이중에서 한 개가 살아남아서 연속적으로 핵분열을 실시한다. 이때 세포벽을 만들지 않기 때문에 한 세포 내에 수백 개의 핵이 있는 상태가 된다.
④ **한 개의 배주 안에 1개 이상 최고 100개까지 장란기가 형성**되며, 각 장란기마다 난자가 생기기 때문에 다배현상의 근원이 된다. 이것은 소나무과에서 흔히 볼 수 있다.

> 📖 **선화후엽(先花後葉)**
> 개나리, 만리화, 깽깽이풀, 매화나무, 목련, 박태기나무, 벚나무, 산수유나무, 생강나무, 조팝나무, 진달래, 히어리, 느릅나무, 미선나무, 살구나무, 복숭아나무

5. 수목 종자의 특징
(1) 소나무, 가문비나무는 씨방이 없고 배주만 있다.
(2) 오리나무, 물푸레나무는 씨방 속에 배주가 있다.
(3) 주목, 비자나무는 배주가 발달할 때 배병이 발육한다.
(4) 아까시나무속의 꼬투리는 편평한 긴 타원형 또는 선상 긴 타원형으로서 2개로 갈라져 5~10개의 종자가 나온다.
(5) 싸리속은 종자가 1개씩 들어있는 꼬투리는 벌어지지 않는다.

6. 종자의 형성과정

(1) 소나무 종자의 형성과정은 **화분모세포 → 화분4분자 → 배우자합체 → 배병세포**이다.

(2) 종자의 성숙과정에 따른 생장호르몬의 함유량은 변한다. **소나무 수정 전의 배주 내 호르몬은 옥신**이다. 그런데 수정 후 옥신은 처음에는 농도의 증가가 일어나지만, 성숙종자에 있어서는 감소를 보인다.

(3) 은행나무의 배유발달에 필요한 조절물질은 **시토키닌**이다.

2 종자의 발달과 성숙

1. 임목종자의 특징

(1) **종자는 배와 배유 등의 양분저장조직과 종피 등을 포함하는 종자외곽 보호조직으로 구분**할 수 있다.

(2) 배(embryo)를 구성하는 자엽의 수에 따라, 하나만 있는 단자엽식물, 대부분의 활엽수에서 볼 수 있는 것처럼 2개의 자엽으로 나뉘어진 쌍자엽식물, **소나무처럼 3개 이상의 자엽을 볼 수 있는 다자엽식물** 등으로 구분된다.

(3) 내종피의 안쪽에 배유와 주심조직의 일부가 또 다른 얇은 막을 형성하기도 하는데, 주목과 비자나무 등은 배주의 일부분 중 심피와 연결이 이루어지는 주병의 일부 융기된 부분이 이상발달을 보이면서 외종피의 밖을 덮는 가종피를 형성하기도 한다.

(4) **임목종자의 결실과정은 화아원기형성 → 배우자형성 → 개화 → 수분 → 수정 → 결실**이다.

2. 종자의 발달

(1) **자방**
열매로 발달하며, 일부 수종에서는 자방 이외의 다른 부분이 자방과 함께 열매를 구성한다.

(2) **배주**
종자로 발달하며, 대부분의 종자는 열매와 분리되어 발달하지만, 일부는 열매와 함께 발달한다. 배주를 구성하는 주피와 주심 그리고 극핵이나 난핵이 웅핵과 결합되어 다음과 같이 종자의 일부로 발달하게 된다.

① 주피: 배주를 둘러싸고 있는 주피는 다소 **질기고 단단한 외종피와 얇고 부드러운 내종피**로 부르는 보호조직으로 변화된다.
② 주심: 퇴화되거나 저장조직의 일부인 **외배유나 내종피로 변화**된다.
③ 난핵: 웅핵과 결합되어 **2배체의 배로 발달**한다.
④ 극핵: 속씨식물의 경우에 2개의 극핵이 1개의 웅핵과 결합되어 **3배체의 저장조직인 배유로 발달한다.**

3. 배의 발달

(1) 수분 후 수정이 이루어지기 전, 배유가 먼저 발달하면서 탄수화물, 지방, 단백질, 식물호르몬을 축적한다.

(2) **배는 배유가 어느 정도 자란 다음 비로소 자라기 시작**하면서 배유로부터 영양소를 공급받게 된다.

4. 배 발달과정의 나자식물과 피자식물

(1) 나자식물은 초기에 접합자가 분열하여 세포벽이 없는 다핵상태로 되는 반면에, 피자식물은 세포벽을 형성한다.

(2) 나자식물의 배병은 피자식물보다 길다.

(3) 나자식물은 분열다배현상이 흔하게 관찰된다.

5. 나자식물의 배 발달과정

(1) **전배 단계**
배가 핵분열을 시작하여 세포벽을 형성하지 않고, 다핵상태로 되는 단계이다.

(2) **초기배 단계**
한 층의 세포가 길게 자라면서 배병으로 되고, 끝에 있는 배세포층이 분열하여 4개의 배로 발달하는 과정이다. 이 과정은 다배현상을 초래한다.

(3) **후기배 단계**
배가 더 발달하여 줄기·뿌리의 축을 형성하면서 자엽을 만드는 단계이다.

6. 다배현상

(1) **피자식물**
한 개의 배낭에 두 개 이상의 배가 형성되는 경우로, 그 원인은 접합자가 분열하거나 반족세포나 **조세포가 배로 바뀐 경우와 배낭 바깥조직이 배로 변하는 부정배의 경우**가 있다. 특히 부정배는 모수와 유전적으로 동일한 개체를 만들 수 있어 귤나무의 번식에 응용된다.

(2) **나자식물**
소나무과에서 흔히 관찰되는 현상으로 **단순다배현상**은 배주 안에 2개 이상의 장란기가 보통 존재하는데, 각각의 장란기의 난자가 수정되어 여러 개의 배로 발달하는 경우를 의미한다. **분열다배현상**은 한 개의 수정된 접합자가 생장과정에서 여러 개의 배세포로 분열하면서 여러 개의 배가 되는 현상이다.

7. 유배유종자와 무배유종자

(1) 유배유종자
소나무, 잣나무, 전나무, 물푸레나무 등이다.

(2) 무배유종자
호두나무, 밤나무, 상수리나무, 칠엽수 등이다.

> **자엽의 수**
> ① 측백나무 : 2개
> ② 해송 : 4~8개이지만 보통 6개
> ③ 향나무 : 2개이지만 간혹 4~6개
> ④ 주목 : 2개

8. 유성생식환

(1) 종자의 발아에서 시작하여 어린 단계와 성숙단계를 지나 다시 종자가 만들어지는 전 과정의 생활환이다.

(2) 조팝나무, 개쉬땅나무 등의 일부 관목류는 종자 발아 후 5년 미만에도 정상적으로 많은 양의 꽃을 피운다.

(3) 교목 중 발아 후 10~20년 안팎의 빠른 기간에 성숙단계에 도달하는 나무로 버드나무류, 사시나무류, 오리나무, 자작나무, 일부 소나무류 등이 있다.

(4) 단풍나무, 피나무, 물푸레나무, 느릅나무, 전나무, 스트로브잣나무 등은 대략 20~40년생이 되었을 때 정상적인 성숙단계에 도달한다.

(5) 일부 가문비나무류나 백송, 너도밤나무 등은 40년이 지나야 정상적인 성숙단계에 도달한다.

9. 침엽수종 종실의 성숙

(1) 개화한 그 해 5~6월경에 빨리 자라 수정하고 가을에 성숙(삼나무)

(2) 개화한 해에 수정해서 다음해 자라지 않고 2년째 가을에 성숙(향나무)

(3) 개화한 해에 거의 자라지 않고 다음해 5~6월경 빨리 자라서 수정하며 2년째 가을에 성숙(소나무)

(4) 개화한 해에 거의 자라지 않고 다음해 봄에 수정하여 크게 자라 3년째 가을에 성숙(노간주나무)

10. 활엽수종 종실의 성숙

(1) 개화한 후 빨리 자라 3~4개월 만에 열매가 성숙(사시나무, 버드나무, 회양목, 떡느릅나무)

(2) 개화한 해의 8~9월에 빨리 자라서 가을에 성숙(졸참나무, 떡갈나무, 신갈나무, 갈참나무)

(3) 개화한 해에 거의 자라지 않고 다음해 가을에 빨리 자라 성숙(상수리나무, 굴참나무)

11. 주요 수목 종실의 성숙

(1) 개화 이듬해 여름에 성숙하는 수종
후박나무, 육박나무

(2) 개화 이듬해 가을에 성숙하는 수종
소나무, 잣나무, 향나무, 비자나무, 개잎갈나무, 상수리나무, 굴참나무, 참식나무, 까마귀쪽나무, 구실잣밤나무, 붉가시나무

(3) 개화 3년째 가을
개잎갈나무, 소나무류

3 종자의 발아

1. 종자 발아 방식

(1) 지상자엽형 발아
① 발아 시 배의 하배축이 길게 자라 자엽을 지상 밖으로 밀어올려, 자엽이 지상에서 펴지면 곧 유아가 자라서 본엽을 형성한다.
② **단풍나무, 물푸레나무, 아까시나무와 대부분의 나자식물**에서 볼 수 있다.

(2) 지하자엽형 발아
① 자엽은 지하에 남아있고, 상배축이 지상으로 자라 올라와서 본엽을 형성한다.
② 주로 종자의 크기가 큰 대립종자를 가진 **밤나무, 참나무류, 호두나무, 개암나무류**에서 볼 수 있다.

2. 종자의 발아 시기

(1) 파종한 당년 발아
삼나무, 편백, 소나무, 해송, 낙엽송, 전나무, 잣나무, 가문비나무, 은행나무, 밤나무, 오동나무, 거제수나무, 자작나무 등이다.

(2) 파종한 익년 발아
음나무, 층층나무, 피나무, 주목, 후박나무 등이다.

3. 종자발아에 관여하는 요인

(1) 종자의 성숙도
침엽수종의 종자는 구과가 열리기 전에 따면 1~2주일에 걸쳐 후숙이 진행되어 발아도 빨라지고 발아율도 높아진다. 잣나무류는 후숙기간이 더 길다.

(2) 종자의 연령
특수한 저장법을 사용하지 않는 한 오래된 종자의 활력은 감소한다.

(3) **발아휴면성의 유무**
    아브시스산(ABA)은 배(胚) 안에 발아억제물질이고(물푸레나무), 지베렐린(GA)은 발아를 촉진하며, 저장양분을 배가 이용할 수 있는 형태로 전환시킨다.

4. 종자의 발아에 영향을 미치는 환경인자

(1) 종자의 발아 초기에는 **빠른 수분흡수**로 종피가 부드러워지고, 종피가 벗겨진 후에는 종자 내의 저장양분이 소화되면서 수분의 흡수가 느려진다.

(2) 저온이나 변온은 종자의 휴면타파에 큰 영향을 준다.

(3) 소나무류, 가문비나무, 전나무, 측백나무, 솔송나무, 자작나무 등과 같은 장일성 수종의 종자는 발아과정에서 광선이 영향을 미치지만, 가중나무·개오동나무·느릅나무·주엽나무 등의 여러 가지 활엽수와 일부 침엽수는 광선조건과 무관하다.

(4) 종자에 적외선을 조사하면 발아억제 현상이 나타난다.

5. 종자의 발아생리와 식물호르몬

(1) **지베렐린은 발아에 직접적인 영향을 주는 호르몬**으로 GA의 활성이 높아지면 α-amylase라는 효소가 생성되어 배유를 구성하고 있는 탄수화물을 당으로 변화시켜 배의 발달에 필요한 에너지를 공급한다.

(2) ABA는 GA의 역할을 억제하면서 발아를 방해한다.

(3) 키네틴과 같은 사이토키닌류는 지벨렐린의 역할을 억제하는 아브시스산의 작용을 막아주어 종자 발아를 돕는다.

(4) Ethylene은 Cytokinin과 협력하여 간접적으로 발아에 관여한다.

6. 종자발아의 단계

수분흡수 → 식물호르몬 생산 → 효소 생산 → 저장물질의 분해와 이동 → 세포분열과 확장 → 기관분화(종자발아의 시작은 수분흡수이다.)

🌱 **수종별 발아 소요 기간**

발아 소요 기간	수종
2주 이내	리기다소나무, 느릅나무, 동백나무, 백송, 버드나무류
3주 이내	가문비류, 곰솔, 일본잎갈나무, 오리나무, 밤나무, 단풍나무, 가중나무
4주 이내	소나무류, 삼나무, 호두나무, 가래나무, 물푸레나무, 튤립나무
1개월 이상	해당화류

4 종자휴면

1. 종자 외곽조직에 의한 휴면

(1) 종피의 불투수성

① 자귀나무 · 주엽나무 · 회화나무 · 아까시나무 등의 콩과식물과 같이 종피나 과피가 단단하거나 왁스질로 덮여 있어 수분이 쉽게 침투할 수 없는 종자이다.

② 건습조건을 반복하거나 주 · 야간의 변온처리, 종피에 상처를 주어 불투수성을 약화시킬 수 있다.

(2) 종피의 기계적인 발아억제

① 호두나무 · 가래나무 · 잣나무 · 주목 · 산사나무 · 대추나무 · 산수유 등과 같이 종피나 과피가 지나치게 단단한 종자로서 연화처리가 요구된다.

② 완전히 성숙하여 종피가 단단해지기 전에 미리 종자를 채종하여 후숙시킨다.

(3) 종피의 가스교환 억제

외종피와 내종피, 종자 내의 내배유, 주심조직 등이 산소흡수와 이산화탄소 배출을 방해하여 호흡으로 축적된 이산화탄소가 휴면을 유도한다.

(4) 종피의 발아억제 물질

① 사과나무 · 배나무 · 감나무 · 호두나무 등의 갓 성숙된 습과의 과즙이나 건과의 과피 또는 이들의 종피나 배, 배유 등에는 종자의 발아를 억제하는 휴면물질인 ABA이나 페놀성 화합물 등이 다량 존재하여 종자의 휴면을 유도한다.

② 종자의 저장과정 중 서서히 감소하며 여러 가지 발아촉진 처리를 통해서 제거된다.

2. 종자 내부원인에 의한 휴면

(1) 미성숙배

① 주목 · 향나무 · 들메나무 · 물푸레나무 · 은행나무 등의 종자는 외형적으로 성숙한 것처럼 보이지만 종자를 구성하고 있는 배가 아직 충분히 발달되지 않은 미성숙배의 상태로 지면에 떨어져 바로 발아할 수 없는 상태를 보인다.

② 미성숙배는 후숙과정을 통해 발아할 수 있게 된다.

(2) 생리적인 원인에 의한 휴면

종자 성숙 직후에 배나 배유 또는 내종피 등의 종자 내부조직이 생리적인 휴면상태를 유지하는 것으로 적정 수준의 장 · 단기 온도 자극이나 화학약품 처리, 냉습적 처리 등을 통해 휴면을 타파할 수 있다.

3. 이중휴면성

일부 종자는 종자 안팎으로 **두 가지 이상의 원인에 의하여 강한 휴면상태를 유지**하고 있어 실생번식이 어려울 때가 많다. 주목 종자는 단단한 종피를 불투수성과 기계적인 압박, 미성숙된 배 등의 여러 원인에 의하여 강한 휴면을 유지하고 있어 발아촉진 처리에도 불구하고 휴면기간이 2년 동안 계속되기도 한다.

수종에 따른 발아휴면형

후숙 필요 없는 수종		버드나무류, 포플러류, 대왕송, 느릅나무류, 졸참나무, 신갈나무, 떡갈나무
후숙 필요 수종	종피의 불투수성	아카시아, 박태기나무, 물푸레나무, 잣나무, 대추나무
	배휴면성	전나무류, 가문비나무류, 소나무류, 상수리나무, 솔송나무, 사탕단풍나무
	종피 및 배휴면성	피나무류, 산수유나무

5 종자의 발아촉진법

1. 침수처리

(1) 냉수침적법

① 파종하기 전에 종자를 1~5일간 흐르는 물 또는 신선한 물에 침적해서 충분히 흡수시킨 다음에 파종하는 방법이다. 보통의 나무 종자는 1~5일간 냉수에 담가 두면 발아가 빨라진다.
② 낙엽송, 소나무류, 삼나무, 편백 등의 저장종자에 효과가 있고, 아카시아 종자는 조리에 종자를 넣어 3~4초간 열탕에 침적하였다가 냉수에 옮겨 12~24시간 동안 침적한다.

(2) 열탕침적법

① 냉수침적법으로는 그다지 효과를 보지 못하는 종자는 온수에 침적하는 것이 효과를 볼 수 있다.
② 열탕침적법은 침적시간을 적절히 조절치 못하면 도리어 발아력을 상실하게 되므로 주의를 요한다.

2. 산처리법

옻나무속 종자와 같이 종피 표면에 밀납이 덮여져 있어 흡수가 되지 못하여 발아가 곤란할 때 적용한다. 옻나무, 피나무, 주엽나무, 그 밖의 콩과수목의 경립종자에 적용되는 것으로 효과가 신속하다.

3. 기계적 흡수촉진법

콩과수종, 향나무속, 주목나무속, 옻나무속 등의 견고한 종피나 과피는 기계적으로 파쇄해 준다.

4. 노천매장법

종자의 저장과 발아촉진을 동시에 얻는 방법으로 건조하면 발아력이 떨어지거나 변온처리를 해야 발아되는 종자의 저장 및 발아촉진법이다.

5. 화학자극제의 사용

(1) 지베렐린

지베렐린(GA_3) 100~10,000ppm의 수용액에 24시간 정도 담가서 처리한다.

(2) 시토키닌

시토키닌은 식물체 내에서 생성되는 호르몬이며, 수용액에 침지처리 한다.

(3) 에틸렌

에틸렌도 식물체 내에서 생성되며 발아촉진의 효과를 가진다.

(4) 질산칼륨

0.1~0.2%의 수용액에 처리한다.

6. 파종시기의 변경

잣나무, 향나무, 목련 등의 여러 수종의 종자를 채집한 그해 가을에 파종하여 월동한다.

7. 고저온처리법

회양목처럼 여름에 성숙하는 종자는 채파하거나 자연조건에 저장해야 한다.

8. 발아촉진법의 병용

종자의 특성을 고려하여 여러 가지 방법을 함께 사용한다.

9. 종자의 발아촉진법

(1) 소나무류, 낙엽송, 삼나무, 편백 등은 어느 점에 가까운 차가운 물에 약 하루 정도 담가둔다.

(2) 옻나무, 주엽나무, 아까시나무 등 콩과식물, 일본목련 등은 50~100℃의 뜨거운 물에 짧은 시간 동안 침지한 후 냉수로 옮겨 하루 정도 두었다가 파종한다.

(3) 아까시나무, 피나무, 옻나무 등은 산 및 알칼리성 화학약품 처리를 통해 발아촉진효과를 얻을 수 있다.

(4) 회양목은 일반적으로 20~30℃ 안팎에서 밤낮으로 10℃ 안팎의 차이를 두어 수개월간 **온도변화를 준 후에 약 5℃의 냉장실에 보관**한다.

(5) 잣나무, 주목, 향나무 등은 가을에 파종하여 파종상에서 겨울을 지나면서 종피가 연해지거나 후숙이 되도록 하는 것이 좋다.

휴면타파의 방법		
① 후숙	② 저온처리	③ 열탕처리
④ 약품처리	⑤ 상처유도법	⑥ 추파법

6 결실의 주기성

1. 성숙의 조만성

(1) **빠른 것(10~20년생)**
버드나무류, 포플러류, 사시나무류, 오리나무류, 자작나무류, 네군도단풍나무, 방크스소나무, 리기다소나무, 소나무, 해송, 테다소나무 등

(2) **중간의 것(20~40년생)**
스트로브잣나무, 대부분의 단풍나무, 피나무류, 물푸레나무류, 느릅나무류, 플라타너스류, 전나무류의 일부

(3) **늦은 것**
가문비나무류, 너도밤나무류, 백송, 사탕나무, 전나무의 일부

2. 결실의 주기

(1) **해마다 결실되는 것**
포플러류, 버드나무류, 오리나무류 등

(2) **격년결실을 하는 것**
소나무류, 오동나무, 자작나무류, 아카시아

(3) **2~3년 주기로 결실되는 것**
낙우송류, 솔송나무류, 참나무류의 일부, 들메나무, 느티나무, 삼나무, 편백 등

(4) **3~4년 주기로 결실되는 것**
전나무, 녹나무, 가문비나무 등

(5) **5년 이상을 주기로 결실되는 것**
너도밤나무, 낙엽송 등

(6) **50년 또는 그 이상으로서 결실되는 것**
대나무류

> **종자의 결실주기**
> ① 1~2년 주기: 소나무, 자작나무, 단풍, 팽나무, 참나무류, 피나무, 포플러류
> ② 2~3년 주기: 대왕송, 연필향나무, 솔송, 낙우송, 너도밤, 참나무류, 층층나무
> ③ 3~5년 주기: 스트로브잣나무, 미송, 방크스소나무, 전나무, 느릅나무, 세로티나벚나무
> ④ 5~10년 주기: 낙엽송, 구주소나무, 폰데로사소나무, 레지노사소나무, 알바참나무

7 결실촉진 방법

1. 수관의 소개
수관에 많은 광을 조사하여 탄수화물의 생산을 돕고자 하는 것으로, 효과는 처리 후 2~3년째부터 나타난다.

2. 시비
채종림에 대해서 ha당 질소 50~100kg, 인산 및 칼리 100~200kg의 시용이 알맞다. **질소시비는 암모늄태(NH_4^+) 질소보다 질산태(NO_3^-)가 더 효과적**이다.

3. 생장조정물질
지베렐린(GA)은 삼나무와 편백의 화아분화를 촉진한다. 소나무류는 GA_{4+7}이 유효하다.

4. 기계적 처리
줄기의 껍질을 **환상박피를 통해 C/N율을 조절**하여 결실을 촉진할 수 있다. 철사로 동여매거나, 전정작업 또는 수피를 역위로 붙이기, 접목, 단근 등도 가능하다.

5. 멘토르 화분의 사용
수정 능력을 없게 한 혼합용 화분을 멘토르 화분이라 한다.

8 개화결실 촉진방법

1. 접목
대목과 접수의 연결부분에서 물질통도기능의 장애현상이 발생하여 생성물인 **탄수화물의 지하부 이동을 억제**함으로써 탄수화물 증대에 따른 C/N율 증가현상이 나타나 개화결실 촉진을 유도한다.

2. 물리적 처리
환상박피, 철선묶기 등으로 줄기 하부에 상처를 주면 물질이동에 장애를 주어 C/N율의 변화와 함께 개화결실을 촉진한다.

3. 화학적 처리
지베렐린, 옥신, 사이토키닌, 아브시스산 등의 식물생장 조절물질을 처리하여 개화결실을 촉진시키는 방법이 제시되고 있지만 물질의 종류나 처리농도, 처리시기, 대상수종이나 수령 등에 따라 처리효과에 차이를 보일 수 있다.

4. 수형조절
단근, 전정, 줄기위치 변형으로 광합성을 촉진하고 질소의 흡수를 억제함으로써 C/N율을 높여 개화결실을 유도한다.

5. 숲가꾸기
솎아베기, 비료주기, 관수 제한 등의 임분관리를 응용하여 개화 결실을 촉진시킬 수 있다. **솎아베기를 하면 수광량 증가와 함께 광합성을 촉진시켜 C/N율 증가를 유도**할 수 있으며, 질소와 인산 비료를 적절히 조절하여 개화결실을 촉진할 수도 있다.

6. 환경스트레스 유도
한발 등에 의한 수분스트레스나 저온자극 등의 기후환경변화에 따른 스트레스가 가해질 때 개화결실이 촉진될 수 있다.

9 열매의 분류

구분			수종 및 특징
침엽수	건구과		• 성숙한 구과로부터 나출된 상태로 붙어 있던 종자가 떨어져 나오는 것이다. • 소나무류, 전나무류, 가문비나무류, 솔송나무류, 삼나무 등
	육과		• 1개의 종자가 구조물에 둘러싸여 있는 것이다. • 은행나무, 주목류, 비자나무류, 향나무류 등
활엽수	건열과	삭과	• 2개 또는 여러 개의 심피가 유합하여 여러 실로 된 자방을 만들고 각 심피에 종자가 붙어 있다. • 포플러류, 버드나무류, 오동나무류, 개오동나무류, 동백나무, 무궁화
		협과	• 1개의 심피로 된 자방이 성숙하여 2줄로 갈라진다. • 자귀나무, 아카시아, 주엽나무, 박태기나무 등
		대과	• 1심피 자방이 성숙한 열매로서 한 봉선에 의해서만 갈라지는 것이다. • 목련류
	건폐과	수과	• 과피가 얇고 막질이며, 1개의 종자가 과피 안에 있고 과피와 종피가 전면응착하지 않으며, 1개의 종자처럼 생긴 것이다. • 으아리류
		견과	• 과피가 목질 또는 혁질로 되고, 그 안에 1개의 종자가 들어있으나 과피와 종자가 밀착하지 않는 것이다. • 밤나무, 참나무류, 너도밤나무, 오리나무류, 자작나무류, 개암나무
		시과	• 과피가 발달해서 날개처럼 된 것이다. • 단풍나무류, 물푸레나무류, 느릅나무류, 가중나무
		영과	• 과피가 얇은 피질이고 종피와 완전히 유착된다. • 대나무류, 벼과식물
	습과	핵과	• 과피가 3개층으로 뚜렷하게 나누어지며 외과피가 얇다. • 살구나무, 호두나무, 복숭아나무, 오얏나무, 벚나무, 산딸나무
		장과	• 중·내과피가 육질로 되고 단단한 종자를 가지는 것이다. • 포도나무류, 감나무류, 까치밥나무류, 매자나무
		이과	• 씨방 이외에 꽃받침의 밑부분이 다육질로 되어 씨방을 덮어 이루어진 열매로, 헛열매의 하나이다. • 배나무류, 사과나무류, 마가목류, 산사나무류
		감과	• 여러 개의 방으로 나누어지고, 씨가 적으며 비개열성인 우수한 과일로 외과피와 중과피가 서로 연결되어 있고 내과피는 펄프를 방으로 나누는 막성분할이다. • 밀감, 레몬

CHAPTER 02 종자채집과 조제

1 종자의 채집

1. 종자의 채집 시기

(1) 임목종자는 종자의 외부형태나 색깔, 냄새 등을 지표로 사용할 수 있고 종자의 비중을 조사하고, 좀 더 정확한 판단을 하기 위하여 종자의 내부상태를 조사하여 채집시기를 결정한다.

(2) 주요 수종별 종자성숙 및 산포시기

성숙 및 산포시기		해당 수종
개화 당년	5월	버드나무류, 포플러류, 은단풍, 느릅나무
	6월	느릅나무, 벚나무, 앵두나무
	7월	회양목, 벚나무, 산딸기류
	8월	스트로브잣나무, 향나무, 섬잣나무, 귀룽나무, 노간주나무, 칠엽수, 산딸기류
	9~10월	낙엽송, 솔송나무, 주먹, 가문비나무, 자작나무, 팽나무, 물푸레나무, 밤나무, 호두나무, 층층나무, 메타세콰이어, 신갈나무, 참느릅나무, 서어나무, 피나무, 목련, 너도밤나무, 튤립나무(백합나무), 가시나무, 동백나무, 낙우송, 삼나무, 전나무, 측백나무, 은행나무, 졸참나무, 단풍나무, 느티나무, 옻나무, 오리나무류
	11월	동백나무, 회화나무
개화 이듬해 여름		후박나무
개화 이듬해 가을		소나무, 잣나무, 향나무, 비자나무, 개잎갈나무, 상수리나무, 굴참나무, 구실잣밤나무, 붉가시나무
개화 3년째 가을		개잎갈나무, 소나무류

(3) 주요 종자의 종자 산포기작

중력		밤나무, 호두나무, 참나무, 칠엽수, 개암나무, 잣나무, 은행나무, 너도밤나무, 감나무
바람		소나무, 전나무, 가문비나무, **낙엽송**, 포플러류, 버드나무류, **자작나무**, 단풍나무, **물푸레나무**, 버즘나무
동물	조류	**향나무**, 벚나무, 산딸기, 겨우살이, 작살나무
	설치류	참나무, 호두나무, 개암나무, 잣나무, 밤나무
기타	강물	포플러류, **버드나무류**, 느릅나무
	눈바람	**자작나무**, 오리나무, 가문비나무

2. 채취방법

가능한 나무에 상처를 주지 않도록 주의하며, 가지채로 끊어서 채취하는 방법은 나무에 상처를 줄 뿐만 아니라 미래의 결실지를 제거하는 결과가 되므로 피한다.

(1) 벌도법
종자 성숙기에 벌채예정목 또는 이용가치가 적은 나무를 벌채하여 채종하는 방법이다.

(2) 절지법
결실지를 기부 또는 중간부위부터 자르는 것으로 심산에서 흔히 사용되나 미래의 결실지가 제거되므로 보속생산이 불가능하다.

(3) 주워모으기
밤나무, 참나무류, 느티나무 등의 수종에서 지면에 떨어진 종자를 주워 모으는 방법이다.

(4) 따모으기
대립종자 또는 구과를 하나씩 따서 모으는 방법이다. 일반적으로 낙엽송과 활엽수 종자를 수집할 때에는 수관 아래에 망사를 깔면 손쉽게 종자를 수집할 수 있다.

3. 종자의 채집

(1) 실생번식에 이용되는 임목종자의 채집은 채종원이나 채종림에서 하는 것이 바람직하나, 채종림이 아닌 경우는 대상수종별로 형질이 우수한 숲을 채종임분으로 선정하여 우량한 개체목에서 채집한다.

(2) 건열과처럼 열매가 성숙하면 벌어져서 종자가 흩어지는 종자는 종자 성숙기 이전에 나무 아래 지면에 망사나 깔개를 깔아서 떨어지는 종자를 모은다.

(3) 밤나무·참나무류·은행나무·호두나무 등과 같이 종자가 크고 무거워 나무 아래 수직으로 떨어지는 종자들은 지면에 떨어진 종자를 직접 주워 담는다.

(4) 채집 시 종자의 산지를 명확히 기록해 두고, 필요한 경우에는 채취된 개체목의 각종 정보를 정확히 파악한다.

2 종자 조제

채집한 열매나 구과에서 쓸 만한 종자를 얻어내는 과정이다.

1. 구과 및 열매의 건조

(1) 양광건조법

구과의 인편이 벌어져서 그 안의 종자가 60~70% 탈종될 때까지 계속하고 그 후 옥내로 옮겨 건조한다.

(2) 반음건조법

오리나무류, 포플러류, 화백 등 건조에 약한 종자 등은 통풍이 잘되는 실내에서 건조한다.

(3) 인공건조법

난로 등을 사용해서 건조시키는 방법이다.

2. 탈종법

(1) 건조 봉타법

막대기로 가볍게 두드려서 씨를 빼는 방법으로 아카시아, 박태기나무, 오리나무 등에 이용된다.

(2) 부숙 마찰법

일단 부숙시킨 후 과실과 모래를 섞어서 마찰하여 과피를 분리하며 향나무, 주목, 노간주나무, 은행나무, 벚나무, 가래나무 등에 적용한다.

(3) 도정법

종피를 정미기에 넣어 깍아내어 납질을 제거하는 방법으로 발아촉진을 겸하며 옻나무에 이용된다.

(4) 구도법

열매를 절구에 넣어 고의로 약하게 찧는 방법으로 옻나무와 아카시나무에 적용된다.

(5) 종자의 탈종

① 종자를 탈종하기 위해서는 사전에 열매를 건조시키거나 습한 상태로 부숙시킨다.

② 대부분의 구과와 건열과 등은 건조시켜 탈종하는데, 햇빛에 양건시키거나 통풍이 잘 되는 옥내에서 음건시키는 방법과 가열장치를 이용한 인공건조방법을 이용할 수도 있다.

③ 종자를 탈종시키는 방법은 열매의 종류에 따라 건조한 구과나 협과, 삭과처럼 막대기나 도리깨 등으로 가볍게 두드려서 탈종시키는 봉타법, 은행나무·주목·비자나무·잣나무·호두나무·벚나무·산딸나무·쥐똥나무·목련 등 과육이 두껍게 덮인 육과나 습과 등의 과육을 부숙시켜 탈종하는 부숙법, 부숙된 열매는 손이나 도구를 사용하여 깨뜨려서 탈종시키는 마찰법, **은행나무나 주목, 탱자 등의 육질이나 장과 등의 열매 과피를 그대로 뭉개서 종자를 분리시키는 유궤법, 옻나무와 같은 열매를 정미기에 넣어 외피를 깎아내는 도정법**, 아까시나무 등의 열매를 절구에 넣어 가볍게 찧는 방법으로 탈종하는 구도법 등으로 구분한다.

3. 종자의 정선법

(1) 풍선법(風選法)

① 날개, 가벼운 곡피 및 쭉정이를 분리할 목적으로 선풍기를 사용하는 방법이며 소나무류, 가문비나무류, 낙엽송류에 유효하고 전나무, 삼나무에는 효과가 낮다.

② **음건풍선법**은 **백합나무, 고로쇠나무 등** 수집한 종자를 그늘에서 건조시켜 탈각하는데, 탈각 후 바람에 날려서 종자를 정선하는 방법이다.

(2) 사선법(篩選法)

체를 이용하여 종자를 정선하는 방법으로, 종자보다 약간 큰 눈을 지닌 체와 작은 눈을 지닌 체로 두 번 반복하여 종자보다 크거나 작은 불순물을 제거한다.

(3) 액체선법

① 수선법(水選法): 참나무류·잣나무·주목·향나무·비자나무 등의 중, 대립 종자는 깨끗한 물에 넣을 때 충실종자가 바로 가라앉아 쉽게 분리된다. 낙엽송 종자를 포함한 대부분의 종자는 대략 24시간 정도 침수시켜 가라앉는 충실종자를 가려낸다.

② 식염수선법: 옻나무처럼 비중이 큰 종자의 선별에 이용되는데 물 1ℓ에 소금 280g을 넣어 비중 1.18의 액에서 선별한다.

(4) 입선법(粒選法)

밤나무·호두나무·참나무류·칠엽수·목련·개암나무 등의 대립종자를 한알 한알 눈으로 보고 손으로 선별하는 방법이다.

4. 정선종자의 수율

침엽수의 구과에서 중량기준으로 정선종자 수율이 높은 순서(단위: %)는 전나무(19.3) > 잣나무(12.5) > 삼나무(7.5) > 측백나무(3.2) > 소나무(2.7) 순이다.

CHAPTER 03 종자저장과 검사

1 종자저장

1. 종자저장의 특징
(1) 임목종자의 수명은 수종과 저장조건에 따라 상당한 차이를 보인다.
(2) 포플러류나 버드나무류 등은 종자의 수명이 대단히 짧아 성숙한 종자는 바로 파종한다.
(3) 오리나무·단풍나무·느릅나무·옻나무·느티나무·목련·회화나무·튤립나무·삼나무·노각나무·때죽나무 등은 비교적 수명이 짧은 수종으로 이듬해 바로 파종한다.
(4) 임목종자의 저장과정에서 종자의 수명이나 품질에 영향을 미치는 인자에는 온도·수분·공기·광선 등이며, 저장 중에 발생할 수 있는 미생물이나 각종 동물의 피해도 유의한다.
(5) 임목종자의 저장조건은 종자의 특성에 따라 건조한 곳이나 습한 곳으로 크게 구분한다. **종자 내 함수량이 많은 은단풍나무·밀감류·참나무류·밤나무·호두나무·칠엽수 등은 건조한 곳에서 함수량이 떨어지면 생명을 잃고 부패하기 때문에 저장 중에 수분조건을 적절히 유지한다.**
(6) 호흡량을 줄이는 방법으로 대부분의 온대수종 종자는 2~5℃의 저온저장을 하고 있다.
(7) 종자저장에는 광선이 필요하지 않으므로 대부분의 종자는 어두운 곳에 저장하는 것이 바람직하다.

2. 건조저장
(1) **일반건조저장**
  ① 실온기건저장, 상온저장, 기건저장 등으로도 부르며, 종자를 용기에 넣어 창고와 같은 실내에 보관하는 방법이다.
  ② 대부분 가을에 채집한 종자를 봄에 파종할 경우에 적용되며, 1년 이상 장기저장이 필요할 때는 용기 내에 건조제를 넣어 밀봉상태로 저장하는 것이 좋다.
(2) **저온저장**
  ① **종자를 건조한 상태로 저장하여 냉건저장이라고 하며, 저장온도는 5℃ 이하로 한다.** 수종이나 저장기간, 저장조건 등에 따라서는 0℃ 이하의 결빙온도에 저장할 수도 있다.
  ② 온도가 낮으면 대기습도가 높아질 수 있어 충분히 건조된 종자를 실리카겔·생석회·나뭇재 등과 같은 건조제와 함께 밀봉상태로 냉장실 또는 냉동실에 저장한다.
  ③ 장기저장을 위해 종자의 생리적 활동을 최대한 억제하기 위해서는 황화수소가스를 발생시키는 황화칼륨을 건조제와 함께 밀봉용기에 넣을 수도 있다. 실리카겔이나 황화칼륨은 각각 종자 중량의 10% 정도를 넣는다.

④ 상온에 저장 가능한 종자도 냉건저장을 하면 수명을 연장할 수 있어 장기저장이 필요한 종자는 냉건상태로 저장하지만 그렇지 않은 경우에는 구태여 냉건저장을 할 이유는 없다.

> **건조저장 수종**
> ① 실온저장이 가능한 종자: 자귀나무, 족제비싸리, 아까시나무 등
> ② 냉건저장이 적합한 종자: 소나무류, 전나무, 가문비나무, 향나무, 낙엽송, 삼나무, 편백, 솔송나무, 측백나무 등의 침엽수 종자와 포플러류, 물푸레나무, 단풍나무, 팽나무, 박태기나무, 옻나무 등의 활엽수 종자

3. 보습저장

(1) 보호저장

① 보호저장(保護貯藏, moist storage under cover)은 **건사저장법이라고도 하며 함수량이 많은 전분질 종자인 밤이나 도토리, 칠엽수 등의 종자를 저장하는데 적용하는 방법**이다.
② 보호저장에서는 습기를 많이 함유한 종자가 겨울철 영하의 저온상태에서 동결되지 않도록 온도를 영상으로 유지시키는 것이 **중요**하다.

(2) 냉습저장

① 냉습저장은 종자의 활력이나 신선도를 유지시키기 위해 종자가 건조해지지 않도록 하는 보호저장과 유사하지만, 이보다는 **종자를 더 습한 상태에서 5℃ 이하의 영상온도로 저장하며 봄철 파종 전에 충분한 후숙과 발아촉진 처리가 되도록 하는 저장법**이다.
② 냉습저장은 종자를 이끼, 젖은 모래, 톱밥, 피트못 등과 혼합하여 3~5℃의 냉장고에 넣어두는 **냉습적법과 배수가 잘 되는 땅 속 0.5~1m 깊이에 종자를 매장하는 노천매장법으로 구분**할 수 있다.
③ 노천매장
  ㉠ 구덩이에 종자와 모래를 적정 비율로 섞어 집어넣고 낙엽이나 여물 등으로 엉성하게 지면을 덮어 **빗물이나 눈 녹은 물이 구덩이 밑으로 스며들게 한다.** 구덩이 주변의 지면에는 약간의 흙을 둘러쌓아 빗물이 구덩이 속으로 모여 잘 흘러들게 하는 것이 좋다.
  ㉡ 종자의 노천매장 시기
    ⓐ 종자 정선 후 즉시 노천매장: 들메나무, 단풍나무, 벚나무류, 잣나무, 섬잣나무, 백송, 호두나무, 느티나무, 백합나무, 은행나무, 목련, 주목, 향나무, 대추나무
    ⓑ 11월 말까지 노천매장: 벽오동나무, 팽나무, 물푸레나무, 신나무, 피나무, 층층나무, 옻나무
    ⓒ 파종 1개월 전 노천매장: 소나무, 해송, 낙엽송, 가문비나무, 전나무, 측백나무, 리기다소나무, 방크스소나무, 삼나무, 편백, 무궁화, 자작나무, 오리나무

2 종자검사

1. 종자검사에 필요한 종자량
(1) 밤나무, 호두나무, 칠엽수, 가래나무 등 **특대립종자** : 6ℓ 이상
(2) 참나무류, 은행나무, 비자나무, 동백나무, 살구나무, 때죽나무 등 **대립종자** : 1ℓ 이상
(3) 전나무, 잣나무, 벚나무, 목련, 옻나무, 물푸레나무, 들메나무, 단풍나무 등의 **중립종자** : 0.4ℓ 이상
(4) 소나무, 해송, 낙엽송, 가문비나무, 노간주나무, 자작나무, 오리나무, 아까시나무, 편백 등의 **소립종자** : 0.2ℓ 이상

2. 검사기준

(1) **실중과 용적중**
① **실중**은 **천립중**이라고도 하며, 소립종자는 순정종자 1,000립의 무게를 4회 반복 측정하여 평균치를 구하고 대립종자는 100립의 종자를 4회 반복 측정하여 평균한 값에 10을 곱해 적용한다.
② **용적중은 1L의 종자무게를 그램단위로 표시**하며 4회 반복 측정하여 평균치를 사용한다.

(2) **순량률**
① 순량률은 정선종자의 순도는 나타내는 용어로서 정선된 시료종자 내에 섞여 있는 각종 불순물과 육안으로 일일이 골라낸 순정한 건전종자를 분리한다.

$$순량률(\%) = (순정종자\ 무게\ /\ 전체\ 시료종자\ 무게) \times 100$$

② 참나무류나 동백나무 등과 같은 대립종자 또는 정선한 후에도 낙엽송과 같이 날개를 달고 있는 종자, 녹나무나 목련처럼 과육이 붙어 있는 종자 등은 정확한 순량률을 구하기 어려워 순량률을 구하지 않는 경우가 많다.

(3) **발아율과 발아세**
① 발아력 또는 발아율은 일정 기간 내에 발아된 종자의 수를 전체 시료종자의 수로 나누어 백분율로 표시한다.
② 발아세는 발아시험에서 시험기간 초기나 후기에 산발적으로 발아한 종자를 제외하고 단기간 내 일시에 발아된 종자의 수를 전체 시료종자의 수로 나누어 백분율로 나타낸 것이다. 실제 양묘 현장에서는 발아율보다는 발아세를 적용하는 것이 유리하다.

(4) **효율**
① 효율은 사용가라고도 부르는데 이는 실제 득묘할 수 있는 효과를 예측하는 데 사용될 수 있는 종자의 사용가치를 나타내는 말로, 종자의 품질을 나타내는 최종 평가기준이 될 수 있다.
② **순량률과 발아율을 곱해서 백분율로 나타내지만**, 경우에 따라서는 순량률과 발아세를 곱해 백분율로 나타내는 것이 더 실용적일 수 있다.

3. 발아력 검사

(1) 발아시험

① 시험량은 **종자의 크기에 따라 25~100립씩 4회 반복**해서 총 100~400립의 종자를 시험한다.

② 온도는 수종별 적정 온도를 파악하여 시험기간 내내 알맞은 온도를 유지시킬 필요가 있으며, 대체로 20~25℃의 온도를 적용하지만 수종에 따라 변온조건이 필요할 경우에 대부분 주간에는 20~30℃, 야간에는 10~20℃로 온도를 조절하여 변온에 따른 온도자극을 준다.

③ 임목종자는 암발아 특성을 보이기 때문에 광선이 필요없지만, **소나무·해송·편백·오동나무** 등과 같이 광선을 쪼일 때 발아가 잘 되는 수종들은 약한 광도의 광선을 쪼이는 것이 좋다.

④ 수종별 요구되는 발아시험기간

　㉠ 14일간: 사시나무, 느릅나무, 계수나무 등

　㉡ 21일간: 가문비나무, 편백, 화백, 아까시나무 등

　㉢ 28일간: 소나무, 해송, 낙엽송, 삼나무, 자작나무, 오리나무, 솔송나무 등

　㉣ 42일간: 전나무, 느티나무, 목련, 옻나무 등

(2) 배검사

미발달배 종자는 **종피를 벗겨 배와 배유의 발달상태를 조사**한다.

(3) 화학반응검사

① 테트라졸륨검사법, 테룰산칼륨검사법, 효소검사법, 염색법 등이 종자나 배의 활력을 검정하는데 쓰인다.

② 테트라졸륨 0.1~1.0%의 수용액에서 활력있는 조직은 붉은색으로 변하고, 죽은 조직은 변화가 없다. 서어나무류, 물푸레나무류, 살구나무, 장미류, 주목류, 피나무류 등에 이용된다.

③ 테트라졸륨 대신 테룰루산칼륨 1%액을 사용했을 경우 건전한 배는 흑색으로 나타난다.

(4) X선검사

죽은 조직은 X선을 투과하지 못해 검게 감광되고, 살아 있는 종자는 X선을 잘 투과하여 밝은 색으로 보인다.

CHAPTER 04 채종림과 채종원

1 채종원

1. 수형목
수형목이란 채종원의 재료가 되는 우량한 형질을 가진 나무이다.

2. 채종원의 입지조건
(1) 외부 화분에 의한 수정을 막기 위해 동종 임분으로부터 500m 이상 떨어져 있을 것
(2) 선발된 수형목의 위치에서 남쪽으로 되도록 근거리에 떨어진 곳이며, 고도에 있어서는 다소 낮은 곳
(3) 통풍이 잘 되어 한해(寒害)가 없는 곳
(4) 기후조건이 개화와 결실에 알맞은 곳
(5) 대기오염 등 각종 피해가 없는 곳
(6) 평지 또는 완경사지로서 기계화작업이 가능한 곳
(7) 한 채종원의 면적은 적어도 5ha를 초과해야 하고, 지면이 정방형이거나 원형에 가까울 것
(8) 노동력의 공급이 잘 되고 교통이 편리한 곳

3. 클론의 수와 식재본수
(1) 한 채종원에 넣을 클론의 수는 클론 간의 수정에 의한 불량 종자의 생산을 방지하기 위해 한 클론 주변의 2열은 적어도 다른 클론으로 둘러싸이도록 배치한다. 이와 같이 하려면 25클론 이상이 필요하다.
(2) 대체로 1ha당 식재본수는 625본(4m×4m)이면 된다.

4. 클론의 배치 조건
(1) 각 클론간의 교배기회가 고르게 될 수 있도록 한다.
(2) 같은 클론간의 교배빈도가 되도록 적게 한다.
(3) 앞의 조건이 간벌실시 후에도 성립될 수 있도록 해야 한다.
(4) 클론의 특성검정에도 도움이 되도록 한다.

5. 채종원의 유전간벌

(1) 채종목이 종자를 생산하기 시작하면 식재 간격에 따라서 다르지만 필수적으로 종자의 질적 향상을 위한 간벌이 필요하다.

(2) 외형적인 우수함은 크게 두 가지 인자 즉, **수형목이 지니고 있는 유전인자와 자라는 곳의 환경인자에 영향을 받아 나타나므로 우리가 개량하고자 하는 유전적 요소에 대한 판정을 위해 차대검정을 하게 된다.**

(3) 차대검정을 거쳐 유전적으로 우수성이 판정된 개체로 채종원을 조성하면 가장 이상적이나 많은 시간과 비용이 소요되므로 표현형으로 보아 우수한 개체로 증식하여 채종원을 만들고 동시에 차대검정을 거쳐 불량 판정된 개체를 제거하는 단계가 필요하다.

(4) **1세대 채종원을 유전간벌하면 1.5세대 채종원**이 된다.

6. 채종원 관리시 유의할 점

(1) 초생재배로 지표면침식을 막도록 하지만, 풀을 깎아주고, 콩 등의 녹비작물을 심으면 좋다.

(2) 환상박피와 긴박 등의 외상적 처리와 같은 일시적 효과를 노리는 것은 하지 않는다.

(3) 고지, 도장지, 세력이 약한 가지, 피해를 입은 가지 등은 제거한다.

7. 종자 공급원의 종류

(1) 채종원은 조성에 필요한 채종목의 묘목 증식 방법에 따라 실생채종원, 클론채종원으로 구분하고, 채종원 내의 묘목의 기원에 따라 두 개 이상의 종이 심어진 종 간 채종원, 산지가 섞인 산지 간 채종원과 한 산지에서 기원한 산지 내 채종원으로 구분한다.

(2) 채종임분은 채종원 및 채종림이 지정되지 않은 수종의 종자를 잠정적으로 채취하는 임분으로서 채종림 지정 요건에 미달되나 형질은 우량한 임분이다.

2 채종림

1. 채종림의 정의
채종림은 유전적으로 우량한 종자를 생산하기 위해 우량한 자연림 또는 인공림에서 형질이 좋은 나무는 남기고 불량한 개체는 제거하여 그 목적을 달성하고자 하는 임분이다.

2. 채종림의 선정 목적
(1) 채종림에서 공급받는 종자는 집약적으로 개량된 채종원산 종자에 비하면 개량효과가 떨어지지만 우량임분의 체계적인 선발과 적절한 관리가 유지된다면 비교적 높은 개량효과를 기대할 수 있을 것이다.

(2) 채종림으로 지정하는 수종들은 채종원을 조성해도 종자생산 효율이 낮거나 분포지에서 개체간 유전적 변이보다 집단 간 변이가 상대적으로 크며 집약적 육종방법의 적용이 어려운 수종이 적합하다고 할 수 있다.

3. 채종원과 채종림의 구분
(1) 채종원은 우량한 형질을 지닌 나무를 수형목으로 선발한 후, 이들 수형목에서 비롯된 실생묘나 삽수 등을 채취하여 증식시킨 묘목을 일정지역에 모아 심은 후 집중관리를 하면서 종자를 채취하는 곳이다.

(2) **수형목의 유전형질 확인을 위해서는 별도의 차대검정이 요구**되며, 채종원 조성은 차대검정을 한 후에 우수한 유전형질이 확인된 정영목으로 조성하는 것이 원칙이다.

(3) **채종림은 채종원 조성에 오랜 시간이 소요되는 점을 고려하여 지금 당장 필요한 우량종자를 확보하고자 잠정적으로 이용하는 임분**이다.

(4) 채종림으로 지정되면 우량한 형질을 지닌 개체목을 잔존시키고 불량목을 제거하면서 솎아베기를 통해 임분밀도를 조절하고 가지치기를 해서 우량한 종자채취 모수의 수관을 확대시킨다.

PART 07 단원 OX 문제

01 대부분 수종의 열매는 배주의 수정 이후에 급히 발육하게 되고, 탄수화물·질소 함유물·유기산의 증가가 계속된다. ( )

02 아까시나무, 피나무, 옻나무 등은 산 및 알칼리성 화학약품처리를 통해 발아촉진 효과를 얻을 수 있다. ( )

03 자방은 열매로 발달하며, 일부 수종에서는 자방 이외의 다른 부분이 자방과 함께 열매를 구성한다. ( )

04 소나무, 잣나무, 전나무, 물푸레나무는 무배유종자이다. ( )

05 나자식물의 특징은 배주가 심피 속에 싸여 있는 것이다. ( )

06 소나무는 수목의 꽃눈이 8월 중·하순에 형성되는 반면에 암꽃의 꽃눈형성은 7월 중순경으로 조사되고 있다. ( )

07 소나무에 있어서 수정 전의 배주 내의 주된 호르몬은 지베렐린이다. ( )

08 소나무, 잣나무, 전나무, 은행나무, 오리나무, 상수리나무는 양성화이다. ( )

09 우리나라 온대지방에서 봄철에 잎이 나오기 전에 먼저 개화하는 것은 개나리, 만리화, 깽깽이풀, 매화나무(매실나무), 목련, 박태기나무, 벚나무, 산수유나무, 생강나무, 조팝나무, 진달래, 히어리, 느릅나무, 미선나무, 살구나무, 복숭아나무 등이 있다. ( )

10 소나무, 가문비나무는 씨방과 배주가 있다. ( )

11 나자식물은 개화상태에서 암꽃의 배주는 난모세포를 형성하는 단계에 머물러 있으며, 아직 난자를 형성하지 않고 있다. ( )

12 활엽수종은 2개의 정핵 중 1개는 난세포의 핵과, 다른 1개는 2개의 극핵과 합친다. 이것은 1개의 배낭 안에 두 가지 종류의 수정이 이루어지는 것인데 이것을 중복수정이라 한다. (　)

13 침엽수종에 있어서는 화아분화가 일어난 후 어린 약안에 화분모세포가 만들어지고, 이것이 감수분열 해서 4분자로 되어 화분이 된다. (　)

14 배주는 종자로 발달하며, 대부분의 종자는 열매와 분리되어 발달하지만 일부는 열매와 함께 발달한다. (　)

15 은행나무, 포플러류, 주목, 호랑가시나무, 꽝꽝나무, 가죽나무는 자웅이주이다. (　)

16 싸리속은 종자가 1개씩 들어있는 꼬투리가 벌어진다. (　)

17 피자식물은 개화 당시 배낭이 성숙해 있어 난자를 이미 형성한 상태에서 수분이 된다. (　)

18 속씨식물의 경우에 2개의 극핵이 1개의 웅핵과 결합되어 3배체의 저장조직인 배유로 발달하게 된다. (　)

19 사시나무, 버드나무, 회양목, 떡느릅나무는 개화한 후 빨리 자라 3~4개월 만에 열매가 성숙한다. (　)

20 단풍나무, 물푸레나무, 아까시나무와 대부분의 나자식물은 지하자엽형 발아를 한다. (　)

21 주목, 향나무, 들메나무, 은행나무 등의 종자는 외형적으로 성숙한 것처럼 보이지만 종자를 구성하고 있는 배가 아직 충분히 발달되지 않은 미성숙배의 상태로 지면에 떨어져 바로 발아할 수 없는 상태를 보인다. (　)

22 나자식물은 분열다배현상이 나타나지 않는다. (　)

23 개화 당년 가을에 종자가 성숙하는 수종은 소나무, 잣나무, 향나무, 비자나무, 개잎갈나무, 상수리나무, 굴참나무, 참식나무, 까마귀쪽나무, 구실잣밤나무, 붉가시나무 등이다. (　)

24 까치박달과 해당화류는 발아 소요 기간이 1개월 미만이다. ( )

25 포플러류, 버드나무류, 오리나무류는 2~3년마다 결실되는 수종이다. ( )

26 종자에 적외선을 쪼이면 파이토크롬 적외가 파이토크롬 적으로 변하면서 발아촉진현상이 나타난다.
( )

27 피자식물의 경우 다배현상은 한 개의 배낭에 두 개 이상의 배가 형성되는 경우를 의미하는데, 그 원인은 접합자가 분열하거나 반족세포나 조세포가 배로 바뀐 경우가 있으며, 혹은 배낭 바깥조직이 배로 변하는 부정배의 경우가 있다. ( )

28 음나무, 총총나무, 피나무, 주목, 후박나무는 파종한 당년 발아하는 수종이다. ( )

29 종자의 발아 초기에는 빠른 수분흡수로 종피가 부드러워지고, 종피가 벗겨진 후에는 종자 내의 저장양분이 소화되면서 수분의 흡수가 느려진다. ( )

30 접목을 하면 대목과 접수의 연결부분에서 물질통도기능의 장애현상이 발생하여 생성물인 탄수화물의 지하부 이동을 촉진함으로써 탄수화물 증대에 따른 C/N율 증가현상이 나타나 개화결실 촉진을 유도한다. ( )

31 냉습저장은 종자를 이끼, 젖은 모래, 톱밥, 피트모스 등과 혼합하여 3~5℃의 냉장고에 넣어두는 냉습적법과 배수가 잘 되는 땅 속 0.5~1m 깊이에 종자를 매장하는 노천매장법으로 구분할 수 있다.
( )

32 소나무류, 오동나무, 자작나무류, 아카시아는 격년 결실을 하는 수종이다. ( )

33 호두나무, 가래나무, 잣나무, 주목, 산사나무, 대추나무, 산수유 등과 같이 종피나 과피가 지나치게 단단하여 배가 발달하는 것을 기계적으로 억누르는 종자로서 종피를 무르게 하는 연화처리가 요구된다.
( )

34 건열과처럼 열매가 성숙하면 벌어져서 종자가 흩어지는 종자는 종자 성숙기 이전에 나무 아래 지면에 망사나 깔개를 깔아서 떨어지는 종자를 모으기도 한다. ( )

35 저온저장은 종자를 건조한 상태로 저장할 경우에 냉건저장으로 부를 수 있으며, 일반적으로 저장온도를 5℃ 이하로 낮추는 것이 좋다. ( )

36 일반적으로 포플러류나 버드나무류 등은 종자의 수명이 대단히 길어 성숙한 종자는 저장하는 것이 좋다. ( )

37 실중은 천립중이라고도 하며, 소립종자는 순정종자 1,000립의 무게를 4회 반복 측정하여 평균치를 구하고 대립종자는 100립의 종자를 4회 반복 측정하여 평균한 값에 10을 곱해 적용한다. ( )

38 잣나무, 주목, 향나무 등은 가을에 파종하여 파종상에서 겨울을 지나면서 종피가 연해지거나 후숙이 되도록 하는 것이 좋다. ( )

39 자귀나무·족제비싸리·아까시나무는 실온저장이 불가능한 종자이다. ( )

40 전나무, 잣나무, 벚나무, 목련, 옻나무는 종자 검사에 필요한 종자량이 1ℓ 이상이다. ( )

41 보호지정은 건사지정법이라고도 하며 함수량이 많은 전분질 종자인 밤이나 도토리, 칠엽수 등의 종자를 저장하는 데 적용하는 방법이다. ( )

42 벽오동나무, 팽나무, 물푸레나무는 11월 말까지 노천매장하는 수종이다. ( )

43 수명이 긴 종자는 대부분 종피가 두껍고 왁스질로 덮여 있어 수분이나 공기가 잘 투과되지 않는다. ( )

44 녹나무나 목련처럼 과육이 붙어 있는 종자 등은 정확한 순량률을 구하기 어려워 순량률을 구하지 않는 경우가 많다. ( )

45 효율은 사용가라고도 부르는데 이는 실제 득묘할 수 있는 효과를 예측하는데 사용될 수 있는 종자의 사용가치를 나타내는 말로, 종자의 품질을 나타내는 최종 평가기준이 될 수 있다. ( )

46 일반건조저장은 실온기건저장, 상온저장, 기건저장 등으로도 부르며, 종자를 용기에 넣어 창고와 같은 실내에 보관하는 방법이다. ( )

47 한 채종원에 넣을 클론(clone)의 수는 다른 클론 간의 수정에 의한 불량종자의 생산을 방지하기 위해 한 클론 주변의 2열은 적어도 다른 클론으로 둘러싸이도록 배치한다. ( )

48 우리나라에서 수종별 발아시험에 소요되는 기간은 사시나무·느릅나무·계수나무 등은 1주이다. ( )

49 채종원은 조성에 필요한 채종목의 묘목 증식 방법에 따라 실생채종원, 클론채종원으로 구분한다. ( )

50 채종원은 외부화분에 의한 수정을 막기 위해 동종임분으로부터 500m 이상 떨어져 있어야 한다. ( )

51 채종림으로 지정되면 우량한 형질을 지닌 개체목을 잔존시키고 불량목을 제거하면서 솎아베기를 통해 임분밀도를 조절하고 가지치기를 해서 우량한 종자채취 모수의 수관을 확대시킨다. ( )

52 테트라졸륨 0.1~1.0%의 수용액에서 활력있는 조직은 검은색으로 변하고, 죽은 조직은 변화가 없다. ( )

53 한 채종원의 면적은 적어도 2ha를 초과해야 하고, 지면이 정방형이거나 원형에 가까워야 한다. ( )

Answer

01 ○	02 ○	03 ○	04 ×	05 ×	06 ×	07 ×	08 ×	09 ○	10 ×
11 ○	12 ○	13 ○	14 ○	15 ○	16 ×	17 ○	18 ○	19 ○	20 ×
21 ○	22 ×	23 ○	24 ×	25 ○	26 ×	27 ○	28 ○	29 ○	30 ×
31 ○	32 ○	33 ○	34 ○	35 ○	36 ×	37 ○	38 ○	39 ×	40 ×
41 ○	42 ○	43 ○	44 ○	45 ○	46 ○	47 ×	48 ×	49 ○	50 ○
51 ○	52 ×	53 ×							

PART 07 단원 기출문제

01 함수량이 많은 전분질 종자를 겨울 동안 얼지 않고 부패하지 않도록 저장하는 방법은?

2019. 7급

① 기건 저장
② 건사 저장
③ 저온 건조 저장
④ 상온 건조 저장

02 종자발아 시 광선에 영향을 적게 받는 수종으로 가장 옳은 것은?

2018. 서울시

① *Thuja orientalis*
② *Betula platyphylla var. japonica*
③ *Tsuga sieboldii*
④ *Ulmus davidiana var. japonica*

03 하배축이 길게 자라서 자엽을 땅 위로 밀어내는 발아 유형이 아닌 수종은?

2019. 7급

① *Pinus koraiensis*
② *Abies koreana*
③ *Acer palmatum*
④ *Corylus heterophylla*

정답 및 해설   01 ②   02 ④   03 ④

01 ② 보호저장(moist storage under cover)은 건사저장법이라고도 하며 함수량이 많은 전분질 종자인 밤이나 도토리, 칠엽수 등의 종자를 저장하는 데 적용하는 방법이다. 보호저장에서는 습기를 많이 함유한 종자가 겨울철 영하의 저온상태에서 동결되지 않도록 온도를 영상으로 유지시키는 것이 중요하다.

02 ① *Thuja orientalis*(측백나무)
② *Betula platyphylla var. japonica*(자작나무)
③ *Tsuga sieboldii*(솔송나무)
④ *Ulmus davidiana var. japonica*(느릅나무)

소나무류, 가문비나무, 전나무, 측백나무, 솔송나무, 자작나무 등과 같은 장일성 수종의 종자는 발아과정에서 광선이 영향을 미치지만, 가중나무, 개오동나무, 느릅나무, 주엽나무 등의 여러 가지 활엽수와 일부 침엽수는 광선조건과 무관한 발아특성을 보인다.

03 ① *Pinus koraiensis*(잣나무)
② *Abies koreana*(구상나무)
③ *Acer palmatum*(단풍나무)
④ *Corylus heterophylla*(개암나무)

🌱 **종자 발아 방식**

① 지상자엽형 발아 : 발아할 때 배의 하배축이 길게 자라면서 자엽을 지상 밖으로 밀어내는 방식으로서, 자엽이 지상에서 펴지면 곧 유아가 자라서 본엽을 형성한다. 단풍나무, 물푸레나무, 아까시나무와 대부분의 나자식물에서 볼 수 있다.

② 지하자엽형 발아 : 자엽은 지하에 남아있고, 상배축이 지상으로 자라 올라와서 본엽을 형성한다. 주로 종자의 크기가 큰 대립종자를 가진 밤나무, 참나무류, 호두나무, 개암나무류에서 볼 수 있다.

04 종자 검사에 대한 설명으로 옳은 것은? 2017. 서울시
① 굵은 종자의 실중은 종자 100립의 무게를 뜻한다.
② 일반적으로 발아력 검사를 위한 정온기 적온 범위는 25~30℃이다.
③ 실중과 용적중은 비례하지 않는다.
④ 건전한 배는 테룰루산칼륨 처리 시 붉은색으로 변한다.

05 식물의 자가수분 회피 또는 타가수분 촉진 기작으로 옳지 않은 것은? 2021. 7급
① 자웅동주
② 이화주성
③ 자가불화합성
④ 자가수분장애

06 종자의 발아력 검사에 대한 설명으로 옳지 않은 것은? 2011. 지방직
① 활력이 있는 종자는 온도, 습도, 공기, 광선의 조건이 적합하면 발아하게 된다.
② 일반적으로 25℃ 이상의 고온에서 발아시험을 하면 발아율이 높아진다.
③ 종자의 크기에 따라 검사에 사용되는 종자의 입수가 달라진다.
④ 전나무와 느티나무는 42일 정도의 발아시험기간이 요구된다.

07 임목의 결실을 촉진시키는 방법으로 옳지 않은 것은? 2021. 국가직
① 간벌을 통해 결실량을 증가시킬 수 있으며, 그 효과는 대체로 2~3년째부터 나타난다.
② 접목을 하여 광합성 생성물인 탄수화물의 지하부 이동이 억제되어 결실 촉진이 유도된다.
③ 질소시비의 경우, 질산태보다는 암모늄태 질소가 결실량 증가에 더 효과적이다.
④ 인위적으로 화아분화기에 관수를 억제하거나 저온자극처리를 가해 개화 결실을 촉진할 수 있다.

08 종자저장법에 대한 설명으로 옳지 않은 것은? 2023. 국가직
① 주목, 느티나무는 파종 1개월 전에 노천매장을 하는 수종이다.
② 자귀나무, 아까시나무, 족제비싸리는 실온 저장이 가능한 수종이다.
③ 소나무, 일본잎갈나무와 같은 침엽수의 소립종자는 냉건상태로 저장한다.
④ 종자의 장기적 저온저장 시 실리카겔과 황화칼륨은 각각 종자 중량의 10% 정도 넣으면 적당하다.

09 수목의 종자에 대한 설명으로 가장 옳지 않은 것은?

2022. 서울시

① 삼나무, 편백, 들메나무는 종자의 결실주기가 2~3년이다.
② 종자의 정선법에는 입선법, 수선법, 풍선법, 사선법이 있다.
③ 종자의 보습저장법에는 노천매장법, 보호저장법, 밀봉저장법이 있다.
④ 종자의 발아력 조사에는 테트라졸륨을 이용한 환원법과 X선 검사에 의한 방법이 있다.

정답 및 해설 04 ③   05 ①   06 ②   07 ③   08 ①   09 ③

04 실중과 용적중

① 실중 : 천립중이라고도 하며, 소립종자는 순정종자 1,000립의 무게를 4회 반복 측정하여 평균치를 구하고 대립종자는 100립의 종자를 4회 반복 측정하여 평균한 값에 10을 곱해 적용한다.
② 용적중 : 1L의 종자무게를 그램단위로 표시하며 4회 반복 측정하여 평균치를 사용한다.

05 수분의 기구

① 자가수분의 기구 : 폐화수분, 뇌수분
② 타가수분의 기구 : 이형예현상, 자가불화합성, 자웅이주, 자웅이숙(자예선숙이나 웅예선숙에 의해 자가수분이 어렵게 되는 것)

06 ② 온도는 수종별 적정 온도를 파악하여 시험기간 내내 알맞은 온도를 유지시킬 필요가 있으며, 대체로 20~25℃의 온도를 적용하지만 수종에 따라 변온조건이 필요할 경우에 대부분 주간에는 20~30℃, 야간에는 10~20℃로 온도를 조절하여 변온에 따른 온도자극을 줄 수 있다.

07 ③ 질소시비의 경우, 암모늄태보다 질산태가 더 효과적이다.

08 종자의 노천매장 시기

① 종자 정선 후 즉시 노천매장하는 수종 : 들메나무, 단풍나무, 벚나무류, 잣나무, 섬잣나무, 백송, 호두나무, 느티나무, 백합나무, 은행나무, 목련, 주목, 향나무, 대추나무
② 11월 말까지 노천매장하는 수종 : 벽오동나무, 팽나무, 물푸레나무, 신나무, 피나무, 층층나무, 옻나무
③ 파종 1개월 전 노천매장하는 수종 : 소나무, 해송, 낙엽송, 가문비나무, 전나무, 측백나무, 리기다소나무, 빙크스소나무, 삼나무, 편백, 무궁화, 자작나무, 오리나무

09 ③ 밀봉저장법은 건조저장법에 속한다.

10 수종과 꽃에 관련된 특성이 옳은 것은?
2019. 지방직

① *Camellia japonica* – 단성화
② *Quercus acutissima* – 양성화
③ *Ginkgo biloba* – 자웅동주
④ *Populus davidiana* – 자웅이주

11 종자 검사기준에 대한 설명으로 옳지 않은 것은?
2022. 국가직

① 상수리나무와 동백나무 종자는 순량률 측정을 대체로 하지 않는다.
② 효율은 종자의 발아율과 순량률의 합을 백분율로 나타낸 것이다.
③ 발아력은 공시종자수에 대한 발아립수를 백분율로 나타낸 것이다.
④ 용적중은 1리터에 대한 무게를 그램단위로 나타낸 것이다.

12 종자를 정선한 후 곧 매장하는 수종이 아닌 것은?
2002. 울산시

① 벚나무
② 단풍나무
③ 잣나무
④ 느티나무
⑤ 소나무

13 피자식물의 수분과 수정과정에 대한 설명으로 가장 옳지 않은 것은?
2019. 서울시

① 정핵과 난세포가 결합하여 2n의 접합자가 형성된다.
② 배유는 반수체(n)로 된 세포가 독자적으로 자라난 것이다.
③ 배와 배유를 형성하는 중복수정을 한다.
④ 화분이 주두에 부착하는 현상을 수분이라 한다.

14 개화한 이듬해 성숙하는 수종은?
2002. 국가직

① 낙엽송
② 전나무
③ 오리나무
④ 상수리나무

15 수목의 종자에 대한 설명으로 옳지 않은 것은?　　2020. 지방직

① 사이토키닌은 배유발달에 필요한 생장조절물질 중 하나이다.
② 아브시스산은 종자 휴면을 유도하는 역할을 한다.
③ 물푸레나무 종자는 미숙배 형태를 가진다.
④ 침엽수는 수정이 이루어질 때 배와 배유가 동시에 형성된다.

정답 및 해설
10 ④　11 ②　12 ⑤　13 ②　14 ④　15 ④

10 ① *Camellia japonica* (동백나무)　② *Quercus acutissima* (상수리나무)
③ *Ginkgo biloba* (은행나무)　④ *Populus davidiana* (사시나무)

🌱 생식기관

> ① 단성화 : 수꽃과 암꽃이 따로 있다. 소나무, 잣나무, 전나무, 은행나무, 오리나무, 상수리나무 등이 해당한다.
> ② 양성화 : 한 꽃안에 수꽃과 암꽃을 함께 가진다. 무궁화, 목련, 벚나무, 동백나무, 녹나무 등이 해당한다.
> ③ 자웅동주 : 한 나무에 암꽃과 수꽃이 달리는 나무이다. 소나무, 삼나무, 오리나무류, 호두나무, 참나무류 등이 해당한다.
> ④ 자웅이주 : 암꽃과 수꽃이 각각 다른 나무에 달리는 것으로 이가화라고도 한다. 은행나무, 포플러류, 주목, 호랑가시나무, 꽝꽝나무, 가죽나무 등이 해당한다.

11 🌱 효율

> ① 효율은 사용가라고도 부르는데 이는 실제 득묘할 수 있는 효과를 예측하는 데 사용될 수 있는 종자의 사용가치를 나타내는 말로, 종자의 품질을 나타내는 최종 평가기준이 될 수 있다.
> ② 일반적으로 순량률과 발아율을 곱해서 백분율로 나타내지만, 경우에 따라서는 순량률과 발아세를 곱해 백분율로 나타내는 것이 더 실용적일 수 있다.

12 종자 정선 후 즉시 노천매장하는 수종으로는 들메나무, 단풍나무, 벚나무류, 잣나무, 섬잣나무, 백송, 호두나무, 느티나무, 백합나무, 은행나무, 목련 등이 있다.

13 ② 활엽수종은 2개의 정핵 중 1개는 난세포의 핵과, 다른 1개는 2개의 극핵과 합친다. 이것은 1개의 배낭 안에 두 가지 종류의 수정이 이루어지는 것인데 이것을 중복수정이라 한다. 활엽수종은 3n(2개의 극핵 + 1개의 정핵), 즉 3배체로 된 세포로 배유조직이 형성된다.

14 ④ 개화 이듬해 가을에 성숙하는 수종으로는 소나무, 잣나무, 향나무, 비자나무, 개잎갈나무, 상수리나무, 굴참나무, 참식나무, 까마귀쪽나무, 구실잣밤나무, 붉가시나무 등이 있다.

15 ④ 수분이 이루어지고 난 후, 화분관이 발아하면 자방(피자식물의 경우) 혹은 배주(나자식물의 경우)는 일단 계속해서 생존할 수 있는 조건이 되며, 수종에 따라 차이가 있으나 수분 후 일정한 기간이 지나면 수정이 이루어지지만, 이에 앞서서 배유가 먼저 발달하기 시작한다. 배는 배유가 어느 정도 자란 다음 비로소 자라기 시작하면서 배유로부터 영양소를 공급받게 된다.

16 저장과 동시에 종자의 발아 촉진 효과를 가지는 종자저장법은 무엇인가? 2003. 대전시
① 노천매장법   ② 밀봉저장법
③ 고온저장법   ④ X-선 조사법

17 임목종자의 휴면 원인으로 가장 옳지 않은 것은? 2018. 서울시
① 가래나무 - 종피의 기계적 작용
② 주엽나무 - 종피의 불투수성
③ 들메나무 - 발아억제물질 존재
④ 은행나무 - 미성숙배

18 종자휴면의 원인과 관련이 없는 것은? 2007. 국가직
① 종피의 불투수성   ② 생장억제물질의 존재
③ 미숙배   ④ 탄수화물의 집적

19 수목의 결실을 촉진하기 위한 설명으로 옳지 않은 것은? 2002. 국가직
① 나무줄기의 껍질을 벗기는 환상박피를 한다.
② 나무줄기를 철사로 묶어주는 긴박처리를 한다.
③ 나무줄기와 가지의 발육을 돕기 위해 밀식을 한다.
④ 나무의 뿌리를 잘라주는 단근 처리를 한다.

20 종자 20g, 순수종자 10g일 때, 이 종자의 순량률은 얼마인가? 2005. 경기도
① 10%   ② 20%
③ 30%   ④ 50%

21 수종별로 발아시험을 했을 때 그 기간이 가장 짧은 수종은 무엇인가?　　2005. 경기도

① 낙엽송　　② 느릅나무
③ 느티나무　　④ 가문비나무

22 잎이 나오기 전에 꽃이 먼저 피는 수종으로만 묶은 것은?　　2018. 국가직

① *Lindera obtusiloba, Rhododendron mucronulatum*
② *Pruns yedoensis, Rhododendron schlippenbachii*
③ *Cornus officinalis, Quercus serrata*
④ *Prunus padus, Cornus kousa*

정답 및 해설
16 ①　17 ③　18 ④　19 ③　20 ④　21 ②　22 ①

16 ① 노천매장법은 종자의 저장과 종자의 후숙을 도와 발아를 촉진시키는 것이 목적이다.

17 ③ 주목, 향나무, 들메나무, 은행나무 등의 종자는 외형적으로 성숙한 것처럼 보이지만 종자를 구성하고 있는 배가 아직 충분히 발달되지 않은 미성숙배의 상태로 지면에 떨어져 바로 발아할 수 없는 상태를 보인다.

18 종자 발아휴면의 원인으로는 종피의 불투수성, 종피의 기계적 작용, 가스교환의 억제, 미발달배, 이중휴면성 등이 있다.

19 ③ 밀식을 하면 나무줄기와 가지가 가늘어진다.

20 순량률(%) = (순정종자량/전체시료량) × 100 = (10/20) × 100 = 50(%)

21 🌱 수종별로 요구되는 발아시험 기간

① 14일간 : 사시나무, 느릅나무 등
② 21일간 : 가문비나무, 편백, 화백, 아까시나무 등
③ 28일간 : 소나무, 해송, 낙엽송, 삼나무, 자작나무, 오리나무, 솔송나무 등
④ 42일간 : 전나무, 느티나무, 목련, 옻나무 등

22 ① *Lindera obtusiloba*(생강나무), *Rhododendron mucronulatum*(진달래)
② *Pruns yedoensis*(왕벚나무), *Rhododendron schlippenbachii*(철쭉)
③ *Cornus officinalis*(산수유), *Quercus serrata*(졸참나무)
④ *Prunus padus*(귀룽나무), *Cornus kous*(산딸나무)

🌱 선화후엽

우리나라 온대지방에서 봄철에 잎이 나오기 전에 먼저 개화하는 것은 개나리, 만리화, 깽깽이풀, 매화나무(매실나무), 목련, 박태기나무, 벚나무, 산수유나무, 생강나무, 조팝나무, 진달래, 히어리, 느릅나무, 미선나무, 살구나무, 복숭아나무 등이 있다.

23 다음 중 종자가 꽃 핀 이듬해 가을에 성숙하는 수종은? 　　　2004. 국가직
① 전나무　　　　　　　　② 미루나무
③ 오동나무　　　　　　　④ 굴참나무

24 다음 중 결실주기가 가장 짧은 것은? 　　　2007. 국가직
① 소나무　　　　　　　　② 가문비나무
③ 녹나무　　　　　　　　④ 너도밤나무

25 우량종자 생산을 위한 채종원 조성 조건에 대한 설명으로 옳은 것은? 　　　2008. 국가직
① 외부 화분에 의한 수정을 막기 위하여 동종 임분으로부터 500m 이상 떨어진 곳
② 선발된 수형목의 위치에서 동쪽으로 되도록 가깝고 고도에 있어서는 높은 곳
③ 채종원의 면적은 적어도 1ha를 초과해야 하고, 지면이 장방형에 가까운 곳
④ 원활한 통풍과 효율적인 배수를 위해 경사가 급한 곳

26 우리나라에서 일반적으로 적용하고 있는 침엽수 인공림의 수형목 선발요령으로 옳지 않은 것은? 　　　2008. 국가직
① 수령은 가능한 한 20년 이상의 임목을 선발할 것
② 동일한 지위에서 집중 선발할 것
③ 1ha당 3본 이상을 선발하지 말 것
④ 임연부의 수목은 제외할 것

27 종자를 정선한 후 곧 매장해야 하는 수종으로만 구성된 것은? 　　　2005. 경기도
① 층층나무, 편백, 가래나무　　　② 소나무, 전나무, 가문비나무
③ 벚나무, 단풍나무, 들메나무　　④ 물푸레나무, 피나무, 옻나무

28 다음의 보기 중 결실주기가 가장 긴 수종은? 　　　2004. 국가직
① 해송　　　　　　　　　② 가문비나무
③ 전나무　　　　　　　　④ 낙엽송

29 다음 중 개화, 결실을 촉진하는 방법에 대한 설명으로 옳지 않은 것은? 2012. 서울시

① 탄수화물의 지하부 이동을 상승시킨다.
② 지베렐린, 옥신, 사이토키닌, 아브시스산 등의 화학물질을 이용한다.
③ 단근, 전정, 줄기위치 변형으로 광합성을 촉진하고 질소의 흡수를 억제시킨다.
④ 솎아베기를 한다.
⑤ 비료주기, 관수, 제한 등의 임분관리를 응용하여 개화결실을 촉진시킨다.

정답 및 해설   23 ④   24 ①   25 ①   26 ②   27 ③   28 ④   29 ①

23 ④ 개화 이듬해 가을에 성숙하는 수종으로는 소나무, 잣나무, 향나무, 비자나무, 개잎갈나무, 상수리나무, 굴참나무, 참식나무, 까마귀쪽나무, 구실잣밤나무, 붉가시나무 등이 있다.

24 🌱 **결실의 주기**

① 해마다 결실되는 것 : 포플러류, 버드나무류, 오리나무류 등
② 격년 결실을 하는 것 : 소나무, 오동나무, 자작나무류, 아카시아
③ 2~3년 주기로 결실되는 것 : 낙우송류, 솔송나무류, 참나무류의 일부, 들메나무, 느티나무, 삼나무, 편백 등
④ 3~4년 주기로 결실되는 것 : 전나무, 녹나무, 가문비나무 등
⑤ 5년 이상을 주기로 결실되는 것 : 너도밤나무, 낙엽송 등
⑥ 50년 또는 그 이상으로서 결실되는 것 : 대나무류

25 🌱 **채종원의 입지조건**

① 외부화분에 의한 수정을 막기 위해 동종임분으로부터 500m 이상 떨어져 있을 것
② 선발된 수형목의 위치에서 남쪽으로 되도록 근거리에 떨어진 곳이며, 고도에 있어서는 다소 낮은 곳
③ 통풍이 잘 되어 한해가 없는 곳
④ 기후조건이 개화와 결실에 알맞은 곳
⑤ 대기오염 등 각종 피해가 없는 곳
⑥ 평지 또는 완경사지로서 기계화작업이 가능한 곳
⑦ 한 채종원의 면적은 적어도 5ha를 초과해야 하고, 지면이 정방형이거나 원형에 가까울 것
⑧ 노동력의 공급이 잘 되고 교통이 편리한 곳

26 수형목은 수종에 따른 선발형질에 차이가 있지만, 침엽수종의 경우는 20~30년생 이상인 것이 바람직하고, 고립목이나 임연은 선발에서 제외시킨다. 또한 주위에 있는 임목보다 수고가 높고 수간이 굽지 않고 통직한 것, 측지가 가늘고 짧은 것(수관이 좁은 것), 재적성장이 뛰어난 것, 병충해의 피해를 받지 않은 것, 지하고가 높은 것이어야 한다. 또한 수형목은 많은 나무 중에서 하나가 선발될 수 있는 것으로서 선발된 수형목은 서로 거리가 떨어져 있어야 한다.

27 ③ 종자 정선 후 즉시 노천매장하는 수종으로는 들메나무, 단풍나무, 벚나무류, 잣나무, 섬잣나무, 백송, 호두나무, 느티나무, 백합나무, 은행나무, 목련 등이 있다.

28 24 해설 참조

29 ① 탄수화물의 지하부 이동을 억제함으로써 탄수화물 증대에 따른 C/N율 증가현상이 나타나도록 하여 개화결실 촉진을 유도한다.

30 성숙한 열매를 건조시키면 종자가 빠져나오는 건열과에 해당하는 수종으로만 묶은 것은?

2017. 지방직

① 너도밤나무, 물푸레나무, 자작나무
② 개오동나무, 동백나무, 주엽나무
③ 자귀나무, 가중나무, 마가목
④ 느릅나무, 오동나무, 개암나무

31 가을에 종자 선정이 끝나면 바로 노천매장을 하는 수종은?

2012. 서울시

① 은행나무, 잣나무, 주목
② 소나무, 가문비나무, 전나무
③ 낙엽송, 삼나무, 편백나무
④ 측백나무, 자작나무, 오리나무
⑤ 층층나무, 피나무, 물푸레나무

32 활엽수종 열매의 종류와 수종이 바르게 연결된 것은?

2012. 국가직

① 삭과 - 오동나무, 동백나무, 왕버들나무, 너도밤나무
② 시과 - 고로쇠나무, 느릅나무, 물푸레나무, 가중나무
③ 견과 - 주엽나무, 개암나무, 졸참나무, 밤나무
④ 이과 - 살구나무, 마가목, 산사나무, 돌배나무

33 수목의 자가수분 회피기작에 해당하지 않는 것은?

2017. 국가직

① 이화주성
② 자가불화합성
③ 자웅이숙
④ 타가수분장애

34 자연상태에서 종자가 발아하는 데 가장 오랜 시간이 소요되는 수종은?

2017. 지방직

① *Ulmus davidiana var. japonica*
② *Carpinus cordata*
③ *Camellia japonica*
④ *Pinus rigida*

35 종자의 정선법으로 옳지 않은 것은?

2012. 서울시

① 수선법
② 풍선법
③ X선법
④ 사선법
⑤ 입선법

36 다음 중 종자의 정선법이 아닌 것은? 2004. 국가직

① 분의법　　　　　　　② 입선법
③ 수선법　　　　　　　④ 풍선법

37 종자정선 또는 탈종 방법과 해당 수종이 잘못 연결된 것은? 2011. 국가직

① 풍선법 – 소나무, 낙엽송　　　② 건조봉타법 – 아까시나무, 오리나무
③ 입선법 – 밤나무, 호두나무　　④ 도정법 – 가래나무, 옻나무

정답 및 해설 　30 ②　31 ①　32 ②　33 ④　34 ②　35 ③　36 ①　37 ④

30 🌱 건열과

① 삭과: 포플러류, 버드나무류, 오동나무류, 개오동나무류, 동백나무, 무궁화 등
② 협과: 자귀나무, 아카시아, 주엽나무, 박태기나무 등
③ 대과: 목련류

31 🌱 종자의 노천매장 시기

① 종자 정선 후 즉시 노천매장하는 수종: 들메나무, 단풍나무, 벚나무류, 잣나무, 섬잣나무, 백송, 호두나무, 느티나무, 백합나무, 은행나무, 목련, 주목, 향나무, 대추나무
② 11월 말까지 노천매장하는 수종: 벽오동나무, 팽나무, 물푸레나무, 신나무, 피나무, 층층나무, 옻나무
③ 파종 1개월 전 노천매장하는 수종: 소나무, 해송, 낙엽송, 가문비나무, 전나무, 측백나무, 리기다소나무, 방크스소나무, 삼나무, 편백, 무궁화, 자작나무, 오리나무

32 ① 삭과: 포플러류, 버드나무류, 오동나무류, 개오동나무류, 동백나무
② 시과: 단풍나무류, 물푸레나무류, 느릅나무류, 가중나무
③ 견과: 밤나무, 참나무류, 너도밤나무, 오리나무류, 자작나무류, 개암나무류
④ 이과: 배나무류, 사과나무류, 마가목류, 산사나무류

33 🌱 수분의 기구

① 자가수분의 기구: 폐화수분, 뇌수분
② 타가수분의 기구: 이형예현상, 자가불화합성, 자웅이주, 자웅이숙(자예선숙이나 웅예선숙에 의해 자가수분이 어렵게 되는 것)

34 ① *Ulmus davidiana var. japonica*(느릅나무)　　② *Carpinus cordata*(까치박달나무)
③ *Camellia japonica*(동백나무)　　④ *Pinus rigida*(리기다소나무)
까치박달나무는 발아 소요 기간이 1개월 이상이고, 리기다소나무, 느릅나무, 동백나무는 발아 소요 기간이 2주 정도 걸린다.

35 ③ 종자의 정선법에는 풍선법, 사선법, 액체선법(수선법), 입선법 등이 있다. X선법은 종자의 활력 검사 방법이다.

36 종자의 정선법에는 풍선법, 사선법, 액체선법, 수선법, 식염수선법, 입선법 등이 있다.

37 ④ 가래나무는 부숙마찰법을 이용한다.

박진호
조림학

PART 08

묘목의 양성

Chapter 01 묘포 만들기
Chapter 02 묘포 관리
Chapter 03 묘목의 분류
Chapter 04 묘목의 품질

CHAPTER 01 묘포 만들기

1 묘목 생산 계획

(1) 한정된 산림 면적에서 질 좋은 목재를 생산하려면 계획된 조림이 필요하며, 묘목 생산은 필수적이다.
(2) 2년 후 2년생 묘목의 수하식재(樹下植栽, 하목식재, 복층림 및 후계림 조성 목적으로 나무 아래에 묘목을 재배하는 일)를 계획한다면, 현 시간부터 묘목 생산 작업이 이루어져야 한다.
(3) 묘목의 생산 목표량을 설정하여 생산에 필요한 종자량, 묘포면적, 작업 체계 등을 세우는 것을 묘목 생산 계획이라 한다.
(4) 묘목 생산 계획에서는 수종에 따라 발아율, 잔존률, 순량률, 득묘율, 판갈이 횟수, 비배, 제초, 노무 관리 등 여러 가지 요인들을 고려한다.

2 묘포의 이해

1. 묘포의 종류

(1) **고정 묘포**
   지속적 양묘를 위한 고정된 포지로서 여러 설비를 해서 관리를 집약화하며, 지속적 사용으로 인한 지력퇴화에 주의한다.

(2) **이동 묘포(임시 묘포)**
   필요할 때마다 옮겨서 조성되는 포지로서 조림 예정지 부근에 포지를 선정한다.

(3) **임간 묘포**
   고정 또는 파종 묘포의 묘목을 조림지에 가까운 산지 임간에 묘포를 만들어 이식하였다가 산출 묘를 키워내는 것이다. 성격상 **임시 묘포에 해당**한다.

(4) **이식 묘포(상체 묘포)**
   양성된 묘목을 이식하여 더 크게 키운 후 산지에 내는 것이다.

(5) **파종 묘포**
   실생묘를 양성하는 파종상으로 이용된다.

2. 묘포의 입지조건

(1) 고정 묘포는 조림지에 가깝고 교통이 편리하며, 기계화의 동력원 확보가 쉬운 곳으로 선정하고, 묘포작업은 봄과 가을에 많은 노동력이 필요하므로 노동력 확보문제, 관리의 편리성 등을 고려한다.

(2) 수분 공급이 필수적으로, 고정 묘포에는 관수 시설이 필수적이며, 이동 묘포에서도 관수 문제가 해결될 수 있는 곳에 묘포지를 선정한다.

(3) 파종상의 관·배수를 위해 1~5° **정도의 경사지가 적합**하며, 경사가 5° 이상이면 강우시 표토의 유실로 매우 심한 피해를 입기 쉬워 계단식으로 구획한다.

(4) 묘목 양성을 위해 토양의 비옥도보다는 물리성이 더 중요하다. 점질 토양은 잡초가 많고 병충해가 발생하기 쉬우며, 통기성이 불량하다. 지나친 사질토양은 건조의 피해가 심하므로, **사질 양토, 양토 또는 부식질이 많은 사토(토심이 깊고 부식질이 많은 비옥한 사양토)가 적합**하다.

(5) 침엽수 양묘의 산도 기준으로 pH 5.5~6.5 정도가 좋으며, 토심은 30~60cm 정도, 표토는 12cm 이내에 최소 1.5%의 유기물 함량이 물리적성을 유지하는데 주요한 역할을 한다.

(6) 포지의 서북향에 방풍림이 있으면 좋으며, **묘포는 동서로 길게 설치하여 묘상이 남쪽을 향하도록** 하는 것이 묘목의 성장에 좋다.

(7) **위도가 높고 한랭한 지역에서는 동남향이 유리하며, 온화한 남쪽 지방에서는 북향이 좋다.**

(8) 사방이 높은 산으로 막힌 산간지역의 좁은 계곡은 기류의 정체로 서리 피해가 극심한 상혈이 될 수 있기 때문에 피하는 것이 좋다.

(9) 북반구에서는 조림할 장소보다 북쪽에 설치한다.

3 묘포 만들기

(1) 파종하기 전 정지작업은 **밭갈이(경토), 쇄토(흙덩이 부수기), 작상(묘상 만들기)**의 순서로 진행된다.

> **경운(흙 갈아엎기)의 효과**
> ① 토양을 부드럽게 하여 수분과 공기의 유통을 촉진하며 토양 속의 탄산가스의 양을 감소시키는 한편 산소를 증가시킨다.
> ② 토양의 수분과 온도를 조절하고 풍화작용을 촉진하여 식물 양분을 가용성으로 만든다.
> ③ 토양의 보수력, 흡열력 및 비료의 흡수력을 증가시킨다.
> ④ 비료의 살포효과를 균등하게 한다.
> ⑤ 토양 중에 묘목 생육에 유용한 세균의 수표를 증가시킨다.
> ⑥ 잡초의 뿌리를 노출시키게 하고 잡초의 종자를 땅속 깊이 묻어주며 해충의 알, 번데기와 유충도 어느 정도 구제할 수 있다.

(2) 모판의 종류는 고상, 평상, 저상의 세 가지가 있다.

파종상 명칭	상만들기 방법	대상 수종
소나무상 (고상)	10cm 높이의 상으로 상의 표토를 1cm 이하 눈을 가진 체로 쳐서 균일하게 덮은 후 나무 판으로 평탄하게 다진다.	소나무류, 낙엽송, 삼나무, 편백, 가문비나무, 전나무
상수리나무상 (고상)	소나무처럼 상을 만들지만, 상면은 레이크 등으로 쇄토하면서 평탄하게 한다. 흙체로 치지 않고 다소 거칠게 조성해도 무방하다.	참나무류, 밤나무, 칠엽수, 은행나무
오리나무상 (평상)	상 높이를 고랑 높이와 같게 하며 작업은 소나무상과 같다.	오리나무, 자작나무
호두나무상 (평상)	상 높이를 고랑 높이와 같게 하며 작업은 상수리나무상과 같다.	호두나무, 물푸레나무
버드나무상 (저상)	상 높이를 고랑 높이보다 7~10cm 낮게 하며 작업은 소나무상에 준한다.	버드나무류, 사시나무류

(3) **묘포소요면적 계산**

① 조건: 소나무의 1회 상체묘를 해마다 계속하여 10만본씩 생산하고자 하고, 파종묘도 아울러 이곳에서 생산하고자 할 때

② 전제조건: 생산되는 파종묘나 상체묘의 10%는 불량묘로서 버리는 것으로 한다. 파종상에서는 m^2당 100본을 심는다. 휴한지는 고려하지 않고 통로면적은 전체소요면적의 40%이다.

③ 계산

> 100,000본 / 0.9 = 111,111본
>
> 상체묘 111,111본을 생산해야 10%를 버리고 산지에 낼 수 있는 2년생 묘목 100,000만 본을 얻을 수 있다. 상체상으로 소요되는 면적은 111,111본 / 100본 = 1,111.11m^2로 된다. 111,111본의 1년생 실생묘를 얻으려면 111,111본 / 0.9 = 123,456본을 얻어 그 중 10%를 버려야 하며, 이에 소요되는 면적은 123,456본 / 500본 = 247m^2이다. 그러므로 소요되는 육묘상의 실면적은 1,111m^2 + 247m^2 = 1,358m^2이다. 이것은 실면적이므로 통로 등을 포함한 전면적은 1,358m^2 / 0.6 = 2,263m^2가 된다.

4 파종

1. 파종량

종자의 낭비방지와 경비절감, 건묘 생산을 위하여 적량의 종자를 파종해야 한다. 리기다소나무의 경우 m^2당 600립의 파종구가 800립의 파종구에 비하여 T/R율이 낮은 건묘가 생산된다.

(1) **파종량 산정**

① 파종량은 종자의 효율과 수종에 따라 다르다.

② 파종량이 너무 많으면 비용과 솎아내기 시간이 많이 소요되며, 파종량이 적으면 목적하는 수량의 묘목을 얻지 못하며 땅을 효과적으로 이용하지 못한다.

③ 산파의 파종량 산출법

$$파종량\ W = \frac{A \times S}{D \times P \times G \times L}$$

W : 소요면적의 파종상에 대한 파종량(g)
S : 가을이 되어 m²당 세워 둘 묘목수
P : 득묘율(득묘율의 범위는 0.3~0.5이다.)
L : m²당 파종된 건전종자입수에 대한 추기존립 묘목수
A : 파종상의 면적(m²)
D : 1g당 종자입수
G : 실험실 종자발아율

④ 조파는 산파량의 1/4~1/2 정도를 뿌린다.
⑤ 점파의 경우 파종 간격에 따라 종자 수가 결정된다.

2. 파종 시기

(1) 춘파

① 파종 시기는 수종과 장소에 따라 다르나 종자가 발아되는 온도는 5~7℃이므로 대체로 중부지방은 4월 상순, 남부지방은 3월 하순이 적기이며, 일반적으로 파종시기가 늦은 것보다는 이른 것이 유리하다.
② 마지막 서리가 내리기 2주 전에 파종하는 것이 안전하다.

(2) 취파(채파)

① 종자의 발아력이 상실되지 않도록 이듬해 춘기까지 저장하기 어려운 수종에 대하여 채종 즉시 **파종하는 방법**이다.
② 포플러류는 4~5월경, **느릅나무류**, 사시나무류는 6월 하순경, **회양목**은 7월 중순~8월 상순경, 음나무, 복자기나무는 11월에 뿌리도록 한다.

3. 파종 방법

(1) 산파(흩어뿌림)

① 소나무류나 삼나무, 편백, 낙엽송, 가문비나무, 오리나무, 자작나무 등의 세립종자이다.
② 파종상에 고르게 뿌리기 위해서는 파종할 종자의 절반 또는 2/3 정도를 먼저 상의 전면에 고르게 뿌리고 나머지 잔량으로 파종이 잘 안 된 부분에 보충한다.

(2) 조파(줄뿌림)

느티나무나 아까시나무, 물푸레나무, 단풍나무, 옻나무와 같이 크기가 중립인 종자로서 발아 후 생육이 빠른 종자들이며, 줄 간격은 수종에 따라 10~20cm 안팎에서 적절히 조절한다.

(3) 점파(점뿌림)

① 상수리나무, 참나무류나 밤나무, 호두나무, 칠엽수 등과 같은 대립종자들이다.
② 일부 수종의 경우 종자를 몇 입자씩 모아서 점뿌림 하는 형태로 파종하는 상파(床播)도 가능하다.
③ 잣나무와 같이 발아과정에서 조류의 피해가 심한 종자는 붉은색 광명단을 종자에 입혀서 파종한다.

5 복토와 짚덮기

1. 복토(흙덮기)

(1) **흙을 덮는 두께는 보통 종자 지름의 1~3배의 안팎**이며, 오동나무나 자작나무, 오리나무류 등 세립 종자는 깨끗한 가는 모래를 살짝 뿌려주거나 단순히 종자를 뿌린 지면을 가볍게 눌러주는 것이 좋다.

(2) 복토용 흙은 묘상 30cm 이하의 흙을 사용하여 잡초발생 및 병충해의 피해를 최대한 줄이도록 한다.

(3) 파종 후 복토시 너무 두껍게 덮으면 종자가 발아되어 지면으로 나올시 지중에서 부패할 염려가 있고 너무 얇게 덮으면 종자가 건조되어 발아가 안 되는 경우가 있어 복토자를 이용하는 것이 좋다.

2. 짚덮기

(1) 흙덮기 후 파종상 전면에 지면이 거의 가려질 정도로 볏짚을 깔아 놓아 지면이 마르거나 빗방울에 파이는 것을 막아주고 잡초의 발생 또한 억제할 필요가 있다.

(2) 종자가 발아하게 되면 짚을 걷고 왕겨를 뿌려주는데, **짚을 걷는 시기는 파종된 종자의 절반 또는 2/3 정도가 발아되는 시기가 적합**하다.

(3) 발아가 반 이상이 되면 2~3회에 나누어 짚을 걷고 대신 짚을 잘라 묘목사이에 깔아주어 묘상의 수분보존은 물론 복토의 피해를 예방토록 한다.

6 시비

(1) 고정 묘포는 해마다 묘목이 생산되어 토양의 양분이 부족하여 지력유지를 위해 시비해야 한다.

(2) 식물이 생장에 16가지 이상의 원소가 필요하고, 질소, 인산, 칼륨이 비료의 3요소이다.

(3) 퇴비는 무기 양분을 공급하고, 토양의 물리성을 개량하며 유익한 미생물의 활동을 도와 묘목의 생장을 건전하게 하는데 도움을 준다.

(4) 질소비료로는 요소가 많이 쓰이며, 덧거름과 밑거름, 엽면 살포용으로도 이용한다. 보통 엽면 살포시 0.5% 농도의 요소액을 분무기로 묘포 1m²에 1L 정도 뿌린다.

(5) 황산암모늄은 요소보다 비료효과가 빨라서 덧거름으로 사용하기 좋고 밑거름으로도 쓰인다. 그렇지만 산성 토양에는 쓰지 않는 것이 좋다.

CHAPTER 02 묘포 관리

1 해가림

(1) 소나무, 해송 등에는 실시할 필요가 없으나 **전나무류, 낙엽송, 가문비나무류, 주목, 삼나무, 편백** 등과 같은 음수 수종과 소립종자에서 생긴 어린 묘가 강한 일사를 받아 건조의 해가 우려될 때에 실시한다.

(2) 해가림은 짚을 걷은 직후 실시하며 그 높이는 모판면에서 40~50cm 정도가 되게 수평으로 실시하는 것이 좋다. 9월 이후 늦게까지 해가림을 계속하는 것은 좋지 않아 8월 초·중순부터 제거하기 시작한다.

2 솎아내기

(1) 허약한 묘목과 빽빽하게 나 있는 묘목을 제거하여 묘목의 간격을 일정하게 하여 건전하게 생장할 수 있도록 공간을 만들어주는 작업이다.

(2) 가을에 남길 묘목의 수를 예상하여 성장주기가 두 번 있는 낙엽송, 삼나무, 편백 등은 2~3회, 성장주기가 1회인 소나무류, 전나무류, 가문비나무류는 1~2회에 나누어 실시한다.

(3) **본엽이 나온 때와 약 8월 하순경 실시**한다. 솎기 횟수가 2회인 경우에는 솎는 본수로 보아 50%씩으로 나누어 실시하고, 3회인 경우에는 각각 40%, 30%, 30%의 비율로 하며, 제초작업을 병행하고, 끝난 후에는 바로 관수를 하여 흙을 안정시킨다.

3 제초

제초는 묘포관리에서 가장 힘든 작업이다. 풀은 어릴 때 파종상에서 손으로 뽑는 것이 가장 효과적이다. 제초제는 원칙적으로는 사용하지 않는 것이 좋으며, 노동력 부족에 의해 부득이하게 제초제를 사용할 때에는 토양오염, 사용자의 안전 등을 검토한 후 사용해야 한다.

1. 제초제 처리법

(1) **토양처리법**
응용범위가 넓으며 중요한 방법으로 임업묘포에 토양처리법에 중점을 둔다.

(2) **잡초처리법**
풀에 제초제를 뿌려 지상부의 잎과 줄기가 흡수함으로써 고사되는 방법으로, 묘목에 약해가 가는 것을 주의한다.

(3) 잡초 및 토양처리법

토양처리와 잡초처리를 병용하는 것이다.

2. 제초제의 종류

(1) 시마진(CAT)

① **시마진은 뿌리에 흡수되어 해를 나타내며, 효력지속기간이 길어 2개월 이상이다.**

② 경엽에 묻으면 약해가 나타나지 않으며, 물을 적게 사용해서 토양표층만 처리하는 것이다. 뿌리가 깊게 들어가는 잡초는 죽지 않는다는 것과 사질토양처럼 뿌린 뒤 큰비가 와서 처리층이 깊게 되면 선택성을 잃게 된다는 점을 고려해야 한다.

(2) 메틸브로마이드

① **냄새 없는 액체로서 휘발성이 강하고 사람에게 유독**하다.

② 땅에 구멍 뚫고 약액을 넣은 후 구멍을 메우고 약 48시간 정도 그대로 둔다.

③ 침투력이 매우 강해 땅속 25cm 정도까지 효력을 미친다.

(3) 근사미

① **비호르몬형 이행성 제초제로, 식물체의 경엽에 처리된 약제가 뿌리로 옮겨가서 살초효과를 나타낸다.**

② 초종간에 **비선택성**이며, 1년생 잡초는 4~10일, 다년생 잡초는 15~30일 사이에 황화현상을 나타내면서 고사한다.

③ **토양에 살포한 즉시 불활성화 되기 때문에 잡초가 발생하기 전의 토양처리 효과나 약제처리 후에 발생하는 잡초의 억제 효과는 기대할 수 없다.**

4 단근작업

(1) 묘포에서 단근작업은 묘목의 **늦생장을 억제**하고, 측근과 세근을 발달시켜 산지에 재식했을 때 **활착률을 높이기 위해** 실시한다.

(2) 측근이 잘 발달하는 수종으로서 1년생으로 산출하는 경우는 단근작업을 하지 않고, 직근이 발달하는 것은 1년생 산출(산지에서 심기 위해 묘목을 내보내는 것)을 할 때에도 단근을 하는 것과 하지 않는 것이 있다. 상체(床替)작업을 하지 않고 2년생 이상으로 산출하는 것은 대체로 단근작업을 하는 것이 좋다.

(3) 단근 시기는 5월 중과 8월 하순경 2회이지만 보통 8월 중·하순에 한 번 실시한다.

(4) 도장하기 쉬운 수종(삼나무, 낙엽송 등)은 8월 상순~9월 상순에 실시한다.

(5) 단근묘가 활착률을 높이는데 도움이 되지만 산지조림 시에 **직근의 발달을 약화시켜 나무가 깊이 뿌리를 내리지 못하면서 수간의 통직성을 저하시키는 부작용**이 있을 수 있다.

(6) 단근하는 수종
　① 1년생 산출묘로서 단근하는 것: 직근성 – 상수리나무, 굴참나무, 졸참나무
　② 1년생 산출묘로서 단근하지 않는 것: 천근성 – 낙엽송, 느티나무, 전나무, 삼나무, 편백
　③ 2년생 이상으로 단근하는 것 ┌ 직근성 – 소나무, 해송, 상수리나무, 졸참나무
　　　　　　　　　　　　　　　└ 천근성 – 낙엽송, 느티나무, 전나무, 가문비나무, 편백, 삼나무

5 관수와 시비

어린 묘목은 가뭄의 해를 받기 쉽기 때문에 반드시 묘포에 관수시설을 해야 한다.
시비는 밑거름(파종 이전에 밭갈이 작업과 함께 시비)과 덧거름(종자 발아 후 또는 묘목 이식 후 시비)으로 구분된다. 밑거름은 지효성 퇴비나 무기질 비료를, 덧거름은 속효성 무기질 비료를 준다.
묘목의 발육 상태와 묘포의 지력을 생각해서 알맞은 시기에 덧거름을 줘야 한다. **덧거름이 너무 늦으면 묘목이 늦게까지 웃자라면서 겨울철 동해를 입을 수 있어 늦어도 7월 이전, 제초작업을 끝낸 직후에 주는 것이 좋다.** 석회나 칼륨은 9월 이후에 주어도 된다. 묘목의 건전한 생육을 위해서는 부족되기 쉬운 질소, 인산, 칼륨의 3요소와 석회, 고토, 망간, 규산 등을 토양에 보급시켜 주어야 한다.

1. 시비량

묘포에서의 시비량은 포지의 비척도에 따라 다소 차이가 있으나 종묘사업실시요령 양묘시업 기준 알람표를 기준하여 시비량을 가감 시비한다.

2. 시비시기

(1) **기비(밑거름)**
　① 지효성 비료: 상만들기 1개월 전 시비한다.
　② 속효성 비료: 상만들기 직후 시비한다.

(2) **추비(덧거름)**
　① 거치상: 생육이 시작되는 3월 하순부터 4월 상순까지 1회 시비하고 생장 정도에 따라 6월 중순 내지 7월 중순경 2회 시비한다.
　② 파종상: 1, 2차 솎음 후 시비하며 늦어도 7월 중순까지 실시한다.
　③ 이식상: 묘목이 완전히 활착한 후 실시하며 늦어도 7월 20일 전에는 끝내야 한다.

3. 방법

(1) **기비**
석회비료는 늦어도 시업 2주 전에 포지 전면에 살포 후 경운하여 고루 섞이도록 하고 퇴비, 질소, 인산, 칼륨질비료는 시업 직전에 시비한다.

(2) 추비
① 파종상에서 종자가 발아된 이후 또는 이식상 및 거치상에서 묘근이 활착된 후 묘목의 생장을 촉진시키기 위해서 시비하는 것으로 이때 분말이나 소립상 비료는 묘상 위에 고루 뿌리고 잎줄기에 붙은 비료를 털어준다.
② 엽면시비는 기능이 약화되었을 때나 토양조건이 불량하여 비료효과를 기대할 수 없어서 일시적으로 쇠약해진 묘목의 회복을 위하여 실시하는 시비방법이다. 엽면시비는 요소 및 고토비료 등을 사용하는데 유묘는 0.2%의 용액으로 살포하고 그 외는 0.5% 용액을 살포하되 m^2당 0.5ℓ 정도를 1~2주 간격으로 3~4회 살포한다.

4. 효과
(1) 3요소 시비구의 간장생장 지수를 100으로 할 때 소나무는 질소구 62, 인산구 51, 칼륨구 43, 낙엽송은 질소구 33, 인산구 30, 칼륨구 28로서 건전묘의 생산을 위해서는 3요소 시비가 필요하다.
(2) 묘목 이식 후의 발근의 묘목형질에 가장 중요한 인자로서 발근에는 인산이 크게 작용하고 또한 발근율도 좋게 한다. 질소만 사용한 것은 도장되며 뿌리형질이나 발근율도 나쁘다.
(3) 소나무 파종묘의 간장생장 지수는 무시비구 44, 무질소 46, 무인산 53, 무칼륨 99로서 3요소 시비가 필요하다.

6 병해충 방제

(1) **묘포에서 가장 많이 피해를 주는 병은 모잘록병(입고병)**이며 소나무류, 낙엽송, 가문비나무류, 전나무류 등 침엽수에 피해가 크다. 이들의 병원균은 **리조토리아**(*Rhizoctoria*), **푸사륨**(*Fusarium*), **피지움**(*Physium*) 등이다. 전염이 빠르기 때문에 싹이 트기 시작하면 매일 관찰하여 예방하고, 침해를 받았을 경우에는 확산되지 않도록 해야 한다. 모잘록병은 종자 소독과 토양 소독을 함께 해야 예방 효과가 높다. 싹이 넘어지는 현상이 발생하면 토양소독제로 소독해서 확산을 막아야 한다.

(2) 침엽수에는 붉은마름병, 소나무류, 낙엽송, 삼나무, 편백 등에는 거미집병, 오리나무에는 반점병, 오동나무에는 탄저병 등이 묘포에서 많이 발생한다. 예방하기 위해서는 통풍을 잘 해주고 배수로를 만들어 과습하지 않도록 해주며, 포지를 항상 청결한 상태로 유지하고 보르도액 등을 뿌린다. 병에 걸린 묘목은 수거하여 태우고 그 부분의 토양을 소독해야 한다.

(3) 묘포에는 여러 가지 해충이 발생하는데 그 중에서도 굼벵이, 거세미, 진딧물, 깍지벌레, 땅강아지 등의 피해가 크다. 굼벵이는 매미의 유충으로 땅 속의 뿌리를 갉아먹어 피해를 주며, 거세미도 뿌리를 가해하는데 토양 살충제로 방제한다. 진딧물은 새순이나 잎의 즙을 빨아먹으며 피해를 주는데 발생 초기에 살충제를 뿌려 방제해야 한다.

7 상체(이식)

(1) 발아한 묘목을 파종상에서 옮겨 심는 작업을 상체(床替, transplanting)라 한다. 상체는 **묘목의 줄기가 가늘고 길게 웃자라는 것을 방지하고, 주근이 발달하는 묘목을 적절히 단근하고 옮겨 심어 곁뿌리와 잔뿌리의 발생을 촉진하여 튼튼한 산출묘를 생산하기 위해** 실시한다.

(2) 상체 작업은 봄에 묘목을 캐어 뿌리를 끊고 판갈이 자를 이용하여 일정 간격으로 줄을 맞춰 심는다. 상체할 묘목은 선별하여 나쁜 묘목은 버리고, 작업 중 뿌리가 건조하지 않도록 한다.

(3) **봄상체에 있어서 지상부의 자람이 빨리 시작되는 수종을 먼저 작업해야 한다. 소나무류·전나무류가 이에 해당하며, 낙엽송·편백·삼나무 등의 순서로 상체를 한다.**

(4) 소나무류·전나무류는 평균기온 5℃ 정도가 되면 생리적 활동을 시작한다. 상체한 뒤 건조해지면 관수를 해야 하고, 강우가 있으면 활착을 돕는다.

(5) 상체의 효과는 파종상에서 거치된 묘목에 비하여 상체한 묘목이 측근과 세근이 발달하여 산지에 이식했을 때 활착률이 높다.

(6) 어린 묘목 상태에서 주근이 굵고 측근이 짧으며 상체 작업이 어려운 참나무류, 가래나무, 호두나무, 동백 등의 수종들은 모판에서 단근(뿌리끊기) 작업을 실시하여 측근과 세근의 발달을 도모해야 한다.

(7) 단근작업으로 묘목의 웃자람을 방지하고 잔뿌리의 발생을 촉진시키며, 옮겨 심었을 때 활착을 돕고 내한성을 높일 수 있다.

(8) 1m²에 상체할 묘목의 수는 수종의 특성과 묘목양성의 목적 등에 따라 다르다. 일반적으로 **묘목이 클수록 소식**하며, 지엽이 옆으로 확장하는 것(삼나무, 편백 등)은 소식하고, 반대로 소나무와 해송 등은 더 밀식할 수 있다. 또한 **상체묘에 거치할 때에는 소식해야 하고, 양수는 음수보다 소식**하며 **땅이 비옥할수록 소식**한다.

묘목의 판갈이 횟수와 산지 식재연수

수종 \ 연수	1	2	3	4	5	6	7
소나무, 해송	○	×	△				
삼나무, 편백	○	×	△(×)	(△)			
독일가문비	○	−	×(−)	−(×)	×(−)	△(×)	(△)
젓나무	○	−	−(×)	×(−)	−(△, ×)	×(△)	△
잣나무	○	−	×	△(−)	(△)		
낙엽송, 참나무류	○	×	△(×)	(△)			

○ : 파종, × : 판갈이, △ : 산에 심기, − : 거치, ( ) : 대체안

(9) 수목의 상체 시기

① 1년생으로 상체하는 수종 : 소나무, 해송, 삼나무, 편백, 낙엽송, 참나무류

② 2년생으로 상체하는 수종 : 독일가문비, 잣나무

③ 3년생으로 상체하는 수종 : 전나무

(10) 판갈이 작업

① 서리의 피해가 없는 한 이른 봄 아직 눈이 트지 않은 시기에 실시한다.

② 봄철 판갈이 작업은 생리적 활동이 빨리 시작되는 소나무나 전나무 등에서 먼저 시작되며, 낙엽송이나 편백 등은 소나무나 전나무의 이식이 끝나면 바로 이어서 실시된다.

③ 남부지방의 일부 상록활엽수는 새잎이 1차 생장을 완료한 후 잠시 생장이 둔화되는 초여름 우기에 이식하면 활착이 잘 된다.

④ 상록성 참나무류인 가시나무와 같이 파종 당년에 직근만 발달하고 측근이나 세근 발달이 미미한 수종은 1년 만에 판갈이를 하면 고사할 위험이 있으므로 측근이 충분히 발달된 만 3년생이 될 때까지 파종상에 남겨두었다가 판갈이 작업을 하는 것이 좋다.

🌱 주요 수종에 대한 상체시엽(m²당)

구분	묘령	상체본수	상체모근장(cm)	해가림
은행나무	2	64	12.0	-
가문비나무, 섬잣나무	2	100	10.0	사용
주목	2	100	10.0	사용
전나무류	2	100	10.0	-
솔송나무, 비자나무	1	144	10.0	사용
소나무류, 측백나무	1	81~100	12.0	-
향나무류	2	81	12.0	-
낙엽송류	1	49~81	12.0	-
오리나무, 자작나무	1	49	15.0	-
호두나무, 옻나무류	1	36	15.0	-
느티나무, 벚나무, 물푸레나무, 목련	1	49	15.0	-

CHAPTER 03 묘목의 분류

1 무성번식의 특성

(1) 나무의 일부분을 이용하여 개체를 증식하는 방법으로, 영양번식이라고도 하며, 삽목(꺾꽂이), 접목(접붙이기), 취목(휘묻이), 분주(포기나누기), 조직배양 등이다.

(2) 무성번식은 **어미나무의 우수한 유전형질을 그대로 이어받을 수 있다.**

(3) 접목묘는 개화와 결실이 빨라지며, 종자생산이 어려운 나무를 번식할 때 유리하고 초기 생장이 빠른 장점이 있다.

(4) 종자번식에 비하여 기술이 필요하고, 좋은 형질의 어미나무를 확보해야 하며, 실생묘에 비해 대량생산이 어렵고, 포지 면적을 많이 차지한다는 단점이 있다.

2 삽목묘

삽목(꺾꽂이)에서 잘라서 번식에 이용하는 부분을 삽수라고 하며, 삽수의 채취 부위에 따라 가장 많이 이용하는 지삽(가지삽)과 잎눈꽂이(잎과 그 기부에 있는 눈을 함께 붙여 꺾꽂이 하는 방법), 근삽(뿌리삽) 등으로 나눈다. 근삽은 오동나무의 번식에 이용된다.

1. 삽수의 발근에 영향을 끼치는 요인

(1) 수종의 유전적 성질

① 삽수의 발근이 비교적 잘 되는 수종 : 향나무, 주목, 측백나무, 개나리, 포플러류, 버드나무류, 은행나무, 실편백, 무궁화나무, 사철나무, 회양목, 버즘나무류(플라타너스), 진달래류, 찔레나무, 동백나무, 연필향나무, 화백, 비자나무, 노간주나무, 눈향나무, 메타세쿼이아, 식나무, 댕강나무, 담쟁이, 협죽도, 치자나무, 아왜나무, 서향, 피라칸사, 모과나무, 구기자, 칡, 닥나무, 삼나무, 무화과, 명자나무, 족제비싸리, 쥐똥나무, 오갈피나무, 수국, 병꽃나무, 수수꽃다리, 미선나무, 인동덩굴, 다래, 등나무, 송악, 능소화, 매자나무, 노각나무, 배롱나무, 철쭉류, 목서, 꽝꽝나무, 사스레피나무, 차나무, 광나무 등

② 삽수의 발근이 어려운 수종 : **전나무류**, 가문비나무, 편백, 오리나무류, 들메나무, 느티나무, 참나무류, 소나무류, 해송, 리기다소나무, 잣나무, 낙엽송, 금송, 섬잣나무, 스트로브잣나무, 솔송나무, 가시나무류, 귤나무류, 짓밤나무류, 태산목, **자작나무류**, 백합나무, 단풍나무류, 매실나무, 옻나무류, 감나무, 계수나무, 밤나무, 호두나무, 벚나무류, 산초나무, 두릅나무, 아까시나무, 자귀나무, 너도밤나무, 사시나무, 고욤나무, 복숭아나무, 백합나무, 사과나무, 대나무류, 계수나무, 팽나무, 물푸레나무, 때죽나무, 이팝나무, 목련, 비파나무, 소귀나무 등

(2) **어미나무의 연령**
어린 나무에서 채취한 삽수가 늙은 나무에서 채취한 삽수보다 발근이 잘 되며, 오래된 나무는 줄기를 잘라 새로운 움을 발생시켜 삽수를 채취하면 발근이 잘 된다.

(3) **삽수의 영양 상태**
① 어미나무의 영양 상태가 좋을 때 채취한 삽수는 발근이 잘 되며, **질소의 함유량에 비해 탄수화물의 함유량이 더 많을 때 발근율이 높아진다.**
② 탄수화물의 축적을 높이기 위해서 비배관리를 잘 해야 하며, 특히 질소를 다소 적게 준다.

(4) **삽수의 채취 위치**
삽수의 채취 위치에 따라 발근이 다르다. 전나무류, 소나무류는 **수관의 아래쪽에서 삽수를 채취하는 것이 좋다.**

(5) **삽목 방법**
삽목 시기, 발근 촉진제의 종류, 삽목 방법에 따라 발근에 차이가 있으나 1~2년생 가지를 10~25cm 길이로 절단해서 가지의 하부를 땅속에 묻어 발근시킨다.

(6) **삽목상 준비**
① 발근이 잘 되는 포플러류나 버드나무류, 무궁화, 개나리 등의 삽목상은 야외 포지에 파종상과 같은 형태로 삽목하며, 수종에 따라 해가림을 할 수도 있다. 그러나 발근이 다소 어렵거나 발근에 상당한 기간이 소요되는 경우, 녹지삽이나 반숙지삽 등 삽수에 잎이 달린 상태로 삽목하게 되는 수종 대부분은 해가림이 되는 온실 내에서 깨끗한 배양토로 삽목상을 만든 후에 삽목한다.
② **상토는 보수성과 통기성이 양호한 배양토를 사용하는 것이 좋은데 일반 포지에서는 모래가 많은 사질양토나 거칠게 풍화된 마사토로 삽목상을 만들고**, 온실 내 삽목상은 모래 이외에 피트모스나 펄라이트, 버미큘라이트 등을 적절히 혼합한다.
③ 온실 내 삽목상은 전열선 등 지하부의 온도를 높여주면 발근이 촉진된다.
④ **온실 내 적정 대기습도를 유지**하기 위해서는 분무장치 설치나 온실 측면에 물을 머금은 축축한 패드를 붙여 외부에서 유입되는 공기가 패드를 통과하면서 충분한 습기를 지닐 수 있도록 한다.
⑤ 밀폐된 온실은 온도와 통기성에 문제가 생길 수 있어 냉각 및 통기 장치가 필요하며, 온도조절을 위한 가온장치 및 해가림 시설도 함께 설치되어야 한다.

2. 삽수 발근에 영향을 미치는 인자

(1) **C/N율이 높은 삽수가 발근이 잘 된다.**
(2) **어린 나무에서 채취한 삽수는 성숙목에서 얻은 삽수보다 발근이 잘 된다.**
(3) **주지보다 측지에서, 가지의 선단부보다는 기부에서 삽수를 채취**하는 것이 유리하다.
(4) **꽃이 피는 생식지보다는 영양지에서, 수관 상부보다는 하부의 가지에서 채취하는 것이 유리하다.**
(5) 채취한 삽수는 눈을 제거하는 것보다 **일부 눈이 달린 채로 삽목**하는 것이 발근호르몬 합성 및 보급에 도움을 준다.

3. 삽목발근기작

(1) 대부분의 식물은 세포, 조직 또는 기관의 일부를 이용하여 전체 식물체를 복원할 수 있는 **전형성 능**을 지니고 있다.

(2) 식물의 전형성능은 식물체의 조직이 유성이 강한 어린 조직일 때 강하게 발현된다.

(3) 줄기삽에서 부정근이 발생하기 위해서는 분열세포군이 형성되고 이들이 근기로 발달해서 새로운 뿌리가 된다.

(4) 삽수의 절단면에서 **뿌리가 형성되는 과정은 트라우마틴산 분비 – 유상조직 형성 – 근원기 형성 – 뿌리 발달**이다.

> 📖 **삽수의 극성**
> 삽수의 끝을 초극(梢極 : 莖極, distal end)이라고 하고 이 부분은 줄기가 발생하며, 아래쪽을 기극(基極 : 根極, proximal end)이라고 하고 이 부분은 뿌리가 발생한다.

4. 삽수의 종류

나무의 부위에 따라 엽삽수, 엽아삽수, 줄기삽수, 뿌리삽수 등으로 구분하며, **줄기삽수는 생리적인 상태에 따라 휴면지삽수(숙지삽수), 반숙지삽수, 미숙지삽수(녹지삽수) 등으로 구분**한다.

줄기삽수는 사용되는 줄기의 종류나 줄기에 붙이는 눈의 종류에 따라 아삽, 정아삽, 굵은 줄기를 삽수로 이용하는 간삽, 일정 기간 접목형태를 유지시키면서 발근시키는 접삽 등으로 구분된다. **엽아삽은 동백나무·식나무·차나무·소나무·치자나무 등에 적용되고, 근삽은 줄기삽이 어려운 오동나무·닥나무·음나무·모과나무·튤립나무·대추나무·뽕나무 등에 적용**된다.

(1) **휴면지삽수**

전년도에 자란 가지로 겨울이나 이른봄 휴면상태에 있는 가지를 잘라서 보관하거나 바로 삽목한다.

(2) **반숙지삽수**

상당수의 상록활엽수류에 적용되며 **봄에 1차생장을 한 후 초여름 장마기에 생리적 활동이 둔화되어 조직이 경화된 줄기를 채취**한다.

(3) **미숙지삽수**

라일락·병꽃나무·조팝나무 등의 삽목에서 볼 수 있는 것처럼 **4~5월 전후 신초의 생장이 활발히 진행되는 봄에 새로 자란 녹색의 부드러운 줄기에서 채취**한다.

5. 삽수의 채취와 보관

(1) **휴면지삽수는 삽수가 휴면상태에 있는 늦겨울이나 이른봄에 채취하여 일정한 길이로 잘라서 습한 모래나 톱밥과 함께 0~5℃의 냉습한 장소에 보관**한다. 보습상태를 유지하기 위하여 폴리에틸렌 필름 주머니에 습한 톱밥과 함께 보관하기도 한다.

(2) 일부 수종은 가을에 삽수를 채취하여 바로 삽목하기도 한다. **가을에 삽수를 채취할 경우에는 삽수를 조제한 후 발근촉진제를 처리하고 20℃ 안팎의 높은 온도에 3~5주 동안 보습상태로 보관하여 캘러스 발생을 유도한 다음에 바로 삽목하거나 다시 5℃ 미만의 저온에 초봄까지 저장한 후 삽목**한다.

6. 삽목시기와 발근촉진

(1) 휴면지삽수는 초봄 생리활동이 시작되는 시기에 가능한 한 빨리 삽목하고, 일부 수종은 늦은 가을에 삽목하기도 한다.

(2) 미숙지삽수(녹지삽수)는 신초가 한창 생장하고 있는 5월 전후에 채취하여 삽목할 수 있다.

(3) 반숙지삽수는 수목이 1차생장을 완료한 후 잠시 생리활동이 둔화되는 6~7월 장마기 중에 채취하여 바로 삽목을 실시한다.

(4) 발근촉진을 위해 인돌초산(IAA)이나 인돌부티르산(IBA), 나프탈렌초산(NAA) 등의 수용액이나 분제를 처리하거나, 설탕물을 쓴다.

> **근삽**
> ① 사시나무류처럼 지삽이 어려운 경우와 오동나무·귤류·보리수나무류·장미류·개오동나무·산닥나무·은백양·뽕나무·닥나무·산사나무·가죽나무·아카시아·대추나무·음나무·등나무·페칸·아가씨꽃나무류·모과나무·아그배나무·황매화나무·백합나무(튤립나무)·라일락 등에서 이용한다.
> ② 늦겨울이나 초봄, 아직 뿌리에 저장양분이 많고 휴면 중에 있을 때 실시한다. 사시나무류의 근삽수를 땅에 묻어 두면 많은 움싹가지가 돋아나와 뿌리를 잘라 여러 개의 근삽 맹아묘를 얻을 수 있는데 이것을 RS삽수라 한다.
> ③ 대나무의 지하경번식은 근삽과 비슷하나 지하경삽목이라고 하는 것이 조직의 종류상 타당하다.

7. 삽목의 실행

삽수의 재식 방법에 따라 수직삽, 사삽, 곡삽 등으로 구분할 수 있다. 깊이는 수종의 특성이나 삽수의 형태, 규격, 삽목상의 조건 등에 따라 차이가 있다.

이태리포플러, 현사시와 같은 교목성 단간의 줄기를 유도하기 위해서는 삽수 거의 대부분을 삽목상 지면 하부에 위치하도록 수직으로 깊이 꽂아 최상부의 눈 하나만 외줄기로 자라 올라오도록 하는 것이 좋다.

(1) **삽수의 조제법(지삽)**
    ① 삽수의 종류 및 낙엽활엽수, 상록침엽수 또는 상록활엽수 간에 차이가 있다.
    ② 조제된 삽수의 밑부분에는 삽목상에 꽂기 전에 깨끗한 황토로 새알크기만한 흙떡을 붙여주는 것이 삽수의 부후나 건조예방 등에 좋다.
    ③ 민삽수(단순삽수)는 포플러류·버드나무류·버짐나무 등의 삽수 조제에 사용되며, 삽수 밑부분을 비껴깎아 발근면적이나 수분흡수면적이 확대되도록 한다.
    ④ 향나무나 동백나무 등의 상록침엽수나 상록활엽수에 흔히 적용되는 종삽수(踵揷穗)나 곰방메삽수(撞木揷穗)는 2년생 가지의 조직 일부를 붙여 삽목함으로써 2년생 조직에 존재하는 기성근기(旣成根基) 등의 발근을 도모하고 연약한 1년생 조직의 부후도 예방할 수 있다.
    ⑤ 삽수는 절간생장이 도장하지 않은 충실한 가지로 하고, 침엽수종은 5~25cm, 상록활엽수종은 7~15cm, 낙엽활엽수종은 15~20cm로 마련한다.
    ⑥ 소나무류와 낙엽송류는 길이가 짧아야 하고, 10cm 이상이 되면 발근율이 크게 저하되며, 포플러류, 버드나무류, 플라타너스 등은 긴 삽수로 조제한다.
    ⑦ 삼나무, 편백, 향나무, 주목 등 상록침엽수에 대한 휴면지삽수는 일반적으로 끝눈을 붙여서 15~20cm 정도의 길이로 다듬고, 하부 1/3~1/2의 줄기에 붙어있는 작은 측지나 잎은 제거한다.
    ⑧ 동백나무, 호랑가시나무, 사철나무 등 상록활엽수종의 삽수는 길이를 15cm 정도로 하고, 끝쪽에 4~6매의 잎을 붙인다.

(2) **삽목 밀도 및 깊이**
    ① 소나무류의 삽목밀도는 $1m^2$당 400본 이상을 꽂을 수 있다.
    ② 삼나무 삽수로서 길이가 25cm 정도이면 $1m^2$당 60~100본을 꽂을 수 있다.
    ③ 포지에 삽목할 때, 특히 생장이 빠른 것은 $1m^2$당 10~25본 정도를 꽂고 열간을 50cm 정도로 해서 줄로 꽂기도 한다.
    ④ 일반 녹화용, 조경용 수종, 화목류의 포지삽목인 때에는 보통 $1m^2$당 50본, 많을 때는 200~300본을 꽂기도 한다.
    ⑤ 삽목상의 조건과 삽수의 크기에 따라 꽂는 깊이가 다르지만, 가능하면 삽수길이의 1/3~2/3 가량이 땅속으로 들어가도록 하고 5~15cm의 깊이에 기부 절단면이 위치하도록 하는 것이 좋다.
    ⑥ 낙엽활엽수의 휴면지 삽수는 그 길이의 2/3 정도가 땅속으로 들어가도록 한다.

8. **삽목상 관리**
(1) **수분을 적절하게 유지하는 일이 중요**하며, 특히 증산을 최소화하기 위해 **삽목상의 대기습도를 높게 유지**한다. 이에 따른 과습과 통기불량으로 삽수가 부후될 가능성을 고려하여 주기적으로 살균제를 뿌려주고 통기성 또한 개선할 필요가 있다.
(2) **가능한 한 삽목상의 하부온도는 지상부보다 다소 높게 유지**하며, 변온이 발근촉진에 도움이 된다.

(3) 삽수 발근에 영향을 미치는 인자

① 삽수는 대부분 20~25℃ 안팎에서 발근이 잘 되고 10℃ 이하나 30℃ 이상에서는 불리하다.
② 주야로 3~5℃ 안팎의 차이를 주는 온도변화가 유리하다.
③ 지상부보다 **지하부의 온도를 5℃ 정도 높여주는 것**이 지상부의 생리적 활동을 억제하면서 지하부의 발근을 촉진하는데 도움이 될 수 있다.
④ 부분적으로 해가림을 하여 강한 광선을 막아주면서도 적절한 수준의 광도를 유지시키는 것이 좋다.
⑤ 입고병을 예방하기 위해서는 살균제 처리와 함께 삽목상의 상토 또한 살균처리된 배양토나 기타 배수 및 **통기성이 좋은 모래** 등을 사용하는 것이 좋다.
⑥ 삽수발근촉진에 영향을 미치는 대표적 식물호르몬은 옥신류로서 IAA, IBA, NAA, 2,4-D 등이 있다. GA나 사이토키닌, ABA, 에틸렌 등의 식물호르몬도 저농도로 처리할 때 옥신을 도와 발근을 촉진하는 경우가 있다. 2,4-D는 **고농도에서 강력한 제초효과를 보이지만, 저농도에서는 발근촉진에 효과적으로 작용**한다.

3 접목묘

1. 접목(접붙이기)의 이해

(1) 뿌리 부분을 대목, 줄기와 가지가 될 부분을 접수라고 하며, 대목은 친화성이 있는 야생 수종의 실생묘가 좋고, 접수는 형질이 뛰어나며 품종이 확실한 것을 선택한다.

(2) 대목과 접수의 형성층을 서로 맞닿게 하여 두 조직이 연결되도록 하며 형성층이 맞으면 접수와 대목의 삭면에 캘러스 조직이 생겨 서로 융합하여 자라게 된다.

(3) 접목묘는 과수, 유실수, 꽃나무 등의 번식에 많이 사용하지만, 기술이 필요하고 시간과 비용이 많이 드는 단점을 가지고 있다.

(4) 접목의 위치에 따라 저접과 고접으로 나눈다. 저접은 뿌리 부분인 근관부나 지상 5~15cm의 범위에 있는 원줄기에 접을 붙이는 것이며, 고접은 그 이상의 높이에 접을 붙이는 것이다. 시기에 따라 봄접, 여름접, 가을접으로 나누고, 접수의 재료에 따라서도 가지접, 눈접 등으로 나누며 일반적으로 가지접을 많이 사용한다.

(5) **접목의 이점**

① 클론보존: 모체의 유전성을 그대로 계승시킬 수 있다.
② 대목효과: 대목의 토양환경에 대한 적응력과 접수의 생산성 등이 한 개체의 나무에 결합될 수 있다.
③ 바이러스의 연구: 병징을 잘 발현시키는 개체에 접목해서 바이러스의 존재를 알 수 있다.
④ 개화・결실의 촉진: 어린 대목일지라도 오래된 나무의 접수를 쓰면 개화・결실이 빨라진다.

(6) 접목의 조직 유합과정

캘러스형성 → 캘러스연결 → 캘러스가교 형성 → 형성층세포 발달 → 목부, 사부 분화

2. 활착요인

(1) 대목과 접수의 친화성
① 대목과 접수가 조직적으로 유착이 잘 될 때 친화성이 있다고 한다.
② **같은 종에 속하는 품종 간에는 친화력이 좋고, 종간 접붙임은 친화력이 줄어들지만, 해송에 섬잣나무, 가래나무에 호두나무는 접붙임이 잘 된다.**
③ 야생 수종을 대목으로 사용하는 것이 환경에 잘 견딘다.
④ 접목불화합성
  ㉠ **지발성 불화합성(遲發性 不和合性)**: 접목불화합성은 접목 초기에 바로 나타나는 경우가 흔하지만 처음에는 접목된 상태를 유지하다가 상당 기간이 지나면서 생리적 또는 조직적인 차이가 확대되어 불화합성이 표현되는 것이다.
  ㉡ **전이성 불화합성(轉移性 不和合性)**: 중간대목을 사용하여도 불화합성을 극복할 수 없다.
  ㉢ **접촉성 불화합성(接觸成 不和合性)**: 대목과 접수에 다같이 친화성을 지닌 중간대목을 이용하여 이중접목을 할 때 불화합성이 극복된다.

(2) 수목의 특성
호두나무, 참나무류처럼 원래 접붙이기가 어려운 수종들이 있다.

(3) 대목과 접수의 생리 상태
대목은 물이 올라 생장이 시작되고, 접수는 아직 휴면상태에 있는 경우가 활착이 잘 된다.

(4) 온도와 습도
① 대목과 접수의 삭면에서 캘러스 조직의 발달을 촉진시키기 위해서는 접목부위의 **온도를 20~30℃ 안팎**으로 유지시킨다.
② 대기습도를 높게 유지시키며, **충분한 산소공급은 캘러스 조직 형성에 필요한 세포분열을 위해 필수적이다.**
③ 접목 부위에 접밀을 바르고 비닐로 싸주면 건조를 막고 빗물 등의 이물질이 들어가지 않도록 해주며, 접붙인 부위를 고정시킬 수 있다.

(5) **접붙임 기술과 방법**
접붙이는 사람의 기술 숙련도와 사용한 접목 방법 또한 활착에 커다란 영향을 끼친다.

> **속간접목**
> 과가 같고 속이 다른 개체간의 접목을 말하며, 탱자나무속이 해당된다.

3. 접수와 대목 준비

(1) 접수로 사용되는 가지는 대부분 전년도에 자란 1년생 가지이지만 일부 당년에 새로 나온 가지나 2년생 가지로 접목하는 것이 좋을 때가 있다.

(2) 이들 접수는 늦은 겨울이나 이른 봄에 휴면상태에 있는 가지를 채취한 후에 물이끼나 젖은 톱밥 등을 채운 비닐봉지나 마대에 넣어 습윤한 상태로 2~3℃ 안팎에서 저온저장을 한다.

(3) 대목은 실생묘나 삽목묘, 취목묘 등을 이용할 수 있으며, 이들은 접목하기 전년도까지 적절한 크기로 육성하여 접목포장에 미리 식재해 놓는 것이 좋다.

4. 접목의 종류와 방법

(1) **접목의 종류**

① 접목은 접목하는 부위나 접수 또는 대목의 재료 특성에 따라 크게 줄기접·근접·근관접·종자접·아접 등으로 구분할 수 있다.

② 줄기접에는 절접·박접·할접·설접·복접·합접·기접·호접·교접 등이 있으며, 그 밖에도 홈접·가구접·안접·삭접·삽접·상접 등의 다양한 접목방법이 적용되고 있다.

③ 줄기접과 달리 아접은 줄기에 붙은 눈을 떼어내어 접수로 사용하는데, 접수와 대목의 조제방법에 따라 여러 가지로 구분된다.

④ 대부분의 줄기접은 봄철에 실시하지만 아접은 수종이나 접목방법 등에 따라 접목시기가 봄철과 가을철로 구분된다.

⑤ 근접은 뿌리 전체를 대목으로 사용하는 전근접과 뿌리 일부를 잘라서 대목으로 사용하는 편근접으로 구분된다.

⑥ 근접은 주로 설접이나 할접의 형태로 접수와 대목을 조제하여 접목하며, 양접이 적용된다.

⑦ 근관접의 대목의 줄기와 뿌리의 경계 부분을 절단하여 접목하며, 낙엽활엽수를 대상으로 설접이나 절접, 합접, 박접 등의 방법이 적용된다.

(2) **줄기접의 종류와 방법**

① 절접(切椄)

㉠ **밤나무를 포함한 유실수와 기타 여러 가지 수종에 흔히 적용되는 접목방법**이다.

㉡ 접수 조제는 건전한 눈이 2~3개 달린 길이 5~10cm 안팎의 접수를 골라 접수 하단 평활한 부분에 약 2cm 안팎의 삭면을 만들고 반대쪽에 1cm 미만의 비스듬한 삭면을 만들어 마르지 않도록 한다.

㉢ 대목은 저접의 경우에는 지상 10cm 안팎, 고접의 경우에는 30cm 이상의 부위를 절단한 후 절단면 한쪽으로 치우쳐 약간의 목질부를 붙인 삭면을 접수의 삭면 길이와 비슷하게 수직으로 깎아 만든다. 이후 접수와 대목의 삭면에 평행으로 노출된 형성층을 가능한 한 가깝게 밀착시켜 접목끈으로 단단히 묶어준다.

② 박접(剝接) : 접수의 조제는 절접과 같고 **대목은 절접과 달리 수피만을 대상으로 1줄 또는 2줄의 칼집을 넣어 접수를 목질부와 껍질 사이의 형성층 부위로 밀어 넣어** 대목과 접수의 형성층을 밀착시킨 후에 접목끈으로 묶어준다.

③ 할접(割接)
   ㉠ **대목이 굵고 세로로 잘 쪼개지는 감나무나 소나무 등에 적용**되며, 근접이나 종자접에서도 자주 이용되는 방법이다.
   ㉡ 소나무나 활엽수의 고접에도 이용하는 방법이다.
   ㉢ 접수의 조제는 접수 하단에 양면으로 동일한 길이와 형태를 지닌 삭면을 만들며, **대목은 절단면의 중심부를 수직으로 갈라 틈을 만들고 접수를 틈 한쪽 또는 양쪽에 끼워 넣는다.** 이때에도 대목과 접수의 형성층을 밀착시켜야 접목활착률을 높일 수 있다.

④ 설접(舌接)
   ㉠ **뿌리와 같이 조직이 유연한 대목을 사용할 때 적용하기 쉬운 접목법으로, 접수와 대목의 굵기가 비슷할 때 유리**한 접목방법이다.
   ㉡ 접수와 대목은 동일한 길이와 형태를 지닌 삭면을 2중으로 만들어 삭면을 서로 끼워 형성층이 밀착되도록 한 후 접목끈으로 묶어준다.

⑤ 복접(腹接) : **굵은 대목의 측면부에 비스듬히 삭면을 만들고 여기에 맞는 쐐기모양의 삭면을 지닌 접수를 조제**하여 끼워 넣는 단순복접, 대목과 접수의 삭면을 설접에서와 같은 혀모양으로 제조하여 끼워 넣는 복설접, 그리고 절접형태의 삭면을 조제하여 접하는 복절접으로 세분할 수 있다.

⑥ 합접(合接)
   ㉠ **줄기가 단단하고 탄력이 적으며 수조직이 발달하거나 수액이 지나치게 많이 유출되는 호두나무** 등에 적합한 접목방법이다.
   ㉡ 대목의 상단과 접수의 하단에 비스듬한 삭면을 대칭으로 만들어 밀착시키는 방법이다.

⑦ 기접(寄接)
   ㉠ 서로 독립적으로 자라고 있는 접수용 묘목과 대목용 묘목을 나란히 접근시킨 후 양쪽 묘목의 측면에 삭면을 만들어 서로 밀착시킨 상태에서 접목끈으로 단단하게 묶어주는 접목방법이다.
   ㉡ 접목 활착이 이루어진 다음에는 대목용 묘목의 상부 가지와 접수용 묘목의 하부 줄기를 제거한다.

⑧ 호접(呼接)
   ㉠ 접목과정에서 대목의 상단부가 사전에 절단 제거되는 것이 기접과 다른 점이다.
   ㉡ 호접은 접수로 사용되는 **나무의 밑둥이나 뿌리가 썩어 고사할 우려가 있을 때 이를 살리기 위한 접목방법으로 흔히 이용**된다.

⑨ 교접(僑接) : 귀중한 나무의 줄기 밑부분이 상처가 생겨 통도장애 등에 의한 고사위험이 있을 때 상처난 줄기의 상·하부를 이어주는 다리 역할의 접수를 조제하여 붙여줌으로써 물질의 통도기능을 회복시켜 주는 접목방법이다.

⑩ 유대접: 참나무류·밤나무와 같이 **대립종자를 미리 최아해서 발아시키고, 자엽병이 붙어있는 곳으로부터 약간 위에서 유경을 끊고 자엽병 사이로 칼을 넣어 배축을 내려 쪼개고, 이에 마련한 접수를 꽂아 접목을 완성하는 방법**이다.

> 📖 **눈접**
> ① 접눈을 대목의 껍질 사이에 넣어 접을 붙이는 방법으로 아접이라 한다.
> ② 복숭아, 자두 등 핵과류와 장미에 많이 이용한다.
> ③ 여름철에 실시하는 눈접은 채취할 눈 1.5cm 아래에 칼을 대고, 물관부가 약간 붙게 하여 전체 길이가 2.5cm 정도 되게 위로 칼집을 낸 다음, 눈 위에 칼을 대고 눌러 접눈을 뒷면의 물관부가 붙지 않도록 따낸다.
> ④ 대목은 원줄기를 자르지 않은 상태에서 근관부에 예리한 칼을 이용하여 T자로 금을 긋거나 긴 타원형으로 칼자국을 내어 껍질을 벌린다. 여기에 접눈을 넣고 접목용 비닐 테이프로 결박한다.

🌱 **줄기접의 접목방법**

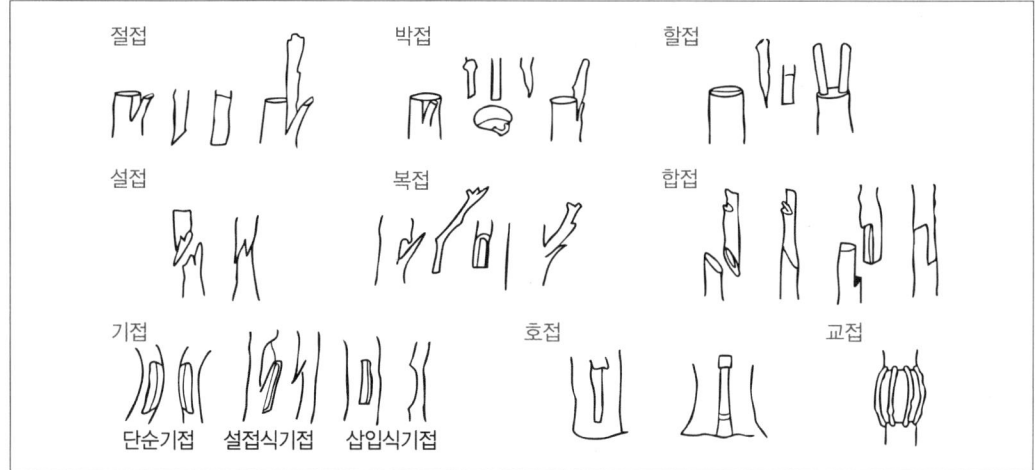

5. 접목 후의 접목묘 관리

(1) 접목 후 접목상의 온도·습도·광선 등의 생육환경을 적정 상태로 유지한다.

(2) 접목 후 활착되는 과정을 지켜보면서 대목에서 자라나오는 맹아 등의 가지는 제거하고 접목부위가 유착된 후에는 접목끈을 느슨하게 다시 묶어줌으로써 접목부위가 비대생장을 하는데 지장을 받지 않도록 해야 한다.

(3) 묘목에 발생되는 곁가지와 맹아주는 수시로 제거한다.

(4) 접목 후 완전히 활착되면 접목끈은 제거하고 떨어지지 않도록 지주를 세워준다.

(5) 접목부위는 겨울철 동해를 입을 수 있으므로 이를 막기 위한 백세(白洗, white wash)를 발라주는 것이 좋다.

🌱 주요 수종의 접붙이기 번식에 쓰이는 대목

접수	대목	접수	대목
소나무류	해송	은행나무	은행나무
섬잣, 백송	해송	밤나무	밤나무
매화나무류	개복숭아	대추나무	묏대추
백목련	목련	매실나무	개복숭아
장미	찔레	사과나무	해당화
호두나무	가래나무	배나무	산돌배나무

4 취목, 분근묘

1. 취목(휘묻이)

곁가지 일부분의 겉껍질을 벗겨 땅 속에 휘어서 묻어 뿌리가 내리면, 그 아래 부분을 잘라 심어 새로운 개체를 얻는 무성번식법이다.

(1) **취목법의 종류**

① **단부취목**: **나무딸기종류의 번식방법**으로 주로 사용되며 가지를 굽혀서 그 끝을 땅속에 묻어 발근을 유도하면서 가지가 굴곡생장을 통해 지상으로 자라나와 정아를 형성하도록 유도한다.

② **단순취목**: 지면 가까이 있는 가지를 굽히고 굽혀진 가지 밑부분이 땅속에 고정된 상태로 발근이 되도록 하며 **가지 끝은 지상으로 나오게** 한다.

③ **파상취목**: **등나무·칡·으아리 종류와 같은 덩굴식물의 줄기를 지하에 반복해서 묻어** 땅속에 묻힌 줄기의 굽혀진 부분에서 부정근이 발생하도록 유도한 다음에 모식물체로부터 분리시키는 방법이다.

④ **맹아지취목**: **줄기 밑부분을 지표 부근에서 절단하고 여러 개의 맹아 발생을 유도하면서 그 위에 흙을 덮어** 맹아의 밑부분에 부정근이 발생되도록 하여 모식물체로부터 분리한다.

⑤ **매간취목**: **취목 대상수목 전체 또는 줄기 대부분을 고랑에 수평으로 눕혀서 흙으로 덮은 다음에** 그 위에 발생하는 새 가지의 밑부분에 뿌리를 발생시킨 후 늦가을이나 이듬해 초봄에 모식물체로부터 분리시키는 방법이다.

⑥ **공중취목**: **지상에 존재하는 가지의 일부에 상처를 내고** 발근촉진제를 바른 후에 상처부위를 축축한 물이끼나 토탄 등의 보습제로 채운 후에 비닐로 싸서 발근을 유도한 후 충분한 발근이 이루어지면 모식물체로부터 분리시키는 방법이다.

2. 분근묘(포기나누기)

(1) 뿌리가 달려 있는 포기를 나누어 새로운 개체를 얻는 번식법이다.

(2) 뿌리에서 여러 가닥의 줄기가 발생하는 수종인 황매화, 개나리 또는 뿌리에서 움돋이가 잘 발생하는 수종에 이용하는 방법이지만 널리 쓰이지는 않는다.

5 생물공학과 조직배양

1. 조직배양

(1) **조직배양의 의의**
　① 식물의 조직을 무균상태의 영양 배지에서 배양하여 완전한 식물체로 만드는 것을 조직배양이라 한다.
　② 식물의 어린 조직 일부를 옥신이 첨가된 배지에 배양하면 분화되지 않은 유세포의 덩어리가 생기며 이를 유상조직이라 한다. 이때 시토키닌을 첨가하면 세포분열이 촉진되며, 유상조직을 배양할 때 옥신과 시토키닌의 첨가 비율은 유상조직의 분화에 큰 영향을 끼친다.
　③ **시토키닌 함량이 높을 때는 유상조직이 줄기로 분화하여 잎, 눈, 줄기를 형성하고, 옥신의 함량이 높을 때는 유상조직이 뿌리를 형성한다.** 옥신과 시토키닌의 비율을 적절히 조절하면서 유상조직에서 줄기와 뿌리를 가진 완전한 식물체를 만들 수 있다.
　④ 조직배양의 과정은 어린 눈 조직 채취 → 살균소독 → 유상조직 배양 → 시토키닌 첨가 배양 → 줄기 형성 → 옥신 첨가 배양 → 뿌리 형성 → 화분 이식이다.

(2) **기내배양**
　① 아배양(芽培養): 눈이 붙은 줄기를 기내에서 배양하는 것이다. 발근율은 수종에 따라 차이가 크다. 유칼리나무와 포플러류가 잘 이용된다.
　② 체세포배배양: 체세포배는 원재료와 같은 유전적 특성을 갖고 있으므로 우량목을 재료로 할 경우 그 유전적 특성을 그대로 활용할 수 있는 장점이 있다. 체세포배 이용은 수종에 따라 이용 가능성이 다르다. 접삽목 등 무성번식이 잘 안되는 침엽수에서 주로 **미숙배를 배양**하여 성공을 거두고 있고 미숙배가 아닌 묘목의 눈을 이용하여 체세포배 유도에 성공한 예도 있다. 기내에서 만들어진 체세포배 식물체는 외부에 식재하기 전에 **순화과정이 필요**하다.

> **무성번식과 조직배양의 장점**
> ① 클론으로 보급되어 종자번식에서는 이용 곤란한 가계 내 분산과 비상가적 분산도 얻을 수 있어 **높은 유전 획득량**을 올릴 수 있다.
> ② 생산집단에 있어 이용이 클론단위로 이루어지기 때문에 기준면적 이상의 관리를 필요로 하는 채종원에 비해 **클론의 추가 또는 제거가 용이**하며, 사용목적이 다른 **클론을 동일 장소에서 집중적으로 관리**할 수 있다.
> ③ **선발에서 보급까지의 기간을 단축시킬 수 있다.**

(3) **조직배양에 의한 대량증식의 장점**
　① 높은 증식률
　② 소면적으로 가능
　③ 연중 증식의 가능성
　④ 생화학적·생리적인 인자의 인위적 제어 가능
　⑤ 재유령화 유도에 의한 성숙목의 유시성 회복

6 실생묘

(1) 종자가 발아하여 생장한 묘목을 실생묘라 한다.

(2) 실생묘로 번식시 묘목을 대량생산할 수 있고, 암수의 좋은 유전형질을 이어받은 새로운 품종을 얻을 수 있다.

(3) 실생 번식으로 얻은 많은 묘목 중 형질이 우수한 개체를 선발하여 우량한 품종을 얻을 수 있다.

7 시설양묘와 용기묘(포트묘) 생산

시설을 이용한 용기양묘는 일정한 특수 용기에 적당한 배양토를 채운 후에 종자를 파종하여 적절한 생육환경이 조절되는 시설 내에서 집약적으로 대량생산하는 방법이다. **용기묘 양성의 성패는 관수에 달려있다.**

1. 용기묘(포트묘) 양성의 장점

(1) 노지양묘에 비하여 단기에 **대량생산이 가능**하다.

(2) 굴취에 따른 근계의 교란 없이 뿌리가 온전하게 배양토에 싸여진 상태로 임지에 식재되고 식재와 함께 적절한 수준에서 시비도 가능하기 때문에 **활착률과 생장이 뛰어나다.**

(3) 노지묘를 식재하기 어려운 척박한 임지나 암반지역, 석력지(石礫地) 등 **토양이 부족한 입지에도 식재가 용이**하며 묘목의 생산출하 시기나 조림지에서의 **식재시기** 또한 봄부터 가을까지 융통성 있게 조절할 수 있다.

(4) 일정한 적정 생육조건에서 양묘를 하기 때문에 **종자사용의 효율성을 높이고** 생산되는 **묘목의 형질을 일정한 수준으로 유지하면서 양질의 묘목을 생산**할 수 있다.

(5) 일정한 시설 내에서 용기를 이용하여 묘목을 키우기 때문에 묘목생산에 이용되는 포지의 적부 문제나 각종 기상재해, 병해충에 의한 **피해 등에서 비교적 자유로울** 수 있다.

(6) 배양토로 이용되는 각종 재료는 사전에 유해 미생물이나 잡초의 뿌리, 종자 등을 죽이거나 제거하기 때문에 **제초작업의 인건비나 노력을 대폭 경감**할 수 있으며 **병충해의 피해발생도 대폭 줄일 수 있다.**

2. 용기묘(포트묘) 양성의 단점

(1) 용기양묘는 양묘에 필요한 온실시설과 번식 용기 및 재료 등에 소요되는 예산이 많이 요구되어 **묘목의 생산비용이 증가될 가능성**이 있다.

(2) 협소한 시설에서 밀식된 상태를 유지하는 가운데 인공적인 생육환경 하에서 묘목을 키우기 때문에 **사소한 부주의가 전체 양묘사업을 실패로 이끌 수 있다.** 특히, 작은 용기 내에서 제한된 생육공간과 배양토 및 양분에 의지하여 묘목이 생육하기 때문에 **약간의 불리한 생육조건에도 묘목의 생육은 민감하게 반응하여 불량묘가 생산될 수 있다.**

(3) 뿌리가 용기를 감는 현상이 나타나는 등 제한된 공간 내에서 자라는 과정에서 근계발달이 자연상태에서 자라는 **노지묘에 비해 비정상적인 모습을 보일 수도 있다.** 뿌리가 용기 주변을 감는 현상을 방지하기 위해 황산구리 용액을 용기 내벽에 발라 여기에 접촉되는 뿌리 끝이 죽도록 하는 방법이 사용되어 왔으며, 현재는 **각각의 용기에 세로방향으로 개구선을 넣어 개구선을 통해 용기 밖으로 빠져나온 뿌리가 말라죽도록 하고 있다.**

(4) 시설 내에서 생산되는 묘목은 생육환경이 노지와 달라 조직이 연약한 묘목이 되거나 지상부가 웃자라 T/R율이 지나치게 높아져 임지에서의 활착이나 생장에 불리한 모습을 보일 수 있다. 이를 피하기 위해서는 용기묘를 일정 기간 노지에서 경화처리를 하는 등의 **순화과정을 거쳐서 조림지로 반출하는 것이 중요**하다.

(5) **생산된 묘목의 현지 수송과 조림현장에서의 묘목운반 등에서 어려움**이 있다.

(6) 수종별로 용기묘 형태나 규격, 임지의 토양조건 등을 고려한 적정 식재도구가 사전에 개발되지 않으면 용기묘의 식재 효율성을 낮출 수 있다.

> **시설양묘(Container Tree Seedling)**
> ① 시설양묘는 시설 내에서 묘목의 생육단계별로 온도, 광, 수분, 시비, 일장 등을 조절하여 최적의 생육환경에서 우량 묘목을 단기간에 대량생산하는 양묘방법을 말한다.
> ② 시설양묘는 고위도지방(미국, 캐나다, 북유럽)에서 양묘기간을 단축하기 위하여 시작되었다. 오늘날 시설양묘를 이용한 묘목생산이 세계 각지에서 이루어지고 있으며, 캐나다의 경우는 90% 이상을 용기묘로 생산하고 있으며 더욱 널리 증가하는 추세이다.
> ③ 노지묘에 비해 병해충의 피해 발생을 줄일 수 있다.
> ④ 용기묘는 생육환경 스트레스에 대한 적응력이 노지묘보다 높아 봄부터 가을까지 융통성있게 수시로 심을 수 있다.

CHAPTER 04 묘목의 품질

1 품질 판정의 필요성

(1) 묘목은 임업경영을 성공하기 위한 가장 중요한 요인이므로 활력과 발육 상태를 파악하여 우량한 나무로 자랄 수 있는지를 예측하기 위해 묘목의 품질을 판정하는 일이 중요하다.

(2) 좋은 묘목은 산지에 심거나 옮겨 심었을 때 활착과 생장이 잘 되고 병해충 저항력이 강하며 목재의 가치가 높아야 한다. 가치 있는 목재는 나무가 곧게 자라고 줄기 상부와 하부의 지름이 서로 비슷하게 생장하며, 지하고가 높아야 한다.

(3) 묘목의 품질 판단을 위한 기준은 형태적 특성, 생리적 특성, 유전적 특성이며 주로 육안으로 식별 가능한 형태적 특성을 통해 판정한다.

(4) 형태적 품질 판단의 기준은 묘목의 나이와 높이, 근원경, 뿌리의 길이와 발달 형태, 병충해 피해 유무, 이식 횟수, T/R율 등이다. 공신력 있는 기관에서 제시한 자료와 비교하여 기준치보다 좋은 우량한 묘목을 선택할 수 있다.

2 묘목의 연령 표시법

실생묘와 삽목묘에 따라 표시하는 방법이 다르며, 연령과 함께 묘목을 몇 번 옮겨 심었는지를 나타낸다. 옮겨심기를 하면 잔뿌리가 많이 나와 묘목의 활착률이 높아지며 특히, 잔뿌리의 발달이 미약한 곧은 뿌리를 가지는 묘목은 옮겨심기 횟수가 묘목의 품질을 나타내는 주요한 인자이다.

1. 실생묘 표시법

묘목의 연령은 파종상에서 지낸 계절의 수와 그 뒤 판갈이상에서 지낸 계절의 횟수를 연결시켜 표시한다.

> **실생묘 연령 표시의 예**
> ① 1-0묘 : 앞의 1은 파종상에서 지낸 횟수, 뒤의 숫자 0은 판갈이상에서 지낸 횟수(판갈이를 하지 않고 1년이 경과된 종자에서 나온 묘목)
> ② 1-1묘 : 파종상에서 1년을 지낸 후 판갈이하여 다시 1년이 지난 만 2년생 묘목(한 번 옮겨 심은 실생묘)
> ③ 2-0묘 : 파종상에서 2년을 지내고 판갈이상으로 옮겨 심지 않은 2년생 묘목
> ④ 2-1-1묘 : 파종상에서 2년, 판갈이 후 1년, 한번 더 판갈이하여 1년 지난 만 4년생 묘목

2. 삽목묘 표시법

삽수를 실생묘의 종자에 해당하는 것으로 취급해서 삽목이 이루어진 해부터 나이를 계산하며, 분모는 뿌리의 연령, 분자는 줄기의 연령을 나타낸다.

> **삽목묘 연령 표시의 예**
> ① 0/0묘: 뿌리와 줄기가 모두 없는 삽수(실생묘의 씨앗에 해당)
> ② 0/1묘: 삽수를 꽂아 뿌리와 줄기가 1년이 되었을 때 줄기 부위를 자르고 뿌리 부분만 남긴 것(뿌리묘 또는 근주묘)
> ③ 1/2묘: 뿌리의 나이 2년, 줄기의 나이 1년 된 삽목묘(줄기의 나이가 뿌리의 나이보다 적은 묘는 대절묘)

3 품질과 규격

1. 우량 묘목의 조건

(1) 종자 산지나 출처를 확인할 수 있는 채종원이나 채종림에서 생산된 종자로 양묘한 묘목으로서 **우량한 유전적 품질**을 지닌 것

(2) 전체적으로 양호한 발달 상태와 왕성한 수세를 지니면서 **조직이 단단하고 충실**한 것

(3) 주지가 세력이 강하고 곧게 자라면서 **정아가 측아보다 우세한 것**

(4) 주지를 압도하지 않는 범위 내에서 **측지가 사방으로 고르게 잘 발달**한 것

(5) 근계발달이 충실하면서 주근, 측근 및 세근이 사방으로 균형 있게 발달한 것

(6) 지상부와 지하부가 상호균형을 이루어 **T/R율이 정상범위**에 있는 것

(7) 수종 고유의 광택이 유지되는 것

(8) 상처나 병해충의 **피해가 없는 것**

(9) 균근이나 근류근 등의 **공생미생물이 충분히 부착**되어 있는 것

2. 묘목 규격

묘목을 판매하거나 식재할 때 묘목 규격이 매우 중요한 기준이다. 묘목 규격은 묘목의 가격을 결정하는 기준이며, 산지에 심었을 때 활착과 생장이 잘 될 수 있는 묘목의 등급을 구분하는데 쓰인다. 묘목의 품질과 규격은 수종에 따라 다르며 연령이나 사용할 목적에 따라 다른 기준을 적용하기도 한다. 일반적으로 적용되는 묘목의 규격은 **수종별, 묘목의 나이별로 줄기 길이(간장, cm), 뿌리 길이(근장, cm), 뿌리목 지름(근원직경, mm)**으로 구분하여 합격묘의 최소기준을 제시한다.

(1) **줄기 길이**

뿌리와 줄기의 경계선인 근원부에서 꼭지눈까지의 길이이며 cm로 표시한다.

(2) **뿌리 길이**

근원부에서 가장 긴 뿌리 끝까지의 길이이며 cm로 표시한다.

(3) 근원경

근원부의 너비이며 mm로 표시하고 지름이 굵을수록 우량묘이다. 뿌리와 근원경의 발달은 정비례한다.

🌱 **우리나라 조림용 묘목의 T/R율**

구분	묘령	T/R율	구분	묘령	T/R율
낙엽송	1-0 1-1	1.6~1.7 2.0~2.3	리기테소나무	1-0 1-1	4.8~5.3 3.4~3.7
해송	1-0 1-1	3.1~3.2 3.1~3.3	상수리나무	1-0	1.15
리기다소나무	1-0 1-1	3.8~4.1 2.5~3.5	오리나무류	1-0	0.7~1.9

PART 08 단원 OX 문제

01 좋은 묘목은 잔뿌리가 많고 여러 방향으로 뿌리가 잘 뻗어 있다. ( )

02 오리나무상은 고상이다. ( )

03 해가림은 소나무, 해송 등에는 실시한다. ( )

04 묘포는 위도가 높고 한랭한 지역에서는 동남향이 유리하다. ( )

05 소나무상을 만드는 요령은 10cm 높이의 상을 만들면서 상의 표토를 1cm 이하 눈을 가진 체로 쳐서 균일하게 덮은 후 나무 판으로 평탄하게 다진다. ( )

06 파종 묘포는 종자를 뿌려 실생묘를 양성하는 파종상으로 이용된다. ( )

07 묘목 양성을 위한 포지는 비옥도보다는 토양의 물리적 성질이 더 중요하다. ( )

08 시마진은 경엽에 흡수되어 해를 나타내며, 효력지속기간이 길어 2개월 이상에 이른다. ( )

09 이동 묘포는 필요할 때마다 옮겨서 조성되는 포지로서 조림 예정지 부근에 포지를 선정하여 일시적으로 묘목 양성에 쓰는 것이다. ( )

10 상수리나무를 포함한 침나무류나 밤나무, 호두나무, 칠엽수 등과 같은 대립종자들은 종자를 산파한다. ( )

11 복토작업은 토양의 수분과 온도를 조절하고 풍화작용을 촉진하여 식물 양분을 가용성으로 만든다. ( )

12 잣나무와 같이 발아과정에서 조류의 피해가 심한 종자는 붉은색 광명단을 종자에 입혀서 파종하는 것이 좋다. ( )

13 느티나무나 아까시나무, 물푸레나무, 단풍나무, 옻나무와 같이 크기가 중립인 종자로서 발아 후 실생묘의 생육이 빠른 종자들은 줄뿌림(drill sowing, line sowing)으로 파종하는 것이 좋다. ( )

14 소나무류나 삼나무, 편백, 낙엽송, 가문비나무, 오리나무, 자작나무 등의 세립종자는 대부분 흩어뿌림(broadcast sowing)으로 파종한다. ( )

15 파종상의 경우 5° 이상의 경사지가 적합하며, 경사가 10° 이상이면 강우 시 표토의 유실로 파종상의 경우 매우 심한 피해를 입는 경우가 있다. ( )

16 파종 후 흙을 덮는 두께는 보통 종자 지름의 1~3배 안팎에서 조정되지만 오동나무나 자작나무, 오리나무류와 같은 세립종자는 깨끗한 가는 모래를 살짝 뿌려주거나 단순히 종자를 뿌린 지면을 가볍게 눌러주는 것이 좋다. ( )

17 경운작업은 잡초의 뿌리를 노출시키게 하고 잡초의 종자를 땅속 깊이 묻어주며 해충의 알, 번데기와 유충도 어느 정도 구제할 수 있다. ( )

18 상체는 묘목의 줄기가 가늘고 길게 웃자라는 것을 방지하고, 주근이 발달하는 묘목을 적절히 단근하고 옮겨 심어 곁뿌리와 잔뿌리의 발생을 촉진하여 튼튼한 산출묘를 생산하기 위해 실시한다. ( )

19 경운작업은 토양 중에 묘목 생육에 유용한 세균의 수효를 감소시킨다. ( )

20 솎아내기는 본엽이 나온 때와 약 6월 하순경 실시한다. ( )

21 상체작업시 일반적으로 묘목이 클수록 소식하며, 지엽이 옆으로 확장하는 것(삼나무, 편백 등)은 소식하고, 반대로 소나무와 해송 등은 더 밀식할 수 있다. ( )

22 1년생 산출묘로서 단근하지 않는 것은 심근성인 낙엽송, 느티나무, 전나무, 삼나무, 편백이다. ( )

23 삽수의 절단면에서 뿌리가 형성되는 과정은 트라우마틴산 분비-유상조직 형성-근원기 형성-뿌리 발달이다. ( )

24 봄철 판갈이 작업은 생리적 활동이 빨리 시작되는 소나무나 전나무 등에서 먼저 시작되며, 낙엽송이나 편백 등은 소나무나 전나무의 이식이 끝나면 바로 이어서 실시된다. ( )

25 향나무, 주목, 측백나무, 개나리, 포플러류, 버드나무류는 삽수의 발근이 비교적 잘 되는 수종이다.
(   )

26 어린 나무에서 채취한 삽수가 늙은 나무에서 채취한 삽수보다 발근이 잘 안 되며, 오래된 나무는 줄기를 잘라 새로운 움을 발생시켜 삽수를 채취하면 발근이 잘 안 된다.
(   )

27 근사미는 식물체의 뿌리에 처리된 약제가 경엽으로 옮겨가서 살초효과를 나타낸다. (   )

28 C/N율이 낮은 삽수는 발근이 잘 된다. (   )

29 묘포에서 단근작업은 묘목의 철늦은 자람을 억제하고, 측근과 세근을 발달시켜 산지에 재식했을 때 활착률을 높이기 위해 실시한다.
(   )

30 측지보다 주지에서, 가지의 선단부보다는 기부에서 삽수를 채취하는 것이 삽목발근에 유리하다.
(   )

31 상체작업을 하지 않고 2년생 이상으로 산출하는 것은 대체로 단근작업을 하지 않는 것이 좋다.
(   )

32 1년생으로 상체하는 수종은 독일가문비와 잣나무이다. (   )

33 반숙지삽수는 상당수의 상록활엽수류에 적용되며 봄에 1차생장을 한 후 초여름 장마기에 생리적 활동이 둔화되어 조직이 경화된 줄기를 채취한다.
(   )

34 삼나무, 편백, 향나무, 주목 등 상록침엽수에 대한 휴면지삽수는 일반적으로 끝눈을 붙여서 15~20cm 정도의 길이로 다듬고, 하부 1/3~1/2의 줄기에 붙어있는 작은 측지나 잎은 제거한다. (   )

35 식물의 전형성능은 식물체의 조직이 유성이 강한 어린 조직일 때 강하게 발현된다. (   )

36 미숙지삽수(녹지삽수)는 신초가 한창 생장하고 있는 5월 전후에 삽수를 채취, 조제하여 바로 삽목할 수 있다.
(   )

37 종삽수는 흔히 포플러류·버드나무류·버즘나무 등의 삽수 조제에 사용되며, 삽수 밑부분을 비껴 깎아 발근면적이나 수분흡수면적이 확대되도록 한다. (   )

38 입고병을 예방하기 위해서는 살균제 처리와 함께 삽목상의 상토 또한 살균처리된 배양토나 기타 배수 및 통기성이 좋은 모래 등을 사용하는 것이 좋다. (   )

39 삽수는 대부분 20~25℃ 안팎에서 발근이 잘 안되고 10℃ 이하나 30℃ 이상에서는 발근이 유리하다. (   )

40 접목시 충분한 산소공급은 캘러스 조직 형성에 필요한 세포분열을 위해 필수적이다. (   )

41 삽목상은 수분환경을 적절한 수준으로 유지하는 일이 중요하며, 특히 증산을 최소화하기 위해 삽목상 주변의 대기습도를 높게 유지할 필요가 있다. (   )

42 접목의 조직 유합과정은 캘러스형성 → 캘러스연결 → 캘러스가교 형성 → 형성층세포 발달 → 목부, 사부 분화이다. (   )

43 같은 종에 속하는 품종 간에는 친화력이 좋고, 종간 접붙임은 친화력이 줄어들지만, 해송에 섬잣나무, 가래나무에 호두나무는 접붙임이 잘 된다. (   )

44 전이성 불화합성은 중간대목을 사용하면 불화합성을 극복할 수 있다. (   )

45 파상취목은 나무딸기종류의 번식방법으로 주로 사용되며 가지를 굽혀서 그 끝을 땅속에 묻어 발근을 유도하면서 가지가 굴곡생장을 통해 지상으로 자라나와 정아를 형성하도록 유도한다. (   )

46 근접은 주로 설접이나 할접의 형태로 접수와 대목을 조제하여 접목하며, 양접(bench grafting)이 적용된다. (   )

47 호접은 밤나무를 포함한 유실수와 기타 여러 가지 수종에 흔히 적용되는 접목방법이다. (   )

48 기접은 서로 독립적으로 자라고 있는 접수용 묘목과 대목용 묘목을 나란히 접근시킨 후 양쪽 묘목의 측면에 삭면을 만들어 서로 밀착시킨 상태에서 접목끈으로 단단히 묶어주는 접목방법이다. (   )

49 공중취목은 지상에 존재하는 가지의 일부에 상처를 내고 발근촉진제를 바른 후에 상처부위를 축축한 물이끼나 토탄 등의 보습제로 채운 후에 비닐로 싸서 발근을 유도한 후 충분한 발근이 이루어지면 모식물체로부터 분리시키는 방법이다. (   )

50 세포배양으로 생산이 가능한 주요 네 가지 물질군은 alkaloid, terpenoid, lignan 및 quinone이다. (   )

51 일반적으로 침엽수는 종자 속의 배나 자엽, 엽속을 조직배양의 재료로 이용하며, 활엽수는 종자를 파종해서 자라는 줄기에서 어린 눈을 채취해서 조직배양의 재료로 이용한다. (   )

52 시설양묘는 고위도지방(미국, 캐나다, 북유럽)에서 양묘기간을 단축하기 위하여 시작되었다. 오늘날 시설양묘를 이용한 묘목생산이 세계 각지에서 이루어지고 있으며, 캐나다의 경우는 90% 이상을 용기묘로 생산하고 있으며 더욱 널리 증가하는 추세이다. (   )

53 용기묘는 노지묘를 식재하기 어려운 척박한 임지나 암반지역, 석력지 등 토양이 부족한 입지에 식재가 불가능하지만, 묘목의 생산출하 시기나 조림지에서의 식재시기 또한 봄부터 가을까지 융통성 있게 조절할 수 있다. (   )

54 용기양묘는 양묘에 필요한 온실시설과 번식 용기 및 재료 등에 소요되는 예산이 많이 요구되어 묘목의 생산비용이 증가될 가능성이 있다. (   )

55 일반적으로 적용되는 묘목의 규격은 수종별, 묘목의 나이별로 줄기 길이(간장, cm), 뿌리 길이(근장, cm), 뿌리목 지름(근원직경, mm)으로 구분하여 합격묘의 최소기준을 제시하기 때문에 그 밖의 중요한 묘목의 생리적인 형질을 정확하게 확인할 수 없는 단점이 있다. (   )

56 1/1묘라는 표시 중 앞의 1은 파종상에서 지낸 횟수, 뒤의 숫자 1은 판갈이상에서 지낸 횟수이다. (   )

Answer

01 ○	02 ×	03 ×	04 ○	05 ○	06 ○	07 ○	08 ×	09 ○	10 ×
11 ×	12 ○	13 ○	14 ○	15 ×	16 ○	17 ○	18 ○	19 ×	20 ×
21 ○	22 ×	23 ○	24 ○	25 ○	26 ×	27 ○	28 ○	29 ○	30 ○
31 ×	32 ×	33 ○	34 ○	35 ○	36 ○	37 ×	38 ○	39 ○	40 ○
41 ○	42 ○	43 ○	44 ○	45 ×	46 ○	47 ×	48 ○	49 ○	50 ○
51 ○	52 ○	53 ×	54 ○	55 ○	56 ×				

PART 08 단원 기출문제

01 삽목에 대한 설명으로 옳지 않은 것은? 2022. 국가직
① 삽수의 C/N율이 높을 때 발근이 더 잘되는 경향이 있다.
② 생식지보다 영양지에서 채취한 삽수의 발근이 더 잘 된다.
③ 늙은 나무보다 어린 나무에서 채취한 삽수의 발근이 더 잘 된다.
④ 리기다소나무 등 자람이 왕성한 주지는 측지보다 발근율이 일반적으로 높다.

02 삽목에 대한 설명으로 옳지 않은 것은? 2017. 추가채용
① 무성번식법으로 묘목을 양성하는 것으로써 근삽과 지삽 등이 있다.
② 전나무, 일본잎갈나무, 느티나무는 삽목 발근이 어려운 수종이다.
③ 삽수 안에 탄수화물이 적고 질소 함량이 많을 때 발근이 양호하다.
④ 삽목을 실행한 이후에 삽목상의 건조를 막기 위해 해가림 시설을 한다.

03 봄철 상체작업을 가장 먼저 해야 하는 수종은? 2021. 지방직
① 편백
② 삼나무
③ 전나무
④ 낙엽송

정답 및 해설 01 ④ 02 ③ 03 ③

01 🌱 **삽수의 발근에 영향을 미치는 인자**
① C/N율이 높은 삽수는 발근이 잘 된다.
② 유성이 강한 어린 나무에서 채취한 삽수는 성숙목에서 얻은 삽수보다 발근이 잘 된다.
③ 주지보다 측지에서, 가지의 선단부보다는 기부에서 삽수를 채취하는 것이 삽목발근에 유리하다.
④ 꽃이 피는 생식지보다는 영양지에서, 수관 상부보다는 하부의 가지에서 삽수를 채취하는 것이 삽목발근에 유리하다.
⑤ 채취한 삽수는 눈을 제거하는 것보다 일부 눈이 달린 채로 삽목하는 것이 발근 호르몬 합성 및 보급에 도움을 준다.

02 ③ C/N율이 높은 삽수가 발근이 잘 된다.

03 ③ 봄상체는 지상부의 자람이 빨리 시작되는 수종을 먼저 작업해야 한다. 소나무류·전나무류가 이에 해당하며, 낙엽송·편백·삼나무 등의 순서로 상체를 한다.

04 상체작업에 대한 설명으로 옳지 않은 것은? 2020. 지방직

① 소나무류, 낙엽송류는 3년생 이상에서 상체하는 것이 좋다.
② 봄이 상체시기로 알맞으며 가을상체는 한해 또는 건조 피해를 입기 쉽다.
③ 주로 직근만 발달하는 수종은 측근이 발달한 후에 상체하는 것이 좋다.
④ 묘목은 클수록, 땅이 비옥할수록 소식한다.

05 파종에 대한 설명으로 옳지 않은 것은? 2015. 국가직

① 가을에 딴 종자를 그해 가을에 파종하는 것을 채파 혹은 추파라고 한다.
② 관리가 잘 된 추파는 대체로 춘파보다 발아력과 묘목의 발육이 더 좋다.
③ 버드나무, 사시나무처럼 종자의 수명이 짧은 것은 채파한다.
④ 파종 후 흙덮기는 종자 지름의 약 5~8배 정도로 하는 것이 일반적이다.

06 산림용 묘포의 적지에 대한 설명으로 옳은 것은? 2021. 7급

① 한랭한 지역에서는 북쪽 사면에 설치한다.
② 온난한 지역에서는 동남쪽 사면에 설치한다.
③ 북반구에서는 조림할 장소보다 북쪽에 설치한다.
④ 사방이 높은 산으로 막힌 곳에서는 기류가 정체되는 장소에 설치한다.

07 용기묘에 대한 설명으로 옳지 않은 것은? 2023. 지방직

① 단기에 대량생산이 가능하고, 조림지 식재시기를 봄부터 가을까지 융통성 있게 조절할 수 있다.
② 제초작업의 인건비를 경감할 수 있으며, 병충해의 피해 발생도 대폭 줄일 수 있다.
③ 생산된 묘목의 현지 수송과 조림현장에서의 묘목운반이 나근묘보다 용이하다.
④ 일정 기간 노지에서 경화처리 과정을 거쳐서 조림지로 반출하는 것이 필요하다.

08 우량묘목의 조건으로 옳지 않은 것은? 2020. 지방직

① 이력이 확실한 채종원에서 생산된 종자로 육성하여 우량한 유전적 품질을 지닌 것
② 전체적으로 양호한 발달 상태와 왕성한 수세를 지니면서 조직이 단단하고 충실할 것
③ 주지가 세력이 강하고 곧게 자라면서 측아가 정아보다 우세한 것
④ 지상부와 지하부가 상호 균형을 이루어 T/R율이 정상 범위에 있는 것

09 파종상의 관리에 대한 설명으로 옳지 않은 것은?   2019. 국가직

① 전나무, 가문비나무, 삼나무, 편백 등과 소립종자의 파종 시 일사와 건조피해를 막기 위해 해가림을 한다.
② 제초작업은 소나무류의 어린 실생묘 묘포에서 실시하며, 관수작업은 상토가 충분히 물을 흡수할 때까지 한다.
③ 가시나무는 파종 당년에 측근과 세근이 발달하므로 1년 만에 상체를 하는 것이 좋다.
④ 불량 묘목을 솎아내는 작업은 어린 묘의 본엽이 출현할 때 시작하며, 수종의 생장상태를 고려하여 8월 하순까지 한다.

10 접목에 대한 설명으로 옳지 않은 것은?   2018. 국가직

① 탱자나무 대목에 귤을 접목하는 것은 종간접목이다.
② 접목을 통해 실생묘보다 개화·결실을 촉진할 수 있다.
③ 대목과 접수 사이에는 접목친화성이 있어야 한다.
④ 수간이 벗겨져 양분 이동에 지장이 있을 때 교접을 이용한다.

정답 및 해설 04 ① 05 ④ 06 ③ 07 ③ 08 ③ 09 ③ 10 ①

04 🌱 **수목의 상체 시기**

> ① 1년생으로 상체하는 수종 : 소나무, 해송, 삼나무, 편백, 낙엽송, 참나무류
> ② 2년생으로 상체하는 수종 : 독일가문비, 잣나무
> ③ 3년생으로 상체하는 수종 : 전나무

05 ④ 파종 후 즉시 보도의 흙을 가는 체로 쳐서 종자 직경의 1~3배 가량의 흙을 덮은 다음 세사를 얇게 덮되 모래땅은 진흙땅보다 건조지는 습지보다 다소 두껍게 덮으며, 낙엽송, 오리나무 등과 같은 세립종자를 복토할 때는 약 3mm 정도 눈금의 체로 흙을 쳐서 종자 1배 정도 두께로 복토한다.

06 ① 묘포는 위도가 높고 한랭한 지역에서는 동남향이 유리하다.
② 온화한 남쪽 지방에서는 북향이 좋다.
④ 사방이 높은 산으로 막혀 상혈이 될 수 있는 지형은 피해야 한다.

07 ③ 용기묘(포트묘)는 생산된 묘목의 현지 수송과 조림현장에서의 묘목운반 등에서 어려움이 있다.

08 ③ 주지가 세력이 강하고 곧게 자라면서 정아가 측아보다 우세한 것이어야 한다.

09 ③ 상록성 참나무류인 가시나무와 같이 파종 당년에 직근만 발달하고 측근이나 세근 발달이 미미한 수종은 1년 만에 판갈이를 하면 고사할 위험이 있으므로 측근이 충분히 발달된 만 3년생이 될 때까지 파종상에 남겨두었다가 판갈이 작업을 하는 것이 좋다.

10 ① 과가 같고 속이 다른 개체 간의 접목일 때 이것을 속간접목이라 한다. 탱자나무(*Poncirus trifoliata*)에 귤(*Citrus*)속을 접목할 때가 이에 해당한다.

11 시설을 이용한 용기묘에 대한 설명으로 옳지 않은 것은? 2020. 국가직
① 묘목 생산시기나 조림지 식재시기를 봄부터 가을까지 융통성 있게 조절할 수 있다.
② 종자사용의 효율성을 높이고 묘목을 형질을 일정한 수준으로 유지할 수 있다.
③ 용기의 세로방향으로 개구선을 만들어 배수기능을 하여 주근의 발달을 촉진시킨다.
④ 일정기간 노지에서 경화처리를 통한 순화과정을 거치면 활착률과 생장이 뛰어나다.

12 굵은 대목의 측면부에 비스듬한 삭면을 만든 다음 여기에 맞는 접수를 조제하여 끼워 넣는 접목방법은? 2018. 지방직
① 설접
② 복접
③ 기접
④ 박접

13 다음 중 삽수 발근이 가장 어려운 수종은? 2018. 서울시
① 느티나무
② 개나리
③ 버드나무
④ 사철나무

14 용기묘에 대한 설명으로 옳지 않은 것은? 2018. 국가직
① 용기묘는 일정 기간 동안 경화처리하여 순화과정을 거친 후 조림지로 반출한다.
② 용기의 개구선(공기구멍)은 세근 발달을 촉진한다.
③ 용기 내에 발생하는 나선형 뿌리는 현장 이식 시 활착과 생장에 유리하다.
④ 용기묘의 뿌리 발달 정도는 조림 후 용기묘의 활착과 생장 능력을 좌우한다.

15 수종별 파종방법이 가장 올바르게 짝지어진 것은? 2018. 서울시
① *Pinus densiflora* - 조파(줄뿌림)
② *Ginkgo biloba* - 산파(흩어뿌림)
③ *Zelkova serrata* - 조파(줄뿌림)
④ *Juglans regia* - 산파(흩어뿌림)

정답 및 해설 11 ③ 12 ② 13 ① 14 ③ 15 ③

11 ③ 용기의 개구선(공기구멍)은 세근 발달을 촉진한다.

12 ① 설접: 뿌리와 같이 조직이 유연한 대목을 사용할 때 적용하기 쉬운 접목법으로, 접수와 대목의 굵기가 비슷할 때 유리한 접목방법이다. 접수와 대목은 동일한 길이와 형태를 지닌 삭면을 2중으로 만들어 삭면을 서로 끼워 형성층이 밀착되도록 한 후 접목끈으로 묶어준다.
② 복접: 굵은 대목의 측면부에 비스듬히 삭면을 만들고 여기에 맞는 쐐기모양의 삭면을 지닌 접수를 조제하여 끼워 넣는 단순복접, 대목과 접수의 삭면을 설접에서와 같은 혀모양으로 조제하여 끼워 넣는 복설접, 그리고 절접형태의 삭면을 조제하여 접하는 복절접으로 세분할 수 있다.
③ 기접: 서로 독립적으로 자라고 있는 접수용 묘목과 대목용 묘목을 나란히 접근시킨 후 양쪽 묘목의 측면에 삭면을 만들어 서로 밀착시킨 상태에서 접목끈으로 단단히 묶어주는 접목방법이다. 접목 활착이 이루어진 다음에는 대목용 묘목의 상부 가지와 접수용 묘목의 하부 줄기를 제거한다.
④ 박접: 접수의 조제는 절접과 같고 대목은 절접과 달리 수피만을 대상으로 1줄 또는 2줄의 칼집을 넣어 접수를 목질부와 껍질 사이의 형성층 부위로 밀어 넣어 대목과 접수의 형성층을 밀착시킨 후에 접목끈으로 묶어준다.

13 🌱 **삽수의 발근**

> ① 삽수의 발근이 비교적 잘 되는 수종 : 향나무, 주목, 측백나무, 개나리, 포플러류, 버드나무류, 은행나무, 플라타너스, 실편백, 무궁화나무, 사철나무, 회양목, 버즘나무류, 진달래류, 찔레나무, 동백나무, 연필향나무, 화백, 비자나무, 찝방나무, 노간주나무, 눈향나무, 메타세쿼이아, 식나무, 댕강나무, 담쟁이, 협죽도, 치자나무, 아왜나무, 서향, 피라칸사, 모과나무, 구기자, 칡, 닥나무, 삼나무, 무화과, 명자나무, 족제비싸리, 쥐똥나무, 오갈피나무, 수국, 병꽃나무, 수수꽃다리, 미선나무, 닥나무, 인동덩굴, 다래, 등나무, 송악, 능소화, 매자나무, 노각나무, 배롱나무, 철쭉류 꽝꽝나무, 사스레피나무, 차나무, 광나무 등
> ② 삽수의 발근이 어려운 수종 : 전나무류, 가문비나무, 편백, 오리나무류, 들메나무, 느티나무, 참나무류, 소나무류, 해송, 리기다소나무, 잣나무, 낙엽송, 금송, 섬잣나무, 스트로브잣나무, 솔송나무, 가시나무류, 귤나무류, 잣밤나무류, 태산목, 자작나무류, 백합나무, 단풍나무류, 매실나무, 옻나무류, 감나무, 계수나무, 밤나무, 호두나무, 벚나무류, 산초나무, 두릅나무, 아까시나무, 자귀나무, 너도밤나무, 사시나무, 고욤나무, 복숭아나무, 백합나무, 사과나무, 대나무류, 계수나무, 팽나무, 물푸레나무, 때죽나무, 이팝나무, 목련, 비파나무, 소귀나무 등

14 ③ 용기묘는 뿌리가 용기를 감는 현상이 나타나는 등 제한된 공간 내에서 자라는 과정에서 근계 발달이 자연상태에서 자라는 노지묘에 비해 비정상적인 모습을 보일 수도 있다. 나선형이 된다는 것은 뿌리가 비정상적인 형태가 된다는 것이기 때문에 정상적인 근계발달이 이루어지도록 해야 활착이 잘 된다.

15 ① *Pinus densiflora* (소나무) − 산파 ② *Ginkgo biloba* (은행나무) − 점파
④ *Zelkova serrata* (느티나무) − 조파 ④ *Juglans regia* (호두나무) − 점파

🌱 **파종 방법**

> ① 산파(흩어뿌림)
> • 소나무류나 삼나무, 편백, 낙엽송, 가문비나무, 오리나무, 자작나무 등의 세립종자는 대부분 흩어뿌림으로 파종한다.
> • 파종상에 고르게 뿌리기 위해서는 파종할 종자의 절반 또는 2/3 정도를 먼저 상의 전면에 고르게 뿌리고 나머지 잔량으로 파종이 잘 안 된 부분에 보충하여 뿌린다.
> ② 조파(줄뿌림): 느티나무나 아까시나무, 물푸레나무, 단풍나무, 옻나무와 같이 크기가 중립인 종자로서 발아 후 실생묘의 생육이 빠른 종자들은 줄뿌림으로 파종하는 것이 좋으며, 줄간격은 수종에 따라 10~20cm 안팎에서 적절히 조절한다.
> ③ 점파(점뿌림)
> • 상수리나무를 포함한 참나무류나 밤나무, 호두나무, 칠엽수 등과 같은 대립종자들은 종자를 하나씩 선 상으로 점뿌림을 한다.
> • 일부 수종의 경우 종자를 몇 입자씩 모아서 점뿌림하는 형태로 파종하는 상파도 가능하다.
> • 잣나무와 같이 발아과정에서 조류의 피해가 심한 종자는 붉은색 광명단을 종자에 입혀서 파종하는 것이 좋다.

16 취목법에 대한 설명으로 가장 옳지 않은 것은? 2018. 서울시

① 파상취목: 목부가 발달한 임목의 곧은 줄기를 땅속에 묻어 부정아를 유도하여 모식물체로부터 분리시키는 방법이다.
② 단부취목: 가지를 굽혀서 그 끝을 땅속에 묻어 발근을 유도하면서 가지가 굴곡생장을 통해 정아를 형성하도록 유도하는 방법이다.
③ 단순취목: 가지를 굽히고 굽혀진 가지 밑부분이 땅속에 고정된 상태로 발근이 되도록 하며 가지 끝은 지상으로 나오도록 하는 방법이다.
④ 매간취목: 줄기 대부분을 고랑에 수평으로 눕혀서 흙으로 덮은 다음, 새 가지에서 뿌리를 발생시킨 후 모식물체로부터 분리시키는 방법이다.

17 파종상 조성 시 정지작업의 효과로 옳지 않은 것은? 2018. 7급

① 토양의 통기성을 개선하여 산소량을 높인다.
② 토양의 보수력을 높이고 비료의 흡수를 증가시킨다.
③ 토양의 풍화작용을 억제하여 식물양료 가용성이 감소된다.
④ 유용미생물의 증식을 촉진하고 잡초발생을 어느 정도 억제한다.

18 줄기의 밑 부분에 상처가 있는 나무의 통도기능을 회복시키는 접목방법은? 2017. 7급

① 교접   ② 박접
③ 설접   ④ 복접

19 노지에서 종자를 파종하여 1년생 묘목을 상체하는 수종 중 m²당 상체본수가 가장 많은 것은? 2019. 지방직

① *Larix kaempferi*   ② *Torreya nucifera*
③ *Zelkova serrata*   ④ *Betula platyphylla var. japonica*

20 묘목의 단근작업에 대한 설명으로 옳지 않은 것은? 2017. 국가직

① 직근의 발달이 억제되고 측근과 세근이 발달한다.
② 일부 수종은 늦가을 도장을 억제하는 효과가 있다.
③ 직근성 수종은 식재 후 뿌리가 깊이 내리고 수간의 통직성이 증대된다.
④ 상체작업 없이 2년생 이상으로 산출하는 묘목은 단근작업을 하는 것이 좋다.

정답 및 해설　16 ①　17 ③　18 ①　19 ②　20 ③

16　🌱 **취목법의 종류**

> ① 단부취목 : 나무딸기종류의 번식방법으로 주로 사용되며 가지를 굽혀서 그 끝을 땅속에 묻어 발근을 유도하면서 가지가 굴곡생장을 통해 지상으로 자라 나와 정아를 형성하도록 유도한다.
> ② 단순취목 : 지면 가까이 있는 가지를 굽히고 굽혀진 가지 밑부분이 땅속에 고정된 상태로 발근이 되도록 하며 가지 끝은 지상으로 나오게 한다.
> ③ 파상취목 : 등나무·칡·으아리 종류와 같은 덩굴식물의 줄기를 지하에 반복해서 묻어 땅속에 묻힌 줄기의 굽혀진 부분에서 부정근이 발생하도록 유도한 다음에 모식물체로부터 분리시키는 방법이다.
> ④ 맹아지취목 : 줄기 밑부분을 지표 부근에서 절단하고 여러 개의 맹아 발생을 유도하면서 그 위에 흙을 덮어 맹아의 밑부분에 부정근이 발생되도록 하여 모식물체로부터 분리한다.
> ⑤ 매간취목 : 취목 대상수목 전체 또는 줄기 대부분을 고랑에 수평으로 눕혀서 흙으로 덮은 다음에 그 위에 발생하는 새 가지의 밑부분에 뿌리를 발생시킨 후 늦가을이나 이듬해 초봄에 모식물체로부터 분리시키는 방법이다.
> ⑥ 공중취목 : 지상에 존재하는 가지의 일부에 상처를 내고 발근촉진제를 바른 후에 상처부위를 축축한 물이끼나 토탄 등의 보습제로 채운 후에 비닐로 싸서 발근을 유도한 후 충분한 발근이 이루어지면 모식물체로부터 분리시키는 방법이다.

17　🌱 **경운의 효과**

> ① 토양을 부드럽게 하여 수분과 공기의 유통을 촉진하며 토양 속의 탄산가스의 양을 감소시키는 한편 산소를 증가시킨다.
> ② 토양의 수분과 온도를 조절하고 풍화작용을 촉진하여 식물 양분을 가용성으로 만든다.
> ③ 토양의 보수력, 흡열력 및 비료의 흡수력을 증가시킨다.
> ④ 비료의 살포효과를 균등하게 한다.
> ⑤ 토양 중에 묘목 생육에 유용한 세균의 수효를 증가시킨다.
> ⑥ 잡초의 뿌리를 노출시키게 하고 잡초의 종자를 땅속 깊이 묻어주며 해충의 알, 번데기와 유충도 어느 정도 구제할 수 있다.

18　① 교접 : 귀중한 나무의 줄기 밑부분이 상처가 생겨 통도장애 등에 의한 고사위험이 있을 때 상처난 줄기의 상·하부를 이어주는 다리 역할의 접수를 조제하여 붙여줌으로써 물질의 통도기능을 회복시켜 주는 접목방법이다.
　② 박접 : 접수의 조제는 절접과 같고 대목은 절접과 달리 수피만을 대상으로 1줄 또는 2줄의 칼집을 넣어 접수를 목질부와 껍질 사이의 형성층 부위로 밀어 넣어 대목과 접수의 형성층을 밀착시킨 후에 접목끈으로 묶어준다.
　③ 설접 : 뿌리와 같이 조직이 유연한 대목을 사용할 때 적용하기 쉬운 접목법으로, 접수와 대목의 굵기가 비슷할 때 유리한 접목방법이다. 접수와 대목은 동일한 길이와 형태를 지닌 삭면을 2중으로 만들어 삭면을 서로 끼워 형성층이 밀착되도록 한 후 접목끈으로 묶어준다.
　④ 복접 : 굵은 대목의 측면부에 비스듬히 삭면을 만들고 여기에 맞는 쐐기모양의 삭면을 지닌 접수를 조제하여 끼워 넣는 단순복접, 대목과 접수의 삭면을 설접에서와 같은 혀모양으로 조제하여 끼워 넣는 복설접, 그리고 절접형태의 삭면을 조제하여 접하는 복절접으로 세분할 수 있다.

19　① *Larix kaempiteri*(낙엽송)(일본잎갈나무) : m^2당 49~81본
　② *Torreya nuciera*(비자나무) : m^2당 144본
　③ *Zelkova serrata*(느티나무) : m^2당 49본
　④ *Betula platy phylla var. japonica*(자작나무) : m^2당 49본

20　③ 단근을 하면 직근발달을 약화시켜 수간통직성을 저하시키는 부작용이 있을 수 있다.

21 묘목의 나이에 대한 설명으로 옳지 않은 것은? 2022. 국가직

① 1/1묘는 뿌리의 나이가 1년, 줄기의 나이가 1년인 삽목묘이다.
② 1/2묘는 뿌리의 나이가 2년, 줄기의 나이가 1년인 삽목묘이다.
③ 1-1묘는 파종상에서 1년, 그 뒤 한번 상체되어 1년을 지낸 2년생 실생묘이다.
④ 2-1-1묘는 파종상에서 1년, 그 후 두 번 상체된 일이 있고, 각 상체상에서 1년을 경과한 4년생 실생묘이다.

22 줄기접의 종류에 대한 설명으로 가장 옳지 않은 것은? 2018. 서울시

① 박접 - 줄기가 단단하고 탄력이 적으며 수조직이 발달하거나 수액이 많이 유출되는 호두나무에 적용
② 할접 - 대목이 굵고 세로로 잘 쪼개지는 감나무에 적용
③ 설접 - 뿌리와 같이 조직이 유연한 대목을 사용할 때 적용하며, 접수와 대목의 굵기가 비슷할 때 유리함.
④ 절접 - 밤나무를 포함한 유실수에 흔히 적용

23 굽힌 가지 끝을 땅속에 묻어 발근을 유도하면서 가지가 굴곡생장을 통해 지상으로 자라나와 정아가 형성되도록 유도하는 취목법은? 2017. 지방직

① 단순취목
② 단부취목
③ 파상취목
④ 매간취목

24 묘목의 품질과 규격에 대한 설명으로 옳은 것은? 2017. 추가채용

① 노지묘는 용기묘에 비하여 활착률이 높고 생장이 뛰어나다.
② 측지의 세력이 강하고 측아가 정아보다 우세하면 우량묘이다.
③ C1/2묘는 대목의 나이 2년, 접수의 나이 1년의 묘령을 뜻한다.
④ 묘령, 간장, 근원경, 근장은 조림용 산출묘 규격의 기준이다.

25 우량한 묘목을 생산하기 위해 묘포를 선정할 때 주의해야 할 사항에 대한 설명 중 가장 옳지 않은 것은? 2019. 서울시

① 묘포는 남북으로 길게 설치하여 묘상이 남쪽을 향하도록 한다.
② 묘포의 토질은 사양토 지역이 좋으며, 2~5° 경사지고 땅힘이 좋아야 한다.
③ 묘포는 조림지의 기후와 비슷한 환경을 가진 곳을 선택한다.
④ 묘포는 교통이 편리하고 작업할 때 노동력 공급이 원활한 곳이 좋다.

26 묘목 규격을 표시하는 것으로 옳은 것은? 2016. 지방직

① T/R율, 줄기의 굵기, 뿌리의 길이
② 줄기의 길이, 가지의 길이, T/R율
③ 줄기의 길이, 근원직경, 뿌리의 길이
④ 뿌리의 길이, 가지의 길이, 줄기의 길이

정답 및 해설   21 ④   22 ①   23 ②   24 ④   25 ①   26 ③

21 ④ 2-1-1묘는 파종상에서 2년, 판갈이 후 1년, 한번 더 판갈이하여 1년 지난 만 4년생 묘목이다.

22 ① 박접 : 접수의 조제는 절접과 같고 대목은 절접과 달리 수피만을 대상으로 1줄 또는 2줄의 칼집을 넣어 접수를 목질부와 껍질 사이의 형성층 부위로 밀어 넣어 대목과 접수의 형성층을 밀착시킨 후에 접목끈으로 묶어준다.

23 🌱 **취목법의 종류**

> ① 단부취목 : 나무딸기종류의 번식방법으로 주로 사용되며 가지를 굽혀서 그 끝을 땅속에 묻어 발근을 유도하면서 가지가 굴곡생장을 통해 지상으로 자라 나와 정아를 형성하도록 유도한다.
> ② 단순취목 : 지면 가까이 있는 가지를 굽히고 굽혀진 가지 밑부분이 땅속에 고정된 상태로 발근이 되도록 하며 가지 끝은 지상으로 나오게 한다.
> ③ 파상취목 : 등나무·칡·으아리 종류와 같은 덩굴식물의 줄기를 지하에 반복해서 묻어 땅속에 묻힌 줄기의 굽혀진 부분에서 부정근이 발생하도록 유도한 다음에 모식물체로부터 분리시키는 방법이다.
> ④ 맹아지취목 : 줄기 밑부분을 지표 부근에서 절단하고 여러 개의 맹아 발생을 유도하면서 그 위에 흙을 덮어 맹아의 밑부분에 부정근이 발생되도록 하여 모식물체로부터 분리한다.
> ⑤ 매간취목 : 취목 대상수목 전체 또는 줄기 대부분을 고랑에 수평으로 눕혀서 흙으로 덮은 다음에 그 위에 발생하는 새 가지의 밑부분에 뿌리를 발생시킨 후 늦가을이나 이듬해 초봄에 모식물체로부터 분리시키는 방법이다.
> ⑥ 공중취목 : 지상에 존재하는 가지의 일부에 상처를 내고 발근촉진제를 바른 후에 상처부위를 축축한 물이끼나 토탄 등의 보습제로 채운 후에 비닐로 싸서 발근을 유도한 후 충분한 발근이 이루어지면 모식물체로부터 분리시키는 방법이다.

24 ① 용기묘는 굴취(캐기)에 따른 근계의 교란 없이 뿌리가 온전하게 배양토에 싸여진 상태로 임지에 식재되고 식재와 함께 적절한 수준에서 시비도 가능하기 때문에 활착률과 생장이 뛰어나다.
② 우량묘는 주지의 세력이 강하고 곧게 자라면서 정아가 측아보다 우세한 것이다.
③ C1/2묘는 뿌리의 나이 2년, 줄기의 나이 1년 된 삽목묘를 뜻한다.
④ 일반적으로 적용되는 묘목의 규격은 수종별, 묘목의 나이별로 줄기 길이(간장, cm), 뿌리 길이(근장, cm), 뿌리목 지름(근원직경, mm)으로 구분하여 합격묘의 최소기준을 제시하기 때문에 그 밖의 중요한 묘목의 생리적인 형질을 정확하게 확인할 수 없는 단점이 있다.

25 ① 묘포는 동서로 길게 설치하여 묘상이 남쪽을 향하도록 하는 것이 묘목의 성장에 좋다.

26 🌱 **묘목 규격**

> 묘목을 판매하거나 식재할 때 묘목 규격이 매우 중요한 기준이다. 묘목 규격은 묘목의 가격을 결정하는 기준이며, 산지에 심었을 때 활착과 생장이 잘 될 수 있는 묘목의 등급을 구분하는데 쓰인다. 묘목의 품질과 규격은 수종에 따라 다르며 연령이나 사용 목적에 따라 다른 기준을 적용하기도 한다. 일반적으로 적용되는 묘목의 규격은 수종별, 묘목의 나이별로 줄기 길이(간장, cm), 뿌리 길이(근장, cm), 뿌리목 지름(근원직경, mm)으로 구분하여 합격묘의 최소기준을 제시하기 때문에 그 밖의 중요한 묘목의 생리적인 형질을 정확하게 확인할 수 없는 단점이 있다.
> ① 줄기 길이 : 뿌리와 줄기의 경계선인 근원부에서 꼭지눈까지의 길이이며 cm로 표시한다.
> ② 뿌리 길이 : 근원부에서 가장 긴 뿌리 끝까지의 길이이며 cm로 표시한다.
> ③ 근원경 : 근원부의 너비이며 mm로 표시하고, 지름이 굵을수록 우량묘이다. 뿌리와 근원경의 발달은 정비례한다.

27 노지양묘 시 파종상에서 거치하는 기간이 가장 긴 수종은? 2017. 7급

① *Pinus densiflora*
② *Cryptomeria japonica*
③ *Chamaecyparis obtusa*
④ *Picea jezoensis*

28 삽목에 대한 설명으로 옳지 않은 것은? 2017. 7급

① 탄수화물의 양이 많고 질소가 적은 삽수가 발근이 잘 된다.
② 삽수에 눈이 달려 있으면 발근호르몬 합성에 도움이 된다.
③ 상토의 온도를 지상부보다 5℃ 정도 낮게 하는 것이 발근에 도움이 된다.
④ 측지에서 채취한 삽수는 수조직이 발달한 주지에서 채취한 것보다 발근이 잘 된다.

29 삽목발근이 용이한 수종은? 2021. 7급

① *Pinus densiflora*
② *Abies holophylla*
③ *Zelkova serrata*
④ *Salix koreensis*

30 묘목의 단근처리에 대한 설명으로 옳지 않은 것은? 2016. 지방직

① 단근처리로 인하여 일부 수종은 가을 늦게 도장하는 것을 막아주는 효과도 기대할 수 있다.
② 단근처리를 한 실생묘는 뿌리가 잘리기 때문에 삽목묘와 같은 방법으로 묘령을 표시한다.
③ 가을에 단근처리를 하면 뿌리로 운반되는 탄수화물 양이 감소하여 새 뿌리의 발달이 미약하다.
④ 단근처리에 의하여 굵은 뿌리가 잘리고 가는 뿌리가 발달하여 이식에 대한 저항성이 높아진다.

31 파종상의 종류가 평상에 해당하는 것으로만 묶은 것은? 2017. 국가직

① 소나무상, 오리나무상
② 상수리나무상, 호두나무상
③ 호두나무상, 오리나무상
④ 상수리나무상, 소나무상

32 조직배양에 대한 설명으로 옳지 않은 것은? 2020. 국가직

① 노지양묘에 비해 유전적으로 동일한 개체를 대량으로 생산하는 장점이 있으나 비용이 많이 드는 단점이 있다.
② 아배양은 눈이 붙은 줄기를 기내에서 배양하는 것으로, 기내발근을 위해 일반적으로 지베렐린 처리를 한다.
③ 체세포배배양은 접목, 삽목 등 무성번식이 어려운 침엽수종에서 주로 미숙배를 배양하여 묘목을 유도한다.
④ 체세포유도 묘목은 자연 상태로 나가기 위해서는 순화 과정을 거쳐야 한다.

정답 및 해설 27 ④ 28 ③ 29 ④ 30 ② 31 ③ 32 ②

27 ① *Pinus densiflora* (소나무)   ② *Cryptomeria japonica* (삼나무)
③ *Chamaecyparis obtusa* (편백)   ④ *Picea jezoensis* (가문비나무)

🌱 수목의 상체 시기

> ① 1년생으로 상체하는 수종 : 소나무, 해송, 삼나무, 편백, 낙엽송, 참나무류
> ② 2년생으로 상체하는 수종 : 독일가문비, 잣나무
> ③ 3년생으로 상체하는 수종 : 전나무

28 ③ 지상부보다 지하부의 온도를 5℃ 정도 높여주는 것이 지상부의 생리적 활동을 억제하면서 지하부의 발근을 촉진하는 데 도움이 될 수 있다.

29 ① *Pinus densiflora* (소나무)   ② *Abies holophylla* (전나무)
③ *Zelkova serrata* (느티나무)   ④ *Salix koreensis* (버드나무)
삽수의 발근이 비교적 잘 되는 수종은 향나무, 주목, 측백나무, 개나리, 포플러류, 버드나무류, 은행나무, 플라타너스, 실편백, 무궁화나무, 사철나무, 회양목 등이다.

30 • 실생묘를 단근했을 경우의 예시 : S2-2P(봄에 파종하여 파종상에서 2년 키운 후 이식하여 2년을 더 키운 것으로서 단근 작업을 실시한 것)
• 삽목묘의 나이 표기 예시 : 1/2(1년생 줄기, 2년생 뿌리)

31 🌱 상만들기

파종상 명칭	상만들기 방법	대상 수종
소나무상(고상)	10cm 높이의 상으로 상의 표토를 1cm 이하 눈을 가진 체로 쳐서 균일하게 덮은 후 나무 판으로 평탄하게 다진다.	소나무류, 낙엽송, 삼나무, 편백, 가문비나무, 전나무
상수리나무상 (고상)	소나무처럼 상을 만들지만 상면은 레이크 등으로 쇄토하면서 평탄하게 한다. 흙체로 치지 않고 다소 거칠게 조성해도 무방하다.	참나무류, 밤나무, 칠엽수, 은행나무
오리나무상(평상)	상 높이를 고랑높이와 같게 하며 작업은 소나무상과 같다.	오리나무, 자작나무
호두나무상(평상)	상 높이를 고랑높이와 같게 하며 작업은 상수리나무상과 같다.	호두나무, 물푸레나무
버드나무상(저상)	상 높이를 고랑높이보다 7~10cm 낮게 하며 작업은 소나무상에 준한다.	버드나무류, 사시나무류

32 ② 시토키닌 함량이 높을 때는 유상조직이 줄기로 분화하여 잎, 눈, 줄기를 형성하고, 옥신의 함량이 높을 때는 유상조직이 뿌리를 형성한다.

33 우리나라 조림용 묘목(1-0)의 T-R율로 옳은 것은?   2017. 지방직

① *Larix kaempferi* 2.0~2.3
② *Alnus japonica* 3.4~3.7
③ *Pinus rigitaeda* 1.0~1.1
④ *Pinus thunbergii* 3.1~3.2

34 조직배양으로 인한 우량 클론의 대량증식에 대한 설명으로 옳은 것은?   2017. 서울시

① 채종원에 비하여 클론의 추가 또는 제거가 용이하지 않다.
② 우량 개체의 선발에서 보급까지의 기간을 상당히 단축시킬 수 있다.
③ 형질의 상가적 분산은 이용할 수 있지만 비상가적 분산은 이용하지 못한다.
④ 클론으로 보급되므로 유전획득량을 충분히 올리기 힘들다.

35 밤나무와 같이 대립종자를 발아시켜 유경을 절단한 후 자엽병 사이에 접수를 꽂는 접목법은?   2017. 지방직

① 절접
② 복접
③ 할접
④ 유대접

정답 및 해설 33 ④   34 ②   35 ④

33 ① *Larix kaempferi*(일본잎갈나무) ② *Alnus japonica*(오리나무)
③ *Pinus rigitaeda*(리기테다소나무) ④ *Pinus thunbergii*(해송)

🌱 우리나리 조림용 묘목의 T/R율

구분	묘령	T/R율	구분	묘령	T/R율
낙엽송	1-0	1.6~1.7	리기테소나무	1-0	4.8~5.3
	1-1	2.0~2.3		1-1	3.4~3.7
해송	1-0	3.1~3.2	상수리나무	1-0	1.15
	1-1	3.1~3.3			
리기다소나무	1-0	3.8~4.1	오리나무류	1-0	0.7~1.9
	1-1	2.5~3.5			

34 🌱 무성번식과 조직배양의 장점

① 클론으로 보급되어 종자번식에서는 이용 곤란한 가계 내 분산과 비상가적 분산도 얻을 수 있어 높은 유전획득량을 올릴 수 있다.
② 생산집단에 있어 이용이 클론단위로 이루어지기 때문에 기준면적 이상의 관리를 필요로 하는 채종원에 비해 클론의 추가 또는 제거가 용이하며, 사용 목적이 다른 클론을 동일 장소에서 집중적으로 관리할 수 있다.
③ 선발에서 보급까지의 기간을 단축시킬 수 있다.

35 ① 절접 : 밤나무를 포함한 유실수와 기타 여러 가지 수종에 흔히 적용되는 접목방법이다.
② 복접 : 굵은 대목의 측면부에 비스듬히 삭면을 만들고 여기에 맞는 쐐기모양의 삭면을 지닌 접수를 조제하여 끼워 넣는 단순복접, 대목과 접수의 삭면을 설접에서와 같은 혀모양으로 조제하여 끼워 넣는 복설접, 그리고 절접형태의 삭면을 조제하여 접하는 복절접으로 세분할 수 있다.
③ 할접 : 대목이 굵고 세로로 잘 쪼개지는 감나무나 소나무 등에 흔히 적용되며 근접이나 종자접에서도 자주 이용되는 방법이다.

PART 09

묘목 식재와 숲가꾸기

Chapter 01 묘목 식재
Chapter 02 파종조림(직파조림)
Chapter 03 숲가꾸기

박진호
조림학

CHAPTER 01 묘목 식재

1 조림 수종의 선정

1. 조림 수종 선정의 고려 사항

(1) 경제성
일정 기간에 질 좋은 목재를 많이 생산할 수 있어야 하며 수요가 많아야 하기 때문에 생장이 빠르고 원줄기가 곧고 길며, 밑부분과 윗부분의 굵기가 거의 같은 원통형으로 성장하는 것으로 생장속도가 빠르고 재적생장량이 높은 것, 가지가 가늘고 짧으며 줄기가 곧은 것이다.

(2) 강한 병해충 저항력과 환경 적응성
병충해에 잘 견디고 심을 곳의 환경에 잘 적응하는 수종으로 위해에 대해 저항력이 강하고, 입지에 대해 적응력이 큰 것이다.

(3) 씨앗의 확보, 양묘, 식재 후 관리가 쉬운 수종으로 산물의 이용가치가 높고 수요량이 많은 것

(4) 숲의 땅과 자연환경 보호에 도움을 주는 수종으로 임분조성이 용이하고 조림의 실패율이 적은 것

(5) 바이오매스용 수종
백합나무, 리기테다소나무, 참나무류, 포플러류, 아까시나무, 자작나무 등이다.

2. 바람직한 조림 수종의 특성

(1) 향토수종이나 **대상 조림지에 잘 적응할 수 있는 수종**

(2) 기후, 병해충, 산불 등 각종 **위해요인에 대한 저항력**이 강한 수종

(3) 생장이 빨라 **단위면적당 물질생산성**이 큰 수종

(4) 곧게 자라고 지하고가 높으며 재질이 좋아 **목재의 이용가치**가 큰 수종

(5) **수관폭이 좁아 단위면적당 임분밀도를 높게 유지**할 수 있는 수종

(6) 목재시장에서 수요량이 많고 **높은 가격에 판매**될 수 있는 수종

(7) **산림생태계의 구성요소**로서 가치가 높은 수종

(8) 수원함양, 국토 및 환경 보전, 경관개선 등 **경제 외적인 가치**가 높은 수종

(9) 목재 이외의 **특수 부산물 생산가치**가 높은 수종

(10) 수확 및 갱신조림이 쉽고 **조림 이후의 활착 및 생장**이 뛰어난 수종

(11) 각종 **조림기술 적용이 쉬우며 조림비용**이 적게 드는 수종

(12) **경영 목적이나 목표에 부합**하는 수종

3. 우리나라 조림 지대와 조림 지대별 수종

우리나라에서는 위도, 해발고, 토양 조건, 기후 조건 등을 고려하여 각 조림 구역에서 잘 자랄 수 있는 수종을 추천하고 있다. 나무를 심고자 하면 대체로 그 지역종 중에서 선택하는 것이 좋고, 타지역에서 가져온 수종이라면 생태적 특성을 비교 검토해서 알맞은 지역을 선정한다.

2 묘목의 굴취와 가식

묘포장의 묘목이 임지에 식재되기까지의 작업 순서는 **묘목의 굴취 → 선묘 → 곤포 → 수송 → 가식**이다.

1. 묘목의 굴취

(1) 굴취(캐내기)는 나무를 옮겨심기 위해 땅에서 파내는 것이며, **바람이 없고 흐리고 서늘한 날이 좋다.** 대기의 습도가 높을 때는 묘목이 마르지 않는다는 장점이 있으나, 비가 오거나 아침이슬이 있을 때는 피하는 것이 좋다.

(2) 묘목이 작거나 뿌리의 발달이 좋지 않을 때는 뿌리가 끊어지지 않도록 흙덩이 째로 파내어 조심스럽게 추려내고 즉시 거적을 덮어 작업실에서 선묘한다.

(3) 땅에 습기가 많을 때에는 어느 정도 마른 후에 굴취하고, 너무 건조할 때에는 물을 뿌려 축축하게 한 후 굴취한다.

(4) 묘목 대부분은 초봄에 하지만 일부 낙엽수종은 생장이 끝나고 낙엽이 진 후 11~12월에 굴취한다.

(5) 묘목을 가을에 굴취할 때에는 낙엽이 지고 생육이 정지된 후 얼음이 얼기 전에 실시하고 겨울기간의 가식 상태에서 동해, 건조, 통기 불량 등으로 인한 피해에 대비해 묘목의 상태를 잘 살펴 특별히 관리하고 보호해야 한다.

2. 선묘와 포장

(1) **선묘**

① 굴취된 묘목의 줄기와 뿌리의 크기가 규격에 적합한지, 병충해나 기계적 상처가 없는지, 묘목의 형태가 정상적인지, 품종이 확실한지 등을 조사하여 우량한 묘목을 가려내는 작업이다.

② 선묘는 묘목을 굴취한 후 즉시 그늘에서 **묘목이 마르지 않도록 실시**해야 하며 빨리 끝내야 하고, 축축한 거적 속에 묘목을 보관해야 하며, 선묘가 끝난 합격 묘는 바로 일정 수를 다발로 묶어 가식한다.

(2) 포장

① 묘목을 다발로 묶은 후에는 뿌리의 길이를 규격에 따라 절단해 주는데, 이러한 과정에서 **묘목의 건조를 막기 위해 포장(곤포)**을 한다.
② 포장할 때 포장 재료 위에 뿌리를 안쪽으로 들어가도록 두 줄로 늘어놓고, 뿌리 사이에 짚이나 이끼로 만든 축축한 물수세미를 끼워 넣으며, 양쪽 가지 끝 부분과 뿌리 부분의 세 곳을 묶는다.
③ 동일한 연령의 묘목을 다발로 묶을 때, 속당 본수가 가장 적은 것은 포플러류이다.

🌱 **곤포 내에 포장되는 묘목 수 및 묘목 다발 수**

수종	묘령	묘목수/묘목다발	묘목다발수/곤포	총묘목수/곤포
삼나무, 편백, 해송	2	20	50	1,000
상수리, 굴참나무, 신갈나무	1	20	50	1,000
포플러류	C1/1	10	8	80
	C1/2	10	5	50
오동나무	분근, 실생	10	5	50
호두나무	점목묘	20	15	300

3. 운반과 가식

(1) 운반(수송)

운반 시 서로 겹쳐서 눌리는 것을 방지하기 위해 선반을 설치하며, 차량 겉면을 포장하여 바람이나 햇빛에 의해 **마르지 않도록 하고 습기를 유지**한다.

(2) **가식**

① 조림 전 임시로 땅에 뿌리를 묻어 건조하지 않도록 하는 작업이다.
② 가식하는 장소는 **습기가 적당히 있고 배수와 통기가 잘 되며 햇빛이 많이 들지 않아 서늘하고 바람을 피할 수 있으며 주변 대기 습도가 높은 곳**을 선택해야 한다. 또한, 조림지 근처에 가식하는 것이 좋다.
③ 물이 고이거나 과습하지 않은 지역으로 **배수가 양호한 사질양토의 포지 중에서 서북풍을 막을 수 있는 온화한 장소**를 택하는 것이 좋다.
④ 추위에 약한 묘목을 월동 가식할 경우에는 움 속에 가식하거나, 낙엽, 짚 등을 덮어 추위를 막는다.
⑤ **가을에는 묘목의 끝이 남쪽으로, 봄에는 북쪽으로 기울어지도록 하며, 단기간 가식할 때에는 다발째로, 장기간 가식할 때에는 다발을 풀어서 가식**한다.
⑥ 한풍해가 우려되는 경우에는 묘목의 정부(頂部)가 바람과 반대방향으로 되도록 누여서 묻는다.

3 지존작업(조림지 준비)

묘목을 심을 땅에 미리 잡초, 관목, 덩굴 식물, 벌채 잔해물 등을 정리하고 묘목의 활착이나 생육에 방해되는 장애요인을 제거하는 작업이며, 산불을 놓아서 태우는 소각법, 약제를 뿌리는 약제 살포법, 낫 등의 소도구나 트랙터 등 중장비를 이용하는 기계적 방법 등이 있다. 줄베기 중 토양 침식 방지효과가 있는 것은 수평식 작업이다.

1. 풀베기(쳐내기법)

(1) 모두베기(전예법)

조림 예정지 전체를 베거나 제거하는 방법이며, 잡관목이 너무 무성한 곳에 소나무나 낙엽송과 같은 양수를 식재할 때 적용한다.

(2) 줄베기(조예법)

묘목을 심을 줄만 1~3cm 폭으로 깎아 내는 방법이며, 작업공정이 빨라 경비를 줄일 수 있고, 기상과 입지조건이 나쁜 곳에서 묘목과 숲 땅을 보호할 수 있다. 줄베기 중 토양침식 방지효과가 있는 것은 수평식 작업이다.

(3) 둘레베기(점예법)

묘목을 심을 둘레만 둥글게 깎아내는 방법이며, 노력을 크게 줄일 수 있고 환경조건이 불량한 곳이나 음수를 심을 때 적용한다.

2. 소각법(화입법)

식재 지역에 불을 놓아 잡초와 관목을 없애는 방법으로, 적용 시기, 장소, 방법 등 세심하게 주의를 해야 하며 **우리나라는 적용하지 않는다.**

3. 약제살포법

(1) 약제 살포로 잡관목과 잡초를 죽이는 방법이며 **인력과 경비를 절감**할 수 있다.

(2) 생태환경에 좋지 않은 영향을 줄 수 있고 묘목에 약해가 있을 수도 있다. 또한 고사된 식생이 숲 땅에 그대로 남아 있어 조림에 장애를 줄 수도 있다.

(3) 사용되는 약제는 산죽 발생지에는 염소산나트륨 30배액, 아까시나무 발생지에는 근사미 100배액, 그라목손 25배액, 일반 잡관목은 근사미 100배액이나 그라목손 100배액을 뿌려 제거한다.

4. 조림지 준비작업의 효과

(1) 식재된 묘목이나 발아된 실생묘와 **경쟁식생의 경합을 완화**시킬 수 있다.

(2) 과습지역의 배수로를 만들어 **초기 토양수분의 상태를 개선**할 수 있다.

(3) 상층목의 밀도를 조절하여 식재된 **묘목의 초기활착과 생장을 개선**할 수 있다.

(4) **벌채잔해물을 제거함으로써 식재작업 조건을 개선**할 수 있다.

(5) 활착과 생장을 촉진하여 임지의 물질생산성을 높이고 윤벌기를 단축함으로써 **투자자본의 회수기간을 줄이고 경제적인 수익을 증대**할 수 있다.

(6) 식재 이후의 **무육관리** 작업조건을 개선할 수 있다.

(7) 야생동물의 먹이조건과 은신처를 개선할 수 있다.

(8) **산불의 위험을 줄일 수 있다.**

(9) 병해와 충해를 감소시킬 수 있다.

(10) 산림의 **경관미학적 가치를 개선**할 수 있다.

5. 조림지 준비작업을 위해 분석해야 하는 대상지역의 입지인자

(1) 대상지역의 미기상을 포함한 물리적 환경요인

온도, 광선, 증발산, 스트레스, 바람, 강수량 및 강수패턴 등

(2) 임상 조건과 경쟁식생

지형조건(해발고·위치·경사도·사면방위 등), 낙엽·낙지를 포함한 유기물의 피복상태, 벌채잔해물 분포상태, 경쟁식생의 종류와 분포상태

(3) 토양의 물리, 화학적 특성

침식이나 퇴적 유무, 암석이나 자갈의 분포 상태, 토성, 토심, 토양 공극, 토양의 용적비중, 배수성 및 보수력, 유효수분량, 반층(hard pan)의 존재 유무, 양이온치환용량, 토양산도, 양분의 구성과 염기포화도, 토양미생물 등

(4) 생물학적 요인

조류나 설치류를 포함한 동물의 종류와 피해 가능성, 병해충의 피해 가능성, 기생식물의 피해 가능성 등

4 식재

1. 식재 시기

(1) **묘목의 식재는 보통 초봄 땅이 녹은 직후**에 하며, 이보다 늦으면 봄철 건조기에 말라 죽기 쉽다.

(2) 남부지방의 식재 시기는 2월 하순에서 3월 중순, 중북부 지방에서는 3월에서 4월 중순 사이지만, 같은 지역이라도 수종에 따라 생장 개시 시기가 다르기 때문에 식재 시기가 달라질 수 있다.

(3) 가을 식재는 따뜻한 지역에서 아까시나무나 현사시나무와 같은 활엽수에 적용할 수 있다. 식재는 생장이 정지되고 땅이 얼기 전에 하는 것이 적당하다.

(4) 상록수종은 가을 식재를 피하는 것이 좋다.

(5) 포트묘는 뿌리가 완전하고 흙이 그대로 붙어 있으므로 겨울을 제외하고 연중 식재가 가능하다.

2. 식재망

(1) 규칙적으로 식재하면 동일한 생육 공간을 가져 균일하게 생장할 수 있고, 낭비되는 공간이 없어 생산성을 높이고, 식재가 쉬워 경비를 줄일 수 있으며, 식재 후 무육 관리와 묘목의 현황 파악이 편리하다.

(2) 식재망에는 정사각형 식재, 직사각형 식재, 정삼각형 식재, 군식 등이 있고, **일반적으로 정방형 식재**를 한다.

(3) **식재본수의 계산의 예**

① 장방형 식재(직사각형) : ha당 3000본 기준 = $1.8 \times 1.8m$, ha당 5000본 기준 = $1.4 \times 1.4m$

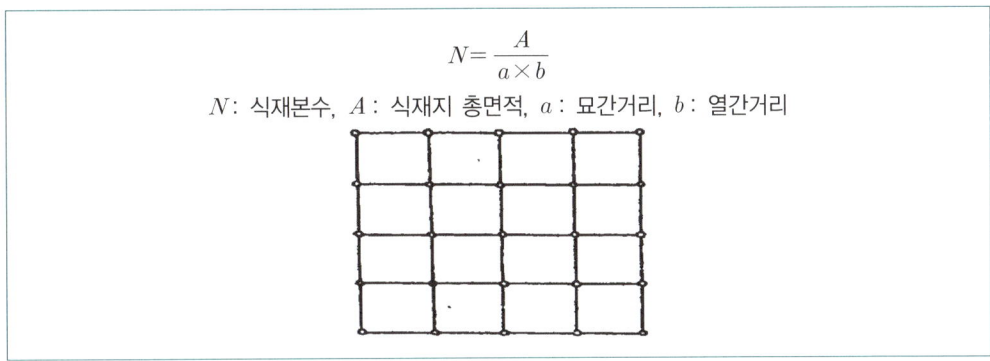

$$N = \frac{A}{a \times b}$$

N : 식재본수, A : 식재지 총면적, a : 묘간거리, b : 열간거리

> **기출문제 예시**
> 전나무 2-1-1 묘목 12,000그루를 식재거리 2m×2.5m의 장방형으로 식재할 경우 필요한 면적(ha)은?
> 2010. 지방직 9급
>
> 정답 6(ha)

② 정방형 식재(정사각형)

$$N = \frac{A}{a^2}$$

N: 식재본수, A: 식재지 총면적, a: 묘와 열간거리

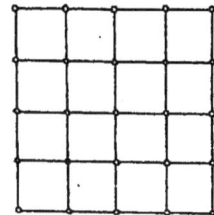

📋 **기출문제 예시**

리기다소나무림 4ha를 모두베기(개벌)하고, 금강소나무 2-1묘를 2m 간격으로 정방형 식재하고자 할 때 필요한 묘목의 수는?

정답 10,000그루

③ 정삼각형 식재: 정방형 식재에 비하여 묘목 1본이 차지하는 면적이 86.6%, 식재할 묘목 본수가 15.5% 증가한다.

$$N = \frac{A}{a^2 \times 0.866}$$

N: 식재본수, A: 식재지 총면적, a: 묘간거리

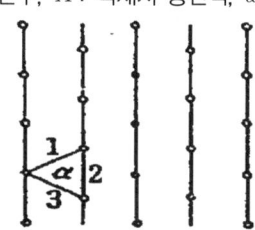

④ 이중정방형 식재: 정방형 식재의 2배

$$N = \frac{2A}{a^2}$$

N: 식재본수, A: 식재지 총면적, a: 묘와 열간거리

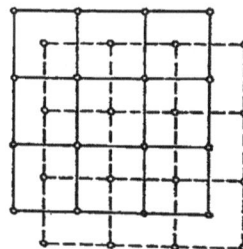

3. 식재 지점의 결정

(1) 식재 예정지를 둘러보고 지형에 따라 구획하며, 우선 식재할 지역을 설정하고 면적을 추정하여 소요 묘목 수를 산정한다.

(2) 식재거리는 원래 수평 거리이지만, 경사가 20° 이하이면 큰 무리가 없기 때문에 그대로 하고, 20° 이상이 되면 사면 거리를 늘려야 한다.

(3) 식재 지점에 나무뿌리나 돌이 있으면 그 지점을 위쪽이나 아래쪽으로 조금 옮긴다.

4. 식재 방법

(1) 식재 지점의 땅 표면을 정리하고 낙엽, 잡초 등의 지피물을 한쪽에 모은다.

(2) 괭이를 깊게 넣어 식재 지점의 땅 속에 들어 있는 뿌리들을 끊어내고, 흙을 잘게 부수어 부드럽게 한다.

(3) 구덩이를 파고 표면에 가까운 유기질이 많은 흙을 한 곳에 모으고 그 아래에 있는 흙은 다른 곳에 모은다. 흙은 모두 구덩이 옆에 쌓아 멀리 흩어지지 않도록 한다. 구덩이의 크기는 묘목의 뿌리보다 더 크게 해야 한다.

(4) 묘목을 구덩이 속에 세울 때 뿌리를 골고루 펴서 휘는 일이 없도록 하고, 따로 모아 둔 고운 겉흙을 뿌리 사이에 조심스럽게 넣는다.

(5) 낙엽 같은 것이 안으로 들어가지 않도록 가는 흙으로 채운다. 흙이 70% 가량 채워지면 묘목의 끝 쪽을 쥐고 약간 위로 잡아 올리면서 뿌리를 자연스럽게 펴고, 가는 흙과 뿌리가 잘 밀착되게 한 후 물을 준다.

(6) 나머지 흙을 채우고 발로 다진다.

(7) **묘목을 심는 깊이는 원래 자라던 수준**으로 하고 너무 깊게도, 너무 얕게 심어서도 안 된다. 심은 후 묘목 부근이 낮아져서는 안 되며 흙을 모아 약간 두두룩하게 한다.

(8) 심은 둘레에 물집을 만들고 낙엽 등을 덮어 땅의 건조를 막는다.

5. 특수식재법

(1) 봉우리 식재

① 심을 구덩이 바닥 가운데에 좋은 흙을 모아 원추형의 봉우리를 만든 다음 묘목의 뿌리를 사방으로 고루 펴서 이 봉우리 위에 얹고 그 뒤 다시 좋은 흙으로 뿌리를 덮은 후 일반식재법에 따라 심는다.

② 봉우리식재법은 **천근성이며 측근이 잘 발달하고 직근성이 아닌 가문비나무 같은 묘목 등에** 알맞다.

(2) 치식

① **습지로서 배수가 불량한 곳 또는 자갈 등이 많아 구덩이를 파기 어려운 곳에 적용**되는 식재법으로 구덩이를 파는 대신 지표면의 흙을 모아 심는 방법이다.

② 임지 상황에 따라 부분적으로 치식을 하는 경우가 있다.

▲ 봉우리 식재   ▲ 일반치식   ▲ 치식에 봉우리 식재 방법을 혼합 적용

(3) 큰나무 이식법

큰 나무를 옮겨 심을 때에는 뿌리 돌림을 미리해서 근주 부근에 세근을 발달시키고 뒤에 근분을 떠서 활착을 돕는다.

① 뿌리돌림 시기
  ㉠ 낙엽수종 : 11월~12월 상순, 2~3월 상순(낙엽송 포함)
  ㉡ 상록침엽수종 : 3~4월 상순, 10월 중순
  ㉢ 상록활엽수종 : 5~6월(장마철), 9~10월경

② 근분뜨기
  ㉠ **근원직경의 3~5배가 되는 근분직경** 주위를 50cm 폭으로 파서 주근을 박피한다.
  ㉡ **근분의 깊이는 근원직경의 2~4배 정도**로 하며, 토질상 근분이 깨어지기 쉬운 때에는 사전에 관수해서 흙에 습기를 준다.

③ 박피
  ㉠ 근분에 접해서 약 10cm 폭으로 지지근의 껍질부분만 제거한다. 박피된 뿌리는 수분과 무기양분을 흡수한다.
  ㉡ 수액의 하강은 박피부에서 저지되어 뿌리의 신장은 약해지지만 박피 상단부에 있어서 부정근의 발생이 촉진된다.
  ㉢ 발근하기 어려운 수종, 노쇠목, 귀중목에 있어서는 키네틴과 IBA 등의 발근촉진제를 라놀린 또는 분말로 박피부분을 처리한다.

④ 비닐막과 목질퇴비 사용 : 비닐막으로 근분을 둘러싸고 비닐막이 지표면 위 10cm 가량 나타나도록 하며, 근분의 지상부에 목질퇴비를 덮는다.

⑤ 이식
  ㉠ 근분을 뜬 나무는 1~3년간 그대로 두고 새뿌리의 발생상황을 살펴본 다음 이식을 결정한다.
  ㉡ 비닐막을 포함해서 새끼를 감아 옮기도록 하며, 새뿌리의 절단이 거의 없어서 활착이 잘 된다.

> **📖 대묘식재**
> 어린 유묘와 달리 대묘를 식재할 경우에는 대부분의 수종에서 **굴취된 뿌리 전체를 보호할 수 있는 정도의 크기로 뿌리에 흙을 붙여 이식하는 것이 좋다.** 이 때문에 굴취 및 식재 과정에서 흙덩이가 파손되지 않도록 식재해야 하며, 구덩이에 묘목의 뿌리부분을 안치한 다음 식재구덩이와 뿌리부분의 흙덩이 사이에 채워지는 흙만 가볍게 고루 밟아주어야 한다. 대묘는 식재 후 바람에 넘어질 수 있기 때문에 지지대를 세워주는 것이 안전하다.

(4) 용기묘 식재

① 용기묘는 식재과정에서 **뿌리 주변에 고정되어 있는 배양토가 파손되지 않도록 하는 것이 중요**하며, 이를 위해 별도로 용기묘 식재에 적합한 식재도구를 이용한다.

② 식재도구는 용기의 내부구조 형태와 크기에 꼭 맞는 식재구덩이를 팔 수 있도록 제작된 것을 사용하여 용기묘의 근계부분이 구덩이에 정확하게 끼워 맞추어지도록 하는 것이 좋다.

③ 용기묘 식재와 관련해 필요한 나머지 작업과정과 주의사항은 일반 노지묘 식재에 준하여 실시할 수 있다. 그러나 노지묘와 달리 **용기묘를 식재할 경우에는 뿌리에 손상이 없기 때문에 조기 활착과 생장이 가능하다**는 점을 고려하여 식재와 동시에 비료를 주는 방안도 고려할 필요가 있다.

④ **비료는 용기묘의 뿌리 아래에 뿌리와 직접 접촉되지 않도록** 적절한 양을 심층에 주거나 식재된 용기묘 주변에 표층시비를 할 수 있다.

(5) 식재 후 관리

① 시비
  ㉠ 묘목 식재를 전후로 시비한다. 묘목을 적기에 심어서 식재 당시 주어진 비료를 되도록 빨리 흡수하도록 한다.
  ㉡ 시비는 임분의 울폐를 빠르게 하고 풀베기 작업량을 적게 하는데 도움을 준다.
  ㉢ 비료는 묘목을 심은 뒤 묘목으로부터 20~30cm 떨어진 곳에 3~4개의 구멍을 뚫고 그 안에 넣은 다음 발로 흙을 덮어준다.
  ㉣ 고형비료는 질소·인산·칼리가 12 : 16 : 4의 비율이며, 1개의 무게가 약 15g으로서 사용하기에 편리하고 비료가 오래간다. 소나무·해송·낙엽송·잣나무 등 장기수종에는 2개, 포플러류·오동나무 등 속성수종에는 6개, 아카시아와 같은 연료 수종에는 2개를 준다. 2년째에 가서는 첫해 분량의 20% 증가, 3년째에는 2년째의 20% 증가의 비율로 시비한다.

🌱 **묘목의 표준시비량(g/본)**

수종	질소	인산	칼리
소나무, 해송	6~8	4~5	4~5
낙엽송	10~14	7~8	5~8
삼나무, 편백, 전나무	8~12	5~7	5~7
포플러	24~40	16~28	12~34
오동나무	24~48	16~32	12~40
일반 활엽수종	10~14	7~8	5~8

② 보식

　㉠ 식재된 묘목의 고사율은 수종에 따라 다르지만 일반적으로 10~20% 정도이다.

　㉡ 보식은 국부적으로 묘목이 모두 고사했을 때 실시하고, 산점적(散點的)으로 고사했을 때는 실시하지 않는다.

　㉢ 초기의 식재밀도가 높으면 고사율이 높아도 보식할 필요성은 거의 없다.

　㉣ 낙엽송·소나무·해송·느티나무와 같은 양수는 10% 이상 고사하는 경우가 흔치 않으므로 보식하는 일이 거의 없다.

　㉤ 보식용 묘목은 처음묘목의 1~2년 더 많은 묘령의 것을 심는다.

　㉥ 밤나무·오동나무 등 거리를 멀리 해서 심는 수종은 보식한다.

　㉦ 보식한 묘목은 성과가 대체로 좋지 않다.

CHAPTER 02 파종조림(직파조림)

파종조림(직파조림) 자체는 묘목식재 과정보다 쉽지만, 직파 조림지를 준비하거나 **발아된 어린나무를 키우고 관리하는 일은 어린나무를 조림한 지역보다 더욱 세심한 보살핌이 필요**하다.

1 파종조림의 성과에 영향을 끼치는 인자

1. 수분조건
종자가 발아한 후 자람을 계속하려면 토양수분의 조건이 중요하다.

2. 동물의 해
도토리 등의 대립종자는 토끼나 들쥐 등의 먹이가 되고, 소나무와 해송 등의 종자는 새들이 해를 가한다.

3. 기상의 해
여름철의 강한 일사와 초봄 서릿발의 해 등이 있다.

4. 타감작용
식물의 낙엽 중에는 다른 식물의 종자발아를 저해하는 수용성 물질이 있다.

5. 흙 옷
직파조림을 할 때에는 토양을 나출시켜야 하므로 그곳에 발아한 어린 묘목은 빗방울로 흙을 덮어쓰게 되는데 이것을 흙옷이라 한다. 이것으로 인해 묘목이 죽게 되며, 때로는 강우로 표토가 유실되고 뿌리가 노출되어 후에 건조의 해와 열해로 고사한다.

6. 종자의 품질
생활력이 충실한 종자를 사용해야 한다.

2 수종의 난이성

1. **파종조림의 성과가 비교적 용이한 수종**

    침엽수종은 소나무·해송이고, 활엽수종은 상수리나무·굴참나무·떡갈나무·졸참나무·밤나무·**가래나무**·벚나무·옻나무·물푸레나무 등이다.

2. **파종조림의 성과가 중간 정도이고 실행상 주의를 요하는 수종**

    잣나무·박달나무·물박달나무·느티나무·고로쇠나무·들메나무 등이다.

3. **성과가 부진하고 파종조림이 어렵다고 인정되는 수종**

    이깔나무·전나무·분비나무·단풍나무류 등이다.

3 직파조림이 용이한 수종

(1) 직파조림이 용이한 수종은 소나무, 해송, 리기다소나무, 잣나무 등의 침엽수와 각종 참나무류를 포함하여 물푸레나무, 밤나무, 가래나무, 옻나무, 벚나무, 자작나무, 거제수나무 등이다.

(2) 소나무나 상수리나무 등의 참나무류처럼 **세근이 발달하지 않고 직근의 세력이 강해 이식된 묘목의 활착이 불량한 수종들은 직파조림이 유리**하다.

(3) 전나무, 분비나무, 구상나무, 낙엽송, 주목 등과 일부 단풍나무류 등은 직파조림이 어렵다.

CHAPTER 03 숲가꾸기

1 숲가꾸기(무육)

1. 숲가꾸기(무육)의 정의

숲가꾸기(무육)란 이용목적에 따라 원하는 형태로 숲을 만드는 과정으로, 좁은 의미는 임분무육을 의미하는데, 경영목적에 맞는 임분을 만들기 위해 생육단계별로 풀베기, 어린나무 가꾸기 및 솎아베기 등을 실시하는 것이다. 넓은 의미는 어린나무가 자라서 갱신기에 이를 때까지 나무의 생육을 돕고 임지의 생산력을 높이기 위한 육림작업이다. 따라서 숲가꾸기는 갱신된 임분에 대해 임상의 정리, 성장촉진, 개체목의 형질 향상 등 산림의 양적 및 질적 생산을 높이고자 하는 조림방법이다.

(1) **유림(幼林)에 대한 보육**
임관 울폐가 일어나기 전의 무육이며 풀베기, 덩굴치기 등의 작업을 한다.

(2) **성림(成林)에 대한 보육**
임관이 형성된 후 실시하는 무육이며 잡목 솎아베기(제벌), 솎아베기(간벌), 가지치기 등의 작업을 하며 덩굴치기는 계속 한다.

(3) **임지 보육**
산림 토양의 지력 향상을 위한 작업을 말하며, 생산성에 관계되는 것은 환경의 총체이므로 환경보육이라 할 수도 있다.

2. 풀베기

(1) **풀베기의 정의**
풀베기는 묘목을 심은 후 조림목의 생육을 저해하는 잡초 및 쓸데없는 수목을 제거하는 작업이다.

(2) **풀베기 시기**
① 풀베기 작업은 **6~8월쯤 실시**하고, 9월 이후에는 풀이 조림목을 보호하는 효과가 피해를 주는 것보다 더 크기 때문에 **9월 이후에는 실시하지 않는다.**
② 풀베기는 **왕성한 영양생장을 나타내는 시기가 적합**하다.
③ 풀베기는 수종의 특성과 조림지의 지형, 경비 등을 고려하여 적합한 방법으로 실시하여야 한다.
④ 조림지 중 잡초목이 적은 곳은 7월 중에 1회를 실시하고, 무성한 곳은 6월과 8월 두 차례에 걸쳐 실시하며, 한·풍해가 우려되는 지역은 좀 일찍 실시하여 겨울 동안 주위의 잡초목에 의하여 조림목이 보호를 받도록 하는 것이 좋다.

(3) 작업형식

① **모두베기(전예법)** : 임지가 비옥하거나 **식재목이 많은 광을 요구할** 때 이용되는 방법이며 강송이나 낙엽송 등의 조림지에 적합하다.
  ㉠ 조림예정지 전체를 베거나 제거하는 방법이다.
  ㉡ 잡관목이 너무 무성한 곳에 양수를 식재할 때 적용한다.

② **줄베기(조예법)** : **일반적으로 가장 많이 사용하는 방법**으로 어릴 때 그다지 많은 광선을 요구치 않는 잣나무, 전나무 등에 적합하며 겨울철 **한·풍해로부터 식재목을 보호**할 수 있다.
  ㉠ 묘목을 심을 줄만 1~3cm 폭으로 깎아내는 방법이다.
  ㉡ 작업공정이 빨라 경비를 줄일 수 있다.
  ㉢ 작업이 방향에 따라 수평조예와 경사조예로 나눈다.
    ⓐ 수평조예 : 등고선과 평행으로 베는 방법으로 토양침식을 막아주지만 작업이 힘들다.
    ⓑ 경사조예 : 등고선과 직각으로 베는 방법으로 작업이 수평식에 비해 편하다.

③ **둘레베기(점예법)** : 심은 나무의 둘레만을 깎아내는 방법으로 **군상식재지** 등 바람과 동해에 대해 **특별한 보호가 필요할 때 적합**하다.
  ㉠ 묘목을 심을 둘레만 둥글게 깎아내는 방법이다.
  ㉡ 환경조건이 불량한 곳이나 음수를 심을 때 적용하며 흔히 실시하는 작업은 아니다.

🌱 **모두베기, 줄베기, 둘레베기의 개념도**

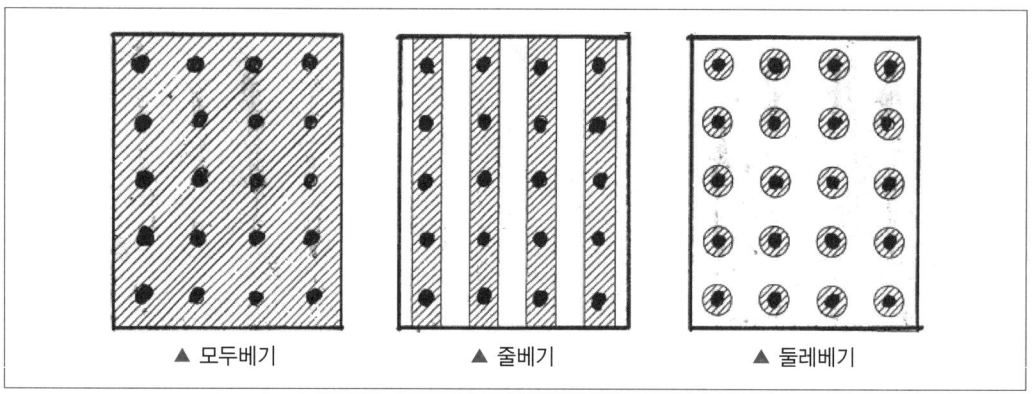

▲ 모두베기　　　▲ 줄베기　　　▲ 둘레베기

(4) 풀베기용 제초제

① **염소산염제** : 조릿대 등을 제거하는 데 효과가 있는 **비호르몬형, 비선택성의 접촉성 제초제**이며, 토양표면처리 또는 경엽에 살포한다.

② **mcp제** : 목본식물 및 칡과 잎이 넓은 잡초를 처리하는데 쓰이는 제초제로서 2,4-D와 비슷한 **호르몬형**이다. **흡수이행성이 크며 경엽에 살포**한다.

③ **피클로람(K-pin)** : 칡 등 덩굴식물의 주두에 처리하는 호르몬형 제초제로서 **흡수이행성**이 크다. 칡은 주두에 송곳으로 구멍을 뚫고 K-pin 나무침의 침지부위(흰 부분)가 보이지 않도록 1~3본을 삽입한다.

④ **시마진(CAT) : 선택성 흡수이행성** 제초제로서 주로 뿌리로부터 흡수되어 도관을 통해 지상부의 어린 조직에 이행하여 광합성을 저해한다. 경엽에 대한 적용력은 거의 없고 광엽잡초에 대한 효과가 크다.

⑤ 파라코트 : 상품명은 그라목손이다. **비선택성이고 비호르몬형 접촉성** 제초제이다. 경엽에 처리하면 빨리 흡수되어 24~28시간 내에 살초력을 나타낸다. 비선택성이나 화본과식물에 대한 작용이 광엽식물에 대한 작용보다 큰 편이다.

⑥ TFP-Na : **비호르몬형 이행성** 제초제로서 뿌리와 경엽부터 흡수되어 이행한다. 접촉효과는 거의 없고, 식물에 흡수되어도 뿌리에는 거의 영향을 미치지 않으며, 발아 초기의 생장점 부근의 조직에 작용해서 현저한 억제효과를 보이며 지효성 제초제이다.

⑦ 헥사지논 : **선택성** 제초제로서 **낙엽송·잣나무·편백·화백에 약해**가 있으며, 초봄이나 늦가을 토양수분이 많을 때 살포한다.

3. 덩굴제거

(1) 덩굴제거의 정의

① 덩굴은 수관을 덮어 조림목의 생장에 지장을 주며, 줄기의 감아진 부분이 잘록하게 되어 목재의 가치가 저하되고 바람에 부러지게 하는 등의 해를 준다.

② 덩굴이 조림목의 줄기를 감아 압박을 가하면 양료의 하강이 불가능해져서 줄기에 팽대부가 생겨 기형을 유발한다.

③ 조림지에 많이 발생하는 덩굴식물은 칡, 머루, 다래, 담쟁이덩굴, 으름덩굴, 바위수국, 산포도, 청미래덩굴 등이 있다.

④ 덩굴식물은 양성이며, 무성번식이 잘 된다.

(2) 덩굴제거 시기와 방법

① 덩굴치는 시기는 **뿌리 속 저장양분을 소모한 7월경**이 좋으며, 너무 늦으면 덩굴제거에 비용이 많이 들고 나무가 해를 입는다.

② 물리적 제거방법으로는 조림목이 생장하여 임분이 울폐될 때까지 칡줄기를 제거하는 방법과 뿌리를 굴취하는 방법이 있다. 칡뿌리 채취는 발근식 칡채취기가 효과적이다.

③ 약제는 할도법[덩굴 줄기에 상처를 내고 그곳에 글라신, 피크로람(케이핀) 등의 약제 주입], 흡수법(염소산나트륨과 같은 약제를 목질화한 덩굴줄기에 흡수시킴.), 살포법(글라신, 파라코 등의 약제를 잎과 줄기에 뿌림.)과 덩굴 뿌리 주변의 단면에 글라신, 염소산나트륨 등의 약제를 발라주는 방법, 제초제 이용 등이다.

④ K-pin 사용법
  ㉠ 미량의 피클로람을 목침에 흡착시킨 것으로 운반과 작업이 간편하고 1년 내내 처리가 가능하며 효과가 매우 높다.
  ㉡ K-pin 사용시 주의할 점
    ⓐ 약제 흡착부가 노출되지 않도록 깊게 꽂고, 빗물로 약성분이 흘러내리지 않도록 한다.
    ⓑ K-pin을 충분한 깊이로 삽입할 수 없을 때는 그 일부를 꺾어 다른 줄기에 꽂아 주도록 한다.
    ⓒ 작은 그루터기는 1/2본을 꽂는다.
    ⓓ 어느 때나 사용할 수 있으나 눈이 트기 전에 처리하는 것이 작업하기 쉽고 제초제의 소모도 적다.
    ⓔ 되도록 주두처리를 하도록 하고, 부득이한 경우에는 덩굴줄기처리를 한다.
    ⓕ 포복경까지 효과가 미치므로 연결된 분근도 죽게 되며, 그래서 줄기를 끊지 않고 처리해야 한다.
    ⓖ 호르몬제이므로 덩굴 끝쪽으로 이동하고 필요 이상의 양을 사용하지 않도록 한다.
    ⓗ 비가 오는 날에는 사용을 중지한다.

(3) 제초제 사용
① 모든 잡초를 죽이는 비선택성인 것과 특정 종류만 죽이는 선택성인 것이 있으며 선택성은 잡초 종류에 대한 선택성과 잡초 생육 시기에 대한 선택성이 있다. 그러므로 약제들의 사용방법과 특성을 충분히 숙지한 후 약해 없이 효과적으로 사용해야 한다.
② 살초 작용에 따라 이행형 제초제와 접촉형 제초제로 나뉘며, 이행형 제초제는 호르몬형과 비호르몬형으로 나뉜다. 이행형은 식물에 처리했을 때 식물체 내에 약제가 흡수되어 제초효과를 내는 것이고, 접촉형은 약제가 접촉한 부분에만 효과를 나타내는 제초제이다.
③ 제초제의 사용 방법과 시기
  ㉠ 경엽살포: 약제를 희석하여 줄기와 잎에 뿌려 잡목을 죽이는 방법이며, 전착제를 섞어 사용하면 효과가 더 좋아진다. 경엽살포에 사용하는 약제는 파라코, 글라신, 디캄바, 시마네 등이다. 보통 봄부터 여름 사이에 잡초가 많이 발생할 때 살포한다.
  ㉡ 나무 껍질 처리: 줄기가 작고 껍질이 두꺼운 목본형 식물을 제거하는데 효과적이며, 제초제를 지표면 근처의 줄기에 뿌리면 겉껍질을 통해 흡수하게 해서 잡초를 죽이는 방법이다. 보통 지름이 15cm 이하인 잡목 제거에 효과적이며 수평으로 뻗은 땅속 뿌리나 땅속 줄기는 이른 여름에 사용하면 방제가 쉽다. 널리 쓰이는 제초제는 페녹시계 화합물이다.
  ㉢ 줄기 주입: 나무 상처 부위를 통해 제초제를 흡수시켜 잡목을 제거하는 방법으로, 잡목의 밑둥 둘레에 상처를 내거나 도끼로 홈을 내어 제초제를 주입시킨다. 주로 사용되는 약제는 술포산암모늄, 디캄바 등이다. 주로 여름철에 실시하며 지름이 큰 나무에 효과적이다.

ⓔ 그루터기 처리 : 잡목을 자르고 난 후 그루터기에 제초제를 처리하여 새싹이 나오는 것을 방제하는 방법이다. 여름철 건조한 상태에서 실시하면 효과가 크며 술포산암모늄 정제를 사용한다.
ⓜ 토양 처리 : 토양에 제초제를 살포하여 목본형 식물을 방제하는 방법이며 약제로는 디캄바, 피크로람 등이 사용된다. 장마 초기에 실시하면 효과적이다.

4. 어린나무가꾸기

(1) 어린나무가꾸기의 정의
① 어린나무가꾸기는 **풀베기 작업이 끝난 후** 조림목과 경쟁하는 목적 이외의 수종과 조림목 중에서도 형질불량목이나 폭목(暴木) 등을 제거하고 극심한 경쟁상태에 있는 부분은 공간을 만들어 조림목이 정상적으로 생장할 수 있게 하는 작업이다.
② **조림한 나무가 5~10년 자라서 수관경쟁이 시작되고 조림목의 생육이 방해를 받는 숲을 대상으로 실시**한다.
③ 조림지 내 군상으로 발생한 우량 천연림도 어린나무가꾸기 작업대상이다.

(2) 어린나무가꾸기 시기와 방법
① 6~9월에 실시하는 것이 원칙이고, 1차 작업은 잡목이 조림목의 생장을 방해하기 시작할 때 (보통 풀베기작업이 끝난 3~5년 후) 실시하며, 2차 작업은 1차 작업이 종료된 후 3~4년 후에 실시한다.
② **조림목의 생장이 불량할 경우 천연적으로 발생한 우량목을 보육 대상으로 선정하여 조림목과 함께 남겨둔다.**
③ 보육 대상목의 생장에 지장을 주는 나무는 가급적 지표면에서 가깝게 잘라낸다.
④ 보육 대상목의 생장에 피해를 주지 않는 유용한 하층식생은 작업에 지장이 없을 경우 야생동물의 보호, 수원함양, 토사유출 방지, 생물다양성 유지 등의 목적으로 남겨 두어도 좋다.
⑤ 대상지 내 조림목이 없을 경우 천연적으로 자생하여 발생한 형질우량목을 목적수종으로 보육한다.
⑥ 조림 당시 잔존시킨 기존의 상층목이 인접목 수관에 지장을 줄 때에는 가지치기를 함께 실시한다.
⑦ 폭목 제거는 벌채 시 인접목에 대한 피해가 발생하지 않도록 고려하여 제거하되, 야생 동·식물의 서식처 및 먹이, 경관유지, 밀도조절 등을 고려하여 남겨둘 수 있으며, **제거 후 자리가 클 경우에는 보완식재**를 한다.
⑧ 보육 대상수종 중 수관형태가 불량한 나무는 가지치기와 쌍간지 중 한 가지 제거 등의 방법을 통해 수형을 교정하고, 보육 대상목인 어린나무의 가지치기는 전정가위를 이용하여 실시한다.
⑨ 조림목이 **침엽수일 경우 가지치기는 형질우량목을 중점적으로 실시**한다.
⑩ **맹아력이 왕성한 수종은 절단 높이를 1m 이상으로 하여 맹아의 발생 및 생장을 약화시킨다.**
⑪ 어린나무가꾸기를 실시할 때 인력을 절감하고 작업효과를 높일 수 있는 방법으로서 글라신액제와 같은 **제초제를 사용하여 수간주입 처리하면 효과적**이다.

(3) 어린나무가꾸기의 제거 대상목
① 보육 대상목의 생장에 지장을 주는 방해수종
② 생장 또는 형질이 불량한 나무
③ 덩굴류
④ 피해목
⑤ 폭목

5. 간벌(솎아베기)
(1) 간벌의 정의
① **좁은 의미**: 실질적인 개념으로 소경목 단계에서 중경목 단계까지의 임분을 목적에 맞게 만들어 주기 위한 모든 벌채적 조정을 뜻한다.
② **넓은 의미**: 일반적인 개념으로 유령림 단계의 미성숙 임분에서 처음 임분을 소개시켜줄 때부터 **주벌수확 이전 갱신을 유도하기 시작할 때까지** 사이에 임분을 구성하는 모든 개체의 **상호관계적 상태에 대한 무육벌채적 조정**을 뜻한다.
③ 간벌은 미숙한 임분의 일부 임목을 벌채해서 남게 되는 나무에게 더 넓은 생육공간을 주어서 **지름생장을 촉진하고 유용한 목재의 총생산량을 증가시키며**, 숲을 건전하게 하기 위한 목적이 있다.
④ 나무를 심어서 10년이 지나면 각 개체 간 우열이 생긴다. 실제 간벌목 선정 기준에 개체 간 우열로 등급을 나눈 수관급이 많이 적용된다.
⑤ 벌구식 교림작업에서는 무육단계로써 간벌단계가 성립하지만 택벌 작업의 경우는 무육과 갱신, 수확이 동시에 이루어져 생육단계별로 무육단계를 구분하지 않으며 간벌단계가 성립되지 않는다.

(2) 간벌의 목적 및 효과
① **직경성장을 촉진**하여 연륜폭이 넓어진다.
② 생산될 **목재의 형질을 좋게** 한다.
③ **벌기수확은 양적·질적으로 매우 높아진다.**
④ 임목을 건전하게 발육시켜 여러 가지 **장해에 대한 저항력**을 높인다.
⑤ 우량한 개체를 남겨서 **임분의 유전적 형질을 향상**시킨다.
⑥ **산불의 위험성을 감소**시킨다.
⑦ **조기에 간벌수확**이 얻어진다.
⑧ **입지조건의 개량**에 도움을 준다.
⑨ **하층식생의 발달을 촉진**시켜 생물다양성 증진효과가 있다.

> **무육벌채의 종류**
> ① 개량벌: 유령림 단계를 벗어난 임분에서 수종 구성과 형질을 향상하기 위하여 실시한다.
> ② 제벌: 불량개체의 나무를 끊어 우량한 나무에 도움을 주고자 하는 벌채이다.
> ③ 위생벌: 다른 건전목에 병충해를 전염시킬 위험이 있는 나무를 제거하기 위하여 실시한다.

(3) 간벌(솎아베기) 용어
    ① 상층간벌 : 상층임관을 제거하여 같은 층을 구성하는 우량개체의 생장을 촉진하는데 목적이 있으며, 준우세목이 주로 벌채된다. **프랑스법 또는 덴마크법이라 부르기도 하고, 수관간벌**이라고도 한다.
    ② 하층간벌 : 하층임관에 속하는 열세목을 위주로 실시하는 솎아베기이다.
    ③ 택벌식 간벌 : **가장 잘 자란 우세목을 대상**으로 하는 솎아베기이다.
    ④ 자유간벌 : 아무런 제한 없이 하는 솎아베기이다.
    ⑤ 자연간벌 : 고사목이 발생하여 자연적으로 입목본수가 줄어드는 현상이다.
    ⑥ 중간벌채 : **어린나무가꾸기, 제벌, 솎아베기 등을 합쳐서 하는 말로서 주벌에 대한 어휘**로, 무육벌채라고 한다.
    ⑦ 기계적 간벌 : 수형급 구분에 의하지 않고 임목간 거리를 대상으로 한 솎아베기이다.
    ⑧ 군상간벌 : Busse는 개개목의 무육보다는 그룹단위의 무육간벌을 주장하였다.
    ⑨ 대상간벌 : Urich(1894)가 제안한 것으로, 약 30년생 숲을 좁은 단책형으로 강한 솎아베기를 하고 사이에 남은 임지는 솎아베기를 하지 않고 둠으로써 임지의 황폐, 낙엽의 비산 및 잡초의 발생을 막는다.
    ⑩ 도태간벌 : **선발간벌**이라고 하며, 솎아베기에 있어서 불량 품종이나 개체를 제거하고 **형질이 우량한 나무를 미래목으로 남기는 수광생장간벌**이다.

(4) 수관급의 정의
    ① Hawley의 수관급
        ㉠ 우세목 : **상층임관을 구성하고 상방광선을 충분히 받으며, 측방광선도 받을 수 있는 평균 이상의 수관을 가진 나무**를 말한다.
        ㉡ 준우세목 : 우세목과 비슷하지만 **측방광선을 받는 양이 비교적 적고, 수관의 크기가 평균에 가까우며, 수관은 측방적으로 압력을 받고 있다.**
        ㉢ 중간목 : 수고에 있어서 우세목과 준우세목에 다소 떨어지나 수관은 그들 사이에 끼어 있고, 상방광선을 받는 양은 제한되며, 측방광선은 거의 받지 못한다. 수관이 작고 측방으로부터 많은 압력을 받는다.
        ㉣ 피압목 : 하층임관을 구성하는 것으로 직사광선은 거의 받지 못한다.

② 데라사끼의 수형급 : 데라사끼의 수형급은 **우세목을 1, 2급목으로, 열세목은 3, 4, 5급목으로 정의했다.**
  ㉠ 1급목 : 수관의 발달이 방해받지 않고 발달하기에 알맞은 공간을 가지고 있으며 수목의 형태가 불량하지 않은 우량목이다.
  ㉡ 2급목 : 이웃한 나무에 의해 압박을 받고 있거나 성장에 알맞은 공간을 갖지 못하고 있는 것 또는 그 형태가 불량한 것으로 5계급으로 구분한다.
    ⓐ 수관발달이 지나치게 왕성하고, 넓게 확장하거나 또는 위로 솟아올라 수관이 편평한 **폭목(暴木)**
    ⓑ 수관발달이 지나치게 약하고, 이웃한 나무 사이에 끼어서 줄기가 가늘고 긴 **개재목(介在木)**
    ⓒ 이웃한 나무 사이에 끼어서 수관발달에 측압을 받아 자람이 편의된 편의목(偏倚木)
    ⓓ 줄기가 갈라지거나 굽는 등 수형에 결점이 있는 것, 그리고 모양이 불량한 전생수(前生樹) 곡차목(曲叉木)
    ⓔ 피해를 받은 피해목
  ㉢ 3급목 : 세력이 감소되고 자람이 지연되고 있지만 수관이 피압되지는 않는 나무로서 상층 수관구성분자가 제거되면 상층분자로 될 가능성도 있는 나무이다(중간목 또는 중립목).
  ㉣ 4급목 : 피압상태에 있으나 아직 생활수관을 가지고 있는 피압목을 말한다.
  ㉤ 5급목 : 고사목·피해목·도목(倒木)·고쇠목을 말한다.

🌱 **데라사끼의 수형급 모식도**

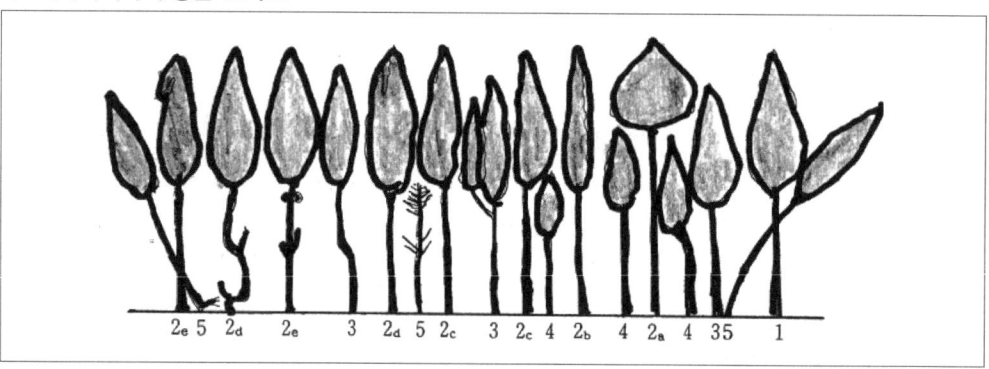

③ 가와다의 활엽수 수형급
  ㉠ A : 우세목으로서 형질이 좋은 나무이다.
  ㉡ B : 우세목으로서 형질에 결점이 있는 나무이다.
  ㉢ (B) : B와 비슷하지만 당장 간벌하면 소개되는 공간이 커서 염려되는 나무이다.
  ㉣ C : 보통의 열세목이다.
  ㉤ D : 수고가 C와 비슷하나 이미 초두가 고사하고 죽게 된 나무 또는 수형이 불량한 나무이다.
  ㉥ E : 병목·도목·고목 등으로 임분 구성인자로 인정하기 어려운 나무이다.

🌱 가와다의 활엽수 수형급 모식도

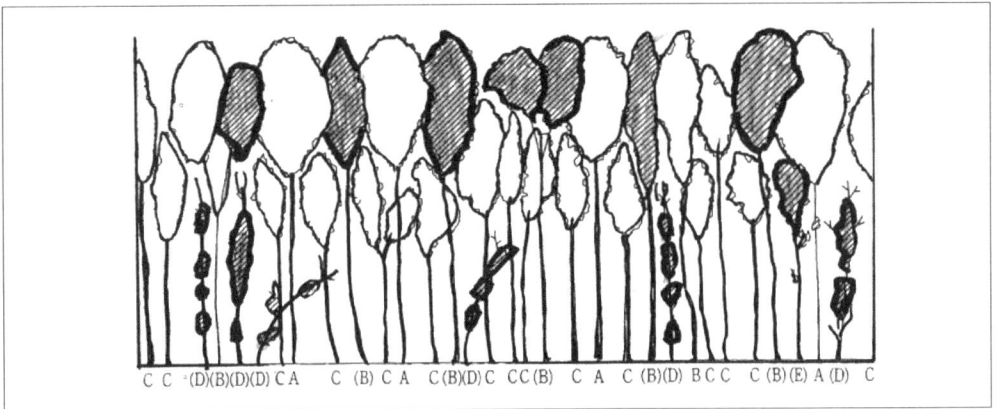

④ 활엽수에 대한 덴마크 수간급
  ㉠ 주목(A) : 곧은 수간과 정상인 수관을 가지는 것으로 이것은 남겨서 그 자람을 촉진시키는 대상이 된다.
  ㉡ 유해부목(有害副木)(B) : 주목의 수관발달에 지장을 주는 것으로 제거대상이 되는 나무이다.
  ㉢ 유요부목(有要副木)(C) : 주목의 지하간장을 길게 하기 위하여 남겨둘 필요성이 있는 나무이다.
  ㉣ 중립목(D) : A, B, C 어느 것에 소속되는지 확실하지 않아서 간벌할 때 일단 남겨두었다가 다음번 간벌 때 다시 고려할 나무로서 때로는 마지막 간벌 때까지 남게 되는 것도 있다.

⑤ 우리나라 천연림 숲가꾸기에서 적용하고 있는 수형급 : 천연림 개량, 천연림 무육 등에서 폭넓게 적용하는 도태간벌을 위한 선목기준으로 우리나라에서 최근 개발된 수형급입니다.
  ㉠ **미래목**(未來木, future tree) : 수목사회적 위치, 건전성, 형질 등이 **가장 우수한 나무로 선발된 최종 수확목으로 남겨지는 나무**이다. 처음 선발되는 미래목에는 선발목과 후보목이 포함되기도 한다.
  ㉡ 중용목(中庸木, intermediate tree) : 미래목과 함께 선발되지 못한 우세목 또는 준우세목으로, **미래목과 충분한 거리로 떨어져 있어 미래목에 영향을 주지 않으며 임분 구성에 필요한 예비목**이다. 차후 임분밀도가 과밀해지면 간벌재로 이용되거나 미래목으로 대체될 수도 있다.
  ㉢ 보호목(保護木, preserved tree) : **하층임관을 이루고 있는 유용한 임목으로 미래목 생육에 지장을 주지 않고 수간 하부 가지의 발달을 억제시키는 한편, 임지보호 목적으로 남기는 나무**이다.
  ㉣ 방해목(妨害木, interupted tree) : 미래목과 중용목의 생장에 방해되는 나무로 경합목과 지장목 등이다.
  ㉤ 무관목(無關木, unrelated tree) : 미래목과 중용목에 전혀 장애가 되지 않는 **형질불량목, 피해목** 등으로 임분구성상 남겨두는 나무이며 차후 간벌대상이 된다.

(5) 정성간벌

베어낼 나무와 남겨 둘 나무의 질에 중점을 두는 방법으로, 줄기의 형태와 수관의 특성으로 구분되는 **수관급을 바탕으로** 정해진 간벌형식에 따라 간벌대상목을 선정한다. 정성간벌은 **한 나무의 품질향상을 중요시 한 것**이고 임분의 양적인 측면은 2차적으로 보는 경향이 있다. 그래서 **치수학적 또는 생태학적인 면이 가볍게 취급**된다.

> **정성간벌의 정리**
> ① 데라사끼식 간벌: 하층간벌(A종, B종, C종), 상층간벌(D종, E종)
> ② Hawley식 간벌: 하층간벌, 수관간벌, 택벌식간벌, 기계적간벌
> ③ 가와다의 활엽수 간벌

① 데라사끼의 간벌형식: A · B · C종 **간벌은 하층간벌**이며, 수종과 지위에 따라 탄력적으로 적용하고, D · E종 **간벌은 상층간벌**이며 상층임관 구성개체의 성장을 돕는 데 목적을 둔다. 이 중 **B종 간벌이 주로 적용**된다.

  ⊙ A종 간벌: 4급목과 5급목을 제거하고 2급목의 소수를 끊어 임내를 정리한다는 뜻이 강하다. 간벌하기에 앞서서 제벌 등 선행되는 중간벌채가 잘 이루어졌다면 A종 간벌을 할 필요성이 거의 없다. 다음 간벌기까지 고사목을 내지 않도록 할 뿐 간벌의 뜻이 거의 없다.

  ⊙ B종 간벌: **최하층의 4 · 5급목 전부와 3급목의 일부, 2급목의 상당수를 간벌하는 것**으로서 C종과 함께 단층림에 있어서 가장 넓게 실시되는 것이다.

  ⊙ C종 간벌: B종 간벌보다 벌채하는 수관급이 광범위하고, 1급목의 일부도 벌채한다.

  ⊙ D종 간벌: 상층임관을 강하게 벌채하고 3급목을 남겨서 수간과 임상이 직사광선을 받지 않도록 하는 것이다. 그렇지만 그다지 이용되지 않는다.

  ⊙ E종 간벌: 최하층의 4급목이 전부 남게 되는 것이 D종 간벌과 다른 점이다.

데라사끼식 간벌에 대한 간벌량(%)

구분	A종	B종	C종	상층간벌
재적률	15~20	20~30	30~40	25~30
본수율	25~35	35~45	45~60	25~35

② Hawley의 간벌방법

  ⊙ 하층간벌: 가장 오랜 역사를 지니고 있는 간벌방법으로서 보통간벌, 독일식 간벌이라고도 하며, **하층목을 주로 간벌한다.** 처음에는 피압된 가장 낮은 수관층의 나무를 벌채하고, 점차 높은 층을 대상으로 하며, 강도 높은 하층간벌이 실시된 후에 남게 되는 나무는 우세목과 준우세목이다. 이것은 침엽수종의 일제림에 적용하는데 알맞다.

  ⊙ 수관간벌: **상층임관을 소개(疏開)**해서 같은 층을 구성하고 있는 우량개체의 생육을 촉진하는데 목적이 있고, **주로 준우세목을 벌채**한다. 우량목에 지장을 주는 중간목과 우세목의 일부도 벌채될 수 있으며, 하층목도 이용할 만한 것은 벌채 대상이 된다. 택벌식 간벌과 근본적으로 다른 점은 택벌식 간벌은 우세목을 간벌해서 그 아래층 임관의 나무를 돕자는 데 있다는 것이다.

ⓒ **택벌식 간벌**: 우세목을 간벌해서 그 이하 임관층의 나무의 생육을 촉진하는 것이다. **수익성이 없는 나무는 벌채하지 않는다.** 이론적으로 택벌식 간벌은 계속되는 작업의 적용으로 하층목을 상층목으로 유도해서 벌기목으로 만드는 것이다. 이러한 내용을 직경급분포로 볼 때 **하층간벌 및 임분의 자연적 발달과정과는 상반된 것이다.** 잔존될 하층목은 왕성하고 잘 발달한 수관을 가지고 있어야 한다.

ⓔ **기계적 간벌**: 간벌 후 남겨질 수목간 거리를 사전에 정해놓고 수관의 위치와 모양에 상관없이 실시하는 방법으로, **수고가 비슷하고 형질의 차이가 인정되지 않는 유령임분에 적용**될 수 있다. 적용될 임분의 수고는 2~3m의 범위에 속하고 간벌기술의 숙련이 그다지 필요하지 않다. 잔존된 나무의 개체간 거리를 비슷하게 하고 그 사이에 있는 나무를 벌채하는 **등거리 간벌**과, 한 줄 어기 어기 벌채하거나 대상으로 끊어내는 것으로 밀립한 어린 임분의 초기 간벌로 작업하기 쉽고 경비도 절감할 수 있는 **열식 간벌**이 있다.

🌱 **Hawley의 4가지 간벌법**

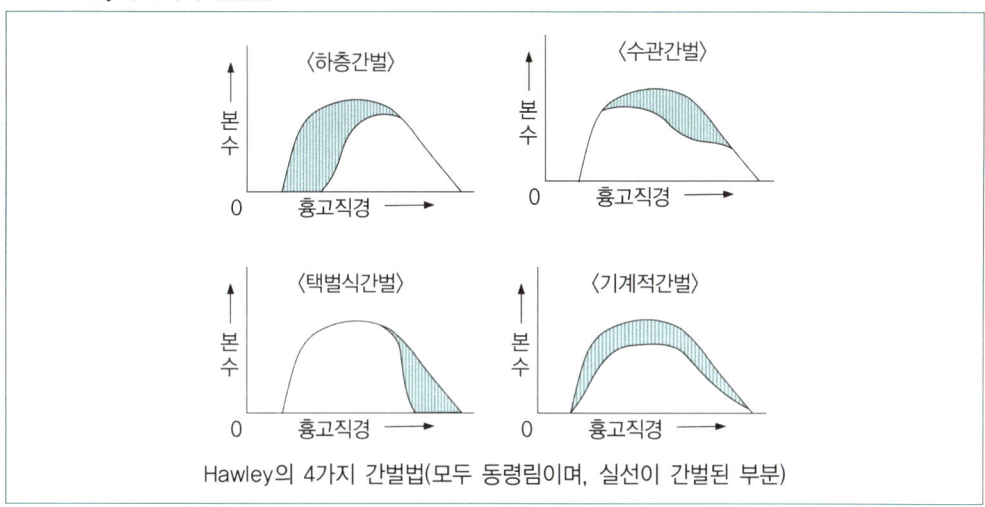

Hawley의 4가지 간벌법(모두 동령림이며, 실선이 간벌된 부분)

🌱 **Hawley의 하층간벌의 종별과 선목대상**

구분	약한 수준	강한 수준
약도(A)	가장 빈약한 피압목	피압목
경도(B)	피압목, 빈약한 중간목	피압목
중도(C)	피압목, 중간목	피압목
강도(D)	피압목, 중간목, 상당수의 준우세목	피압목, 중간목, 대부분의 준우세목

(6) 도태간벌

장벌기로 가꿀 미래목을 미리 선정하고, 이 미래목에 방해가 되는 나무를 베는 방법이다. 도태간벌의 대상지는 비옥한 곳, 형질이 우량한 대경목 생산을 목표로 하는 곳, 나무의 생육이 우수한 곳, 잡목 솎아베기 및 예비간벌을 실시한 곳, 주임목의 평균 높이가 6~10m인 곳 등이다.

임목의 생장을 저해하는 나무를 제거하고 남겨진 우수한 나무의 생장을 촉진시키기 위해 실시하는 쉐델린의 간벌 방식이다.

① 도태간벌 이론상의 미래목, 선발목, 후보목의 개념 구분
  ㉠ 미래목 : **수목사회적 위치, 건전성, 형질 등이 가장 우수한 나무로 선발된 최종 수확목으로 남겨지는 나무**이다. 처음 선발되는 미래목에는 선발목과 후보목이 포함되기도 한다.
  ㉡ 선발목 : 일정한 조건(동일한 수령, 동일한 입지 환경 등)하에서 **주위 인접목보다 외형상으로 한 가지 또는 그 이상의 특성이 아주 우수하게 나타나는 임목**으로써 일단 선발이 되었다 해도 목표하는 **최종 수확목으로 끝까지 남겨질 수도 있고 중도에 생장과 형질이 저조해져 다른 나무로 대체될 수도 있는 나무**이다.
  ㉢ 후보목 : 임목형질과 생장의 우열이 확실히 분화되지 않는 유령림 단계의 임분에서 차후 **선발목이 선택될 가능성이 있는 우량한 나무**로써 보육작업시 선발은 하지 않지만 특별히 보호 장려된다.

② 도태간벌의 특성
  ㉠ 간벌양식으로 볼 때 **상층간벌, 정성간벌에 속하지만 전통적 간벌양식과는 다른 새로운 간벌양식**이다.
  ㉡ 가장 우수한 우세목들을 선발하여 그 발달을 조장시켜 주는 명쾌한 목표의 무육벌채적 수단을 갖고 있는 간벌양식이다.
  ㉢ 상층임관의 일시적 소개에 의해서 지피식생과 중, 하층목이 발달되어 미래목의 수간 맹아 형성의 억제와 복층구조의 유도가 용이해진다.
  ㉣ 무육목표를 최종 수확목표인 미래목에 집중시킴으로써 장벌기 고급 대경재 생산에 유리하며, 간벌 대상목이 주로 미래목의 생장 방해목으로 한정되기 때문에 간벌목 선정이 비교적 용이하다.
  ㉤ 미래목 생장에 방해되지 않는 중·하층목이 대부분 존치되고 주로 미래목의 생장 방해목이 간벌됨으로써 간벌재 이용에 유리하다.

③ 도태간벌 대상임분
  ㉠ 미래목의 집약적 관리를 통하여 **우량대경재 이상을 목표생산재로 하는** 산림
  ㉡ '중' 지위 이상으로 **지력이 좋고 입목의 생육상태가 양호**한 산림
  ㉢ **우세목의 평균수고 10m 이상 임분으로서 15년생 이상**인 산림
  ㉣ **어린나무가꾸기 등 숲가꾸기를 실행한 산림**으로 숲가꾸기를 실행하지 않았더라도 상층 입목 간의 우열이 현저한 우량 임분은 실행 가능
  ㉤ 조림수종 외에 다른 수종이 많이 혼효되어 **정량간벌이나 열식 간벌이 어려운 산림**

④ 미래목의 요건
  ㉠ 수종 : 침·활엽수의 경제수종에서 모두 실행이 가능하고 혼효림에서는 유용수종을 우선 선발하며 그 임지의 우점 수종이어야 한다.
  ㉡ 생활력과 입지 적응성 : 건전하고 생장이 왕성한 것(근부, 나무줄기 및 나무 갓), 피압을 받지 않은 상층의 우세목일 것(폭목은 제외)
  ㉢ 형질 : 나무 줄기가 통직하고 분간되지 않으며, 병충해 등 물리적인 피해가 없고 이상형상 등이 없을 것
  ㉣ 거리 및 간격 : 미래목 간의 거리는 **최소 5m 이상**으로 임분 전체로 보아 대체로 고루 배치됨이 이상적이며, **ha당 최대 400본 미만**이어야 한다(활엽수는 ha당 200본 내외, 침엽수는 ha당 200~400본).

(7) 정량간벌
  ① 베어낼 나무의 수와 남겨둘 나무의 수에 중점을 두는 방법이다.
  ② 솎아베기의 실행기준을 간벌량에 두고 임목밀도를 조절해 나가는 방법이다.
  ③ 본수밀도, 흉고직경, 수관크기에는 일정한 관계가 있고, 이들 인자 간 상관으로 수량적 기준을 만든 것이다.
  ④ 지위가 낮을수록 ha당 임목본수가 증가하는 경향이 있다.

(8) 우리나라에서 시행되는 간벌양식
  ① 열식간벌
  ② 정량간벌(경급별 잔존본수 기준표 적용)
  ③ 도태간벌

(9) 산림생태학에 기초를 둔 간벌
  ① 조림계획순서는 식재지 결정, 입지인자의 조사·분석, 조림수종 또는 품종선정, 생산재의 목표 설정, 식재밀도의 결정 순으로 진행한다.
  ② 임목의 생육 과정을 통해서 밀도를 조절(간벌작업)함으로써 생산재의 질과 양 가늠이 가능하다.
  ③ 동일 수종, 동일 연령, 같은 입지에서 밀도만을 다르게 할 때 임목의 형질과 생산량은 아래와 같다.
    ㉠ 상층목의 평균수고는 임목의 밀도에 상관할 것 없이 거의 비슷하게 나타난다. 우세목의 평균수고를 토지 조건의 생산력 지표로 삼을 수 있다.
    ㉡ 줄기의 평균흉고직경은 밀도가 높을수록 작다. **밀도가 낮아지면 단목의 엽량이 증가하고, 따라서 직경생장이 촉진**된다.
    ㉢ 수간은 고밀도일수록 완만하게 되고, 저밀도일수록 초살형이 된다.
    ㉣ 지하고는 고밀도일수록 높아지고, 지하재는 마디가 적은 우량재가 된다.
    ㉤ 고밀도일수록 연륜폭이 좁아진다.

ⓗ 단목의 평균간재적은 고밀도일수록 작아진다.

ⓘ 단위면적당 간재적은 밀도가 높아질수록 커진다. 그러나 어느 정도의 밀도 한계를 넘으면 재적증가는 밀도효과를 거의 받지 않는다. 임분이 폐쇄되면 그때부터 임분이 가질 수 있는 엽량은 일정치에 이르는 경향이 있고, 따라서 생산량에도 변동이 없어진다.

⑽ 간벌 과정

간벌예정지답사 → 표준지조사 → 표준지 내 전임목의 매목조사 → 계획된 간벌방식에 따라 간벌율, 간벌본수 결정 → 선목작업 → 벌채작업 및 집재작업

⑾ 간벌방식

간벌방식은 한마디로 전체 작업순서를 말한다. 간벌방식은 다음과 같이 구분된다.

① 1차 간벌시기 : 수종, 지위, 기후에 따라 임분밀도(경쟁관계), 임분구조, 임분안정성, 시장성 및 이용가치 등을 고려하여 결정한다.

② 간벌양식 : 입지 및 임분상태와 경영목표(생산목표)에 따라 결정(도태간벌, 열식간벌, 정량간벌)한다.

③ 간벌주기 : 육림적인자(지위, 경합정도, 임분안정도, 임분의 건전도)와 경제적인 인자(벌목비, 시장성, 인력 및 기계 이용력, 요구되는 최소 수확량)에 따라 결정한다. 유령림 또는 **지위가 양호한 임분은 노령림 또는 지위가 저조한 임분보다 간벌주기가 짧아진다.**

④ 간벌강도 : 간벌작업의 강도는 대개 존치할 임분밀도(ha당 본수, 단면적 등)에 따라 조절하여 존치하고, 임분의 밀도조절은 수고, 생육공간율, 기준표에 의한 본수조절 등에 따라 결정한다.

⑿ 간벌방식상의 강도의 영향 또는 윤벌기내 간벌로 제거되어진 총 생산량(총 벌채량)

🌱 주요 침엽수종의 간벌개시임령

구분	식재밀도(본/ha)	간벌개시 임령(년)	구분	식재밀도(본/ha)	간벌개시 임령(년)
소나무	5,000	15~20	편백	4,000	20~25
잣나무	3,000	15~20	가문비나무	4,000	20~25
낙엽송	3,000	10~15	전나무	4,500	20~25
삼나무	3,500	15~20			

⒀ 간벌 대상지 선정

수형급은 분류 견해에 따라 또는 무육방법과 임분형에 따라 달라지며 간벌목 선정의 기준으로서 또는 두 임분의 비교와 무육방법의 평가를 위해 사용되기도 한다.

① 간벌사업의 지연으로 생장이 부진하고 임분피해가 우려되는 과밀한 인공림

② 입지 및 임분 구성이 양호하고 우량대경재 생산이 가능한 밀생된 인공림

③ 장기간 방치되어 임분피해가 발생된 인공림

④ 산화 또는 병충해 피해가 발생되어 솎아주기가 필요한 임분

⑤ 임분 생육공간을 조절할 필요가 있고 고급 용재림 생산이 가능한 천연림

⑥ 어린나무가꾸기 작업이 끝난 후 5년이 경과된 인공림
⑦ 간벌 실행 후 5년 내외가 된 임분으로써 수관이 울폐되어 임목 상호 간의 경쟁을 조절해 줄 필요가 있는 임지로 주벌수확이 5~10년 전까지의 임분

(14) 간벌의 시행
① 솎아베기를 일찍 시작하는 것이 잔존목에는 효과가 크지만, 현실적으로는 간벌재가 어느 정도의 경제적 가치에 도달했을 때 실시한다.
② 솎아베기를 몇 년마다 할 것인지는 사정에 따라 다르지만, **나무가 빨리 자라면 그만큼 빨리 솎아베기를 반복**한다.
③ 낙엽송이나 잣나무와 같은 침엽수는 대개 15년생을 전후하여 첫 번째 솎아베기를 실시한다.
④ 솎아베기는 생장기에 실시하면 나무가 잘 썩고 해충에 의한 피해를 입기 때문에 **겨울철에서 이른 봄 사이에 실시하는 것이 좋다. 박피해야 할 수종은 수액이 흐르는 시기에 실시해도 무방하며 가을작업도 상관없다.**
⑤ 솎아베기는 주로 수액의 이동이 정지된 기간에 실시하지만, 잔존목의 생장을 위해서는 **봄이 가장 좋다.**
⑥ 정량간벌의 실행 : 흉고직경 또는 수고를 기준으로 간벌지침표를 사용한다. 간벌지침표를 쓰는 데에는 먼저 간벌 대상 임분에 대한 조사를 하고, 성장과 밀도가 다른 부분이 있으면 임분을 몇 개로 구분할 필요가 있다. 평균수간거리를 이용해서 간벌을 실시할 수 있다. 수간거리법은 평균흉고직경 + 수종별 정수로 계산한다.
⑦ 정성간벌의 실행 : 정성간벌 실행시 침엽수 동령림에서는 하층간벌 B종이 잘 적용된다.

(15) 간벌의 특성
① 간벌의 무육목표는 간벌 이전의 유령림 무육과 비슷하나, 유령림 무육과 다른 것은 간벌에서는 기대하는 최종 수확임분의 목표가 되는 임목 무육에 더 중점을 둔다.
② 간벌은 임분의 잠재적 목재생산을 임분에서 선정된 목표임목(미래목 또는 최종 주벌수확 대상목)의 한정된 수량에 집중시켜야 하기 때문에 과밀한 나무는 제거한다.
③ 간벌은 중간벌채 수입에 의한 투자회수와 자본적 부채누적의 감소가 되나 생산 매각이 불가능한 장소에서 최종목표 임분의 가치 최대화에 중점을 둔다.
④ 간벌된 임분의 고사에 의한 생장축적의 손실은 없다.
⑤ 간벌은 현존 임분의 이익을 위한 생육 공간 분포의 조절을 의미하므로 갱신을 목적으로 실행되지는 않지만 차후 천연갱신, 보잔목작업을 위한 준비는 가능하다.
⑥ **간벌은 임지의 생산력만큼 벌채**된다.
⑦ **이론적으로 간벌은 제벌과 같은 중간 무육작업이 실시된 이후에 실행되는 것이 원칙**이다.
⑧ 간벌은 최종수확 벌채 전에 수회로 나누어 여러 번 실시한다.

> 📖 **잡목솎아베기(제벌)**
>
> 1. **잡목솎아베기의 시기**
>   ① 풀베기가 끝난 후 2~3년이 지난 6~8월쯤 실시하고 필요에 따라 3~4년이 지난 후 두 번째 솎아베기를 한다.
>   ② 보통 임관의 경쟁이 시작되고 조림목의 생장에 지장을 주면(조림목이 임관을 형성한 후부터 간벌할 시기에 이르는 사이) 첫 번째 작업을 실시한다.
>   ③ 잡목솎아베기의 시기는 인공림은 식재 후 7~8년, 천연림은 10년생 전후가 일반적이다.
>   ④ 간벌이 시작될 때까지 2~3회의 제벌을 실시하는 것이 원칙이다.
> 2. **잡목솎아베기의 방침**
>   ① 조림수종이 그 임지에 적합하여 성림이 잘 될 것인가를 검토한다.
>   ② 조림수종이 그 임지에 부적합하다면 오히려 다른 수종과의 혼교가 더 유리할 것인가를 고려한다.
>   ③ 조림수종이 그 임지에 적합한 경우라면 침입천연생목은 원칙적으로 제거한다.
>   ④ 조림수종이 임지에 부적합한 경우라면 조림목과 천연생목을 함께 혼교시켜서 임상을 정비한다.
> 3. **잡목솎아베기가 실시되는 임령**
>   ① 소나무와 낙엽송: 식재 후 7~8년
>   ② 삼나무와 편백: 식재 후 10년
>   ③ 전나무와 가문비나무: 식재 후 13~15년

6. 가지치기

(1) 가지치기의 목적과 특징

① 가지치기의 목적

㉠ 옹이가 없고 통직한 완만재를 생산하며 수간의 직경생장을 증대시킬 목적으로 실시한다.

㉡ **무절재(마디가 없는 좋은 목재)를 생산**하는 것이고, 어린 임분이 울폐되면 수관 아래 부분에 있는 가지는 햇빛을 충분히 받지 못해서 죽고, 목재 속에 죽은 마디를 만들어 가지를 떨어뜨리기 때문에 가지치기를 할 때는 **죽은 가지와 수관 아래 부분의 살아있는 가지도 잘라내어 목재의 가치를 높인다.**

㉢ 가지치기는 나무끼리의 **생존 경쟁을 완화**시키고 산림의 위해를 감소시키며, 하층목을 보호하고 생장을 촉진시키는 것 외에 옹이가 없는 완만재를 생산하여 목재의 가치를 높이는 효과를 가진다.

㉣ **강도의 생가지치기는 추재의 비율을 증가시켜 목재의 질을 개선**한다.

② 가지치기의 특징

㉠ 굵은 가지를 제거하면 유합기간이 길어져 병원균이 침입할 우려가 있기 때문에 지름 3~5cm 이내의 것 위주로 제거한다.

㉡ 가지치기는 **마른 가지가 생기기 시작할 때 1차로 실시**하며 잡목솎아베기 작업과 함께 실시하면 효율적이다.

㉢ 일반적으로 가지치기작업은 인력과 경비가 많이 소요되고 **수령이 많을수록 효과가 작아지므로 어린나무일 때는 강도의 가지치기 작업이 효과적이다.**

ⓐ 직경생장에 있어서 가지치기와 간벌의 효과는 서로 상반된다. **간벌은 수간 하부의 비대생장을 촉진시키는데 비하여 가지치기는 목질부의 증가가 수간 상부에 집중되어 수간의 완만도를 증가시킨다.**

ⓜ 가지치기를 하면 하지 않는 것에 비해 수간 하부의 연륜폭이 좁아지고, 반대로 수간 상부의 연륜폭은 넓어지는 현상이 나타나는데, 이로써 수간의 완만도가 향상되고 연륜폭이 고르게 되며, 마디 없는 목재도 생산될 수 있다.

ⓑ 산 가지를 끊어주면 동화기관의 감소로 성장량의 감퇴가 수반되는 것은 당연하고, 이러한 경향은 난지보다 한지에서 더 두드러진다.

ⓐ 생가지와 잎을 제거하면 임목의 총생산량이 줄 수 있으나, **수종에 따라서는 하부로부터 수관의 30~70%까지 제거해도 수고생장에는 큰 영향이 없다.**

ⓞ 상구의 유합은 상구의 양쪽으로부터 가장 빠르게 진행된다. 즉, 수직배열을 한 형성층 세포가 상구의 양쪽에서 왕성한 분열을 하게 된다.

ⓩ **상구 유합의 속도는 절제한 가지 지름의 굵기에 거의 상관이 없다.** 상구가 크면 그만큼 더 많은 물질이 공급되어 치유에 이바지한다.

ⓒ **상구의 유합에 차광이 좋은 영향**을 끼치는 것으로 알려져 있다. 즉, 남쪽 또는 남서쪽 햇빛을 받는 방향의 상구 유합은 그렇지 않은 방향의 것에 비해 지연된다.

ⓚ **나무의 위쪽에 있는 상구는** 그곳의 성장이 왕성하므로 아래쪽 상구보다 **유합이 빠르다.**

ⓣ 느티나무·가시나무 등 활엽수종에 적용되는 것으로 가지 기부에 3~4cm 또는 10~12cm의 잔지를 남겨 생가지를 친다. 이와 같이 하면 잔지가 고사해서 인공적인 보호층이 형성된다. 수년 뒤 잔지는 자연적으로 떨어지기도 하나 다시 절단하도록 하는데, 이것을 2회치기법이라 한다(가지치기의 방법 중 특수법).

ⓟ **가지치기의 강도는 수고율로 나타내는 것이 일반적이나 수관장률과 엽제거율로 나타내기도 한다.**

ⓗ 침엽수종에 있어서는 대체로 약도의 가지치기는 성장에 별 영향이 없고, 그 정도가 강해지면 수고성장은 감퇴한다. 그러나 활엽수종에 있어서는 가지치기로 성장이 좋아지는 것이 있다.

🌱 **가지치기 상면의 유합속도**

수종	상구직경(cm)	유합연수(년)
소나무	3	3~4
삼나무	4	1
밤나무	3	1~3
느티나무	3	3~4
동백나무	2	9
후박나무	2	2
종가시나무	2	7

(2) 가지치기의 장점
    ① 연륜폭을 조절해서 수간의 완만도를 높인다.
    ② 상장생장(길이생장)을 촉진시킨다.
    ③ 하목의 수광량을 증가시켜 생장을 촉진시킨다.
    ④ 임목간의 부분적 균형에 도움을 준다.
    ⑤ 산불이 있을 때 수관화(樹冠火)를 경감시킨다.
    ⑥ 무절재(無節材)를 생산한다.

(3) 가지치기의 단점
    ① 가지를 지나치게 자르면 생장이 억제될 수 있다.
    ② 줄기에서 부정아(막눈)가 생겨나 해를 주는 일도 있다.
    ③ 비용과 노력이 소요된다.

(4) 자연전지
    ① 줄기에 붙어있는 가지가 수광량 및 확장할 공간 부족으로 고사하여 떨어지는 것을 자연전지라 한다.
    ② 가지의 고사 → 고사지의 탈락 → 잔지의 생활조직에 의한 매입의 3단계로 이루어지며, 자연전지현상은 아래쪽부터 시작해 위로 진전된다.
    ③ 아랫가지의 고사속도는 주로 임분의 초기밀도와 관련이 깊으며, 고사한 가지는 부후균과 곤충에 의해 추가로 부패하면서 바람과 적설에 부러지게 된다.
    ④ 세 번째 단계인 잔지의 매입과 관련하여 치유속도는 줄기의 직경생장속도에 관계되는 것이며 잔지의 굵기와는 상관이 적다.
    ⑤ 임분밀도가 높으면 고사하는 가지의 굵기는 가늘어진다.
    ⑥ 소나무는 온난다습한 남쪽지방이 한랭건조한 북쪽지방보다 고사지의 탈락이 빨리 이루어진다.

(5) 생절과 사절
    ① 생절은 가지가 살아있는 동안에 만들어진 마디이다. 생절에 관계되어 발달한 연륜은 밖을 향해 굽는다.
    ② 사절은 가지가 죽은 후에 생긴 마디이다. 사절에 관계되어 발달한 연륜은 안쪽을 향해 굽고 가지의 연륜과는 연결되지 않는다.
    ③ 생절은 제재했을 때 빠져나가지 않으므로 별로 문제가 되지 않는다.

(6) 지하재와 수관재

🌱 줄기 내부의 고지의 궤적(A)과 지하재와 수관재의 구분(B)

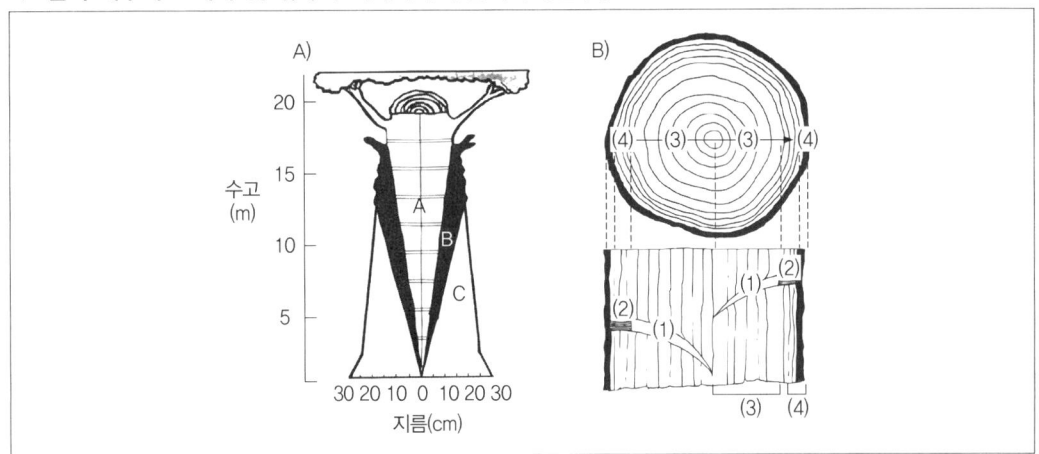

① 그림 A)의 A는 나무의 중심부터 발생한 가지가 살아있는 가지로서 부착해 있는 동안에 형성된 부분이고, B는 그러한 가지가 고사해 올라가고 사절을 안으로 넣어 만들어진 부분이며, C는 이 바깥쪽에 만들어진 무절부분이다.
② A와 B의 경계는 가지가 고사해 올라간 궤적을 나타낸 것으로서 안쪽 재부를 수관재 또는 미성숙재라 하고, 바깥쪽 재부를 지하재 또는 성숙재라 한다.
③ 그림 B)는 줄기의 횡단면에 있어서 연륜폭(나이테폭)이 넓은 수관재(3으로 표시한 것)와 그 둘레에 있어서 연륜폭이 좁은 지하재(4로 표시한 것)를 나타낸 것이다.
④ 침엽수에 있어서 지하재는 무겁고, 수관재는 가벼운 것이 보통이다.
⑤ **지하재의 재질이 더 좋으므로 가지의 고사를 촉진시키는 밀식 또는 가지치기작업이 필요**하다.

🌱 가지치기 작업에 따른 무절재의 생산

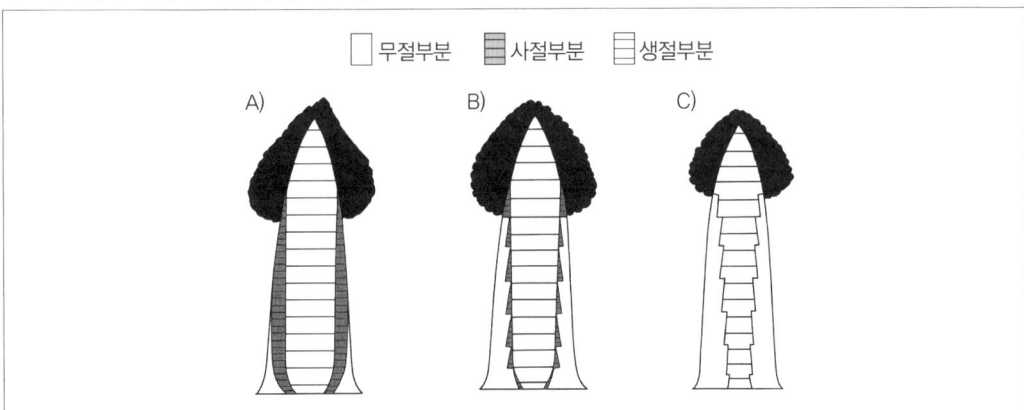

A) 가지치기를 하지 않아 무절부분이 적다.
B) 일정기간마다 고지(枯枝)만을 쳐준 것(dry pruning)이다. 고지가 생길 때마다 절제해 주지 않는 한 정기작업으로는 다소의 사절부분이 생긴다.
C) 고지가 생기기 전에 생가지치기(green pruning)를 했을 때 무절재를 나타낸 것이다.

(7) 가지치기의 실행

① 가지치기 대상 수종

　㉠ 생가지치기로 가장 위험성이 높은 수종 : **단풍나무류, 느릅나무류, 벚나무류, 물푸레나무** 등으로 자연낙지 또는 고지(枯枝)치기만 실시한다.

　㉡ 생가지치기로 부후의 위험이 있어 원칙적으로 고지치기만을 실시하는 수종 : **자작나무류, 너도밤나무, 가문비나무류, 버드나무류, 사시나무** 등

　㉢ 굵은 생가지를 끊지 않는 한 위험성이 거의 없는 수종 : 소나무류, 낙엽송, 포플러류, 삼나무, **편백** 등

② 가지치기 시기

　㉠ 활엽수는 부후의 우려성이 더 높아 침엽수보다 빨리 가지치기를 한다.

　㉡ **침엽수종은 아랫가지가 지상 1m 정도까지 고사했을 때, 즉 10~15년생인 때 첫 번째 작업을** 한다.

　㉢ **가지치기의 계절은 성장휴지기로서 수액유동 시작 직전이 좋다. 겨울은** 상처부위에 동해를 줄 우려가 있다.

③ 지피융기선을 고려한 가지치기 : 수간과 가지 사이에는 약간 조잡하게 나타나는 지피융기선(branch bark ridge; BBR)이 있는데, 박달나무・자작나무・단풍나무류는 뚜렷하게 나타난다.

　㉠ 지피융기선 부위를 침범하면서까지 수간에 접근한 평탄한 절단을 하지 않는다.

　㉡ 고지와 생지를 상관할 것 없이 잔지를 남기지 않는다.

　㉢ 지피융기선에 상처를 주거나 절제하는 일이 없도록 한다.

　㉣ 상구보호제로서 페인트 등을 칠하지 않아야 하며, 목재방부제를 사용하면 오히려 해를 준다.

　㉤ 나무가 휴면 중에 있는 초봄에 실시하는 것이 좋으며, 예리한 기구로 절단면을 평활하게 다듬어주고 상해를 받은 조직은 조심스럽게 제거한다.

④ 가지치기 대상목

　㉠ 자람이 왕성하고 수관과 수간에 결점이 없어서 **벌기목이 될 수 있는 것이 가지치기의 대상**이다.

　㉡ 상처가 있거나 건전하지 못해 장차 간벌목으로 제거될 나무는 가지치기를 하지 않는다.

역지
① 가장 굵고 긴 가지
② 가장 많은 엽량을 가지고 있는 가지
③ 활력이 가장 왕성한 가지

2 임지보육

1. 임지보육(林地保育)의 중요성

(1) 산림은 물질과 에너지의 순환이 이루어지고 있는 생태계이다. 나무는 땅에서 무기 양분을 얻고, 공기로부터 탄소를 얻어 잎, 줄기, 가지 등의 유기물질을 만들며 시간이 지나면 유기물질들은 분해되어 무기물로 돌아간다. 나무는 이같이 스스로 비료를 만들어 지력을 높이는 자체 시비효과 및 광합성 작용 등을 통해 매년 많은 양의 물질을 생산한다.

(2) 땅 위에 떨어진 유기물질이 분해되어 생태계 내 물질 순환의 고리가 연결되고, 숲의 자체 시비 체계가 완성되는 데에는 오랜 시간이 걸린다. 성숙한 숲에서도 목재생산을 위해 나무를 베어내어 숲 밖으로 내오면 그만큼 산림생태계의 물질 감소를 가져오고, 물질 순환의 완성에 더욱 더 오랜 시간이 걸린다.

(3) 산림의 자체 시비 체계가 완성되는 데는 온도와 온량지수가 영향을 끼친다. 땅 표면의 온도가 높아지면 낙엽의 분해 속도가 빨라지고 자체 시비 효과가 빨리 나타나므로 낙엽 축적량이 많을수록 생태계가 건전하게 유지된다.

(4) 그동안 우리 산림은 낙엽 채취와 심한 생태계 훼손으로 임지가 악화되어 생태계가 많이 파괴되었지만 최근 땅힘(지력)이 회복되는 단계로 접어들어 생산력이 개선되고 있다. 그렇지만 나무의 무육과 함께 임지의 보호는 계속되어야 한다.

2. 임지보육과 개선

(1) **비료목(생물적 임지보육)**

① 임지의 생산력을 증진하고 유지시키기 위해 보조적으로 심는 나무를 비료목이라 한다. 비료목은 낙엽과 근류균을 통해 토양에 유기물과 질소를 공급해 주고 미생물의 생육에 도움을 주며, 부식을 만들어 땅의 물리·화학적 성질을 개량하는 효과가 있다.

② 콩과식물은 대부분 뿌리혹을 만들고 그 속에 질소고정균인 리조비움(Rhizobium)이 함께 살고 있어서 공기 중의 질소를 양분으로 이용할 수 있으며, 콩과식물의 비료목으로 아까시나무, 자귀나무, 다릅나무, 싸리류, 칡 등이 있다.

③ 콩과식물 외에 오리나무류, 보리수나무류, 소귀나무, 갈매나무 등도 뿌리혹을 만들어 그 속에 프란키아(Frankia)라는 질소고정균이 공생하여 콩과식물과 같은 능력을 보여 비료목으로 취급된다. 비료목은 대게 양수이지만 소귀나무와 같이 약간 음수성을 띠는 것도 있다.

④ 붉나무, 백합나무, 딱총나무, 누리장나무, 식나무 등과 같이 콩과식물은 아니지만 척박한 땅에서 잘 견디면서 자라고 질소성분을 잎에 많이 포함하여 지력을 높이는 데 도움을 주는 것도 비료목으로 취급할 수 있다.

⑤ 근류수목의 비배기구
　㉠ 비료목의 잎에는 질소가 높은 농도로 축적되어 있고, 이것이 낙엽이 되어 임지에 공급된다.
　㉡ 질소함량이 많은 근류의 분해에 의한 환원이 있다.
　㉢ 비료목의 근계로부터 화합태질소가 토양 중으로 분비된다.
　㉣ 비료목의 근계와 다른 수종의 근계가 유기적으로 연결되어서 효과를 나타낸다.
　㉤ 근류식물은 다른 식물에 비해 근계로부터 더 많은 양의 탄산가스를 방출하는 것으로 알려져 있는데, 이것은 임내의 탄산가스에 관계되는 것이다.

> **비료목의 식재**
> 나무를 심은 후 여러 해가 지난 뒤에 비료목을 심는 경우도 있지만 대개는 함께 심는다. 경우에 따라서는 비료목을 먼저 심어 지력을 높인 후 나무를 심는 경우도 있다. 과거 우리나라의 산지는 땅힘이 매우 낮아 조림할 때 오리나무류와 싸리류를 먼저 심은 후 땅힘이 높아지면 경제 수종을 심었었다.

> **비료목 수종의 선택**
> ① 척박한 산지에는 오리나무류, 아카시아, 자귀나무, 싸리류, 칡, 족제비싸리, 소귀나무 등을 심는다.
> ② 해안사구용 조림목으로는 보리장나무, 자귀나무, 아카시아, 오리나무류, 은백양, 족제비싸리 등이 있다.
> ③ 광산의 충석지에는 아카시아, 오리나무류 등을 심을 수 있고, 미국에서는 백합나무, 플라타너스, 사시나무류를 심고 있다.

> **물리적 임지보육**
> ① 임지경토
> ② 관·배수
> ③ 임지피복
> ④ 수평구설치와 계단조림

(2) **임지 비배**
① 지력을 높여 임목의 생장을 촉진하기 위해 임지에 비료를 주는 것을 임지 비배 또는 임지 시비라 한다.
② 나무는 생육기간이 길어 몇 단계로 나누어서 비료를 주어야 하며, 어린 나무(유령목)의 시비와 성숙목의 시비로 구분하여 실시한다. 임목의 시비량은 비료의 종류, 수종 및 연령, 기후, 지형, 흙의 성질 등에 따라 다르다.
③ 어린나무의 시비는 식재 후 묘목에 양분을 공급하여 생장을 촉진하고 풀베기 기간을 단축하기 위해 실시한다. 묘목이 어릴 때 뿌리를 발달시켜 초기생장을 촉진시키고, 어린나무는 땅이 녹은 후 5월까지 비료를 주는 것이 좋다.
④ 식재한 해에는 나무를 심을 때 또는 심고 난 후 2~3개월 내에 준다. 봄에 시비를 하지 못했을 경우 11월경 실시하고 2~3년 동안 계속 실시한다. 성숙목의 시비는 가지치기 후와 간벌 후, 벌채 전 시비로 구분해서 실시한다.

⑤ 가지치기 후의 시비는 가지치기로 인한 생장 감퇴를 예방하고 절단 부위의 유합을 촉진시킨다. 간벌 작업 후 시비는 생장을 촉진시키고, 벌채 전 시비는 생장을 도울 뿐만 아니라 숲땅의 힘을 높여 새로운 숲을 만드는 기반을 조성하는 데 도움을 준다.
⑥ 질소질 비료는 나무의 생장을 돕는 효과가 있고 5월쯤 시비를 해야 흡수율이 높다. 질소질 비료를 늦여름이나 초가을에 많이 주면 줄기와 눈이 웃자라서 겨울 추위의 해를 입을 수도 있다. 인산과 칼륨은 뿌리의 발달을 돕는 효과가 크다.
⑦ **장령림 비배효과는 엽색이 진한 녹색이 되고, 엽장과 엽량이 증가하며 임내가 더 어두워지며, 비배 후 3~4년 경과 후에는 흉고직경의 성장차를 인정할 수 있게 된다. 비배림은 경쟁이 심해서 자연간벌의 속도가 더 빠르게 진행된다.**

> **임지 비배와 관련한 원칙**
> ① 사치흡수 : 예를 들면 질소공급량의 증가에 따라 식물체 내의 질소농도가 증가하다가 질소공급량이 어떤 한도를 넘으면 묘목 건중량의 증가는 보이지 않는다.
> ② Steenbjerg효과 : 식물체 내에 제한량으로 존재하는 양분은 식물체가 작을 때는 점점 감소하다가 식물체의 크기가 어느 한도를 넘으면 다시 증가한다. 미량원소인 구리에서 볼 수 있다.
> ③ 희석효과 : 식물에게 제한양분의 공급을 증가시키면 다른 비제한양분의 농도가 감소하고 마침내 식물의 성장을 제한한다.

(3) 하목 식재
① 임지가 햇볕에 의해 건조해지고 유기물질의 분해가 지연되는 현상을 하층목을 심음으로 인해 방지할 수 있다. 또한 겉흙 유실 방지와 미생물의 활동을 증진시키는 효과가 있다.
② 하층목으로는 지력 유지에 도움이 되고 상층목의 생장을 촉진시킬 수 있는 수종을 선택해야 한다. 보통 단풍나무류, 참나무류, 오리나무류, 붉나무 등이 이용된다.

(4) 우죽덮기
① 우죽덮기란 나무의 잔가지나 숲땅에 자라는 작은키나무를 잘라 임지의 표면을 덮어주는 것이다.
② 우죽덮기의 효과는 잡초발생 억제, 임지 건조 예방, 잔가지와 낙엽의 분해로 인한 양분 공급, 땅의 유실 방지 등이다.

3 천연림 보육

1. **불량목 제거와 생육공간의 조절**
   형질불량목과 가치가 낮은 나무는 제거하고 상층목의 생육공간을 조절한다.

2. **임분의 혼효도 관리**
   천연임분 구성여건에 맞추어 작업하되, 가능한 한 **우점종을 이루고 있는 수종으로 이루어진 양질의 건강한 숲이 되도록** 조절한다.

3. **하층임분의 관리**
   하층임분은 가능한 한 그대로 잔존시키는 것이 바람직하다. 그 이유는 숲의 생태적 성질을 좋게 하고 상층목의 잠아발생을 억제하는 역할과 보호목 역할을 하기 때문이다.

4. **미래목의 선정**
   장차 우량형질의 유용한 나무로 자랄 수 있을 것으로 기대되는 나무로 미래목을 선정하며, **실생묘를 맹아목에 우선하여 선정**하되, 가급적 전 임지에 고르게 분포하도록 선정한다. 선정된 미래목에 대해서는 가지치기를 실시한다.

5. **수형의 교정**
   나무의 세력이 지나치게 왕성한 보호목은 가지를 잘라 세력을 약화시키고, **미래목 생장에 방해되는 중·대경목의 가지를 잘라 미래목의 생장에 영향이 없도록 한다.**

PART 09 단원 OX 문제

01 조림지준비작업을 통해 상층목의 밀도를 조절하여 식재된 묘목의 초기활착과 생장을 개선할 수 있다. ( )

02 식재거리는 원래 수평 거리이지만, 경사가 20° 이하이면 큰 무리가 없기 때문에 그대로 하고, 20° 이상이 되면 사면 거리를 늘려야 한다. ( )

03 바람직한 조림수종은 수관폭이 넓고 단위면적당 임분밀도를 높게 유지할 수 있는 수종이어야 한다. ( )

04 가식하는 장소는 물이 고이거나 과습하지 않은 지역으로 배수가 양호한 사질양토의 포지 중에서 서북풍을 막을 수 있는 온화한 장소를 택하는 것이 좋다. ( )

05 모두베기는 조림 예정지 전체를 베거나 제거하는 방법이며, 잡관목이 너무 무성한 곳에 소나무나 낙엽송과 같은 양수를 식재할 때 적용한다. ( )

06 백합나무, 리기테다소나무, 참나무류, 포플러류, 아까시나무, 자작나무는 바이오매스용 수종이다. ( )

07 일반적으로 장방형 식재를 하는데 규칙적 식재를 하면 식재 이후의 각종 조림작업을 능률적으로 할 수 있다. ( )

08 땅에 습기가 많을 때에는 어느 정도 마른 후에 굴취하고, 너무 건조할 때에는 물을 뿌려 축축하게 한 후 굴취한다. ( )

09 어린나무가꾸기는 보통 조림한 나무가 15~20년 자라서 수관경쟁이 시작되고 조림목의 생육이 방해를 받는 숲을 대상으로 실시한다. ( )

10 지존작업 중 소각법은 국내에서 가장 많이 실시되고 있다. ( )

11 덩굴치는 시기는 뿌리 속 저장양분을 소모한 7월경이 좋으며 너무 늦으면 덩굴 제거에 비용이 많이 들고 나무가 해를 입는다.   (   )

12 선묘는 묘목을 굴취한 후 즉시 그늘에서 묘목이 마르지 않도록 실시해야 하며 빨리 끝내야 한다.
                                                                                                 (   )

13 용기묘 식재시 비료는 용기묘의 뿌리 아래에 뿌리와 직접 접촉되도록 시비한다.   (   )

14 용기묘는 식재과정에서 뿌리 수변에 고정되어 있는 배양토가 파손되지 않도록 하는 것이 중요하며, 이를 위해 별도로 용기묘 식재에 적합한 식재도구를 이용한다.   (   )

15 어린나무가꾸기는 4~5월에 실시하는 것이 원칙이다.   (   )

16 어린 유묘와 달리 대묘를 식재할 경우에는 대부분의 수종에서 굴취된 뿌리 전체를 보호할 수 있는 정도의 크기로 뿌리에 흙을 붙여 이식하는 것이 좋다.   (   )

17 묘목을 심는 깊이는 원래 자라던 수준보다 깊게 한다.   (   )

18 보식은 국부적으로 묘목이 모두 고사했을 때 실시하고, 산점적으로 고사했을 때는 실시하지 않는다.
                                                                                                 (   )

19 풀베기 작업은 대게 6~8월쯤 실시하고, 9월 이후에는 풀이 조림목을 보호하는 효과가 피해를 주는 것보다 더 크기 때문에 9월 이후에는 실시하지 않는다.   (   )

20 헥사지논은 선택성 제초제로서 낙엽송·잣나무·편백·화백에 약해가 없다.   (   )

21 봉우리식재법은 천근성이며 측근이 잘 발달하고 직근성이 아닌 가문비나무 같은 묘목 등에 알맞다.
                                                                                                 (   )

22 묘포장의 묘목이 임지에 식재되기까지의 작업 순서는 묘목의 굴취 → 선묘 → 곤포 → 수송 → 가식이다.
                                                                                                 (   )

23 염소산염제는 조릿대 등을 제거하는데 효과가 있는 호르몬형, 선택성의 접촉성 제초제이다. ( )

24 묘목의 식재는 보통 초봄 땅이 녹은 직후에 하며, 이보다 늦으면 봄철 건조기에 말라 죽기 쉽다.
( )

25 성림에 대한 보육은 풀베기, 제벌, 간벌, 가지치기 등의 작업이다. ( )

26 낙엽활엽수종의 뿌리돌림 시기는 3~4월 상순과 10월 중순이다. ( )

27 데라사끼의 수형급은 상층임관을 구성하는 우세목과 하층임관을 구성하는 열세목으로 먼저 구분한 다음 수관의 모양과 줄기의 결점을 고려해서 다시 세분한다. ( )

28 자연간벌은 고사목이 발생하여 자연적으로 입목본수가 줄어드는 현상이다. ( )

29 상층간벌은 프랑스와 덴마크에서 적용되었다고 프랑스법(French metrod) 또는 덴마크법(Danish method) 이라 부르기도 하고, 수관간벌이라고도 한다. ( )

30 붉나무, 딱총나무, 누리장나무, 식나무 등과 같이 콩과식물은 아니지만 천박한 땅에서 잘 견디면서 자라고 질소성분을 잎에 많이 포함하여 땅힘을 높이는 데 도움을 주는 것도 비료목으로 취급할 수 있다.
( )

31 가지치기의 계절은 성장휴기지로서 수액유동 시작 직전이 좋다. ( )

32 간벌을 실시하면 직경생장을 촉진하여 연륜폭이 좁아진다. ( )

33 임분을 구성하는 나무들은 사소한 입지의 변화, 유전적 소질의 차이, 여러 피해, 인공림의 경우 묘목의 인위적 취급의 차이 등으로 수고, 수관의 확장, 간형 등에 차이를 나타낸다. ( )

34 개량벌(improvement cutting)은 유령림 단계를 벗어난 임분에서 수종 구성과 형질을 향상하기 위하여 실시한다. ( )

35 가와다의 활엽수 수형급 중 B는 우세목으로서 형질이 좋은 나무이다.   (   )

36 도태간벌은 임목의 생장을 저해하는 나무를 제거하고 남겨진 우수한 나무의 생장을 촉진시키기 위해
    실시하는 쉐델린의 간벌 방식이다.   (   )

37 어린나무가꾸기를 실시할 때 인력을 절감하고 작업효과를 높일 수 있는 방법으로서 글라신액제와 같은
    제초제를 사용하여 수간주입 처리하면 효과적이다.   (   )

38 미래목 간의 거리는 최소 5m 이상이며, 미래목 간의 거리와 간격을 일정하게 유지할 필요는 없고, 임분
    전체로 보아 대체로 고루 배치됨이 이상적이다.   (   )

39 간벌된 임분의 고사에 의한 생장축적의 손실은 없다.   (   )

40 정성간벌은 한 나무의 품질향상을 중요시 한 것이고 임분의 양적인 측면은 2차적으로 보는 경향이 있다.
                                                                                           (   )

41 활엽수에 대한 덴마크 수간급 중 유요부목은 주목의 지하간장을 길게 하기 위하여 제거할 필요성이
    있는 나무이다.   (   )

42 콩과식물의 비료목으로는 아까시나무, 자구나무, 다릅나무, 싸리류, 칡 등이 있다.   (   )

43 도태간벌은 간벌양식으로 볼 때 상층간벌, 정성간벌에 속하지만 전통적 간벌양식과는 다른 새로운 간
    벌양식이다.   (   )

44 단위면적당 간재적은 밀도가 높아질수록 작아진다.   (   )

45 솎아베기는 주로 수액의 이동이 정지된 기간에 실시하지만, 잔존목의 생장을 위해서는 봄이 가장 좋다.
                                                                                           (   )

46 가지치기 작업은 옹이가 없고 통직한 완만재를 생산하며 수간의 직경생장을 증대시킬 목적으로 실시
    한다.   (   )

47 가지치기를 해줄 수 있는 가지 굵기의 한계는 대체로 소나무에 있어서는 3cm, 편백은 4~5cm이고, 느티나무에 있어서는 가지치기한 뒤 3년 이내에 상구의 유합을 원한다면 가지 굵기의 한계는 6cm로 생각되고 있다. (   )

48 데라사끼의 간벌형식 중 A·B·C종 간벌은 상층간벌이며, 수종과 지위에 따라 탄력적으로 적용한다. (   )

49 희석효과는 식물에게 제한양료의 공급을 증가시키면 다른 비제한 양료의 농도가 감소하고 마침내 식물의 성장을 제한한다는 것이다. (   )

50 우리나라 천연림 숲가꾸기에서 적용하고 있는 수형급 중 중용목은 미래목과 함께 선발되지 못한 우세목 또는 준우세목으로 미래목과 충분한 거리로 떨어져 있어 미래목에 영향을 주지 않으며 임분 구성에 필요한 예비목이다. (   )

51 단풍나무류, 느릅나무류, 벚나무류, 물푸레나무는 자연낙지 또는 가지치기는 실시하지 않는 수종이다. (   )

52 직파조림은 열악한 산지에 종자를 직파해서 어린나무를 발생시키는 과정에서 불리한 입지환경 및 기후조건에 따른 피해가 심하지 않다. (   )

53 자람이 왕성하고 수관과 수간에 결점이 없어서 벌기목이 될 수 있는 것은 가지치기 대상에서 제외이다. (   )

54 가지치기 전의 시비는 가지치기로 인한 생장 감퇴를 예방하고 절단 부위의 유합을 촉진시킨다. (   )

55 파종조림 자체는 어린나무를 키워 산지에 조림하는 과정보다 손쉬울 수 있지만 직파조림지를 준비하거나 발아된 어린나무를 키우고 관리하는 일은 어린나무를 조림한 지역보다 더욱 세심한 보살핌이 필요하다. (   )

56 강도의 생가지치기는 춘재의 비율을 증가시켜 목재의 질을 개선한다. (   )

57 소나무나 상수리나무 등의 참나무류처럼 세근이 발달하지 않고 직근의 세력이 강해 이식된 묘목의 활착이 불량한 수종들은 직파조림이 유리하다. ( )

58 파종조림시 종자가 발아한 후 자람을 계속하려면 토양수분의 조건이 중요하다. ( )

59 Hawley의 간벌방법 중 택벌식 간벌은 수익성이 있는 나무는 벌채하지 않는다. ( )

60 침엽수종에 있어서는 대체로 약도의 가지치기는 성장에 별 영향이 없고, 그 정도가 강해지면 수고생장은 감퇴한다. ( )

61 전나무, 분비나무, 구상나무, 낙엽송, 주목 등과 일부 단풍나무류 등은 직파조림이 용이하다. ( )

62 자연전지의 과정은 가지의 고사 → 고사지의 탈락 → 잔지의 생활조직에 의한 이입의 3단계로 이루어진다. ( )

Answer

01 ○	02 ○	03 ×	04 ○	05 ○	06 ○	07 ×	08 ○	09 ×	10 ×
11 ○	12 ○	13 ×	14 ○	15 ×	16 ○	17 ×	18 ○	19 ○	20 ×
21 ○	22 ○	23 ×	24 ○	25 ×	26 ×	27 ○	28 ○	29 ○	30 ○
31 ○	32 ×	33 ○	34 ○	35 ×	36 ○	37 ○	38 ○	39 ○	40 ○
41 ×	42 ○	43 ○	44 ×	45 ○	46 ○	47 ○	48 ×	49 ○	50 ○
51 ×	52 ×	53 ×	54 ×	55 ○	56 ×	57 ○	58 ○	59 ×	60 ○
61 ×	62 ○								

PART 09 단원 기출문제

01 가지치기 작업에 대한 설명으로 옳지 않은 것은? 2017. 국가직
① 상처의 빠른 치유를 위하여 비대생장이 활발한 계절에 가지치기를 한다.
② 소경재 생산을 목표로 하는 임분에서는 가지치기를 하지 않는다.
③ 최종수확 대상목이 선정되면 그것에 대해서만 가지치기를 한다.
④ 과도한 가지치기는 추재의 비율을 높인다.

02 가지치기와 솎아베기에 대한 설명으로 옳지 않은 것은? 2017. 지방직
① 가지치기 작업은 옹이가 없고 통직한 완만재를 생산하며 수간의 직경생장을 증대시킬 목적으로 실시한다.
② 가지치기 작업은 인력과 경비가 많이 소요되고 수령이 많을수록 효과가 낮아지므로 어린 나무일 때 강도의 가지치기가 효과적이다.
③ 솎아베기 대신 박피해야 할 수종은 수액의 이동이 정지된 시기에만 실시해야 하며, 가을 작업도 가능하다.
④ 솎아베기는 숲을 구성하는 개체들의 생육공간에 대한 경쟁을 완화하는 무육벌채이다.

03 숲가꾸기에 대한 설명으로 옳지 않은 것은? 2021. 7급
① 솎아베기는 수액의 이동이 정지된 시기가 적합하다.
② 풀베기는 왕성한 영양생장을 나타내는 시기가 적합하다.
③ 덩굴치기는 뿌리의 저장양분을 소모한 시기가 적합하다.
④ 가지치기는 비대생장이 활발하게 이루어지는 시기가 적합하다.

정답 및 해설 01 ① 02 ③ 03 ④

01 ① 가지치기의 계절은 성장휴지기로서 수액유동 시작 직전이 좋다. 겨울은 상처부위에 동해를 줄 우려가 있다. 침엽수종은 일반적으로 아랫가지가 지상 1m 정도까지 고사했을 때, 즉 10~15년생일 때 첫 번째 작업을 한다.

02 ③ 솎아베기는 생장기에 실시하면 나무가 잘 썩고 해충에 의한 피해를 입기 때문에 겨울철에서 이른 봄 사이에 실시하는 것이 좋다. 박피해야 할 수종은 수액이 흐르는 시기에 실시해도 무방하며 가을작업도 상관없다.

03 ④ 가지치기의 계절은 성장휴지기로서 수액유동 시작 직전이 좋다.

04 보식에 대한 설명으로 옳지 않은 것은?
2021. 지방직

① 국부적으로 묘목이 모두 고사했을 때 실시하고, 산점적으로 고사한 경우에는 실시하지 않는다.
② 초기의 식재밀도가 높으면 고사율이 높아도 보식할 필요성이 거의 없다.
③ 일반적으로 낙엽송, 소나무와 같은 양수는 고사가 흔해서 보식용 묘목을 미리 준비한다.
④ 보식용 묘목은 신식 때 심은 것보다 묘령이 1~2년 더 많은 것이 좋다.

05 도태간벌에 대한 설명으로 옳지 않은 것은?
2022. 지방직

① 임령 10년 이상의 임분에 적용하는 방법으로 정량간벌에 해당한다.
② 우량대경재 생산을 목적으로 하는 상층간벌 양식이다.
③ 생육 상태와 형질이 나빠지면 선발목을 벌채할 수 있다.
④ 중·하층목을 잔존시켜 미래목의 수관맹아를 억제하고 임분의 복층구조 유도를 쉽게 한다.

06 식재 방법에 대한 설명으로 옳지 않은 것은?
2022. 지방직

① 봉우리식재는 심근성으로 직근이 발달하는 참나무류에 적용한다.
② 치식은 배수가 불량한 습지나 자갈이 많아 구덩이를 파기 어려운 장소에 적용한다.
③ 용기묘 식재 시 뿌리 주변의 배양토가 파손되지 않도록 한다.
④ 대묘를 식재할 때에는 굴취 과정에서 흙덩이가 파손되지 않도록 해야 한다.

07 임지보육에 대한 설명으로 옳지 않은 것은?
2020. 7급

① 붉나무와 백합나무는 질소고정식물은 아니지만 엽량이 많아 비료목으로 활용할 수 있다.
② 콩과식물의 질소고정균은 Rhizobium이고, 비콩과식물은 Frankia이다.
③ 해안사구용 비료목은 보리장나무, 자귀나무, 오리나무류 등이 있다.
④ 비료목은 낮은 농도의 질소를 함유하고 있기 때문에 주로 목재생산용 주임목으로 이용된다.

08 자연전지에 대한 설명으로 옳지 않은 것은?
2021. 국가직

① 지상부에 가까이 있는 수간의 하부 가지로부터 시작되어 위로 진전된다.
② 아랫가지의 고사속도는 주로 임분의 초기밀도와 관련이 깊다.
③ 고사한 가지는 부후균과 곤충에 의해 추가로 부패하면서 바람과 적설에 부러지게 된다.
④ 잔지의 매입속도는 잔지의 굵기에 반비례한다.

09 도태간벌을 하기 위한 대상지로 적합하지 않은 것은?

2020. 지방직

① 간벌 실행 전에 제벌 등의 무육작업을 실시한 임분
② 우세목의 평균 수고가 10m 이상인 임분
③ 지위가 '중' 이상으로 임목의 생육상태가 양호한 임분
④ 장벌기에 임목생장이 양호한 소경재 생산이 가능한 임분

정답 및 해설
04 ③   05 ①   06 ①   07 ④   08 ④   09 ④

04 ③ 낙엽송·소나무·해송·느티나무와 같은 양수는 10% 이상 고사하는 경우가 흔치 않으므로 보식하는 일이 거의 없다.

05 ① 도태간벌은 간벌양식으로 볼 때 상층간벌, 정성간벌에 속하지만 전통적 간벌양식과는 다른 새로운 간벌양식이다.

06 🌱 **봉우리 식재**

① 심을 구덩이 바닥 가운데에 좋은 흙을 모아 원추형의 봉우리 만든 다음 묘목의 뿌리를 사방으로 고루 펴서 이 봉우리 원에 얹고 그 뒤 다시 좋은 흙으로 뿌리를 덮은 후 일반식재법에 따라 심는다.
② 봉우리식재법은 천근성이며 측근이 잘 발달하고 직근성이 아닌 가문비나무 같은 묘목 등에 알맞다.

07 🌱 **비료목(생물적 임지보육)**

① 임지의 생산력을 증진하고 유지시키기 위해 보조적으로 심는 나무를 비료목이라 한다. 비료목은 낙엽과 근류균을 통해 숲땅에 유기물과 질소를 공급해 주고 미생물의 생육에 도움을 주며 부식을 만들어 땅의 물리·화학적 성질을 개량하는 효과가 있다.
② 붉나무, 딱총나무, 누리장나무, 식나무 등과 같이 콩과식물은 아니지만 척박한 땅에서 잘 견디면서 자라고 질소 성분을 잎에 많이 포함하여 땅힘을 높이는 데 도움을 주는 것도 비료목으로 취급할 수 있다.

08 ④ 자연전지의 과정은 가지의 고사 → 고사지의 탈락 → 잔지의 생활조직에 의한 이입의 3단계로 이루어지며 자연전지 현상은 아래쪽부터 시작해 위로 진전된다. 세 번째 단계인 잔지의 매입과 관련하여, 치유속도는 줄기의 직경생장속도에 관계되는 것이며 잔지의 굵기와는 상관이 적다.

09 🌱 **도태간벌 대상임분**

① 미래목의 집약적 관리를 통하여 우량대경재 이상을 목표생산재로 하는 산림
② 지위 '중' 이상으로 지력이 좋고 입목의 생육상태가 양호한 산림
③ 우세목의 평균수고 10m 이상 임분으로서 15년생 이상인 산림
④ 어린나무가꾸기 등 숲가꾸기를 실행한 산림. 다만, 숲가꾸기를 실행하지 않았더라도 상층 입목간의 우열이 현저한 우량 임분은 실행 가능
⑤ 조림수종 외에 다른 수종이 많이 혼효되어 정량간벌이나 열식 간벌이 어려운 산림

10 수관급에 대한 설명으로 옳지 않은 것은? 2021. 국가직
① 수관급은 질적 솎아베기(간벌)의 대상이 되는 나무를 선정하는 기준으로 이용된다.
② Hawley는 측방광선을 받는 양이 비교적 적고 수관의 크기는 평균에 가까운 것을 중간목으로 정의했다.
③ 데라사끼의 수형급은 우세목은 1, 2급목으로, 열세목은 3, 4, 5급목으로 정의했다.
④ 가와다와 덴마크 수형급은 활엽수림에 적용한다.

11 수익성이 있는 우세목을 간벌해서 그 아래에 있는 나무의 생장을 촉진시키는 Hawley의 간벌방법은? 2021. 지방직
① 수관간벌
② 택벌식 간벌
③ 하층간벌
④ 기계적 간벌

12 가지치기에 의해서 생긴 상구의 유합에 대한 설명으로 옳은 것은? 2019. 7급
① 가지의 굵기와 상구의 유합 속도는 거의 상관이 없다.
② 상구의 위쪽 가장자리는 아래쪽 가장자리에 비해서 유합 속도가 느리다.
③ 햇볕을 많이 받는 방향에 있는 가지는 그렇지 않은 가지에 비해 상구의 유합 속도가 빠르다.
④ 수관의 위쪽에 있는 가지는 아래쪽에 있는 가지에 비해서 상구의 유합 속도가 느리다.

13 조림지 준비작업(정지작업)에 대한 설명으로 옳지 않은 것은? 2021. 지방직
① 식재 전에 묘목이 활착이나 생육에 방해되는 장애요인을 제거하는 작업이다.
② 줄베기 중 토양침식 방지효과가 있는 것은 수평식 작업이다.
③ 낫 등의 소도구나 트랙터 등 중장비를 이용하는 기계적 방법과 제초제를 사용하는 화학적 방법 등이 있다.
④ 작업방법이 간편하고 인력과 비용이 적게 드는 화입법은 우리나라에서 많이 사용하는 방법이다.

14
Hawley의 하층간벌을 강한 수준의 강도(D)로 실시할 경우의 선목대상만을 모두 고르면?

2019. 국가직

ㄱ. 우세목	ㄴ. 대부분의 준우세목
ㄷ. 중간목	ㄹ. 피압목

① ㄹ
② ㄷ, ㄹ
③ ㄴ, ㄷ, ㄹ
④ ㄱ, ㄴ, ㄷ, ㄹ

정답 및 해설 10 ②   11 ②   12 ①   13 ④   14 ③

10 🌱 **Hawley의 수관급**

① 우세목: 상층임관을 구성하고 상방광선을 충분히 받으며, 측방광선도 받을 수 있는 수관을 가진 나무를 말한다. 임분 구성인자로서는 평균 이상의 크기를 가지고 있다.
② 준우세목: 우세목과 비슷하지만 측방광선을 받는 양이 비교적 적고, 수관의 크기가 평균에 가깝다. 수관은 측방적으로 압력을 받고 있다.
③ 중간목: 수고에 있어서 우세목과 준우세목에 다소 떨어지나 수관은 그들 사이에 끼어 있고, 상방광선을 받는 양은 제한되며, 측방광선은 거의 받지 못한다. 수관이 작고 측방으로부터 많은 압력을 받는다.
④ 피압목: 하층임관을 구성하는 것으로 직사광선은 거의 받지 못한다.

11 ② 택벌식 간벌은 우세목을 간벌해서 그 이하 임관층의 나무의 생육을 촉진하는 것이다. 수익성이 없는 나무는 벌채하지 않는다. 이론적으로 택벌식 간벌은 계속되는 작업의 적용으로 하층목을 상층목으로 유도해서 벌기목으로 만드는 것이다. 이러한 내용을 직경급분포로 볼 때 하층간벌 및 임분의 자연적 발달과정과는 상반되는 것이다. 잔존될 하층목은 왕성하고 잘 발달한 수관을 가지고 있어야 한다.

12 🌱 **가지치기의 특징**

① 상구의 유합은 상구의 양쪽으로부터 가장 빠르게 진행된다. 즉, 수직배열을 한 형성층 세포가 상구의 양쪽에서 왕성한 분열을 하게 된다.
② 상구 유합의 속도는 절제한 가지 지름의 굵기에 거의 상관이 없다. 상구가 크면 그만큼 더 많은 물질이 공급되어 치유에 이바지한다.
③ 상구의 유합에 차광이 좋은 영향을 끼치는 것으로 알려져 있다. 즉, 남쪽 또는 남서쪽 햇볕을 받는 방향의 상구 유합은 그렇지 않은 방향의 것에 비해 지연된다.
④ 나무의 위쪽에 있는 상구는 그곳의 성장이 왕성하므로 아래쪽 상구보다 유합이 빠르다.
⑤ 가지가 가늘고 수평으로 뻗는 품종은 상구의 유합이 신속하다.

13 ④ 소각법(화입법)은 식재 지역에 불을 놓아 잡초와 관목을 없애는 방법이며, 적용 시기, 장소, 방법 등 세심하게 주의를 하여 적용해야 한다. 국내에서는 거의 실시되지 않고 있다.

14 🌱 **Hawley의 하층간벌의 종별과 선목대상**

구분	약한 수준	강한 수준
약도(弱度)(A)	가장 빈약한 피압목	피압목
경도(輕度)(B)	피압목, 빈약한 중간목	피압목
중도(中度)(C)	피압목, 중간목	피압목
강도(强度)(D)	피압목, 중간목, 상당수의 준우세목	피압목, 중간목, 대부분의 준우세목

15 도태간벌을 실시하는 산림에서 입목의 형질이 주위보다 우수하지만 최종수확 대상목으로 선정하지 않고 후일 다시 평가하여 미래목이나 벌채목으로 결정하는 것은? 2017. 7급
① 정영목 ② 선발목
③ 후보목 ④ 3급목

16 솎아베기 작업과 관련된 수관(수형)급에 대한 설명으로 옳지 않은 것은? 2020. 국가직
① Hawley의 수관급은 우세목, 준우세목, 중간목, 피압목으로 구분된다.
② 데라사끼의 수형급은 1급목, 2급목, 3급목, 4급목, 5급목으로 구분된다.
③ 활엽수에 대한 덴마크의 수형급은 주목, 유해부목, 유요부목, 중립목으로 구분된다.
④ 가와다의 침엽수 수형급은 A, B, C, D로 구분된다.

17 산림작업의 실행 시기에 대한 설명으로 옳지 않은 것은? 2019. 7급
① 제벌은 식재한 나무의 상태를 파악하기 쉽고 수목의 맹아력이 낮은 여름철에 실시한다.
② 풀베기작업은 풀들의 자람이 왕성한 시기에 실시한다.
③ 글라신 액제를 사용한 덩굴제거는 5~9월의 생장기에 실시한다.
④ 생가지치기는 상구의 유합이 빨리 이루어지도록 비대생장이 활발한 여름철에 실시한다.

18 직파조림이 용이한 수종만 묶은 것은? 2017. 국가직

| ㉠ *Juglans mandshurica* | ㉡ *Taxus cuspidate* |
| ㉢ *Abies holophylla* | ㉣ *Prunus serrulata var. spontanea* |

① ㉠, ㉡ ② ㉠, ㉣
③ ㉡, ㉢ ④ ㉢, ㉣

19 묘목식재에 대한 설명으로 옳지 않은 것은? 2021. 지방직
① 상수리나무 1년생 묘목의 1속당 본수는 30본이다.
② 천근성이며 직근이 빈약하고 측근이 잘 발달하는 수종은 봉우리식재를 한다.
③ 느티나무와 해송은 밀식하는 것이 좋다.
④ 상록수종은 가을 식재를 피하는 것이 좋다.

20 가지치기에 대한 설명으로 옳지 않은 것은?　　　　　　　　　　　　　　　　　　2021. 국가직

① 침엽수는 절단면이 줄기와 평행하도록 가지를 절단한다.
② 활엽수는 지융부가 상하지 않도록 가지를 제거한다.
③ 가문비나무와 자작나무는 부후위험성이 있으므로 죽은 가지와 쇠약한 가지를 잘라준다.
④ 느티나무와 가시나무는 가지 기부에 잔지를 남기지 않고 생가지를 자른다.

정답 및 해설　15 ②　16 ④　17 ④　18 ②　19 ①　20 ④

15 🌱 도태간벌 이론상의 미래목, 선발목, 후보목의 개념 구분

① 미래목(Future crop tree) : 수목사회적 위치, 건전성, 형질 등이 가장 우수한 나무로 선발된 최종 수확목으로 남겨지는 나무이다. 처음 선발되는 미래목에는 선발목과 후보목이 포함되기도 한다.
② 선발목(Selected tree) : 일정한 조건(동일한 수령, 동일한 입지 환경 등) 하에서 주위 인접목보다 외형상으로 한 가지 또는 그 이상의 특성이 아주 우수하게 나타나는 임목으로써 일단 선발이 되었다 해도 목표하는 최종 수확목으로 끝까지 남겨질 수 있고 중도에 생장과 형질이 저조해져 다른 나무로 대체될 수도 있는 나무이다.
③ 후보목(Candidate) : 임목형질과 생장의 우열이 확실히 분화되지 않는 유령림 단계의 임분에서 차후 선발목이 선택될 가능성이 있는 우량한 나무로써 보육작업 시 선발은 하지 않지만 특별히 보호 장려된다.

16 🌱 가와다의 활엽수 수형급

① A : 우세목으로서 형질이 좋은 나무이다.
② B : 우세목으로서 형질에 결점이 있는 나무이다.
③ (B) : B와 비슷하지만 당장 간벌하면 소개되는 공간이 커서 염려되는 나무이다.
④ C : 보통의 열세목이다.
⑤ D : 수고가 C와 비슷하나 이미 초두수형이 불량한 나무이다.
⑥ E : 병목·도목·고목 등으로 임분 구성인자로 인정하기 어려운 나무이다.

17 ④ 가지치기의 계절은 성장휴지기로서 수액 유동 시작 직전이 좋다.

18 ㉠ *Juglans mandshurica*(가래나무)　　　㉡ *Taxus cuspidata*(주목)
　　㉢ *Abies holophyilla*(전나무)　　　　㉣ *Prunus serrulata var. spontanea*(벚나무)

🌱 직파조림이 용이한 수종

① 직파조림이 용이한 수종 : 소나무, 해송, 리기다소나무, 잣나무 등의 침엽수와 각종 참나무류를 포함하여 물푸레나무, 밤나무, 가래나무, 옻나무, 벚나무, 자작나무, 거제수나무 등
② 소나무나 상수리나무 등의 참나무류처럼 세근이 발달하지 않고 직근의 세력이 강해 이식된 묘목의 활착이 불량한 수종들은 직파조림이 유리하다.
③ 전나무, 분비나무, 구상나무, 낙엽송, 주목 등과 일부 단풍나무류 등은 직파조림이 어렵다.

19 ① 상수리나무 1년생의 속당 본수(묘목 수/묘복다발)는 20본이다.

20 ④ 느티나무·가시나무 등 활엽수종은 가지 기부에 3~4cm 또는 10~12cm의 잔지를 남겨 생가지를 치면 잔지가 고사해서 인공적인 보호층이 형성된다. 수년 뒤 잔지는 자연적으로 떨어지기도 하나 다시 절단하도록 하는데, 이것을 2회 치기법이라 한다.

21
척박한 토양에서 임지를 비옥하게 만들기 위한 질소고정 수목은? 2020. 국가직

① *Cedrus deodara*
② *Lespedeza bicolor*
③ *Liriodendron tulipifera*
④ *Rhus chinensis*

22
묘목식재에 대한 설명으로 옳지 않은 것은? 2019. 국가직

① 임목밀도가 높을수록 간재적 점유비율이 높아진다.
② 식재는 봄과 가을에 할 수 있는데 가을식재는 주로 낙엽활엽수를 대상으로 한다.
③ 식재거리는 수평거리를 뜻하므로, 경사가 심하면 보정할 필요가 있다.
④ 배수가 불량한 곳이나 돌이 많은 곳에서는 봉우리식재법으로 식재한다.

23
직파조림에 적합하지 않은 수종으로만 묶은 것은? 2018. 7급

① 전나무, 분비나무, 구상나무
② 소나무, 해송, 잣나무
③ 물푸레나무, 밤나무, 가래나무
④ 옻나무, 벚나무, 거제수나무

24
묘목의 식재에 대한 설명으로 옳지 않은 것은? 2019. 7급

① 군상식재는 나중에 최종수확물을 일정한 간격으로 잔존시킬 수 있다.
② 식재 간격은 수평거리를 뜻하므로 경사가 심하면 보정된 거리를 적용하여야 한다.
③ 구덩이를 파기 어려운 곳에서는 지표면에 있는 흙을 모아서 심는 봉우리식재를 한다.
④ 상록침엽수는 겨울에도 중산이 계속되기 때문에 가을 식재는 피하는 것이 바람직하다.

25
가장 잘 자란 우세목을 제거하는 간벌방법은? 2018. 지방직

① 수관간벌
② 택벌식 간벌
③ 도태식 간벌
④ 열식간벌

26 우리나라 천연림 숲가꾸기에서 적용하고 있는 수형급 중 하층임관을 이루고 있는 유용한 임목으로 미래목의 생육에 지장을 주지 않고 수간 하부의 가지 발달을 억제시키는 나무는?

2017. 지방직

① 중용목 ② 보호목
③ 방해목 ④ 무관목

정답 및 해설   21 ②   22 ④   23 ①   24 ③   25 ②   26 ②

21 ① *Cedrus deodara* (개잎갈나무)   ② *Lespedeza bicolor* (싸리나무)
③ *Liriodendron tulipilera* (백합나무)   ④ *Rhus chinensis* (붉나무)
콩과식물은 대부분 뿌리혹을 만들고 그 속에 질소고정균인 리조비움(*Rhizobium*)이 함께 살고 있어서 공기 중의 질소를 양분으로 이용할 수 있다. 이와 같은 콩과식물의 비료목으로는 아까시나무, 자귀나무, 다릅나무, 싸리류, 칡 등이 있다.

22 🌱 봉우리 식재와 치식

> ① 봉우리 식재
>   • 심을 구덩이 바닥 가운데에 좋은 흙을 모아 원추형의 봉우리를 만든 다음 묘목의 뿌리를 사방으로 고루 펴서 이 봉우리 위에 얹고 그 뒤 다시 좋은 흙으로 뿌리를 덮은 후 일반 식재법에 따라 심는다.
>   • 봉우리식재법은 천근성이며 측근이 잘 발달하고 직근성이 아닌 가문비나무 같은 묘목 등에 알맞다.
> ② 치식
>   • 습지로서 배수가 불량한 곳 또는 자갈 등이 많아 구덩이를 파기 어려운 곳에 적용되는 식재법으로 구덩이를 파는 대신에 지표면의 흙을 모아 심는 방법이다.
>   • 임지상황에 따라 부분적으로 치식을 하는 경우가 있다.

23 🌱 직파조림이 용이한 수종

> ① 직파조림이 용이한 수종 : 소나무, 해송, 리기다소나무, 잣나무 등의 침엽수와 각종 참나무류를 포함하여 물푸레나무, 밤나무, 가래나무, 옻나무, 벚나무, 자작나무, 거제수나무 등
> ② 소나무나 상수리나무 등의 참나무류처럼 세근이 발달하지 않고 직근의 세력이 강해 이식된 묘목의 활착이 불량한 수종들은 직파조림이 유리하다.
> ③ 전나무, 분비나무, 구상나무, 낙엽송, 주목 등과 일부 단풍나무류 등은 직파조림이 어렵다.

24 ③ 치식은 습지로서 배수가 불량한 곳 또는 자갈 등이 많아 구덩이를 파기 어려운 곳에 적용되는 식재법으로, 구덩이를 파는 대신에 지표면의 흙을 모아 심는 방법이다. 임지상황에 따라 부분적으로 치식을 하는 경우가 있다.

25 ② 택벌식 간벌은 우세목을 간벌해서 그 이하 임관층의 나무의 생육을 촉진하는 것이다. 수익성이 없는 나무는 벌채하지 않는다. 이론적으로 택벌식 간벌은 계속되는 작업의 적용으로 하층목을 상층목으로 유도해서 벌기목으로 만드는 것이다. 이러한 내용을 직경급분포로 볼 때 하층간벌 및 임분의 자연적 발달과정과는 상반되는 것이다. 잔존될 하층목은 왕성하고 잘 발달한 수관을 가지고 있어야 한다.

26 ② 보호목은 하층임관을 이루고 있는 유용한 임목으로 미래목 생육에 지장을 주지 않고 수간 하부의 가지 발달을 억제시키는 한편, 임지보호 목적으로 남기는 나무이다.

27 그림과 같은 묘목 식재방법은?　　　　　　　　　　　　　　　　2017. 국가직

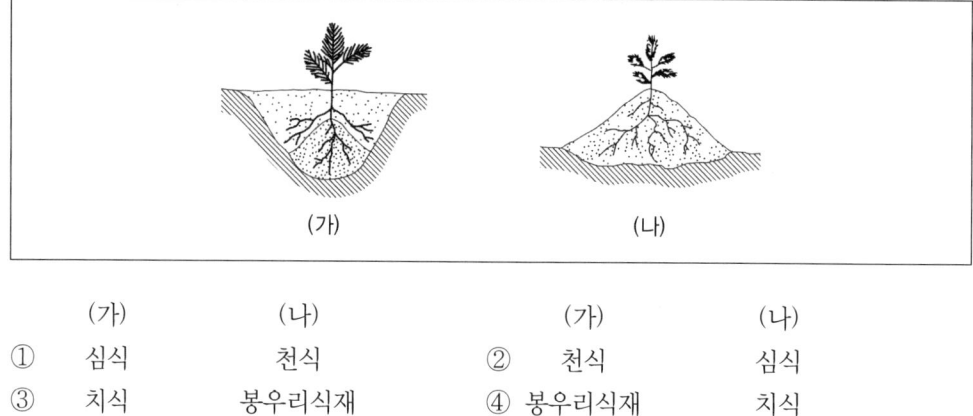

	(가)	(나)		(가)	(나)
①	심식	천식	②	천식	심식
③	치식	봉우리식재	④	봉우리식재	치식

28 동령림의 간벌 전후 흉고직경과 본수를 나타낸 그림이다. 간벌의 종류가 옳게 짝지어진 것은? (단, 그림의 빗금 친 부분은 간벌을 나타낸다.)　2017. 국가직

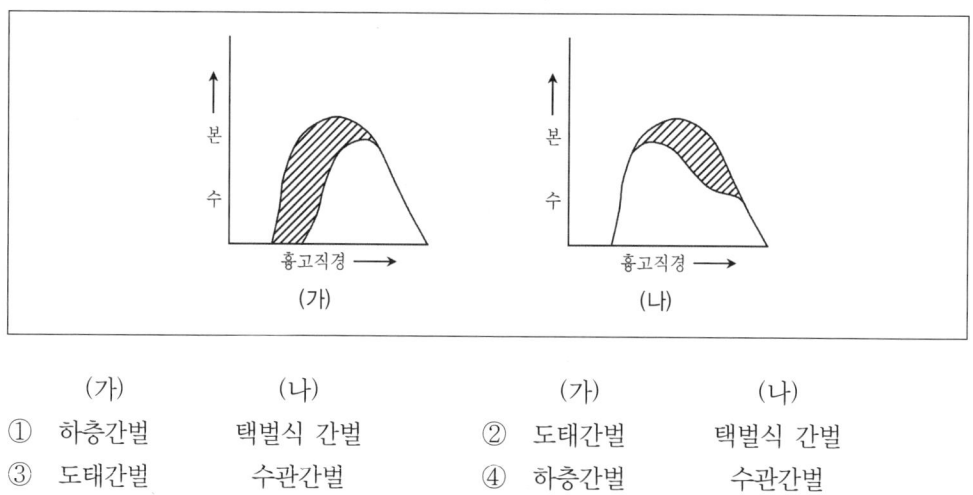

	(가)	(나)		(가)	(나)
①	하층간벌	택벌식 간벌	②	도태간벌	택벌식 간벌
③	도태간벌	수관간벌	④	하층간벌	수관간벌

29 간벌방법에 대한 설명으로 옳지 않은 것은?　　　　　　　　　　　2017. 국가직

① 정성간벌은 줄기의 형태와 수관의 특성으로 구분되는 수관급이나 수형급을 바탕으로 간벌목을 선정하는 것이다.
② 정량간벌은 수종과 형질이 크게 상이하고 어린나무가꾸기 등 숲가꾸기작업을 실행하지 않은 산림에 적합하다.
③ 기계적 간벌은 입목간의 우열이 심하지 않고 임목밀도가 식재본수의 70% 이상으로 조밀한 유령임분에 적용한다.
④ 도태간벌은 선정된 미래목의 생장을 방해하는 나무를 우선적으로 벌채하는 것이다.

30 숲가꾸기 작업 중 풀베기에 대한 설명으로 옳은 것은?   2017. 지방직

① 둘레베기는 현장에서 가장 빈번하게 이루어지는 작업으로 조림목의 식재열을 따라 약 90~100cm 폭으로 잡초목을 제거한다.
② 풀베기 작업은 일반적으로 9~10월에 실시하고, 잡초목의 생장이 왕성할 때에는 9월과 다음해 4월에 나누어 연 2회 실시한다.
③ 풀베기 작업은 일반적으로 조림목이 잡초목의 수고보다 약 1.5배 또는 60~80cm 정도 더 클 때까지 실시한다.
④ 소나무류, 낙엽송, 참나무류의 풀베기 작업은 조림목과 잡초의 생장과 무관하게 모두 5회 동일하게 적용한다.

정답 및 해설   27 ④   28 ④   29 ②   30 ③

27 (가) 봉우리 식재
- 심을 구덩이 바닥 가운데에 좋은 흙을 모아 원추형의 봉우리를 만든 다음 묘목의 뿌리를 사방으로 고루 펴서 이 봉우리 위에 얹고 그 뒤 다시 좋은 흙으로 뿌리를 덮은 후 일반 식재법에 따라 심는다.
- 봉우리식재법은 천근성이며 측근이 잘 발달하고 직근성이 아닌 가문비나무 같은 묘목 등에 알맞다.

(나) 치식
- 습지로서 배수가 불량한 곳 또는 자갈 등이 많아 구덩이를 파기 어려운 곳에 적용되는 식재법으로 구덩이를 파는 대신에 지표면의 흙을 모아 심는 방법이다.
- 임지상황에 따라 부분적으로 치식을 하는 경우가 있다.

28 간벌의 종류

① 하층간벌 : 피압된 가장 낮은 수관층의 나무를 먼저 벌채하고 점차 높은 나무를 벌채해 가는 방법이다.
② 수관간벌 : 상층을 소개하여 같은 층을 구성하는 우량개체의 생육을 촉진하는 목적의 방법이다.
③ 택벌식 간벌 : 우세목을 벌채하여 그 아래에 자라는 나무의 생육을 촉진하는 간벌방법이다.
④ 도태간벌 : 장벌기로 가꿀 미래목을 미리 선정하고, 이 나무에 방해가 되는 나무를 벌채하는 방법이다.

29 정량간벌 적용 대상지

① 수종이 단순하고 수목의 형질이 비슷한 산림
② 우세목의 평균수고 10m 이상 임분으로서 15년생 이상인 산림
③ 어린나무가꾸기 등 숲가꾸기를 실행한 산림. 다만, 숲가꾸기를 실행하지 않았더라도 상층 입목간의 우열이 시작되는 임분은 실행 가능

30 지속가능한 산림자원 관리 지침

① 둘레베기는 조림목 주변을 반경 50cm 내외로 정방형 또는 원형으로 잘라내는 방법으로 군상식재지 등 조림목의 특별한 보호가 필요한 경우에 적용한다.
② 일반적으로 1회 실행지는 5월~7월에 실시한다. 2회 실행지의 경우는 8월에 추가로 실시할 수 있으며 9월 초순 이후의 풀베기는 피한다.
③ 조림목의 수고가 풀베기 대상물 수고에 비해 약 1.5배 또는 60~80cm 정도 더 클 때까지 실시한다.
④ 잣나무, 소나무류는 5~8회, 낙엽송, 참나무류(상수리나무)는 5회를 기준으로 하되 수목과 풀베기 대상물의 생장 상황에 따라 가감할 수 있다.

31 가지치기에 대한 설명으로 옳지 않은 것은?　　2017. 지방직

① 밀생한 임분에서 경쟁하는 나무들에서는 이층형성과 무관하게 수광량이 부족한 가지가 고사한다.
② 자연낙지는 삼나무, 편백 등의 침엽수류에서 발생하며, 수관 내의 작은 가지에서 흔히 발생한다.
③ 전나무와 해송은 가지치기에 의한 상처가 잘 유합되지 않는 수종이다.
④ 강도의 생가지치기는 추재의 비율을 증가시켜 목재의 질을 개선한다.

32 질소, 인산, 칼리(칼륨)에 대한 표준시비량(g/본)을 가장 많이 요구하는 묘목은?　　2017. 서울시

① 오동나무　　② 해송
③ 낙엽송　　④ 전나무

33 가지치기에 대한 설명으로 옳은 것은?　　2017. 추가채용

① 소나무의 경우 작업대상인 가지 중에서 살아있는 가지와 죽은 가지를 모두 제거해야 한다.
② 자연낙지는 이층형성과 무관하게 곤충이나 균에 의해서만 발생되는 현상이다.
③ 일반적으로 가지의 지름이 5cm 이상인 것을 자르는 것이 원칙이다.
④ 침엽수의 가지치기는 자연낙지에 맡기며 인공적인 가지치기를 하지 않는다.

34 직파조림에 대한 설명으로 옳은 것은?　　2017. 지방직

① 종자의 품질은 직파조림의 초기 성공을 가늠할 수 있는 요인이다.
② 후박나무, 음나무, 층층나무는 직파한 당년에 발아하는 수종이다.
③ 지면에 낙엽이나 유기물 등이 많은 장소가 직파조림에 유리하다.
④ 전나무, 구상나무, 낙엽송은 직파조림에 적합한 수종이다.

35 우리나라 조림용 묘목(1-0)의 T-R율로 옳은 것은?　　2017. 지방직

① *Larix kaempferi* 2.0~2.3　　② *Alnus japonica* 3.4~3.7
③ *Pinus rigitaeda* 1.0~1.1　　④ *Pinus thunbergii* 3.1~3.2

36 Hawley의 택벌식 솎아베기에 해당하는 내용으로만 묶은 것은? 2017. 추가채용

㉠ 정량적 솎아베기에 포함되는 대표적인 방법이다.
㉡ 가장 오랜 역사를 지니고 있는 솎아베기 방법으로 독일식 간벌법이다.
㉢ 주로 준우세목이 벌채되며, 하층목도 이용할 만한 것은 벌채대상이 된다.
㉣ 수익성이 없다고 판단되는 임목은 벌채 대상목으로 선정하지 않는다.
㉤ 남겨질 하층목은 생장이 왕성하고 잘 발달한 수관을 가지고 있어야 한다.

① ㉠, ㉢
② ㉡, ㉣
③ ㉢, ㉤
④ ㉣, ㉤

정답 및 해설   31 ③   32 ①   33 ①   34 ①   35 ④   36 ④

31 ③ 가지치기 적용대상 수종은 소나무, 잣나무, 낙엽송, 전나무, 해송, 삼나무, 편백 등으로 한다. 가지치기 적용대상 수종은 가지치기에 의한 상처가 잘 유합되는 수종이다.

32 묘목의 표준시비량(g/본)

수종	질소	인산	칼리
소나무, 해송	6~8	4~5	4~5
낙엽송	10~14	7~8	5~8
삼나무, 편백, 전나무	8~12	5~7	5~7
포플러	24~40	16~28	12~34
오동나무	24~48	16~32	12~40
일반 활엽수종	10~14	7~8	5~8

33 ① 죽은 가지는 목재 속에 죽은 마디를 만들어 가치를 떨어뜨리기 때문에 가지치기를 할 때는 죽은 가지뿐 아니라 수관 아래 부분의 살아있는 가지도 잘라 내어 목재의 가치를 높여야 한다.
② 자연낙지는 이층형성에 의해서도 발생한다.
③ 굵은 가지를 제거하면 유합기간이 길어져 병원균이 침입할 우려가 있기 때문에 지름 3~5cm 이내의 것 위주로 제거한다.
④ 침엽수도 가지치기를 실시한다.

34 ① 파종조림의 성과에 영향을 끼치는 인자로는 수분조건, 동물의 해, 기상의 해, 타감작용, 흙 옷, 종자의 품질 등이 있다.

35 ① *Larix kaempferi*(일본잎갈나무) 1.6~1.7
② *Alnus japonica*(오리나무) 0.7~1.9
③ *Pinus rigitaeda*(리기테다소나무) 4.8~5.3
④ *Pinus thunbergii*(해송) 3.1~3.2

36 ④ 택벌식 간벌은 우세목을 간벌해서 그 이하 임관층의 나무의 생육을 촉진하는 것이다. ㉣ 수익성이 없는 나무는 벌채하지 않는다. 이론적으로 택벌식 간벌은 계속되는 작업의 적용으로 하층목을 상층목으로 유도해서 벌기목으로 만드는 것이다. 이러한 내용을 직경급분포로 볼 때 하층간벌 및 임분의 자연적 발달과정과는 상반되는 것이다. ㉤ 잔존될 하층목은 왕성하고 잘 발달한 수관을 가지고 있어야 한다.

37 삼림보육에 대한 다음 설명 중 옳지 않은 것은?

① 어린 조림목이 자라서 갱신기에 이르는 사이에 실시한다.
② 유림에 대한 보육은 수관울폐가 일어나면 실시한다.
③ 성림에 대한 보육은 제벌, 간벌, 가지치기 등의 작업이다.
④ 임지보육은 지력을 향상시키기 위하여 실시한다.

38 정량간벌에 대한 설명으로 옳은 것은?

① 잔존본수는 지역 간 차이가 거의 없다.
② 평균 흉고직경이 클수록 평균수간거리가 짧아진다.
③ 평균 수고가 높아질수록 잔존본수가 증가한다.
④ 지위가 낮아질수록 잔존본수가 증가한다.

39 조림수종을 선정하고자 할 때 고려해야 할 특성으로 옳지 않은 것은?

① 단위면적당 물질생산성이 크다.
② 수간이 통직하고 지하고가 높다.
③ 수관폭이 넓고 재적생산량이 많다.
④ 목재 외에도 특수 부산물의 생산가치가 높다.

40 데라사끼의 정성간벌에 대한 설명으로 옳지 않은 것은?

① D종과 E종 간벌에서 2급목을 모두 제거한다.
② A종과 B종 간벌에서 1급목과 2급목은 모두 남긴다.
③ C종 간벌은 1급목의 일부분이 제거된다.
④ 하층간벌의 경우 4급목과 5급목이 모두 제거된다.

41 덩굴치기에 대한 설명으로 옳은 것은?

① 덩굴은 조림목의 줄기를 자극하여 양료의 하강을 촉진한다.
② 덩굴은 오랫동안 그대로 두면 수관이 강해지고 줄기가 곧추선다.
③ 덩굴치기의 시기는 덩굴식물의 생장이 종료된 겨울철에 실시한다.
④ 덩굴을 초기에 제거하면 다소 임목의 성장이 늦어질 수 있다.

42 임목의 기내 조직배양에 대한 설명으로 옳지 않은 것은? 2017. 추가채용

① 식물체의 조직, 기관 또는 단세포의 일부분을 분리하여 배양한다.
② 세포의 기내배양을 통해 유용한 2차 대사산물의 생산이 가능하다.
③ 식물세포는 개체형성능이 없어 완전한 식물체로 발달할 수 없다.
④ 우량한 클론의 복제가 용이하여 단기간에 개량효과를 높일 수 있다.

정답 및 해설   37 ②   38 ④   39 ③   40 ②   41 ④   42 ③

37 삼림보육
① 유림에 대한 보육 : 임관 울폐가 일어나기 전의 무육이며 풀베기, 덩굴치기 등의 작업을 한다.
② 성림에 대한 보육 : 임관이 형성된 후 실시하는 무육이며 잡목 솎아베기(제벌), 솎아베기(간벌), 가지치기 등의 작업을 하며 덩굴치기는 계속한다.

38 정량간벌
① 베어낼 나무의 수와 남겨 둘 나무의 수에 중점을 두는 방법이다.
② 본수밀도, 흉고직경, 수관크기에는 일정한 관계가 있고, 이들 인자간 상관으로 수량적 기준을 만든 것이다.
③ 지위가 낮을수록 ha당 임목본수가 증가하는 경향이 있다.

39 바람직한 조림수종의 특성
① 향토수종이나 대상 조림지에 잘 적응할 수 있는 수종
② 기후·병해충·산불 등 각종 위해요인에 대한 저항력이 강한 수종
③ 생장이 빨라 단위면적당 물질생산성이 큰 수종
④ 곧게 자라고 지하고가 높으며 재질이 좋아 목재의 이용가치가 큰 수종
⑤ 수관폭이 좁아 단위면적당 임분밀도를 높게 유지할 수 있는 수종
⑥ 목재시장에서 수요량이 많고 높은 가격에 판매될 수 있는 수종
⑦ 산림생태계의 구성요소로서 가치가 높은 수종
⑧ 수원함양, 국토 및 환경 보전, 경관개선 등 경제 외적인 가치가 높은 수종
⑨ 목재 이외의 특수 부산물 생산가치가 높은 수종
⑩ 수확 및 갱신조림이 쉽고 조림 이후의 활착 및 생장이 뛰어난 수종
⑪ 각종 조림기술 적용이 쉬우며 조림비용이 적게 드는 수종
⑫ 경영 목적이나 목표에 부합하는 수종

40 데라사끼의 간벌형식
① A종 간벌 : 4급목과 5급목을 제거하고 2급목의 소수를 끊는 간벌이다. 이것은 임내를 정리한다는 뜻이 강하다. 간벌하기에 앞서서 제벌 등 선행되는 중간벌채가 잘 이루어졌다면 A종 간벌을 할 필요성이 거의 없다. 다음 간벌기까지 고사목을 내지 않도록 할 뿐 간벌의 뜻이 거의 없다.
② B종 간벌 : 최하층의 4·5급목 전부와 3급목의 일부, 2급목의 상당수를 끊는 것으로서 C종과 함께 단층림에 있어서 가장 넓게 실시되는 것이다.

41 ④ 덩굴을 초기에 제거하면 어느 정도 임목의 성장이 늦어질 뿐이지만, 이것을 오랫동안 그대로 두면 수관이 빈약해지고 줄기가 굽고 갈라지며 감고 올라간 줄기의 자국이 조림목의 줄기에 남아서 재질에 큰 결점을 주게 된다. 덩굴이 조림목의 줄기를 감아 압박을 가하면 양료의 하강이 불가능해져서 줄기에 팽대부가 생겨 기형을 나타낸다.

42 ③ 대부분의 식물은 세포, 조직 또는 기관의 일부를 이용하여 전체 식물체를 복원할 수 있는 전형성능을 지니고 있다.

43 조직배양으로 인한 우량 클론의 대량증식에 대한 설명으로 옳은 것은? 2017. 서울시

① 채종원에 비하여 클론의 추가 또는 제거가 용이하지 않다.
② 우량 개체의 선발에서 보급까지의 기간을 상당히 단축시킬 수 있다.
③ 형질의 상가적 분산은 이용할 수 있지만 비상가적 분산은 이용하지 못한다.
④ 클론으로 보급되므로 유전획득량을 충분히 올리기 힘들다.

44 다음 그림은 가지치기와 관련된 줄기의 단면을 나타낸 것으로, 각 부위의 명칭 배열이 바르게 연결된 것은? 2017. 추가채용

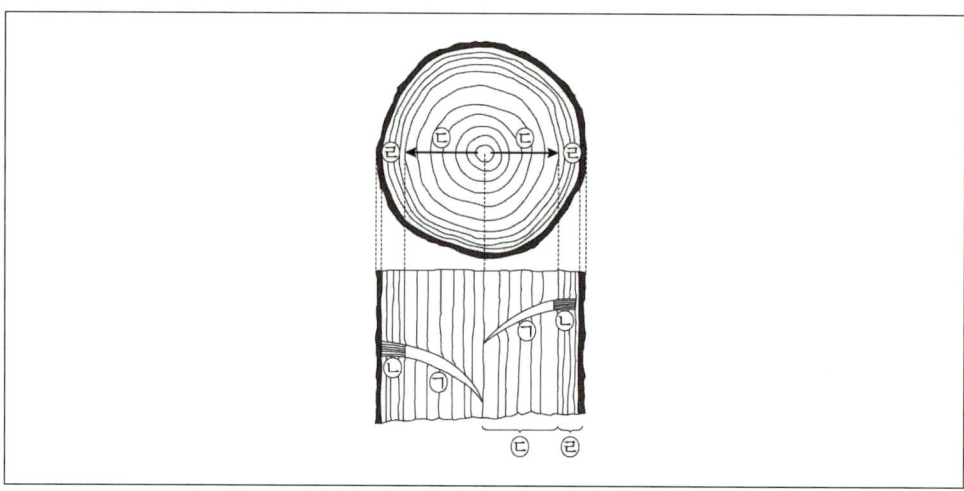

	㉠	㉡	㉢	㉣
①	사절	생절	지하재	수관재
②	생절	사절	지하재	수관재
③	사절	생절	수관재	지하재
④	생절	사절	수관재	지하재

45 풀베기 작업방법 중 모두베기에 대한 설명으로 옳은 것은? 2017. 추가채용

① 둘레베기보다 작업방법이 까다롭고 시간이 많이 걸린다.
② 대표적인 작업방법은 수평베기와 경사베기이다.
③ 지력이 좋아서 식생이 왕성하게 자라는 곳에 실시한다.
④ 한풍해가 우려되는 조림지에 적합한 방법이다.

46 그림은 가지치기의 방법에 따라 달라지는 무절재의 생산유형을 나타낸 것이다. 가지치기의 방법을 바르게 연결한 것은?　　　　　　　　　　　　　　　　　　　　　2017. 7급

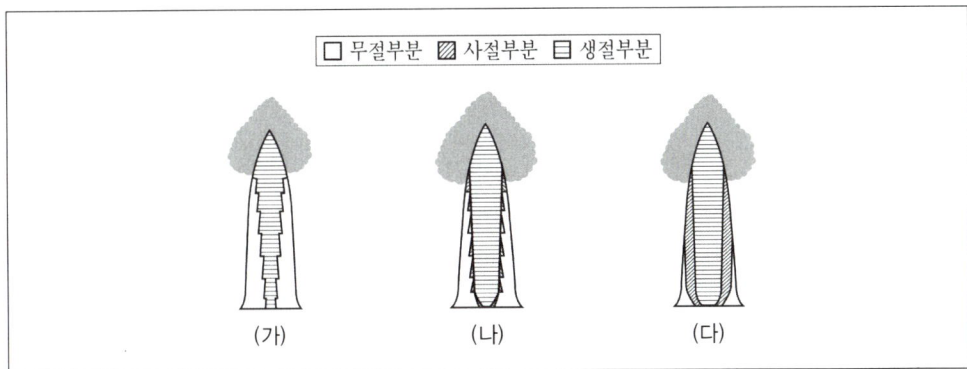

	(가)	(나)	(다)
①	무처리	생가지치기	고지만 절제
②	생가지치기	무처리	고지만 절제
③	생가지치기	고지만 절제	무처리
④	무처리	고지만 절제	생가지치기

47 산림보육에 대한 설명으로 옳지 않은 것은?　　　　　　　　　　　　　　2017. 추가채용
① 산림보육은 갱신된 임분에 대하여 임상의 정리, 성장촉진 등 산림 생산성을 높이기 위한 것이다.
② 풀베기는 임관이 폐쇄되기 이전에 실시하는 유림에 대한 보육이다.
③ 임지보육은 산림토양의 지력을 향상시키는 작업으로 주로 노령 임목을 대상으로 한다.
④ 제벌, 간벌, 가지치기 등은 임관이 형성된 뒤에 실시하는 성림에 대한 보육이다.

정답 및 해설　43 ②　44 ④　45 ③　46 ③　47 ③

43 🌱 **무성번식과 조직배양의 장점**
> ① 클론으로 보급되어 종자번식에서는 이용 곤란한 가계 내 분산과 비상가적 분산도 얻을 수 있어 높은 유전획득량을 올릴 수 있다.
> ② 생산집단에 있어 이용이 클론단위로 이루어지기 때문에 기준면적 이상의 관리를 필요로 하는 채종원에 비해 클론의 추가 또는 제거가 용이하며, 사용목적이 다른 클론을 동일 장소에서 집중적으로 관리할 수 있다.
> ③ 선발에서 보급까지의 기간을 단축시킬 수 있다.

45 ③ 모두베기는 임지가 비옥하거나 식재목이 광선을 많이 요구할 때 이용되는 방법이나. 강송이나 낙엽송 등의 조림지에 적합하며, 밀식할 때도 적용한다.

47 ③ 임지보육은 산림 토양의 생산성(땅힘)을 향상시키기 위한 작업들을 말한다. 생산성에 관계되는 것은 환경의 총체이므로 환경보육이라 할 수도 있다.

**박진호
조림학**

PART 10

숲의 갱신(작업종)

Chapter 01 갱신일반
Chapter 02 작업종의 종류

CHAPTER 01 갱신일반

1 갱신(작업종)의 이해

나무를 심고 가꾸어 자라면 베어서 이용하고 그곳에 다시 새로운 숲을 조성하는 작업 체계를 작업종(갱신)이라 한다.

1. 용어 정리

(1) **상방천연하종**
  참나무류의 열매처럼 성숙한 뒤 중력에 의해 수직방향으로 아래로 떨어져 그것이 후에 발아해서 묘목으로 되는 것이다.

(2) **측방천연하종**
  소나무류처럼 가벼운 종자가 성숙한 후 바람에 날려서 입목의 측방으로 떨어지는 것이다.

(3) **벌구**
  일시 또는 일정 기간 안에 **갱신하고자 하는 구역**을 말한다.
  ① 대벌구 : 넓은 면적의 임분을 하나의 구역으로 하거나 구획을 하더라도 넓어서 측방에 서 있는 임분으로부터 벌구상의 치수(稚樹)가 환경적 또는 조림적으로 영향을 받을 수 없을 정도로 넓은 구역이다.
  ② 소벌구 : 갱신에 있어서 측방에 있는 성숙임분의 영향이 그 벌구 상에 미칠 수 있도록 소면적으로 구획한 것이다. 소벌구의 대(strip)는 길이에는 제한이 없고 그 폭은 수고의 1/2~2배 정도의 것이다.
  ③ 군과 단 : 군(群, small group : 0.1ha 이하)과 단(團, large group : 0.1~1.0ha)은 벌구의 모양에 상관하지 않고 면적으로 구별한다.

(4) **임형(林型)**
  조성된 산림을 그 구성요소와 벌채 방식에 따라 볼 때 교림, 왜림, 중림, 죽림으로 구분된다.
  ① 교림(喬林, high forest) : 주로 **종자로 양성된 묘목으로 성립된 것**으로 높은 수고를 가지며 성숙해서 열매를 맺는다.
  ② 왜림(矮林, coppice) : **연료림**이라고도 하며 **임목의 기원이 맹아**이다.
  ③ 중림(中林) : **동일한 임지에 교림과 왜림을 성립시킨 것**이다.
  ④ 죽림 : 대나무에 의한 죽림은 임업상 예외적인 것으로 취급한다.

(5) **벌채종**

이용단계에 이른 산림은 벌채되어 이용되고, 그 적기에 새로운 산림이 도입되어 갱신이 완료된다. 이때의 벌채는 후계림을 성립시키는 데 세심한 주의를 하면서 실시하게 된다. 한 세대의 종료는 새로운 세대의 시작과 밀접한 관련이 있어서 이때의 벌채를 **갱신벌(更新伐)**이라 한다. **개벌·산벌·택벌**이 이에 속한다.

2. 갱신시기

갱신착수의 시기는 조림적, 경영적으로 매우 중요하며 또한 여러 인자가 갱신착수 시기에 영향을 준다. 엄밀한 시간적, 공간적 배열을 갖는 벌구식 교림에서는 계산상 즉, 계획상의 윤벌기와 실제 이용 수령과 큰 차이가 없으나 혼효림, 변화가 많은 입지, 장기적 천연갱신 등에서 국소적으로 재적 생산성과 가치생산 성과에 따라 많은 차이가 날 수 있다. 모든 임목과 모든 면적이 한 임분에서 동일한 시기의 벌채 수확기를 갖지는 않는다.

3. 단목의 수확시기

생리적 수령과 건전도는 현재의 재적과 가치생장을 초월하여 벌채수확기에 영향을 주며, 택벌림에서는 재적생장률이 2% 미만이 되는 단목이 벌채수확기이고, 벌구식 교림에서는 흉고직경 5cm 이상 되는 임목들이 재적생장과 가치생장면에서 많은 범위를 차지하고 평균 재적생장률이 1.8%가 될 때 벌채수확기이다.

4. 임분의 수확적 갱신 시기

(1) 최상의 가치적 성과에 따른 경제적 벌채수확기는 임분 또는 부분적 면적상으로 수확경비와 갱신경비를 제외한 평균수익으로 결정된다.

(2) 갱신착수는 최적 가치생장(형질생장) 직전 또는 그 기간 중에 실시되나 갱신이 늦게 시작되면 생리적 수령과 가치생장이 크게 하락되기 때문에 적기에 신속하게 완료되어야 한다.

5. 합리적 갱신 시기 유도를 위한 착안사항

(1) 평균 가치생장의 정점이 가장 중요한 결정인자이다.

(2) 형질재생산 목표수종은 재적생산 위주를 목표한 수종보다 많은 고려를 해야 한다.

(3) 조림기술적 관점이 고려되어야 한다.

(4) 최적화를 위한 공간배열을 고려한다.

(5) 산림 경영적 관점의 고려가 필요하다.

6. 갱신기간

(1) 갱신이 착수부터 갱신이 종료될 때까지로 특히 대면적 임분에서는 중요한 의미가 있다. 특히 산벌작업에서 가치생장의 손실, 보호작용의 보존 등을 위하여 갱신진행 방법이 고려되는데 이것은 임분의 적당한 분류와 면적집약적 갱신준비로 가능해진다.

(2) 갱신기간은 전체 임분으로 나타나지만, 특히 단위적 세부면적(군상)에 대한 갱신시기는 갱신기간의 수단으로 나타난다. 택벌림에서는 계속 갱신이 되므로 갱신기간이 없으며, 산벌림의 획벌작업의 경우 20~50년이 소요되며 개벌작업과 양수의 갱신에서는 1~5년으로 짧다.

(3) 천연 갱신시업에서는 적절한 갱신기간을 설정하여 목적에 맞는 이용이 되도록 하는 것이 필요하다.

7. 공간계획

산림에서 자연적 원리와 경제적 원리의 대립은 공간배열로서 절충하고 조정해 주는 것으로 접근해야 하는데, 공간배열은 산림의 계획적, 수평적, 수직적인 배열을 의미한다.

(1) **공간배열 해결을 위한 기본수단**
① 임분구조 및 산림구성(각 임분의 위치)
② 임분구획

(2) **공간배열의 임무**
① 조사, 계획, 집행, 조정을 위한 산림의 구획
② 생장을 위한 적정 생태적 조건형성
③ 경영안정 개선
④ 피해 감소
⑤ 모든 임분 구성인자의 이용기술적 유효성 보장
⑥ 갱신과 수확의 공간적 분리

8. 수종선택의 고려사항

(1) **생태적·생물적 원칙**
① **자연군락 결정과 향토수종**: 어느 수종이 입지에 적합하고 적응하는가 또한 어느 수종이 입지에 따라 실행가치가 있는가에 대한 판단이 필요하다. 조림 출발점에서부터 자연군락 수종과의 조합 문제를 고려한다.
② **입지조사 및 평가**: 입지 잠재력을 파악하여 큰 위험성 없이 토지 생산력의 상한선까지 주어진 입지생산력의 이용 가능성을 판단한다.
③ **임분환경의 영향**: 동일한 수종이라도 토양의 차이, 입지안정성 여부에 따라 조림성과가 다르며 동일한 수종, 동일한 입지라 하더라도 임분혼효에 따라 차이가 많다.
④ 수종별 입지요구
⑤ 수종별 조림 특성

⑥ 수종별 조림 위험성

⑦ 갱신전 임분 판단 : 갱신전 임분에 대한 과거의 경험을 이용하여 입지적 유용성, 생장능력, 임목형성(형질생장), 위해(병충해 등), 과거의 무육강도, 생태적 관점(안정 또는 불안정 임분형) 등에 의해 판단한다.

(2) 경제적 원칙

산림 경영자의 이해관계에 따라 경영안정과 높은 경영적 성과(수확)를 원하게 된다. 수종, 재질, 재적생산, 가치생산, 미래의 목재시장 등의 경제적인 고려로 수확목표를 계획하는 것이 필요하다.

(3) 경제외적 관점

경제적 기능 및 사회적 기능을 조합하여 수종별로 기능의 장단점을 고려하고 적절하게 절충하여 채택한다.

① 홍수예방 : 토양 배수기능이 좋은 심근성 수종, 지표수의 삼투력 개선과 높은 차단성을 갖고 있는 수종(전나무, 낙엽송, 참나무류, 기타 유용 활엽수)이다.

② 수질관리 : 수원지역에서 일정하게 양이 많고 질 좋은 물을 생산하기 위해 복층구조와 심근성 및 느슨한 임분특성을 갖는 수종(소나무, 낙엽송, 단풍나무, 느릅나무, 서어나무, 참나무류)이다.

③ 눈사태 및 산사태 보호 : 심근성, 울폐된 복층구조, 훼손 완충능력 특성을 갖는 안전한 수종(낙엽송, 전나무, 단풍나무, 느릅나무, 피나무)이다.

④ 대기정화 : 소나무, 잣나무, 전나무 등과 같은 상록침엽수이다.

⑤ 소음방지 : 소나무, 잣나무, 전나무 등과 같은 상록침엽수이다.

⑥ 휴양림 : 임분구조 변화를 형성하는 침·활 혼효림과 음양수 혼효림(단풍)이다.

⑦ 경관형성 : 산림이 빈약한 지역에서 자연에 가까운 산림(천연림 등)은 중요한 생태적 안정화 임무를 갖는다. 특징적 임분 구조형태와 나무들은 경관에 활기를 준다.

2 인공조림(인공갱신)

(1) 인공조림은 채종원이나 채종림에서 생산된 우량종자를 적극적으로 활용할 수 있어 **수종과 종자 선택의 폭이 넓다.**

(2) 수종과 **품종 선택이 조림지의 기후와 토양에 적합하지 못할 경우 조림에 실패할 확률이 높아진다.**

(3) 수종선택을 적절하게 하였어도 그 수종에서 어떤 산지와 품종이 조림예정지에 적합할 것인가를 결정해야 하며, 특히, **천연분포구역을 넘어서 조림하면 여러 가지 위험성, 즉 병해, 충해, 기후변화에 의한 피해가 증가한다.**

(4) 인공조림은 **천연갱신에 비하여 쉽고 빠르게 숲을 만들고 키울 수 있다.** 기존의 숲을 모두 벌채한 다음 그곳에 묘목을 심기 때문에 **1년 안에 작업이 끝난다.**

⑸ 인공조림은 **조림면적이 넓은 경우가 많아서** 파종이나 식재하기 전에 햇빛과 바람으로 토양이 건조해지고, 토양생태계를 교란시켜 토질을 떨어뜨리며, 강우로 표토가 유실되는 등 **환경이 악화되기 쉬워**, 조림이 실패하는 경우도 많다.

⑹ 묘목의 뿌리를 절단하여 이식하기 때문에 뿌리 생장에 피해를 받기 쉽다(직근성 수종인 소나무나 상수리나무 등).

⑺ **인공조림은 동령단순림(同齡單純林) 조성이 많은데**, **각종 환경인자의 변화에 취약**하여, 인공조림의 반복은 임지생산력과 조림성과가 점차 낮아지는 경향이 있다.

⑻ 조림대상지에 좋은 천연묘가 있다면 그것을 이용할 수도 있다.

3 천연갱신

⑴ 천연갱신에서는 원래의 나무들에서 종자가 충분해야 하고, 종자를 공급한 나무들은 갱신발달의 초기단계에 벌채한다. 이때 임지의 지표상태가 종자착상에 적합해야 하므로 갱신에 알맞은 벌채와 임상처리를 실시하며 지속적인 벌채를 위한 경영기반이 필요하다.

⑵ **울폐된 임분을 상방천연하종으로 갱신하기 위해서는 임관을 소개해서 임상에 광선이 도달해야 한다.**

⑶ 천연갱신은 벌채 후 즉시 어린나무가 자라나는 것은 아니기 때문에 **여러 해가 걸리기도 하고 기술적으로 인공조림보다 어렵다.**

⑷ 천연갱신은 그곳에 자라던 임목이 이미 오랜 시간 동안 그 환경에 적응된 것이기 때문에 조림실패의 위험이 적다.

⑸ 천연갱신은 임목의 **생육환경을 잘 보호**하고 유지할 수 있으며, 특히 임지 악화를 줄이고, 야생동물과 각종 생태계 구성원의 보호에 더 유리하다.

⑹ 좋은 형질의 유전자를 가진 개체로부터 종자가 공급된다는 보장이 없고, 원하는 목표 수종으로 갱신하는 데도 많은 어려움이 있다.

⑺ 천연갱신에서도 현지상황에 따라 인공식재를 병행한다.

4 작업종

작업종은 작업법(作業法), 갱신종(更新種), 갱신법에 따라 분류된다.

1. 작업법
(1) 작업종은 교림, 중림, 왜림을 더 세분하기 위해 사용되며 작업법은 수종, 갱신종(갱신벌채 종류), 갱신법(갱신벌채 방법) 및 생산목표에 의해 정해진다.

(2) 작업법은 보다 구체적인 경영형태, 경영의 종류와 양식 등을 말한다(대상개벌에 의한 천연하종갱신 교림, 개벌교림, 택벌교림, 산벌림 등).

(3) 편의상 작업종과 작업법이 같은 뜻으로 쓰일 때도 있다.

2. 갱신법
(1) 벌구방식 교림작업에서는 적어도 임분구성형태를 파악해야 하고 또한 이에 대한 갱신법을 고려하지 않으면 안 된다. 갱신법은 이론적, 실행적으로 다양하고 복잡하므로 간단한 기본 형태를 우선은 이해하는 것이 필요하다.

(2) 갱신법은 경영목적, 수종, 임지 등에 따라 변화되므로 실제 적용에 있어서는 응용적 조치가 필요할 때가 많다.

(3) 갱신기술은 갱신종(천연갱신, 인공갱신), 벌채종(개벌, 산벌, 군상벌, 택벌), 벌구 형태(단독갱신, 소군상 면적방식, 군상 면적방식, 단상 면적방식)를 통한 시간적인 벌채진행과 벌채방향으로 그 특징을 나타내진다.

(4) 갱신법을 분류하는데 가장 중요한 것은 어느 방식으로 노령림에서 임목들이 벌채되어지는가 하는 벌채종과 발생치수에 대한 보호이다.

(5) 교림작업에서는 한 가지만의 갱신법이 적용되는 것은 드물고 대부분 여러 방식으로 조합하여 적용하고 있다. 개벌과 대상벌은 주로 인공갱신에서 적용하고 군상벌, 산벌, 택벌은 천연갱신에서 적용하는 것이 보통이며, 인공적(부분적 또는 완전한 인공갱신방식)으로도 군상벌과 산벌을 적용할 때도 있다(예 임분전환, 산목하의 참나무 재배지 등).

(6) 협의의 작업종으로서 갱신법에 의해 교림작업, 중림작업, 왜림작업으로 분류되어진다면 광의의 교림작업에서는 산림무육과 연계된 공간적, 시간적인 갱신 진행이 임분발달 진행에 뚜렷한 영향을 주는 특수한 작업종도 포함되어 진다(예 대상택벌시업, 군상시업, 택벌작업 등).

CHAPTER 02 작업종의 종류

작업종 중 개벌, 산벌, 택벌을 할 때 그곳 임분에 투입되는 일사량, 기존 임분의 임목간의 근계경합과 종자공급력의 관계를 나타낸 것이다.

🌱 **전임분에 택벌, 산벌, 개벌이 실시되었을 때 천연갱신의 성취에 중요한 인자**

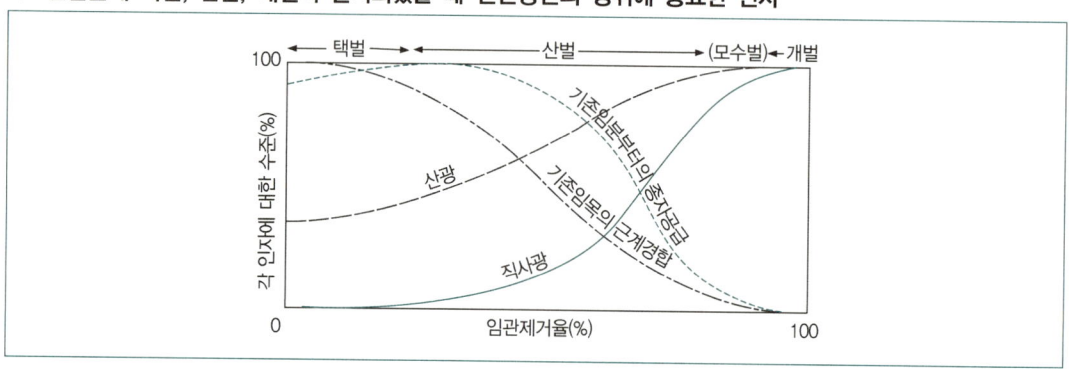

1 개벌작업

1. 개벌작업의 정의

(1) 개벌작업은 **숲에 있는 모든 나무를 일시에 베어내는 것**으로, 베어낸 자리에는 나무를 심거나 씨앗을 뿌려서 새로운 숲을 가꾼다.

(2) 이용가치가 있는 전생치수(前生稚樹)가 상당한 밀도로 나있으면 그것을 남기고, 산생(散生)해 있을 때에는 우량종이 아닌 이상 남기지 않는다.

(3) 개벌작업에 의해 갱신된 숲은 **같은 수종(단순일제림)**과 **같은 나이(동령림)**로 이루어지며, 두 가지 이상의 수종을 심으면 같은 나이의 여러 수종으로 숲을 형성할 수 있다.

(4) 우리나라에서 가장 보편적으로 취해지고 있다.

2. 개벌인공갱신

(1) 개벌 후 묘목을 심어 새로운 임분을 만든다(낙엽송 · 잣나무 · 리기다소나무 · 전나무 · 삼나무 · 편백 · 해송 등).

(2) 개벌한 첫 해에 갱신이 끝난다. 갱신 지연은 잡초 · 관목 및 불량수종이 나타나서 인공조림에 방해가 된다.

(3) 종자와 치수의 피해가 상상할 수 없을 정도로 높아서, 묘목 대신에 직파로 갱신하면 그 성과가 좋지 못하다.

3. 개벌천연하종갱신

(1) 대면적개벌천연하종갱신

① 종자공급원
- ㉠ **종자 발아력이 오래 유지되는 수종은 개벌 후 천연하종갱신에 적합**하다.
- ㉡ 개벌적지에 어린 임분을 천연적으로 도입시키는 방법
    - ⓐ 갱신벌채 이전부터 땅속에 있던 종자가 발아할 경우
    - ⓑ 벌채할 당시 벌채목 자체로부터 종자가 산포될 때
    - ⓒ 벌구 옆에 서 있는 모수로부터 종자가 공급될 때(종자가 작고 가볍고 날개 있는 수종 : 소나무류·자작나무류·사시나무류)

② 종자비산
- ㉠ 임연지일수록 산포밀도가 높고, 벌구의 중심부일수록 산포밀도가 낮아진다.
- ㉡ 모수평균고(平均高) 대비 소나무·해송·오리나무류는 2~5배, 단풍나무류·물푸레나무류는 2~3배의 거리까지 대량 산포된다.
- ㉢ 비산거리는 지형에 크게 지배받으며, 경사지는 상부에 인접모수를 남기는 것이 평탄지에 비해 더 넓게 산포될 수 있다. 결실량은 경급이 크고 수고가 높을수록 증가하므로 모수는 너무 밀생시키지 말아야 한다.

③ 종자의 착상 : 천연하종 때 착상을 쉽게 하기 위해 지표의 유기물이 제거되고 광물질 토양이 노출되는 것이 바람직한데, 이를 위해 교토(攪土)하는 것이 좋다.

④ 벌구배치와 보속수확
- ㉠ 측방천연하종(側方天然下種)과 보속수확을 위한 벌구배치를 하는데, 한 벌구에서 벌채될 재적은 개벌작업으로 경영되는 전 산림의 연벌채량에 해당한다.
- ㉡ 벌채를 해마다 하려면 산림은 윤벌령에 해당하는 수의 임분(벌구)으로 구성되어야 하는데, 동령림에서 보속수확을 위해 이 원칙이 적용되어야 한다.
- ㉢ 벌구배치는 영급의 차이가 심한 것을 이웃하게 해서 갱신에 필요한 측방임분부터 종자공급의 효능을 높이도록 해야 한다.

(2) 대면적개벌천연하종갱신의 장점

① **작업실행이 용이**하고 빠르며, 높은 기술이 필요하지 않다.
② **양수의 갱신에 적합**하다.
③ 벌채·운반작업이 집중되어 **비용이 절약**되고, 치수 손상이 적다.
④ 동일 규격의 목재 생산으로 경제적으로 유리하다.
⑤ **동령일제림이 형성되어 각종 보육작업이 편리하다.**
⑥ **인공식재로 갱신하면 새로운 수종을 도입**할 수 있다.
⑦ 성숙임분 갱신에 알맞은 방법이다.

(3) 대면적개벌천연하종갱신의 단점
◇ 단점 보완을 위해 대상 및 군상개벌을 고려한다.
① **개벌로 넓은 임지가 노출되어 토양의 이화학적 성질이 나빠지고, 지력감퇴, 표토의 침식·유실의 가능성이 높다.**
② **개벌로 인해 지피식생이 파괴**되고 벌채지의 미세기상이 변화해 장기간 계속될 때 입지조건의 변화가 갱신을 불리하게 할 수 있다.
③ 잡초·관목이 무성해지고, 상층에 큰 나무가 없어서 그 보호를 받지 못해 기상의 해를 받기 쉬우며, 해충의 발생이 더 심해질 수 있다.
④ **동령일제림이 형성**되어 해충에 대한 저항력이 약해지고, 한 번 해를 받을 경우 쉽게 광범위하게 확대된다.
⑤ **음수수종이나 무거운 종자의 갱신에는 적당하지 않다.**
⑥ 조성되는 임분이 단조롭기 때문에 **풍치적 가치가 낮다.**
⑦ 천연하종갱신을 인위적으로 조절하기가 어려워 인공갱신을 병용한다.
⑧ 개벌로 생산된 모든 재종(材種)이 잘 이용될 수 있는 시장성의 문제가 있다.

(4) 대상개벌천연하종갱신
임분을 몇 개의 대상지로 나누어 그 중 한 대(帶)를 개벌하면 인접 모수로 측방천연하종이 되어 갱신이 이루어지는데, 그 뒤 다른 대를 갱신하는 방법을 말한다.
① 교호대상개벌법
  ㉠ 하나의 임분을 2조(組)의 대, 즉 4개로 나누고 성숙목으로부터 측방천연하종이 되도록 갱신한다.
  ㉡ 일제림을 형성하고자 할 때는 1차와 2차의 벌채 년 수를 짧게 하여 3~10년이 좋고 20년 안에는 완료한다.
② 연속대상개벌천연하종갱신
  ㉠ 1조 3대 이상으로 해서 점진적으로 대벌을 진행시키는 것으로서, 일제림으로 조성하려면 갱신기간을 단축해야 하는데 이를 위해 전림을 수개의 대상조로 구분해서 동시에 각 조마다 한쪽부터 대벌갱신을 진행한다.
  ㉡ 갱신기간은 10~20년이며, 한 대의 갱신은 2~5년 정도 소요된다. 갱신에 치중시 연속대상개벌이 교호대상개벌보다 더 좋은 양식이다.

🌱 **교호대상개벌법과 연속대상개벌천연하종갱신**

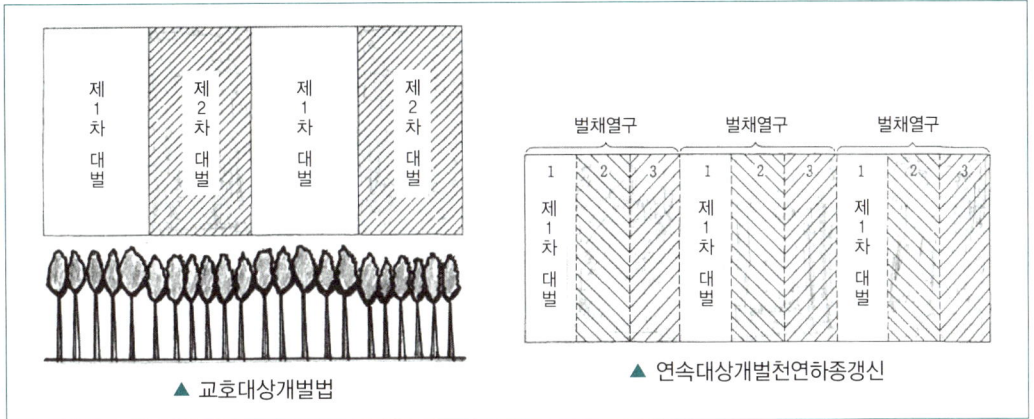

▲ 교호대상개벌법 ▲ 연속대상개벌천연하종갱신

(5) **군상개벌천연하종갱신**

임분 내 곳곳에 군상의 개벌면(0.03~0.1ha)을 만들고 그 둘레에 있는 모수부터 측방천연하종에 의하여 치수를 발생시키며 군상지를 점차 바깥쪽으로 확장시켜 나간다.

(6) **개벌작업의 장단점**

① 개벌작업의 장점

　㉠ 한 지역에 작업이 집중되어 간편하고 경제적으로 진행될 수 있다.

　㉡ 현재의 수종을 다른 수종으로 변경하려할 때 가장 좋은 방법이다.

　㉢ 비슷한 크기의 목재를 일시에 많이 수확할 수 있다.

　㉣ 성숙한 임분에 적용할 수 있는 가장 간편한 방법이다.

② 개벌작업의 단점

　㉠ 갱신된 어린 나무는 추위나 건조에 의해 해를 입기 쉽다.

　㉡ 병해충이 한 번 발생하면 크게 번진다.

　㉢ 숲땅이 황폐해지기 쉽고 잡초와 관목이 무성해진다.

　㉣ 천연갱신의 경우 갱신효과가 충분하지 못할 때가 있다.

　㉤ 숲이 단조롭고 아름답지 못하다.

2 모수작업(어미나무작업)

모수림작업의 목적은 대경·우량재 생산, 우수종자목의 보존, 모수의 자산적 가치, 풍치, 경관적 가치 등이다.

1. 모수작업의 정의
(1) 벌채 예정지의 형질이 좋고 결실이 잘 되는 어미나무를 종자공급을 위해 남기고 그 외의 나무를 일시에 베어내는 것으로 남겨진 어미나무의 수는 전체 나무 수에 비해 극히 적고, 어미나무의 종자로 갱신되며 갱신 후 벌채한다.
(2) 모수로 남겨야 할 임목은 전 임목에 대하여 본수로는 2~3%, 재적으로는 약 10%이다.
(3) 적송 등 종자의 비산력이 큰 수종은 1ha에 15~30본 정도를 골고루 산재시킨다.
(4) 너도밤나무 등 종자의 비산력이 작은 활엽수종은 50본 이상을 남긴다.
(5) 모수가 신임분의 상층을 구성하는 점을 제외하고는 **동령림이 조성**된다.
(6) 갱신 후 모수가 벌채되거나 때로는 잔존되어 신임분의 벌기에 함께 벌채되어 이용된다.
(7) 상층목은 수가 적어 동령림으로 취급할 수 있고, 만일 그 수가 많을 때는 복층임분 또는 이단임분으로 취급한다.
(8) **후계림의 생장손실은 모수의 수확으로 보상**받을 수 있다.

2. 모수의 조건
적용수종은 어릴 때 자람이 빠른 적송이 알맞고, 참나무류의 선구수종이 있을 때 전나무와 같은 음수의 갱신도 가능하며, 미국에서는 활엽수종 백합나무에 적용된다. 대립종자 수종은 모수의 수를 많이 하여 침입하는 경쟁수종을 제한하도록 한다.

(1) **유전적 형질**이 좋아야 한다.
　예 전나무는 수간이 통직하고 세지성(細枝性)이며 수관폭이 좁고, 지하고가 높으며 줄기가 깨끗하고 생장이 왕성해야 한다.
(2) **풍도에 대한 저항력**이 있어야 한다.
　예 천근성 수종과, 밀립되고 수고가 높은 임분
(3) **많은 종자를 생산하는 개체를 남겨야** 하며, 벌기가 성숙종자를 많이 생산할 수 있는 연령보다 낮을 때 문제이며, 간벌과 가지치기 등으로 결실을 촉진한다.
(4) **우세목 중에서 골라야** 수관발달이 좋아서 결실량이 많고 갱신이 잘 될 수 있다. 후천적으로 형질이 잘못되어 이급목으로 된 것은 모수로 남겨도 상관이 없다.
(5) 물푸레나무, 사시나무 등 **자웅의 구별이 있는 자웅이주는 두 가지를 함께 남긴다.**
(6) 동일 개체의 암꽃과 수꽃은 동시에 피는 일이 드문 것도 고려한다.

3. 모수작업의 장점

(1) **벌채가 집중되어 경비가 절약**된다.

(2) 임지정비로 노출된 임지의 갱신이 이루어질 수 있다.

(3) 작업의 용이성이 개벌작업 다음으로 좋다.

(4) **개벌작업보다 신생임분의 종적 구성을 더 잘 조절할 수 있다.**

(5) 모수가 종자를 공급하므로 넓은 면적을 일시에 벌채할 수 있고 갱신이 수반될 수 있다.

4. 모수작업의 단점

(1) **전임지가 노출되므로 종자발아와 치묘(稚苗)발육에 불리**하다.

(2) **토양침식과 유실이 우려**된다.

(3) 임지에 잡초와 관목이 나타나서 갱신에 지장을 주는 일이 많다.

(4) 모수가 벌채 이전에 고사하면 손실이 크다.

(5) 풍해의 우려가 있다.

(6) 종자의 결실량과 비산능력을 갖춘 수종으로 제한적이다.

(7) **과숙(過熟)임분에는 적용하기 어려운데**, 모수로 잔존시키기에 안전성이 없을 때가 있기 때문이다.

(8) 풍치적 가치가 개벌작업보다는 낫지만 그다지 좋지 못하다.

5. 모수의 선발요건

(1) 양수

(2) 심근성 수종

(3) 두꺼운 수피

(4) 평균 이상의 생장조건

(5) 생육입지 요구도가 낮은 수종

(6) 은행나무와 사시나무류처럼 자웅이주 나무는 암수를 함께 남겨야 한다.

6. 보잔목법

(1) 보잔목법은 **모수림작업과 산벌의 중간형태**이다.

(2) **모수림작업의 본수보다 더 많은 모수를 남기고, 이들의 수광생장을 촉진시켜 다음 벌기에 대경재를 생산하면서 동시에 천연갱신을 통해 후계림을 조성**한다.

(3) 보잔목법에서 잔존본수는 ha당 평균 50~75본으로 모수림작업의 20~25본보다 2~3배 정도 많이 남긴다.

(4) 각 나무 사이의 거리는 9~12m 정도 떨어지도록 공간적으로 배치한다.

3 산벌작업

1. 산벌작업의 정의

(1) 산벌은 비교적 짧은 기간 동안 몇 차례로 나누어 베어내어 마지막에는 모든 나무를 벌채함과 동시에 새로운 숲으로 조성하는 작업이며, 내음성이 강한 수종에 적합하다.

(2) 윤벌기에 비하여 비교적 짧은 갱신기간 중에 몇 차례에 걸친 벌채로 갱신면 상에 있는 임목을 완전히 제거하는 작업이다.

(3) 간벌과 유사하며, 사실상 집약적인 임업이 경영될 때에는 간벌작업에 이어서 이 갱신작업이 실시된다.

(4) **치수는 상층성숙목의 아래에서 보호를 받아 자라게 되고**, 자립단계가 되면 산목은 벌채되어 이용된다.

(5) 산벌작업의 특색은 윤벌기가 완료되기 전에 갱신이 완료되는 **전갱(前更)작업**이라는 것이다.

(6) 성숙목이 많은 불규칙한 산림에 적용될 수 있고 갱신하는데 비교적 장기간이 걸리지만 동령림 갱신에 가장 알맞은 **방법**이다.

(7) 산벌작업의 **갱신기간은 10~20년 정도인데, 이것은 윤벌기의 1/5 이하**라는 한계를 뜻한다.

2. 작업방법

(1) **예비벌**

① **밀립상태에 있는 성숙임분에 대한 갱신 준비의 벌채**로, 임관을 열어 천연갱신에 적합한 임지 상태를 만들며 1회~여러 번 벌채한다.

② 벌채대상은 중용목과 피압목이고, **형질이 불량한 우세목과 준우세목도 벌채**한다.

③ 우세목과 준우세목의 수관이 임지를 고르게 덮을 수 있도록 배치하여 남긴다.

④ 수관과 수관 사이의 거리가 1~1.5m를 넘지 않으며, **임목재적으로 10~30%가 제거**될 수 있다.

⑤ 임분밀도가 높으면 목적을 얻기까지 3~10년의 기간이 필요하다.

⑥ 간벌이 잘된 지역은 예비벌이 거의 필요 없고 때에 따라 예비벌이 생략되고 직접 하종벌을 시작할 수도 있다.
⑦ 예비벌로 조부식이 분해해서 정부식으로 되어 광물질 토양이 노출되고, 간혹 초본식생이 나타나게 되면 유기물이 분해된 것으로 생각한다.
⑧ 예비벌을 너무 강하게 하면 하부식생이 들어오기 쉽다.

(2) 하종벌

① **결실량이 많은 해를 택하여 일부 임목을 벌채하여 하종을 돕는 것**으로 1회의 벌채로 그 목적을 달성하는 것이 바람직하다.
② **예비벌 이전의 임분 재적의 25~75% 범위로 실시**하며, 후벌을 할 때 치수의 손상이 적으면서 되도록 많은 벌채가 바람직하다.
③ 종자착상을 위하여 교토작업을 하는 것이 도움이 되고, 하종벌 때 종자의 양이 부족하면 인공식재를 해서 이것을 보완하도록 한다.

(3) 후벌

① 새 임분을 덮고 있는 성숙임목을 점차적으로 벌채해서 그들의 보호로부터 벗어나게 하는 작업이다.
② 양수수종일 경우 단 한 번의 벌채로 목적이 달성될 수도 있지만, 집약적 작업에 있어서는 몇 번에 나누어 실시되며 가장 최후에 실시되는 후벌을 종벌 또는 전벌(殿伐)이라 한다.
③ 갱신임분에 지장이 되지 않는 이상 가장 굵고 자람이 왕성하며 형질이 좋은 것을 종벌까지 남기도록 한다.
④ 치수의 성장상태를 잘 관찰하고 모수의 보호가 필요 없다고 생각되는 것부터 실시한다.
⑤ 대체로 2~5년 간격으로 후벌이 실시되고, 2~20년을 소요해서 후벌과정이 완료된다.
⑥ 치수의 키가 사람의 무릎 높이에 이르면 전모수의 2/3를 끊고 사람의 키에 이르는 동안 남아 있는 임목을 모두 끊어 없앤다.

🌱 **산벌작업의 기본모형**

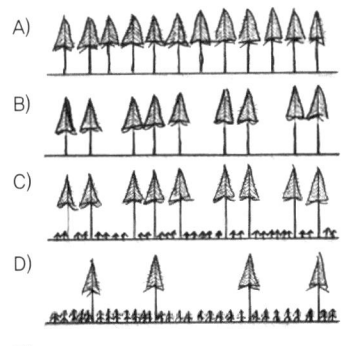

A) : 원래 임상, B) : 예비벌 실시, C) : 하종벌 실시, D) : 후벌 실시, E) : 종벌 실시

3. 산벌작업의 장점

(1) 동령교림을 만드는 작업법으로는 개벌작업과 모수작업에 비해 갱신이 더 안전하고 확실하다.

(2) 치수가 발생한 뒤에도 우량한 대형목을 남기는 것은 보속연년수확을 조절하는 데 도움이 된다.

(3) 윤벌기가 끝나기 전에 갱신이 이미 시작되어 윤벌기간을 단축시킬 수 있다.

(4) 중력 종자를 가진 수종 및 음수수종의 갱신에 잘 적용될 수 있으며 극단의 양수를 제외한 모든 수종의 갱신이 가능하다.

(5) 성숙한 임목의 보호 하에서 동령림이 갱신될 수 있는 유일한 갱신법이다.

(6) 동령림이기에 비교적 굵기가 고르고 줄기가 곧은 나무를 생산할 수 있다.

(7) 미적 측면과 임지보호 측면에서 볼 때 택벌작업 다음으로 좋은 방법이다.

(8) 우량한 임목을 남겨 갱신되는 임분의 유전적 형질을 개량할 수 있다.

(9) 벌채방법이 택벌작업보다 간단하며, 벌채 후 나무의 반출이 비교적 쉽다.

4. 산벌작업의 단점

(1) 소형재와 펄프재 등이 소비될 수 있는 시장이 있어야 한다.

(2) 갱신기에 있는 **성숙임목은 풍해**를 받기 쉽다.

(3) 벌채 대상목이 흩어져 있어 작업이 복잡하며, 개벌작업과 모수작업에 비해 높은 기술을 요하지만, 집약성이 동일한 택벌작업만큼 기술수준이 높지 않아도 된다.

(4) **갱신치수(更新稚樹)의 일부분은 벌채로 손상**을 받는다.

(5) 모든 것이 천연력에 의해 진행될 경우 비교적 긴 갱신기간을 요한다.

(6) 후벌을 할 때 어린 나무가 상하기 쉽고, 후벌에서 벌채목은 풍해를 받을 수도 있다.

5. 대상산벌천연하종갱신

(1) 대상개벌작업법과 비슷하게 **임분을 여러 개의 대상지로 나누고 한쪽부터 대에 따라 점진적으로 산벌작업을 진행시켜 갱신을 도모하는 것으로, 풍해를 피하고자 고안된 방법**이다.

(2) 대의 폭은 수종의 양광요구도·풍해 등을 고려하여 결정해야 하나 수고의 2~3배 이내로 하는 것이 대상의 환경조성, 측방임분으로부터의 피음효과를 유효하게 하는데 도움이 된다.

(3) **대상산벌작업의 띠의 너비는 일정하지 않지만 보통 20~50m**(상층목 평균수고의 1~3배)로 하는 것이 일반적으로, 띠의 너비를 좁게 잡으면 모두 벌채하는 데 걸리는 햇수는 늘어나지만 음수의 발생에 유리하게 된다.

🌱 대상산벌 천연하종갱신

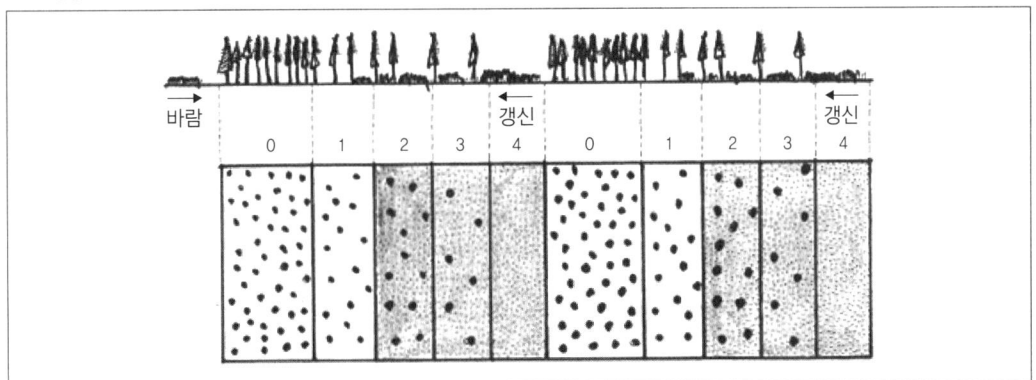

6. Wagner의 대상산벌(대상택벌)천연하종 갱신(연조작업)

(1) 폭을 대단히 좁게 한 대상산벌작업으로 **대의 폭은 30m 이내에 있어서 한쪽에는 예비벌을, 다른 한쪽에는 종벌을 할 정도로 대상의 갱신이 전변적 변화**를 하고, 대체로 갱신속도는 1년에 0.6~7.5m **정도**이며, 벌구의 폭을 좁게 하는 것을 '연조'라 한다.

(2) 대상을 좁게 길게 하며 그 방향을 동서로 길게 하고 각 영급의 임목배치를 규칙적으로 하여 임목의 영급식별을 쉽게 하며, 또 벌목과 운재(목재운반)에 의한 치수의 손상을 줄이고 갱신의 진행속도를 쉽게 조절하는 등 택벌의 장점을 살피면서 산벌을 하고 택벌의 어려움과 대면적 산벌의 단점을 제거한 갱신법이다.

🌱 Wagner의 대상산벌림

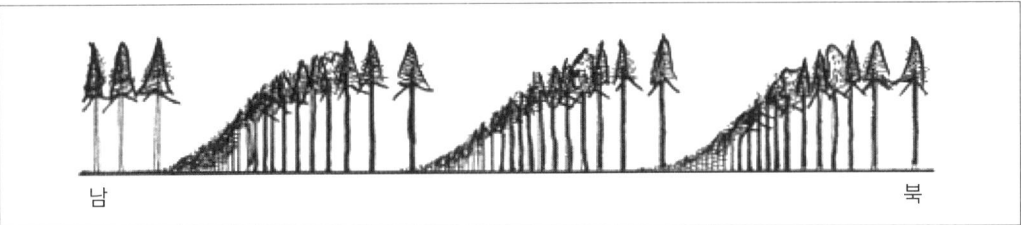

7. 군상산벌천연하종갱신

(1) 바이에른식 군상산벌작업

① 임관의 소개가 분산적인 군상으로 행해지고 후계림이 어느 정도 동령으로 되는 군상산벌작업법이다.

② 갱신기간은 비교적 짧은(윤벌기의 1/4~1/3 정도) 20~30년이다.

③ 단기획벌법(短期劃伐法)이라고도 한다.

🌱 **바이에른식 군상산벌작업의 모식도**

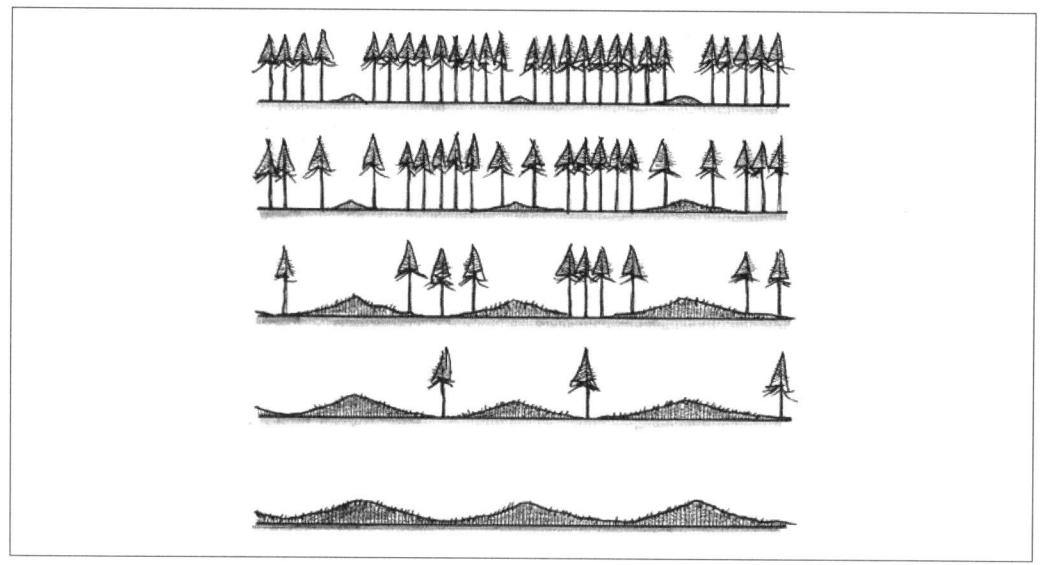

(2) 바덴식 군상산벌작업법 소개
① 갱신이 완만하게 진행되어 후계림은 이령적으로 된다.
② 바덴지방의 전나무·가문비나무·너도밤나무의 혼효림의 갱신에 있어서 **갱신기간을 40~60년으로 하고, 윤벌기를 80~120년 또는 그 이상으로 하는 이령림 조성의 목적으로 고안된 방법**이다.
③ 어느 정도 택벌작업의 취지가 가미된 듯한 방법으로서 장기획벌법 또는 장기초벌작업법이라는 별명이 있다.

8. 대상초벌(획벌)법
(1) **대상산벌법과 군상산벌법을 동시에 병용하는 방법**이다.
(2) **풍해를 고려한 대상작업과 전생치수를 이용하여 갱신기간의 단축을 도모하는 일제림조성 갱신법**이다.
(3) 갱신지를 대상으로 구분하여 벌채열구를 설정하고, 군상산벌작업을 적용시켜 제1대부터 점차로 갱신을 진행시켜 전림의 갱신을 완료시키는 방법이다.
(4) 음수와 양수의 혼교림 조성에 알맞으나 벌목 또는 운반시 치수의 손상이 많다.
(5) 산악림의 갱신에 더 적당하며, 복합법이라는 명칭이 있다.

9. 설형산벌천연하종갱신법

(1) 대상산벌법의 한 변형법으로서 벌채열구의 중앙부터 갱신에 착수하고 쐐기모양으로 갱신의 대를 **양쪽으로 확대시켜 나아가는 방법**이다.

(2) 쐐기의 축선방향은 평지림에 있어서는 폭풍방향으로 하나, 경사지에 있어서는 임목의 벌채와 반출을 고려해서 산허리 상부로부터 하부로 향해서 설정하는 일이 많다.

(3) **모수의 보호효과가 크고 갱신이 안전하며 음수와 양수를 혼교시키는 일제림의 조성에 알맞다.**

(4) 임지에는 100~200m 간격으로 주풍과 직각으로 나아가는 주임도를 개설하고 두 임도 사이에 있는 임지대에 대하여 약 80m 간격으로 주임도에 직각방향인 간단한 반출로를 만든다. 이 장방형 임지가 각 갱신의 단위로 된다.

🌱 **설형산벌천연하종갱신**

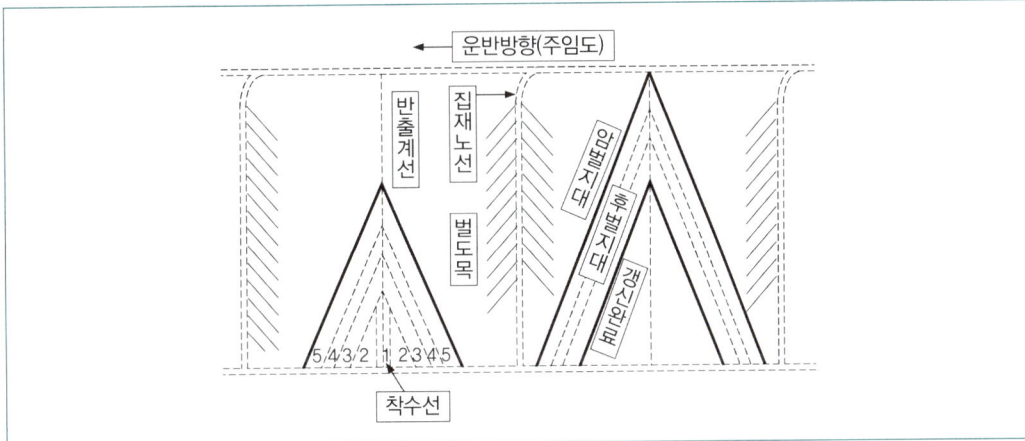

4 택벌작업

1. 정의

(1) 택벌작업은 숲에서 성숙한 나무만을 일부 선택하여 베어 내고 그곳의 갱신이 소규모로 이루어지게 하는 작업이다.

(2) 일정 기간, 일정 구역 안을 모두 벌채한 후 갱신하여 단층림의 임분을 만드는 작업인 개벌작업, 어미나무 작업, 산벌작업 등과는 다르다.

(3) 택벌작업은 **설정된 갱신기간이 없어** 크고 작은 나무들이 다양한 연령으로 서로 뒤섞여 자라는 택벌림이며, 보안림, 풍치림, 국립공원 등 **자연림에 가까운 숲에 적용**된다.

(4) 성숙 임목은 단목적 또는 군상적으로 벌채되나, 전임분의 성숙목이 일정 기간 동안에 모조리 제거되는 일은 없고 항상 **이령림상태를 유지**하게 된다.

(5) 큰 나무가 벌채되면 다수의 어린 나무가 발생하는데 그 사이에 경쟁이 심할 때에는 무육적 벌채를 가할 수 있다.

(6) 택벌작업 후 임분은 크고 작은 임목이 혼교해 **임관구조는 다층**으로 된다.

(7) 초기의 택벌은 임분 중의 직경급 이상 또는 특용재만을 선발하는 것이었으나, 근래에는 조림에 있어서 자연상태의 원리를 살려서 이용목적의 벌채법을 넘어서서 수관의 배치, 지름의 택벌 임형적 분포, 수종구성과 그 분포, 임목의 형질 등을 염두에 두고 갱신을 확실하게 해서 산림구성과 그 유지에 노력하고 있다.

(8) 두 가지 유형으로 1형은 단목택벌림으로써 대경목이 상층임관을 형성하고 그 아래에 중경목과 소경목이 있어서 이상적인 전령임형이고, 2형인 군계택벌림은 대경목이 서로 멀리 떨어져 있으며 중경목과 소경목이 군상으로 존재하는 군상구조의 균형적 이령림형에 가깝다.

(9) 조사법에 의한 택벌림경영에서 택벌기준림의 재적비(%)는 대경목 : 중경목 : 소경목 = 5 : 3 : 2 이다.

🌱 **택벌작업의 임형**

2. 택벌의 장점

(1) **임지가 항상 나무로 덮여 있어 임지와 어린나무가 보호를 받으며** 겉흙이 유실되지 않는다.

(2) 임지가 입체적으로 이용되어 **생산력이 높다.**

(3) 상층의 성숙목은 햇빛을 잘 받아 결실이 잘 된다.

(4) **음수 및 내음성 강한 수종의 갱신에 유리**하다.

(5) **건전한 생태계를 유지**하고 각종 재해의 저항력과 **병충해에 대한 저항력**이 높다.

(6) 지상의 유기물이 항상 습기를 가져서 **산불의 발생가능성이 낮다.**

(7) **면적이 좁은 숲에서 보속적 수확**을 올릴 수 있는 작업종이다.

(8) **미관상 아름다운 숲**이 된다.

3. 택벌의 단점

(1) **벌채가 어렵고 작업할 때 어린 나무가 피해**를 입게 된다.

(2) 양수(내음성 약한 나무)에 적용하기 어렵다.

(3) 작업에 **기술이 필요**로 하며 내용이 매우 복잡하여 갱신이 쉽지 않다.

(4) 일시의 벌채량이 적으므로 **경제적 임업경영이 어렵다.**

(5) 임분의 퇴화를 유발한다.

(6) 이령임분의 목재는 동령임분의 생산목재보다 대체적으로 불량하다.

4. 택벌림의 조건

(1) **수종**

음수의 성격을 지닌 수종이 포함되어야 한다. 음수는 하층에서도 견디는 힘이 강하고 오랫동안 그 생장력을 유지할 수 있기 때문에 다층의 수직구조를 갖는 택벌림에 필수적인 수종이다.

(2) **경급별 본수**

이상적인 택벌림은 **소경급 : 중경급 : 대경급의 본수비율이 7 : 2 : 1**로, 어느 정도의 유연성이 있다.

(3) **경급별 재적**

소경급 : 중경급 : 대경급의 재적비율은 2 : 3 : 5가 택벌림의 이상적 구조이고, 어느 정도의 유연성이 있다.

(4) **단위면적당 재적**

균형상태의 택벌림은 **단위면적당 적어도 300㎥/ha의 재적**을 가져야 하며, 생장상태가 양호하다면 그 이하라도 택벌림으로 경영이 가능하다.

(5) **직경분포**

이령림 특유의 **지수감소형 분포(역J자형 분포)를 유지**해야 한다. 즉, 직경이 커짐에 따라 본수가 줄어들어야 하는데, 우리나라 천연림은 중·대경급의 본수가 너무 적은 것이 택벌림 경영의 제약이 되고 있다.

(6) **수고분포**

음수와 반음수 수종을 위주로 하여 **다층**으로 구성해야 한다.

🌱 **택벌림에서 벌채목과 남겨야 할 나무의 선정기준**

남겨야 할 대경목	벌채해야 할 소경목과 중경목
• 질적·양적으로 생장하는 나무 • 벌채 시 주위 나무를 훼손하거나 재해를 가져올 우려가 있는 나무 • 모수로서 역할을 하는 나무 • 풍치상 보존가치가 있는 나무 • 식생 및 토양환경보호를 위한 나무	• 생장이 좋지 않고 고사할 가능성이 있는 나무 • 미래목의 생장에 방해되는 나무 • 수형이 불량한 나무 • 이용가치가 적은 나무 • 부패 등 목재가치가 없어진 나무

> 📋 **택벌림 유도작업 대상임분에서 우선순위로 고려해야 할 사항**
> ① 주요 임분의 물리적 안정성
> ② 택벌림 유도작업시 상층으로 자랄 임목의 건전성과 수령
> ③ 자체 조절능력이 가능한 단계적인 갱신
> ④ 이상적인 택벌림 구조

🌱 몇 가지 임형

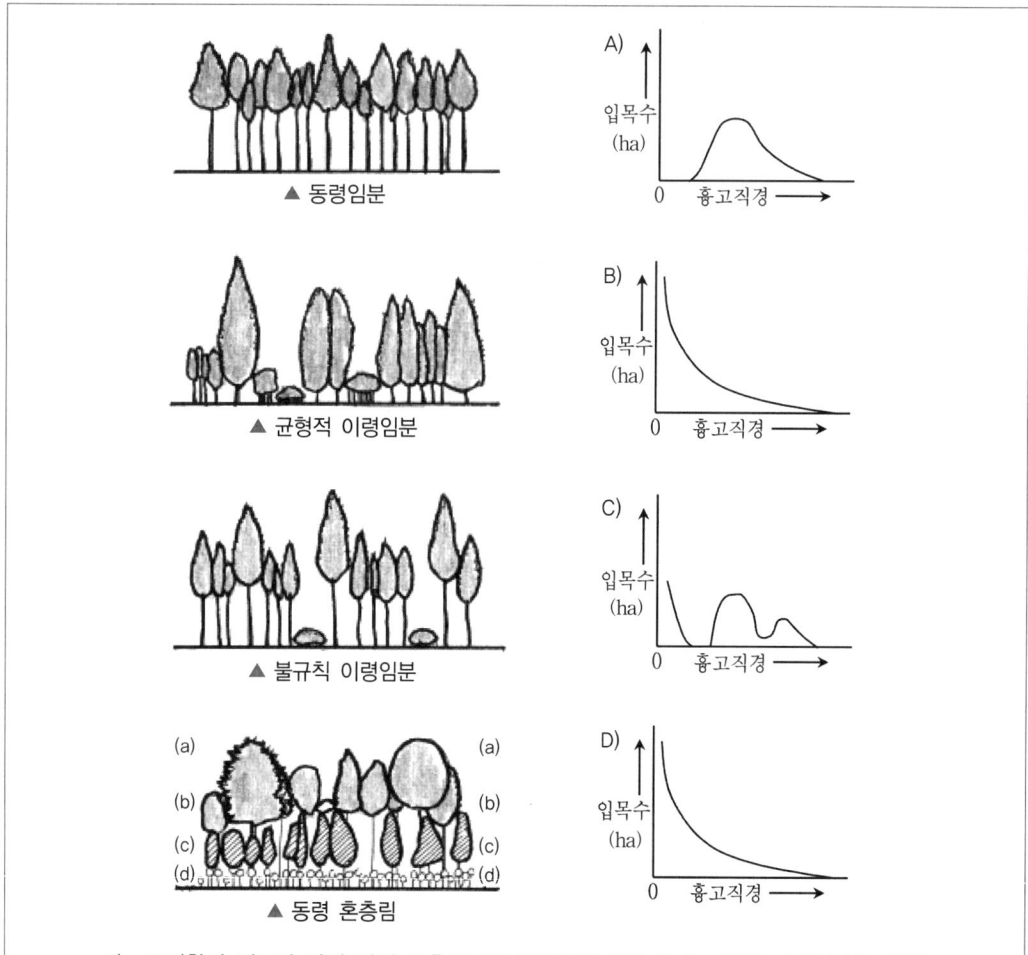

A) : 조림학적 정보가 가장 많이 추출된 단순동령림의 모습과 흉고직경 대 본수분포곡선
B), C) : 복잡한 임관구성(B는 택벌임형의 일종)
D) : 활엽수 혼효림에서 흔히 볼 수 있는 다층 혼효

5. 택벌에서 순환벌채의 윤벌기와 회귀년

(1) 전임지를 몇 개의 구역으로 나누고, 각 구역을 일정기간 마다 순환하면서 택벌을 한다.

(2) 아래표는 전임지를 10개의 임분으로 구분하고, 각 임분은 10개의 영급으로 구성되어 있다. 전체의 산림은 1년생~100년생까지로 구성되어 **윤벌기**는 100년이다.

(3) 임분10의 100년생 임목이 벌채되면 다음해에는 임분9로 옮겨가며 갱신벌채를 실시한다. 이러한 생산작업을 순서에 입각하여 진행하면 한 임분은 10년을 주기로 벌채하게 된다. 이 순환기를 **회귀년**이라고 한다.

🌱 전임지를 10개의 임분으로 나누어 회귀년 10년으로 해서 순환택벌이 되는 모식도(윤벌기는 100년)

임분1	임분2	임분3	임분4	임분5
영급 1, 11, 21, 31, 41, 51, 61, 71, 81, 91	영급 2, 12, 22, 32, 42, 52, 62, 72, 82, 92	영급 3, 13, 23, 33, 43, 53, 63, 73, 83, 93	영급 4, 14, 24, 34, 44, 54, 64, 74, 84, 94	영급 5, 15, 25, 35, 45, 55, 65, 75, 85, 95
임분6	임분7	임분8	임분9	임분10
영급 6, 16, 26, 36, 46, 56, 66, 76, 86, 96	영급 7, 17, 27, 37, 47, 57, 67, 77, 87, 97	영급 8, 18, 28, 38, 48, 58, 68, 78, 88, 98	영급 9, 19, 29, 39, 49, 59, 69, 79, 89, 99	영급 10, 20, 30, 40, 50, 60, 70, 80, 90, 100

🌱 5개의 영급으로 된 균형적 이령임분(윤벌기 100년, 택벌 임형으로 취급이 가능)

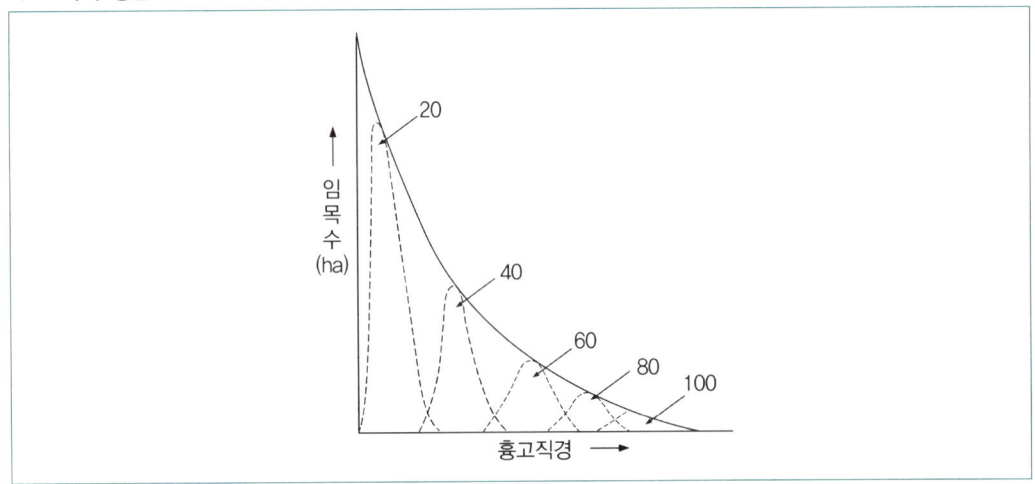

6. 대상택벌작업

(1) 단목택벌작업이든 군상택벌작업이든 간에 이것을 구분된 대상지에 적용하면 벌채작업이 더 잘 될 수 있다. 이러한 작업을 하면 치수에서 성숙목에 이르기까지 영급의 계열이 연속된다.

(2) 대상택벌작업의 단점은 그 형성의 어려움에 있다. 즉, 영급의 순서가 너무 인공적이고 자연상태에서 볼 수 있는 것과는 너무 다른 차이가 있다.

🌱 대상택벌갱신이 남북방향으로 진행되고 있는 임분의 단면(윤벌기 80년, 회귀년 10년)

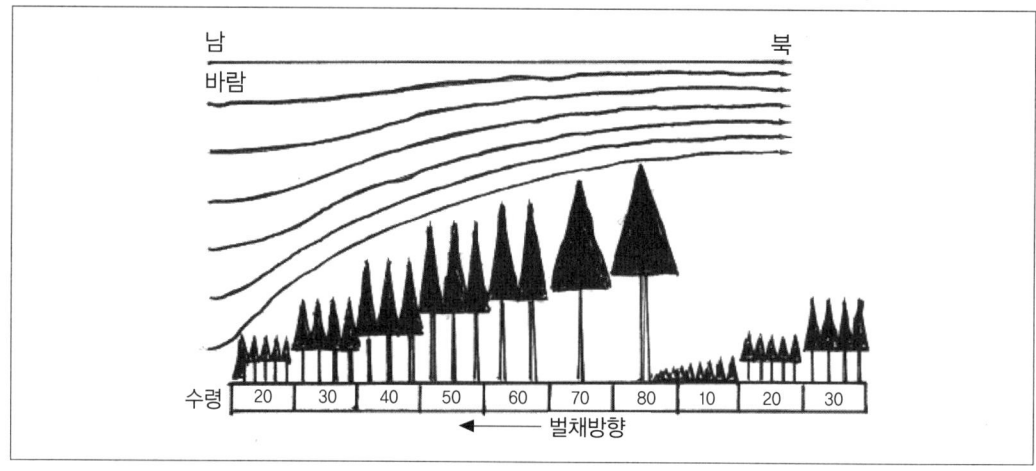

7. 항속림(恒續林, continuous forest)

항속림은 **택벌림에 가까운 것**이다. Möller는 산림은 많은 생물과 비생물이 유기적으로 결합되어 있는 생물사회이고, 그 구성요소가 모두 건전할 때와 서로 잘 조화되어 있을 때 생산성도 높아진다고 하였다. 그래서 수확의 보속을 위해서는 이러한 산림유기체의 항속을 기본으로 해서 경영해야 한다고 하였다.

항속림에는 **정해진 윤벌기가 없고** 갱신에 특별한 고려를 하지 않는다. 항속림에 실시되는 벌채방법은 **간벌, 산벌, 택벌 등 모든 방법이 동원**될 수 있다.

(1) 항속림은 **이령혼효림**이다.

(2) **개벌을 금하고** 해마다 간벌형식의 벌채를 반복한다.

(3) 지력 유지를 위한 임지 피복 등 지표유기물을 보존한다.

(4) **천연갱신을 원칙**으로 한다.

(5) **단목택벌을 원칙**으로 한다.

(6) 벌채목의 선정은 택벌작업의 선정기준에 준한다.

5 이단림 작업

1. 정의

(1) 이단림 작업은 기본적으로 **천연활엽수림의 수직구조를 상층과 하층 2개로 구분하여 시차를 두고 두 차례 수확할 수 있도록 하는 벌채방법**으로, 상층을 벌채하기 전에 이미 하층에 후계목이 자리를 잡고 자라는 것이 특징이다.

(2) 이단림(二段林)이란 지력의 유지를 목적으로 하는데 양수로 된 순림의 수령이 높아짐에 따라 임관이 지나치게 열리고 임지가 악화되므로 이를 막기 위해 적당한 솎아베기를 실시하고 인공조림 또는 천연갱신에 의해 상층부의 나무 아래에 어린나무를 식재하는 방법이다.
  ① 상층부를 구성하는 낙엽송 임분 아래에 내음성을 지닌 전나무 식재
  ② 소나무 임분의 하층부에 천연으로 발생한 동일 수종 또는 활엽수의 자생으로 이단림 만드는 것

(3) 전형적인 이단림의 형태를 변형시켜 지속적인 숲가꾸기작업으로 같은 임지의 수평공간 안에 2개의 영급림 구조가 상층과 하층에 동시에 존재하도록 유도하는 것이 우리나라 천연활엽수림에서 목표하는 이단림의 형태이다.

2. 이단림 작업의 필요성

(1) 30년 후의 갱신 및 목재생산을 미리 고려하고자 하는 임분의 형태이다.

(2) **개벌처럼 일시에 많은 대경재를 생산**한다.

(3) 숲의 토양이 노출되지 않게 함으로써 산림의 경제성과 환경적 기능 향상을 동시에 어느 정도 만족시켜줄 수 있는 방법이다.

3. 이단림 작업의 특성

(1) 상층부와 하층부로 구분되는데, **상층부의 임목은 비교적 충분한 생육공간을 확보할 수 있고 경쟁목이 없기 때문에 비대생장이 임령에 비해 높아 고급 대경재의 생산에 유리**하다.

(2) 이단림은 **개벌의 단점을 보완하는 방법**의 하나로서 나지가 발생하는 것을 방지하기 때문에 **지력 감소를 막고 자연경관림으로서의 가치**를 지닌다.

(3) **이단림의 장점**
  ① 큰 공지(空地)를 만들지 않아 임지 노출의 방지로 임지를 보호한다.
  ② 상목은 수광량이 많아 좋은 성장을 한다.
  ③ **조림비용이 일반 교림작업보다 적게** 든다.
  ④ 각종 **피해에 대한 저항력**이 크다.
  ⑤ **상목으로부터 천연하종갱신이 가능**하다.
  ⑥ 심미적 가치가 높다.

⑷ 이단림의 단점
① 세밀한 조림기술을 쓰지 않으면 상목은 지하고가 낮고 분지성이 조잡해져서 수형이 불량해진다.
② 높은 작업 기술을 요하고, 상목의 벌채량 조절이 어려우며, 작업의 집약성이 요구된다.
③ 상층의 수관이 닫혀 하층목의 발생과 생장이 억제된다.
④ 상목과 하목이 다른 수종일 경우 친화성이 문제가 된다.

⑸ 이단림의 조건
① 직경분포가 상층과 하층으로 뚜렷이 구분된 2개의 정규분포 형태를 유지해야 한다.
② 수고분포는 상층과 하층으로 뚜렷이 2개의 층으로 이루어진 전형적인 이단림의 형태를 반드시 유지할 필요는 없으며, 상층과 하층이 각각 다층을 유지해도 된다. 상층과 하층을 구분하기 위해 중층은 제거하며, **본수는 상층 100~150본/ha, 하층 700~800본/ha 정도로 유지**한다.

4. 이단림의 작업방법

⑴ **선목방법**
① 상·하층으로 나누어지는 분기점의 직경과 각 직경별 제거될 본수를 계산한다.
② 상층에 편입될 본수의 계산에서 폭목과 불량목은 제외하여 벌채대상 임목에 포함시킨다.
③ 하층은 불량목 위주로 제거하며, 제거대상은 공간분포를 고려하여 한 곳에 집중적으로 몰리는 것을 방지한다.
④ 치수발생을 유도하고 잔존 임목의 생장을 증진시킬 수 있는 방향으로 남겨 둘 나무의 공간배치를 고려하여 선목한다.

⑵ **숲가꾸기 방법**
① 상층임분에서 폭목과 불량목을 제거한 후 비교적 양질의 임목을 적어도 100~150본 정도로 확보하여 남겨 둔다.
② 하층부에서는 지나치게 분지되거나 지나치게 형질이 불량한 소·중경급은 제거대상에 포함된다.
③ 숲가꾸기에서 가장 중요한 점은 상층부와 하층부를 분기시켜 주는 직경계에 속하는 소·중경목을 집중적으로 제거하여 2개의 층(복층)이 같은 공간 내에 존재할 수 있도록 유도한다.

5. 작업상 유의점

⑴ 제거목이 한 곳에 치우치지 않도록 전반적인 임분의 구조를 고려하며, 하층임분 구성수종의 내음성 정도와 상층임분의 밀도를 고려한다.
⑵ 상층부는 적절한 본수의 유지가 필요하며, 어린나무를 충분히 확보한다.
⑶ 상층임분에서 제거되는 폭목이나 불량목과 같은 대경목의 벌채시, 하층임분에 치명적인 피해를 줄 가능성도 있으므로 세심한 계획과 고도의 벌채기술을 필요로 한다.

> **복층림**
>
> 1. 장점
>   ① 단위면적당 생산량과 축적량의 증대
>   ② **고가치재 생산**
>   ③ 경영의 안정
>   ④ 조림작업의 생력화 · **노동력의 탄력적 배분이 가능**
>   ⑤ 재해에 대한 저항성 증대
>   ⑥ 지력유지효과
>   ⑦ **수원함양기능의 향상**
>   ⑧ **풍치유지**
> 2. 단점
>   ① 집약적인 작업
>   ② 벌채 및 반출에 수반되는 하층목의 손상
>   ③ 형상비가 커짐.

6 왜림작업

1. 정의 및 장단점

(1) 왜림작업의 정의

① 연료재, 신탄용재, 소경재의 생산을 목적으로 하는 임업경영에 있어서 벌기를 짧게 하고 되도록 용이한 갱신방법이 필요하다.

② 참나무류, 오리나무류, 싸리나무류, 단풍나무류, 물푸레나무류, 서나무류, 아카시아, 자작나무류, 느릅나무류, 너도밤나무 등은 나무를 베어내면 **그루터기에서 맹아(움)가 돋는데, 이것으로 후계림을 만드는 작업**을 왜림작업이라 한다.

(2) 왜림작업의 장점

① 땔감 등 물질 생산이나 **소경목생산**에 알맞은 방법이다.
② **벌기가 짧아** 농가에서도 쉽게 실시할 수 있다.
③ 작업이 간단하고 **갱신에 확실성**이 있다.
④ 여러 가지 **피해에 대한 저항력**이 크다.

(3) 왜림작업의 단점

① 경제성이 적다.
② 지력을 많이 소비하여 척박지에서는 좋은 성과를 거둘 수 없다.

(4) 왜림작업의 벌채방법

① **그루터기의 높이를 가능한 낮게**(지상 10cm 이내) 벌채하여 맹아가 지하부나 지표에서 발생하도록 유도한다.
② 벌채면은 평활하고 약간 기울게 하여 물이 고이지 않도록 한다.
③ 그루터기 주위는 맹아가 잘 발생할 수 있도록 정리한다.
④ 대상지의 면적이 5ha 이상일 경우, 하나의 벌채구역은 5ha 이내로 하고, 벌채구역과 벌채구역 사이에는 폭 20m 이상의 수림대를 남겨둔다.
⑤ 맹아갱신지의 보육까지 완료한다.
⑥ 3년 이내 맹아가 ha당 4,000본 미만(그루터기 기준은 ha당 1200개)일 경우에는 조림 또는 보완조림을 실행한다.

2. 묘목의 종류

(1) 묘목맹아

① **어린 근주에서 나오는 맹아**는 큰 근주에서 나온 맹아와 비슷한 생리학적 또는 해부학적 기원을 가지며, 일반 묘목의 속성도 지니고 있다.
② **근주 직경이 5cm 이하의 어린 것**이라면 묘목맹아로 본다.
③ 어린 근주는 변재부만 가지고 있어서 캘러스 조직에 의한 치유가 쉽고, 전염병의 위험성이 줄어들며, 줄기도 곧게 자란다.
④ 참나무류, 밤나무류, 호두나무류 등이다.

(2) 단면맹아

버드나무류, 느릅나무류, 너도밤나무류에서 볼 수 있는 것으로, **수피부와 목부 사이에서 캘러스 조직에 연유하는 부정아가 형성되어 신장한 것으로 단명으로 이용가치가 낮다.**

(3) 측면맹아

① **근주맹아** 또는 **주맹아**라고 하며, **근주의 측면에서 나는 것**으로 참나무류, 밤나무류, 단풍나무류, 물푸레나무류, 서나무류, 아카시아, 느릅나무류, 버드나무류에서 볼 수 있다.
② 측근이 아닌 근원부 바로 아래에 있는 수직근부에서 나는 맹아는 주맹아로 취급되며, 뿌리목 부근에서 나는 주맹아는 갱신상 가장 중요하다.

(4) 근맹아

① 지표면 가까운 **측근조직에 생기는 부정아에 기원**하는 맹아이다.
② 버드나무, 아카시아, 느릅나무, 사시나무류 등으로, 측근에서 나는 것이므로 넓은 면적에 산재해서 발생한다.
③ 근맹아로 밀도를 조절하는 갱신작업이 가능하다.

3. 왜림작업의 실행

(1) 개별왜림작업의 실행
① 연료재와 소경재 생산을 위해 모든 임목을 개벌하고 근주부부터 맹아를 발생시켜 후계림을 조성하는 방법이다.
② **참나무류의 소경재는 지름 10~20cm 정도가 좋은데, 이를 위해서는 벌기를 10~30년으로 하고 40년은 넘지 않도록** 한다.
③ 우량수종으로 맹아갱신하는 것이 중요하며, 필요에 따라 실생묘의 발생과 생육을 촉진시키는 것도 중요하다.
④ 근주의 맹아력은 벌채 전의 수세가 중요하며, 지름이 큰 나무일수록 개체당 맹아본수도 많고 신장상태도 좋다.
⑤ 늦겨울부터 초봄(3월) 사이에 성장휴지기간 중에 실시하는데, 근주에 양분이 축적되어 있고 수액이 유출할 우려성도 적어 맹아 발생이 향상된다.
⑥ 지표면 가까운 곳에서 맹아가 발생하게 하면 스스로 근계를 형성하고 모근계가 썩은 뒤 건전한 독립목이 된다.
⑦ 벌채의 절단면을 평활하게 하고 약간의 경사를 주어 빗물이 고이지 않도록 한다.
⑧ 맹아는 양성이다.

(2) 개별왜림작업의 맹아정리
① 한 근주로부터 다수의 맹아가 발생하므로 맹아발생 후 3~5년이 지난 뒤 맹아에 저항력이 생기고, 또 맹아간의 우열이 판단될 수 있을 때 주당 2~4본을 남기고 정리한다.
② 졸참나무·밤나무 등 양성수종은 2본 정도, 물참나무는 3~4본, 그리고 산벚나무·때죽나무와 같이 내음성이 있는 수종은 5본 정도 남기는 것이 성장량을 높이며, 주당 잔존 맹아 수는 상황에 따라 판단한다.
③ 맹아정리는 2회에 나누어 실시하는 것이 좋은데, 이때에는 맹아 후 2~3년과 5~6년으로 나누고, 처음에는 주당 5~6본, 다음에는 주당 2~3본 정도를 남기는 것이 좋다.
④ 남겨야 할 맹아는 되도록 근주의 하부에 발생한 것으로 서로 간격을 띄우도록 하며, **V형 연결보다는 U형 연결이 되도록 남긴다.**

(3) 개별왜림작업의 장점
① 작업이 간단하고 갱신도 확실하며 **단벌기 경영에 적합**하다.
② 저비용, 자본 회수가 빠르며, 병충해 등 **환경인자에 대한 저항력**이 크다.
③ **단위면적당 임목의 생산량이 매우 높은데,** 윤벌기가 성장왕성기에 일치하고, 묘목식재로 일정한 밀도를 얻을 때까지의 예비기간이 생략되기 때문이다.
④ **모수의 유전형질을 그대로 유지시키는데 가장 좋은 방법**이다.
⑤ 야생동물의 보호와 관리를 위해 적당하다.

(4) 개벌왜림작업의 단점

① 단위면적당 생육축적이 낮고, 큰 용재를 생산할 수 없다.
② 맹아는 자람이 빠르고, 양분 요구도가 높아 지력이 좋지 않은 임지에서 경영이 어렵다.
③ **맹아 발생 당시 한해(寒害)에 약해서 고지한냉지의 작업으로는 부적당**하다.
④ 지력소모가 심하며, 따라서 그 악화를 초래하는 일이 많다.
⑤ 심미적 가치가 낮고, 임지가 나출되어 표토침식의 우려가 있다.
⑥ 산불발생의 위험성이 교림보다 높다.
⑦ 환경보호 및 생태적 안정이라는 측면에서 불리하다.

(5) 택벌왜림작업

① 왜림의 택벌적 취급에는 두 가지가 있다. 첫째는 회귀년을 윤벌기의 1/3로 하고 대체로 3개의 영계임목을 혼생시켜 다층림을 만드는 것이고, 둘째는 회귀년을 벌기의 1/2로 해서 2개의 영계임목을 혼생시키는 것이다.
② 전자는 후자보다 취급은 복잡하나 택벌의 효과를 위해서는 상·중·하 3층의 임목으로 형성되는 택벌림형이 더 좋으며, 윤벌기는 24~30년, 회귀년은 8~10년으로 한다.
③ 대경목(지름 6~8cm) 이상은 벌채하고, 이용가치가 낮은 소경목은 남기며, 기형목·피압목·상해목 등은 벌채한다.

7 중림작업법(中林作業法)

1. 정의

(1) **교림과 왜림을 동일 임지에 함께 경영하는 작업**으로서 하목으로서의 왜림은 맹아로 갱신되며 일반적으로 연료재와 소경목을 생산하고, 상목으로서의 교림은 일반용재를 생산한다.

(2) **상층목(상목)과 하층목(하목)은 동일 수종인 것이 원칙이지만, 소나무 같은 침엽수종을 교림으로 하고 그 아래에 상수리나무 등 참나무류를 왜림으로 혼생시켜도 중림으로 된다.**

(3) **하목은 비교적 내음성이 강한 수종이 좋고, 상목은 지하고가 높고 수관밀도가 낮은** 밤나무·느릅나무·단풍나무·소나무·해송·일본목련·층층나무·물푸레나무·가래나무·참나무류 등이 알맞다.

(4) 상목에 더 중점을 두기도, 하목에 중점을 두기도 한다.

(5) **하목의 벌기는 대체로 10~20년이며, 상목의 벌기는 하목의 2~4배**이다.

(6) **상목은 ha당 세우는 임목의 수에 차이가 있으나 일반적으로 50~100본의 범위**이다.

(7) 중림작업은 외견상으로 이단림과 비슷하게 보이나 이단림작업은 상층임목을 벌채한 후에 하층임목이 후계목으로서 상층으로 자랄 수 있는 반면, 중림작업은 하층임목의 목적이 향후 상층으로 자랄 후계목이 아니라 왜림으로서 맹아갱신을 하며 소경재를 생산하는 것에 있다. 즉, 중림은 기존의 왜림 위에 이령적인 택벌림을 세운 형태에 가깝다.

2. 왜림을 중림으로 전환시키는 작업과정

(1) 왜림이 윤벌기에 달했을 때 형질이 우수한 것을 상목 후보목으로 남기고 개벌한다.

(2) 벌채 후 맹아는 상목 아래에서 임관층을 구성하면서 자란다.

(3) 두 번째 윤벌기가 오면 다시 상목으로 될 것을 왜림 중에서 선택하여 남기고 왜림은 개벌하는데, 1회 윤벌기 때 남긴 상목의 일부는 벌채될 수 있다.

(4) 왜림에서 맹아가 발생하게 되는데, 이때 임분은 3개의 영급으로 된 임관층을 형성한다. 이러한 작업이 계속 반복되면 하목이 개벌될 때마다 상목의 영급은 하나씩 더 붙어 나간다.

(5) 계획한 중림이 조성되면 가장 높은 영급에 해당하는 상목은 하목과 함께 벌채되어 이용된다. 즉, 상목에 대한 택벌식 벌채와 하목에 대한 개벌이 동시에 진행되는 셈이다. 이때 하위영급의 나무 중 형질이 불량한 것은 함께 벌채한다.

3. 중림작업법의 장점

(1) 임지에 큰 공지를 만드는 일이 없기 때문에 임지의 노출이 방지되어 **임지를 보호**한다.

(2) 상목은 수광량이 많아 좋은 성장을 한다.

(3) 조림비용이 일반 교림작업보다 적게 든다.

(4) **벌채로 잔존임목에 주는 피해가 적다.**

(5) 각종 피해에 대한 저항력이 크다.

(6) **상목으로부터 천연하종갱신이 가능하다.**

(7) 심미적 가치가 높고, 소면적의 임지에서도 연료재 및 소량의 일반용재를 얻을 수 있다.

4. 중림작업법의 단점

(1) 세밀한 조림기술을 쓰지 않으면 상목은 지하고가 낮은 분지성이 조잡해져서 수형이 불량해진다.

(2) 높은 작업 기술을 요하고, 상목의 벌채량 조절이 어려우며, 작업의 집약성이 요구된다.

(3) 상목의 피음(被陰)으로 하목의 맹아발생과 성장이 억제된다.

(4) 지력이 좋아야 하고 광요구량이 커서 생산 환경인자의 퇴화를 가져올 위험성이 있다.

(5) 상목과 하목이 다른 수종일 경우 친화성이 문제가 된다.

8 죽림(竹林)작업법

1. 번식재료

(1) 모죽

지조가 붙어있는 죽간과 지하경을 굴취한 것으로 죽간에는 3절 이상의 가지를 달고 있는데, 지하경의 길이는 40~50cm 정도이다.

(2) 모주(근주)

① 죽간의 길이를 20cm 정도로 해서 가지를 붙이지 않고, 이에 40~60cm의 지하경을 붙인 것이다.
② 죽간을 짧게 하고 가지를 붙이지 않는 것이 모죽과 다른 점이다.

(3) 죽묘

지하경을 굴취해서 포지에 심고 1년간 양성한 묘목으로 이것을 죽림 재료로 쓴다.

(4) 지하경

번식재료로서 지하경을 약 50cm의 길이로 굴취한 것이다.

2. 죽림조성

(1) 지하경의 눈이 나오기 전인 3~4월경에 굴취한다.

(2) 죽묘양성용 지하경은 뿌리를 붙여서 50cm 길이로 끊어 포지에 심는다.

(3) ha당 식재밀도를 맹종죽은 300~500주, 왕대는 500~800주, 솜대는 700~1,000주, 오죽은 2,000~5,000주로 하고, 모죽 근주의 2배 크기의 구덩이를 파고 부숙한 퇴비를 기비로 주며 그 위에 흙을 약간 덮은 다음 지하경을 지표면에 수평되게 배치하고 흙을 덮고 관수를 충분히 한다.

(4) 심는 장소가 경사지일 때에는 지하경을 등고선 방향으로 수평으로 둔다.

3. 벌죽

(1) 죽림의 벌채는 해마다 하거나, 2~4년마다 한 번씩 한다.

(2) 벌죽계절을 보면 맹종죽은 9월, 왕대는 10~11월인데, **일반적으로 가을과 겨울 사이에 실시한다.**

단원 OX 문제

01 인공조림은 일반적으로 동령단순림을 조성하고 있는데, 이러한 숲은 각종 환경인자의 변화에 취약하여 입지의 효율적 이용이 떨어질 수 있다. ( )

02 천연갱신에서도 현지상황에 따라 인공식재를 병행할 수 있다. ( )

03 인공조림은 벌채 후 즉시 어린나무가 자라나는 것은 아니기 때문에 때때로 여러 해가 걸리기도 하고 기술적으로 천연갱신보다 어렵다. ( )

04 개벌작업에 의해 갱신된 숲은 같은 수종(단순일제림)과 같은 나이(동령림)로 이루어진다. ( )

05 모수작업은 개벌작업보다 신생임분의 종적 구성을 더 잘 조절할 수 있다. ( )

06 소벌구는 갱신에 있어서 측방에 있는 성숙임분의 영향이 그 벌구 상에 미칠 수 있도록 소면적으로 구획한 것이다. ( )

07 인공조림은 채종원이나 채종림에서 생산된 우량종자를 적극적으로 도입하여 원래의 숲에 없었던 수종과 품종으로 숲을 키울 수 있으므로 조림할 수종과 종자 선택의 폭이 넓다. ( )

08 모수작업시 모수로 남겨야 할 임목은 전 임목에 대하여 본수로는 2~3%, 재적으로는 약 10%이다. ( )

09 천연갱신은 조림면적이 넓은 경우가 많아서 파종이나 식재하기 전에 햇빛과 바람으로 토양이 건조해지고, 토양생태계를 교란시켜 토질을 떨어뜨리며, 강우로 표토가 유실되는 등 환경이 악화되기 쉽다. ( )

10 왜림은 임목이 주로 종자로 양성된 묘목으로 성립된 것으로 높은 수고를 가지며 성숙해서 열매를 맺는다. ( )

11 상방천연하종은 참나무류의 열매처럼 성숙한 뒤 중력에 의해 수직방향으로 아래로 떨어져 그것이 후에 발아해서 묘목으로 되는 것이다. ( )

12 군상개벌천연하종갱신은 임분 내 곳곳에 군상의 개벌면(0.03~0.1ha)을 만들고 그 둘레에 있는 모수부터 측방천연하종에 의하여 치수를 발생시키며 군상지를 점차 바깥쪽으로 확장시켜 나간다. ( )

13 대면적개벌천연하종갱신은 벌채·운반 등의 작업이 집중되기 때문에 비용이 절약되고, 치수에 손상을 입히는 일이 적다. ( )

14 산벌작업시 예비벌은 수관과 수관 사이의 거리가 1~1.5m를 넘으면 안되며, 임목재적으로 40~50%가 제거될 수 있다. ( )

15 교호대상개벌법은 하나의 임분을 3조의 대로 나누고 성숙목으로부터 측방천연하종이 되도록 갱신한다. ( )

16 대면적개벌천연하종갱신은 개벌로 인해 지피식생이 파괴되고 벌채지의 미세기상이 변화해서 이것이 장기간 계속될 때 이러한 입지조건의 변화가 갱신을 불리하게 할 수 있다. ( )

17 택벌작업은 숲이 단조롭고 아름답지 못하다. ( )

18 산벌작업의 특색은 후갱작업이라는 것이다. ( )

19 모수작업은 모수가 신임분의 상층을 구성하는 점을 제외하고는 이령림이 조성된다. ( )

20 보잔목법에서 잔존본수는 ha당 평균 100~150본이다. ( )

21 대상산벌작업의 경우 띠의 너비는 일정하지 않지만 보통 20~50m(상층목 평균수고의 1~3배)로 하는 것이 일반적이다. ( )

22 대상초벌(획벌)법은 산악림의 갱신에 부적당하며, 복합법이라는 명칭이 있다. ( )

23 택벌은 일시의 벌채량이 적지만 경제적 임업경영을 하기에 만족스럽다. ( )

24 왜림작업시 그루터기의 높이를 가능한 낮게(지상 10cm 이내) 벌채하여 맹아가 지하부 또는 지표 근처에서 발생하도록 유도한다. ( )

25 후벌은 양수수종일 경우 단 한 번의 벌채로 목적이 달성될 수도 있지만, 집약적 작업에 있어서는 몇 번에 나누어 실시되고 이때 가장 최후에 실시되는 후벌을 종벌 또는 전벌이라 한다. ( )

26 산벌작업은 다른 벌채작업과 마찬가지로 우리나라에서 실시한 경험이 부족하기 때문에 아직 그 실행에 많은 어려움이 있으나, 천연림 간벌과 유사한 작업이 적용되므로 충분히 어려움을 극복할 수 있을 것으로 기대되는 작업이다. ( )

27 하종벌은 결실량이 많은 해를 택하여 일부 임목을 벌채하여 하종을 돕는 것으로 1회의 벌채로 그 목적을 달성하는 것이 바람직하다. ( )

28 Wagner의 대상산벌(대상택벌)천연하종 갱신은 택벌의 장점을 살피면서 산벌을 하고 택벌의 어려움과 대면적산벌의 단점을 제거한 갱신법이라 할 수 있다. ( )

29 이단림은 30년 후의 갱신 및 목재생산을 미리 고려하고자 하는 임분의 형태이다. ( )

30 택벌작업은 숲에서 성숙한 나무만을 일부 선택하여 베어 내고 그곳의 갱신이 소규모로 이루어지게 하는 작업이다. ( )

31 왜림작업은 땔감 등 물질 생산이나 대경목을 생산하고자 할 때 알맞은 방법이다. ( )

32 근맹아는 버드나무·아카시아·느릅나무·사시나무류에서 흔히 볼 수 있으며, 이것은 측근에서 나는 것이므로 넓은 면적에 산재해서 발생한다. ( )

33 왜림작업시 맹아를 정리할 때 U형 연결보다는 V형 연결이 되도록 남긴다. ( )

34 택벌작업시 임지가 항상 나무로 덮여 있어 임지와 어린나무가 보호를 받으며 겉흙이 유실되지 않는다. ( )

35 산벌작업은 성숙한 임목의 보호 하에서 이령림이 갱신될 수 있는 유일한 갱신법이다. ( )

36 설형산벌천연하종갱신법은 모수의 보호효과가 크고 갱신이 안전하며 음수와 양수를 혼교시키는 일제림의 조성에 알맞다. ( )

37 중림작업시 하목의 벌기는 대체로 30~40년이며, 상목의 벌기는 하목의 2~4배이다. ( )

38 대경급 : 중경급 : 소경급의 재적비율은 2 : 3 : 5가 택벌림의 이상적 구조이나, 어느 정도의 유연성은 있을 수 있다. ( )

39 이단림작업은 기본적으로 천연활엽수림의 수직구조를 상층과 하층 2개로 구분하여 시차를 두고 두 차례 수확할 수 있도록 하는 벌채방법이다. ( )

40 택벌작업은 설정된 갱신기간이 없기 때문에 숲에서 크고 작은 여러 나무들이 다양한 연령으로 서로 뒤섞여 자란다. ( )

41 이단림은 세밀한 조림기술을 쓰지 않으면 상목은 지하고가 낮고 분지성이 조잡해져서 수형이 불량해진다. ( )

42 개벌왜림작업은 지력소모가 심하며, 따라서 그 악화를 초래하는 일이 많다. ( )

43 묘목맹아는 버드나무류·느릅나무류·너도밤나무류에서 볼 수 있는 것으로, 수피부와 목부 사이에서 캘러스조직에 연유하는 부정아가 형성되어 신장한 것이다. ( )

44 개벌왜림작업은 늦겨울부터 초봄(3월) 사이에 성장휴지기간 중에 실시하는 것이 좋다. ( )

45 중림작업은 임지에 큰 공지를 만드는 일이 없기 때문에 임지의 노출이 방지되어 임지를 보호한다. ( )

46 죽림의 벌채는 해마다 하는 것이나 2~4년마다 한 번씩 하는 일도 있다. ( )

47 연료림의 택벌률은 재적으로 70~80%가 보통이고, 70% 정도이면 맹아갱신이 잘 될 수 있으며, 80% 이상의 강한 택벌은 피하는 것이 좋다. (   )

48 개벌왜림작업은 단위면적당 유기물질의 연평균생산량이 최저치에 달한다. (   )

Answer

01 ○	02 ○	03 ×	04 ○	05 ○	06 ○	07 ○	08 ○	09 ×	10 ×
11 ○	12 ○	13 ○	14 ×	15 ×	16 ○	17 ×	18 ○	19 ×	20 ×
21 ○	22 ×	23 ×	24 ○	25 ○	26 ○	27 ○	28 ○	29 ×	30 ○
31 ×	32 ○	33 ×	34 ○	35 ×	36 ○	37 ×	38 ×	39 ○	40 ○
41 ○	42 ○	43 ×	44 ○	45 ○	46 ○	47 ○	48 ×		

PART 10 단원 기출문제

01 주로 소경재 생산을 목적으로 실시하며 맹아발생력이 강한 수종에 적합한 갱신방법으로 가장 옳은 것은?
2022. 서울시
① 택벌작업법
② 중림작업법
③ 왜림작업법
④ 개벌작업법

02 산림작업종에 대한 설명으로 옳지 않은 것은?
2020. 국가직
① 보잔목작업은 모수림작업의 본수보다 적은 모수를 남기고 소경재 생산을 목표로 한다.
② 택벌작업이 실시된 임분은 임지의 유기물이 항상 습윤한 상태로 있어서 산불의 발생 가능성이 낮다.
③ 개벌작업은 성숙한 임분에서 다른 수종으로 바꾸고자 할 때 가장 간단한 방법이다.
④ 이단림작업은 상층목에서 천연하종갱신이 가능하나 상층목에 대한 벌채량 조절이 어렵다.

03 모수림작업에 대한 설명으로 옳지 않은 것은?
2023. 지방직
① 종자의 결실량과 비산력이 있는 수종이어야 한다.
② 벌채목의 반출비용이 적게 든다.
③ 갱신수종의 조절이 자유롭다.
④ 하층의 어린나무 생장에 유리하다.

04 천연갱신에 대한 설명으로 옳은 것은?
2021. 7급
① 천연갱신은 인공조림에 비하여 실행하기가 쉽고 빠르게 성림시킬 수 있다.
② 천연갱신은 채종원이나 채종림에서 생산된 우량 종자를 적극적으로 도입할 수 있다.
③ 측방천연하종갱신은 참나무류처럼 중력에 의하여 산포된 종자가 발아해서 후계림이 되는 것이다.
④ 울폐된 임분을 상방천연하종으로 갱신하기 위해서는 임관을 소개해서 임상에 광선이 도달하도록 하여야 한다.

05. 모수림작업에 대한 설명으로 옳은 것은? (2019. 지방직)

① 후계림의 생장손실은 모수의 수확으로 보상받을 수 있다.
② 개벌작업처럼 벌채작업 후 반출비용이 많이 든다.
③ 모수는 음수 수종을 선정하는 것이 바람직하다.
④ 보잔목법은 대경재 생산을 위해 모수림 작업의 본수보다 모수를 적게 남긴다.

정답 및 해설   01 ③   02 ①   03 ④   04 ④   05 ①

01 🌱 왜림작업

① 연료재, 신탄용재, 소경재의 생산을 목적으로 하는 임업경영에 있어서 벌기를 짧게 하고 되도록 용이한 갱신방법을 적용할 것이 요구된다.
② 참나무류·오리나무류·싸리나무류·단풍나무류·물푸레나무류·서나무류·아카시아·자작나무류·느릅나무류·너도밤나무 등은 나무를 베어내면 그루터기에서 맹아(움)가 돋는다. 이것으로 후계림을 만드는 작업을 왜림작업이라 한다.

02 🌱 보잔목법

① 보잔목법은 모수림작업과 산벌의 중간형태이다.
② 보잔목법은 모수림작업의 본수보다 더 많은 모수를 남기고, 이들의 수광생장을 촉진시켜 다음 벌기에 대경재를 생산하면서 동시에 천연갱신을 통해 후계림을 조성한다.
③ 보잔목법에서 잔존본수는 ha당 평균 50~75본으로 모수림작업의 20~25본보다 2~3배 정도 많이 남긴다.
④ 각 나무 사이의 거리는 9~12m 정도 떨어지도록 공간적으로 배치한다.

03 🌱 모수작업의 단점

① 전임지가 노출되므로 종자발아와 치묘발육에 불리하다.
② 토양침식과 유실이 우려된다.
③ 임지에 잡초와 관목이 나타나서 갱신에 지장을 주는 일이 많다.
④ 모수가 벌채 이전에 고사하는 일이 있는데, 그 손실이 적지 않다.
⑤ 풍도의 해가 우려될 수 있다.
⑥ 종자의 결실량과 비산능력을 갖춘 수종이어야 한다.
⑦ 과숙임분에는 적용하기 어렵다. 모수로 잔존시키기에는 안전성이 없을 때가 있기 때문이다.
⑧ 풍치적 가치로 보아 개벌작업보다는 낫지만 그다지 좋지 못하다.

04 ① 인공조림은 천연갱신에 비하여 쉽고 빠르게 숲을 만들고 키울 수 있다.
② 인공조림은 채종원이나 채종림에서 생산된 우량종자를 적극적으로 도입하여 원래의 숲에 없었던 수종과 품종으로 숲을 키울 수 있으므로 조림할 수종과 종자 선택의 폭이 넓다.
③ 측방천연하종갱신은 소나무류처럼 가벼운 종자가 성숙한 후 바람에 날려서 입목의 측방으로 떨어져 갱신되는 것이다.

05 ② 모수작업은 벌채가 집중되어 경비가 절약된다.
③ 모수는 양수 수종을 선정해야 한다.
④ 보잔목법은 모수림작업의 본수보다 더 많은 모수를 남기고, 이들의 수광생장을 촉진시켜 다음 벌기에 대경재를 생산하면서 동시에 천연갱신을 통해 후계림을 조성한다.

06 천연갱신에 대한 설명으로 옳지 않은 것은? (단, 개별작업법은 제외한다.) 2020. 지방직

① 수종선정의 오류로 인한 조림 실패 가능성이 적다.
② 수종이 혼효하기 때문에 지력 유지에 불리하다.
③ 인공단순림보다 각종 위해에 대한 저항성이 크다.
④ 치수는 모수의 보호를 받아 안정된 생육환경에 놓인다.

07 모수작업법에서 모수의 조건으로 옳은 것만을 모두 고르면? 2021. 국가직

> ㄱ. 소나무와 같은 양수가 적합하다.
> ㄴ. 천근성보다는 심근성 수종이 적합하다.
> ㄷ. 맹아 발생력이 우수한 수종이어야 한다.
> ㄹ. 이가화(자웅이주) 수종은 모수가 될 수 없다.

① ㄱ, ㄴ
② ㄱ, ㄹ
③ ㄱ, ㄴ, ㄷ
④ ㄴ, ㄷ, ㄹ

08 중림작업에 대한 설명으로 옳지 않은 것은? 2020. 7급

① 왜림을 바탕으로 상층목을 키워 하층목과 함께 임분을 관리한다.
② 하층목의 벌기는 10~20년이며 왜림작업을 시행한다.
③ 상층목의 벌기는 하층목 벌기의 2~4배로 한다.
④ 상층목의 임분 밀도는 300~500본/ha로 한다.

09 택벌림 조성을 위한 조건에 대한 설명으로 옳지 않은 것은? 2021. 국가직

① 음수와 반음수 수종을 위주로 하여 다층으로 구성해야 한다.
② 크고 작은 나무들이 혼재되어 있어 보속적 수확이 가능하다.
③ 이상적인 택벌림의 소경급 : 중경급 : 대경급 본수비율은 2 : 3 : 5이다.
④ 이령림 특유의 지수감수형 분포(역J자형 분포)를 유지해야 한다.

10 왜림작업에 대한 설명으로 옳은 것은? 2018. 7급

① 모수의 유전형질을 유지하기에 유리한 방법으로 작업이 간단하고 단벌기생산에 적합하다.
② 상수리나무의 경우 맹아발생력이 약하고 생장이 저조하기 때문에 왜림작업을 적용하기에 부적합하다.
③ 교림작업보다 맹아지로 갱신된 임목의 수간이 통직하고 목재 가치도 우수하며, 단위면적당 축적이 높다.
④ 벌채 시 그루터기의 높이를 비교적 높게 하여 수간과 주변 맹아지를 함께 이용한다.

정답 및 해설   06 ②   07 ①   08 ④   09 ③   10 ①

06 🌱 천연갱신

① 천연갱신에서는 원래 있던 나무들에서 종자가 충분히 공급되도록 해야 한다. 그리고 종자를 공급한 나무들은 갱신발달의 초기단계에서 벌채해야 한다. 이때 임지의 지표상태가 종자착상에 적합해야 하므로 갱신에 알맞은 벌채와 임상처리를 실시한다. 이를 위해서는 지속적으로 벌채할 수 있는 경영기반이 필요하다.
② 천연갱신은 벌채 후 즉시 어린나무가 자라나는 것은 아니기 때문에 때때로 여러 해가 걸리기도 하고 기술적으로 인공조림보다 어렵다.
③ 천연갱신은 그곳에 자라던 임목이 이미 오랜 시간 동안 그 환경에 적응된 것이기 때문에 조림실패의 위험이 적다고 할 수 있다.
④ 천연갱신은 임목의 생육환경을 잘 보호하고 유지할 수 있으며, 특히 임지악화를 줄이고, 야생동물과 각종 생태계 구성원의 보호에 더 유리하다.
⑤ 좋은 형질의 유전자를 가진 개체로부터 종자가 공급된다는 보장이 없고, 우리가 원하는 수종으로 갱신하는 데도 많은 어려움이 따른다.
⑥ 천연갱신에서도 현지상황에 따라 인공식재를 병행할 수 있다.

07 🌱 모수의 선발요건

① 양수
② 심근성
③ 두꺼운 수피
④ 평균 이상의 생장조건
⑤ 생육입지 요구도가 낮은 수종
⑥ 은행나무와 사시나무류처럼 나무가 암수의 구별이 있는 것은 암수를 함께 남겨야 한다.

08 ④ 상목은 ha당 세우는 임목의 수에 차이가 있으나 일반적으로 50~100본의 범위 안에 있다.

09 🌱 택벌림의 조건

① 경급별 본수 : 이상적인 택벌림은 소경급 : 중경급 : 대경급의 본수비율이 7 : 2 : 1이다. 물론, 이 비율에 어느 정도의 유연성은 있을 수 있다.
② 경급별 재적 : 소경급 : 중경급 : 대경급의 재적비율은 2 : 3 : 5가 택벌림의 이상적 구조이나, 역시 어느 정도의 유연성은 있을 수 있다.

10 ① 개벌왜림작업은 작업이 간단하고 갱신도 확실하며 단벌기경영에 적합하다. 또한 모수의 유전형질을 그대로 유지시키는데 가장 좋은 방법이다.
② 상수리나무는 맹아발생력이 강하기 때문에 왜림작업을 적용하기에 적합하다.
③ 교림작업으로 갱신된 임목의 수간이 통직하고 목재 가치도 우수하며, 단위면적당 축적이 높다.
④ 벌채 시 그루터기의 높이를 낮게 하는 것이 좋다.

11. 다음 그림에서 맹아갱신을 위해 벌채된 그루터기의 모습으로 비교적 양호한 것으로만 묶은 것은?
2017. 지방직

① ㄱ, ㄷ
③ ㄴ, ㄷ
② ㄷ, ㄹ
④ ㄴ, ㄹ

12. 신갈나무림의 맹아갱신에 대한 설명으로 옳지 않은 것은?
2017. 지방직
① 벌근고가 높을수록 지면에서 맹아가 잘 나오며 갱신근이 발생되어 수형이 곧게 자란다.
② 20~30년생 신갈나무를 벌채하면 맹아발생률이 보통 60% 이상으로 비교적 높다.
③ 현재 우리나라의 신갈나무림은 대부분 한번 이상 맹아갱신된 이차림이다.
④ 맹아지 갱신은 심재부후가 발생할 위험성이 높아 대경재로 유도하는 데 적합하지 않다.

13. 중림작업에 대한 설명으로 옳지 않은 것은?
2019. 7급
① 교림과 왜림을 동일 임지에 세워서 경영하는 작업법이다.
② 무기영양분에 대한 요구량이 적으므로 임지보육에 적합한 작업법이다.
③ 세밀한 조림 기술을 쓰지 않으면 상층목의 수형이 불량해지기 쉬운 작업법이다.
④ 왜림이 윤벌기에 도달했을 때 형질이 우수한 것을 상층목으로 남기고 벌채하는 작업법이다.

14. 숲의 갱신방법 중 왜림작업에 대한 설명으로 옳지 않은 것은?
2017. 국가직
① 토양이 비옥하고 지리적 조건이 좋은 임분에 적합하다.
② 모수의 유전형질을 유지하는 데 좋은 방법이다.
③ 단위면적당 연평균 유기물의 생산량이 적어서 지력이 증대된다.
④ 새로운 맹아는 늦가을까지 생장하여 냉해의 위험성이 높다.

15 택벌작업에 대한 설명으로 옳은 것은?   2013. 국가직

① 택벌림은 임관이 항상 울폐한 상태에 있으므로 임지와 어린 나무가 보호를 받을 수 있다.
② 이령림이라면 어떤 숲이라도 모두 택벌림으로 경영할 수 있다.
③ 단목택벌은 양수 수종에 적용하며, 어린나무 숲 틈을 이용하여 후계수로 자리잡기에 유용하다.
④ 벌채작업 시 상층부에 정해진 목표직경을 초과하는 임목을 수량에 관계없이 일시에 제거한다.

16 개벌에 대한 설명으로 옳지 않은 것은?   2018. 국가직

① 대상개벌작업은 숲을 띠모양으로 나누고, 순차적으로 벌채하여 갱신하는 방법이다.
② 대상개벌작업은 모든 숲이 이령림이 되도록 유도한다.
③ 군상개벌작업은 임지의 지형 변이가 심하거나 좁은 면적 내에서 입지 차이가 큰 경우에 적용한다.
④ 군상개벌작업은 숲 틈이나 치수가 많이 자라고 있는 곳을 먼저 하는 것이 유리하다.

정답 및 해설
11 ④   12 ①   13 ②   14 ③   15 ①   16 ②

11 🌱 왜림작업의 벌채방법
① 그루터기의 높이를 가능한 낮게(지상 10cm 이내) 벌채하여 맹아가 지하부 또는 지표 근처에서 발생하도록 유도한다.
② 벌채면은 평활하고 약간 기울게 하여 물이 고이지 않도록 한다.

12 ① 벌근고(그루터기 높이)가 낮을수록 지면에서 맹아가 잘 나온다. 맹아갱신은 왜림작업이며, 왜림작업은 그루터기의 높이를 가능한 낮게 벌채하는 것이 좋다.

13 🌱 중림작업법의 단점
① 세밀한 조림기술을 쓰지 않으면 상목은 지하고가 낮고 분지성이 조잡해져서 수형이 불량해진다.
② 높은 작업 기술을 요하고 상목의 벌채량 조절이 어려우며 작업의 집약성이 요구된다.
③ 상목의 피음으로 하목의 맹아발생과 성장이 억제된다.
④ 지력이 좋아야 하고 광요구량이 커서 생산환경인자의 퇴화를 가져올 위험성이 있다.
⑤ 상목과 하목이 다른 수종일 경우 친화성이 문제가 된다.

14 ③ 개벌왜림작업은 단위면적당 유기물질의 연평균생산량이 최고치에 달한다. 이것은 윤벌기가 성장왕성기에 일치하고, 또 묘목을 식재해서 일정한 밀도를 얻을 때까지의 예비기간이 생략되기 때문이다. 그리고 개벌왜림작업은 지력소모가 심하며, 따라서 그 악화를 초래하는 일이 많다.

15 ① 택벌의 장점으로 임지가 항상 나무로 덮여 있어 보호를 받으며 겉흙이 유실되지 않는다.
② 균형상태의 택벌림은 단위면적당 적어도 $300m^3/ha$의 재적을 가져야 한다. 그러나 생장상태가 양호하다면 임분재적이 $300m^3/ha$ 이하라도 택벌림으로 경영이 가능하다.
③ 벌림은 음수 수종에 적합하다.
④ 이상적인 택벌림은 소경급 : 중경급 : 대경급의 본수비율이 7 : 2 : 10이다. 물론, 이 비율에 어느 정도의 유연성이 있을 수 있다.

16 ② 개벌작업은 동령림이 형성된다.

17 산벌작업에 대한 설명으로 옳은 것은? 2019. 국가직

① 동령림 갱신에 알맞은 방법이다.
② 예비벌은 최대한 결실량이 많은 해를 택하여 실시한다.
③ 극양수의 수종갱신에 유리하다.
④ 성숙한 임목의 보호 아래에서 갱신되므로 작업 중 갱신치수의 손상이 없다.

18 항속림작업과 관련된 설명으로 옳지 않은 것은? 2019. 국가직

① 모든 산림의 생태적 건전성을 유지하기 위해 보육적 벌채를 매년 실시한다.
② 항속림은 산벌림과 비슷할 수 있으며, 동령혼효림이다.
③ 항속림에는 정해진 윤벌기가 없고 갱신에 특별한 고려를 하지 않는다.
④ 벌채방법은 간벌, 산벌, 택벌 등 모든 방법이 동원될 수 있다.

19 산벌작업에 대한 설명으로 옳은 것은? 2017. 지방직

① 우리나라 천연림보육을 위해 개발되어 많은 경험이 축적된 대표적인 벌채작업이다.
② 갱신준비 벌채인 하종벌로 임관을 열어 천연갱신에 적합한 임지상태를 만든다.
③ 윤벌기 이전에 갱신이 완료되는 전갱작업이며, 갱신기간은 약 30년 정도이다.
④ 대상산벌작업의 경우 띠의 너비는 일정하지 않지만 20~50m로 하는 것이 일반적이다.

20 산벌작업의 작업 순서로 옳은 것은? 2016. 서울시

① 예비벌 → 택벌 → 개벌
② 예비벌 → 하종벌 → 후벌
③ 예비벌 → 하종벌 → 개벌
④ 예비벌 → 중벌 → 종벌

21 천연갱신에 대한 설명으로 옳지 않은 것은? 2016. 국가직

① 임지의 기후와 토질에 적합한 수종이 생육하게 되므로, 인공단순림에 비하여 각종 피해에 대한 저항력이 크다.
② 인공조림에 비하여 소요비용이 절감될 수 있다.
③ 인공갱신에서 발생할 수 있는 임지의 퇴화를 막을 수 있다.
④ 주로 대면적으로 실행되기 때문에 보완조림을 통한 임분조성이 필요 없다.

22 산벌작업에 대한 설명으로 잘못된 것은? 2014. 서울시

① 일반적으로 예비벌, 하종벌, 후벌로 나뉘어서 이루어지는 작업이다.
② 짧은 기간에 몇 차례에 걸쳐 전생치수에 의한 이령림을 조성하는 방법이다.
③ 임분 상층의 모수가 종자를 공급한다는 전제에서 벌채가 이루어지는 것이다.
④ 빛의 차단 효과가 있어서 치수들은 부분적으로 해가림 처리를 받는다.
⑤ 내음성 수종의 경우에 유리한 갱신방법이다.

정답 및 해설   17 ①   18 ②   19 ④   20 ②   21 ④   22 ②

17 ① 산벌작업은 성숙한 임목의 보호 하에서 동령림이 갱신될 수 있는 유일한 갱신법이며, 동령교림을 만드는 작업법으로는 개벌작업과 모수작업에 비해 갱신이 더 안전하고 확실하다.

18 🌱 **항속림**

> 항속림이란 택벌림에 가까운 것으로 이것을 주장한 사람은 Moller이다. 그는 산림은 많은 생물과 비생물이 유기적으로 결합되어 있는 생물사회이고, 그 구성요소가 모두 건전할 때와 서로 잘 조화되어 있을 때 생산성도 높아진다고 하였다. 그래서 수확의 보속을 위해서는 이러한 산림유기체의 항속을 기본으로 해서 경영해야 한다고 하였다. 항속림에는 정해진 윤벌기가 없고 갱신에 특별한 고려를 하지 않는다. 항속림에 실시되는 벌채방법은 간벌, 산벌, 택벌 등 모든 방법이 동원될 수 있다.
> ① 항속림은 이령혼효림이다.
> ② 개벌을 금하고 해마다 간벌형식의 벌채를 반복한다.
> ③ 지력을 유지하기 위해 지표유기물을 잘 보존한다(임지 피복).
> ④ 천연갱신을 원칙으로 한다.
> ⑤ 단목택벌을 원칙으로 한다.
> ⑥ 벌채목의 선정은 택벌작업의 선정기준에 준한다.

19 ④ 대상산벌천연하종갱신의 대의 폭은 수종의 양광요구도・풍해 등을 고려하여 결정해야 하나 수고의 2~3배 이내(20~50m 가량)로 하는 것이 대상의 환경조성, 측방임분으로부터의 피음효과를 유효하게 하는데 도움이 된다.

20 🌱 **산벌작업의 작업 순서**

> ① 예비벌: 밀립상태에 있는 성숙임분에 대한 갱신 준비의 벌채인데, 임관을 열어 천연갱신에 적합한 임지상태를 만든다. 1회 또는 여러 번 벌채하기도 한다.
> ② 하종벌: 결실량이 많은 해를 택하여 일부 임목을 벌채하여 하종을 돕는 것으로 1회의 벌채로 그 목적을 달성하는 것이 바람직하다. 예비벌 이전의 임분재적의 25~75% 범위로 실시하며, 후벌을 할 때 치수의 손상이 적도록 되도록 많은 벌채가 바람직하다.
> ③ 후벌: 새 임분을 덮고 있는 성숙임목을 점차적으로 벌채해서 그들의 보호로부터 벗어나게 하는 작업이다.

21 ④ 천연갱신에서도 현지 상황에 따라 인공식재를 병행할 수 있다.

22 ② 산벌작업은 윤벌기에 비하여 비교적 짧은 갱신기간 중에 몇 차례에 걸친 벌채로 갱신면 상에 있는 임목을 완전히 제거하는 작업이다. 또한 성숙한 임목의 보호 하에서 동령림이 갱신될 수 있는 유일한 갱신법이다.

23 모수작업 갱신법에 대한 설명으로 옳지 않은 것은? 2016. 국가직

① 벌채가 집중되므로 경비가 절약된다.
② 임지를 정비해 줌으로써 노출된 임지에서 갱신이 이루어질 수 있다.
③ 모수는 결실량과 비산능력을 갖춘 수종이 적합하다.
④ 모수가 임지를 보호하여 토양침식과 유실을 방지한다.

24 택벌천연하종으로 갱신된 균형적 이령임분의 흉고직경과 입목본수[ha당] 분포를 옳게 나타낸 것은? 2017. 7급

①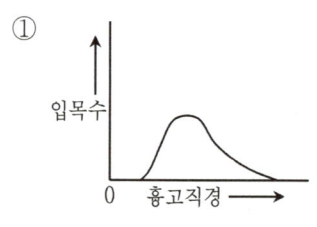
②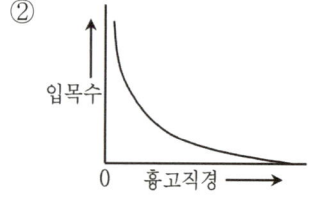
③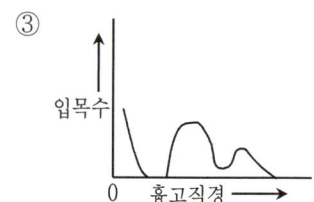
④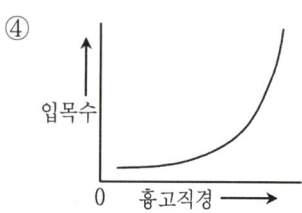

25 왜림작업법에 대한 설명으로 옳지 않은 것은? 2016. 서울시

① 참나무류, 오리나무류, 소나무류에 적용할 수 있다.
② 소경재 생산을 목적으로 벌기를 짧게 할 수 있는 작업방법이다.
③ 단면맹아는 수피부와 목부 사이에서 캘러스조직에 연유하는 부정아가 형성되어 신장한 것이다.
④ 측면맹아는 근주의 측면에서 발생하는 것이다.

26 중림작업법에 관한 설명으로 옳지 않은 것은? 2015. 서울시

① 하목의 벌기는 대체로 10~20년이고 상목의 벌기는 하목의 2~4배로 한다.
② 벌채로 잔존임목에 주는 피해가 크다.
③ 세밀한 조림기술을 쓰지 않으면 상목은 지하고가 낮고 수형이 불량해진다.
④ 소면적의 임지에서도 연료재 및 소량의 일반용재가 얻어질 수 있다.

27 산림작업종에 대한 설명으로 옳지 않은 것은? 　　2017. 7급

① 토양의 이화학적 성질과 지력이 악화되기 쉬운 갱신방법은 대면적개벌작업이다.
② 모수의 유전형질을 유지하기에 가장 좋은 갱신방법은 모수작업이다.
③ 소면적 임지에서 보속생산을 유지하는 데 가장 알맞은 갱신방법은 택벌작업이다.
④ 정해진 윤벌기가 없고 갱신에 특별한 고려를 하지 않는 것이 향속림작업이다.

정답 및 해설　23 ④　24 ②　25 ①　26 ②　27 ②

23 ④ 모수작업은 전임지가 노출되므로 종자발아와 치묘발육에 불리하고, 토양침식과 유실이 우려된다.

24 ② 택벌림의 조건 중 직경분포는 이령림 특유의 지수감소형 분포(역J자형분포)를 유지해야 한다.

25 🌱 왜림작업

> ① 연료재, 신탄용재, 소경재의 생산을 목적으로 하는 임업경영에 있어서 벌기를 짧게 하고 되도록 용이한 갱신방법을 적용할 것이 요구된다.
> ② 참나무류·오리나무류·싸리나무류·단풍나무류·물푸레나무류·서나무류·아카시아·자작나무류·느릅나무류·너도밤나무 등은 나무를 베어내면 그루터기에서 맹아(움)가 돋는다. 이것으로 후계림을 만드는 작업을 왜림작업이라 한다.

26 🌱 중림작업법

> ① 중림작업법의 장점
> • 임지에 큰 공지를 만드는 일이 없기 때문에 임지의 노출이 방지되어 임지를 보호한다.
> • 상목은 수광량이 많아 좋은 성장을 한다.
> • 조림비용이 일반 교림작업보다 적게 든다.
> • 벌채로 잔존임목에 주는 피해가 적다.
> • 각종 피해에 대한 저항력이 크다.
> • 상목으로부터 천연하종갱신이 가능하다.
> • 심미적 가치가 높다.
> • 소면적의 임지에서도 연료재 및 소량의 일반용재를 얻을 수 있다.
> ② 중림작업법의 단점
> • 세밀한 조림기술을 쓰지 않으면 상목은 지하고가 낮고 분지성이 조잡해져서 수형이 불량해진다.
> • 높은 작업 기술을 요하고 상목의 벌채량 조절이 어려우며 작업의 집약성이 요구된다.
> • 상목의 피음으로 하목의 맹아발생과 성장이 억제된다.
> • 지력이 좋아야 하고 광요구량이 커서 생산환경인자의 퇴화를 가져올 위험성이 있다.
> • 상목과 하목이 다른 수종일 경우 친화성이 문제가 된다.

27 ② 모수의 유전형질을 그대로 유지시키는데 가장 좋은 방법은 개벌왜림작업이다.

28 산벌작업에 대한 설명으로 옳지 않은 것은? 2016. 7급
① 짧은 기간 내 몇 차례에 걸쳐 임분을 벌채하여 이령림을 조성한다.
② 일반적으로 예비벌 → 하종벌 → 후벌 → 종벌의 순서로 진행한다.
③ 하종벌은 양수수종의 갱신보다는 음수수종에 초점을 맞춘 방법이다.
④ 후벌은 후계목이 하층에서 자라나면 성숙목을 점차적으로 제거하는 작업이다.

29 산불 후 숲을 복원할 때 인공복원에 대한 설명으로 옳은 것은? 2016. 국가직
① 기존의 산림과 다른 수종의 도입이 어렵고, 임분구성 및 유전형질 조절이 어렵다.
② 목재생산을 목표로 하는 경제림 조성을 할 수 없다.
③ 복원비용과 노동력이 많이 소요되지만, 복원기간은 비교적 짧다.
④ 강한 수관화로 전소된 소나무림과 낙엽송림에는 인공복원을 적용하지 않는다.

30 택벌에 대한 설명으로 옳은 것은? 2016. 지방직
① 택벌림은 임지의 유기물이 습윤한 상태로 있어서 산불 발생 가능성이 낮으나 병충해 가능성은 높다.
② 단목택벌은 큰 나무를 베고 어린나무가 자랄 수 있는 숲 틈이 생겨서 양수 수종을 대상으로 시행한다.
③ 일반적으로 소경급 : 중경급 : 대경급의 본수비율이 2 : 3 : 5이며, 이 비율에 근접하여야 이상적인 택벌림이다.
④ 택벌이 실시된 임분은 다층구조를 이루고 동령림보다 이령림에서 생산된 목재가 대체로 불량하다.

31 산벌작업법에 대한 설명으로 옳지 않은 것은? 2016. 7급
① 성숙목이 많은 불규칙한 산림에 적용될 수 있고 이령림 갱신에 가장 적합하다.
② 산벌작업의 갱신기간은 10~20년 정도이다.
③ 예비벌은 갱신준비를 위한 벌채로서 울폐된 성숙임분을 대상으로 한다.
④ 후벌이란 새 임분을 덮고 있는 성숙임목을 점차적으로 벌채하는 작업이다.

32 죽림 조성에 대한 설명으로 옳지 않은 것은? 2017. 서울시

① 증식재료는 지하경의 눈이 나오기 전인 3~4월경에 굴취한다.
② 죽묘양성용 지하경은 뿌리를 붙여서 50cm 길이로 끊어 포지에 심는다.
③ ha당 식재밀도는 맹종죽은 300~500주, 왕대는 500~800주, 솜대는 700~1,000주로 한다.
④ 심는 장소가 경사지일 때에는 지하경을 등고선 방향과 수직으로 둔다.

33 왜림작업법에 대한 설명으로 옳지 않은 것은? 2014. 서울시

① 단벌기작업에 적당하다.
② 참나무류와 오리나무류는 왜림작업법에 적합한 수종이다.
③ 단면맹아는 세력이 강하고 수명이 길다.
④ 벌채는 늦겨울부터 이른 봄 사이가 좋다.
⑤ 고산한랭지에서는 부적당하다.

정답 및 해설
28 ① 29 ③ 30 ④ 31 ① 32 ④ 33 ③

28 ① 산벌작업은 윤벌기에 비하여 비교적 짧은 갱신기간 중에 몇 차례에 걸친 벌채로 갱신면 상에 있는 임목을 완전히 제거하는 작업이다. 또한 성숙한 임목의 보호 하에서 동령림이 갱신될 수 있는 유일한 갱신법이다.

29 ③ 인공복원(인공조림)은 복원비용과 노동력이 많이 소요되지만, 복원기간은 비교적 짧다.

30 ① 택벌림은 건전한 생태계를 유지하고 각종 재해 요인에 대한 저항력이 높으며 병충해에 대한 저항력이 높고, 지상의 유기물이 항상 습기를 가져서 산불의 발생 가능성이 낮다.
② 택벌림은 음수 수종에 적합하다.
③ 이상적인 택벌림은 소경급 : 중경급 : 대경급의 본수비율이 7 : 2 : 10이다. 물론, 이 비율에 어느 정도의 유연성은 있을 수 있다.
④ 이령임분에서 생산된 목재는 동령임분에서 생산된 것보다 대체적으로 불량하다.

31 ① 산벌작업은 성숙목이 많은 불규칙한 산림에 적용될 수 있고 갱신하는데 비교적 장기간이 걸리지만 동령림 갱신에 가장 알맞은 방법이다.

32 ④ 심는 장소가 경사지일 때에는 지하경을 등고선 방향으로 수평으로 둔다.

33 ③ 단면맹아는 버드나무류·느릅나무류·너도밤나무류에서 볼 수 있는 것으로, 수피부와 목부 사이에서 캘러스조직에 연유하는 부정아가 형성되어 신장한 것이다. 일반적으로 단명해서 이용가치가 낮다.

34 생태적 숲가꾸기 방법인 복층림 시업에 대한 설명으로 옳지 않은 것은? 2015. 국가직

① 단위면적당 생산량과 축적량의 증대를 기대할 수 있다.
② 가치가 높은 목재가 생산된다.
③ 노동력을 탄력적으로 배분할 수 있다.
④ 개벌작업에 비하여 벌출경비가 감소된다.

정답 및 해설 34 ④

34 복층림

① 복층림의 장점
- 동일 임지 내에 대·소경목에 의하여 공간을 입체적으로 이용하므로 단위면적당 생산량이 많다.
- 상층목의 비음하에서 생육하기 때문에 균일한 생장으로 연륜목이 균등하고 치밀하여 고가치재 생산이 가능하다.
- 소경재를 동일 임분 내에서 생산할 수 있기 때문에 다양한 수요에 대응할 수 있어 경영의 안정을 기할 수 있다.
- 식재시기의 연장이 가능하여 노동력을 탄력적으로 배분할 수 있다.
- 임내의 표토유실 방지, 보수기능의 증대로 개벌사업에서의 결점을 피할 수 있다.
- 항상 적당하게 임상식물을 유지하므로서 빗방울이나 지표류에 의한 표층토양의 유실을 막을 수가 있어 지력 유지 효과를 기대할 수 있다.
- 빗방울에 의한 임상에 직접적인 타격을 막아주므로서 표토유출을 억제한다.
- 개벌적지에서 느끼는 살벌한 풍경에 비하면 복층림은 항상 푸르름을 유지하고, 또 대경재를 존치시킬 수 있기 때문에 풍치유지상 유리하다.

② 복층림의 단점
- 비개벌시업으로 벌채시 많은 설비비와 반출경비가 소요된다.
- 수확벌채와 임외반출시 하층목이 손상받을 우려가 있다.
- 단층림보다 기울어지거나 넘어가기 쉬워 무육상 많은 노력과 경비가 드는 경우가 있다.

PART 11

주요 수종

Chapter 01 수목의 분류
Chapter 02 침엽수
Chapter 03 활엽수
Chapter 04 잎의 특성에 따른 분류

CHAPTER 01 수목의 분류

대체로 1천여 종의 나무가 우리나라에 있으며 남한에는 7백여 종이 자란다. 이중에서 우리가 비교적 흔히 만나는 나무는 1백여 종 남짓하며, 전문가가 아닌 일반인들이 만나고 구분할 수 있는 한계는 3백여 종 정도이다. 잎, 꽃, 열매, 가지, 줄기 등 나무의 특징 등으로 수목을 분류할 수 있다.

1 일반명

(1) 일반명은 향명(鄕名) 또는 속명(俗名)이라고도 하는데, 어느 지역에서 불리는 이름이다. 일반명은 그 지방에서 살던 사람들이 오랫동안 불러오던 이름이며 현대 식물학이 자리를 잡으면서 이름을 통일시킨 것이다. 이름을 붙이는 일정한 방법이 있는 것은 아니고 나무의 특징을 살려서 붙인다. 일반명은 지방에 따라 크게는 나라에 따라 동일한 나무를 두고도 다른 이름을 사용하는 경우가 많다. 참나무라는 이름은 식물학적으로 존재하지 않는 이름이며 흔히 참나무라고 부르는 나무는 참나무속에 들어가는 여러 수종에 대한 공통의 명칭이다.

(2) 나라마다 전혀 다른 일반명을 쓰고 있다. 우리가 소나무라고 부르는 나무를 서양 사람들은 pine, 일본에서는 아카마츠라고 한다. 서로 식물학 지식을 교류하기 위해 같은 나무를 두고 세계 각국에서 동일한 이름을 쓰기 위하여 국제협약에 따라 정해진 규정대로 붙이기가 필요하며, 이에 학명이 탄생하게 되었다.

(3) **나무명칭의 유래**
   ① 이용 용도에 따라 : 향나무(향을 이용), 피나무(껍질이용) 등
   ② 고유 습성에 따라 : 갯버들-물오리나무(물가에 서식), 눈향나무-눈주목(누워서 자람)
   ③ 고유 특성에 따라 : 생강나무(냄새), 분비나무(흰 분말가루), 물푸레나무(푸른 색소) 등
   ④ 사는 지역에 따라 : 금강송(금강산), 속리말발도리(속리산), 백운물푸레(백운계곡) 등
   ⑤ 전설, 이양기에 따라 : 너도밤나무, 나도밤나무 등
   ⑥ 수입수종으로 학명으로 부르는 경우 : 플라타너스 등

2 학명

1753년 Linnaeus가 이명명법(二命名法)을 쓰기 시작하였고, 학명은 속명(屬名), 종명(種名), 명명자의 세 부분으로 구성된다.

(1) 속명, 종명, 변종명, 품종명은 이태릭체로 한다.

(2) 속명의 첫 글자는 반드시 대문자로 쓴다.

(3) 속명과 종명은 같은 말을 쓸 수 없다.

(4) var. 혹은 for는 이태릭체로 쓰지 않는다.
   예 소나무 : *Pinus densiflora* Siebold et Zuccarini(*Pinus*는 속명, *densiflora*는 종명, Siebold et Zuccarini는 명명자)

(5) 변종이나 품종은 종명 뒤에 var. 혹은 for.라 하고 명명자를 붙인다.
   예 금강소나무 : *Pinus densiflora* for. *erecta* Uyeki

CHAPTER 02 침엽수

1 침엽수의 분류

식물 분류상 나자식물(겉씨식물)문에 속하며, 온대림과 한대림에서 경제적으로 중요한 수종들이 많다. 우리나라에는 4목 8과가 자라고 있다.

목	과	속		종
소철목	소철과			소철
은행목	은행과			은행나무
구과목	낙우송과	낙우송속		낙우송
		삼나무속		삼나무
		메타세쿼이아속		메타세쿼이아
	소나무과	소나무속	소나무류	소나무, 곰솔(해송), 리기다소나무, 반송
			잣나무류	잣나무, 눈잣나무, 섬잣나무, 백송, 스트로브잣나무
		잎갈나무속		잎갈나무(= 이깔나무), 일본잎갈나무(= 낙엽송)
		가문비나무속		가문비나무, 종비나무, 독일가문비나무
		전(젓)나무속		전나무, 분비나무, 구상나무
		개잎갈나무속		개잎갈나무(히말라야시다)
		솔송나무속		솔송나무
	측백나무과	측백나무속		측백나무
		눈측백나무속		눈측백나무
		편백속		편백, 화백나무
		향나무속		향나무, 눈향나무, 연필향나무, 노간주나무
주목목	주목과	주목속		주목, 회솔나무, 눈주목
		비자나무속		비자나무
	나한송과			나한송
	개비자나무과			개비자나무

2 소나무(*Pinus densiflora* S.et Z.)

1. 형태
대교목(大橋木)의 침엽수로서 **2엽송**이고 **자웅동주**이다. **동아(冬芽)는 적갈색**이고, 수피는 적색이나 흑갈색 등으로 변이가 크고, 지역에 따라 수간형태가 다르다.

(1) 단유관속군
① 엽초(葉鞘)가 연장되지 않고 **유관속이 1개**이며, 솔방울의 인편은 적고 대형이며, 그 조직이 부드럽다.
② 목재는 연하고 연륜의 경계가 불분명하며 송진의 양이 비교적 적다(잣나무·스트로브잣나무·섬잣나무·백송).

(2) 복유관속군
① 엽초가 길고 침엽의 하단을 둘러싸며 **유관속이 2개**이며, 솔방울의 인편은 비교적 많고 단단하다.
② 목재는 대체로 단단하고 연륜은 뚜렷하게 나타난다(소나무·해송).

2. 품종과 잡종

(1) 강송(*Pinus densiflora* forma erecta Uyeki)
① 강원도의 태백산맥 일대, 경북의 동북지역과 충북의 동쪽에 분포하는 소나무로, 금강송이라고도 불린다.
② 수간이 곧고 수피가 얇으며 심재가 붉고 재질이 뛰어나다.
③ 과거에 춘양목이라 한 것은 강송에 해당하는 것이다.
④ 강송의 직간성은 다설환경에서 온 것으로 생각되고, 인위적인 우량목 선택벌채의 영향이 아직까지 약한 것도 생각될 수 있다.

(2) 간흑송(*Pinus dens-thunbergii* Uyeki)
① 해송의 분포지경과 접촉하고 있어서 그 사이에 자연잡종이 잘 형성되고 있다.
② 전남 해안지방에 관찰되며, 일본에서도 관찰된다.
③ 해송(모)에 소나무(부)가 교잡되면 간흑송으로 되고 해안지방에 흔하며, 소나무(모)에 해송(부)이 교잡되면 간적송으로 되며 일반적으로 내륙지방에 많다.

(3) 반송(*Pinus densiflora* forma multicaulis Uyeki)
줄기가 밑부분부터 갈라져 수관이 전체적으로 원형을 만들고, 조경적 가치가 높게 평가되고 있다.

3. 분포 및 특성

(1) **우리나라에서 가장 분포면적이 넓은 수종**으로서 백두산지방의 고원지대를 제외한 각지의 산야에 난다. 지리적으로 일본, 만주, 러시아 우스리에 분포한다.

(2) 수직적으로 남부에서는 해발 1,150m 이하, 중부에서는 1,000m 이하, 북부에서는 900m 이하에 나고, 200~300m 지대에 가장 많이 난다.

(3) 전국 표고 1,800m 이하의 산지에서 자라며, 척박한 건조지에도 조림이 가능하다.

(4) 표고 1,000m 이하의 전국 어디서나 자라며 적지에 제한을 크게 받지 않는다.

(5) **양수로 천연하종갱신이 용이하고 내한성이 강하며 내건성도 강하나, 대기오염에 대한 저항성은 보통이고, 병충해에는 약한 편**이다.

(6) 생장속도는 보통이며 30년생일 때 ha당 173m³, 50년생일 때 ha당 265m³의 목재를 생산한다.

(7) 소나무는 우리나라 침엽수종 중 은행나무 다음으로 크고, 최대직경 2m, 높이 25~27m에 이르며, 최고수령은 400~500년으로 추정된다.

(8) 소나무는 **양성의 나무로서 심근성이지만 측근도 잘 발달**하며, 양수이지만 노령림의 그늘 하에서 치수발생이 잘 될 수 있다.

(9) 해안지대에 있어서 해송 다음으로 조풍에 강한 침엽수종이다.

(10) 화강암이 풍화된 사양토에서 잘 자란다.

4. 번식

(1) 소나무 묘목은 주로 종자에 의해 양성되며, 9~10월에 종자를 채취하여 기건저장하였다가 파종 1개월 전에 노천매장 후 파종한다.

(2) 파종 전 냉수침청(冷水侵淸)을 하면 발아가 촉진되고, 파종 후 1~2주간 내로 대부분 발아한다.

(3) 소나무묘목은 대체로 직근이 절단되면 신장생장이 나빠지기 때문에 조림성적이 불량해진다.

(4) 순량률 93%, ℓ당 입수 52,804립, 발아율 87%이다.

5. 조림법

(1) 인공조림도 하지만 천연갱신에 의하는 것이 좋다.

(2) 보잔목(保殘木)작업, 이단교림(二段喬林)작업 또는 활엽수종을 하목(下木)으로 하는 중림작업이 적용될 수 있다.

(3) 단순림으로 하면 해충에 대한 저항력이 낮고, 또 지력의 보호상 적당하지 못하므로 가능하면 활엽수종과 혼교시킨다.

(4) 제벌과 간벌을 실시하고 밀도유지에 주의한다.

(5) 어릴 때 밀생시켜 수고생장을 촉진시키고, 약한 간벌을 하여 지름의 생장을 돕는다.

(6) 숲은 넓은 면적의 개벌작업을 하지 않고 대상개벌작업, 군상개벌작업과 모수작업을 한다.

6. 이용

(1) 심재는 적갈색, 변재는 엷은 황백색으로 심·변재의 구별이 뚜렷하다.

(2) 목리는 통직하고 나무갗은 거칠며 목재는 가볍고 연하며 향기가 강하다.

(3) 소경재 생산을 목적으로 할 때의 벌기는 30~40년, 대경재 생산을 목적으로 할 때의 벌기는 60~80년이 알맞다.

7. 병충해

(1) **병해**

잎떨림병, 잎녹병, 잎마름병

(2) **충해**

솔잎혹파리, 솔나방, 소나무좀

🌱 소나무와 해송의 주요 특성

구분	수피색	동아	침엽	침엽 수지도의 위치	침엽 하표피의 후막세포 발달
소나무	적갈색	가늘고 적갈색	가늘고 짧으며 유연함.	외이	약함.
해송	암흑색	굵고 회백색	굵고 길며 강건함.	중이	강함.

3 해송(*Pinus thunbergii* Parl.)

1. 형태

(1) **곰솔**이라고도 하며, **적송에 가까운 2엽송**이고, 지름은 1m, 수고 20m에 이르기도 한다.

(2) 측지는 짧지만 굵고 억세게 보이고, 수관이 거칠고 수피는 흑갈색이다.

(3) 침엽은 9~14cm 가량으로 적송보다 길고 단단하다.

(4) 상록침엽교목으로 줄기는 직립하거나 혹은 구부러지기도 한다.

(5) 잎은 진녹색으로 두 개씩 속생하며 길이 9~14cm이고 겨울눈은 은백색이다.

(6) 꽃은 일가화로 5월에 새가지 끝에 적자색으로 피며 열매는 이듬해 9월에 익는다.

2. 분포 및 특성

(1) 북위 37° 이남으로 서해안의 경기도 남양(37°20′) 부근, 동해안의 강원도 울진 부근까지 분포하며, 해안으로부터 8km 이상 내륙으로 들어가는 경우는 없다.

(2) 중부 이남의 바닷가와 해풍의 영향이 미치는 표고 500m 이하의 토심이 깊고 비옥적윤한 곳이 적지이다.

(3) 군집성이 강하고 천연하종이 잘되나, 내한성이 약하여 중부내륙과 심산, 오지에서는 생육이 불량하다.

(4) 서해에서는 백령도까지, 동해안에서는 원산까지, 내륙에서는 대전, 상주까지 자란다.

(5) 자람이 빠르지만 나중에는 적송보다 느리다.

(6) 최고수령은 200~300년 정도로 적송보다 낮다.

(7) 심근성 근계를 가지고 있으며, 측근의 발달이 왕성하다.

3. 번식

(1) 실생묘를 쉽게 양성할 수 있다.

(2) 가을에 종자를 채취하였다가 파종 1개월 전에 노천매장한 후 파종한다.

(3) 순량률 95%, ℓ당 입수 35,262립, 발아율 92%이다.

4. 조림법

(1) 해안지방의 방조(防潮), 방사(防砂), 풍치(風致) 등을 목적으로 심는다.

(2) 묘목의 식재거리는 1.5m 정도로 한다.

(3) 천연하종이 되어서 2단림을 형성한 것을 볼 수 있으며, 파종조림도 가능하다.

(4) 소경재의 생산벌기는 20~30년이고, 대경재의 생산벌기는 40~50년이다.

5. 이용

(1) 용도는 적송에 준하지만 재질이 다소 낮은 편이며, 해안경관림으로 알맞다.

(2) 변재는 약간 노란 백색이고 심재는 적갈황색이며, 소나무보다 변재가 많고 심·변재의 구분은 뚜렷하다.

(3) 대기오염에 강하고 생장이 우수하며 군집성이 높고 천연하종갱신이 잘되므로 중요 조림수종으로 권장하고 있으며, 해풍에 강하므로 방풍림, 해안사방의 주수종으로 이용되고 있다. 내염성, 내조성이 강하고 조경가치가 다양하므로 해안이나 간척지 조경용으로도 많이 식재하고 있다.

(4) 맹아력이 좋고 척박한 곳에서 잘 견디므로 분재 소재로도 많이 이용된다.

(5) 건축, 토목, 가구, 차량, 기구, 포장, 교량, 펄프로 이용된다.

6. 병충해

(1) 병해
잎녹병, 잎떨림병, 피목가지마름병, 혹병, 모잘록병

(2) 충해
솔껍질깍지벌레

4 잣나무(*Pinus koraiensis* S.et Z)

1. 형태
(1) 상록침엽교목으로 줄기가 통직하며 **수피는 거칠고 검은 갈색**이다.

(2) **잎은 5개씩 모여 나며** 길이 7~12cm로 가장자리에 잔 톱니가 있다.

(3) 20년생 이상이 되어 결실을 시작하며, 꽃은 **일가화**로 암꽃은 녹황색, 수꽃은 붉은색이며 5월에 피고, 구과는 길이 12~15cm, 직경 6~8cm로 이듬해 9월에 익는다.

(4) 종자는 날개가 없고 양면에 얇은 막이 있다.

(5) 수고 40m, 직경 1.5m까지 자란다.

2. 분포 및 특성
(1) **고산지대의 한랭기후에서 잘 자라는 수종**으로서 남부지방에서는 해발 500m 이상, 중부와 북부에서는 300m 이상에 분포한다.

(2) 지리산부터 이북의 고원지대까지 분포하며, 강원도에는 순림이 많고, 압록강 상류와 백두산 일대에서는 전나무, 가문비나무 등과 극상을 형성한다.

(3) 표고 100~1,900m 사이에 분포하는 한대수종으로 토심이 깊고 비옥적윤토양에서 왕성한 생장을 한다.

(4) 어릴 때는 음수이고 커감에 따라 햇빛 요구량이 많으며, 추위를 좋아하여 산악지방의 **고산지대에 분포**한다.

(5) 어릴 때는 소나무보다 느리게 자라지만, 중년 이후에는 소나무보다 빨리 자란다. 40년생 때 평균 임지에서 ha당 264m^3 정도의 목재를 생산하고 종실은 15~40년생에서 ha당 8,133kg을 생산한다.

(6) 약간 음성을 띠며 심근성이다.

3. 번식
(1) 10월에 채취한 종자를 12월 중에 노천매장하였다가 이듬해 봄에 파종하여 실생묘를 양성한다.

(2) 순량률 93%, ℓ당 입수 1,006립, 발아율 74%이다.

4. 조림법

(1) 우리나라에서는 **인공조림**이 주이다.

(2) 산골짜기 부근의 비옥지에 묘목을 1.5~2m 간격으로 심는데 묘포에서 해가림을 하고 2-1 묘목으로 산에 식재하지만, 2-2 묘목을 식재하기도 한다.

(3) 자연 상태에서 가문비나무와 전나무 종류의 침엽수나 자작나무와 단풍나무 등의 활엽수종과 함께 섞어서 숲을 만들고 상목의 위치에 있게 된다.

(4) 약 12~15년생 정도가 되면 제벌을 실시하고, 약 20년생 정도가 되면 간벌을 시작하며, 벌기는 50~80년생이 적절하다.

(5) 자연번식력이 약해 갱신할 때에는 예비벌로 결실을 돕고 쓸모없는 잡수는 제거한다.

(6) 파종조림에 의해 성공시킬 수 있는 가능성이 높은 수종이다.

5. 이용

(1) **심재는 담홍색 또는 홍색을 띠며 재질이 연하고**, 변재는 담황색으로 심·변재의 구별이 뚜렷하며 연륜도 뚜렷하다.

(2) 절삭가공성이 양호하고 내후 보존성이 크며 접착, 도장성은 보통이고 건조속도는 빠르며 약제 주입성은 양호하다.

(3) 건축, 가구, 포장, 기구, 토목용으로 이용된다.

(4) 종실은 식용 또는 약용으로 쓰이며 유지를 채취한다.

6. 병충해

(1) **병해**

잣나무털녹병, 소나무잎떨림병

(2) **충해**

잣나무넓적잎벌, 노랑무늬솔바구미

🌱 잣나무와 소나무의 구분

구분	잎 수	잎 관속	아린 (눈비늘)	실편	목재	가지
잣나무류	3~5	1	떨어짐.	끝이 얇고 가시가 없음.	연하고 춘·추재의 전환이 점진적임.	잎이 달렸던 자리가 밋밋함.
소나무류	2~3	2	끝까지 남음.	끝이 두껍게 되고 가시가 있음.	굳고 춘·추재의 전환이 급함.	잎이 달렸던 자리가 도드라짐.

5 스트로브잣나무(Pinus strobus L.)

1. 형태
(1) 상록침엽교목으로 줄기가 통직하며 수피는 얇고 녹갈색으로 밋밋하지만 다 큰 나무는 세로로 깊이 갈라진다.
(2) **잎은 가늘고 길며 부드럽고, 5개씩 모여나고** 선형이며 길이 4cm로 끝이 뾰족한 송곳처럼 생겼고 뒷면에 백색기공조선이 있다.
(3) 4월 하순에 황녹색의 꽃이 피며 자웅일가화로 암꽃은 장타원형, 수꽃은 원관형으로 피고 이듬해 10월 상순에 길이 10~12cm 정도의 원관형 구과가 익는다.

2. 분포 및 특성
(1) 미국 동북부지방 원산으로 캐나다 남쪽부터 미네소타주, 조지아주 북부까지 분포한다.
(2) 산록 및 계곡의 안개가 자주 끼는 한냉적윤지의 토심이 깊은 사질양토가 적지이다.
(3) 내한성이 강하고 어릴 때는 음수로 강한 그늘 속에서도 잘 자란다.
(4) 생장속도는 어릴 때는 매우 느리나 자람에 따라 빨라진다.
(5) 재적생장은 잣나무의 2.7배이다.
(6) 원산지에서는 기후가 한랭하고 습기가 많은 곳에서 자라며, 성장기간 중에 습기가 많을수록 잘 자란다.
(7) 내음성을 지니고 있으며, 10년 이후가 되면 수고생장이 빨라진다.
(8) 고지(枯枝)가 오랫동안 붙어 있는 특성이 있다.

3. 번식
(1) 10월에 종자를 채취하여 기건저장하였다가 파종 1개월 전에 노천매장한 후 봄에 파종한다. 파종상에 해가림시설을 하는데 이것은 발아기간 중일 때와 발아 후에 일사가 강할 때만 사용한다.
(2) 순량률 93%, ℓ당 입수 24,762립, 발아율 56%이다.

4. 조림법
(1) 인공조림으로 단순동령림이 조성된다.
(2) 심근성 수종이지만 뚜렷한 직근을 가지지 않고 근조직이 유연하기 때문에 입지에 대한 적응성이 강하다.
(3) 인공식재할 묘목으로는 1-1-2묘목이 좋으며, ha낭 3,000~4,000본 가량을 심는 것이 좋다.
(4) 식재 후 10년 정도 되면 가지치기 작업을 시작한다.
(5) 벌기는 50~60년이 알맞다.

5. 이용

(1) 스트로브잣나무는 대단히 가치가 높은 용재수종(用材樹種)이다.

(2) 심재는 담황, 담갈색이고 변재는 담황백색으로 심·변재의 구분이 뚜렷하다.

(3) 목리는 통직하고 나무갗은 고우며 수직수지구를 가지고 있다. 갈라지거나 비틀리지 않고 절삭가공, 건조, 접착, 도장성은 양호하며 내구성은 낮다.

(4) 수형조절이 자유롭고 입지를 가리지 않아 새로 조성되는 주택단지의 녹음수나 차폐용으로 활용된다.

(5) 건축, 포장, 가구, 합판, 완구, 펄프로 이용된다.

6 리기다소나무(*Pinus rigida* Mill.)

1. 형태

(1) 침엽교목으로 묘목일 때는 줄기가 굽지만 점점 통직성을 나타낸다.

(2) 수피는 소나무보다 검은색을 나타내고 거칠며, 눈은 적갈색이지만 수지로 덮여 있어서 백색으로 보인다.

(3) **삼엽송**으로서 길이 7~14cm 정도로 약간 비틀어져 자란다.

2. 분포 및 특성

(1) 미국 동북부 지방에 분포한다.

(2) 추위에 견디는 힘이 강하고 심근성 수종이며 토양에 대한 적응력이 강하여 척박한 토양에서도 잘 자란다.

(3) 수피가 두꺼워서 산불에 대한 저항력이 강하고, 맹아성 때문에 해충에 대한 피해가 소나무와 해송에 비해 강하며, 솔잎혹파리의 피해는 받지 않는다.

(4) 양수이지만 임분의 울폐도를 높게 유지하는 특성이 있어서 지력유지에 효과적이다.

(5) 초기생장이 빠른 편이며 우리나라 산지의 입지조건에 매우 알맞은 수종이다.

(6) 조풍(潮風)에 강하다.

3. 번식

(1) 종자생산은 수령이 약 11년생일 때부터 상당량에 이른다.

(2) 생구과에 대한 종중비 종자수율은 약 2.5%이다.

(3) 종자의 발아율이 높고 산파로 쉽게 묘목이 양성될 수 있다.

4. 조림법

(1) **지력이 낮은 사질지에서 잘 자라고 임분형성을 잘 하여** 많이 조림되었다.

(2) 식재 후 높은 활착률을 보이고 각종 **피해인자에 대한 강한 저항력**을 보인다.

(3) 연료재 생산에 알맞은 수종으로 사방효과와 지력증강에 알맞고, 묘목양성이 쉽고 확실하기 때문에 조림수종으로 선호된다.

(4) 사방조림에는 보통 1년생 묘를 심는다.

(5) 다른 수종과 혼식을 시도해도 되며, 식재거리는 1.2~1.5m 정도가 알맞다.

(6) 솔잎혹파리에 대한 저항성 등을 고려해서 조림한다.

(7) 소경재 생산을 목적으로 할 때의 벌기는 20~30년, 대경재 생산을 목적으로 할 때의 벌기는 40~50년이 적용 가능하다.

5. 이용

(1) 리기다소나무의 재질은 소나무보다 못하고 수지의 함량이 많아서 펄프로 이용하는데 효율이 떨어지며 용도가 좁다.

(2) 연료재 생산에 알맞다.

7 테다소나무(*Pinus taeda* L.)

1. 형태

(1) 상록교목이며, 수간이 통직하고 **재질이 양호**하다.

(2) **삼엽송**으로 원산지에서 수고 20~30m, 지름 0.8~1.0m에 이르며, 침엽이 길고 성장이 대단히 빠르다.

(3) 수피는 해송과 유사하며 줄기는 직간성이다.

2. 분포 및 특성

(1) 미국 동남부 원산으로 온대남부 및 난대지역에 분포하며 추위에 견디는 힘이 약하다.

(2) 토심이 깊은 사질양토에 분포한다.

(3) 우리나라에서는 냉온대와 온대 남부에 조림될 만하다.

(4) 심근성 수종이지만 건조한 토양에서는 측근의 발달을 위해 직근의 발달이 멈춘다.

(5) 토양에 대한 적응력이 강해서 사질양토의 평원에서도 잘 자란다.

(6) 양성수종이며 하지의 고사와 탈락이 쉽게 된다.

3. 번식

(1) 종자번식으로 산파를 한다.

(2) 종자를 노천매장하여 발아촉진을 유도한다.

4. 조림법

(1) 지하부에 비해 지상부의 발달이 더 잘 되어서 T/R률이 불균형해서 묘의 활착이 어렵다.

(2) ha당 2,500~3,000본을 식재하지만 소나무처럼 밀식할 필요는 없다.

(3) 인공적으로 동령단순림이 조성되고 있으며, 울폐된 임분은 간벌한다.

5. 이용

(1) 소나무와 비교할 때 연륜폭이 넓고 유연하기 때문에 일반건축재로는 잘 사용하지 않는다.

(2) 성장이 빠르고 섬유질이 길기 때문에 펄프재로 이용된다.

8 리기테다소나무(*Pinus rigida* × *Pinus taeda*)

1. 형태

(1) 리기다소나무와 테다소나무 중간형태이다.

(2) 수간이 통직하고 재질이 양호하다.

2. 분포 및 특성

(1) 테다소나무보다 내한성이 강하고 리기다소나무보다 재질이 향상된 것으로 우리나라 중부지방까지 조림이 시도된다.

(2) 양수로서 성장이 빠르며, 온대 이남의 온난한 지역에 분포한다.

(3) 토심이 깊고 배수가 잘 되는 사질양토에 분포한다.

(4) 내충성이 강하며 특히 솔잎혹파리에 대한 저항성이 강하다.

3. 번식

종자번식이다.

4. 조림법

(1) 1-1 묘목을 산에 식재하지만, 사방조림지에서는 흔히 1년생 묘를 심는다.

(2) 산지 식재거리는 1.0~1.5m 가량이 적절하다.

(3) 작은 목재를 생산하려 할 때의 벌기는 20~30년생이 적절하며, 큰 목재를 생산하려 할 때에는 40~50년생이 적절하다.

(4) 종자 생산이 풍부하고 싹이 잘 트며, 묘목의 생활력이 강해서 묘목 양성에 어려움이 적다.

5. 이용

(1) 목재의 강도는 소나무보다 약하지만 펄프재로 적당하다.

(2) 건축재, 가구재, 합판 등으로 이용된다.

9 방크스소나무(*Pinus banksiana* Lamb.)

1. 형태

(1) 상록침엽교목으로서 내건성이 높고, 수피는 암갈색이며 얇게 떨어진다.

(2) 잎은 침엽으로 2개씩 달리고 길이는 2~4cm로 짧은 편이다.

2. 분포 및 특성

(1) 북아메리카 원산으로 우리나라에서는 중부 이남 표고 500m 이하에 식재한다.

(2) 척박한 건조지에 주로 심지만 토심이 깊은 곳에도 잘 견딘다.

(3) 내한성이 강하고 사질토양에서 잘 자란다.

(4) 강한 양수이고 내건성이 있다.

3. 번식

실생묘로 번식한다.

4. 조림법

(1) 인공조림으로 동령림을 만든다.

(2) 밀도를 비교적 높게 유지시켜야 좋은 수형이 유지된다.

(3) 인공식재를 할 때에는 1-1묘가 알맞고, 2-0묘 또는 1.5-0묘는 좋지 않다.

(4) 30년생부터 벌채한다.

5. 이용

(1) 다른 소나무에 비해 단명하며 소형재 생산에 알맞은 수종이다.

(2) 조경수, 조림수로 이용되며 목재는 용재 및 펄프재로 이용된다.

10 버지니아소나무(*Pinus virginiana* Scrub Pine)

1. 형태
(1) 중교목이지만 대교목이 되는 경우도 있다.
(2) 상록침엽교목으로 줄기가 통직하며 어릴 때는 수피가 얇고 암갈색이나 커가면서 껍질이 두꺼워지고 암적갈색이 된다.
(3) 잎은 2엽으로 소나무보다 짧은 5cm 내외이며 약간 뒤틀린다.
(4) 꽃은 4월 중순에 피고 구과는 이듬해 가을에 익는데 1~3개가 모여나고 긴원추형으로 길이 4~6cm, 직경 2.5~3.5cm이며 적갈색으로 익는다.
(5) 수고 35m, 직경 1m까지 자란다.

2. 분포 및 특성
(1) 펜실베니아 남서부부터 미시시피 북동부와 조지아 북부 등에 분포한다.
(2) 고산지역을 제외한 토심이 깊은 비옥한 땅에 잘 자라나 척박한 토양에서도 잘 견딘다.
(3) 내한성이 강하고 맹아발생이 왕성하여 수형조절이 용이한다.
(4) 생장속도는 어릴 때 빠르고 재적생장은 리기다소나무의 1.4배 정도이다.
(5) 식토, 양토, 사질양토에서 잘 자라고 토양산도 pH 4.6~7.9에서도 잘 견딘다.
(6) 양수이며 다른 소나무에 비해 척박지일수록 더 우위를 가진다.
(7) 환경조건이 좋아지면 활엽수종의 하목으로 침입한다.

3. 번식
(1) 다른 소나무와는 달리 수관의 모든 부분에 구과가 착생한다.
(2) 10월에 종자를 채취하여 밀봉저장 후 파종 1개월 전에 노천매장한 후 파종한다.
(3) 장일조건이 자람에 유리하다.

4. 조림법
(1) 극양수이므로 개벌인공조림을 한다.
(2) 성장속도는 강수량과 밀접한 관계가 있으며 자연낙지가 늦고 고착고지(固着枯枝)로 되며 여러 해 동안 줄기에 붙어 있는다.
(3) 최적 경제성장률은 우세목의 배치간격이 대략 D(평균직경)+6인 경우에 나타난다.

5. 이용

(1) 변재는 좁고 황색이며 심재는 등색으로 심·변재의 구별이 뚜렷하며 연륜도 명확하다.

(2) 목리는 통직하고 나무갖은 곱다. 절삭가공, 건조, 접착성은 양호하며 도장성은 보통이고 내구력은 큰 편이다.

(3) 맹아력이 강하며 수형조절이 자유로워 생울타리, 크리스마스 장식용으로 사용된다.

(4) 건축, 토목, 가구 등으로 이용된다.

6. 병충해

(1) **병해**

디프로디아병

(2) **충해**

소나무거품벌레

🌱 주요 소나무의 특징

종류	잎의 수	잎의 길이(cm)	수지위치	겨울눈 색깔
잣나무	5	7~12	중앙	
리기다소나무	3	7.5~12.5	중앙	
테다소나무	3	15~22.5	중앙	
곰솔	2	9~14	중앙	회색
소나무	2	8~9(14)	바깥쪽	붉은색

11 낙엽송(일본잎갈나무)[*Larix leptolepis* (S.et Z) Gordon]

1. 형태

(1) 낙엽침엽대교목으로서 잎은 짧은 침엽으로 20~30개가 모여서 국화꽃모양을 형성하며, 수피는 암갈색이다.

(2) 주요 조림수로 식재되며 잎갈나무에 비해 가지는 붉고 구과의 인편(鱗片)은 뒤로 젖혀지는 것이 차이점이다.

(3) **낙엽송의 꽃은 5월에 피고 열매가 당년 9월에 익는데**, 웅화수는 구형·난형 또는 긴 타원형으로서 각 포린에 2개의 꽃밥이 있고, 자화수는 타원형으로서 각 실편에 2개의 배주가 들어 있다.

(4) 구과는 위로 향해 달리고 난원형으로서 길이가 15~35mm이며, **실편은 난원형**으로서 50~60개이고 끝이 수평이거나 약간 오므라지며 뒤로 젖혀지고, 포는 넓은 피침형이며 끝이 뾰족하다.

(5) 종자는 3각형으로서 길이 3~4.5mm, 너비 2~3mm이고, 날개는 종자 길이의 2배 정도이며, 종자는 1L가 98,800알로서 387g 정도이고 발아율이 40% 정도이다.

2. 분포 및 특성

(1) **일본원산**으로 우리나라에서는 충북지방에 많이 조림되어 있고 그 외에도 여러 곳에 인공림이 있다.

(2) 조풍에 약하기 때문에 해변을 제외한 중부지방의 표고 200~1,200m, 중부지방의 토심이 깊은 비옥지에 분포한다.

(3) 초기생장이 빠르며, **극양수로서 광요구도가 상당히 높다.**

(4) 다른 수종에 비해 토양수분에 대한 요구도는 적다.

(5) 산성토양에 약하고 pH 4.0~6.0에서 잘 자란다.

(6) 천근성이며 측근이 잘 발달한다.

3. 번식

(1) 종자로 실생묘 번식한다.

(2) 파종 전 종자를 깨끗한 냉수에 침지처리하면 발아가 촉진된다.

4. 조림법

(1) 인공조림에 의한 일제림을 조성한다.

(2) 1-1 묘목을 땅이 깊은 산허리 이하의 습기가 적정하게 있는 곳에 식재하며, 봄에 일찍 눈이 트기 때문에 다른 나무보다 먼저 심는다.

(3) 1ha에 2,500본을 식재한다.

(4) 가지치기 작업은 하지 않는다.

(5) 밑깎기는 1년에 한 번씩 식재 후 3~4년 동안 계속 하고, 나무가 커지면 간벌을 하여 적정 밀도를 유지하도록 한다.

(6) 고밀도로 식재된 것은 각재로 만들었을 때 마디가 작으며 마디 주위 섬유의 꼬임이 심하지 않아 목재의 품질을 향상시킨다.

(7) 보통 완만한 경사지에 식재된 것은 급한 경사지에 식재된 것보다 목재의 갈라짐과 비틀림 등의 결함이 적다.

(8) 평지에서는 용재 생산을 목적으로 벌기를 길게 하여 대경재로, 경사가 급한 곳에서는 품질이 좋지 않기 때문에 소경재나 공업원료 등의 용재를 생산한다.

(9) 종자 산지에 따라 특성이 다르기 때문에 식재할 때 어느 곳에서 자라던 것인지를 밝혀야 한다.

(10) 적지에서는 20년생으로 소경재 생산이 가능하다.

5. 이용

조림수이며 목재는 건축재, 전신주 및 펄프재로 이용된다.

12 전나무(*Abies holophylla* Max.)

1. 형태
(1) 상록침엽교목으로 줄기가 통직하고 수피는 거칠고 흑갈색이며 가지는 층을 이룬다.
(2) 잎은 선형이고 길이 4cm로 끝이 뾰족하여 송곳처럼 생겼으며 뒷면에 백색기공조선이 있다.
(3) 꽃은 4월 하순에 황백색의 꽃이 피며 암꽃은 장타원형, 수꽃은 원통형으로 피고 10월 상순에 길이 10~12cm 정도의 원관형 구과가 익는다.
(4) 수고 35m, 흉고직경 1.5m까지 자란다.

2. 분포 및 특성
(1) 공중 습도가 높고 비옥한 토양에서 잘 자라며, 지리산부터 함경북도에 이르기까지 전국 깊은 산의 표고 100~1,400m에 분포한다.
(2) **어려서 음수**로 큰 나무 아래에서도 잘 자라며 도시천연하종갱신이 용이하나 대기오염에 약하여 도시 부근에 식재된 나무는 점차 감소하는 추세이다.
(3) 생장 속도는 어릴 때는 매우 느리나 자람에 따라 보통이다.
(4) 음성을 띠며 아래쪽 가지도 오래 생존한다.
(5) **비교적 천근성**이며 풍도의 해를 받는다.
(6) 임령 100년이 지나도 신장생장을 하며, 200~300년에 이르고 거목이 많다.

3. 번식
(1) 가을에 종자를 채취하여 노천매장하였다가 이듬해 봄에 파종(산파)한다.
(2) 순량률 95%, ℓ당 입수 7,693립, 발아율 25%이다.

4. 조림법
(1) 보통 천연갱신이 적용된다.
(2) 3~5년생 묘목을 ha당 3,000본 정도 심어서 단순동령림이 조성된다.
(3) 일본 전나무는 보통 실생묘를 양성하여 2-1 묘목을 식재하지만, 2-1-1 묘목을 식재하기도 한다.

5. 이용

(1) 목재는 백색으로 가볍고 연하며 일종의 향기가 난다.

(2) 목리는 대체로 통직하고 나무갗은 거칠고 윤이 나며 가볍고 연하나 향기가 강하고 신맛이 있다. 내구성, 접착성은 보통이고 도장성은 불량하나 절삭가공성은 양호하고 할열이 용이하며 건조속도가 빠르고 약제주입은 비교적 양호하다.

(3) 수형이 아름다워 정원수나 크리스마스 장식수로 많이 사용된다.

(4) 건축, 토목, 가구, 포장재, 펄프로 이용되며, 수피에서 탄닌을 채취한다.

6. 병충해

(1) **병해**

잎떨림병, 잎마름병, 잎녹병, 빗자루병, 줄기마름병

(2) **충해**

전나무잎응애, 소나무거품벌레, 솔나방, 볼박각시, 박쥐나방

13 가문비나무(*Picea jezoensis* Carr.)

1. 형태

(1) 상록침엽교목으로 줄기가 통직하며 나무껍질이 종으로 갈라지면서 비늘처럼 일어나고 회갈색이다.

(2) 잎은 길이 1~2cm이며 횡단면이 렌즈형이며 잎의 뒷면에 백색 기공조선이 발달한다.

(3) 꽃은 5~6월에 황갈색으로 피고, 열매는 9~10월에 익으며 녹황색으로 **아래쪽을 향한다.**

(4) **소지에 잎이 달렸던 흔적**이 남아있다.

(5) 수고 40m, 직경 1m까지 자란다.

2. 분포 및 특성

(1) 지리산, 덕유산과 설악산 이북지역에 주로 분포 및 생태하며, 남한에서는 1,200m 이상 고산(**아한대림**에 분포)의 비옥한 적윤지에서 자란다.

(2) 표고 500~2,300m 사이에 자생하고 고산성 수목으로 평지식재는 불가하며 공중습도가 높고 한랭한 지역이 적지이다.

(3) 어릴 때는 음수이나, 자람에 따라 양수로 심산의 계곡부에 자생한다.

(4) 생장속도는 어릴 때는 느리나 자람에 따라 **빠르다.**

3. 번식

(1) 9월에 종자를 채취하여 기건저장하였다가 파종 1개월 전에 노천매장 후 파종하고 발아 후에는 비음을 하여야 한다.

(2) 순량률 78%, ℓ당 입수 227,000립, 발아율 58%이다.

4. 조림법

(1) 보통 천연갱신이 적용된다.

(2) 1ha당 3,000~4,500그루 정도를 식재하고 작은 면적의 개벌지에 심어서 옆에 있는 나무들의 보호를 받도록 하는 것이 좋다.

5. 이용

(1) 심·변재의 구분이 불분명하며 변재에서 심재쪽으로 짙어지는 담황갈색이다.

(2) 목리는 통직하고 가볍고 연하며 향기는 없다. 건조, 가공, 표면 마무리 등이 양호하고 도장성은 보통이나 내후 보존성은 낮고, 특히 소리의 전달성이 양호하다.

(3) 악기재(피아노), 건축, 차량, 기구, 펄프, 조선재, 휨가공재로 이용된다.

6. 병충해

(1) **병해**
  모잘록병

(2) **충해**
  전나무잎응애, 네줄잎말이, 솔박각시, 왕바구미, 애풍뎅이

14 구상나무(*Abies koreana* Wilson)

1. 형태

(1) 상록침엽교목으로 줄기가 통직하며 수피는 어려서는 얇고 편평하나 커감에 따라 거칠어진다.

(2) 잎은 전나무와 유사하나 잎 끝이 둘로 갈라지고 잎 뒷면은 순백색의 기공조선이 있다.

(3) 꽃은 5~6월에 솔방울같이 빨강, 노랑, 분홍, 자주 등 다양한 색으로 피고, 구과는 8~9월에 갖가지 색으로 익는다.

(4) 수고 18m, 수관폭 7~8m까지 자란다.

2. 분포 및 특성

(1) 제주, 지리산, 덕유산 등의 표고 500~2,000m 높은 산지의 비옥한 적윤지에서 잘 자란다.

(2) 공중습도가 높고 비옥한 땅이 조림적지이다.

(3) 어려서는 약한 그늘에서 잘 자라지만 커감에 따라 양수로 변한다.

(4) 생장속도는 어릴 때는 매우 느리나 커감에 따라 보통이다.

3. 번식

(1) 9월에 종자를 채취하여 기건저장하였다가 파종 1개월 전에 노천매장 후 파종한다.

(2) 구상나무는 모잘록병에 약하므로 파종 전에 토양살균을 하여 입고병을 예방하여야 한다.

(3) 순량률 84%, ℓ당 입수 32,901립, 발아율 37%이다.

4. 이용

(1) 변재는 백색이며 심재는 담황갈색의 줄무늬가 있는 백색이다.

(2) 재질은 가볍고 연하며 거친 편이고 광택이 있으나 향기는 적다.

(3) 수형이 아름다워 관상수, 공원수, 크리스마스 장식용으로 이용한다.

(4) 가공성이 좋으며 탄성이 풍부하여 가열하면 잘 구부러진다.

(5) 건축, 가구, 기구, 제지, 펄프, 단판으로 이용된다.

5. 병충해

(1) **병해**

모잘록병, 탄저병

(2) **충해**

소나무좀, 심식굴나방

15 삼나무(*Cryptomeria japonica* D. Don)

1. 형태

(1) 상록침엽교목으로 줄기가 통직하며 수피는 얇고 붉은색이며 세로로 갈라지나 오래된 나무껍질은 벗겨진다.

(2) 종자는 갈색이고 양쪽에 좁은 날개가 있다.

(3) 잎은 새의 날개 모양이며 3~4개로 모가 생기고, 길이 1.2~2.5cm로 끝이 뾰족하다.

(4) 꽃은 3월에 피고 구과는 둥글며 적갈색으로 10월에 익는다.

(5) 수고 40m, 직경 2m까지 자란다.

2. 분포 및 특성

(1) **일본이 원산**이며 1924년 도입되었다. 전남·경남 이남 등 남부와 표고 300m 이하 강우량이 많고 토심이 깊은 비옥한 적윤지에 분포한다.

(2) 연강수량 1,200mm 이상, 연평균 12℃ 이상인 지역과 토심이 깊고 배수가 잘되는 산복 및 계곡의 차고 건조한 바람을 피할 수 있는 곳이 적지이다.

(3) 그늘에 잘 견디며 큰 나무 아래 묘목을 식재 후 성장함에 따라 상층림을 제거한 후 키울 수 있다.

(4) 생장속도는 빠르며 30년생일 때 ha당 299m³의 목재를 생산한다.

(5) 어느 정도 양성이며 수분요구도가 높다.

3. 번식

(1) 초봄에 개화해서 가을에 종자가 성숙하며, 우량모수는 대체로 결실량이 적다.

(2) 10월에 종자를 채취하여 밀봉저장하였다가 파종 1개월 전에 노천매장한 후 파종한다.

(3) 삽수발근능력이 클론에 따라 차이가 있다.

(4) 순량률 89%, ℓ당 입수 84,443립, 발아율 25%이다.

4. 조림법

(1) 산허리 또는 산기슭의 토양수분이 풍부하여 배수가 잘 되는 토심이 깊은 비옥지에 조림되며, 전남·경남 등의 남쪽지방에 조림된다.

(2) 식재조림에 의해 인공림을 조성하며, 묘목의 식재거리는 1.5m 정도로 한다.

(3) 보호수 아래에 심으면 좋은 성과를 거둔다.

5. 이용

(1) 변재는 백색으로 넓고 심재는 담황색이며 때때로 백색, 흑갈색으로 심·변재 구분이 명확하고 수(髓) 부분은 적색 또는 흑색이다.

(2) 목리는 통직하고 나무갗은 거칠며 특유의 냄새가 난다. 내구성이 크고 건조속도가 빠르며 절삭가공, 접착성은 양호하나 도장성은 보통이고 할열, 약제주입이 용이하다.

(3) 건축, 선박, 차량, 가구, 술통, 조각, 포장, 토목용으로 이용된다.

(4) 수피는 약용 또는 로프용으로 사용한다.

6. 병충해

(1) 병해
붉은마름병

(2) 충해
삼나무하늘소, 매미나방, 잣나무응애, 박쥐나방, 소나무좀

16 편백[*Chamaecyparis obtusa* (S. et Z.) Endl.]

1. 형태
(1) 상록침엽교목으로 줄기가 통직하며 수형은 피라미드 모양으로 곧게 자라고 가지는 수평으로 퍼지며 수피는 적갈색이며 세로로 갈라져 벗겨진다.

(2) 잎은 비늘모양이고 끝이 둔하며 뒷면에는 **Y자형의 기공조선**이 있다.

(3) 꽃은 4월에 피고, 구과는 9~10월에 갈색으로 익는다.

(4) 수고 30~40m, 흉고직경 50~150cm까지 자란다.

2. 분포 및 특성
(1) **일본 원산**이며, 1924년 도입되었다. 중부 이남의 표고 300m 이하에 강우량이 많고 토심이 깊은 비옥한 적윤지에 분포한다.

(2) 제주도 및 남해안 지방의 조림수종, 습기가 적당하고 비옥한 사질양토인 산기슭 및 계곡이 조림적지이다.

(3) 다소 음성을 띠고 내한성과 내염성도 약하나 대기오염에는 보통이다.

(4) 생장속도는 보통이며 30년생에서 ha당 207m³의 목재를 생산한다.

(5) 삼나무처럼 공중습도가 높은 곳에서 잘 자란다.

3. 번식
(1) 봄에 개화해서 가을(10월경)에 종자가 성숙한다.

(2) 포지에서 실생묘로 양성되며, 삽목묘도 양성되지만 삽목묘는 발근율이 낮다.

(3) 삼나무와 다른 점은 수관 하부에서 얻은 종자가 품질이 좋다는 것이다.

(4) 9~10월에 종자를 채취하여 기건저장 후 다음해 봄에 파종한다.

(5) 순량률 91%, ℓ당 입수 132,991립, 발아율 25%이다.

4. 조림법

(1) 조림이 어렵지 않고 산지식재의 활착률이 높다.

(2) 식재밀도는 다소 높은 것이 좋으며 ha당 4,000~5,000본을 심는다.

(3) 간벌은 삼나무와 낙엽송보다 약하게 자주 반복해야 하는데, 강하게 하면 상향하던 가지가 아래로 쳐져서 간벌의 효과가 나타나지 않는 경우가 많다.

5. 이용

(1) 변재는 백색이고 심재는 담황갈색 혹은 분홍색으로 광택이 있으며 심·변재의 구분이 명확하다.

(2) 목리는 통직하고 나무갗은 곱고 가벼우며 연하고 향기와 광택이 있다.

(3) 목재의 품질이 가장 우량하며 내후 보존성이 최상이다. 가공·접착·도장성은 양호하고, 건조속도가 빠르며, 방수성과 내충성이 강하고, 광택이 있다.

(4) 가구, 기구, 기계, 선박, 조각, 포장, 건축, 차량용으로 이용된다.

(5) 열매에서 향료를 채취한다.

17 향나무(*Juniperus chinensis* L.)

1. 형태

(1) 상록침엽교목으로 줄기는 직립하며 가지는 적고 수형은 원추형을 비롯한 여러 가지이다. 1~2년생 가지는 녹색이고 3년생의 가지는 암갈색이며, 나무껍질은 세로로 갈라진다.

(2) 7~8년생부터 인엽이 생기지만 맹아에서는 침엽이 나오고 침엽은 윤생 또는 대생하고 짙은 녹색으로 길이 5~10mm, 넓이 1.0~1.5mm이며 인엽은 능형이고 끝이 둥글며 가장자리가 백색이다.

(3) 꽃은 자웅이주로 4월에 피고 이듬해 10월에 자주색 열매를 맺는다.

(4) 수고 25m, 직경 2.5m까지 자란다.

2. 분포 및 특성

(1) 토심이 깊고 비옥적윤지가 조림적지이다.

(2) 극양수로 음지에서는 생장이 불량하며 대기오염에 강하고 맹아력도 우수하여 여러 가지 수형을 만들 수 있으며 급경사지의 사면에서 자생한다.

(3) 생장속도는 보통이다.

3. 번식

(1) 10월에 종자를 채취하여 노천매장하였다가 이듬해 봄에 파종하여 우수품종은 삽목에 의하여 번식한다.

(2) 순량률 92%, ℓ당 입수 28,956립, 발아율 19%이다.

4. 이용

(1) 변재는 황백색이고 심재는 적갈색 또는 갈색으로 심·변재의 구분이 명확하다.

(2) 강한 방향성 목재로서 재질이 굳고 딱딱하며 대패질이나 연삭을 하면 광택이 난다. 수분, 부후, 내구성이 좋으며 가공성과 건조성이 양호하다.

(3) 수형조절이 자유롭고 척박한 토양에서도 잘 견디므로 새로 조성되는 주택단지나 전형적인 공단에 독립수로 적합하며 열식하여 차폐나 생울타리로 이용하고 모양을 다듬어서 형상수로도 사용한다.

(4) 우리나라 곳곳에 너무 남용하고 있는데 장소를 고려하여 식재해야 하며, 특히 배나무 적성병의 중간기주가 되므로 과수원 근처에는 심지 않는다.

(5) 잎은 살충제로 쓰이고 목재는 향료로도 쓴다.

5. 병충해

(1) **병해**

녹병, 잎마름병

(2) **충해**

향나무혹응애, 향나무하늘소

18 은행나무(*Ginkgo biloba* L.)

1. 형태

(1) 낙엽침엽교목으로 줄기는 통직하고 수피는 회색이며 때로 종유(種油)가 달린다.

(2) 잎은 어긋나지만 짧은 가지에서는 모여서 난 것처럼 보이기도 하며 부채꼴이고 잎자루는 길며 맥은 차상(叉狀)으로 갈라진다.

(3) **암수딴그루**로 꽃은 짧은 가지에 달리고 5월 초에 피며 길이 2cm의 꽃자루에 각각 2개씩 배주가 달리지만 그 중 한 개만이 가을에 노란색의 핵과로 결실된다.

(4) 수고 60m, 직경 4.5m까지 자란다.

2. 분포 및 특성

(1) 지구상에서 가장 오래된 수종의 하나로, 1과 1속 1종인 나무이다.

(2) 중국이 원산이며 제주도와 해변을 제외한 전국의 표고 500m 이하에 자생한다.

(3) 토심이 깊고 비옥적윤한 토양이 조림적지이다.

(4) 양수로 대기오염에 강하고 내화성, 내한성도 강하며 이식도 용이하다.

(5) 생장속도가 빠르다.

3. 번식

(1) 종자, 삽목, 접목이 모두 가능하며 10월에 종자를 채취하여 정선한 다음 음지에서 건조시킨 후 노천매장하였다가 이듬해 봄에 파종한다. 접목묘는 결실은 앞당길 수가 있으나 용재 생산에는 부적합하다.

(2) 순량률 99%, ℓ당 입수 332립, 발아율 67%이다.

4. 이용

(1) 심·변재의 구분이 불분명하며, 변재는 황갈색으로 춘추재의 구분도 불분명하다. 목리는 치밀하고 광택은 보통이며 향기가 강하고 절삭가공, 건조, 도장이 용이하고 접착성은 보통이다. 내후 보존성은 낮고 내수성은 양호하며 할열이 용이하다.

(2) 가을의 노란 단풍과 수형이 아름답고 단정하여 가로수, 녹음수, 독립수로 식재한다.

(3) 도심에서는 대기오염으로 단풍이 곱지 않으며 줄기가 직립하기 때문에 양식건물 주변 식재는 고려함이 좋다.

(4) 조각, 기구, 고급가구, 바둑판, 칠기, 도장, 건축재로 이용된다.

(5) 종자는 식약용, 잎도 약용으로 사용한다.

5. 병충해

(1) **병해**

점무늬병, 잎마름병, 자주빛날개무늬병

(2) **충해**

남방차주머니, 거북밀깍지벌레, 뽕나무깍지벌레

19 낙우송[*Taxodium distichum* (L.) Richard]

1. 형태
(1) 낙엽침엽교목으로 줄기는 통직하고 수피는 적갈색이며 측근의 발달이 왕성하고 배수가 불량한 곳이나 물속에서는 기근이 발생한다.
(2) 잎은 길이 5~10cm로 우상복엽이며 2줄로 어긋나게 배열되며 소엽의 길이 1.0~1.7cm, 폭은 0.1cm이다.
(3) 꽃은 **일가화**로서 웅화서는 소지 끝에 형성되어 가을부터 밑으로 쳐지며, 자화수도 소지 끝에 달리고 타원형이다.
(4) 구과는 도란형 또는 구형으로서 당년에 익고, 실편은 떨어지지 않으며, 그 뒷면에는 대게 갈고리 같은 돌기가 있다.

2. 분포 및 특성
(1) 북아메리카 원산이며, 중부 이남의 표고 100m 이하의 저습지에 분포한다.
(2) 중부 이남 지역의 평지나 저습지의 알칼리성 토양이 조림적지이다.
(3) 양수로서 해변가, 석회암지대의 습윤한 지역에 자생한다.
(4) 생장속도는 보통이다.

3. 번식
(1) 10월에 종자를 채취하였다가 노천매장한 후 파종하며 삽목에 의한 증식도 가능하다.
(2) 순량률 72%, ℓ당 입수 1,407립, 발아율 11%이다.

4. 이용
(1) 목재는 습기에 잘 견디고 재질이 좋으며, 끝이 가늘은 형태의 목재를 생산하는 단점이 있으나 건축용재, 선박, 토목용재 등에 사용된다.
(2) 습지에서 잘 자라므로 호숫가의 휴양림 조성에 적합하며 원추형의 수형이 독특하여 정원수, 풍치수, 가로수로 적당하다.

5. 충해
미국흰불나방

20 주목(*Taxus cuspidata* S. et Z.)

1. 형태
(1) 상록침엽교목으로 줄기가 붉어서 주목이라 하며 심재 또한 유달리 붉다.
(2) 잎은 선형이며 나선형으로 착생하고 길이 1.5~2.0cm, 넓이 3mm로 끝이 뾰족하며 표면은 짙은 녹색으로 뒷면에 2개의 연한 황색줄이 있다.
(3) 꽃은 **자웅일가화**로 4월에 피며 암꽃은 녹색, 수꽃은 갈색이고, 9~10월에 붉은 열매가 컵모양으로 달리며 붉은색의 종의 속은 종자가 들어 있다.
(4) 수고 17m, 직경 1m까지 자란다.

2. 분포 및 특성
(1) 전국의 비옥적윤지에 분포한다.
(2) 공중습도가 높고 토심이 깊은 비옥적윤한 토양이 조림적지이다.
(3) 내음성이 강하여 큰 나무 아래서 잘 생육하며 내한성도 강하고 이식력도 강하다.
(4) 생장속도는 느리다.

3. 이용
(1) 변재는 폭이 좁으며 황백색이고 심재는 자홍색 또는 맑은 홍색으로 심·변재의 구분이 분명하고 연륜이 뚜렷하다.
(2) 목리는 통직하고 재질이 우량하며 특수용재로 쓰인다. 가공성이 양호하고 접착성은 보통이며 심재의 내후 보존성은 보통이며 건조와 도장, 연삭이 양호하고 할열이 용이하며 광택이 있다.
(3) 조밀하게 달린 잎의 진한 녹색과 가을에 붉은 열매, 오래된 나무의 붉으면서 매끄러운 수피가 아름다운 수종으로 서양정원의 형상수로서 귀족적인 멋을 풍겨 주요지점의 중심목, 경관수, 생울타리, 건물 주위에 식재한다.

🌱 비자나무, 개비자나무, 주목의 특징 비교

수종	잎 끝	잎 뒷면	종자
비자나무	침처럼 매우 뾰족하여 찌르며, 수지가 발달되어 있음.	기공조선과 함께 3줄	2.5~4cm, 녹색의 종의가 종자 전체를 싸고 있음.
개비자나무	뾰족하지만 찌르지 않음.	2줄	1.5cm, 적색의 종의가 종자 전체를 싸고 있음.
주목	비교적 부드러우며, 수지가 발달되어 있지 않음	2줄	0.6cm, 적색의 종의가 종자 일부를 싸고 있음.

CHAPTER 03 활엽수

1 상수리나무(*Quercus acutissima* Carr.)

1. 형태
(1) 낙엽활엽교목으로 수고가 15~20m, 흉고직경이 40~50cm까지 자라고, 수피가 단단하며 흑회색이고 세로로 깊게 갈라진다.
(2) 잎은 넓고 길며 끝에 뾰족한 톱니가 있다. 뒷면에는 황록색의 짧은 털이 있으나 점차 떨어진다.
(3) 5월경에 꽃이 피며, 열매는 다음해 가을에 성숙해서 떨어진다.

2. 분포 및 특성
(1) 제주도부터 함경남도까지 널리 분포하고 중부지방에 많이 자란다.
(2) 남쪽에서는 해발 800m 이하, 중부에서는 400m 이하에 분포하며, 특히 100m 부근의 평지에 많이 분포한다.
(3) 어릴 때는 음양성이지만 점점 양성이 된다.
(4) 심근성으로 측근은 성기고 굵다.
(5) 어릴 때는 생장이 왕성하며, 중년까지 **맹아력**이 높다.

3. 번식
(1) 가을에 채집한 열매를 보호저장하여 봄에 뿌린다.
(2) 발아율은 비교적 높다.
(3) 활착률을 높이려면 측근의 발달을 촉진시켜야 하는데 그 방편으로 초봄 파종하기 전에 도토리의 뿌리가 5mm 정도 나타났을 때 그것을 끊어버리고 파종하기도 한다.

4. 조림법
(1) 묘목 식재로 임분을 조성하는데 묘목의 활착률이 낮아서 조림을 실패하는 경우가 많아, ha당 4,000~5,000본으로 직파조림한다.
(2) **맹아력이 강하기 때문에** 6~12년을 주기로 하여 맹아갱신을 한다.
(3) 조림 후 수년 간 생장이 부진하고 6~7년 자란 후 왕성하게 생장한다.
(4) 17~18년생 때 제1회 벌채를 하고 그 후로는 6~12년마다 벌채한다.
(5) 근주의 맹아는 우세한 것 2~3본을 남기고 제거한다.

🌱 참나무속의 잎과 열매 비교

떡갈나무　신갈나무　굴참나무　상수리나무　갈참나무　졸참나무

🌱 참나무속의 특징 비교

수종	잎 모양	잎의 털 종류	잎자루 길이	열매 컵의 포린	잎아래 (엽저)
굴참나무	톱니는 침처럼 발달하며, 폭은 다소 넓음.	단모와 별모양의 털 (잎 뒷면 흰색)	길다.	길게 발달	예저
상수리나무	톱니는 침처럼 발달하며, 폭은 좁고 날씬한 세장형	단모 또는 여러 세포로 된 단모	길다.	길게 발달	예저
떡갈나무	둔거치 (물결모양)	단모는 끝까지 남고 별모양의 털은 갈색으로 크고 구불구불함.	매우 짧다 (1cm 이하).	털처럼 길게 발달	이저 (귀모양)
신갈나무	예거치 (둔거치-북부)	털이 없지만 간혹 뒷면 단모 발달	매우 짧다 (1cm 이하).	곱추처럼 등굽으면서 두드러짐.	**이저**
갈참나무	작은 예거치	단모는 곧 떨어지며, 성모는 흰색으로 구불구불하지 않음.	길다 (3cm).		예저
졸참나무	작은 예거치	뒷면 전체에 누운 단모(단복모)와 성모가 있음.	길다 (3cm).		예저

2 물푸레나무(*Fraxinus rhynchophylla* HANCE)

1. 형태
(1) 낙엽활엽교목으로 줄기가 곧게 자라고 잎의 뒷면에 털이 밀생한다.
(2) 수고가 25m이고, 흉고직경이 1m이다.

2. 분포 및 특성
(1) 전남에서 함북까지 각지에 분포하며, 설악산 부근에 가장 많이 분포한다.
(2) 수직적으로 남부에서는 해발 1,250m 이하, 중·북부에서는 1,200m 이하의 지대에 분포하며, 400~500m 부근에 가장 많이 분포한다.
(3) 들메나무와 혼생하면서 자란다.
(4) 양성 또는 다소 중성을 지니며, 지력이 좋은 곳에서 잘 자란다.

3. 번식
(1) 물푸레나무와 들메나무의 열매는 결실주기성과 발아휴면성을 가지고 있어서 겨울에는 노천매장을 한다.
(2) 봄에 파종하며 실생묘 양성이 잘 되고, 삽목번식도 가능하다.

4. 조림법
ha당 3,000본을 심고 동령림 작업을 한다.

3 느티나무(*Zelkova serrata* MAKINO)

1. 형태
(1) 낙엽교목으로 줄기가 곧게 자라며 수고가 30~40m, 흉고직경이 1~2m 가량 된다.
(2) 꽃은 **일가화**로서 5월에 잎과 같이 핀다.
(3) 수꽃은 새 가지의 아래쪽에 모여 달리며 4~6개의 수술이 있고, 암꽃은 새 가지의 위쪽에 1송이씩 달리지만 3개까지 달리는 것도 있다.
(4) 느티나무 열매에는 날개가 없다.

2. 분포 및 특성

(1) 제주도에서 평남에 이르는 각지에 분포하며, 남쪽에 많고 북쪽으로 갈수록 수가 줄어든다.

(2) 평지에 가장 많이 분포한다.

(3) 어릴 때 약간 음성을 띠어서 그늘 아래에서도 견디고 숲속에서도 생육하지만, 자람에 따라 양성으로 되고 충분한 일사를 받아야 잘 자란다.

(4) 줄기가 잘 갈라지며 굽는 경향이 있는데 이것이 조림상의 문제점이다.

(5) 심근성이고 어릴 때의 생장은 빠르며 20~30년생까지 강한 맹아력을 가진다.

(6) 비옥하고 통기가 잘 되는 적윤지에서 잘 자란다.

(7) 수피가 얇아서 일사에 대한 저항력이 약하기 때문에 오후 일광의 직사를 피하는 것이 좋다.

(8) 산성토양에서는 생육이 불량하고 석회질토양에서 잘 자란다.

3. 번식

(1) 실생묘로 번식하며 가을에 노천매장을 해서 파종하기 전 2~3일간 냉수에 침지하여 발아를 촉진시킨다.

(2) 삽목으로도 번식이 가능하지만 거의 실시하지 않는다.

4. 조림법

(1) 인공림 조성 묘목 식재거리는 1.2~1.5m 가량으로 밀식한다.

(2) 참나무와 혼식하는 것이 좋고 혼식밀도는 ha당 6,000본 정도가 알맞다.

(3) 모수법(母樹法)에 의한 천연하종으로 치수를 발생시킨다.

(4) 가지치기에 주의해야 하고 지름 10cm 이상의 굵은 가지를 치면 재질에 손상이 생기게 되므로 지름 5cm 이하의 것만 쳐낸다.

(5) 가지치기는 흉고직경이 5~8cm 정도 되는 어릴 때 실시해서 절단면의 치유가 빨리 되도록 한다.

(6) 40~50년을 벌기로 해서 용재를 생산할 수 있다.

(7) 지력에 대한 요구도가 높아서 조림될 수 있는 적지를 얻기가 어렵다.

5. 이용

(1) 느티나무는 고급특수용재를 생산하기 위해 조림하기 때문에 대경재 생산에 목적을 둔다.

(2) 변재는 황변색이고 심재는 적갈색으로 광택이 있고 목리가 아름답다.

(3) 가구재, 기구재, 단판, 기계재, 조각재, 악기재, 건축재 등 다양한 용도로 사용된다.

(4) 풍치조경용의 식재가치가 뛰어나 정자나무로 알려져 있다.

4 포플러류(*Populus*)

1. 형태와 분류

(1) 낙엽교목으로 줄기가 곧고 생장이 빠르며 습기가 있는 토양을 좋아한다.

(2) 포플러속은 사시나무, 은백양, 미루나무, 양버들, 황철나무, 물황철나무, 당버들 등이 있으며 사시나무, 황철나무, 이태리포플러 등의 이용가치가 크다.

2. 품종

(1) **사시나무**
  ① 수고 10m, 직경 30cm 정도의 낙엽교목으로 나무껍질은 흑갈색이며, 겨울눈은 갈색이다.
  ② 잎의 뒷면은 흰빛을 띠며 털이 없다.
  ③ 잎이 얇고 잎자루가 길어 약한 바람에도 잘 흔들린다.
  ④ **사시나무속(양버들, 당버들)은 아린이 5~6개이고, 포에 톱니가 있으며 꽃은 컵처럼 생긴 포로 싸인 형태**이다[버드나무속(호랑버들)과 채양버들의 아린은 1개씩이고 포에 톱니가 없으며, **버드나무속은 꽃에 1~2개의 꿀샘이 존재**한다.].

(2) **황철나무**
  ① 수고 20~30m, 직경 1m 정도의 낙엽교목으로 나무껍질은 어릴 때의 회색에서 생장하면서 흑갈색으로 변한다.
  ② 잎은 둥글고 뒷면은 흰빛을 띠며, 잎자루는 짧은 털이 밀생한다.

(3) **현사시나무**
  ① 은백양과 수원사시나무의 교잡종으로 생장이 매우 빠르다.
  ② 잎의 뒷면에 은백양에서 볼 수 있는 흰 털이 밀생했다가 점차 떨어진다.
  ③ 겨울눈은 달걀형으로 흰 털이 있다. 잎은 어긋나며 달걀형, 타원형, 원형이다.

(4) **이태리포플러**
  ① 양버들과 미루나무의 잡종에서 선발된 것이다.
  ② 생장이 매우 빨라 속성수로 권장하고 있다.
  ③ 나무줄기가 곧게 자라고 나무껍질은 은백색이다.

(5) **포플러속의 구분**
  ① 백양절: 사시나무, 수원사시나무, 미국사시나무, 유럽사시나무, 은백양
  ② 흑양절: 양버들, 미루나무
  ③ 황철나무절: 황철나무, 물황철나무, 왕버들

3. 분포 및 특성

(1) 포플러속의 나무들은 주로 북반구에 분포하고 있다.

(2) 우리나라의 사시나무는 거의 전국에 분포하고 있으며 특히 소백산 부근에 많다.

(3) 잎의 표면에 주름이 많은 물황철나무는 중·북부의 고지대에 많이 분포하고 지리적으로는 일본, 중국, 몽고, 우스리에 분포한다.

(4) 당버들은 거의 전국적으로 분포하며, 지리적으로는 중국, 몽고, 만주에 분포한다.

(5) 포플러류는 양성이고 어릴 때 성장이 빠르며 줄기가 곧고 천근성이다.

(6) 대체로 토양이 깊고 비옥한 곳에서 잘 자란다.

(7) 흑양절종의 적지는 바람이 적은 곳에서 토양습기가 충분하면서 깊은 양토인 곳이며, 최적 pH는 6.0~8.0이므로 석회를 주면 효과가 있다. pH 5.0 이하의 산성토양은 좋지 않다.

(8) 포플러속 중 흑양절과 황철나무에 속하는 것은 삽목용으로 쓰는 가지 중에 이미 기성근기(旣成根基)를 가지고 있으며 이것이 삽목되었을 때에 뿌리로 발달한다.

4. 번식

(1) **실생묘양성**

① 사시나무류를 제외하고는 연구용이 아니면 대개 삽목증식을 하며, 클론(clone)의 특성을 살리기 위해서는 무성번식을 해야 한다.

② 포플러류의 종자는 소립이고, 사시나무의 1L당 입수는 약 370만립인데, 수명이 짧다. 종자를 실내에 두면 약 일주일 후에 활력을 잃어버리나, 건조제와 함께 0℃ 되는 곳에 두면 수년간 활력유지가 가능하다.

③ 비옥한 양토 또는 식양토의 포지에 파종하고 가는 모래를 2~3mm 정도로 덮고 비닐덮개를 하면, 파종 후 수일 내 발아한다.

(2) **삽목증식**

① 성숙한 1년생 가지를 20~25cm 정도로 마련해서 꽂는데 이때 4개의 잎을 가진 8~16mm 굵기가 알맞다.

② 사양토의 상토에 삽수를 꽂은 뒤 관수하고 해가림을 해서 건조를 막는다.

③ 이태리포플러의 경우 남북으로 열을 만들어 열간 거리 50~65cm, 주간 거리 25~65cm 정도로 한다.

④ 삽목하는 삽수의 상단이 지면과 일치하도록 꽂는데, 이것은 삽수의 상단에 있는 눈을 발달시키기 위한 것이다.

⑤ 삽목한 해 7~8월 정도에 줄기로부터 15cm 가량 떨어져서 수직으로 돌려가면서 30~40cm 깊이로 단조용 연장을 꽂아서 단근을 하며 세근의 발달을 촉진한다.

(3) 근맹아묘양성

지삽목이 잘 안 되는 사시나무류는 어린 나무의 뿌리 중 지름 3~12mm의 것을 가을에 캐서 겨울 동안 습한 모래 안에 보관했다가 봄에 10cm의 길이로 끊어서 포지에 약 7cm의 깊이로 심는다.

5. 조림법

(1) 적지를 골라서 초봄에 약 7m×7m(ha당 약 200주) 정도로 심는다.

(2) 식재거리는 클론과 벌기와 간벌계획에 따라 달라진다.

(3) 심을 구덩이는 70~100cm로 파고 속의 흙을 부드럽게 하며, 부숙한 퇴비, 석회, 고형비료 등을 기비로 준다.

(4) 뿌리목 부근의 잡초가 생기면 제거한다.

(5) 줄기에 단지를 내는 것은 식재 후 2년째 여름에 끊어 없애고 수고의 약 1/3까지 가지를 쳐낸다. 1년 간격으로 가지치기를 반복하면 벌채할 때에는 수고의 1/2까지 가지가 없게 되고 줄기의 용재율이 높아진다.

(6) 포플러는 빨리 자라는 대신 많은 토양양료를 소모하기 때문에 양료를 보충해줘야 하며, 조기육성을 위해서는 비배를 해야 한다.

(7) 20년생 벌기가 적용될 수 있다.

6. 이용

(1) 포플러류는 변재와 심재의 구분이 명확하지 않은 편이지만 은백양의 경우 변재는 분홍색, 심재는 적색을 나타낸다. 사시나무류와 황철나무류는 모두 백색 또는 회색의 심재를 가진다. 포플러류는 연륜의 경계가 확실하지 않다.

(2) 펄프재, 젓가락, 성냥개비, 이쑤시개, 포장재, 가구재, 느타리버섯 재배의 골목으로 이용된다.

(3) 양버들은 풍치수와 방풍림으로 이용된다.

5 오동나무류

1. 형태

낙엽교목으로 줄기가 곧고 잎이 거치가 없고 원추화서가 가지 끝에 달리며 얇은 수피를 가진다.

2. 품종

(1) **참오동나무**[*Paulownia tomentosa*(Thunb.) Steud.]

① 꽃은 원추꽃차례로서 길이 20~30cm이며 꽃부리는 깔때기와 비슷한 모양이고, 세로로 된 자주색 점선이 있다.

② 잎 뒷면에 털이 있으며, 열매는 삭과형이다.

(2) **오동나무**(*P. coreana*)

참오동나무에 비해 잎 뒷면에 있는 털이 다갈색이고 꽃에 자주색의 점선이 없다.

3. 분포 및 특성

(1) 울릉도에서 자생장(自生長)을 이룬다.

(2) 어릴 때 빠르게 생장하며 근주의 맹아력이 강하다.

(3) 뿌리는 천근성이고 바람에 대한 저항력이 약하다.

(4) 척박지에서는 잘 자라지 못하고 배수가 잘 되는 곳에서 잘 자란다.

(5) 양수이며 수명이 짧은 편이고 50~60년 정도가 되면 수세가 약해진다.

(6) 수피가 얇아서 열해를 받는 경우가 많기 때문에 오후의 일사를 피하는 것이 좋다.

4. 번식

(1) **분근법**

① 성묘 또는 우량모수의 측근 중 지름 1.0~1.5cm의 것을 길이 15cm로 끊어서 종근을 만들고 포지에 심는 방법으로 우량모주의 유전성을 계승하기 위한 방법이다.

② 종근은 늦가을에 채취해서 땅속에 매장해서 월동시킨 후 봄에 종근을 1~2일 응달에 말리고 살균제액에 5분 정도 침지한 후 포지에 묻는다. 3~4개의 싹 중 5cm 정도 길이의 강한 것 1개만 남긴다.

(2) **실생법**

① 실생법을 통해 번식할 경우 새로운 품종을 만들 수 있고 빗자루병 등의 병원체의 전파를 막을 수 있으며 일시에 다량의 묘목을 얻을 수 있다.

② 가을에 삭과로부터 종자를 얻어서 종이봉지에 넣은 후 비닐주머니에 밀봉하여 냉장고 안에 저장한다.

③ 햇볕을 잘 받는 포지의 묘상을 살균 소독하고 지온을 높이기 위해 검정 비닐막을 약 10일 정도 덮는다. 비닐막을 걷은 후 1m²당 약 52g 정도의 종자를 산파하고 두께 3mm 정도로 흙을 덮는다. 토양소독과 종자소독을 위해 소독액을 가는 물뿌리개를 사용해서 살포한다.

④ 파종 후 투명 비닐막으로 파종상을 덮거나 비닐막으로 지붕을 덮는다.

⑤ 삽목번식도 가능하다.

5. 조림법

(1) 우리나라 중부 이남의 따뜻한 곳에 심는다.

(2) 재배적지에 3~4m의 거리를 두고 묘목을 식재한다.

(3) 심을 구덩이에 퇴비, 계분, 고형비료 등을 넣고 묘목의 뿌리가 비료에 직접 접촉되지 않도록 한다.

(4) 심은 후 뿌리목 부근이 주변의 지표보다 높아야 한다.

(5) 오동나무는 줄기 아래에 있는 눈을 빨리 따서 지하고(4m 이상)를 높게 해주는 것이 좋다.

(6) 대경재를 위한 벌기는 20~30생이다.

6. 이용

(1) 오동나무의 목재는 가볍고 연하지만 마찰에 대한 저항력이 있고 색이 광택을 가져서 고급목이다.

(2) 고급가구재, 악기재, 포장재, 내장재, 완구재, 조각재 등으로 쓰인다.

(3) 흔히 조경용으로 심는다.

6 아카시아

1. 형태와 특성

(1) 낙엽교목으로서 미국 애팔래치아산맥을 따라 분포한다.

(2) 우리나라에 도입되어 각지에 식재되어 사방용, 연료재, 환경조성용 등의 가치를 발휘하고 있다.

(3) 수고 10~15m, 흉고직경 40~50cm에 이르며, 수형은 부정형이다.

(4) 다소 음성을 띠지만 뒤에 양성으로 되고 천근성이며 측근이 길게 발달한다.

(5) 어릴 때 맹아력이 강하고 생장이 빠르다.

(6) 각종 해에 대한 저항력이 있지만 풍도의 해를 받는다.

(7) 알맞은 습도를 가지는 사양토에서 잘 자라며, 남향의 산기슭, 계곡, 언덕의 경사면이 적지이다.

2. 번식

(1) 실생묘양성이 잘 되며 식수조림한다.

(2) 맹아에 의한 갱신도 가능하다.

(3) 소경재 생산을 위해서는 20년 정도의 벌기를 적용한다.

3. 이용

(1) 변재는 황백색 또는 황색, 심재는 황갈색으로 강하고 탄력성과 내구력이 있다.

(2) 목재는 가구재, 선박재, 토목재, 차량재 등으로 쓰인다.

(3) 잎은 가축의 사료로 쓰이며 밀원으로서의 가치가 높다.

7 가시나무류

1. 형태와 특성
(1) 우리나라에서는 상록활엽교목으로서 남해안, 제주도와 남해 도서지방에 분포한다.
(2) 우리나라에는 가시나무, 붉가시나무, 종가시나무, 참가시나무, 돌가시나무 등이 있는데 모두 **난대의 대표 수종**들이다.
(3) 심근성이고 광요구도가 중성이며 적윤의 비옥지에서 잘 자란다.
(4) 가시나무류 모두 맹아성이 있으며 결실은 격년 또는 2년 간격으로 풍흉의 주기를 보인다.
(5) 식재밀도는 5,000~6,000본을 넘는 밀식을 해야 하며 가지치기 작업은 약하게 해야 한다.
(6) 천연하종에 의한 갱신이 바람직하다.

2. 번식
(1) 열매는 건조에 약하고 노천매장을 하였다가 파종한다.
(2) 묘목양성은 어려운 편이며 인공식재로 좋은 임분을 조성하기가 쉽지 않다.
(3) 산지에 식재한 후 활착률이 낮다.

3. 이용
(1) 목재는 단단하고 무겁다.
(2) 기구재, 운동구재, 차량재, 건축재, 토공용재, 표고버섯재배용 골목, 주산알, 신탄재 등 여러 용도로 쓰인다.
(3) 조경수로서의 가치가 높다.

8 자작나무과 수목(*Betulaceae*)

1. 분류

(1) **오리나무속**
열매가 솔방울처럼 생기고 열매 포린(苞鱗)의 끝은 5열(裂)하고, 잎은 나선상으로 달린다.

(2) **자작나무속**
열매가 솔방울처럼 생기고 열매 포린의 끝은 3열하고, 잎은 두 줄로 달린다.

(3) **개암나무속**
열매가 잎 같은 포에 싸여 있고 잎의 측맥은 8쌍 이하이다.

(4) **서어나무속**
　　열매는 잎 같은 포에 싸여 있고 잎의 측맥은 8쌍 이상이며 열매의 총포는 벌어진다.

(5) **새우나무속**
　　열매는 잎 같은 포에 싸여 있고 잎의 측맥은 8쌍 이상이며 열매의 총포는 주머니 모양이다.

2. 분포 및 특성

(1) 자작나무과 수목은 우리나라 온대지방에 많이 분포하고, **고산지대 또는 이북의 고지에서 자란다.**

(2) 오리나무는 수고 20m, 흉고직경 1m에 이르는 대교목이며 전국에 분포하지만 특히 중부지방에 많이 분포하며, 하천 주변 습지나 토심이 깊은 곳을 좋아한다.

(3) 물갬나무는 수고 18m, 흉고직경 80cm에 이르고 전국 각지에 분포하지만 특히 지리산에 분포하며, 적지는 오리나무와 비슷하지만 건조한 토양에서도 견디어 사방용으로 식재된다. 양성이고 어릴 때 생장이 빠르며 측근이 잘 발달하고 맹아력이 있다.

(4) 까치박달은 수고 15m, 흉고직경 1m에 이르고 전국 각지에 분포하지만 특히 중·남부지방에 많다. 적지로는 곡간 또는 산허리 수림 중 부식질이 많은 양도이다.

(5) 서어나무는 수고 15m, 흉고직경 60cm까지 자라며 중·남부지방에 분포하지만 특히 한라산과 지리산에 많다. 적지는 산허리 및 곡간의 수림 또는 산기슭 양지로서 토심이 깊은 곳이다.

(6) 박달나무는 수고 20m, 흉고직경 60cm까지 자라고 전국에 분포한다. 적지는 곡간이나 산허리 등의 토심이 깊은 곳을 좋아하며 신갈나무와 물박달나무 등과 혼생한다. 박달나무의 측맥 수는 9~10쌍 정도이다.

(7) 거제수나무는 수고 25m, 흉고직경 80cm까지 자라며 전국적으로 분포하지만 특히 북부에 많다. 잎의 측맥은 10~16쌍이다.

(8) 사스래나무는 한라산에도 있지만 이북 고지에 많고 수간이 구부러진 것이 많다.

(9) 자작나무는 함경북도 고지에 많으며 해발 800m 부근을 중심으로 나타난다. 양성이고 어릴 때의 생장이 빠르다.

(10) 새우나무는 제주도와 해남에 분포하고 곡간에 난다.

(11) **개박달나무의 과수는 난형**으로 길이가 1.5~2cm이고 잎은 뒷면에 선점이 없다.

(12) **물박달나무는 일가화**이다(자웅동주).

3. 번식

(1) 오리나무류는 열매를 채취한 뒤 양건(陽乾)하여 종자를 추출한 뒤 정선해서 밀봉하고 냉암소에 보관하여 저온 저장한다. 봄에 산파하며 포지는 논이다. 발아 후 반점병 등의 피해가 많으며 보르도액을 자주 살포해서 방재한다.

(2) 자작나무류는 가을에 열매가 갈색으로 성숙하면 비산하기 때문에 일찍 따서 음건하고, 손으로 비비면 쉽게 허물어지기 때문에 비닐주머니에 넣어 냉암소에 보관하거나 저온 저장한다.

(3) 자작나무류와 오리나무류의 종자는 매우 작고 5mm 이내의 것이 많다. 오리나무류의 종자는 날개 부분이 작고, 자작나무류는 날개부분이 비교적 크다. 봄에 파종하며 상토는 습기가 있는 사양토가 알맞다. 파종 후 복토는 얇게 하고 짚을 깔아준다. 발아하기 시작할 때 빨리 짚을 제거하며 어릴 때 빨리 자라기 때문에 솎기에 주의한다.

4. 조림법

(1) 수종에 따라 식재밀도를 선택해야 한다.

(2) 물갬나무는 ha당 5,000~6,000본 정도를 심는다.

(3) 천연갱신도 가능하다.

5. 이용

(1) 박달나무 목재는 조직이 치밀하고 단단하며 무거워서 방망이나 참빗 등 귀중대로 쓰이며, 기구재, 농구재, 기계재, 조각재 등 다양한 용도로 쓰인다.

(2) 자작나무는 이북 오지에 사는 사람들의 생활자재로서 밀접한 관계가 있으며 자작나무속 수목은 풍치적 가치가 높다.

(3) 오리나무는 능묘 주변에 많이 식재되어 있고, 다른 오리나무류는 사방녹화용으로 식재되며, 가구재 등으로 쓰인다.

(4) **거제수나무의 수액은 약용으로 이용**되고, 개암나무류의 열매는 이용가치가 높다. 또한 풍치경관적 가치가 높다.

(5) 지리산 지역에서는 이른 봄 **사스래나무 및 고로쇠나무와 더불어 거제수의 수액을 약수로 이용**하고 있다.

9 단풍나무속(*Acer* L. maple)

(1) 단풍나무과의 단풍속은 100~150종으로 구성되며, 우리나라에 분포하는 수종은 단풍나무, 당단풍나무, 복자기, 신나무, 고로쇠나무, 산겨릅나무, 시닥나무 등 총 15종이 분포한다.

(2) 단풍나무속은 교목 또는 관목성이다.

(3) 대부분 백두대간의 식생에서 볼 수 있고, 예외적으로 단풍나무만이 전라남북도와 제주도에 국한해서 분포하고 있다.

10 황벽나무

(1) 운향과에 속하는 황벽나무는 낙엽활엽교목으로 잎이 기수1회우상복엽이고 소엽은 보통 5~13개이며 가장자리에 털이 많다.

(2) 질이 좋은 코르크를 생산하며 내피를 건위제로 사용한다.

(3) 열매는 흑색이며 구형으로 핵과이다.

CHAPTER 04 잎의 특성에 따른 분류

1 잎이 어긋나는 수종

1. 자작나무과

(1) **서어나무속**
   서어나무, 까치박달

(2) **개암나무속**
   개암나무, 물개암나무

(3) **자작나무속**
   사스레나무, 거제수나무, 박달나무

2. 참나무과

참나무속 : 굴참나무, 상수리나무, 떡갈나무, 신갈나무, 갈참나무, 졸참나무

3. 장미과

(1) **벚나무속**
   귀룽나무, 벚나무, 산벚나무

(2) **벚나무속(귀룽나무, 벚나무, 산벚나무)의 주요 특징**

수종	꽃차례	잎
귀룽나무	총상, 15~30개 꽃	단거치 형태
벚나무	산방, 포 1개, 2~4개 꽃	이중거치 발달
산벚나무	산형, 포 1개, (1)2~3개 꽃	이중거치 발달

(3) **벚나무속의 화서**
   ① 귀룽나무는 화서 밑에 잎이 달린다.
   ② 벚나무는 산방화서, 올벚나무는 산형화서, 산벚나무는 산형화서 또는 짧은 산방화서이다.

4. 진달래과

(1) 진달래속

진달래, 산철쭉, 철쭉꽃

(2) 진달래속(진달래, 산철쭉, 철쭉꽃)의 주요 특징

수종	잎	꽃	잎과 꽃이 피는 시기와 순서
진달래	낙엽성으로 인편이 있고 뾰족하며, 소지에 털이 없음.	순환형	4월 중순 꽃 > 잎
산철쭉	반상록성으로 인편이 없고 폭이 0.7~3.5cm이며, 피침형이고, 잎과 소지에 거센 털이 있음.	깔때기형, 푸른 보라색	4월 하순~6월 중순 잎 > 꽃
철쭉꽃	낙엽성으로 인편이 없고 거꿀달걀형이며, 소지와 잎에 샘털이 있음.	순환형, 보라색	5월 초순 잎 > 꽃

5. 피나무과

피나무속: 피나무, 찰피나무

2 잎이 마주나는 수종

1. 수국과

말발도리속: 물참대, 말발도리, 매화말발도리

2. 단풍나무과

단풍나무속: 고로쇠나무, 단풍나무, 당단풍나무, 부게꽃나무, 청시닥나무, 시닥나무

3. 노박덩굴과

화살나무속: 화살나무, 참회나무, 회나무, 나래회나무

3 복엽을 갖는 수종

1. 물푸레나무과

물푸레나무속: 쇠물푸레나무, 물푸레나무, 들메나무, 물들메나무

> **가시의 종류**
> ① 엽침: 잎이나 탁엽(턱잎)이 변해서 된 가시. 매자나무(잎), 아까시나무(탁엽)
> ② 피침: 수피(나무껍질)이 변해서 된 가시. 장미, 두릅나무, 음나무, 산딸기, 찔레꽃 등
> ③ 경침: 나무의 줄기나 가지가 변해서 된 가시. 탱자나무, 당매자나무, 주엽나무, 갈매나무, 석류나무

주요 수목의 학명

과명	학명	국명
단풍과(Aceraceae)	*Acer buergerianum*	중국단풍
	Acer ginnala	신나무
	Acer mandshuricum	복장나무
	Acer mono	고로쇠나무
	Acer palmatum	단풍나무
	Acer pseudo-sibolianum	당단풍
	Acer triflorum	복자기
박쥐나무과(Alangiaceae)	*Alangium platanifolium var. macrophylum*	박쥐나무
옻나무과(Anacardiaceae)	*Rhus chinensis*	붉나무
협죽도과(Apocynaceae)	*Nerium indicum*	협죽도
	Trachelospermum asiaticum var.intermediu	마삭줄
감탕나무과(Aquifoliaceae)	*Ilex cornuta*	호랑가시나무
	Ilex crenata	꽝꽝나무
	Ilex integra	감탕나무
	Ilex rotunda	먼나무
두릅나무과(Araliaceae)	*Fatsia japonica*	팔손이
	Hedera rhombea	송악
	Kalopanax pictus	음나무
매자나무과(Berberidaceae)	*Berberis amurensis*	매발톱나무
	Berberis koreana	매자나무
	Berberis poiretii	당매자나무
	Nandina domestica	남천
자작나무과(Betulaceae)	*Betula platyphylla var. japonica*	자작나무
	Carpinus coreana	소사나무
	Carpinus laxiflora	서어나무
	Corylus heterophylla var. thunbergii	개암나무
능소화과(Bignoniaceae)	*Campsis grandiflora*	능소화
회향목과(Buxaceae)	*Buxus microphylla var. koreana*	회향목
노박덩굴과(Celastraceae)	*Celastrus orbiculatus*	노박덩굴
	Euonymus alatus	화살나무
	Euonymus fortunei var. radicans	줄사철나무
	Euonymus japonicus	사철나무
	Euonymus sieboldiana	참빗살나무
계수나무과(Cercidiphyllaceae)	*Cercidiphyllum japonicum*	계수나무

과명	학명	국명
인동과(Caprifoliaceae)	*Lonicera japonica*	인동
	Lonicera maackii	괴불나무
	Sambucus williamsii var. coreana	딱총나무
	Viburnum awabuki	아왜나무
	Viburnum carlesii	분꽃나무
	Viburnum dilatatum	가막살나무
	Viburnum erosum	덜꿩나무
	Viburnum sargentii	백당나무
	Weigela subsessilis	병꽃나무
층층나무과(Cornaceae)	*Aucuba japonica*	식나무
	Cornus controversa	층층나무
	Cornus kousa	산딸나무
	Cornus officinalis	산수유
	Cornus walteri	말채나무
측백나무과(Cupressaceae)	*Chamaecyparis pisifera*	화백
	Juniperus chinensis	향나무
	Juniperus chinensis var. sargentii	눈향나무
	Juniperus virginiana	연필향나무
	Thuja occidentalis	서양측백
	Thuja orientalis	측백나무
소철과(Cycadaceae)	*Cycas revoluta*	소철
감나무과(Ebenaceae)	*Diospyros kaki*	감나무
	Diospyros lotus	고욤나무
보리수나무과(Elaeagnaceae)	*Elaeagnus glabra*	보리장나무
	Elaeagnus umbellata	보리수나무
진달래과(Ericaceae)	*Rhododendron mucronulatum*	진달래
	Rhododendron schlippenbachii	철쭉
	Rhododendron yedoense var. poukhanense	산철쭉
	Vaccinium oldhami	정금나무
대극과(Euphorbiaceae)	*Daphniphyllum macropodum*	굴거리
	Mallotus japonicus	예덕나무
	Sapium japonicum	사람주나무
	Securinega suffruticosa	광대싸리
조록나무과(Hamamelidaceae)	*Corylopsis coreana*	히어리
	Distylium racemosum	조록나무
	Hamamelis japonica	풍년화

과명	학명	국명
참나무과(*Fagaceae*)	*Castanea crenata*	밤나무
	Quercus acuta	붉가시나무
	Quercus acutissima	상수리나무
	Quercus dentata	떡갈나무
	Quercus glauca	종가시나무
	Quercus mongolica	신갈나무
	Quercus phillyraeoides	졸가시나무
	Quercus serrata	졸참나무
	Quercus variabilis	굴참나무
은행나무과(*Ginkgoaceae*)	*Ginkgo biloba*	은행나무
칠엽수과(*Hippocastanacea*)	*Aesculus trubinata*	칠엽수
가래나무과(*Juglandaceae*)	*Juglans mandshurica*	가래나무
	Juglans sinensis	호두나무
으름덩굴과(*Lardizabalaceae*)	*Akebia quinata*	으름
	Stauntonia hexaphylla	멀꿀
녹나무과(*Lauraceae*)	*Cinnamomum camphora*	녹나무
	Lindera obtusiloba	생강나무
	Machilus thunbergii	후박나무
	Neolitsea sericea	참식나무
콩과(*Leguminosae*)	*Albizzia julibrissin*	자귀나무
	Cercis chinensis	박태기나무
	Maackia amurensis	다릅나무
	Sophora japonica	회화나무
	Wistria floribunda	등나무
부처꽃과(*Lythraceae*)	*Largerstroemia indica*	배롱나무
목련과(*Magnoliaceae*)	*Liriodendron tulipifera*	튤립나무
	Magnolia denudata	백목련나무
	Magnolia grandiflora	태산목
	Magnolia kobus	목련
	Magnolia obovata	일본목련
	Magnolia sieboldii	함박꽃나무
멀구슬나무과(*Meliaceae*)	*Melia azedarach var. japonica*	멀구슬나무
자금우과(*Myrsinaceae*)	*Ardisia crenata*	백량금
	Ardisia japonica	자금우
	Ardisia pusilla	산호수
위성류과(*Tamaricaceae*)	*Tamarix chinensis*	위성류

과명	학명	국명
뽕나무과(Moraceae)	Broussonetia kazinoki	닥나무
	Cudrania tricuspidata	꾸지뽕나무
	Ficus carica	무화과
	Ficus erecta	천선과나무
	Ficus nipponica	모람
	Morus alba	뽕나무
물푸레나무과(Oleaceae)	Abeliophyllum distichum	미선나무
	Chionanthus retusa	이팝나무
	Forsythia koreana	개나리
	Fraxinus rhynchophylla	물푸레나무
	Fraxinus sieboldiana	쇠물푸레
	Ligustrum japonicum	광나무
	Ligustrum obtusifolium	쥐똥나무
	Osmanthus fragrans	목서
	Osmanthus heterophylla	구골나무
	Syringa dilatata	수수꽃다리
소나무과(Pinaceae)	Abies holophylla	젓나무
	Abies koreana	구상나무
	Abies nephrolepis	분비나무
	Picea abies	독일가문비
	Pinus bungeana	백송
	Pinus densiflora	소나무
	Pinus koraiensis	잣나무
	Pinus parviflora	섬잣나무
	Pinus strobus	스트로브잣나무
	Pinus thunbergii	곰솔
돈나무과(Pittosporaceae)	Pittosporum tobira	돈나무
석류과(Punicaceae)	Punica granatum	석류나무
미나리아재비과(Ranunculaceae)	Paeonia japonica	백작약
	Paeonia lactiflora	적작약
	Paeonia suffruticosa	모란
갈매나무과(Rhamnaceae)	Rhamnella frangulioides	까마귀베게
	Rhamnus yoshinoi	짝자래나무
꼭두선이과(Rubiaceae)	Gardenia jasminoides for. grandiflora	치자나무
	Serissa japonica	백정화

과명	학명	국명
장미과(Rosaceae)	Amelanchier asiatica	채진목
	Chaenomeles sinensis	모과나무
	Kerria japonica	황매화
	Photinia glabra	홍가시나무
	Prunus padus	귀룽나무
	Prunus pendula for. ascendens	올벚나무
	Prunus serrulata var. spontanea	벚나무
	Prunus tomentosa	앵도
	Prunus yedoensis	왕벚나무
	Pyracantha angustifolia	피라칸사
	Raphiolepis umbellata	다정큼나무
	Rhodotypos scandens	병아리꽃나무
	Rosa multiflora	찔레
	Rosa rugosa	해당화
	Sorbus alnifolia	팥배나무
	Sorbus commixta	마가목
	Spiraea prunifolia var. simpliciflora	조팝나무
운향과(Rutaceae)	Citrus junos	유자나무
	Citrus unshiu	귤
	Evodia daniellii	쉬나무
	Poncirus trifoliata	탱자나무
나도밤나무과(Sabiaceae)	Meliosma myriantha	나도밤나무
	Meliosma oldhamii	합다리나무
무환자나무과(Sapindaceae)	Koelreuteria paniculata	모감주나무
범의귀과(Saxifragaceae)	Hydrangea macrophylla for. otaksa	수국
	Hydrangea paniculata	나무수국
	Hydrangea serrata for. acuminata	산수국
	Philadelphus schrenckii	고광나무
벽오동과(Sterculiaceae)	Firmiana simplex	벽오동
노린재나무과(Symplocaceae)	Symplocos chinensis for. pilosa	노린재나무
주목과(Taxaceae)	Taxus cuspidata var. nana	눈주목
	Taxus cuspidata	주목
	Torreya nucifera	비자나무
낙우송과(Taxodiaceae)	Metasequoia glyptostroboides	메타세쿼이아
	Sciadopitys verticillata	금송
	Taxodium distichum	낙우송

과명	학명	국명
차나무과(Theaceae)	*Camellia japonica*	동백나무
	Eurya japonica	사스레피나무
	Stewartia koreana	노각나무
	Ternstroemia japonica	후피향나무
	Thea sinensis	차나무
피나무과(Tiliaceae)	*Grewia biloba var. parviflora*	창구밥나무
	Tilia amurensis	피나무
	Tilia megaphylla	염주나무
느릅나무과(Ulmaceae)	*Celtis sinensis*	팽나무
	Hemiptelea davidii	시무나무
	Zelkova serrata	느티나무
마편초과(Verbenaceae)	*Callicarpa japonica*	작살나무
	Clerodendrum trichotomum	누리장나무
포도과(Vitaceae)	*Ampelopsis brevipedunculata var. heteroph*	개머루
	Parthenocissua tricuspidata	담쟁이덩굴
	Vitis amurensis	왕머루
	Vitis flexuosa	새머루
	Vitis vinifera	포도

PART 11 단원 OX 문제

01 향나무의 꽃은 자웅동주로 4월에 피고 이듬해 10월에 자주색 열매를 맺는다. ( )

02 낙엽송은 주요 조림수로 식재되며 잎갈나무에 비해 가지는 붉고 구과의 인편은 뒤로 젖혀지는 것이 차이점이다. ( )

03 느티나무의 수꽃은 새 가지의 아래쪽에 모여 달리며 1개의 수술이 있다. ( )

04 주목은 자웅동주로 7월에 피며 암꽃은 녹색이고 수꽃은 갈색이며 9~10월에 붉은 열매가 컵모양으로 달린다. ( )

05 서어나무속은 열매는 잎 같은 포에 싸여 있고 잎의 측맥은 8쌍 이상이며 열매의 총포는 벌어진다. ( )

06 잣나무·스트로브잣나무·섬잣나무·백송은 복유관속군이다. ( )

07 전나무속에는 전나무, 분비나무, 구상나무, 잣나무 등이 있다. ( )

08 잣나무·스트로브잣나무·섬잣나무·백송은 단유관속군에 속한다. ( )

09 졸참나무는 낙과 즉시 발아한다. ( )

10 해송은 곰솔이라고도 하며, 적송에 가까운 1엽송이다. ( )

11 현사시나무는 은백양과 수원사시나무의 교잡종으로 생장이 매우 느리다. ( )

12 잣나무는 상록침엽교목으로 줄기가 통직하며 수피는 거칠고 검은 갈색이다. ( )

13 가문비나무의 꽃은 5~6월에 황갈색으로 피고, 열매는 9~10월에 익으며 녹황색으로 아래쪽을 향한다.
(   )

14 단풍나무과의 단풍속은 100~150종으로 구성되며 우리나라에는 단풍나무, 당단풍나무, 복자기, 신나무, 고로쇠나무, 산겨릅나무, 시닥나무 등 총 15종이 분포한다.
(   )

15 전나무는 8월 하순에 황백색의 꽃이 피며 암꽃은 장타원형, 수꽃은 원통형으로 피고 10월 상순에 길이 10~12cm 정도의 원관형 구과가 익는다.
(   )

16 테다소나무는 추위에 견디는 힘이 강하고 심근성 수종이며 토양에 대한 적응력이 강하여 척박한 토양에서도 잘 자란다.
(   )

17 상수리나무는 5월경에 꽃이 피며, 열매는 다음해 가을에 성숙해서 떨어진다.   (   )

18 오리나무속은 열매가 솔방울처럼 생기고 열매 포린의 끝은 2열하고, 잎은 나선상으로 달린다. (   )

19 은행나무는 지구상에서 가장 오래된 수종의 하나로, 1과 1속 1종인 나무이다.   (   )

20 거제수나무의 수액은 약용으로 이용되고, 개암나무류의 열매는 이용가치가 높다.   (   )

21 포플러류는 변재와 심재의 구분이 명확하지 않은 편이지만 은백양의 경우 변재는 분홍색, 심재는 적색을 나타낸다.
(   )

22 낙엽송의 꽃은 9월에 피고 열매가 당년 11월에 익는다.   (   )

23 낙우송은 일가화로서 웅화서는 소지 끝에 형성되어 가을부터 위를 향한다.   (   )

24 이태리포플러는 양버들과 미루나무의 잡종에서 선발된 것이다.   (   )

25 소나무의 수피색은 암흑색이다.   (   )

26 가문비나무속에는 가문비나무·종비나무·독일가문비나무가 속한다. ( )

27 과거에 춘양목이라 한 것은 강송에 해당하는 것이다. ( )

28 잣나무류는 잎이 달렸던 자리가 도드라진다. ( )

Answer										
01 ×	02 ○	03 ×	04 ×	05 ○	06 ×	07 ×	08 ○	09 ○	10 ×
11 ×	12 ○	13 ○	14 ×	15 ×	16 ×	17 ○	18 ×	19 ○	20 ○
21 ○	22 ×	23 ×	24 ○	25 ×	26 ○	27 ○	28 ×		

PART 11 단원 기출문제

01 오동나무의 특성이 아닌 것은?

2002. 울산시

① 어릴 때 양수이고 심근성이다.
② 움돋이 갱신이 용이하다.
③ 경기도 이남 지방에 주로 분포하며 어릴 때 한해를 입기 쉽다.
④ 내습, 내충, 고급 가구, 건축 재료로 많이 쓰인다.
⑤ 토심이 깊고 지하수위가 낮으며 배수가 양호한 곳에서 잘 자란다.

02 다음 중 참나무류에 속하지 않는 것은 무엇인가?

2004. 국가직

① 떡갈나무　　　　　　　② 갈참나무
③ 신갈나무　　　　　　　④ 서어나무

03 다음 중 관다발의 수가 1개인 것은 무엇인가?

2004. 국가직

① 잣나무　　　　　　　② 해송
③ 소나무　　　　　　　④ 테다소나무

04 소나무속의 분류에 대한 설명으로 옳지 않은 것은?

2007. 국가직

① 소나무속은 잣나무류와 소나무류로 분류한다.
② 소나무류의 구과는 실편의 끝이 얇고 가시가 없으며, 아린은 곧 떨어진다.
③ 소나무류 중 잎이 2개씩 나는 수종은 소나무, 곰솔, 방크스소나무, 반송 등이다.
④ 잣나무류에는 백송, 잣나무, 눈잣나무, 섬잣나무, 스트로브잣나무 등이 있다.

05 우리나라의 아한대림에 분포하는 수목 중에서 구과가 아래로 달리며, 소지에 잎이 달렸던 흔적이 남아 있는 수종은?

2022. 서울시

① 가문비나무　　　　　　　② 전나무
③ 분비나무　　　　　　　④ 구상나무

06 다른 속에 속하는 수종은?
2020. 지방직

① 구상나무 ② 분비나무
③ 전나무   ④ 종비나무

07 겨울눈의 아린이 1개이며 포에 톱니가 없고 꽃에 밀선이 있는 버드나무과 수종은?
2019. 7급

① 양버들   ② 당버들
③ 채양버들 ④ 호랑버들

08 무한화서에 해당하지 않는 것은?
2022. 지방직

① 원추화서 ② 미상화서
③ 단정화서 ④ 총상화서

정답 및 해설
01 ① 02 ④ 03 ① 04 ② 05 ① 06 ④ 07 ④ 08 ③

- **01** ① 오동나무는 천근성이다.
- **02** ④ 서어나무는 서어나무속이다.
- **03** ① 잣나무류는 관속이 1개이며, 소나무류는 관속이 2개이다.
- **04** ② 소나무류의 구과는 실편의 끝이 두껍게 되고 가시가 있으며, 아린은 끝까지 남는다.
- **05** ① 가문비나무의 꽃은 5~6월에 황갈색으로 피고, 열매는 9~10월에 익으며 녹황색으로 아래쪽을 향한다. 표고 500~2,300m 사이에 자생하며 고산성 수목으로 평지식재는 불가하다. 공중습도가 높고 한랭한 지역이 적지이다.
- **06** ① 구상나무, ② 분비나무, ③ 전나무는 전(젓)나무속이고, ④ 종비나무는 가문비나무속이다.
- **07** 사시나무속(양버들, 당버들)은 아린이 5~6개이고, 포에 톱니가 있으며 꽃은 컵처럼 생긴 포로 싸인 형태이다. 버드나무속(호랑버들)과 채양버들의 아린은 1개씩이고 포에 톱니가 없다. 또한 버드나무속은 꽃에 1~2개의 꿀샘이 존재한다.
- **08** 🌱 **화서의 분류**
  ① 유한화서 : 단정화서, 취산화서, 배상화서
  ② 무한화서 : 원추화서, 미상화서, 소수화서, 수상화서, 총상화서, 산방화서, 산형화서, 두상화서

09 포플러속의 수종을 절 또는 아절 단위로 옳게 분류한 것은? 2020. 7급
① 사시나무아절 – 양버들
② 흑양절 – 미루나무
③ 은백양아절 – 왕버들
④ 황철나무절 – 수원사시나무

10 소나무속 수종에 대한 설명으로 옳지 않은 것은? 2012. 지방직
① 송류는 단유관속군과 복유관속군으로 나눌 수 있다.
② 소나무의 동아는 가늘고 적갈색이다.
③ 잣나무의 심재는 담홍색으로 홍송이라고도 한다.
④ 해송은 곰솔이라고도 하며 3엽송이다.

11 포플러속 중 백양절에 속하는 수종은? 2018. 7급
① 버드나무
② 미루나무
③ 사시나무
④ 황철나무

12 다음 중 해풍에 강한 수종은 무엇인가? 2007. 국가직
① *Pinus densiflora*
② *Pinus thunbergii*
③ *Pinus koraiensis*
④ *Pinus bungeana*

13 잎의 해부학적 특징으로 복유관속을 가지는 수종은? 2014. 7급
① *Pinus densiflora*
② *Pinus parviflora*
③ *Pinus koraiensis*
④ *Pinus strobus*

14 수목분류학상 같은 속에 속하는 수종만을 나열한 것은? 2016. 국가직
① 소나무, 솔송나무, 잣나무
② 측백나무, 편백, 향나무
③ 물박달나무, 거제수나무, 까치박달나무
④ 복자기나무, 신나무, 당단풍나무

15 소나무에 대한 설명으로 옳지 않은 것은? 2014. 서울시

① 학명은 *Pinus densiflora* S. et Z.이다.
② 모수작업법에 적합한 수종이다.
③ 양수이며 심근성이나 측근도 잘 발달한다.
④ 구과는 가을에 채집하며 종자 발아력이 높다.
⑤ 잎은 2개씩 달리며 수지도의 위치는 중위이다.

정답 및 해설   09 ②   10 ④   11 ③   12 ②   13 ①   14 ④   15 ⑤

09 🌱 포플러속(Populus)의 구분

> ① 백양절: 사시나무, 수원사시나무, 미국사시나무, 유럽사시나무, 은백양
> ② 흑양절: 양버들, 미루나무
> ③ 황철나무절: 황철나무, 물황철나무, 왕버들

10 ④ 해송은 곰솔이라고도 하며, 적송에 가까운 2엽송이다. 지름은 1m, 수고 20m에 이르기도 한다.

11 09 해설 참조

12 ① *Pinus densiflora* (소나무) ② *Pinus thunbergii* (해송)
③ *Pinus koraiensis* (잣나무) ④ *Pinus bungeana* (백송)
② 해송은 해풍에 강하다.

13 ① *Pinus densiflora* (소나무) ② *Pinus parviflora* (섬잣나무)
③ *Pinus koraiensis* (잣나무) ④ *Pinus strobus* (스트로브잣나무)

🌱 복유관속군

> 엽초가 길고 침엽의 하단을 둘러싸며 유관속이 2개이다. 솔방울의 인편은 비교적 많고 단단하다. 목재는 대체로 단단하고 연륜은 뚜렷하게 나타난다. 소나무와 해송이 이에 속한다.

14 ④ 단풍나무과의 단풍속은 100~150종으로 구성되며 우리나라에는 단풍나무, 당단풍나무, 복자기, 신나무, 고로쇠나무, 산겨릅나무, 시닥나무 등 총 15종이 분포한다.

15 🌱 소나무와 해송의 주요 특성

구분	수피색	동아	침엽	침엽 수지도의 위치	침엽 하표피의 후막세포 발달
소나무	적갈색	가늘고 적갈색	가늘고 짧으며 유연함.	외이	약함.
해송	암흑색	굵고 회백색	굵고 길며 강건함.	중이	강함.

16 소나무속에는 잣나무류와 소나무류가 있다. 잣나무류의 특성으로 옳지 않은 것은?

2011. 국가직

① 아린이 곧 떨어진다.
② 잎이 달렸던 자리는 밋밋하다.
③ 실편의 끝은 얇고 가시가 없다.
④ 관속은 2개이다.

17 그림과 같은 화서를 가진 벚나무속 수종으로 옳게 짝지은 것은?

2018. 지방직

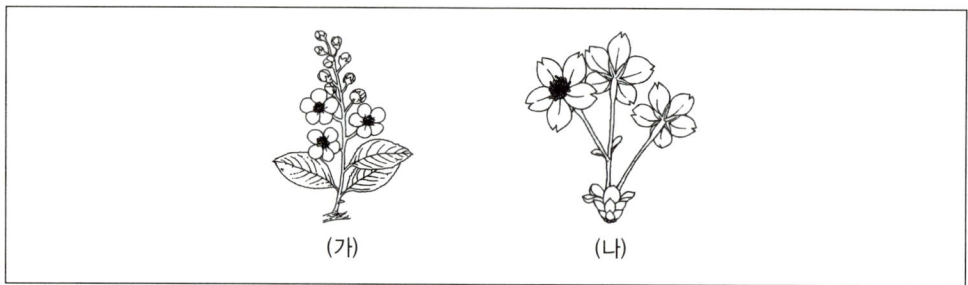

	(가)	(나)
①	산벚나무	올벚나무
②	귀룽나무	벚나무
③	올벚나무	산벚나무
④	벚나무	귀룽나무

18 소나무와 해송의 특징에 대한 설명으로 옳은 것은?

2016. 지방직

① 해송의 동아는 적갈색 또는 회갈색이다.
② 해송 잎의 수지구는 바깥쪽에 위치한다.
③ 소나무의 잎은 후막조직이 잘 발달되어 있다.
④ 소나무의 잎은 2엽 속생이다.

19 우리나라에 자생하는 자작나무속에 대한 설명으로 옳은 것은?

2013. 7급

① 거제수나무에서 수액을 채취하여 약수로 이용한다.
② 개박달나무는 과수가 원통형이다.
③ 물박달나무는 양성화 수종이다.
④ 박달나무의 측맥 수는 10~16쌍이다.

정답 및 해설 16 ④   17 ②   18 ④   19 ①

16 🌱 잣나무와 소나무의 구분

구분	잎 수	잎 관속	아린(눈비늘)	실편	목재	가지
잣나무류	3~5	1	떨어짐.	끝이 앏고 가시가 없음.	연하고 춘·추재의 전환이 점진적임.	잎이 달렸던 자리가 밋밋함.
소나무류	2~3	2	끝까지 남음.	끝이 두껍게 되고 가시가 있음.	굳고 춘·추재의 전환이 급함.	잎이 달렸던 자리가 도드라짐.

17 ② (가)는 총상화서로 귀룽나무가 해당한다. (나)는 산방화서로 벚나무가 해당한다. 올벚나무는 산형화서, 산벚나무는 산형화서 또는 짧은 산방화서이다.

🌱 화서(꽃차례)

① 총상화서(總狀花序) : 긴 꽃대에 꽃자루가 있는 여러 개의 꽃이 어긋나게 붙어서 밑에서부터 피기 시작하는 꽃차례 (아까시나무)
② 수상화서(穗狀花序, 수상꽃차례, 이삭꽃차례, 이삭화서) : 길고 가느다란 꽃차례축에 작은 꽃자루가 없는 꽃이 조밀하게 달린 꽃차례(보리, 질경이)
③ 산방화서(繖房花序, 고른우산꽃차례) : 바깥쪽 꽃의 꽃자루는 길고 안쪽 꽃은 꽃자루가 짧아서 위가 평평한 모양이 되는 꽃차례(기린초). 일반적으로 꽃은 평면 가장자리의 것이 먼저 피고 안의 것이 나중에 핌.
④ 산형화서(傘形花序, 우산꽃차례) : 무한꽃차례의 일종으로서 꽃차례 축의 끝에 작은 꽃자루를 갖는 꽃들이 방사상으로 배열한 꽃차례(산형과)
⑤ 원추화서(圓錐花序) : 모두송이꽃차례 또는 이삭꽃차례 등의 축이 갈라져서 전체적으로 원뿔 모양을 이룬 꽃차례 (광나무)
⑥ 두상화서(頭狀花序) : 무한꽃차례의 일종으로 대롱꽃과 혀꽃이 다닥다닥 붙어 전체적으로 하나의 꽃으로 보이며 머리 모양으로 배열하는 꽃차례. 줄기 끝에서 나온 원반 모양의 아주 짧은 꽃줄기에 꽃자루가 없는 작은 꽃이 여러 송이 달린 꽃차례(국화과, 버즘나무)
⑦ 미상화서(尾狀花序) : 꽃차례의 줄기가 길고 홑성꽃이 많이 붙은 꼬리 모양이면서 밑으로 처지는 이삭꽃차례의 일종(버드나무, 자작나무, 호두나무)

18 ④ 소나무는 2엽송이며, 복유관속군이다.

🌱 소나무와 해송의 주요 특성

구분	수피색	동아	침엽	침엽 수지도의 위치	침엽 하표피의 후막세포 발달
소나무	적갈색	가늘고 적갈색	가늘고 짧으며 유연함.	외이	약함.
해송	암흑색	굵고 회백색	굵고 길며 강건함.	중이	강함.

19 ① 거제수나무의 수액은 약용으로 이용되고, 개암나무의 열매는 이용가치가 높다.
② 개박달나무의 과수는 난형으로서 길이가 1.5~2cm이고 잎 뒷면에 선점이 없다.
③ 물박달나무는 일가화이다.
④ 박달나무의 측맥 수는 9~10쌍이다.

20. 그림과 같은 잎의 해부학적 특징을 가지는 수종은?

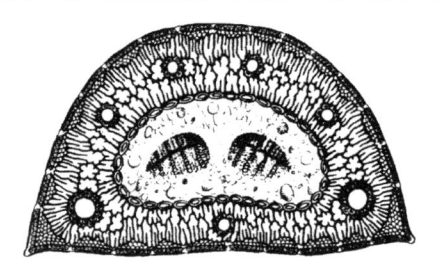

① *Pinus densiflora*
② *Pinus thunbergii*
③ *Pinus bungeana*
④ *Pinus koraiensis*

정답 및 해설 20 ②

20 ① *Pinus densilora* (소나무) ② *Pinus thunbergii* (해송)
③ *Pinus bungeana* (백송) ④ *Pinus koraiensis* (잣나무)

🌱 **복유관속군**

① 엽초가 길고 침엽의 하단을 둘러싸며 유관속이 2개이다. 솔방울의 인편은 비교적 많고 단단하다.
② 목재는 대체로 단단하고 연륜은 뚜렷하게 나타난다. 소나무와 해송이 이에 속한다.

🌱 **소나무와 해송의 주요 특성**

구분	수피색	동아	침엽	침엽 수지도의 위치	침엽 하표피의 후막세포 발달
소나무	적갈색	가늘고 적갈색	가늘고 짧으며 유연함.	외이	약함.
해송	암흑색	굵고 회백색	굵고 길며 강건함.	중이	강함.

부록

01 지속가능한 산림자원 관리지침
02 기타 주요 자료
03 국유림경영계획 작성 및 운영 요령

**박진호
조림학**

01 지속가능한 산림자원 관리지침

개정 2020. 6. 15. 훈령 제1454호

Ⅰ. 지침의 개요

2. 기본방향

가. 산림의 생물다양성의 보전

나. 산림의 생산력 유지·증진

다. 산림의 건강도와 활력도 유지·증진

라. 산림 내의 토양 및 수자원의 보전·유지

마. 산림의 지구탄소순환에 대한 기여도 증진

바. 산림의 사회·경제적 편익 증진

사. 지속가능한 산림관리를 위한 행정 절차 등 체계 정비

3. 적용 범위

다른 법령의 특별한 규정이 있는 경우를 제외하고 다음 사항은 본 지침에 따름.

가. 국유림·공유림의 산림경영계획, 숲가꾸기의 기본설계, 실시설계 등 산림 관련 각종 계획·설계의 작성과 조림, 숲가꾸기, 수확 등 산림사업 실행

나. 사유림의 경우에는 지침의 내용을 권고사항으로 함. 다만, 본 지침의 규정에 따라 계획·설계를 작성하거나 산림사업을 실행할 경우에는 국비 또는 지방비를 보조할 수 있음.

Ⅱ. 산림의 기능별 조성·관리 지침

1. 산림의 기능구분

가. 산림청장은 전국의 산림을 관계 중앙행정기관의 장과 협의하여 그 기능에 따라 다음과 같이 구분함

　(1) 목재생산림

　(2) 수원함양림

　(3) 산지재해방지림

　(4) 자연환경보전림

　(5) 산림휴양림

　(6) 생활환경보전림

2. 목재생산림의 조성·관리

가. 관리목표

생태적 안정을 기반으로 하여 국민경제 활동에 필요한 양질의 목재를 지속적·효율적으로 생산·공급하기 위한 산림

나. 목표로 하는 산림

다음과 같은 목표생산재를 안정적으로 생산할 수 있는 산림

(1) 인공림에서는 대경재, 중경재, 소경재로 구분
  (가) 대경재
    1) 목표 가슴높이지름 : 40cm 이상
    2) 용도 : 문화재, 화장단판, 합판, 고급제재(각재, 판재) 구조재, 고급건축재, 가구재, 악기재 등
  (나) 중경재
    1) 목표 가슴높이지름 : 40cm 미만 20cm 이상
    2) 용도 : 건축재, 소형가구재, 공예재, 일반제재(각재, 판재) 등
  (다) 소경재
    1) 목표 가슴높이지름 : 20cm 미만
    2) 용도 : 가설재, 포장재, 일반제재(소각재, 소판재), 펄프재, 칩, 톱밥용 등

(2) 천연림에서는 대경재, 중경재, 특용·소경재로 구분
  (가) 대경재
    1) 목표 가슴높이지름 : 40cm 이상
    2) 용도 : 문화재, 화장단판, 합판, 고급제재(각재, 판재) 등
  (나) 중경재
    1) 목표 가슴높이지름 : 40cm 미만 20cm 이상
    2) 용도 : 구조재, 고급건축재, 가구재, 악기재, 일반제재(각재, 판재) 등
  (다) 특용·소경재
    1) 목표 가슴높이지름 : 20cm 미만
    2) 용도 : 특수용(약용·식용), 공예재, 버섯용원목, 펄프재

3. 수원함양림의 조성·관리

가. 관리목표

수자원함양기능과 수질정화기능이 고도로 증진되는 산림

나. 목표로 하는 산림

다층혼효림(多層混淆林)

라. 조림

나무의 뿌리가 다층구조를 이룰 수 있도록 참나무류, 소나무 등의 심근성(深根性) 수종을 중심으로 천근성(淺根性) 수종이 혼합되도록 조림수종을 선정

바. 수확

(1) 수원함양림에서는 목재생산림의 우량대경재를 목표생산재로 하고 수확함.
(2) 법적제한림을 제외한 수원함양림은 가급적 골라베기를 원칙으로 하되 불가피할 경우 모두베기와 어미나무 작업은 하나의 벌채면적을 5ha 미만으로 함.

4. 산지재해방지림의 조성·관리

가. 관리목표

산사태, 토사유출, 대형산불, 산림병해충 등 각종 산림재해에 강한 산림

나. 목표로 하는 산림

(1) 산사태, 토사유출에 강한 다층혼효림
(2) 대형산불을 방지하기 위해 내화수림대(耐火樹林帶)가 포함된 혼효림
(3) 산림병해충에 강하고 생태적으로 건강한 다층혼효림

마. 산사태가 우려되는 과밀 침엽수 단순림

(1) 대상지
낙엽송, 편백 등의 침엽수 단순림 중 산림관리자가 산사태 피해 이력, 현재의 산림 상태 등을 고려하여 결정
(2) 조림
조림이 필요할 경우는 심근성 수종을 중심으로 혼효림 조성
(3) 숲가꾸기
숲의 활력이 회복될 때까지 약도의 솎아베기를 5년 이상의 간격으로 수회 실시하여 산사태와 수해, 풍해, 설해 등을 예방하고 장기적으로는 뿌리 발달이 좋은 혼효림으로 조성

바. 대형산불의 발생이 우려되는 지역의 침엽수 단순림

(1) 대상지
대상지는 산림관리자가 대형산불의 피해 이력, 현재의 산림 상태 등을 고려하여 결정
(2) 조림
(가) 산불피해지를 복구할 경우에는 주풍(主風) 방향을 고려하여 참나무류 등 내화수종으로 30m 내외의 내화수림대를 교호로 조성하되 내화수림대간의 간격은 30m 이상으로 함.
(나) 산불피해지의 벌채는 교호대상(交互帶狀)으로 하고 벌채하지 않은 지역은 조림지가 어린나무가꾸기에 도달할 시점에 벌채 후 조림을 실시
(다) 벌채 후 조림할 경우에는 혼효림으로 조성
(라) 마을, 도로, 농경지 인접 지역 산림은 '(가)'와 같이 내화수림대를 조성

5. 자연환경보전림의 조성·관리

가. 관리목표

보호할 가치가 있는 산림자원이 건강하게 보전될 수 있는 산림

나. 자연환경보전림의 유형구분

(1) 보전형
생태계, 유전자원 보호 등을 위해 보전해야 할 산림
(2) 문화형
역사·문화적 가치 보호 등을 위해 보전해야 할 산림
(3) 학술·교육형
학술·교육의 목적으로 보전해야 할 산림

다. 목표로 하는 산림

다층혼효림 또는 지정·결정·관리의 목적을 달성할 수 있는 산림

라. 관리대상

생태·문화·역사·학술적 가치를 보전하기 위하여 지정·결정 또는 관리하는 산림으로서 다음과 같음.
(1) 산림자원의 조성 및 관리에 관한 법률에 의한 채종림, 채종원, 시험림
(2) 산림보호법에 의한 산림보호구역 중 산림유전자원보호구역
(3) 백두대간 보호에 관한 법률에 의한 백두대간보호지역 안의 산림
(4) 국토의 계획 및 이용에 관한 법률에 의한 보전녹지지역 안의 산림
(5) 자연공원법에 의한 자연공원 안의 산림
(6) 자연환경보전법에 의한 자연생태계·경관보전지역, 생태·자연도 1등급 권역 안의 산림
(7) 「야생생물 보호 및 관리에 관한 법률」에 의한 야생생물보호구역 안의 산림
(8) 습지보전법에 의한 습지보호지역 안의 산림
(9) 「독도 등 도서지역의 생태계 보전에 관한 특별법」에 의한 특정도서 안의 산림
(10) 「전통사찰의 보존 및 관리에 관한 법률」에 의한 사찰 소유의 산림
(11) 문화재보호법에 의한 문화재보호구역 안의 산림
(12) 「수목원·정원의 조성 및 진흥에 관한 법률」에 의한 수목원 안의 산림
(13) 「대학설립·운영규정」에 의한 학술림
(14) 고등학교 이하 각급 학교 설립·운영규정에 의한 교지 안의 학교 숲
(15) 그 밖에 자연환경보전을 위해 관리가 필요하다고 산림관리자가 인정하는 산림

6. 산림휴양림의 조성·관리

가. 관리목표

(1) 다양한 휴양기능을 발휘할 수 있는 특색 있는 산림
(2) 종다양성이 풍부하고 경관이 다양한 산림

나. 목표로 하는 산림

지역적 특성에 적합한 다층림 또는 다층혼효림

다. 관리대상

쾌적한 환경과 휴식처를 제공하여 인간의 정신·육체적 건강의 유지·증진에 기여하는 기능으로 지정·결정 또는 관리하는 산림으로서 다음과 같음.

(1) 산림문화·휴양에 관한 법률에 의한 자연휴양림, 치유의 숲
(2) 그 밖에 휴양기능 증진을 위해 관리가 필요하다고 산림관리자가 인정하는 산림

라. 산림휴양림의 구분

(1) 시설부지, 등산로, 산책로 주변으로부터 가시권을 고려하여 30m 이내 지역은 공간이용지역으로 함.
(2) 공간이용지역을 제외한 지역은 자연유지지역으로 함.

마. 공간이용지역의 관리

(1) 조림
  (가) 경관수종, 화목류, 관목류, 식이(食餌)수종, 지역특색수종으로 선정
  (나) 식재조림, 천연갱신 등을 통한 이단림 등 다층혼효림으로 조성하되 지역적·국소적으로 특성있는 수종이 있을 경우 동일 수종으로 후계림을 조성하여 다층림으로 조성

(2) 숲가꾸기
  (가) 생태적 활력도 제고를 위해 솎아베기 등 숲가꾸기 실시
  (나) 희귀식물, 노령목, 괴목(怪木), 노령고사목 등은 보존함. 다만, 산림병해충의 전염·확산의 우려가 있을 경우에는 제거할 수 있음.
  (다) 사방지, 송진채취림 등 과거의 특별산림사업지는 보존
  (라) 덩굴제거는 필요할 경우 인력으로 제거
  (마) 제초제 사용금지
  (바) 살충제, 화학비료의 대량 사용금지
  (사) 작업 시기는 방문객이 적은 시기에 실시
  (아) 열식간벌 등 기계적 솎아베기를 금지하고 가급적 약도의 솎아베기를 실시

7. 생활환경보전림의 조성·관리

가. 관리목표

도시와 생활권 주변의 경관유지 등 쾌적한 환경을 제공하는 산림

나. 유형구분

(1) 공원형
거주자의 자연체험, 레크리에이션, 환경교육 등의 장소로 이용하는 산림

(2) 경관형
심리적 안정감을 주고 시각적으로 풍요로움을 주는 산림

(3) 방풍·방음형
바람, 소음 등을 완화시켜 쾌적한 거주환경이 되도록 하는 산림

(4) 생산형
거주자의 쾌적한 거주환경을 훼손하지 않는 범위 내에서 목재를 생산하는 산림

(5) 미세먼지 저감형
생활권으로 유입되는 미세먼지 등 대기오염물질을 저감하여 쾌적한 환경을 제공하는 산림

다. 목표로 하는 산림

(1) 공원형·경관형
생태적·경관적으로 다양한 다층혼효림

(2) 방풍·방음형
방풍과 방음의 기능을 최대한 발휘할 수 있는 다층림 또는 계단식 다층림

(3) 생산형
생태적으로 건강한 목재생산림

(4) 미세먼지 저감형
미세먼지 저감 기능(흡수, 흡착, 침강)을 최대한 발휘할 수 있는 다층혼효림

아. 미세먼지 저감형

(1) 산림 내 공기흐름을 적절히 유도하고 줄기, 가지, 잎 등의 접촉면이 최대화 될 수 있도록 관리

(2) 인구밀도가 높은 생활권 주변 산림을 집중적으로 정비하여 미세먼지 저감·열섬완화 기능을 극대화하고, 인구밀도가 낮은 도시 외곽지역은 미세먼지 저감 기능과 산림의 다양한 공익적 기능을 복합적으로 증진시킬 수 있도록 유도

(3) 임분 내 원활한 공기흐름 유도를 위해 적정밀도의 상층목 및 일부 중층목을 제거(미세먼지 흡착을 많이 하는 수종은 존치)하되, 층위별 미세먼지 흡수·흡착 효과를 높이기 위해 작업의 방해가 안되는 범위 내에서 하층 식생은 최대한 존치

(4) 낙엽활엽수 단순림의 미세먼지 저감 기능 증진을 위해 속아베기를 실시하며, 공한지 발생 시 미세먼지 저감 효과가 높은 침엽수종을 식재하여 지속적으로 필터링 효과를 유지할 수 있는 침·활 혼효림으로 유도

(5) 가지치기는 침엽수의 경우 상층목 생지를 대상으로 최대 6m까지 실행하고, 활엽수의 경우 수형의 특성을 고려하여 역지 이하까지 실행

Ⅲ. 산림자원 조성·관리 일반지침

제Ⅱ장 '산림의 기능별 조성·관리 지침'에서 특별히 규정한 사항을 제외하고는 산림자원의 조성과 관리에 관한 일반적인 사항은 본장의 규정에 따름.

1. **인공림의 조성·관리**

가. 조림

(1) 조림의 방법

(나) 파종조림(播種造林)
1) 대상지
  가) 발아가 잘되는 수종, 식재조림 시 활착률(活着率)이 저조한 수종으로 식재조림이 어려운 급경사지 등 특수지역의 산림
  나) 소나무, 해송 등 침엽수종 또는 가래나무, 밤나무, 상수리나무, 굴참나무, 졸참나무, 갈참나무, 신갈나무 등 활엽수종으로 조성하고자 하는 산림
2) 파종 시기
  가) 봄철 파종은 중부지방 4월 상순, 남부지방 3월 하순에 파종
  나) 가을철 파종은 10~11월에 실시
3) 파종 방법
  가) 지름 50~60cm 크기로 지피물을 제거
  나) 중앙에 지름 30~40cm 크기로 토양을 경운하여 돌이나 잡초목의 뿌리 등을 제거
  다) 10cm 높이로 상을 만들어 수종에 따라 2~10립씩 파종 후 종자 지름의 2~3배 가량 복토
  라) 파종 후 망사, 프라스틱 원통 또는 종이컵 등으로 방조물을 설치

(다) 용기묘 조림
1) 대상지
  가) 세근 발달이 좋지 않은 직근성 수종으로 조성하고자 하는 산림
  나) 경사지 등 일반 조림이 어려운 특수지역의 산림
2) 조림 시기는 연중 식재 가능하나 가급적 봄철(3~4월)과 가을철(10~11월)에 식재
3) 식재 방법
  가) 운반 예정일 2~3일 전에는 물주는 것을 중지하여 약간 건조 상태 유지
  나) 묘목은 바람을 막을 수 있는 조치를 한 후 식재지 현지까지 운반한 후 그늘에 보관
  다) 식재봉을 이용하여 분의 길이와 같은 깊이로 동일하게 발로 식재봉을 눌러준 후 조심스럽게 꺼내어 식재 구멍이 무너지거나 구멍이 커지지 않도록 주의
  라) 식재 후 묘목의 주위를 밟아서 눌러주면 분이 깨어지므로 묘목의 뿌리 부분을 밟지 않도록 하고 식재목의 분 가장자리 땅 부분에서 묘목 쪽으로 흙을 밀어 넣어 식재구멍과 용기묘의 분이 흙으로 밀착되도록 함.
  마) 상수리나무 및 소나무 등 용기묘의 식재본수는 ha당 3,000본을 기준으로 하며, 토양 비옥도 등 현지여건에 따라 가감 조정하여 식재

나. 풀베기

(1) 작업 대상지
(가) 조림 후 주변 식생에 의해 조림목이 피압되어 생장의 저해가 우려되는 인공 조림지를 대상으로 하며, 조림 당년~5년차 임지가 주 대상지가 됨. 단, 조림목의 수고가 제거대상 식생에 비해 약 1.5배 큰 경우에는 제외함.

(나) 표준지 조사결과 조림 당해년도 조림지 활착률이 50% 미만인 지역은 사업 대상지에서 제외함.
(다) 모두베기는 조림지 전면의 잡초목을 모두 베어내는 방법으로 소나무, 낙엽송, 삼나무, 편백 등 조림 또는 갱신지에 적용하며, 대상지 내 조림목을 제외한 모든 식생(지조물 정리지 내 관목 및 맹아목 포함)이 제거대상임.
(라) 줄베기는 조림목의 식재열을 따라 약 90cm~100cm 폭으로 잘라내는 방법으로 한해·풍해 등이 예상되는 지역에 적용
(마) 둘레베기는 조림목 주변을 반경 50cm 내외로 정방형 또는 원형으로 잘라내는 방법으로 군상식재지 등 조림목의 특별한 보호가 필요한 경우에 적용

(2) 작업 시기
(가) 일반적으로 연 1회 실행지는 5월~7월에 실시
(나) 연 2회 실행지의 경우 1차 풀베기는 (가)와 동일하며, 2차 풀베기는 8월 또는 9월 초순까지 추가로 실시할 수 있으며, 현장상황을 고려하여 풀베기 시기를 9월 중순까지 조절할 수 있음.
(다) 지역별 권장 시기는 다음과 같음.
  1) 온대남부 : 5월 중순~9월 초순
  2) 온대중부 : 5월 하순~8월 하순
  3) 고산 및 온대북부 : 6월 초순~8월 중순

(3) 작업 횟수
(가) 조림목의 수고가 풀베기 대상물 수고에 비해 약 1.5배 또는 60~80cm 정도 더 클 때까지 실시
(나) 잣나무, 소나무류는 5~8회, 낙엽송, 참나무류(상수리나무)는 5회를 기준으로 하되 수목과 풀베기 대상물의 생장 상황에 따라 가감할 수 있음.
(다) 잡초목이 무성할 경우에는 연 2회 실시하며 특히, 양수(陽樹)의 경우에는 주위 식생에 의한 피압을 받기 쉬우므로 다른 수종보다 우선 실시
(라) 비료를 준 조림지에서는 최소 식재당년과 이듬해에는 연 2회의 풀베기 실시

(4) 작업방법
(가) 풀베기 작업 시 잡초목의 제거부위는 최대한 지표에 가깝게 제거함.
(나) 모두베기 및 줄베기 작업 시에는 예취기 작업으로 인한 묘목피해를 줄이기 위해 낫을 사용하여 조림목 반경 20cm 이내의 식생을 제거하는 묘목찾기를 선행 한 후 예취기 작업을 실시함.
(다) 대상지 내 조림목이 없어 자연적으로 발생한 우량한 천연치수가 있는 경우에는 유사수종(침엽수 조림지에는 침엽수 천연치수, 활엽수 조림지에는 교목성 활엽수 천연치수)의 경우에만 존치함.

다. 덩굴제거

(1) 작업 대상지
(가) 칡, 다래, 머루 등과 같은 덩굴류가 조림목의 생육을 방해할 경우에 실시
(나) 일반적으로 조림지가 주 대상지이나 임도변 등에서도 실시할 수 있으며 덩굴제거 대상지는 다음과 같이 구분함.
  1) 벌채 후 3년 이내이거나 풀베기 단계의 조림지
  2) 벌채 후 3년이 초과되거나 풀베기 단계가 경과한 조림지
  3) 덩굴로 전면적이 피복된 지역
  4) 임도변 등에서 발생한 덩굴이 큰나무를 타고 올라가 피해를 입은 지역

(2) 물리적 방법
  (가) 대상지는 화학약제를 사용하여 덩굴을 제거할 경우 입목(立木)이나, 임지, 야생 동·식물, 산림 이용객, 수자원 등에 피해가 예상되는 지역
  (나) 작업 횟수는 작업 대상지 덩굴의 종류와 양을 고려하여 2~3회 실시
  (다) 인력으로 덩굴의 주두부에서 5cm 아래를 제거하거나 뿌리를 굴취
  (라) 칡뿌리의 채취는 칡채취기, 동력식 칡뿌리 절단기 등을 활용할 수 있음.
  (마) **친환경 비닐랩 밀봉처리 방법을 통해 칡을 고사**
    1) 손으로 칡덩굴을 잡아당겨 주두부를 찾은 후 10cm 이상의 깊이와 작업에 지장이 없을 정도의 넓이로 구덩이를 팜.
    2) 손톱을 이용하여 주두부 아래 5cm 이상 떨어진 지하부 뿌리를 절단함.
    3) 잘라진 뿌리에 친환경 비닐랩으로 밀봉하고 잘라진 부위로부터 최소 2cm 이상 되는 지점을 고무줄로 단단하게 묶음.
    4) 고무줄이 햇빛에 노출되지 않도록 묶은 위치로부터 1cm 위까지 흙으로 덮음.
  (바) 덩굴이 전면적 피복된 지역이나 큰나무 피해지의 경우는 예취기를 이용하여 지상부에 있는 덩굴을 제거(덩굴걷기)할 수 있음.

(3) 화학적 방법
  (가) 대상지는 화학약제를 사용하여 덩굴을 제거하여도 입목이나, 임지, 야생 동·식물, 산림 이용객, 수자원 등에 피해가 없는 지역
  (나) 작업 횟수는 작업 대상지 덩굴의 종류와 양을 고려하여 2~3회 실시
  (다) **작업 시 주의사항**
    1) 약제가 빗물이나 관개수(灌漑水) 등에 흘러 조림목이나 다른 작물에 피해를 줄 수 있으므로 약액을 땅에 흘리지 않도록 주의
    2) 약제 처리 후 24시간 이내에 강우(降雨)가 예상될 경우 약제처리 작업을 중지
    3) 사용한 처리도구는 잘 세척하여 보관하고 빈병은 반드시 담당 공무원의 입회 하에 회수하여 지정된 장소에서 처리
  (라) **약제 종류별 작업 방법**
    1) 글리포세이트**액제 처리**
      가) 일반적인 덩굴류에 적용할 수 있음.
      나) 작업 시기는 덩굴류의 생장기인 5~9월에 실시
      다) 약제주입기나 면봉을 이용하여 주두부의 살아있는 조직 내부로 약액을 주입
      라) 약제주입기의 1회 주입 약량은 덩굴의 크기에 따라 차이가 있으나 대개 본당 글리포세이트액제 원액 0.3~1.0㎖ 정도를 1~2회 주사
      마) 면봉사용 시 약제원액에 15분 이상 침적시켜 제거 대상덩굴에 송곳으로 1본당 2개 정도 구멍을 뚫고 각각 1개씩 꽂음.
    2) Fluroxypyr-meptyl + Triclopyr-TEA 미탁제 처리
      가) 작업시기는 약제 주입은 3~11월에 실시하며, 약제살포는 5~10월에 실시
      나) 약제주입기를 이용하여 주두부의 조직 내부로 주입하거나, 분무기를 이용하여 잎 또는 줄기에 살포
      다) 약제주입기 사용
        ① 약제 주입은 주두부에 처리하고, 천공 위치는 주두부에 약제가 주입되어 줄기 생장점이 고사될 수 있도록 고르게 배치하며, 천공당 0.5㎖씩 살아있는 부위에 주입
        ② 약제는 원액을 그대로 사용하며 지름이 2cm 미만일 경우에는 0.5㎖, 2cm 이상~4cm 미만일 경우에는 1.0㎖, 4cm 이상~5cm 미만일 경우에는 1.5㎖, 5cm 이상~6cm 미만일 경우에는 2.0㎖, 6cm 이상~8cm 미만일 경우에는 2.5㎖를 주입

라) 약제살포기 사용
① 칡 덩굴과 조림목이 혼재된 조림지 등에 약제 살포 시 약해가 발생하므로 경엽살포는 칡 덩굴로 전면적이 피복된 임도변 등에 한해 실시
② 임목에 약제가 직접 닿지 않도록 배부식분무기를 이용하여 덩굴의 잎이나 줄기에 전면 살포
③ 약제 기준량은 0.1ha당 약제 0.5ℓ와 물 100ℓ를 희석한 농도로 살포함.
④ 약제 살포 시 살포일 기준으로 24시간 이내에 강우 예보가 없을 때 약액을 살포함.
⑤ 경엽살포 시 경작지 및 농수로 인근 10m 이내에서는 약제의 비산에 유의하여 살포함.
⑥ 약제처리 전 약제 살포에 대한 교육을 실시하고, 작업시에도 감독을 철저히 함.

라. 어린나무가꾸기

(1) 작업 대상지
 (가) 풀베기 작업이 끝난 이후 조림목의 수관 경쟁이 시작되고 조림목의 생육이 저하되는 단계로써, 조림 후 5~15년 경과한 조림지로 조림목의 평균 가슴높이지름이 2~8cm인 지역이며, 주 대상지는 조림성공지, 조림목 혼생지, 천연발생 활엽수림으로 구분됨.
  1) 조림성공지는 당초 식재본수 대비 50% 이상의 조림목이 생육하고 있는 조림지
  2) 조림목 혼생지는 조림목과 천연발생목이 혼효되어 있는 조림지로, 우량대경재를 생산할 수 있는 산림이며, 조림목(유사수종 포함)이 당초 식재본수 대비 26~49% 생육하고 있는 조림지
  3) 천연발생 활엽수림은 형질이 우수한 조림목은 없으나 천연발생목을 활용하여 우량대경재를 생산할 수 있는 산림으로, 조림목(유사수종 포함)이 당초 식재본수 대비 25% 이하로 생육하고 있는 조림지
 (나) 조림성공지 및 조림목 혼생지의 어린나무가꾸기 대상지는 치수림과 유령림 단계로 구분하여 사업을 시행하며, 천연발생 활엽수림은 유령림 단계에서만 사업을 시행함.
  1) 치수림 단계
   가) 풀베기 후 3년 내외 경과한 조림지로 제거대상목이 조림목의 생장을 방해하고 있으며, 어린나무가꾸기를 처음으로 실시한 지역
  2) 유령림 단계
   가) 치수림 단계의 어린나무가꾸기를 실행한 후 3년 내외 경과한 지역으로 제거대상목이 조림목의 생장을 방해하고 있는 지역
   나) 치수림 단계의 어린나무가꾸기를 실행하지 아니하였으나, 조림목의 평균 가슴높이지름이 6cm 이상이면서 보육대상목과 수관경쟁을 하는 제거대상목의 피복도가 50% 이상인 지역
 (다) 조림지 구역내 군상(群狀)으로 발생한 우량 천연림도 보육대상지에 포함

(2) 작업 시기
 (가) 치수림 단계의 어린나무가꾸기는 5~11월에 실시하며, 유령림 단계의 어린나무가꾸기는 연중 실시할 수 있음.
 (나) 형질불량목 등이 조림목의 생장을 방해하기 시작하는 연도에 1회 실시하고 피해가 계속 발생할 경우 반복 실행

(3) 작업 방법
 (가) 치수림 단계의 작업방법
  1) 제거 대상목은 보육대상목과 수관경쟁을 하는 유해수종, 덩굴류, 피해목과 폭목으로 함.
  2) 제거 대상목의 제거부위는 조림목 수고의 1/2 이하로 함.
 (나) 유령림 단계의 작업방법
  1) 제거 대상목은 보육대상목과 수관경쟁을 하는 유해수종, 피해를 입거나 고사한 조림목으로 함.
  2) 제거 대상목의 제거부위는 지표면에 가깝게 함.

(다) 유령림 단계의 천연림 작업방법
1) 과다한 임지노출이 우려될 경우를 제외하고 형질이 불량한 나무, 병해충목, 폭목은 모두 제거하며, 칡·다래 등 보육 대상목의 생장에 지장을 주는 덩굴류도 모두 제거
2) 제거 대상목의 제거부위는 지표면에 가깝게 함.
3) 움싹이 발생되었을 경우 각 뿌리에서 생긴 움싹은 2본 정도 남기고 정리하며, 유용한 실생묘는 존치함.
(라) 조림목의 생장이 불량하거나 조림목이 없을 경우 천연적으로 발생한 우량목을 보육대상목으로 선정하여 보육
(마) 보육 대상목의 생장에 피해를 주지 않는 유용한 하층식생은 작업에 지장이 없을 경우 제거하지 않음.
(바) 폭목의 제거는 벌채 시 인접목에 대한 피해가 발생하지 않도록 고려하여 제거하되, 야생동식물의 서식처·먹이, 경관유지, 밀도조절 등을 감안하여 제거하지 않을 수 있음.
(사) 폭목의 벌채 후 빈자리가 클 경우 보완식재를 할 수 있음.
(아) 조림 당시 잔존시킨 기존의 상층목이 인접목 수관에 지장을 줄 때에는 가지치기를 실시할 수 있으며, 치수림 단계에서 가지치기는 원칙적으로 실시하지 않음(단, 수형교정을 위한 활엽수 가지치기의 경우는 예외로 함).
(자) 보육 대상 수종 중 수관형태가 불량한 나무는 가지치기, 쌍간지(雙幹枝) 중 한 가지 제거 등 수형을 교정하되 보육 대상목인 어린나무의 가지치기는 전정가위로 함.
(차) 가지치기 적용대상 수종은 소나무, 잣나무, 낙엽송, 전나무, 해송, 삼나무, 편백 등으로 하며, 가지치기 본수는 별표 2. 수종별 시업기준에서 정하고 있는 잔존본수의 50% 이하로 형질 우세목을 중심으로 실시

마. 가지치기

(1) 어린나무가꾸기, 솎아베기 시 가지치기를 함께 할 수 있으나 가지치기를 별도의 작업으로 실행할 수 있음.
(2) 죽은 가지의 제거는 작업 시기에 큰 상관이 없으나 산 가지치기는 가급적 11월 이후부터 이듬해 5월 이전까지 실행
(3) 적용 대상
   (가) 적용대상 수종은 소나무, 잣나무, 낙엽송, 전나무, 해송, 삼나무, 편백 등으로 함.
   (나) 목표생산재가 톱밥, 펄프, 숯 등 일반소경재일 경우에는 가지치기를 실시하지 않음.
   (다) 자연 낙지(落枝)가 잘 되는 수종은 가지치기를 생략할 수 있음.
   (라) 지름 5cm 이상의 가지는 자르지 않음.
   (마) 활엽수는 가급적 밀식으로 자연 낙지를 유도하고 죽은 가지를 제거
   (바) 포플러나무류는 으뜸가지[力枝] 이하의 가지만 제거
(4) 작업 방법
   (가) 가급적 1차 솎아베기나 천연림보육(수고 10~12m 또는 목표생산재 직경의 1/3 시점) 시기에서 가지치기를 완료하되, 경관 개선 또는 작업의 편의를 목적으로 고사지를 정리할 경우에는 그 이후라도 실행 가능
   (나) 최종수확 대상목(도태간벌의 경우 미래목)이 선정되기 전까지는 형질이 좋은 나무에 대해서, 선정되고 난 후에는 최종수확 대상목(도태간벌의 경우 미래목)에 대해서만 가지치기 실시
   (다) 어린나무가꾸기 가지치기는 형질우량목에 한해 손톱 및 고지톱으로 하며, 수형교정은 가급적 전정가위로 실행하고 수고의 50% 내외의 높이까지 실행
   (라) 솎아베기 단계의 가지치기는 최종수확 대상목을 중심으로 손톱 및 고지톱을 활용하여 수고의 50~60% 내외의 높이까지 실행
   (마) 침엽수는 절단면이 줄기와 평행하게 되도록 가지를 제거
   (바) 활엽수는 죽은 가지의 경우 지융부(枝隆部)가 상하지 않도록 제거

바. 솎아베기

(1) 작업 대상지
　(가) 양질의 목재를 다량으로 생산 가능한 산림으로서 어린나무가꾸기 작업이 끝난 후 5년 가량 경과하고 최종 수확 10년 전까지의 산림
　(나) 나무가 과밀하여 광선이 숲 바닥까지 도달하지 못해 생물 종 다양성이 낮은 산림
　(다) 침엽수림으로서 수원함양기능이 떨어지는 산림
　(라) 나무가 과밀하여 생태적 활력도와 뿌리발달이 부실하여 산림병해충, 산사태 피해가 우려되는 산림
　(마) 침엽수 단순림으로서 산불발생 시 대형화될 우려가 있는 지역의 산림
　(바) 산사태, 산불, 산림병해충 등의 각종 산림재해를 입은 산림
　(사) 경관의 유지와 개선을 위해 밀도조절이 필요한 산림

(2) 작업 시기 및 사업종의 구분 추진
　(가) 산 가지치기를 수반하지 않을 경우에는 연중 실행 가능
　(나) 산 가지치기를 수반하는 경우에는 11월 이후부터 이듬해 5월 이전까지 실행하여야 하나 가지치기를 솎아베기·어린나무가꾸기 작업과 별도의 사업으로 구분하여 추진할 경우 작업 여건·노동력 공급 여건 등을 감안하여 연중 실행 가능
　(다) 도태간벌의 미래목, 정량간벌의 제거대상목 선목작업을 솎아베기와 별도의 사업으로 구분하여 실행할 수 있음.

(3) 솎아베기 종류별 작업 방법
　(가) 정량간벌
　　1) 적용 대상지
　　　가) 수종이 단순하고 수목의 형질이 비슷한 산림
　　　나) 우세목의 평균수고 10m 이상 임분으로서 15년생 이상인 산림
　　　다) 어린나무가꾸기 등 숲가꾸기를 실행한 산림. 다만, 숲가꾸기를 실행하지 않았더라도 상층 입목 간의 우열이 시작되는 임분은 실행 가능
　　2) 작업 방법
　　　가) 평균 가슴높이 지름을 조사한 후 [별표 1]의 '간벌후 입목본수기준'에 따라 솎아베기 후의 적정 잔존본수를 산정
　　　나) 목표생산재, 임분의 상태, 작업의 경제성 등을 고려하여 기준본수의 30% 범위 내에서 솎아베기량을 조정 가능
　　　다) 적정한 솎아베기 비율은 [별표 1]의 '간벌후 입목본수기준'의 해당 지름을, 약도의 솎아베기는 하위 지름을, 강도의 솎아베기는 상위 지름을 적용하며, 강도의 솎아베기는 본수기준 50% 이상을 초과할 수 없음.
　　　라) 도태간벌과 열식간벌은 [별표 1]의 '간벌후 입목본수기준'을 적용하지 않음.
　　　마) [별표 1]의 '간벌후 입목본수기준'을 적용할 경우 본수기준 50% 이상의 과도한 제거가 되는 과밀한 임분은 적정한 간벌 비율을 기준으로 60%의 범위 내에서 5년 이상의 간격으로 나누어 실행
　　　바) 기타 활엽수(포플러류 제외) 임지에서는 참나무류 기준표를 적용하고 전나무 등 기타 침엽수는 유사 침엽수 기준표를 적용
　　　사) 제거 대상목은 고사목, 피해목, 피압목, 생장불량목, 형질불량목 순으로 선정하여 적정 간벌 후 잔존본수 유지

(나) 도태간벌
1) 적용 대상지
가) 미래목의 집약적 관리를 통하여 우량대경재 이상을 목표생산재로 하는 산림
나) 지위(地位) '중' 이상으로 지력(地力)이 좋고 입목의 생육상태가 양호한 산림
다) 우세목의 평균수고 10m 이상 임분으로서 15년생 이상인 산림
라) 어린나무가꾸기 등 숲가꾸기를 실행한 산림. 다만, 숲가꾸기를 실행하지 않았더라도 상층 입목 간의 우열이 현저한 우량 임분은 실행 가능
마) 조림수종 외에 다른 수종이 많이 혼효되어 정량간벌이나 열식간벌이 어려운 산림
2) 미래목 선정·관리
가) 피압을 받지 않은 상층의 우세목으로 선정하되 폭목은 제외
나) 나무줄기가 곧고 갈라지지 않으며 산림병해충 등 물리적인 피해가 없을 것
다) 미래목 간의 거리는 최소 5m 이상으로 임지 내에 고르게 분포하도록 하며, 활엽수는 ha당 200본 내외, 침엽수는 ha당 200~400본을 미래목으로 함.
라) 미래목만 가지치기를 실행하며 산 가지치기일 경우 11월부터 이듬해 5월 이전까지 실행하여야 하나 작업 여건, 노동력 공급 여건 등을 감안하여 작업 시기 조정 가능
마) 가지치기는 반드시 톱을 사용하여 실행
바) 솎아베기 및 산물의 하산, 집재(集材), 반출 등의 작업시 미래목을 손상치 않도록 주의
사) 미래목은 가슴높이에서 10cm의 폭으로 황색 수성페인트로 둘러서 표시
3) 제거 대상목은 미래목의 수관생장을 억압하는 생장경쟁목, 미래목의 수관(樹冠)과 줄기에 해를 입히는 나무를 대상목으로 함.
4) 미래목과 중용목의 하층 임관(林冠)을 이루고 있는 보호목은 제거하지 않음.
5) 칡, 머루, 다래, 담쟁이 등 미래목에 피해를 주거나 향후 피해가 예상되는 덩굴류는 제거
(다) 열식간벌
1) 다음의 경우에는 열식간벌을 적용할 수 있으나 잣나무, 낙엽송 인공조림지로서 도태간벌과 정량간벌의 적용이 어려운 임지 등 특별한 경우가 아니면 열식간벌을 적용하지 않음.
가) 입목의 생장이 균일하여 입목간의 우열이 심하지 않는 임지
나) 열식 인공조림지로서 입목밀도가 식재본수의 70% 이상인 임지
다) 솎아베기를 실행하지 않은 유령임분
2) 작업 방법
가) 2열 이상 존치시키고 1열을 간벌열로 선정
나) 간벌열의 첫 번째 입목은 존치시키되 기계화 작업시 장애가 되는 입목은 제거할 수 있음.
다) 간벌열 내의 우량입목은 존치시킬 수 있으며 잔존열 내의 불량목은 제거할 수 있음.

2. 천연림의 조성·관리

가. 천연림갱신

(1) 천연하종갱신(天然下種更新) 및 갱신상(更新床) 조성
(가) 대상지
1) 수확 예정지
2) 종자의 결실량이 풍부한 임지
3) 종자발아와 어린나무의 생장 환경이 좋은 임지
(나) 수종과 임지 상황에 따라 모두베기, 골라베기, 어미나무작업, 보잔목작업 등을 적용
(다) 갱신상 조성은 모수에서 종자가 떨어지기 전에 떨어진 종자가 잘 발아할 수 있도록 유기물층 제거 및 지면긁기 작업을 실시

(라) 보완조림
1) 천연하종갱신 지역에 천연 발생 어린나무가 부족할 경우에는 ha당 5,000본 기준으로 동일 수종을 식재하되 묘목의 크기에 따라 본수 조절 가능
2) 식재할 묘목은 천연 발생 어린나무의 수고와 유사한 크기로 식재

(2) 움싹갱신[萌芽更新]
(가) 대상지
1) 참나무류 임지로서 움싹을 이용하여 후계림(後繼林)을 조성할 수 있는 임지에 실행
2) 톱밥, 펄프, 숯 등 소경재 생산을 목적으로 하는 산림으로 지위 '중' 이상의 지력이 좋고 지리적 조건이 유리한 임지
3) 참나무류의 경우 움싹의 발생이 왕성한 Ⅱ~Ⅲ영급 임지 중에서 ha당 900본 내외로 균일하게 분포하거나 900본이 되지 않더라도 보완조림을 통해 움싹갱신이 가능한 임지

(나) 작업 방법
1) 그루터기의 높이는 가능한 낮게 벌채하여 움싹이 지하부 또는 지표 근처에서 발생하도록 유도
2) 벌채면은 평활하고 약간 기울게 하여 물이 고이지 않도록 함.
3) 벌근(伐根) 주위는 움싹이 잘 발생할 수 있도록 정리
4) 벌채는 생장휴지기인 11월 이후부터 이듬해 2월 이전까지 실시
5) 대상지의 면적이 5ha 이상일 경우 하나의 벌채구역은 5ha 이내로 하고, 벌채구역과 벌채구역 사이에는 폭 20m 이상의 수림대를 남겨 두어야 함.
6) 움싹갱신지 보육까지 완료하여야 함.
7) 3년 이내 움싹이 ha당 3,000본 미만(그루터기 기준은 ha당 900개)일 경우에는 조림 또는 보완조림을 실행

나. 천연림보육

(2) 작업 시기 및 사업종의 구분 추진
(가) 산 가지치기를 수반하지 않을 경우에는 연중 실행 가능
(나) 산 가지치기를 수반하는 경우에는 11월 이후부터 이듬해 5월 이전까지 실행하여야 하나 가지치기를 천연림보육 작업과 별도의 사업으로 구분하여 추진할 경우 작업 여건·노동력 공급 여건 등을 감안하여 연중 실행 가능
(다) 미래목을 선발하는 선목작업은 천연림보육 작업과 별도의 사업으로 구분하여 실행할 수 있음.

(3) 유령림(幼齡林)단계의 작업 방법
(가) 상층목 중 형질이 불량한 나무, 폭목을 제거 대상목으로 함.
(나) 형질이 불량한 상층목이라도 잔존하는 상층목에 피해를 주지 않고 경관 유지와 야생조류의 서식지·먹이 등의 목적으로 필요할 경우 제거하지 않을 수 있음.
(다) 상층을 구성하고 있는 수종이 대부분 소나무일 경우, 형질이 불량한 대경목과 폭목은 제거
(라) 불량 상층목과 폭목의 벌채 시 남아 있는 나무에 피해를 줄 우려가 있을 경우 수피베끼기 등의 방법을 사용할 수 있음.
(마) 칡, 다래 등 덩굴류와 병충해목은 제거
(바) 과다한 임지노출이 우려될 경우를 제외하고 형질 불량목, 아까시나무, 싸리나무, 불량 참나무류, 활엽수 움싹 등은 제거
(사) 임분이 과밀할 경우 우량 상층목이라도 솎아 주고 제거 대상목은 지표에 가깝게 베어냄.
(아) 움싹이 발생되었을 경우 각 근주에서 생긴 2본 정도 남기고 정리하며, 유용한 실생묘는 존치
(자) 제거하지 않는 나무 중 쌍가지로 자란 경우 하나는 잘라주고, 원형수관은 원추형(圓錐形)으로 유도
(차) 상층목의 생육에 지장이 없는 하층식생은 제거하지 않고 존치

(카) 침엽수의 경우, 산 가지치기를 수반할 경우 11월 이후부터 이듬해 5월 이전까지 실행하고 가지치기는 전정가위를 사용하여 실시
(타) 가지치기는 침엽수일 경우 형질우세목 중심으로 실시

(4) 솎아베기 단계의 작업 방법
(가) 미래목 선정 및 관리
1) 미래목은 상층의 우세목으로 선정하되 폭목은 제외
2) 나무줄기가 곧고 갈라지지 않으며 산림병해충 등 물리적인 피해가 없을 것
3) 미래목 간의 거리는 최소 5m 이상으로 임지 내에 고르게 분포하도록 하며, ha당 활엽수는 150~300본, 침엽수는 200~300본을 미래목으로 함.
4) 침엽수의 경우 미래목만 가지치기를 실행하며 산 가지치기를 수반할 경우 11월 이후부터 이듬해 5월 이전까지 실행
5) 솎아베기 및 산물의 하산, 집재, 반출 등의 작업 시 미래목을 손상치 않도록 주의
6) 미래목은 가슴높이에서 10cm의 폭으로 황색 수성페인트로 둘러서 표시

다. 천연림개량

(1) 대상지
(가) 형질이 불량하여 우량대경재 생산이 불가능한 천연림
(나) 유령림단계의 천연림으로 특용·소경재 생산이 가능한 임지
(다) 유령림으로서 천연림개량 후 간벌단계에서 우량대경재 생산이 가능하여 천연림보육을 실행할 임지

(2) 작업 시기는 천연림보육과 같음.

(3) 작업 방법
(가) 유령림의 경우 형질이 불량한 나무, 폭목을 제거하고 가급적 입목밀도를 높게 유지
(나) 칡, 다래 등 덩굴류와 산림병해충 피해목을 제거
(다) 제거하지 않은 나무 중 쌍가지로 자란 경우 하나는 잘라주고, 원형수관은 원추형으로 유도
(라) 상층목의 생육에 지장이 없는 하층식생은 제거하지 않고 존치
(마) 형질 불량목의 제거로 인하여 발생된 공간은 활엽수를 ha당 5,000본 기준으로 식재할 수 있음.
(바) 솎아베기단계에 도달한 형질불량 천연림은 층위에 관계없이 형질불량목 위주로 제거하고 빈 공간에 활엽수 밀식조림할 수 있음.
(사) 폭목 제거로 인하여 우량목의 피해가 우려되는 지역은 수피베끼기 등의 방법을 사용
(아) 천연림개량 작업 후 우량대경재 이상을 생산할 수 있다고 판단되는 천연림에 대하여 천연림보육 실시 가능, 단 5년이 경과한 이후 천연림보육 등 실시 가능
(자) 천연림개량 작업 이후 5년이 경과한 후에도 임분의 형질이 개선되지 않을 경우에는 인공갱신, 천연갱신, 움싹갱신 등의 방법을 통해 갱신(후계림 조성) 할 수 있음.

라. 움싹갱신지 보육

(1) 대상지는 움싹갱신을 실시한 임지
(2) 작업 시기
(가) 보완조림은 천연림갱신의 움싹갱신 방법에 따름.
(나) 풀베기, 덩굴제거는 인공림과 같음.
(다) 움싹 본수 조절은 움싹갱신 2~3년 후 생장휴지기인 11월 이후부터 이듬해 5월 이전까지 실시

(3) 작업 방법
  (가) 보완조림은 움싹이 발생하지 않은 지역에 실시
  (나) 풀베기, 덩굴제거는 임지상황에 따라 횟수를 조정하여 실시
  (다) 움싹 본수 조절은 그루터기당 신갈나무, 갈참나무 등은 2~3본, 상수리나무, 굴참나무 등은 1~2본을 남김.
  (라) 임분유형에 따라 밀생형, 소생형, 균일형으로 구분하여 적용
    1) 밀생형(密生形)은 버섯용원목 또는 10~20cm 내외의 소경재를 생산하는 특용·소경재를 목표생산재로 적용
    2) 소생형(疏生形)은 상층의 우세목은 우량중경재를 목표생산재로 하고 중·하층은 버섯용원목 또는 소경재를 생산하는 특용·소경재를 목표생산재로 함.
    3) 균일형(均一形)은 천연림보육의 작업 방법을 적용함.

3. 복층림의 조성·관리

가. 조성

(1) 단목택벌(單木擇伐)에 의한 조성
  (가) 대상지
    1) 입지 조건이 양호하고 집약적인 산림관리가 가능한 Ⅴ영급 이상인 임지로 우량대경재 생산이 가능한 임지
    2) ha당 침엽수림은 300본, 활엽수림은 200본 가량의 우량대경재를 최종 수확할 수 있는 임지
    3) 공익기능 유지 및 입지 조건상 모두베기가 부적당한 임지
  (나) 작업 방법
    1) 최종 수확본수가 ha당 200~300본 내외가 되도록 조절
    2) 상층목에서 2m 떨어진 공간에 1.8m 간격으로 수하식재
    3) 천연하종갱신이 가능한 임지는 갱신상을 조성하거나 움싹갱신, 수하식재(樹下植栽)와 병행할 수 있음.

(2) 대상벌채(帶狀伐採)에 의한 조성
  (가) 대상지
    1) 산림병해충 피해지, 입목형질이 불량한 임지 중 임분 전환 또는 수종갱신이 필요한 임지
    2) Ⅲ영급 이상의 조림지, 형질이 불량한 활엽수림, 15년생 내외의 현사시나무 조림지
    3) 인공림의 일반소경재와 천연림의 특용·소경재 생산 임지
    4) 공익기능 유지 및 입지 조건상 모두베기가 부적당한 임지
  (나) 작업 방법
    1) 식재열을 기준으로 하여 2~3열을 교호대상으로 벌채
    2) 잔존대로부터 2m 떨어진 벌채대 내에 1.8m×1.8m 간격으로 식재
    3) 식재목이 하층식생의 영향을 받지 않고 생장할 수 있는 시기에 잔존대 벌채
    4) 천연갱신이 가능한 임지는 갱신상을 조성하거나 움싹갱신, 식재조림을 병행할 수 있음.

나. 숲가꾸기

숲가꾸기는 '1. 인공림의 조성·관리' 및 '2. 천연림의 조성·관리'의 규정을 준용함.

4. 수확

가. 수확을 위한 벌채금지 구역

(1) 생태통로 역할을 하는 주능선 8부 이상부터 정상부, 다만 표고(산기슭 하단부터 산정부)가 100m 미만인 지역은 제외
(2) 암석지, 석력지(石礫地), 황폐우려지로서 갱신이 어려운 지역
(3) 계곡부(국토지리정보원에서 제작한 축척 1/25,000 지형도상의 수계선)의 양안 홍수위 폭
(4) 호소, 저수지, 하천 등 수변지역은 수변 만수위로부터 30m 내외
(5) 도로변 지역(도로로부터 폭 20m 이내 지역. 다만, 도로관리청이 도로안전 관리를 위해서 필요한 경우 제외)
(6) 임연부
(7) 내화수림대로 조성·관리되는 지역
(8) 벌채구역과 벌채구역 사이 20m 폭의 잔존수림대. 다만, 벌채구역이 어린나무가꾸기에 도달하는 시점에 잔존수림대 벌채 가능
(9) 임산물 운반로를 내기 위한 경우와 산사태, 산불, 산림병해충 등 산림재해로 인한 피해 복구, 그 밖에 공익적 목적을 위한 경우에는 벌채할 수 있으나 필요한 부분만 최소 실행
(10) (1)~(9)의 수확을 위한 벌채금지구역에서도 골라베기 또는 솎아베기를 할 수 있다.

나. 벌채 실행 방법

(1) 모두베기
 (가) 벌채 대상지 면적은 최대 50ha 이내로 함.
 (나) 벌채면적이 5ha 이상인 경우에는 '라. 친환경 벌채 기준'에 따름.
 (다) 산림생태계 및 경관유지를 위하여 필요하다고 인정하는 경우에는 벌채면적이 5ha 미만인 경우에도 친환경 벌채 기준에 따라 할 수 있음.
 (라) 하나의 모두베기 벌채구역과 벌채구역의 사이는 폭 20m 이상의 수림대를 남겨두어야 한다.
(2) 골라베기
 (가) 골라베기 비율은 재적 기준 30% 이내로 함.
 (나) 버섯용원목을 위한 골라베기 비율은 재적 기준 50% 이내로 함.
(3) 어미나무작업
 (가) 종자의 결실이 풍부하여 천연갱신이 가능한 임지에 실행
 (나) 대상지의 면적이 5ha 이상일 경우 하나의 벌채구역은 5ha 이내로 하고, 벌채구역과 벌채구역 사이에는 폭 20m 이상의 수림대를 남겨 두어야 함.
 (다) 모수는 형질이 우수하여야 하며 ha당 15~20본을 남김.
 (라) 갱신상 조성 작업까지 완료하여야 함.
 (마) 어미나무작업은 모수의 종자결실이 풍부한 시기에 실행
 (바) 3년 이내에 어린나무의 발생량이 ha당 5,000본 미만인 경우에는 조림 또는 보완조림 실행
(4) 왜림작업은 천연림갱신의 움싹갱신 방법을 따름.
(5) 수종갱신 벌채
 (가) "임분의 수종갱신 판정표"에 따른 갱신판정 임지. 다만, 암석지·석력지·황폐우려지로서 생육이 어려운 임지와 간이산림토양도상의 비옥도 Ⅳ급지·Ⅴ급지는 제외
 (나) 입목생장 속도가 늦어 현존 수종으로 정상적인 입목생장이 불가능한 임지
(6) 산림보호구역에서의 벌채는 산림보호법의 규정에 따름.

다. 벌채를 위한 임산물 운반로

(1) 임산물 운반로의 노폭은 2m 내외로서 3m를 초과하지 않음. 다만, 배향곡선지, 차량대피소 시설 등 부득이할 경우에는 3m를 초과할 수 있음.
(2) 임산물 운반로의 길이는 산물반출에 필요한 최소한으로 하며, 경사가 급하여 토사유출·산사태 등의 피해가 우려되는 곳에는 임산물 운반로를 시설하지 않음.
(3) 임산물 운반로 시설시 토사유출·산사태 등의 피해를 예방할 수 있도록 조치하여야 하며, 임산물 운반로 시설 목적이 완료된 후에는 조림 등의 방법으로 복구하여야 함.
(4) 다만, 산림경영에 필요하다고 판단되는 지역은 임산물 운반로를 존치하게 할 수 있으며, 이 경우 현지여건을 고려하여 재해예방 조치를 해야 함.

라. 친환경 벌채 기준

(1) 적용 기준
  (가) 벌채 후 존치목을 군상 또는 수림대로 남겨 종다양성, 생태·경관유지 및 산림 재해방지 기능을 발휘하도록 실행함.
  (나) 벌채 적용 면적 등 세부적인 사항은 「친환경벌채 운영요령」에 따름.
  (다) 숲가꾸기·피해목 제거·유실수(수실류 및 약용류 임산물에 한함)의 수종갱신을 위한 벌채는 적용하지 않으나, 불량림의 수종갱신 벌채는 이 기준을 준용함.
  (라) 특별자치시장·특별자치도지사·시장·군수·구청장 또는 지방산림청 국유림관리소장이 나무아래 심기 등 단목으로 존치할 필요가 있다고 인정하는 경우에는 제한적으로 단목으로 존치할 수 있음.
(2) 군상 또는 수림대의 선정기준 및 배치방법 등은 「친환경벌채 운영요령」에 따른다.
  (가) 군상 또는 수림대 존치구역은 경계부 나무의 가슴높이 부분에 노란색 페인트로 폭 10cm를 둘러 표시함
    ※ 산림소유자가 직접 벌채하는 경우에는 표시 생략 가능
  (나) 불량임지의 수종갱신지역은 후계림 조성에 필요한 평균경급 이하의 유용 활엽수 등을 선정하여 존치시킬 수 있음.
  (다) 「친환경벌채 운용요령」 규정에도 불구하고 다음의 각 호의 경우에는 군상 또는 수림대 이외의 방법으로 존치할 수 있음.
    1) 풍해, 설해 등 피해가 우려되거나 갱신이 어려운 임지는 간격을 적정하게 유지하여 남길 수 있음.
    2) 조림실패지의 수종갱신 지역은 기존 조림목 중 살아있는 나무를 기준 본수 이상으로 존치할 수 있음.
(3) 산림영향권 확보
  (가) 벌채 후에도 산림으로서의 역할을 발휘할 수 있도록 수림대 및 군상 등 산림영향권 면적을 확보해야 함.
  (나) 산림영향권 산출방법과 관련된 사항은 「친환경벌채 운영요령」에 따름.
(4) 친환경벌채 사전점검 및 사후관리
  (가) 벌채예정지는 벌채 전 희귀 동식물 분포 조사를 실시하고, 백두대간 등 등산로 인근이나 고속도로에서의 조망 등 경관·생태적 요인을 고려하여 벌채계획을 수립해야 함.
  (나) 관련 법령 및 규정 등에 의한 벌채 제한사항 등을 확인하고 인근 산촌마을에 토사유출로 인한 피해가 없도록 사전 예방조치를 함.
  (다) 남기는 나무는 벌채 작업 중 피해가 발생하지 않도록 하고, 부득이 피해가 발생한 경우 산림소유자와 벌채자가 협의하여 다시 선정함.
  (라) 원목 생산 후 남는 조재부산물은 가급적 수집·활용하고 임내에 쌓아두는 경우 유실되지 않도록 일정한 방향으로 정리함.

(마) 남겨진 나무는 인공조림 등 후계림 조성을 완료한 후 시행하는 어린나무가꾸기 등 숲가꾸기 작업 시 전부 또는 일부를 벌채할 수 있음.
※ 자연재해 등으로 남겨진 나무의 피해 발생 시 수시로 벌채·정리 가능
※ 후계림 조성시 유의사항
- 식재본수는 「Ⅲ. 산림자원 조성·관리 일반지침」을 준용
- 남겨진 나무의 벌채 시 조림한 나무에 피해가 발생한 경우에는 보완조림 실행 가능

(6) 벌채의 지도·감독
(가) 특별자치시장·특별자치도지사·시장·군수·구청장 및 국유림관리소장은 허가 전에 군상 및 수림대가 적정하게 배치되었는지와 산림영향권을 확보하였는지 여부를 현지 확인하여야 함.
(나) 허가를 받은 자는 벌채 허가조건을 준수하고, 위탁·대행자에 대해 지도·감독을 하여야 함.

7. 내화수림대의 조성·관리

가. 대상지

(1) 대형산불 피해지의 복구 지역
(2) 대형산불의 피해가 있었거나 발생의 위험이 있는 침엽수림의 벌채 후 조림 또는 갱신 지역
(3) 대형산불의 피해가 있었거나 발생의 위험이 있는 침엽수림의 숲가꾸기 지역

나. 작업 방법

(1) 내화수림대의 폭은 50m 내외로 함.
(2) 조림 작업을 할 경우에는 마을, 도로, 농경지의 인접 산림에 참나무류 등 활엽수종을 중심으로 내화수림대 조성
(3) 숲가꾸기 작업을 할 경우에는 마을, 도로, 농경지의 인접 산림에 솎아베기를 통해 침·활엽수 혼효림의 내화수림대로 전환

8. 작업로

가. 산림자원을 계획적으로 조성·관리하고 산물의 수집·이용과 작업원의 이동을 위해 산림 내에 작업로를 배치할 수 있음.

나. 작업로의 구분

(1) 소작업로는 지상부의 장애물을 제거하여 이동할 수 있게 만든 길로서 간격은 20m 내외로 하고 폭은 1.5m 내외로 하나 여건에 따라 조정할 수 있음.
(2) 대작업로(기계화작업로 포함)는 임업 및 농업용 기계 등의 통행이 가능한 길로서 간격은 60m 내외로 하고 폭은 3m 이내로 하나 여건에 따라 조정할 수 있음.

다. 조림 또는 숲가꾸기 작업시 작업로를 설치할 수 있으며 절·성토 등 산림의 형질변경을 최소화해야 함.

Ⅳ. 숲가꾸기 표준지의 조사 · 관리

1. 실시설계 표준지(용역수행)의 조사 · 관리

가. 표준지 조사비율은 사업대상지 면적을 기준으로 일정비율 이상을 조사하며, 사업종별로 다음과 같음.

   (1) 풀베기는 1% 이상

   (2) 덩굴제거는 0.5% 이상

   (3) 어린나무가꾸기는 0.5% 이상

   (4) 솎아베기는 1% 이상

나. 표준지 크기는 사업종별로 다음과 같음.

   (1) 풀베기는 200㎡(반지름 8.0m 원형)를 원칙으로 하되, 소반 또는 필지단위 사업면적이 2ha 미만의 경우에는 100㎡(반지름 5.67m 원형) 크기로 조정 가능함.

   (2) 덩굴제거는 본수 조사 시에는 50㎡(반지름 4m 원형 또는 5m×10m 직방형), 피복도 조사 시에는 100㎡(반지름 5.67m 원형)로 함.

   (3) 어린나무가꾸기는 100㎡(10m×10m 직방형 또는 반지름 5.67m 원형)로 함.

   (4) 솎아베기는 개소당 100㎡~400㎡(10m×10m, 10m×20m, 20m×20m 사각형 또는 반지름 5.7m, 8.0m, 11.3m 원형 표준지)로 함.

다. 사업대상지를 표시한 지형도상에서 최대 200m×200m 격자상의 교차점에 400㎡의 표준지를 일정 간격으로 교차점에 배치하여야 한다. 다만, 격자의 간격이나 표준지의 간격은 임지 상태에 따라 조정할 수 있다.

라. 일정 격자의 교차점에 표준지 배치가 불가능할 경우 상하좌우 50m 범위 내에서 표준지 위치를 조정할 수 있으며, 사업대상지가 소면적으로 분산되거나 임상이 다를 경우에는 그 임분의 표준이 되는 곳에 표준지를 배치하고 GPS를 이용하여 좌표를 기록

마. 표준지의 조사 및 관리에 따른 GPS 좌표 취득 · 관리 등 산림공간정보 구축에 필요한 위치의 기준은 「산림공간정보 구축운영 및 보안에 관한 규정」에 따라 「공간정보의 구축 및 관리 등에 관한 법률」 시행령 제7조에 따른 세계측지계(중부원점)를 사용하여야 함.

바. 표준지 조사방법

   (1) 가슴높이 지름은 표준지 내에 6cm 이상 교목을 2cm 괄약으로 측정

   (2) 수고는 경급별 m 단위로 측정

   (3) 경계표시는 흰색 페인트로 표시

   (4) 제거대상목은 적색 페인트로 표시

   (5) 도태간벌의 미래목 또는 정량간벌의 형질우세목 및 가지치기 대상목은 황색 페인트로 표시

   (6) 풀베기 사업의 표준지는 중앙부에 1m 이상의 막대를 세우고 설계표준지는 황색 테이프, 감리표준지는 적색 테이프로 표시한 후 조림수종, 조림목 본수, 고사목 본수, 피해목 본수, 제거식생 등을 조사

(7) 덩굴제거 사업지의 표준지는 중앙부 또는 모서리에 높이 1m 내외의 막대를 꽂고 설계표준지는 황색 테이프, 감리표준지는 적색 테이프로 표시한 후 덩굴 본수 및 피복도, 덩굴제거 상태 등을 조사

(8) 어린나무가꾸기 사업지의 표준지는 중앙부 또는 모서리에 설계표준지는 황색 테이프, 감리표준지는 적색 테이프로 표시한 후 조림목 본수 및 가슴높이지름, 제거대상목의 종류 및 피복도, 가지치기 높이 등을 조사

(9) 풀베기, 덩굴제거, 어린나무가꾸기 사업의 세부적인 설계 표준지 조사·관리 요령은 풀베기 설계·감리 및 조림목 손해배상 적용기준, 덩굴제거 설계·감리 및 사업시행기준, 어린나무가꾸기 설계·감리 및 사업시행기준을 따름.

사. 표준지의 보존

(1) 표준지는 숲가꾸기 사업시행시 작업하지 않고 보존

(2) 도로변 등 경관적으로 중요한 지역일 경우 숲가꾸기가 반드시 필요한 지역에 대해서는 감리자의 확인을 받아 사유를 감리보고서에 기재한 후 작업 시행

(3) 다만, 풀베기 등 조림목의 피해를 방지하기 위한 사업은 표준지에도 작업 시행

2. 감리 표준지(용역으로 수행)의 조사·관리

가. 표준지 조사비율은 사업대상지 면적을 기준으로 일정비율 이상을 조사하며, 사업종별로 다음과 같음.

(1) 풀베기는 2% 이상

(2) 덩굴제거는 1% 이상

(3) 어린나무가꾸기는 0.25% 이상

(4) 솎아베기는 0.5% 이상

나. 사업대상지를 표시한 지형도상에서 최대 400m × 400m 격자상의 교차점에 400m²의 표준지를 일정 간격으로 교차점을 배치하여야 한다. 다만, 격자의 간격이나 표준지의 간격은 임지 상태에 따라 조정할 수 있다.

다. 솎아베기 사업 표준지의 크기 및 조사 방법은 실시설계(용역수행) 표준지의 크기와 방법에 따르며, 풀베기, 덩굴제거, 어린나무가꾸기 사업의 세부적인 감리 표준지 조사·관리 요령은 풀베기 설계·감리 및 조림목 손해배상 적용기준, 덩굴제거 설계·감리 및 사업시행기준, 어린나무가꾸기 설계·감리 및 사업시행기준을 따름.

3. 실시설계·감리를 용역으로 시행하지 않는 표준지의 조사·관리

가. 사업비산출과 작업방법을 위한 실시설계 표준지의 조사는 침엽수일 경우 사업 대상지의 수종별, 영급별로 1개소 이상, 활엽수 또는 혼효림인 경우 사업대상지의 산복, 산록, 산정별로 1개소씩 조사

나. 표준지 배치를 제외한 나머지 사항은 실시설계(용역수행) 표준지의 크기, 조사방법, 보존방법에 따름.

다. 사업대상지 현장 점검 등을 위하여 감리 표준지의 조사, 좌표기록, 관리방법도 1, 2와 동일함.

02 기타 주요 자료

■ 산림문화·휴양에 관한 법률 시행규칙 [별표 3] <개정 2016. 12. 30.>

산림치유지도사 업무범위(제12조의2 제2항 관련)

등급	구분	업무범위
1급 산림치유 지도사	기획·개발	• 산림치유 프로그램의 기획·개발 • 산림치유 프로그램의 매뉴얼 작성 • 산림치유 프로그램의 실행 계획 수립 • 산림치유 프로그램의 실행을 위한 산림치유지도사 자체 능력배양 교육 계획 수립 • 산림치유 프로그램에 대한 평가 • 산림치유 프로그램 관련 관리·실행 업무(2급 산림치유지도사의 업무를 포함한다)
2급 산림치유 지도사	관리·실행	• 산림치유 프로그램의 활동계획 수립 • 산림치유 프로그램의 참가자 관리 • 산림치유 프로그램의 실행을 위한 시설 및 이용자의 안전관리 • 산림치유 프로그램 활동의 지도

■ 산림복지 진흥에 관한 법률 시행령 [별표 4] <개정 2018. 8. 21.>

산림복지전문가의 배치기준(제24조 관련)

산림복지서비스제공자가 조성·운영하는 시설의 종류	배치기준
1. 「산림문화·휴양에 관한 법률」 제2조 제2호에 따른 자연휴양림	「산림교육의 활성화에 관한 법률 시행령」 별표 2의 기준에 따라 숲해설가 또는 숲길등산지도사를 배치할 것
2. 「산림문화·휴양에 관한 법률」 제2조 제3호에 따른 산림욕장	「산림교육의 활성화에 관한 법률 시행령」 별표 2의 기준에 따라 숲해설가 또는 숲길등산지도사를 배치할 것
3. 「산림문화·휴양에 관한 법률」 제2조 제5호에 따른 치유의 숲	「산림문화·휴양에 관한 법률 시행령」 제4조의4 제1호 및 제2호의 기준에 따라 산림치유지도사를 배치할 것
4. 「산림교육의 활성화에 관한 법률」 제12조에 따른 유아숲체험원	「산림교육의 활성화에 관한 법률 시행령」 별표 3 제4호의 기준에 따라 유아숲지도사를 배치할 것
5. 「산림교육의 활성화에 관한 법률」 제13조에 따른 산림교육센터	「산림교육의 활성화에 관한 법률 시행령」 별표 4 제4호의 기준에 따라 전문인력을 배치할 것
6. 법 제10조 제1항 제4호에 따라 산림청장이 지정하는 시설	산림청장이 고시하는 기준에 따라 인력을 배치할 것

03 국유림경영계획 작성 및 운영 요령

개정 2013. 12. 30. 예규 제620호

제1장 총칙

제1조(목적) 이 요령은 『국유림의 경영 및 관리에 관한 법률』에 따라 산림청소관 국유림에 대한 경영계획(이하 "국유림경영계획"이라 한다.)의 작성에 관한 세부사항을 정하고 효율적으로 운영하는 것을 목적으로 한다.

제2조(국유림경영계획작성의 의의) 국유림경영계획은 산림생태계의 보호 및 다양한 산림 기능의 최적 발휘를 위하여 산림보호·임산물생산·휴양문화·고용기능 등을 증진시키고, 국유림경영에 대한 수지개선을 통해 합리적인 국유림경영이 이루어지도록 유도하는데 있으며, 경영계획구에 대한 종합적인 경영계획이 되도록 작성한다.

제3조(적용범위) 산림청소관 국유림은 본 요령에 의한다. 다만, 대학 연습림·제주특별자치도지사에게 위임 관리하는 산림청소관 국유림·임목생산을 목적으로 하는 조림대부림(분수림을 포함한다. 이하 같다.) 및 다른 관리청소관 국유림에 대하여 국유림경영계획을 수립할 경우에는 공·사유림경영계획 작성 및 운영 요령에 의하며 필요한 경우에는 본 요령을 준용할 수 있다.

제4조(국유림경영계획의 업무분장) 산림경영업무를 효율적으로 수행하기 위하여 다음 각 호와 같이 업무를 분담하여 수행한다.
1. 산림청
   - 가. 국유림경영에 관한 기본지침 제공
   - 나. 국유림경영계획에 근거한 국유림경영성과의 분석 및 평가
   - 다. 연간사업계획에 근거한 지방산림청 단위의 자원배분 및 조정
   - 라. 제주특별자치도 국유림경영계획서의 협의
2. 지방산림청
   - 가. 산림조사 및 국유림경영계획수립(단, 시범경영계획구 제외)·운영
   - 나. 국유림경영계획에 근거한 국유림관리소의 경영성과 분석 및 평가
   - 다. 연간사업계획에 근거한 국유림관리소 단위의 자원배분 및 조성
   - 라. 국유림경영계획운영에 대한 평가내용을 차기 사업 및 계획에 반영
   - 마. 산림청소관 국유림을 대학연습림으로 사용하는 경우의 경영계획 승인
3. 국유림관리소
   - 가. 산림조사 및 국유림경영계획 작성 기초자료 제공 및 참여
   - 나. 국유림경영계획 목표 및 사업계획에 근거한 사업실행
   - 다. 연간사업계획을 수립하고 집행한 경영성과의 자체 검사 및 평가
   - 라. 산림청소관 국유림을 대학연습림으로 사용하는 경우의 경영계획 검토
   - 마. 조림대부림(분수림포함) 경영계획 승인
   - 바. 시범경영계획구의 산림조사 및 경영계획수립

제5조(경영계획구의 구분 및 명칭) ① 지방산림청장은 산림청소관 국유림에 대하여 국유림관리소 별로 경영계획구를 구분하고, 명칭은 국유림관리소명 다음에 지역명을 붙여 사용한다.
② 산림청소관 국유림을 관리하는 제주특별자치도지사는 도 또는 시·군 관할구역 단위로 경영계획구를 구분하고, 명칭은 경영계획구 앞에 도 또는 시·군명을 붙여 사용한다.
③ 산림청소관 국유림을 대학연습림으로 사용하고 있는 대학의 장은 시·군 관할구역에 관계없이 집단화된 산림단위로 경영계획구를 구분하고, 명칭은 경영계획구 앞에 대학명을 붙인 명칭을 사용한다. 이 경우 2개 이상의 경영계획구가 있을 때에는 대학명 다음에 지역명을 붙여 사용한다.
④ 조림대부림(분수림을 포함한다.)의 경영계획구 명칭은 경영계획구 앞에 수대부자명(분수림을 설정받은 자의 성명을 포함한다.)을 붙여 사용하되 2개 이상의 경영계획구가 있을 때에는 수대부자명(분수림을 설정받은 자명을 포함한다.) 다음에 지역명을 붙여 사용한다.
⑤ 다른 관리청소관 국유림을 관리하는 당해 기관의 장은 시·군별로 경영계획구를 구분하고, 명칭은 경영계획구 앞에 관리기관명을 붙여 사용한다. 이 경우 2개 이상의 경영계획구가 있을 때에는 관리기관명 다음에 지역명을 붙여 사용할 수 있다.

제2장 국유림경영계획의 수립

제6조(산림조사 및 등록) ① 지방산림청장은 경영계획구에 대한 지황·임황 및 관련정보를 조사·파악하여 국유림경영계획 수립과 운영에 기초 자료로 활용하기 위하여 산림조사를 실시한다.

② 지방산림청장은 제1항에 따른 산림조사 결과를 국유림경영정보시스템에 등록한다.

제7조(국유림경영계획의 수립시 고려할 사항) 국유림경영계획을 수립할 때에는 「산림기본법」 제11조에 따른 산림기본계획·지역산림계획, 「국유림의 경영 및 관리에 관한 법률」 제6조에 따른 국유림종합계획 및 별표의 국유림경영기본지침을 고려하여 수립한다.

제8조(국유림경영계획의 구분) 국유림경영계획은 산림에 대한 장기적인 관리방향을 제시하는 장기적 추진과제와 계획기간동안 달성코자 하는 중기적 추진과제로 구분하여 작성한다.

1. 장기적 추진과제는 일반적으로 기술적인 목표, 특히 경영형태·목표임상·산림의 형태·생산 및 무육·공간배치·산림개발(임도 등) 방향을 설정하고 산림수확과 관련한 영급 및 임분급, 벌기령에 관하여 기본방향을 제시한다.
2. 중기적 추진과제는 장기적 추진과제에서 제시하는 기본적인 방향을 토대로 10년간 실행하게 될 사업내용에 대해 구체적으로 작성하되 단위사업과제와 종합과제로 구분하여 작성한다.
   가. 단위사업과제는 장기적으로 설정된 목표 달성을 위해 매 임·소반단위의 산림상황조사 결과(기능·입지 및 산림상황)에 근거하여 향후 10년 계획기간 동안 실행할 사업을 반영한다.
   나. 종합과제는 단위사업과제를 토대로 총 사업계획·재정계획·노동력수급 및 임업기계화계획으로 구분하여 작성 한다.
      (1) 총 사업계획은 중기적 추진과제의 이행에 있어 추진할 총체적인 사업물량을 규정하는 것으로 산림의 갱신·보호·육성·임도시설·경관보육·자연보호 및 목재생산 등을 포함하여 작성한다.
      (2) 재정계획은 사업계획을 원활히 수행하기 위해 필요한 소요재원 및 수입 계획으로 구분하여 작성한다.
      (3) 노동력수급계획은 사업계획 수행상 필요한 노동력 조달에 관한 것으로 현 보유 노동력, 향후 기대되는 노동 생산성 및 기술진보, 외부 노동력 및 장비투입여건 등을 토대로 작성한다.
      (4) 임업기계화계획은 사업계획 실행상 필요한 임업기계장비의 소요량을 판단하여 작성한다.

제9조(국유림경영계획의 운영방법) 국유림경영계획은 단위사업과제와 종합과제로 구분되며, 수립된 계획은 계획기간 중에 연간계획량을 조정 실행할 수 있으나 계획기간이 끝날 때까지는 단위사업과제 및 종합과제의 목표가 달성되도록 한다. 다만, 현저한 상황변동으로 인해 계획변경이 불가피한 때에는 국유림경영계획을 변경할 수 있다.

제10조(국유림경영계획서의 구성) 국유림경영계획서는 다음 각 호의 순으로 작성한다.
1. 최종심의서
2. 일반현황
3. 산림구획
4. 산림현황
5. 전차기 국유림경영계획의 성과분석
6. 경영목표
7. 경영방침
8. 사업계획
9. 재정계획
10. 노동력수급 및 임업기계화계획
11. 국유림경영계획 실행상의 유의할 사항
12. 작업설명서
13. 첨부자료

제3장 국유림경영계획의 실행유지 및 평가

제11조(국유림경영계획의 실행유지) ① 국유림경영계획기간 동안의 사업실행상황을 국유림경영정보시스템에 등록·유지하여 다음 각 호와 같이 차기 국유림경영계획 및 산림정책수립 등에 활용되도록 한다.
1. 계획적 경영의 입증
2. 불가피한 상황변동의 경우 계획수정
3. 국유림경영계획기간 전체에 대한 성과분석
4. 새로운 국유림경영계획 수립시 기초자료 제공
5. 임·소반의 경영관리 연혁확보
6. 산림·임산업정책 및 환경정책분야에 대한 활용자료 제공

② 실행상황의 기록은 경영계획구별로 조림·숲가꾸기·임목생산·시설 및 소득사업 등 단위사업계획상 반영된 내용을 대상으로 한다.

제12조(국유림경영계획의 실행평가) 국유림경영계획의 실행상황을 경영계획구별로 연간·중간 및 최종으로 구분하여 평가하여야 한다.
1. 연간평가
   가. 국유림관리소장은 연간계획에 의한 사업추진 결과를 분석하여 그 결과를 지방산림청장에게 제출하여야 하며, 평가항목은 사업·재정·노동력수급 및 임업기계화 계획부분으로 분류한다.
   나. 사업계획부분은 단위사업 종료시 작성하는 경영계획부를 참고하여 연간계획에 수립되어 있는 모든 산림사업의 계획대비 실행 사항으로 평가한다.
   다. 재정계획부분은 투자와 수입으로 구분하여 평가하며, 투자항목에는 당해 산림사업을 실행했을 때 소요된 사업실행 제반경비를 기록하고, 수입항목에는 사업실행 결과 생산된 임산물의 매각수입을 기록한다.
   라. 노동력수급계획부분은 산림사업 실행시 고용한 인력을 포함하고, 임업기계화 계획부분은 임업기계의 보유 및 사용실적 등으로 평가분석하고 다음연도 연간계획 수립시 근거자료로 활용할 수 있다.
2. 중간평가
   가. 국유림관리소장이 제출한 연간평가서를 근거자료로 하여 지방산림청장은 5년마다 당해 국유림경영계획에 대한 중간평가를 실시한다.
   나. 중간평가시 지방산림청장은 해당 국유림관리소장, 경영팀장 등 관계자와 합동으로 모니터링을 실시할 수 있다.
   다. 지방산림청장은 중간평가 결과를 토대로 종합적 평가와 분석을 통하여 목표로 하는 산림정책방향에 부합하는지 등을 중간점검하고, 미래지향적인 국유림경영계획 운영 및 방향을 제시한다.
3. 최종평가
   가. 지방산림청장은 국유림경영계획이 종료되는 연도에 최종평가를 실시하고 당해 국유림경영계획의 경영목표 달성여부를 분석하여 산림청장에게 제출한다.
   나. 산림청장은 제출된 자료를 토대로 종합적 평가와 분석을 통하여 목표로 하는 산림정책방향에 부합하는지 등을 점검하고, 미래지향적인 국유림경영계획 운영 및 방향을 제시한다.
   다. 최종평가 및 성과분석 결과는 다음 차기 국유림경영계획에 반영한다.

제4장 국유림경영계획 승인·공표 등

제13조(국유림경영계획의 승인) ① 지방산림청장이 국유림경영계획을 작성하였을 때에는 국유림경영정보시스템을 통해 경영계획부 및 위치도·국유림경영계획도·목표임상도·산림기능도를 첨부한다.
② 지방산림청장 또는 제주특별자치도지사(산림청소관 국유림)는 국유림경영계획 시작 전년도까지 관할 국유림의 경영계획을 작성하고 그 결과를 산림청장에게 보고(제주특별자치도지사가 국유림경영계획을 작성할 경우에는 산림청장과 협의)해야 한다.
③ 산림청소관 국유림을 대학연습림으로 사용하고 있는 대학의 장이 국유림경영계획을 작성하였을 때에는 관할 국유림관리소장을 경유하여 지방산림청장에게 승인신청하고, 조림대부를 받은 자가 경영계획을 작성하였을 때에는 관할 국유림관리소장에게 승인 신청하여야 하며, 이 경우 승인권자는 현지와 부합 여부를 확인한다.
④ 다른 관리청소관 국유림을 관리하는 관서의 장이 국유림경영계획을 작성하였을 때에는 산림청장(산림청장의 권한을 위임하였을 경우에는 위임 받은 자를 말한다.)의 승인을 받거나 동의를 얻어야 한다.
⑤ 산림청소관 국유림 중 대학연습림으로 사용하고 있는 국유림 및 조림대부림과 다른 관리청소관 국유림의 경영계획은 당해연도 8월 말까지 작성하여 당해 승인권자에게 승인 신청하여야 한다. 이 경우 승인권자는 신청서를 접수한 날부터 60일 이내에 그 승인 여부를 결정하여야 하며, 경영계획내용을 보완할 필요가 있다고 인정될 때에는 보완작성하게 할 수 있다.

제14조(국유림경영계획의 공표) 지방산림청장 및 제주특별자치도지사는 작성된 국유림경영계획을 최종 심의한 후 공표한다.

제15조(국유림경영계획의 변경) ① 지방산림청장은 산림기본계획, 지역산림계획 및 국유림종합계획의 변경이 있거나 제12조 제2호에 따른 중간평가 결과 변경이 필요하다고 인정될 경우에 국유림경영계획을 변경하고, 국유림관리소장은 국유림경영계획의 변경사항이 있거나, 국유림경영계획 실행상 다음 각 호의 어느 하나에 해당하는 변경사유가 발생할 때에는 지방산림청장에게 변경승인을 신청한다.
1. 국유림경영계획상 시업계획이 없는 개소를 시업하

고자 할 때(다만, 큰나무가꾸기의 솎아베기(무육), 천연림보육, 천연림개량 및 임목생산의 솎아베기(수익) 사업간 사업종 변경이 있는 경우와 제16조의 규정에 의한 벌채사업은 예외로 한다)
2. 임·소반의 경계수정 및 면적 변경
3. 공·사유림매수·교환, 조림대부·분수림의 환수 등 신규취득산림에 대하여 조림 등의 사업을 하고자 할 때

② 국유림경영계획을 변경하고자 할 때에는 당초의 국유림경영계획서를 수정하고 변경사유를 명시하여 수정된 경영계획부를 첨부하되 임·소반의 변경이 발생한 경우에는 임·소반도를 첨부한다.

③ 국유림경영계획 변경은 국유림경영정보시스템을 통하여 신청 및 승인한다.

제16조(벌채사업계획지 외에서의 벌채) 사업실행자는 제15조에 불구하고 다음 각호의 어느 하나에 해당하는 사유가 발생한 때에는 국유림경영계획상 벌채사업계획지가 아니더라도 변경승인 없이 벌채할 수 있다.
1. 공용·공공용 또는 공익사업을 위한 입목벌채
2. 천재지변 또는 이에 준하는 사태로 인하여 벌채 등 긴급 상황이 발생하였을 때
3. 각종 피해목 및 지장목 벌채
4. 기타 국유림 사업수행에 지장이 있는 입목벌채

제17조(보고) 국유림관리소장은 별지서식의 국유림경영계획작성현황과 국유림경영계획실행에 대한 분석자료를 1월 말까지 지방산림청장에게 보고한다. 지방산림청장은 이를 종합하여 2월 말까지 산림청장에게 보고하여야 한다.

제18조(재검토 기한) 「훈령·예규 등의 발령 및 관리에 관한 규정」(대통령훈령 제248호)에 따라 이 예규 발령 후의 법령이나 현실여건의 변화 등을 검토하여 이 예규의 폐지, 개정 등의 조치를 하여야 하는 기한은 2015년 9월 21일까지로 한다.

[별표] 국유림경영기본지침

□ 적용원칙

　오늘날 산림의 다양한 기능에 대한 국민적 요구는 높아지고 있는 반면, 임업의 경제적 여건은 점차 악화되고 있어 국유림의 경영관리에 있어서 새로운 방향설정이 요구되고 있다.
　이러한 여건을 고려하여 국유림에서 달성하고자 하는 목표를 명확히 하고 이를 실현하기 위해 수행되는 각종 경영활동에 적용할 기본지침으로서 이 원칙을 마련하게 되었다.
　이 원칙을 적용함에 있어서 특히, 다음사항을 유의하여야 한다.

○ 국유림경영을 통해 달성하고자 하는 모든 목표들은 구조적인 질서 즉, **목표체계**를 지닌다. 전체 국유림을 하나의 **종합 경영체(산림청)**로 보며 여기서 달성하고자 하는 **총체적 목표(최상위 목표)**는 "산림생태계의 보호 및 다양한 산림기능의 최적발휘"를 도모하는데 있다.

○ **부분경영체**로서 지방산림청 또는 국유림관리소 단위에서는 당해 지역의 산림상황, 국유림의 지역적 분포, 산림의 다양한 기능에 대한 상대적 중요성 등을 감안하여 목표체계를 설정하여야 한다. 이러한 목표는 중기계획인 국유림경영계획을 통해 구현되어야 한다.

○ 부분경영체로서 지방산림청 또는 국유림관리소는 다양한 산림경영목표를 동시에 달성하도록 추구해야 한다. 이 경우 달성하고자 하는 목표 상호간에 상충되는 경우에는 **우선순위**를 설정하고 절충점을 찾되, 국유림경영계획 및 실행과정에서 이를 명확히 하여야 한다. 이 경우 국유림경영상 **기본원칙**을 고려하여야 하며, 국가 전체적인 관점에서 부여된 목표의 상대적 중요성을 감안하여야 한다.

○ 각종 산림계획이나 조치시 국유림경영원칙상 **전제조건**으로 제시하고 있는 생태계로서 산림의 **안정성**, **적응성**, **다양성**을 확보하는 동시에 **지속성** 및 **경제성**원칙을 충족하여야 한다.

○ 국유림은 **자연친화적인 산림관리방법**을 적용하여 각종 위해에 **저항성**이 강하며 생태적으로 안정되고 **경제성(생산성)**이 높은 산림구조를 지니도록 하여야 한다.

I. 목표체계

아래 그림은 국유림에서 궁극적으로 달성하고자 하는 목표체계를 나타낸다. 주어진 **기본원칙**에 따라 산림경영을 실행함으로써 **총체적 목표(최상위 목표)**를 달성하도록 추구하되 **전제조건**이 손상되지 않도록 하여야 한다.

🌱 **국유림의 목표체계**

- **기본전제**
  국유림에서 달성하고자 하는 각종 목표는 생태계로서 산림이 안정성, 적응성, 다양성을 확보하도록 하여야 하며 지속가능하고 경제적인 방법으로 실현하여야 한다.
- **기본원칙**
  - 산림사업은 산림의 다양한 기능을 고려하여 실시하여야 한다.
  - 제시된 목표는 기본적으로 동등하게 취급하여 동시에 추구하여야 한다.
  - 추구하고자 하는 목표가 상충될 때에는 상대적 중요성을 감안하여 절충함으로써 총체적으로 바람직한 효과를 얻도록 하여야 한다.
  ※ 제시된 목표가 유지 · 증진 또는 강화되도록 하여야 한다.

1. 전제조건

산림은 수목을 비롯하여 각종 동·식물이 어우러져 살아가는 생태계이다. 산림경영을 통해 추구하고자 하는 경영목표는 자연생태계로서 산림이 지니고 있는 특성을 고려하지 않고는 달성될 수 없다. 이러한 산림의 특성은 국유림경영에 있어서도 마찬가지다. 국유림 경영목표 실현에 있어 주요한 전제조건은 다음과 같다.

가. 산림생태계의 안정성, 적응성, 다양성

국유림경영을 통해 추구하고자 하는 각종 경영목표는 산림의 생태적 **안정성**을 바탕으로 한다. 산림이 생태적으로 안정되지 않고는 다양한 산림기능을 지속적으로 확보할 수 없기 때문이다. 그러므로 산림생태계의 안정성은 경영목표실현 이전의 기본전제가 된다.

같은 토지산업이라 하더라도 임업은 농업과 달리 장구한 생산기간을 요한다. 이 과정에서 산림생태계는 산불, 병해충, 풍해, 설해 피해는 물론 대기오염, 기후변화 등에 이르기까지 예측하기 어려운 여러 가지 환경변화에 직면하게 된다. 이러한 피해 요인을 인위적으로 제거하는 데는 많은 비용을 수반할 뿐 아니라 처방에도 한계가 있다. 따라서 경영목표를 추구함에 있어 산림이 지니고 있는 자기갱신능력과 자기조절능력을 최대한 활용하여 환경변화에 적응하여 스스로 극복하도록 해야 한다. 이를 산림생태계의 **적응성**이라 한다. 산림에 대한 목표체계 또한 사회의 진보와 더불어 변화한다는 점을 고려할 때 이러한 면에 있어서 산림생태계의 적응성은 중요한 의미를 지닌다.

다양성은 생명공학기술의 진보에 따라 미래 유전자원의 이용가능성을 확보하는 차원에서도 중요하지만 무엇보다 산림생태계의 안정성과 적응성과도 밀접한 관계를 지니고 있다. 산림생태계가 유전적, 종 및 생태적으로 풍부한 다양성을 지니고 있어야만 환경변화에 적응을 용이하게 함은 물론 안정성을 높여주기 때문이다.

나. 지속성 및 경제성

산림은 국민생활에 있어서 경제적으로는 물론 휴양활동 면에서 중요한 역할을 할 뿐만 아니라 다종다양한 생태적 기능을 수행하고 있다. 국유림경영에 있어서 이러한 기능을 총체적으로 최적 생산이 되도록 해야 한다. 이러한 목표를 추구함에 있어서 미래세대가 적어도 현세대 이상으로 산림효용을 누릴 수 있도록 **지속성** 원칙을 준수하여야 한다.

사회가 요청하는 각종 산림기능은 경제적인 방법으로 창출되어야 한다. 이러한 점은 산림의 생태적 기능이나 휴양기능의 발휘에 있어서도 마찬가지이다. 목표로 하는 산림효용을 최소비용으로 창출하거나 이용 가능한 재원 범위 내에서 최대효과를 발휘하게 하는 **경제성** 원칙에 따라야 한다.

2. 기본원칙

목표체계는 산림경영체에 있어서 달성하고자 하는 목표를 명확하게 제시하는데 그 의의가 있다. 이러한 목표체계로부터 필요한 계획이나 시행 또는 국유림경영의 틀이 형성하게 된다. 여기서 **기본원칙**이라 함은 국유림에 있어서 여러 가지 목표들을 실현해야 하는 경우에 있어서 고려해야 할 필요한 조치를 말한다.

- 각종 산림시업을 함에 있어서 경영목표에서 제시하고 있는 산림의 **다양한 기능**을 고려하여야 한다.

- 임·소반단위의 계획 및 시행을 함에 있어서 기본적으로 추구하는 **목표들을 동등하게 취급**하여야 한다. 이들 목표는 임분단위에서 **같은 시기에 함께 달성**하도록 추구하여야 한다.

- 목표 상호간에 긍정적 또는 부정적인 관계가 성립할 수 있다. 이러한 관계가 명백하게 취급하는 수단(**예** 개별임지 단위에서의 조치 또는 부분경영체 차원에서의 전략)을 선택해야 하는 경우에는 달성하고자 하는 목표의 상대적 중요성을 감안하여 **우선순위**를 정하고 가능한 총체적으로 바람직한 효과를 얻도록 해야 한다. 지역에 따라 목표간 상대적 비중을 달리하고자 하는 경우 '5. 경영목표의 우선순위 결정'을 참조한다.

3. 총체적인 목표

국유림경영은 산림이 지니고 있는 사회적·경제적·환경적·문화적 기능 등을 지속 가능한 방식으로 최적 발휘하는 것을 목표로 한다.

설정된 목표체계를 추구함에 있어서 무엇보다 **생태계로서 산림**이 자연의 잠재력을 총체적으로 유지 및 증진할 수 있도록 한다.

생태계로서 산림은 **적절한 산림관리**가 수반된다면 자연력의 기본적인 기능 창출 이상으로 환경이나 경제 및 국민생활에 크게 기여할 뿐 아니라 각종 위해를 경감할 수 있다. 여기서 적용되는 적절한 산림관리란 **자연친화적인 산림관리방식**을 의미한다. 즉, 자연의 진행과정(천이 등)에 상응하거나 여기에 가까운 산림관리방식을 의미한다.

산림의 모든 기능의 최적결합은 각종 목표들이 기본원칙에 상응하도록 적절한 비중을 두고 추구될 때 얻어지게 된다.

4. 주목표 및 부분목표

5개의 주목표와 이들을 구성하는 부분목표는 기본적으로 우선순위가 같다. 이들 목표를 달성하기 위한 계획 또는 시행시 목표간 상충되는 경우가 발생한다면 법적 제한사항과 보호기능을 우선하되 현지 실정을 감안하여 우선순위를 결정토록 한다.

가. 보호기능

물질순환의 안정화는 생태계인 산림의 자기조절능력의 향상에 기여한다. 산림에 있어서 물질순환의 안정화는 산림외부로부터 부정적인 영향을 차단하거나 산림경영적인 고려를 통해 보호되어야 하며 필요한 경우 회복시켜야 한다.

특수종 및 산지소생물권(희귀생물 및 자원의 서식공간)의 보호 즉, **자연보호**는 국유림에 있어서 자연보호 관련 법규에서 규정하고 있는 사항을 준수하여야 한다. 또한, 자연보호는 부분목표로서 공식적인 지침이 없더라도 **모든 산림계획 및 시행**시 고려하려야 한다. 자연보호목표달성의 전제조건으로서 대규모 밀집산림지역은 보호되어야 한다. 국유림에 있어서는 특수한 산지소생물권은 원형 그대로 보호되어야 하며 필요한 경우 복원시켜야 한다. 산림경영활동을 수행하는 과정에서 자연성, 다양성 및 희귀성을 파악하고 국유림경영계획편성시 그 근거를 확고히 해두어야 한다.

경관의 보호는 일반적으로 문화경관의 보호가치성과 특수성 그리고 산림이 개별지역의 경관을 특정짓는 점에 유의하여 산림경영의 주요한 목표가 되고 있다. 이러한 점에서 특히, 임연부의 형성 및 유지관리에 대해 특별히 배려하여야 한다.

야생동물의 보호는 야생동물의 생존을 위한 은신처 제공만이 아니라 야생동물의 서식처를 제공함과 동시에 먹이공급 등 생존을 위한 필수 요소들이 제공되도록 배려하여야 한다.

산림은 **시계보호**역할을 한다. 미적으로 보기 흉한 물체를 차폐함으로써 간접적으로 경관을 조성하는 역할을 한다.

산림은 **소음방지**기능을 한다. 소음방지림은 도로변 또는 휴양지 및 주거지역에 있어서 특히 중요한 역할을 한다. 이를 위해 적절한 산림구조로 가급적 충분한 폭의 산림대를 조성 및 유지하도록 해야 한다.

산림은 **수자원보호**에 크게 기여한다. 즉, 산림은 수질개선은 물론 **수원함양**에 기여한다. 특히, 산림에 상수원을 두고 있거나 식수원으로 사용하고 있는 유역주변의 산림은 수질개선 및 수원함양기능이 제고되도록 하는 것이 중요하다.

부분목표로서 **토양보호**는 강수, 눈, 바람, 우박, 낙석, 토사유출 등으로부터 토지를 보호하는 것을 말한다. 여기에는 대기오염물질의 유입으로 인한 토양의 보호와 과도한 답압으로 인한 토양보호를 포함한다.

기후보호는 특별히 인구밀집지역에 있어서 평가되는 산림기능으로서 온도의 조절 및 대기의 환류를 통해 생활환경을 개선하는 기능을 말한다. 또한 산림은 저온피해를 방지할 뿐 아니라 농작물 및 과수재배에 있어 바람으로 인한 피해를 방지해 준다.

산림은 분진 및 유해한 가스나 광선 등을 여과함으로서 **대기질 개선**에 크게 기여한다. 또한 산림은 대기오염으로부터 주거, 작업 및 휴양지, 농경지를 보호한다. 그러나 대기오염물질의 축적으로 인해 산림의 역할이 위협받기도 한다. 따라서 산림의 대기질 개선기능이 장기적으로 발휘되기 위해서는 유해물질의 유입을 줄여야 한다. 화석연료 사용량이 증가하고 열대림의 파괴 등으로 인해 대기중의 이산화탄소량이 증가하고 있다. 이러한 점에서 **온실가스 흡수원**으로써 산림의 기능이 중요시되고 있다.

생태계로서 산림의 여러 기능 중에서 보호기능의 유지는 특히, 중요한 의미를 지닌다. 산림의 보호기능과 다른 목표가 상충된다면 보호기능을 우선해야 한다.

나. 임산물 생산기능

임산물 생산기능은 목재를 비롯하여 각종 임산물을 생산하는 기능을 말한다. 특히, 목재는 **재생가능한 자원**일 뿐 아니라 **환경친화적인 원자재**이다. 현재 지구 전체적으로 소비량보다 임목생장량이 많아 총체적으로 볼 때 목재수급에는 큰 문제가 없으나 지구촌의 인구성장률, 생활수준향상에 따른 소비량의 증가, 개도국의 산림파괴 등을 고려할 때 장래에는 수요량이 공급량을 초과할 것으로 예상된다.

국내 목재자급률이 약 16%인 점을 감안할 때 국내 임목을 최대한 활용하여 원자재 자급도를 높이는 것은 국민경제에 기여할 뿐 아니라 목재수입으로 인한 부정적인 **외부효과**를 줄여준다. 즉, 목재수입에 따른 수송부담(에너지소비량증가, 대기오염증가)을 줄여주며 지속가능한 임업경영체계가 확립되지 않은 개도국의 산림개발수요를 완화하여 지구산림보전에도 기여한다.

원자재생산 총비용 즉, 원자재의 생산, 가공, 이용 및 최종 폐기과정에 이르기까지 소비되는 에너지량과 유해물질 발생량을 고려한 '전과정 에너지 수지분석'을 고려한다면 목재 및 목제품은 그 어느 원자재와 비교하더라도 환경적인 면에서는 엄청난 장점을 지니고 있다.

또한 임업 그 자체가 비록 GNP에서 차지하는 비중은 적으나 목재 및 목제품, 종이 등 관련 임산업 및 유통분야를 포함할 경우 **국민경제**에 크게 기여할 뿐 아니라 고용효과도 상당하다.

국유림 내에서 임산물생산은 이러한 관점에서 큰 비중을 지닌 주 목표가 된다. 임산물생산에 있어서도 적어도 미래세대가 현 세대의 수준 이상으로 이용할 수 있도록 하여야 한다.

국유림 내에서 임산물생산기능이라는 주 목표를 달성하기 위하여는 목재생산 뿐만 아니라 경제적 가치가 있는 **특정임산물자원**(예 송이버섯, 산나물, 수액, 야생화 등)의 생산도 고려하여야 한다. 특정임산물 생산환경의 개선과 분포지 관리, 수요도가 높은 특수용도 수종의 계획적인 조성관리 등을 DB화하여 합리적인 자원관리체계를 구축하여야 한다.

다. 휴양 및 문화기능

우리나라는 산림율이 64%로서 세계 평균 산림율 31%를 크게 상회하고 있다. 이와 같은 국토여건으로 인해 주거지, 교외지 및 산간지 등 산림의 위치에 따라 다양한 휴양활동이 전개되고 있다. 특히, 우리 국민에게 있어서 등산 등 산림휴양활동은 삶의 주요한 부분을 차지하고 있다. 따라서 **산림휴양활동**을 통해 건전한 여가문화를 정착시키는 한편, **국민의 건강**을 증진시켜 나가고 **삶의 질**을 개선하며 경제여건의 안정화에 기여하는 것이 국유림경영의 주요 목표가 된다.

또한 산림은 역사적인 관점에서 살아있는 **귀중한 문화유산**이다. 이들은 각종 예술과 문학활동 속에 나타나며 우리의 삶을 풍요롭게 해 준다. 따라서 산림 안에 소재하는 **토양기념물** 및 기타 역사적 유물을 보호하고, 산림의 **미적 가치**를 증대시키며 **자연체험활동** 등 환경교육을 통해 인간과 자연을 보다 결속시키며, 산림과 인류생활에 관련된 전통을 조장해 나가는 것이 주요한 부분 목표가 된다.

라. 고용기능

국유림경영을 수행하는 과정에서 상응한 노동인력이 필요하다. 특히, 산림률이 높은 농산촌지역에 있어서 산림분야에서의 **고용기회제공**은 **농외 소득원**의 확충과 계절적 소득 보전에 크게 기여한다.

국가적인 차원에서도 업무성격에 부합한 적절한 일자리를 제공하는 것은 변함없는 정책과제의 하나이기도 하다. 여기서 적절한 장비 및 기계를 투입하여 작업과정을 합리화하고 고용가치를 높여 나가야 한다. 또한 국가는 일자리 제공에 못지 않게 적절한 작업환경을 제공하고 노동성과에 부합하는 소득을 보장하는 한편, 안전사고 및 직업병의 예방, 교육훈련 및 직업에 대한 동기부여 등 **노동환경을 개선**해 나가야 한다. 또한 국유림경영에 필요한 전문인력을 보유하는 것은 **적절한 산림서비스 제공능력을 확보**하는 것으로 주요한 부분목표가 된다.

그러나 국유림 경영체의 고용량은 주어진 사업량, 장래 예측 가능한 생산성의 진전 및 기계화의 추이 그리고 사회적, 경제적 여건변동을 고려하여 정해야 한다. 또한 산림경영사업이 시기적으로 폭주할 경우 경영활동을 원활히 수행하기 위해 연간 작업량의 일정부분을 지역 임업체에 도급방식으로 실행할 수 있다.

마. 경영수지개선

산림행정을 수행하는 데는 많은 비용이 수반된다. 그러므로 재정적인 면에서 보속성이 유지되지 않고는 산림의 다양한 기능을 지속적으로 창출하기 어렵다. 그러므로 경영수지개선은 국유림경영에 있어서 주목표가 되며 높은 비중을 갖는다.

대부분 유령림으로 구성된 영급구조상 현재로서는 목재생산을 통한 수입은 얼마되지 않으나 장기적인 관점에서 재정적자를 유발하지 않고 가능한 흑자 경영이 되도록 **재정성과 제고**에 노력을 기울여야 한다.

산림자산가치의 유지증진을 도모하여야 한다. 국가적인 관점에서 산림자산가치는 임목자원에 크게 의존하므로 산림을 양질의 자원으로 육성함으로써 개선시켜 나가야 한다.

아울러 **유동성**을 확보하여 산림경영상 필요한 경비를 지속적으로 조달할 수 있도록 하여야 한다. 이를 위해 산림자산의 지속적 이용이 가능하도록 산림구조(영급구성 등)를 개선해 나가야 한다.

5. 경영목표의 우선 순위 결정

국유림 경영목표체계에 수반된 모든 계획이나 조치는 다목적 이용개념에 따라 실현토록 해야 한다. 기본적으로 경영목표체계에 있어서 목표 상호간에 우선순위는 없다. **모든 개별목표는 임분 단위(소반)에서 동시에 함께 추구**하여야 한다. 그러나 목표체계 내의 어느 한 목표를 주구하는 것이 다른 목표를 달성하는데 부정적인 영향을 주는 것이 명백한 때에는 개별 임분 또는 개별경영체(부분경영체) 단위에서 우선순위를 고려하여 산림기능의 총체적 이용을 최적화하도록 해야 한다.

- 달성하고자 하는 목표 상호간에 상충될 때에는 **보호기능**을 우선해야 한다. 보호기능은 생태계로서 산림을 보전하는데 있어 보다 큰 의미를 지니기 때문이다. 보호기능 이외의 다른 목표는 일률적으로 우선순위를 정할 수 없다. 왜냐하면 이들 목표들은 **지역적으로 요구도**가 상이하기 때문이다.
- 목표간 상충되는 문제는 **임분단위(소반) 또는 경영체단위**에 있어서 국유림경영계획을 세우거나 이를 실행하는 과정에서 여러 가지 목표의 우선순위 또는 상대적 비중을 달리함으로써 해결하여야 한다. 궁극적으로 가능한한 총체적인 목표의 최적실현을 도모하도록 **목표간 조화**를 도모하여야 한다.

여기서 상위의 주목표 또는 부분목표가 절대적인 **우선 순위**를 갖는 것이 아니라 상대적으로 비중이 크다는 것을 의미한다. 따라서 상위목표를 훼손하지 않는 범위 안에서 하위목표들을 달성하도록 노력하여야 한다.

Ⅱ. 목표달성을 위한 산림자원관리 지침

기후, 토양 등 산림의 성장여건은 물론 국유림경영을 통해 달성하고자 하는 목표의 상대적 중요성 또한 시대흐름에 따라 변화해 왔다. 앞으로도 이들은 여러 가지 요인이 복합적으로 작용하여 변화하게 될 것이다. 그러므로 자원조성계획이나 조치는 동적이고 유연하게 형성하여야 한다.

1. 자연친화적인 산림자원관리

자연친화적인 산림자원관리란 단순 동령림구조의 영급림의 조성 및 이용방식에서 탈피하여 다층구조의 안정된 혼효림을 지향하는 산림자원관리방식을 말한다. 이러한 방식은 수관층하에서 장기간의 갱신기간(천연갱신의 우대)을 통해 산림경영의 기반으로서 임상의 영속성을 확보함과 아울러 토양의 생산력을 보호하며 숲가꾸기과정을 통해 혼효림으로 유도하고 임분의 수직적 구조를 개선해 나가는 산림관리방식이다. 임목의 이용에 있어서는 가급적 면적 단위의 이용방식을 지양하는 대신 우량 대경재를 지속적으로 단목형태로 생산하는 방식을 말한다. 이러한 방식을 현지에 정착하는 데는 장기간이 필요하다.

생태계로서 건강한 산림의 조성여부는 **적지적수선정**이 무엇보다 중요하므로 특히, 다음 사항을 유의하여야 한다.

- 입지적 다양성에 부합한 수종을 선정함으로서 산림이 생태계의 안정성을 확보하도록 하여야 한다.
- 특수한 종 또는 산지소생물권 보호목적을 추구하는 경우에는 설령 입지에 부합하지 않더라도 수종을 대체하지 않도록 한다.
- 부수종을 유지하고 조장하여야 한다.
- 외래수종의 도입여부를 결정할 때에는 이들 수종의 생태적 친화성을 검토하여야 한다. 즉, 산림구조의 개선 및 활력도의 증진 그리고 천연갱신의 가능여부 등을 검토하여야 한다.
- 수종의 선정시에는 예견되는 환경변화(예 지구온난화, 토양산성화 등)를 고려하여야 한다. 현존하는 유전적 다양성을 유지하는 한편 가치있는 유전자원을 확보하여야 한다. 임분의 조성시에는 입지에 부합한 경우 가능한 천연갱신을 확대하고, 인공조림의 경우 당해 지역에 부합한 산지종자로 육성한 묘목을 사용해야 한다.

숲가꾸기관리는 경영목표에 부합하도록 하여야 한다. 특히, 유령림단계에 있어서 적기에 숲가꾸기작업(어린나무가꾸기, 간벌 등)을 실행하는 것이 중요하다. 이 경우에 있어서도 산림의 안정성, 적응성, 다양성을 개선하고 유지하도록 해야 한다. 숲가꾸기관리는 수종구성의 조절(혼효율)은 물론 산림의 수직적 구조를 개선함과 아울러 최종수확대상인 미래목의 안정성을 촉진시키는데 중요한 의미가 있다. 임목의 질적 개선이 기대되고 고급용재생산을 위한 임분은 미래목 위주로 가지치기를 실행한다.

산림은 생물학적, 무생물학적 위해에 **저항력**이 강하도록 유도하고 **자기조절능력**을 제고함으로써 점차 산림보호조치(병해충방제 등)를 줄여나가도록 해야 한다. 산림보호작업에 있어서 **생물적－임업기술적 방식**을 다른 방식에 우선하여야 한다. 약제방제는 가급적 줄여나가고 환경친화적인 방식으로 적용하여야 한다.

2. 목표임상

입지단위별로 목표로 하는 임상을 확립하여야 한다. 현존임상과 개별임지의 특성을 감안하여 당해 임지에서 추구하고자 하는 보호, 임산물생산, 휴양 및 문화기능에 가장 적합한 형태의 목표임상을 정하여 산림을 경영하여야 한다.

목표임상도는 장기적인 관점에서 궁극적으로 달성하고자 하는 임상을 결정하여 도면에 표시하는 것으로 국유림경영계획 편성과정에서 작성한다. 이와 같은 목표임상도는 기존 임상에 대한 **갱신계획의 근거**가 된다.

3. 특수한 보호기능의 유지증진

자연친화적인 산림관리는 고가재의 우량대경재 생산에 적합할 뿐 아니라 산림의 다양한 기능을 확보하는 데도 적합한 방법으로 평가되고 있다. 여기서는 **종 및 산지소생물권 보호**를 위해 필요한 조치를 수행하게 되는데 특히, 다음사항을 국유림경영계획의 편성과정에서 반영되어야 한다.

- 백두대간지역 등 특정지역의 보호 및 복원
- 기능에 적합하도록 산림 내부 및 외부 임연의 보호 육성
- 습지 및 건조지역에 나타나는 자연림의 보전 및 복원
- 산림내 분포하는 습지보전
- 노거수의 보호관리
- 생태적인 면(예 딱따구리 등 보호)에서 가치가 있는 노령고사목의 보전
- 희귀 야생 동·식물종의 보호
- 생태적인 근거(예 야생동물 보호)에서 산림내 공지의 유지

4. 임도개설

임도개설은 임업경영상 활용도가 높고 지역사회 발전에 기여할 수 있는 지역으로 선정하고, 연중 이용에 불편이 없으며 임지훼손이 적을 뿐만 아니라 가급적 시설비가 적게 소요되는 노선을 선정하여 시공한다.

임도의 안정성을 위하여 절·성토면의 안정경사를 고려하여 시공하고, 절·성토면은 부토의 안정 및 경관 보호를 위하여 필요한 조치를 한다.

임도시설로 인하여 임도 하단부의 주택이나 농경지 피해가 없도록 각별히 유의하여 환경친화적으로 설계·시공하여야 한다.

5. 산림구획

산림은 임상, 지형 및 지세 등을 감안하되 각종 산림사업을 합리적으로 실행할 수 있고 **경영성과의 통제**가 용이하도록 구획하여야 한다.

자연친화적인 산림관리방식으로 전환해 나간다는 점을 고려할 때 종래의 영급형 이용방식에 따라 지나치게 세분하지 않도록 한다. 따라서 특별한 사정이 있는 경우를 제외하고는 임반경계는 변경하지 않도록 한다. 이는 경영관리기록을 유지하거나 산림경영 내용을 부기 하는데 불편할 뿐 아니라 국유림경영계획상 많은 비용을 소요하기 때문이다.

Ⅲ. 국유림경영계획의 수립 및 실행

산림경영활동은 국유림경영계획에 근거하여 수립된 연간계획에 따라 집행하며 실행결과의 평가와 분석과정을 통해 보완된다.

1. 국유림경영계획

국유림경영계획은 국유림경영의 근간이 되며 산림경영과 관련된 모든 정보를 담고 있는 **중요한 정보시스템**이라 할 수 있다. 여기에는 각종 도면과 문서 및 자료 등을 포함하고 있다.

국유림경영에 관한 종합계획으로 국유림경영계획이 작성되기 위해서는 자연보호, 수자원보전, 국토이용계획 등 다른 계획분야를 참조하여야 한다.

국유림경영계획은 연간계획을 수립하는데 있어서 기초가 된다. 연간계획은 경영계획구 단위로 편성된 10년간의 사업량에 근거하여 편성된다. 이와 같이 국유림경영계획이 산림경영의 근거가 되므로 계획편성과정에 있어서 책임 있는 모든 관계자가 참여하여야 한다. 이는 모든 국유림경영체에 적용되며 특히, 국유림관리소 단위의 목표설정에 있어서도 마찬가지이다. 이러한 목표를 바탕으로 기술적, 재정적 조치 및 수단이 마련되어야 한다.

특히, 국유림경영계획 편성과정에서 관련 자치단체 및 환경단체 등 다양한 이해관계자를 참여토록 하는 것은 국유림경영에 대한 이해를 증진시키고 사업수행과정에서 협조를 얻는데 용이하다.

가. 단위사업계획 및 종합계획

산림입지여건은 소면적 단위로 상이하기 때문에 임·소반단위로 계획을 수립하게 되는데 이를 **단위사업계획**이라 한다. 추구하고자 하는 여러 목표간 상충되는 문제도 기본적으로 당해 임지에서 해결되도록 하는 것이 바람직하다.

이와 같은 단위사업계획을 종합한 국유림경영계획 즉, **종합계획**이 경영계획구 전체적인 관점에서 만족스럽지 못한 경우에는 단위계획을 적절하게 수정함으로써 원하는 종합계획을 마련하게 된다. 이는 특히, 개개의 부분목표를 조화시키는데도 적용된다.

나. 연간계획

국유림관리소는 종합계획인 국유림경영계획을 토대로 매년 다음사항을 고려하여 연간계획을 작성하여야 한다.

- 국유림경영계획서에 계획된 사업량을 토대로 작성(계획량의 1할 내외범위)
- 당해연도에 산림청에서 제시하는 사업의 우선순위
- 당해지역의 시장상황, 노동력수급사정 등 지역적인 여건변동

산림청에서 배분되는 예산의 범위 내에서 당해 경영계획구를 대상으로 설정된 총체적인 목표(최상위목표)를 감안하여 단위 계획을 조정하여 실행한다.

다. 산림의 보호기능에 대한 계획

　산림생태계의 다양성, 산지소생물권·토양·수자원보호는 경영적인 관점에서 점차 중요시되고 있다. 그러므로 산림조사시 이에 대한 조사를 실시하고 국유림경영계획에 반영하여야 한다. 국유림경영계획편성을 위해 산림조사를 실시하는 과정에서 파악된 자료는 국유림경영계획서 또는 도면으로 작성하여야 한다. 산지소생물권도면은 산림기능도와 마찬가지로 보호지역 지정의 근거로 활용된다.

라. 산림의 사회·경제적 기능에 대한 계획

　국유림경영은 목재 등 임산물생산을 통해 지역산업 및 경제 발전에 기여하고, 농촌지역에 있어서 고용기회를 제공하는 등 사회경제적으로 크게 기여한다. 이러한 내용이 국유림경영계획서에 반영되어야 한다.

마. 노동력 수급 및 임업기계화 계획

　모든 개별사업(예 갱신, 숲가꾸기, 임목생산, 산림보호 등)에 대한 계획 즉, 사업계획은 합리화 가능성을 고려하여 노동량을 산정하여야 한다. 노동력 수급계획을 작성함에 있어서 경영방법이나 작업방법에 따라 어떤 분야를 국유림임업기능인영림단에 맡기며, 어떤 작업은 지역의 전문임업기관 단체에 도급으로 실행할 것인지 그리고 어떤 사업을 기계화 작업으로 할 것인지 고려하여야 한다. 이 경우 국유림관리소 소속 임업기능인영림단의 안정적 고용은 물론 지역의 전문임업기관의 동원 가능성을 고려하여야 한다. 또한 노동력 수급계획에 있어서 산림경영의 탄력성 즉, 경영활동의 효율성을 고려하여야 한다.

　국유림경영계획기간 내 필요한 임업기계장비의 소요량으로 보유현황과 비교하여 추가 보급여부를 계획하고 활용도를 높이도록 한다. 임업기계장비의 사용시 임지에 영향을 적게 주는 자연친화적인 작업방식을 도입하고, 생태적인 산림작업이 되도록 유도한다.

바. 재정계획

　재정계획은 경영비용 및 수입 그리고 경영성과로 구분된다. 즉 국유림경영계획기간 동안 실행하고자 하는 사업량에 대한 투자비, 임산물생산 등을 통한 수입 및 달성하고자 하는 경영수지 목표로 구분된다. 재정계획을 수립함에 있어서 적용되는 단가는 국유림경영계획 개시 년도의 비용 및 단가를 기준으로 작성한다.

사. 국유림경영계획의 구속력

　국유림경영계획은 국유림경영상 기본이 되는 계획으로 철저히 이행하여야 한다. 그러나 예견치 못한 상황이 발생하거나 새로운 기술의 정립 등으로 상황변동이 있는 경우에는 계획기간 중에 조정할 수 있다. 갱신계획이나 이용계획의 변경은 국유림경영계획 관련규정에 부합하도록 하여야 한다.

2. 경영실행

가. 실행원칙

　산림경영활동은 특히 다음 사항을 고려하여야 한다.

- 목표 지향적으로 사업실행
- 사업계획의 철저한 준비 및 조정
- 경제적이고 비용절감적인 방법으로 실행
- 합리화가 가능한 모든 수단의 활용

모든 산림작업은 노동력을 절감하고 기술적 가능성을 고려하여야 하며 작업방법의 효율화 및 경비절감적인 방법으로 실행하여야 한다.

나. 임산물 생산

지속적으로 안정된 수입을 확보할 수 있도록 계획기간 내 산정된 보속 수확량 범위 안에서 생산량을 정하되, 시장수요에 탄력적으로 대응하여야 한다. 그러나 임목매각상의 이유로 필요한 숲가꾸기사업(예 간벌)을 지연해서는 아니 된다.

Ⅳ. 경영성과 분석

기본적으로 국유림관리소장 책임하에 산림경영을 실행하되 경영성과분석을 통해 최적의 성과가 달성되도록 하여야 한다. 경영성과분석은 연간평가, 중간평가, 최종평가로 구분하여 국유림관리소, 지방산림청, 산림청에서 실시한다. 경영성과 제고를 위해 지속적으로 각급 단위에서 보수교육을 실시한다.

1. 연간평가

국유림관리소장은 연간계획에 의한 사업추진결과를 성과분석하여 그 결과를 지방산림청장에게 보고한다. 평가항목은 사업계획부분, 재정계획부분, 노동력수급계획 및 임업 기계화 계획부분으로 분류하여 실시한다.

2. 중간평가

국유림관리소장의 연간평가 보고서를 근거자료로 하여 지방산림청장은 5년마다 당해 국유림경영계획에 대한 중간평가를 실시한다. 중간평가 결과 경제적인 여건변화 또는 중대한 외부인자의 영향으로 인하여 당해 국유림경영계획의 목적을 달성할 수 없다고 판단될 경우 지방산림청장은 기 수립된 국유림경영계획을 수정하여야 한다.

중간평가시 지방산림청장은 해당 국유림관리소장, 경영팀장 등 관계자와 합동으로 모니터링을 실시할 수 있다.

3. 최종평가

지방산림청장은 국유림경영계획이 종료되는 연도에 최종평가를 실시하고 당해 국유림경영계획의 경영목표 달성여부를 분석하여 산림청장에게 보고한다. 산림청장은 보고된 자료를 토대로 종합적 평가와 분석을 통하여 목표로 하는 산림정책방향에 부합하는지 등을 점검하고, 미래지향적인 국유림경영계획운영 및 방향을 제시한다. 최종평가 및 성과분석 결과는 다음 차기 국유림경영계획에 반영(Feed Back)한다.

박진호

주요 약력
교육학 박사(자연치유), 원예학 박사수료
현)박문각 공무원/임용 농업직·임업직 대표강사
어울림아카데미협동조합 이사장
한세대학교 초빙교수
농림축산식품부 장관표창
의왕시민대상(교육 '환경'보건분야)

주요 저서
박문각 공무원 박진호 재배학(개론) 기본서
박문각 공무원 박진호 식용작물학 기본서
박문각 공무원 박진호 조림학 기본서
박문각 공무원 박진호 임업경영 기본서
자녀와 함께 읽는 꿈을 가꾸는 스피치
꿈꾸는 청년 박진호의 성공스피치
당신에게 행복한 비전스피치
내 인생의 스피치사용설명서
맛깔난 스피치– 보이스트레이닝
스피치 힐링 파인더
박차고 진군하는 호랑나비효과 오늘의 멘토링

박진호 조림학

초판인쇄	2025. 11. 14. **초판발행**	2025. 11. 20. **편저자**	박진호
발행인 | 박 용 **발행처** | (주) 박문각출판 **등록** | 2015년 4월 29일 제2019-000137호
주소 | 06654 서울특별시 서초구 효령로 283 서경 B/D 4층 **팩스** | (02) 584-2927
전화 | 교재 주문·내용 문의 (02) 6466-7202

저자와의
협의하에
인지생략

이 책의 무단 전재 또는 복제 행위를 금합니다.

정가 40,000원   ISBN 979-11-7519-367-3